Vorrede.

Der Plan war, diesen Theil der Anleitung nach dem Gange des Prozesses darzustellen und so ein vollständiges Bild eines Prozesses von dem Beginne bis zum letzten Abschlusse durch alle Instanzen zu geben. Der dargestellte Prozeß ist wirklich geführt worden, nur sind sämmtliche Prozeßschriften, Dekrete, Referate und Erkenntnisse selbstständig, unter Verwendung des gegebenen Stoffs, für den beabsichtigten Zweck umgearbeitet worden. Fingirt sind nur die Agnition des Einen der Mitbeklagten, das Kontumazial-Verfahren gegen die Uebrigen und das sich anschließende Restitutionsgesuch, das Editionsgesuch gegen einen Dritten, die per decretum abgewiesene Wiederklage und der in der mündlichen Verhandlung neu erhobene Einwand, welcher den Eid und zuletzt das Purifikations-Verfahren zur Folge gehabt hat. Diese Stücke sind eingelegt worden, um Anknüpfungspunkte für die Darstellung dieser zufälligen Theile eines Prozesses zu schaffen und dadurch das Bild eines durch zufällige Handlungen ausgedehnten Prozesses möglichst zu vervollständigen. Indem die einzelnen Abschnitte des Rechtsganges verfolgt worden, sind in jedem Stadium die einzelnen Handlungen der Parteien und des Gerichts nach ihrer Reihenfolge, in ihrer inneren und äußeren Form, unter steter Verbindung der Theorie mit der Anwendung entwickelt. Deshalb war es unvermeidlich, manche Regeln der Prozeßtheorie und der Dekretirkunst zwischen die Grundsätze von Abfassung der Relationen (Referate) und Erkenntnisse zu bringen.

Der Anhang fügt die vorhandenen vier Anweisungen zum Referiren, welche seit der Erscheinung der Allgemeinen Gerichtsordnung in ihrer ersten Redaktion zu verschiedenen Zeiten von den höchsten Staatsbehörden erlassen worden und als die offiziösen Quellen der Referir-Methode bei preußischen Gerichten anzusehen sind, bei; er wird hoffentlich eine willkommene Beigabe sein, da diese Erlasse theils in keiner öffentlichen Sammlung befindlich (No. II), theils in verschiedene Sammlungen, die nicht Jedem zur Hand stehen, aufgenommen sind.

Ein paar Worte über die vorkommenden Namen, von welchen viele auffallen mögen. Diese auffälligen Namen sind nicht gesucht, nicht das Erzeugniß einer Spielerei; sie sind das Produkt des Bedürfnisses und haben sich von selbst erboten. Meine Erfahrung ist, daß verschiedene Beziehungen auf einen und denselben Gegenstand in einer Darstellung sich nicht so festhalten lassen, wenn der Gegenstand (Person oder Sache) nicht mit einem ausgesprochenen bestimmten Namen, sondern mit einem Zeichen (Sternen, Kreuzen oder Buchstaben) angedeutet wird. Namen mußten es also sein. Bekannte Personen- oder Familiennamen können nicht gebraucht werden, bedeutungslose, zufällig einfallende Namen empfehlen sich auch nicht, und machen dem Erfinder Schwierigkeit. Nun ist nichts leichter, als einen passenden Namen aus dem Verhältnisse, oder durch eine Anspielung, oder aus Eigenschaften des zu bezeichnenden Gegenstandes oder Subjekts, in irgend einer bekannten Sprache, zu finden, und dabei ist der Nebenvortheil gewonnen, daß bei dem Leser durch einen solchen Namen zugleich ein Gedanke erweckt wird. Von diesem Standpunkte bitte ich die auffälligen Namen anzusehen; man wird finden, daß fast an jeden Namen ein Gedanke geknüpft ist. Z. B. lenke ich die Aufmerksamkeit auf den im Druckfehler-Verzeichniß verbesserten Namen Klop, welcher im Mspt „Klog" heißt. Dieser Mann war das Hinderniß eines gütlichen Austrages, welches mit einem Prozesse durch alle Instanzen überwunden werden mußte. Die erste Sylbe seines Namens ist „Klo". Die zweite Sylbe konnte nicht gebraucht werden, aber ein angehängtes g gab den bezeichnenden Namen Klog, engl. Clóg = Hinderniß. Daraus hat der Setzer ein bedeutungsloses „Klop" gemacht.

Zum Schluß noch die Bitte um geneigte Beachtung des Fehlerverzeichnisses.

Neisse, im Juli 1861.

Dr. Koch.

Inhalt.

Vorerinnerung.

Erster Abschnitt.
Die Thätigkeit des Richters auf die Klage.

A. Auf vorbereitende Gesuche.

B. Auf die Klage.

Zweiter Abschnitt.
Die Klagebeantwortung und weiteren Prozeßschriften.

Dritter Abschnitt.
Die Instruktion (erste mündliche Verhandlung).

I. Der Vortrag.

Vierter Abschnitt.
Das Beweisverfahren.

Fünfter Abschnitt.
Die Schlußverhandlung und das Erkenntniß.

Sechster Abschnitt.
Deklaration und Ergänzung des Erkenntnisses.

Siebenter Abschnitt.
Das Appellations-Verfahren.

Achter Abschnitt.

Neunter Abschnitt.

Zehnter Abschnitt.
Die Referirkunde.

Erste Abtheilung.
Von den allgemeinen, den historischen und den literärischen Vorkenntnissen.

Zweite Abtheilung.
Die besonderen Regeln für gewisse Sachen.

Anhang.

Berichtigungen.

S. 1 Z. 6 v. o. l. „Beiden" st.: Beidem
= 6 Z. 1 v. o. ist hinter „werden" einzuschalten: diese
= 7 Sp. 2 Z. 6 v. u. l. „Fliederthal" st.: Blumenthal
= 7 Z. 3 v. u. l. „Krottgau" st.: Bierwinkel
= 14 Z. 5 v. o. l. „I" st.: II
= 17 Z. 2 v. o. l. „allgemeinen" st.: allgemeineren
= 17 Z. 13 v. u. l. „Tit. 2" st.: Tit. 4
= 28 Sp. 1 Z. 6 v. o. ist hinter „eingereicht" einzuschalten: angesehen
= 36 Sp. 1 Z. 6 v. o. sind die Buchstaben „G. A." zu streichen und die über der darunter stehenden Anzeige befindlichen Buchstaben müssen nicht „A. A." sondern: G. A. sein.
= 39 Z. 10 v. o. ist hinter „stehe" einzuschalten: wiederholt werden
= 41 Z. 4 v. o. l. „von" st.: vor
= 41 Z. 21 v. o. ist hinter „mit" einzuschalten: dem
= 41 Z. 24 v. o. l. „diese" st.: dieser
= 53 Sp. 1 Z. 2 v. o. ist hinter „Grimbart" der Punkt zu streichen.
= 55 Z. 3 v. u. ist „Denn" zu streichen.
= 58 Z. 21 v. o. l. „Gründe" st.: Gründen
= 75 Z. 8 v. u. ist hinter „Wenn" einzuschalten: eine Injurienklage eines Beamten oder Militärs, oder wenn
= 75 Z. 4 v. u. ist hinter „Regierung" einzuschalten: beziehungsweise der vorgesetzten Dienstbehörde
= 75 ist der Note 2 beizufügen: Nach der K.O. vom 20. Dezember 1834 (G.S. 1835, S. 2) soll von den Injurienklagen „Mittheilung" gemacht werden, worunter wol die Uebersendung einer Abschrift zu verstehen ist.
= 126 Z. 7 v. o. l. „der" st.: die
= 131 §. 27 Z. 5 l. „er sie" st.: er ihm
= 131 §. 27 Z. 6 l. „und sie" st.: und ihn, und „ihren" st.: seinen
= 132 Z. 4 v. o. l. „daß" an Stelle des zweiten wo
= 134 Z. 9 v. o. l. „mit" st.: nicht
= 134 Z. 14 v. o. ist hinter „wird" einzuschalten: auszusetzen
= 137 Z. 6 des Textes v. u. l. „dem" st.: den
= 147 Sp. 1 Z. 11 v. o. ist hinter „Beklagte" st. des Punkts ein Komma zu setzen.
= 147 Z. 20 v. u. muß der erste Name „Klog" (engl. clóg = Hinderniß), und nicht Klop heißen. Dieser Druckfehler erscheint regelmäßig jedesmal wieder, so oft das Rubrum vorkommt. Er ist nicht gleichgültig. M. s. die Vorrede.
= 150 Z. 11 v. o. l. „der" st: den Vortrag; das Wort „nun" ist zu streichen.
= 152 Z. 5 v. o. ist hinter „auch" einzuschalten: nicht
= 156 Z. 12 v. o. ist hinter „Kurator" einzuschalten: des Nachlasses
= 156 Z. 11 v. u. ist hinter „ist" einzuschalten: nicht
= 157 Z. 11 v. o. ist „nicht" zu streichen.
= 157 Z. 14 des Textes v. u. l. „und des" st.: gegen den

S. 165 Z. 1 des Textes v. u. ist vor „stillschweigend" einzuschalten: darüber
= 175 Z. 13 v. o. l. „richtig" st.: nichtig
= 175 Z. 11 v. u. l. „unmöglich" st.: möglich
= 194 Z. 15 v. o. l. „könnte" st.: könne
= 246 Z. 13 v. o. ist hinter „ist" einzuschalten: nicht
= 254 Z. 2 v. u. des Textes ist das zweite „die" zu streichen
= 256 Sp. 1 Z. 9 v. o. l. „ret." st.: rel.
= 272 Z. 12 v. o. ist „könnte" zu streichen.
= 294 Z. 4 v. u. l. „Ausmittelung" st.: Ausmittellung
= 301 Z. 2 v. u. des Textes ist hinter „Königs" einzuschalten: (Anrufungs-Formel.)
= 307 Z. 15 v. u. des Textes ist hinter „schließt" einzuschalten: sich
= 308 Z. 15 v. u. des Textes ist statt „er" zu lesen: ern (ernsten)
= 314 Z. 1 v. u. des Textes l. „hat" st.: wird
= 315 Z. 3 v. o. l. „Sie" st.: Diese Qualitäten
= 318 Z. 3 v. o. l. „mag" st.: wenn, und „gelten" st.: gilt
= 318 Z. 19 v. o. l. „Eine solche" st.: Diese
= 330 Z. 13 v. o. ist hinter „Rechtsgedanken" einzuschalten: eine andere Fassung
= 330 Z. 11 v. u. l. „Prozeßgesetzgebung" st. Prozeßgebung
= 331 Z. 19 v. o. ist „zusammen" zu streichen.
= 333 Z. 6 v. u. l. „im Falle" st.: auf den Fall
= 341 Z. 7 v. u. ist hinter „das" einzuschalten: was
= 356 Sp. 2 Z. 3 v. o. ist „aber" zu streichen.
= 376 Z. 14 v. o. ist am Ende „wird" beizufügen.
= 382 Z. 19 v. o. l. „sie" st.: es
= 383 in der Note * l. „Beweisantretungen" st.: Beweisvertretungen
= 391 in der Ueberschrift des §. 68 l. „und" st.: oder
= 395 Z. 8 v. u. l. Nr. II st.: Nr. III
= 396 Z. 9 v. o. l. „welche" st.: welchen
= 398 Z. 16 v. u. ist vor „keine" einzuschalten: kann
= 401 Z. 8 v. u. l. „Hiernach" st.: Hierauf
= 412 Z. 8 v. o. l. „Anrufungsformel" st.: Ueberschrift
= 412 Z. 2 des Textes v. u. ist „von" zu streichen.
= 412 Z. 5 des Textes v. u. ist „und" zu streichen.
= 430 Z. 9 v. o. l. „jedem" st. jeder
= 462 Z. 14 v. o. l. „werden" st. würden.
= 477 Z. 19 v. o. ist hinter „angefangen" einzuschalten: und geschlossen
= 478 Z. 7 v. o. l. „Präklusion" st.: Präklusoria
= 482 Z. 12 v. u. des Textes ist „in" zu streichen
= 533 Z. 9 v. u. des Textes l. „ihm" st.: ihn

Zweiter Theil.

Das Verfahren im gewöhnlichen Processe, mit Einschluß der Referirkunst.

Vorerinnerung.

Das Verfahren ist zusammengesetzt aus Handlungen der Parteien und aus Handlungen des Richters. Bei Beidem ist auf die vorgeschriebene oder hergebrachte Form und auf den wesentlichen Inhalt zu achten. Beides gehört zur Direktion des Prozesses. Die Form betrifft die gute Ordnung und der wesentliche Inhalt betrifft alles das, was zur Verhandlung und Entscheidung eines Rechtsstreits wesentlich nothwendig ist.

I. Die Handlungen der Parteien treten in die Erscheinung durch Schriftstücke (Prozeßschriften), wozu auch die von einem Deputirten des Gerichts aufgenommenen Protokolle über mündliche Aussagen der Parteien gehören, und durch mündliche Vorträge (in den Audienzen).

II. Die Handlungen des Richters bestehen:

1) In der gehörigen Kenntnißnahme von den Vor- und Anträgen der Parteien. Ohne diese Wahrnehmung ist ein Ausspruch ein Unding, eine Nullität, wie z. B. ein Urtheil auf Grund eines Gerüchts oder einer sich außerhalb des Verfahrens ohne die Parteien verschafften Information. Bei mündlichen Vorträgen geschieht die Kenntnißnahme durch Hörung der Parteien oder ihrer Vertreter in unmittelbarer leiblicher Gegenwart, wobei der Richter durch positive Handlungen mittelst Fragen oder Weisungen oder Entziehung des Wortes und Schließung der Verhandlungen die Vorträge zu leiten befugt ist. Bei schriftlichen Vorträgen wird die Kenntniß durch Lesung genommen. Diese Weise der Kenntnißnahme setzt voraus, daß der Richter die Schriftstücke (Akten) zu le-

sen im Stande ist. Das ist er nicht, wenn eine Personenmehrheit (Kollegium) das Richteramt verrichtet, oder die große Menge der zu fassenden Entschließungen das Lesen eines jeden Schriftstücks unmöglich macht. In diesen Fällen erfolgt die erforderliche Kenntnißnahme durch Anhörung eines Berichterstatters (Referenten), welcher nach sorgfältiger Lesung der Schriften den wesentlichen Inhalt derselben kurz und bündig erzählt. Diese Verrichtung nennt die Geschäftssprache vortragen oder referiren; sie ist an sich kein richterliches Geschäft, der Vortragende braucht bei der Beschlußfassung eine Stimme nicht zu haben, ordentlicher Weise ist er jedoch ein Mitglied des Kollegiums, dessen übrigen Mitgliedern der Vortrag gehalten wird. Der Zweck dieser Kraftäußerung ist, bei dem Anhörenden in kürzester Zeit die Wirkung hervorzubringen, welche der Wirkung einer sorgfältigen Durchlesung der betreffenden Schriftstücke möglichst gleichsteht. Zur Hervorbringung einer solchen Wirkung gehört Fertigkeit oder Geschicklichkeit einer gewissen Art (Referirkunde im subjektiven Sinne), und diese wird gelehrt durch die Referirkunst im objektiven Sinne, worunter der Inbegriff der anzuwendenden Regeln und das ganze Gebiet der Wirkungen und äußeren Erzeugnisse jener freien Thätigkeit verstanden wird. Diese Kunde oder Kunst wird einstweilen als bekannt vorausgesetzt; die Regeln derselben sollen bei jedem Schritte in dem dieser Darstellung zum Grunde gelegten theils wirklichen theils fingirten Prozesse vorgetragen und dasjenige, zu dessen Unterbringung sich dabei keine Gelegenheit findet, in dem letzten (zehnten) Abschnitte zusammengestellt werden. Zum Voraus wird Folgendes vermerkt.

Ein jedes durch die freie Thätigkeit eines Referenten hervorgebrachte Erzeugniß heißt im Allgemeinen Relation, in neuerer Zeit auch Referat, Vortrag; im engern Sinne versteht man darunter einen Vortrag aus Gerichtsakten von demjenigen, was bisher in der Sache geschehen ist, unter Beifügung der eignen gehörig gerechtfertigten Meinung darüber: was darin nun weiter gethan oder gesprochen werden müsse, und man nennt vorzugsweise „Relationen" diejenigen förmlichen Vorträge dieser Art, welche aus geschlossenen Akten eines ganzen Verfahrens Behufs Fällung eines Spruches erstattet werden. Dahin gehören namentlich die Proberelationen (relationes pro statu), und die Relationen bei den Appellationsgerichten und dem Obertribunale.

Ob ein Vortrag schriftlich oder mündlich geschehen soll, hängt zunächst von der darüber für den besonderen Fall bestehenden Vorschrift, die auch eine Spezialverfügung des Dirigenten sein kann, ab. Wenn aber ein schriftlicher Vortrag auch nicht vorgeschrieben ist, so steht es dem Vortragenden doch allemal frei, seinem Gedächtnisse durch einen schriftlichen Aufsatz zu Hülfe zu kommen und die alte Vorschrift: „die Memorialien, welche den Räthen distribuiret werden, mit Bedacht zu Hause zu lesen, mit den Akten zu conferiren, die Contenta auf einem besonderen zu extrahiren, das Dekret darunter zu schreiben, und in pleno daraus vorzutragen“ [1]), für sich zu befolgen, oder sich der Auszüge, Allegationen und ähnlicher Vermerke zu bedienen; nur ist es unpassend, dergleichen Aufsätze und Notizen zu Bestandtheilen des auf den Vortrag beschlossenen und abgefaßten Dekrets zu machen, oder bloße Notizen mit der Ueberschrift „Dekret“ zu bezeichnen, was öfter angetroffen wird [2]); jene Vorschrift verordnet ja auch logisch ganz richtig, daß das Dekret darunter zu setzen sei, was keineswegs auf eine praktische Pedanterei hinausläuft.

Ein Vortrag oder eine Relation wird entweder aus einer einzelnen eingegangenen Schrift (Eingabe, Anzeige, Verhandlung), oder aus einem ganzen Verfahren (vollständigen Akten) gehalten. Alle Relationen sind nach der jedesmaligen Lage des Prozesses einzurichten und für alle gilt die aus dem Zwecke hervorgehende Hauptregel: die Relation muß so eingerichtet sein, daß ein Jeder, welcher sie gelesen oder gehört hat, allein dadurch in den Stand gesetzt ist, über die Sache eben so gut zu urtheilen, als wenn er die Akten mit Achtsamkeit und Bedacht selbst gelesen hätte.

Die Vorträge aus einzelnen Schriftstücken werden in der Regel mündlich gehalten; diese Sachen heißen in der preußischen Rechtssprache „Memorialien“, „Memorialienvorträge“ [3]). Bei dem Vortrage dieser Sachen ist oft, wo nicht meistens, eine bloße Anzeige der Art des Schriftstücks und was darauf verfügt worden, hinreichend; wenn aber dabei Bedenken sein könnten, oder

1) Cod. Frid. March. Th. I, Tit. 6, §. 2. In die A. G.O., welche damit im Th. III, Tit. 3, §. 42 korrespondirt, ist diese Vorschrift nicht übergegangen.

2) S. z. B. in Reusch, Musterakten, S. 17, S. 27 Nr. 1, S. 57 Nr 1. u. öfter.

3) Cod. Frid. March. Th. I, Tit. 3, §. 1; Tit. 4, §§. 3, 4; Tit. 6, §§. 2, 4, 6, 7; A. G.O. Th. III, Tit. 3, §§. 42, 45; A. Reg.- u. Kanzl. Regl. v. 20. November 1782, §§. 82, 94, 99, 111, 192, 200. — Bei dem vormaligen Reichskammergerichte hießen diese Sachen „Bescheidetischsachen“ (K. G. Kanzl.Ordn. von 1662, §§. 15, 21; Concept z. R. K. G.O. Tit. 13, 22 u. Tit. 23 Eingang); und bei dem Reichshofrathe „Currentsachen“ (R. H. R.O. IV, 12).

wenn der Vortrag durch ein Zeichen des Dirigenten geboten ist; so ist eine vollständige Erzählung des wesentlichen Inhalts erforderlich. Behufs seiner Vorbereitung zu einem solchen Vortrage hat der Berichterstatter, der hier „Decernent" heißt[4]), das Schriftstück „fleißig", d. h. „mit Bedacht" zu lesen, den Inhalt mit den etwa schon in der Sache vorhandenen Schriften und Verhandlungen „sorgfältig" zu vergleichen[5]), und dabei auf zwei Stücke, nämlich: auf die Form und auf den Inhalt zu sehen. 1. Zur Form gehört insbesondere die Beobachtung der Vorschriften der Prozeßordnung. Die vorgefallenen Verstöße dagegen dürfen nicht stillschweigend übergangen werden, man darf sich nicht damit beruhigen, daß die übertretene oder verletzte Vorschrift keine s. g. wesentliche sei, einestheils, weil alle, auch die unwesentlichen Prozeßvorschriften den regelmäßigen Gang des Prozesses und die Ordnung betreffen und von dem Gesetzgeber einmal gegeben sind, und anderntheils, weil der Decernent nicht voraus wissen kann, wie zuletzt an entscheidender Stelle der Mangel angesehen werden wird. Deshalb muß, nach Verschiedenheit der Fälle, auf Rüge, oder auch auf Abstellung des Fehlers, oder nach Bewandtniß auf Uebergehung des Mangels ausdrücklich gestimmt werden, wenn der Decernent seine Schuldigkeit thun will. 2. Den wesentlichen Inhalt muß der Decernent „nach den Vorschriften der Gesetze prüfen und beurtheilen", und nach dem Ergebnisse dieser geistigen Thätigkeit das Dekret mit Gründen so, wie er es fassen würde, wenn er allein der Richter wäre, entwerfen[6]). Der Entwurf wird sofort auf das Vortragsstück gesetzt.

2) In der Berathung über die Parteivorträge, in der Beschlußfassung auf die Anträge, und in der Beurkundung des erkannten Bescheides oder Spruches. Die Verordnungen, welche das Gericht in solcher Art auf einzelne Memorialien erläßt, heißen „Dekrete"[7]), auch „Resolutionen"[8]); „Resolution" nennt man auch den Beschluß des Gerichts, welcher auf den Vortrag aus einem ganzen Verfahren oder Prozesse eine weitere Verhandlung der Sache oder eine Beweisaufnahme verordnet

4) A. G.O. Th. I, Tit. 4, §§. 13, 14; Tit. 13, §. 2; Th. III, Tit. 3, §§. 41, 46, 47, 48; Tit. 8, §. 19; Cod. Frid. March. l. c. §§. 5, 6.

5) Cod. Frid. March. I, Tit. 6, §. 2; A. G.O. Th. III, Tit. 3, §. 42.

6) A. G.O. a. a. O.

7) Cod. Frid. March. l. c. §§. 7, 8; A. G.O. a. a. O. §§. 43, 44; Th. I, Tit. 10, §. 207 a. E. Manche nennen sie „Verfügungen".

8) A. G.O. I, 10, §. 16; Cod. Frid. March. l. c. §. 4.

(Interlokut)[9]; diejenigen Beschlüsse, welche eine Endentscheidung eines Prozesses enthalten, sind „Erkenntnisse", „Urtel" oder „Urtheile", welche Benennungen gleichbedeutend sind. Die Abfassung aller dieser Urkunden liegt dem Decernenten, beziehlich dem Referenten ob[10]; sind zwei Referenten ernannt, so ist es hergebracht, daß der Jüngere im Amte das Erkenntniß abfasse. Es versteht sich, daß die Urkunde „jedesmal schlechterdings dem Beschlusse des Kollegii gemäß abgefaßt, und also die zu Hause gemachten Entwürfe, wenn sie von dem Kollegio nicht genehmigt werden, nach dem Konkluso umgeändert werden müssen"[11]. Dem Vorsitzenden kann die Befugniß, Änderungen im Stil und Periodenbau zu machen, nicht bestritten werden.

Der Inhalt der Dekrete ist theils für die Parteien, theils für die Beamten des Richters bestimmt. Die Dekrete der ersten Art oder die derartigen Theile eines Dekrets sind eigentliche Entscheide (Bescheide, Ladungen, Befehle, Auflagen, Benachrichtigungen), die anderen bezwecken die Ausführung der ersteren, oder die Beaufsichtigung des Geschäftsganges, oder den sonstigen Betrieb des Verfahrens. Was sonst noch bisweilen „pro notitia" darin vorkommt, gehört nicht in das Dekret.

Erster Abschnitt.

Die Thätigkeit des Richters auf die Klage.

A. Auf vorbereitende Gesuche.

§. 1.

1. Uebersicht.

Die Anbringung der Klage erfordert oft ein vorbereitendes Verfahren. Gewöhnlich tritt dieß ein: 1) wegen Bestimmung des Gerichtsstandes; 2) wegen der Proceßunfähigkeit der einen oder der anderen Partei; 3) wegen Einziehung der Information. Die gerichtliche Aufforderung zum Rechtsstreite (provocatio ad agendum) und das Verlangen der Vorzeigung oder Vorführung einer Sache (actio ad exhibendum) sind an sich gleichsam vorbereitende Rechts-

9) A. G.O. I, Tit. 13, §. 4; Tit. 15, §. 8; V. v. 1. Juni 1833, §. 30.
10) A. G.O. Th. III, Tit. 3, §§. 41, 51; Instr. v. 24. Juli 1833, §. 41.
11) A. G.O. a. a. O. §. 44.

mittel, nach dem preußischen Prozeßrechte jedoch werden Angelegenheiten als selbstständige Prozesse behandelt.

2. Das Verfahren.

§. 2.

a) Wegen Bestimmung eines außerordentlichen Gerichtsstandes.
Preuß. Civilprozeßrecht, Th. I, §. 54; Th. II, Tit. 2, §. 147, Zus. 21.

Die Nothwendigkeit zur Bestimmung eines außerordentlichen Gerichtsstandes für eine einzelne Sache kann eintreten: 1) wenn sich zwischen Gerichten ein positiver oder negativer Kompetenzkonflikt erhoben hat; 2) wegen verweigerter oder verzögerter Rechtspflege; 3) wegen gegründeten Verdachts gegen den gehörigen Richter, oder aus irgend einem anderen Grunde; 4) wenn wegen zu verhütender Vervielfältigung der Prozesse in dem Falle, wo gegen mehrere Personen wegen derselben Anforderung Klage erhoben werden soll, und diese bei verschiedenen Gerichten belangt werden müßten, ein gemeinschaftlicher Gerichtsstand zu bestimmen ist. Nehmen wir einen unter Nr. 3. u. 4. stehenden Fall als Beispiel, so stellt sich das normalmäßige Verfahren wie folgt dar:

Nr. I.

An
Ein Königl. Hochlöbl. Appellationsgericht zu N.

D. (Decretum).

1. Urschriftlich (oder: originaliter) sub lege remissionis.

An
den zweiten Direktor des Königl. Kreisgerichts Herrn Vicar
zu
N.

Sportelfr. Justiz-Sache.

mit dem Auftrage: die Sache dem Kreisgerichtsdirektor N.N. daselbst zur Erklärung über die seine Person betreffende Behauptung in dem nebenstehenden Ge-

Auf der Feldmark meines Ritterguts Fliederthal hiesigen Kreises befindet sich ein Braunkohlen-Bergwerk. Die Gewerke haben den Betrieb eingestellt und Mehrere haben ihr Bergeigenthum verloren. Die Übrigen wollen mir die schuldige Grundentschädigung nicht leisten und ich bin deshalb genöthigt, sämmtliche Gewerke, auch die bereits ausgeschiedenen, wegen meiner Befriedigung in Anspruch zu nehmen. Die abschriftlich beiliegende förmliche Klage begründet den Anspruch näher. Das hiesige Kreisgericht würde das gehörige Gericht sein, wenn es sich um einen Anspruch an eine bestehen-

suche vorzulegen, und demnächst binnen 8 Tagen wieder einzureichen.

2. Retineatur copia decreti, welche nach 10 Tagen vorzulegen.

N. den 26. December 1859.
Königl. Appellationsgericht.
Driller. Arbiter.
(Präs.) (Decernent.)

Pr. den 28/12 51.

B.

D.

Dem Hrn. Direktor NN. zur Erklärung vorzulegen.

Vicar. den 28. Dec. 51.

G. A.

Die Behauptung in Betreff meiner Person ist richtig.

N. den 28. Decbr. 1851.

N.N.

D.

In Original an das Königl. Appellationsgericht
zu N.

Sportelfr. J. S.

N. den 29. Decbr. 1859.
Der zweite Direktor des Königl. Kreisgerichts.
Vicar.

Pr. den 30. Decbr. 59.

de Gewerkschaft handelte. Dieses Gericht kann aber nicht Richter in der Sache sein, weil der Direktor desselben, NN., zu den Gewerken gehört hat und wegen der Grundentschädigung, wie die Klage besagt, mit in Anspruch genommen wird. Außerdem haben noch andere ehemalige Gewerken, welche sich durch Aufgebung ihres Bergeigenthums aus der Sache ziehen zu können vermeinen, ihren ordentlichen Gerichtsstand, wie die Klage ergiebt, bei verschiedenen Gerichten des Sprengels Eines königl. Hochlöbl. Appellationsgerichts. Deshalb trage ich darauf an:

ein anderes und zwar gemeinschaftliches Gericht für die sämmtlichen Beklagten zu bestimmen, bei welchen ich die jetzigen und ehemaligen Gewerken der Braunkohlengrube Friederike-Agnes zu Blumenthal wegen rückständiger Grundentschädigung und wegen Sicherstellung belangen könne.

Bl. den 23. December 1859.
Der Gutsbesitzer Rittersporn.

D.

1. Fiat commissorium zur Verhandlung und Entscheidung der Sache an das K. Kreisgericht zu Bierwinkel.

2. Notif. den Bittsteller.

N. den 3. Januar 1860.

Arbiter.

Nr. II.

An
das königl. Kreisgericht zu Krottgau.
Sp. J. S.

Das königl. Kreisgericht wird unter Zufertigung einer Abschrift des Gesuchs des Gutsbesitzers hiermit angewiesen, auf die von dem Gutsbesitzer Rittersporn zu Fliederthal vom 23. Decbr. v. J. wider die Gewerken der Braunkohlen-Grube Friederike-Agnes zu Fliederthal N—schen Kreises, wegen rückständiger Grundentschädigung und Sicherstellung anzustrengende Klage, als substituirtes Gericht zu verhandeln und in erster Instanz zu entscheiden.

N. den 3. Januar 1860.

Königl. Appellationsgericht.

Driller.

§. 3.

b) Wegen der Handlungsunfähigkeit der Parteien.

In folgenden Fällen, die jedoch nicht die allein denkbaren sind, wird ein vorbereitendes Verfahren wegen Beseitigung des aus der Handlungsunfähigkeit der Parteien entspringenden Prozeßhindernisses erforderlich: 1) wenn eine Person, welche nach den Gesetzen unter Vormundschaft stehen muß und noch mit keinem natürlichen oder gerichtlich bestellten Vormunde versehen ist, sich zum Klagen meldet [1]; 2) wenn eine Ehefrau in Angelegenheiten, in welchen sie nicht ohne Beitritt ihres Ehemannes vor Gericht handeln kann, klagen will und der Mann den Beitritt versagt [2]; 3) wenn der Beklagte handlungsunfähig und noch unbevormundet ist [3]; 4) wenn ein Verschollener belangt werden soll, über welchen noch keine Abwesenheits-Kuratel besteht [4]; 5) wenn Dorfgemeinden, welche unter einer Gutsherrschaft stehen, in Betreff der Substanz ihres Vermögens klagen wollen und die Genehmigung der Gutsherrschaft dazu nicht beibringen können [5]; 6) wenn die noch nicht bekannten Erben eines Verstorbenen belangt werden sollen und noch kein Ver-

---

1) Prozeßordnung Tit. 1, §. 9.

2) Ebenda §§. 16 ff. u. 21, u. m. Anmerkungen dazu.

3) Ebenda §. 9. Vergl. L. 5, §. 1 D. de Carbon. ed. (XXXVII, 10); L. 4, 7 C. qui petant tutores (V, 31).

4) Proz.-Ordn. a. a. O. §§. 8. 9.

5) Anh. z. Pr.O. (Tit. 1, §. 34) §. 4 u. m. Anm. 23 dazu.

lassenschafts-Kurator bestellt, die Ueberlegungsfrist aber abgelaufen ist, deren Verlauf in allen Fällen abgewartet werden muß[6]); 7) wenn Erben, welche belangt werden sollen, mit einander über den Besitz der Erbschaft streiten und noch keiner der Prätendenten im Besitze der Erbschaft sich findet; ist hingegen einer derselben in den Besitz durch den gehörigen Richter vorläufig eingewiesen, so kann die Klage gegen diesen gerichtet werden, ohne daß ihm der Einwand des Mangels der Passivlegitimation zusteht, wogegen die übrigen Prätendenten, falls sie etwa besondere Einreden hätten, welche dem Besitzer nicht zuständen, sich zur Wahrnehmung ihres Interesses bei dem Prozesse als Intervenienten melden können[7]). Deshalb braucht die Beendigung des Erbstreits nicht abgewartet zu werden, wie einige gemeinrechtliche Prozessualisten gethan wissen wollten[8]).

Das Gericht hat zwar in allen diesen Fällen von Amts wegen, d. h. ohne einen ausdrücklichen, gehörig präcisirten Parteiantrag zu verfahren[9]), aber es muß doch ein Anlaß dazu vorliegen, so daß sich das Verfahren z. B. wie folgt darstellt.

Nr. I.

An
Ein Königl. Wohllöbl. Kreisgericht
hier.

Pr. 11. Nov. 60.

K.

Mein am 1. v. M. hieselbst im achtzigsten Jahre kinderlos verstorbener Großoheim, der Rentner Tobias Affinsch, hat ein Testament nachgelassen, worin er seine angebliche Ehefrau, die vormalige Tänzerin Sara Wennsch, deren Bekanntschaft er auf einer im vergangenen Sommer unternommenen Reise in Paris gemacht hatte, zur Erbin eingesetzt hat. Ich beabsich-

D.

1. Eine Abschrift dieser Anmeldung ist bei der II. Abtheilung zum Vortrag zu geben, mit dem Ersuchen, die Bevormundung der Wittwe Affinsch hieselbst zu bewerkstelligen und

---

6) Pr.Ordn. Tit. 20, §§. 2 u. 4; A. L.R. I, 9, §. 386 u. m. Anm. dazu. Vergl. L. 3 D. de curat. fur. (XXVII, 10); L. 21, §. 11 C. de jure delib. (VI, 30).

7) Pr.Ordn. Tit. 20, §. 4, Abs. 2. Vergl. L. 12, §. 1 C. de heredit. petit. (III, 31).

8) Z. B. Mevius, Decis., P. VI. dec. 326.

9) Pr.O. Tit. 1, §§. 9, 21; Tit. 20, §. 4.

den bestellten Vormund hierher bekannt zu geben.

P. c. d. (Per copiam decreti.)

2. Abschrift dieser Verfügung erhält der Kläger zur vorläufigen Nachricht.

3. Repr. (reproducatur) eventual. nach 6 Wochen.

N. den 15. Nov. 1860.

Richter.

tige, diese letztwillige Verordnung anzufechten und melde die desfallsige Klage hiermit an. Da aber die Beklagte, wie sie sagt, erst 18 Jahre alt und von unbekannter Herkunft ist, so wird die vorgängige Bevormundung derselben nothwendig, weshalb ich anheimstelle: solche zu veranlassen.

N. den 10. November 1860.

Gottlieb Kätscher, Fischermstr., Seestraße Nr. 10.

Nr. II.

D.

1. Die II. Abtheilung wird an die gefällige Erledigung der diesseitigen Requisition v. 15. Nov. v. J. wegen Bevormundung der Wittwe Affinsch ergebenst erinnert. P. c. d.

2. Wieder vorzulegen event. nach 6 Wochen.

N. den 2. Febr. 1861.

Richter.

Vorgelegt ad decr. v. 15 Nov. 1860, fol. 3.

Den 1. Febr. 1861.

Registrator.

Nr. III.

D.

Ad acta.

N. 7/2.

(Richter. Den 7. Febr. 1861.)

Copia.

Dekret

aus den Akten betr. die Bevormundung der Wittwe Affinsch.

Die I. Abtheilung wird zu der neuen Sache Kätscher c. Affinsch vorläufig ergebenst benachrichtigt, daß der eingeforderte Geburtsschein der Wittwe Affinsch bisher noch nicht zu erlangen gewesen und dadurch die

Bevormundung noch hingehalten wird.

N. den 5. Febr. 1861.

II. Abtheilung.

Nr. IV.

D.

Fiat terminus informationis auf den ...., vor dem Deputirten, Herrn ......, wozu der Kläger unter abschriftlicher Mittheilung der nebenstehenden Benachrichtigung vorzuladen ist.

N. den 8. März 1861.

N.

Oder:

Praef. (praefigatur) term. zur Klageaufnahme auf den ..... vor dem Deputirten, Herrn ...., et cit. der Kläger unter abschriftlicher Zufertigung der nebenstehenden Benachrichtigung.

N. den 8. März 1861.

N.

Oder:

Der Kläger ist unter abschriftlicher Zufertigung der nebenstehenden Benachrichtigung zur Klageaufnahme auf den ....., vor dem Deputirten, Herrn ..... vorzuladen.

N. den 8. März 1861.

N.

Dekrets-Abschrift aus den Wittwe Affinsch'schen Vormundschafts-Akten.

Zu den Proceß-Akten Kätscher c. Affinsch ist ergebenst zu benachrichtigen, daß der hiesige Fabrikherr Ehrenhold Strenge, Werkelsberg Nr. 50., zum Vormunde der Wittwe Sara Affinsch, geb. Wennsch, bestellt worden ist.

N. den 3. März 1861.

II. Abtheilung.

Die Mittheilung der Benachrichtigung über die Person des Vormundes ist nöthig, damit der Kläger wisse, gegen wen er seine Klage zu richten habe, was ihm vorher eben unbekannt war und welches festzustellen das vorgängige Verfahren eintreten mußte.

Manche Decernenten schreiben auch noch in das Dekret unter einer besonderen Nummer:

„Illustri praesidio (oder directorio) zur hochgeneigten Ernennung des Deputirten vorzulegen", oder auch wohl noch:

„Domino deputato zur Termінseinrückung vorzulegen."

Diese Anweisung für die Büreaubeamten ist völlig überflüssig und zum Bestandtheil eines Dekrets nicht geeignet; was sie zur Ausführung des eigentlichen Dekrets zu thun haben, wissen sie aus der Geschäftsinstruktion; es bedarf also dazu keines „Dekrets".

c) Wegen Einziehung der Information.

§. 4.

I. Im Allgemeinen.

I. Das vorbereitende Verfahren wegen Informationseinziehung für die Abfassung einer gehörig begründeten Klage nimmt bisweilen eine große Ausdehnung an und wird gewöhnlich durch eine Klageanmeldung oder eine wie diese zu behandelnde unvollständige Klage veranlaßt. Ueber die Erfordernisse, Bedeutung und Wirkung der Klageanmeldung habe ich schon gesprochen [1]). Auf die Klageanmeldung ist, wenn der Kläger im Bezirke des Gerichts sich aufhält, und sich selbst mündlich oder schriftlich meldet, die Verfügung nur Eine, nämlich die Ansetzung eines Informationstermins, und zwar in allen Fällen, selbst dann, wenn das angegangene Gericht für die Sache unzweifelhaft inkompetent ist; denn jedes Gericht erster Instanz ist gehalten, einen Jeden, welcher bei ihm eine Erklärung verlautbaren will, darüber zu Protokoll vernehmen zu lassen und dieses an die zuständige Behörde zu senden; meldet er sich durch einen Rechtsanwalt, so wird diesem eine Frist zur Einreichung der Klage bestimmt; hält er sich im Bezirke einer anderen Gerichtskommission oder eines anderen Gerichts auf, so wird die Anmeldung dorthin gesendet, um die Klage von ihm aufzunehmen.

Beispiel.

An Ein Königl. Wohllöbl. Kreisgericht zu Neisse.	Pr. den 15. Nov. 60. K. Der dortige Naturforscher Schnabelweit hat sich bei der Rückfahrt meines von mir selbst geführten Schiffes „Hay" von Ceylon nach hier im vergangenen

1) Th. I, §. 15, No. II; Civilprozeß §. 161.

D.

1. In Original sub voto 2) remissionis.

An
das königl. Kreisgericht
zu
Odermünde.

Portofr. Just. S.
mit dem Ersuchen, von dem Seefahrer Sindbad daselbst die angemeldete Klage aufzunehmen und uns zu übersenden.

2. Reprod. nach 6 Wochen.

Neisse, den 16. Nov. 1860.

Königl. Kreisgericht. Erste Abtheilung.

Haupt. Richter.

Sommer als Passagier auf meinem Schiffe befunden. Er konnte mich bei der Ausschiffung im hiesigen Hafen nicht vollständig befriedigen, er blieb mir nach der mit ihm gepflogenen Abrechnung 200 Thlr. schuldig, wofür er mir einen Chronometer als Pfand zurückließ. Da er dieses Pfand nicht auslöset, so bitte ich Ein Königl. Wohllöbl. Kreisgericht:

ihn zur Bezahlung seiner Schuld anzuhalten.

Odermünde, den 10. November 1860.

Der Seefahrer
Sindbad.

Noch eine andere Verfügung kann vorkommen, die in das Verfahren nicht paßt. Eine Klageanmeldung im Sinne des preußischen Proceßrechts hat nämlich den Zweck, einen Rechtsstreit in Gang zu bringen und richterliche Hülfe zu erlangen. Unter dieser Voraussetzung unterbricht die gehörige Anmeldung die Verjährung und in Übereinstimmung damit ist der Richter angewiesen, ohne einen ausdrücklichen Antrag sogleich das Erforderliche zur Einleitung des Prozesses auf die Anmeldung zu verfügen 3). Nach Einführung der kurzen Verjährungen durch das Gesetz v. 31. März 1838 kamen eine Menge s. g. Klageanmeldungen bei den Gerichten ein, worin der Kläger erklärte, daß er seinen Anspruch nur zur Unterbrechung der Verjährung anmelde, daß er sich jedoch jede richterliche Verfügung Behufs Einleitung des Verfahrens verbitte. Vorher war dergleichen nicht vorgekommen. Man war daher über die zu treffende Verfügung verlegen. Das Richtige wäre gewesen, dem Schreiber sein Schriftstück zurückzustellen, da er Rechtshülfe nicht

2) Im gerichtlichen Geschäftsstil sind wegen vorbehaltener Rücksendung dreierlei Redensarten üblich: „sub lege remissionis“, „sub voto rem.“, und „sub petito rem.“ Jede bezieht sich auf ein bestimmtes Verhältniß, in welchem die beiden in Vernehmen tretenden Gerichte zu einander stehen. Ist das requirirende das vorgesetzte Gericht des requirirten, so bedient es sich der Formel: „sub lege“; sind beide gleichgestellt, so heißt es „sub voto“; ist der Requirent dem Requirirten untergeordnet, so sagt er: „sub petito“.

3) A. G.O. I, 4, §§. 2, 16, 17.

suche und das Gericht zur bloßen Aufbewahrung solcher Notizen nicht bestellt sei. Jedoch man fragte, nach damaligem Usus, bei dem Justizminister an, was zu thun sei. Dieser rescribirte wohlmeinend aber materiell richtig, der Richter habe auf eine derartige Anzeige sich lediglich an die Vorschriften der A. G.O. II, 4, §§. 16, 17 zu halten, und dürfe daher dem Anzeigenden keine Rekognition über seine ungehörige Klageanmeldung ertheilen, ebensowenig aber auch eine Mittheilung an den Gegner erlassen; sondern vielmehr in einem solchen Falle dem Anmeldenden zu eröffnen, daß seine Anzeige zur Unterbrechung der Verjährung nicht genüge, weshalb er entweder eine vollständige Klageanmeldung einzureichen, oder sich zur Aufnahme einer vollständigen Klage einzufinden habe; ob er sodann die Sache liegen lassen wolle, bleibe mit Rücksicht auf die desfallsigen rechtlichen Folgen seiner Beurtheilung allein überlassen [4]). Dieß veranlaßte eine Agitation und der westphälische Landtag wendete sich in ihrem Sinne an den König. Die Folge davon war eine Allg. Verfügung des Justizministeriums an die Gerichte, worin dieselben auf allerh. Befehl angewiesen werden, nach dem Wunsche des westphälischen Provinzial-Landtages v. J. 1843 jede nach §. 551 ff., Tit. 9 des A. L.R. zur Unterbrechung der Verjährung geeignete Klageanmeldung, auch wenn sie keinen Prozeß zur Folge hat, mit der darauf erlassenen Verfügung der Gegenpartei mitzutheilen [5]). Hierdurch ist über die Geeignetheit einer Anzeige der in Rede stehenden Art zur Unterbrechung der Verjährung nichts Neues bestimmt; der Richter hat daher zu beurtheilen: ob die vorliegende Anzeige zur Unterbrechung der Verjährung geeignet sei, oder nicht, und darnach seine Verfügung, im Falle der Verbittung der Einleitung des Prozesses, zu treffen. Er kann verfügen: entweder daß der Anmeldende im Sinne des erstgedachten Rescripts zu bescheiden, oder aber, daß ohne weiteres dem Gegentheile eine Abschrift der Anzeige mitzutheilen, oder, daß das Schriftstück ad acta zu nehmen, oder, daß das Schriftstück, weil eine Rechtshülfe nicht verlangt werde, zurückzustellen sei. Was er aber auch nach seinem rechtlichen Ermessen zu verfügen befindet, es erwächst in keinem Falle durch seine Verfügung der Frage ein Präjudizium: ob durch die Anzeige die Verjährung unterbrochen sei; diese Frage, welche seitdem streitig ist [6]), bleibt für einen künftigen Rechtsstreit offen. Es

4) R. v. 22. Januar 1841. (J.M.Bl. S. 65.)

5) R. v. 20. Juli 1843. (J.M.Bl. S. 204.)

6) S. m. Anm. 81 zu §. 551, Tit. 9, Th. I des A. L.R. Es tritt hinzu

empfiehlt sich jedoch für das mildrichterliche Amt, im Interesse des Gegners, ihm auf Kosten des Extrahenten eine Abschrift der Anzeige mitzutheilen[7]), damit er auf Erhaltung seiner Einwendungen und Beweismittel bedacht sei. Denn es leuchtet ein, daß, wenn eine derartige Anzeige die Verjährung zu unterbrechen geeignet wäre, die Dauer eines vermeintlichen Anspruchs durch Wiederholung der Anzeige verewigt werden könnte, um einmal zu einer Zeit, wo bereits alles sich darauf Beziehende vergessen und begraben wäre, die Nachkommen der Gegenpartei damit zu überfallen, — ein neu erfundenes Manöver, welches mit den Voraussetzungen und dem Zwecke der Klageverjährung in geradem Widerspruche steht und deshalb mit derselben unvereinbar ist.

II. Einzelne Gegenstände.

§. 5.

1. Die Feststellung der Zulässigkeit des Rechtsweges.

In das vorbereitende Verfahren fällt: Wenn die Klageanmeldung dazu nicht die erforderliche Auskunft giebt, so muß, nach Bewandtniß der Umstände, entweder von dem Kläger eine Erklärung über bestimmte Thatumstände eingefordert, oder ein Informationstermin angesetzt werden. Erscheint nach den Angaben des Klägers die Zulässigkeit des Rechtswegs dem Gerichte zweifelhaft, so wird die Aufnahme oder Einreichung der Klage verfügt, oder, wenn das Schriftstück oder Protokoll den Erfordernissen einer vollständigen Klage bereits entspricht, die Klagebeantwortung eingefordert und dem Gegentheil der Einwand der Unzulässigkeit des gerichtlichen Prozesses stillschweigend überlassen. Erhellet aber die Unzulässigkeit des Rechtsweges aus dem Vortrage des Klägers dem Gerichte, nach seiner Rechtsauffassung, unzweifelhaft, so wird der Kläger unter Angabe der Gründe abgewiesen. Dabei ist nicht erforderlich, daß derselbe an eine bestimmte Behörde verwiesen werde, vielmehr entspricht es der Vorsicht, sich darüber nicht zu äußern, weil bei dem negativen Kompetenzkonflikte das zurückweisende Ge-

ein Erk. des Obertrib. v. 28. Februar 1857 (Entsch. Bd. XXXV, S. 31), wo u. A. gesagt wird: „von dem, der eine Klage anmeldet, aber ausdrücklich erklärt, er wolle nie klagen, wird allerdings richtig gesagt werden können, er melde eine Klage gar nicht an." Aber der Ausspruch des „nie", welcher an sich widersinnig sein würde, kann nicht erforderlich sein, um die s. g. Klageanmeldung unwirksam zu machen, es muß dazu die Erklärung genügen, daß er eine richterliche Verfügung Behufs der Einleitung des Rechtsverfahrens nicht begehre, oder eine solche verbitte.

7) Vergl. R. v. 23. Februar 1841, Nr. 3. (J.M.Bl. S. 110.)

richt ja nicht berufen ist, zu bestimmen, welche andere Behörde sich mit der Sache zu befassen habe.

Beispiel.

An
Ein Königl. Wohllöbl. Kreisgericht.
hier.

Klageanmeldung
des Spediteur Emanuel Sender
hieselbst,
wider
den Magistrat der hiesigen Stadt.

Das in der Bischoffsstraße Nr. 5 hieselbst belegene Haus ist mein Eigenthum. Das Grundstück geht bis an die dahinter belegene, mit der Bischoffsstraße parallel laufende Grabenstraße, in welcher das zu meinem Hause gehörige Hinterhaus liegt. Vor meiner Besitzzeit war es aus Mangel an Aufsicht eingerissen, daß das Publikum durch mein Vorderhaus, meinen Hof und mein Hinterhaus hin und zurückging. Nach meiner Besitznahme verschloß ich die Thüren. Dadurch hat sich der hiesige Magistrat, Abtheilung für die Polizeiverwaltung, veranlaßt gefunden, mir durch die beiliegende Verfügung anzubefehlen, bei 50 Thlrn. Strafe dem Publikum den Durchgang durch mein Grundstück zu öffnen und unverschlossen zu halten. Ich bin jedoch nicht gehalten, mein Grundstück der Stadt zu einer öffentlichen Gasse zu überlassen und klage deshalb auf Zurücknahme des Magistratsbefehls mit Bitte um Schutz gegen den Eingriff in mein Eigenthum.

N. den 10. Nov. 1860.

Sender.

D.

Dem Bittsteller ist unter Zurücksendung der Anlage zum Bescheide zu geben, daß, da sich die Verfügung des Magistrats als eine polizeiliche darstellt und nach dem Gesetze vom 11. Mai 1842 (G.S. S.192) Beschwerden über polizeiliche Verfügungen jeder Art, sie mögen die Gesetzmäßigkeit, Nothwendigkeit oder Zweckmäßigkeit derselben betreffen, vor die vorgesetzte Dienstbehörde gehören, der Rechtsweg dagegen aber nur in den Fällen der §§. 2 ff. zulässig ist, die angemeldete, auf Aufhebung jener polizeilichen Verfügung gerichtete, Klage nicht zugelassen werden kann. Dabei sind die Kosten einzufordern.

N. den 15. Nov. 1860.

Richter.

§. 6.

2. Die Prüfung der Kompetenz des Gerichts.

Die Vorlegung einer Klageanmeldung oder einer Klage bei der zuständigen Abtheilung oder Station, mit Rücksicht auf den Ge=

genstand oder die Art des Prozesses ist eine innere Angelegenheit, welche nach den Vorschriften des allgemeineren und beziehungsweise besonderen Geschäftsreglements geordnet wird. Ein Fehlgriff des Büreaubeamten darin wird durch die Verfügung, daß die Sache bei der zu bezeichnenden Abtheilung zum Vortrage zu bringen sei, verbessert. Wird die Kompetenz unbegründet befunden, so läßt man sich auf eine weitere Beurtheilung der Sache nicht ein, sondern lehnt die Annahme derselben hierorts ab, und weiset den Kläger an den gehörigen Richter [8]). Dabei bestimmt zu sagen: wer der gehörige Richter sei, oder wo die Klage angebracht werden müsse, ist der Richter nicht schuldig und auch nicht immer im Stande. Wenn er dieses also nicht bestimmt weiß, so ist es klug, darüber zu schweigen, um Vorwürfen zu entgehen, welche folgen könnten, wenn der Kläger in Befolgung dieser Weisung an einen unrechten kommt.

Beispiel.

D.

Dem Kl. ist unter Rücksendung der Anlagen und Einziehung der Kosten zu eröffnen, daß die wider den N.N. angebrachte Klage hier nicht angenommen werden könne. Denn zur Begründung des Gerichtsstandes des Kontrakts, auf welchem die Kompetenz des hiesigen Gerichts ruhen soll, sei es nicht genug, daß der geschlossene Kontrakt hierorts erfüllt werden solle, und daß der Bekl. auch Sachen der versprochenen Art hier bereits niedergelegt habe; sondern es sei nach §. 150 der A. G.O. Th. I, Tit. 4 auch erforderlich, daß der Bekl. sich am hiesigen Orte antreffen lasse. Da nun derselbe, nach dem Klagevortrage, von hier wieder abgereist sei, so bleibe dem Kl. überlassen, sich an den gehörigen Richter der Sache zu wenden.

N. den 10. Nov. 1860.

Richter.

Ist dem Gerichte das kompetente Gericht ganz bestimmt bekannt, und nicht der Fall vorhanden, daß der Kläger das Begründetsein eines außerordentlichen Gerichtsstandes behauptet hat, worüber er, wie in dem vorigen Falle, eine gehörig motivirte Resolution erhalten muß; so ist es in der Praxis üblich, die Klage an jenes Gericht zu senden, und dem Kläger davon Nachricht zu geben.

---

8) A. G.O. I, 4, §. 15.

Beispiel.

D.

1) In Urschrift an das Königl. Kreisgericht zu N.N. als das kompetente Gericht zur Verfügung. Sportelfr. J. S.

2) Nachricht dem Kläger p. c. d.

N. den 10. Nov. 1860.

Königl. Kreisgericht. I. Abtheilung.

Haupt. Richter.

Diese Verfügung empfiehlt sich im Interesse einer wohlmeinenden Rechtspflege nur dann, wenn Unkenntniß des Klägers als Grund der irrthümlichen Adresse zu vermuthen ist; anderenfalls würde das Gericht sich als Briefträger und um dem Kläger die Portoauslagen zu sparen, mißbrauchen lassen. In diesem Falle wird das Schriftstück dem Schriftsteller zurückgegeben, mit einer Randverfügung etwa in folgender Art:

D.

1) Br. m. (brevi manu) zurück, da die Sache nicht hierher gehört (oder: da der Bekl. nicht unter der hiesigen Gerichtsbarkeit steht).

2) ... Sgr. Kosten sind einzuziehen.

N. den 10. Nov. 1860.

Königl. Kreisgericht. Erste Abtheilung.

Haupt. Richter.

Befindet das Gericht seine Kompetenz begründet, so wird die Prüfung der Vorlage fortgesetzt.

§. 7.

3. Die Prüfung einer etwaigen Litispendenz.

Ergeben sich aus der Vorlage Anzeigen der Prävention eines anderen Gerichts, so muß diese vorgängig festgestellt werden; wäre eine solche aus den Vorlagen bereits mit Gewißheit zu entnehmen, so würde der Kläger ohne Weiteres mit seinem Vortrage an das mit der Sache bereits befaßte Gericht zu verweisen sein. Anderenfalls ist der Kläger zu seiner näheren Vernehmung vorzuladen, und die Litispendenz festzustellen.

Beispiele.

Nr. I.

An
Ein Königl. Wohllöbl. Kreisgericht
zu
Neisse.

D.

Cit. (citetur) der Supplikant ad term. informat. den .... vor dem Deputirten, Herrn ..... mit der Auflage, sich auf eine genaue Auskunft darüber, was es mit der Verfügung der Königl. Generalkommission zu Breslau in Betreff der Wiese des Dominiums Schmelzdorf, auf welche er ein Hütungsrecht zu haben vermeint, für eine Bewandtniß habe, vorzubereiten und insbesondere die Schriften, welche er darüber besitzt, mitzubringen, sub praejudicio der Weglegung seines Gesuchs auf seine Kosten.

N. den 15. Nov. 1860.

R.

Ich habe eine Hütungsgerechtigkeit auf einer Wiese des mit der hiesigen Dorffeldmark grenzenden Dominiums Schmelzdorf. Der Gutsbesitzer A. daselbst hat mich in der Ausübung derselben dadurch gestört, daß er mir am vergangenen Montag ein Stück hat abpfänden und die übrigen Viehstücke von der Wiese hat vertreiben lassen. Er giebt zwar vor, daß ihm die Generalkommission zu Breslau dazu ein Recht gegeben habe, aber ich bin mit dem Bescheide der Generalkommission nicht zufrieden und ich will mein Recht bei den Gerichten suchen. Deshalb bitte ich Ein Königl. Wohllöbl. Kreisgericht, mir in meiner Sache beizustehen und mich sammt dem Gutsbesitzer A. zu einem Entscheidungstermine vorfordern zu lassen. Kuhthal d. 10. Nov. 1860.

Jürgen Timpel,
Bauerguts-Besitzer.

Nr. II.

D.

1. Das Protokoll ohne die Beilage geht urschriftlich
An
die Königl. Generalkommission
zu
Protofr. J. S. Breslau
zur eventuellen Bescheidung des Bittstellers.

Kreisgericht Neisse, den 20. Nov. 1860.

In Sachen des Bauers Jürgen Timpel zu Kuhthal wider den Gutsbesitzer A. zu Schmelzdorf erschien in dem heutigen Informationstermin der Kl. in Person, übergab die beiliegende Verf. der Generalkommission zu Bres=

2. Nachricht hiervon erhält der Bittsteller unter Rücksendung der Beilage mit dem Beifügen, daß, weil die Sache bei der Königlichen Generalkommission zu Breslau anhängig sei, dem Kreisgerichte keinerlei Verfügung in derselben zustehe, und er sich mit seinen Gesuchen an diese allein kompetente Behörde zu wenden habe.

... Sgr. Kosten sind einzuziehen.

P. c. d.

Neisse, den 21. Nov. 1860.

Königl. Kreisgericht. Erste Abtheilung.

Haupt. Richter.

lau vom 16. September d. J., wodurch ihm eine Abschrift der Provokation des Beklagten auf Ablösung der Servituten, welche den Grundbesitzern zu Kuhthal auf die Schmelzdorfer Dominialfeldmark zustehen möchten, mit der Benachrichtigung zugefertigt wird, daß der Spezialkommissarius Bauernfreund hieselbst mit der Regulirung der Sache beauftragt worden sei, und wobei ihm aufgegeben wird, sich fortan bei 10 Thlrn. Strafe der Behütung der Grundstücke des Provokanten mit Vorbehalt der ihm gebührenden Entschädigung zu enthalten, — und ließ sich vernehmen:

Meine Absicht ist, gegen dieses Verbot der Generalkommission Widerspruch zu erheben; denn ich bin der Meinung, daß mir mein Hütungsrecht nicht entzogen werden kann, bevor ich dafür nicht vollständig abgefunden worden bin. Deshalb bitte ich:

mir mein Hütungsrecht auszuüben ferner zu gestatten und das Verbot aufzuheben.

Vorgelesen, genehmigt und zur Unterschrift vorgelegt.

Jürgen Timpel.

a. u. s.

N. Deputirter.

§. 8.

4. Die Feststellung der Prozeßfähigkeit der Parteien.

Vorhin (§. 3) ist das vorbereitende Verfahren wegen Hebung des Prozeßhindernisses der Handlungsunfähigkeit in dem Falle dargestellt worden, wenn der Mangel von einer der Parteien zur Abhülfe angezeigt wird. Hier ist der Fall vorausgesetzt, daß keine dergleichen Anzeige vorliegt, sondern in der Klageanmeldung (oder Klage) über dieses Erforderniß in der Art hinweggegangen wird, als wenn das Vorhandensein der Handlungsfähigkeit sich von selbst verstehe, gleichwohl aber aus dem Schriftstücke der Mangel der Fähigkeit ganz klar erhellet, oder doch Anzeigen eines solchen Mangels hervorgehen. In dem zweiten Falle läßt sich eine Verfügung in einer bestimmten Richtung nicht treffen, vielmehr muß vor Allem das bestehende Dunkel aufgeklärt werden. Dieses geschieht durch Vernehmung des Bittstellers, der dazu auf einen Termin vorgeladen wird, welches zweckmäßig mündlich geschieht, zumal nicht feststeht, ob an ihn eine richterliche Verfügung mit rechtlicher Wirkung erlassen werden kann. Man erläßt deshalb etwa folgendes

D.

Der Bittsteller ist auf den ..... vor dem Deputirten, Herrn....., mündlich zu bestellen, um über seine (oder des Bekl.) persönliche Verhältnisse in Betreff der Selbstständigkeit Auskunft zu geben, wobei ihm anzudeuten, daß, wenn er ausbliebe, sein Ansuchen bei Seite gelegt werden würde. N. den 12. Nov. 1860. N.

Br. m. (brevi manu.)

Ist festgestellt, daß der Kläger nicht ohne Mitwirkung einer anderen Person, welche rechtliche Gewalt über ihn hat, vor Gericht handelnd auftreten kann; so kann an ihn eine die Verbesserung oder Ergänzung der Klage bezweckende Verfügung nicht ergehen [9]), weil er durch seine Anmeldung oder Klage keine Verbindlichkeit überkommen hat, nicht einmal zur Zahlung von Gerichtskosten, und ihm daher aus einer an seine Person erlassenen Verfügung kein Präjudiz erwachsen kann, weshalb sich der Richter mit ihm nicht weiter einzulassen hat. Vielmehr muß der Richter unmittelbar das Erforderliche zur Ergänzung des Mangels, nach Bewandtniß der Umstände, verfügen.

---

9) Reusch, Anleitung zum Instruiren ꝛc. Heft 1, S. 8, will den prozeßunfähigen Kläger bescheiden und zur Verbesserung der Klage sub praej. expensarum et repos. actorum anweisen.

Beispiel.

D.

1. In Urschrift, unter Beifügung der Klageschrift, sub volo rem.

An
das Königl. Kreisgericht. Erste Abtheilung,
zu
Sportelfr. J. S. Stettin,

mit dem ergebenen Ersuchen, die Sache dem dortigen Kaufmanne Moses Elle zur Kenntnißnahme und Erklärung vorzulegen, und, wenn er die von seinem Sohne angemeldete Sache zu verfolgen gemeint ist, eine vollständige Klage von ihm aufzunehmen und an uns zu übersenden.

2. Repr. nach 6 Wochen.

Neisse, den 18. Nov. 1860.
Königl. Kreisgericht. Erste Abtheilung.
Haupt. Richter.

Kreisgericht Neisse, d. 18. Nov. 1860.

Auf mündliche Bestellung in Gemäßheit der Verf. v. 12. d. M. erschien in dem heutigen Termine der Handlungsdiener Herr Julius Elle von hier, um zu seiner Klage wider den Pfandleiher Wucherer hieselbst wegen Zurückgabe eines Pfandstücks, 100 Thaler werth, über seine Zustandsverhältnisse Auskunft zu geben. Er erklärte:

Ich bin der Sohn des noch lebenden Kaufmanns Moses Elle zu Stettin und am 1. Aug. 1840 geboren, also jetzt 20 Jahre alt. Die Uhr mit goldener Kette, welche mir der Bekl. entlockt hat und auf deren Wiedererlangung meine Klage gerichtet ist, habe ich von meiner verstorbenen Mutter geerbt, und ist mir von meinem Vater anvertraut worden. Wie sie in die Hände des Bekl. gekommen, habe ich in der Klageschrift bereits ausführlich erzählt.

V. g. und unterschrieben:
Julius Elle.
a. u. s.
N. Deputirter.

In dringenden Fällen und in gewissen Ausnahmefällen darf der Prozeßrichter selbst einen Litiskurator der unfähigen Partei bestellen [10]).

Stellt sich ein Mangel in der Person des Bekl. heraus, so ist nach §. 3 zu verfahren.

---

10) A. G.O. I, 1, §. 12 u. m. Anm. dazu, u. Zus. 8 zu § 4 ebd.

§. 9.

5. Der Legitimationspunkt.

Dazu gehört die Legitimation der Person (legitimatio personae), die Prozeßlegitimation (legitimatio ad processum) und die Sachlegitimation (legitimatio ad causam) [11].

a) Die Legitimation der Person. In weiterer Bedeutung gehört hierzu auch die Handlungsfähigkeit, wovon so eben unter der vorhergehenden Ziffer 4 gesprochen worden ist. Im engeren Sinne versteht man darunter die Berechtigung der Partei, den Prozeß als den ihrigen zu führen. Der Hauptfall ist der, wenn auf einer Seite, oder auf beiden Seiten, mehrere Theilnehmer vorhanden sind. Worauf dabei zu sehen, ist in der Prozeßordnung so ausführlich und zutreffend vorgeschrieben [12], daß darüber nichts weiter zu sagen ist. Hier ist nur übrig, das vorbereitende Verfahren zu besprechen, wenn der Kläger anzeigt, daß auf einer Seite mehrere Theilnehmer vorhanden sind, es aber von ihm nicht abhängt, die Sache klar zu machen. Dann muß das Gericht den Anstand zu heben suchen [13]). Nehmen wir den Fall des Vorhandenseins mehrerer Miterben. Auf der Seite des Klägers macht dieß keine Schwierigkeit. Drei Fälle sind hier denkbar: entweder wird der Anspruch als ein Sonderrecht eines jeden Theilnehmers in Beziehung auf das Ganze geltend gemacht: dann ist er allein ganz unzweifelhaft zur Klage legitimirt, und es kann dahin gestellt bleiben, was der Gegner dagegen zu sagen haben wird; oder der Gegenstand ist im Rechtssinne als untheilbar anzusehen: dann kann Einer gleichfalls allein klagen, ohne sich auf eine Nachweisung der übrigen Berechtigten einzulassen; oder der Gegenstand ist theilbar: dann muß der Kläger entweder die Theilung oder den ihm zustehenden Antheil behaupten, oder er muß die übrigen Theilnehmer namhaft machen und von ihnen Vollmacht zur Führung des Prozesses wegen des Ganzen beibringen.

Auf der Seite des Bekl. ist es anders. Hier muß der Kläger zur Substantiirung seiner Klage sämmtliche Theilnehmer dergestalt bezeichnen, daß einem jeden die Klage insinuirt werden kann. Das hängt jedoch nicht immer von ihm allein ab; in diesem Falle muß das Gericht mitwirken.

---

11) Vergl. Civilproceß, §§. 82 ff.

12) A. G.O. Th. I, Tit. 5, §. 4, Nr. 6 bis 8.

13) Ebenda §. 11; Tit. 6, §. 8.

Beispiel.

Nr. 1.

An
Ein Königl. Wohllöbl. Kreisgericht, I. Abtheilung
zu .
Neisse.

Klageanmeldung
des Gutsbesitzers A. zu Blumenthal
wider
die ehemaligen Gewerken der ins Freie gefallenen Braunkohlen-Grube Friederike-Agnes daselbst.

D.

1. Requir. das k. Oberbergamt zu Breslau, unter abschriftlicher Mittheilung der nebenstehenden Klageanmeldung, die betreffende Bergbehörde zu veranlassen, uns den Vertreter der v. Tr — schen Minorennen, und den Wohnort der Frau v. R., in deren Namen mit sie das Grundstück des Kl. soll haben durch den Schichtmeister J. in Besitz nehmen lassen, bekannt zu geben.
2. Repr. nach 6 Wochen.

N. d. 21. Nov. 1858.

N.

Wie die beiliegende Abschrift des Protokolls des Schichtmeisters J. zu Reichenstein v. 20. Sept. 1854 ergiebt, hat die Gewerkschaft der nun ins Freie gefallenen Braunkohlen-Grube Friederike-Agnes auf meiner Feldmark eine Fläche von nahezu 4 Morgen zur Abbauung in Besitz genommen, ohne mich dafür bis jetzt zu entschädigen. Inzwischen haben die Gewerken den Betrieb des Bergwerks liegen lassen, ohne die Tagewerke wieder einzuebnen und kulturfähig zu machen, und die Grube ist ins Freie gefallen. Ich bin genöthigt, die ehemaligen Gewerken wegen meiner Entschädigung in Anspruch zu nehmen und melde die desfallsige Klage hiermit an. Zur Vollständigkeit der Klage gehört jedoch, da die Gewerkschaft und ein Repräsentant nicht mehr vorhanden ist, die Benennung aller ehemaliger Gewerken, in deren Namen mein Grundeigenthum in Besitz genommen worden ist. Die Bergamtskommission zu Reichenstein hat mir zwar das beiliegende Verzeichniß der Theilhaber zugestellt; dasselbe ist jedoch unvollständig; denn es befinden sich darunter 3 minorenne v. Tr — ohne Angabe ihres Vertreters, und eine Frau v. R. ohne Angabe ihres Wohnortes. Ich habe unterm 8. v.

M. die gedachte Bergamtskommission um nachträgliche Auskunft hierüber gebeten, aber ich erhalte darauf keine Antwort. Somit bin ich durch das Verfahren der Bergbehörde, die mir von Anfang die Personen, in deren Namen sie mein Grundeigenthum in Besitz nehmen lassen, gehörig hätte bekannt machen sollen, außer Stand gesetzt, meine Rechte zu verfolgen und insbesondere die Personen, welche ich belangen muß, genügend zu bezeichnen. Deshalb bitte ich

wegen Ausmittelung des Vertreters der 3 v. Tr—schen Minorennen, und des Wohnorts der Frau v. R. das Erforderliche verfügen zu wollen.

Blumenthal, den 20. Novbr. 1858.

A.

Nr. II.

An
Ein Königl. Kreisgericht, I. Abtheilung
zu
Neisse.

Auf Befehl des k. Oberbergamts zu Breslau benachrichtigen wir Ein Königl. Kreisgericht in der Sache des Gutsbesitzers A. zu Blumenthal wider die vormaligen Gewerken der Braunkohlengrube Friederike-Agnes daselbst ergebenst, daß die drei minorennen Geschwister v. Tr. zu Posen durch ihren Vormund, den königl. Justizrath W. zu Breslau vertreten sind. Die Wohnung der Maria L., jetzt verehelichten v. R. zu Berlin, kennen wir nicht, dieselbe hat aber zu unsern Hypotheken-Akten eine unter dem 26. Mai

D.

Cit. der Kl., unter abschriftlicher Zufertigung dieses Schreibens, zur Aufnahme einer vollständigen Klage auf den ....
vor dem Deputirten, Herrn ....

N. d. 28. Jan. 1859.

N.

1851 zu Berlin ausgestellte notarielle Generalvollmacht eingereicht, durch welche sie in Assistenz ihres jetzigen Ehemannes, des königl. Rittmeisters und Escadron-Chefs im Garde-Dragoner-Regiment, v. N., den königl. Rechtsanwalt, Justizrath G. zu Breslau bevollmächtigt, sie in allen, den Nachlaß ihres verstorbenen ersten Ehemannes, des Kaufmanns Arnold L. betreffenden Angelegenheiten, insonderheit in Angelegenheiten betreffend die von dem rc. L. hinterlassenen Bergwerksantheile und Hütten, zu vertreten, sei es vor oder außer Gericht.

N. — d. 26. Jan. 1859.

Königl. Bergamts-Kommission.

N.

b) Die Legitimation ad processum. Tritt ein Stellvertreter für die Partei auf, so muß derselbe als solcher zulässig sein und sich gehörig ausweisen. Die Prüfung hat also zwei Gegenstände: die Zulässigkeit der Person, und den Ausweis derselben.

aa) Ist die Person keine von denjenigen, welche unbedingt zugelassen werden müssen[14]), und ist auch ein Ausnahmefall[15]) nicht vorhanden, so wird das Gesuch als unannehmbar zurückgegeben, oder der Gesuchsteller auf sein mündliches Ansuchen zurückgewiesen, unter Angabe des Grundes.

Beispiel.

D.

Dem rc. Kluger ist unter Zurücksendung der Vollmacht und unter Einziehung der Kosten zum Bescheide zu geben, daß die von ihm für den Bauer Träge zu Kneip-

Kreisgr. N. d. 5. Nov. 1860.

Auf der Anmeldungsstube erschien der hiesige Kommissionär Kluger und brachte für den Bauer Michel Träge zu Kneiphof, unter Ueberreichung der bei-

14) A. G.O. I, 3, §§. 14, 22, 25, u. m. Anm. 15 dazu; A. L.R. I, 13, §§. 119 ff. — V. v. 1. Juni 1833, §. 52.

15) A. G.O. a. a. O. §. 26.

hof gegen den Brauer Sieder hieselbst, wegen 60 Thlr. Kaufgeld, angebrachte Klage nicht angenommen werden könne, weil er nicht zu denjenigen Personen gehört, welche nach den Vorschriften der A. G.O. Th. I, Tit. 3, §§. 22 und 25, und A. L.R. Th. I, Tit. 13, §§. 119 und flg. in Prozessen für Andere vor Gericht zu erscheinen berechtigt seien.

N. d. 9. Nov. 1860.

Richter.

liegenden Vollmacht, folgende Klage an:

Der Kläger habe durch seine, des Komparenten Vermittelung, dem hiesigen Brauer Sieder 20 Scheffel Gerste à 3 Thlr. verkauft und am 16. Oktober d. J. überliefert. Darüber werde dem Bekl. der Eid zugeschoben. Den Preis habe der Bekl. nicht bezahlt und es werde darauf angetragen:

den Bekl. zur Zahlung des Kaufgeldes mit 60 Thlrn. nebst Verzugszinsen an den Kläger zu verurtheilen.

V. g. u.

Elias Kluger.

a. u. s.

N., Wochendeputirter.

Ist ein Ausnahmefall vorhanden, d. i. wenn eine Gefahr im Verzuge klar erhellet und eine cautio de rato „sofort bestellt wird" (Not. 15); so kann die als Vertreter erscheinende Person zugelassen werden, wenn sie auch nicht zu jenen Personen gehört. Die sofortige Bestellung der Kaution im Augenblicke der Prozeßhandlung scheitert an dem Geschäftsgange, denn der Richter soll den Betrag der Kaution zuvor bestimmen und alsdann muß die Zahlung zum Depositorium erfolgen. Darüber würde in den meisten Fällen der zur entscheidenden Handlung noch vorhandene Zeitraum verlaufen und somit das Einschreiten des Vertreters zu spät kommen. Deshalb muß in einem solchen Falle die Vertretung bedingungsweise zugelassen werden.

Beispiel.

Klageanmeldung
für den Fuhrmann Gabriel Wagenführer hier
wider
den Zollbeamten Limmer zu Grenzdorf hiesigen Kreises.

Pr. d. 24. Dec. 1860. H.

Mein Nachbar, der Fuhrmann Wagenführer, hat im Laufe des Jahres 1858 des Beklagten Mobiliare bei dessen Versetzung von Breslau nach Grenzdorf für ein bedungenes Frachtlohn von

D.

1. Dem Antragsteller ist zu eröffnen, daß die für den abwesenden Fuhrmann Wagenführer eingereichte Klageanmeldung wider den Zollbeamten Limmer zu Grenzdorf nur unter der Bedingung angenommen werde, daß dafür, daß er die Genehmigung des Wagenführer nachbringen werde, eine Kaution von 15 Thlrn. in term. den ..... ad depositum zahle. Nach der Einzahlung werde das Weitere wegen Aufnahme der Klage verfügt; im Nichtzahlungsfalle aber die Klageanmeldung für nicht eingereicht und der Kostenbetrag von ihm eingezogen werden.

2. Mand. depos. jud. die Annahme der 15 Thlr. am nächsten Depos.-Tage den .....

J. M. B. E. Nr. 35.

3. Repr. mit dem Depos.-Prot., ev. nach dem Termine.

R. d. 24. Dec. 1860.

Richter.

80 Thlrn. transportirt und seine Befriedigung nicht erhalten. Mit dem letzten Dezember d. J. verjährt die Forderung. Wagenführer befindet sich seit 3 Monaten auf einer Reise abwesend und ist in Lübeck verunglückt, so daß er vor Ablauf dieses Jahres nicht eintreffen kann. Dieß ergiebt sich aus dem beiliegenden Briefe des Dr. Heilmann daselbst, worin er mich bitten läßt, seinen Anspruch gerichtlich geltend zu machen; ich trage deshalb darauf an:

mich zur Aufnahme einer ordentlichen Klage vorzuladen.

R. d. 24. Dec. 1860.

Marchand, Kaufmann.

bb) Findet sich gegen die Zulässigkeit des Vertreters kein Bedenken, so bringt er einen Nachweis bei, oder nicht.

α) Hat er keinen Ausweis, verspricht aber dessen Nachbringung, so muß ohne Verzug auf dessen Antrag sachlich verfügt und ihm zur Nachbringung des Ausweises in der Verfügung, unter Androhung einer Ordnungsstrafe, gewöhnlich von 1 oder 2 Thlrn., eine bestimmte Frist gesetzt werden [16]); im Falle der Nichtbefolgung verdoppelt man gewöhnlich die Strafe unter Bestimmung einer neuen Frist. Die milde Praxis pflegt jedoch, zumal wenn der Vertreter ein Rechtsanwalt ist, zuvor eine Erinnerung ergehen zu lassen unter der Drohung, daß bei abermaligem fruchtlosen Ablaufe der

16) A. G.O. I, 3, §. 25 u. m. Anm. 15 dazu u. §. 28.

Frist die Strafe festgesetzt und eingezogen, auch eine erhöhete Strafe dabei angedroht werden würde. Diese Milde ist, einem pflichtmäßigen Rechtsanwalte gegenüber, völlig gerechtfertigt, da in den meisten Fällen die Versäumung nicht an ihm liegt und ihm höchstens vorzuwerfen wäre, daß er den Hinderungsgrund nicht angezeigt und nicht um Fristverlängerung gebeten hätte, wobei jedoch wieder zu beachten, daß er es mit dieser Sache nicht allein zu thun hat und nicht persönlich seine Büreaugeschäfte versehen kann. Bei gewohnheitsmäßiger Nachlässigkeit eines Rechtsanwalts würde eine solche Milde übel angebracht sein. Man legt auch kein Gewicht darauf, daß die Nachbringung des Ausweises nicht ausdrücklich versprochen worden; der Nachtheil einer daraus entnommenen Beanstandung der Sache würde die schuldlose Partei treffen; die Verbindlichkeit zur Nachbringung versteht sich von selbst.

β) Der Ausweis (Vollmacht, Vormundschaftsbestellung, Decretum ad agendum, Wahlprotokoll z. B. der Gewerkschaften, Gesellschaften und Korporationen) ist eingereicht, aber entspricht den gesetzlichen Erfordernissen [17]) nicht. Dann ist zu prüfen: ob der Mangel ein solcher ist, welchen das Gesetz [18]) als einen wesentlichen bezeichnet, oder nicht. Ist der Mangel ein wesentlicher, so wird der Ausweis zurückgegeben, mit dem Bescheide, daß auf den Antrag wegen des gehörig zu bezeichnenden wesentlichen Mangels der Vollmachtsurkunde nicht eingegangen werden könne. Bei fiskalischen Anwalten ist darauf zu achten: ob die Sache zum Ressort derjenigen Behörde, welche den Auftrag gegeben hat, gehöre. Ist der Auftrag eine Regierungsvollmacht, so muß die Unterzeichnung den Vorschriften der K. O. v. 31. Dez. 1825, Nr. VIII und IV entsprechen; ermächtigt der Auftrag zur Vertretung eines Bevormundeten, so muß das Tutorium oder Kuratorium so wie die Autorisation in der Regel von der kompetenten Vormundschaftsbehörde in forma probante ertheilt worden sein. In den Ausnahmefällen, wo der Prozeßrichter einen Litiskurator zu bestellen hat, bedarf es einer Ausfertigung des Auftrages nicht, da das Originaldekret schon bei den Prozeßakten ist. Dieß ist auch der Fall mit dem im §. 2, Tit. 38 der Pr. O. erwähnten fiskalischen Anwalte, welchen der Prozeßrichter beauftragt, eine Imploration auf Wahn- oder Blödsinnigkeits-Erklärung gegen Jemand anzubringen. Daß die-

17) Ebenda §. 30 u. m. Anm. 19 dazu, §. 39 u. m. Zus. 8a dazu, u. Anh. §. 47 u. Anm. 26 dazu, §§. 44 bis 50 u. Zus. 9 dazu, §§. 51 bis 53.

18) A. G.O. a. a. O. §. 54 u. Zusatz 9 dazu.

ser Anwalt dem Fiskus nicht von der Vormundschaftsbehörde, sondern von dem Prozeßgerichte zu bestellen, wie es auch gelegentlich gesagt worden ist[18a]), folgt daraus von selbst, daß dieser fiskalische Anwalt wesentlich nichts anderes als ein „Offizial-Anwalt", oder „Offizial-Assistent" des Fiskus, nicht etwa ein Kurator desselben ist.

Ist eine Gesellschaft oder Korporation der Vollmachtgeber, so muß im Allgemeinen die Vorschrift des A. L.R. Th. II, Tit. 6, §. 136 beobachtet worden sein. Insbesondere ist bei Vollmachten von Stadtgemeinden auf den §. 44 und §. 56, Nr. 8 der Städte-Ordnungen v. 30. Mai 1853 (G.S. S. 261) und der Städte-Ordnung für die Provinz Westphalen v. 19. März 1856 (G.S. S. 237); bei Vollmachten von Landgemeinden auf das Gesetz v. 14. April 1856, §. 10, Nr. 3 (G.S. S. 359), und bezüglich auf die Provinz Westphalen auf die Landgemeinde-Ordnung v. 19. März 1856, §. 76 (G.S. S. 265); ferner bei Bergbau-Gesellschaften (Gewerkschaften) auf das Gesetz v. 12. Mai 1851, §. 18, Nr. 15 (G.S. S. 269); bei Vollmachten von Kirchen auf die Vorschrift des A. L.R. II, 11, §§. 658, 659; und von Gymnasien und Schulen auf die Vorschrift des A. L.R. II, 12, §. 55 in Verbindung mit der K.O. v. 31. Dez. 1825 lit. D. Nr. II, 2 (G.S. 1826, S. 7) und der Regierungs-Instruktion v. 23. Okt. 1817, §. 18 (G.S. S. 248) zu sehen. Korporationen, deren Statuten nicht öffentlich bekannt gemacht sind, müssen sich durch Vorlegung ihres Privilegiums (Stiftungsbriefes), ihrer Statuten und Beamtenwahl-Protokolle ausweisen, um zu prüfen: ob die Vollmacht in Ordnung sei.

Ein Spezialfall ist der Prozeß der Gerichts- und Vormundschafts-Deposital-Interessenten wegen Schadensersatzes. Dieser soll durch einen von der Gerichtsbehörde dem Depositorium zu bestellenden Anwalt betrieben werden, dessen Vollmacht nach den Vorschriften der K.O. v. 11. August 1838 (G.S. S. 432) zu prüfen ist.

Beispiel.

D.

Dem Herrn N. N. unter Zurücksendung der Vollmacht zu eröffnen, daß auf seinen Antrag nicht eingegangen werden kann, weil die Vollmacht an den zwei wesentlichen Mängeln

18a) A. G.O. I, 38, §. 2 u. Rescr. v. 19. Novbr. 1829 a. E. (Jahrb. XXXIV, 470).

leide, daß sie nur unterkreuzt ist, und daß daraus nicht zu ersehen, wer sie ausgestellt habe. Die Kosten sind mit ... Sgr. einzufordern. P. c. d.

N. d. 12. Nov. 1860.

Richter.

Wegen anderer Mängel wird die Sache nicht beanstandet, sondern dem Antragsteller bei Zurückgabe des Ausweises neben der Bekanntmachung dessen, was in der Sache selbst verfügt worden, aufgegeben, dem zu bezeichnenden Mangel abzuhelfen und sodann die Vollmacht binnen einer bestimmten Frist, unter Androhung einer Ordnungsstrafe, wieder einzureichen.

c) Die Legitimation zur Sache, auch qualificatio ad actionem genannt. Darunter denkt man sich die Art und Weise, wie das ursprünglich einem Anderen zustehende Klagerecht auf den Kläger übergegangen sei, das s. g. fundamentum agendi intermedium. Dieses gehört nicht in das vorbereitende Verfahren, es ist ein Erforderniß zur Begründung des Anspruchs, muß in der Klage dargelegt und im Hauptverfahren erörtert werden.

6. Die Herbeischaffung der Information zur Sache und die Feststellung des Streitgegenstandes.

§. 10.

a) Die Vernehmung des Gegners über seinen Besitztitel.

Wenn der Kläger nicht in der Lage ist, gewisse Umstände, welche zur thatsächlichen Begründung gehören, bestimmt zu behaupten, was doch zur Klagebegründung nothwendig ist; so soll der Richter erwägen, was zur Behebung von dergleichen vorläufigen Anständen den Rechten nach erforderlich, und, wie wohl hinzugefügt werden muß, auch zulässig ist [19]). In dieser Hinsicht kommt in Betracht: a) die Vernehmung des Gegners über seinen Besitztitel; b) die Vernehmung des Autors; c) die Urkundenedition Seitens eines Dritten oder des Gegners; d) die Feststellung des Streitobjekts nach Lage oder Beschaffenheit an Ort und Stelle durch einen Gerichtsdeputirten, vielleicht auch mit Zuziehung eines Technikers.

a) Verpflichtung des Bekl. zur Angabe seines Besitztitels. Das römische Recht hat den Satz des Allg. Landrechts, daß der Eigenthumsbeklagte den Titel seines Besitzes anzu=

---

19) Ebenda Tit. 3, §. 11 a. E.; Tit. 6, §. 8.

geben und nachzuweisen habe[20]), nicht, es kommen auch, obwohl er als stillschweigend vorausgesetzt angenommen werden kann, keine Ausnahmen davon vor, vielmehr wird mit Beziehung auf die Erbschaftsklage gesagt, daß es gegen Recht und Billigkeit sein würde, wenn der Besitzer von demjenigen, welcher klagt, gezwungen werden könnte, den Grund seines Besitzes anzugeben, ausgenommen derjenige, welcher anzugeben gezwungen wird, ob er als bloßer Besitzer (pro possessore)[21]), oder als Erbe besitze[22]). Durch einige Rechtslehrer des vorigen Jahrhunderts sind aber mehrere Ausnahmen aufgebracht, namentlich, daß bei der Eigenthumsverfolgung der Bekl. seinen Besitztitel alsdann anzugeben gehalten sei, wenn der Kläger sein Recht genügend erwiesen habe[23]); oder wenn der Kläger der Fiskus, und der Gegenstand eine Domäne, ein Regale oder eine Immunität von öffentlichen Lasten sei[24]); oder wenn der Kläger eine Kirche oder geistliche Stiftung und der Gegenstand ein Beneficium betreffe[25]). An diese Lehre schließt sich das A. L.R. mit folgenden Ausnahmen an: 1) Weiset Jemand nach, daß ihm der Besitz einer Sache durch Gewalt, List oder Betrug entnommen worden, so ist der gegenwärtige Besitzer den Titel, aus welchem er besitzt, anzugeben verbunden[26]); 2) der Richter kann die Angabe des Besitztitels in allen Fällen, wo er selbige zur Aufklärung der Wahrheit für nöthig findet, also nach seinem freien Ermessen, fordern[27]); 3) wenn der Kläger nachgewiesen hat, daß er die in Anspruch genommene Sache in seinem r e c h t m ä ß i g e n Besitze gehabt (die R e c h t m ä ß i g k e i t des Besitzes soll hier also nicht vermuthet sondern bewiesen werden), und daß selbige diesem seinen Besitze ohne seinen Willen entkommen sei, so soll der

20) A. L.R. I, 7, §. 180.

21) Vergl. L. 12 D. de hereditat. petit. (V, 3).

22) L. 11 C. eodem (III, 31).

23) M. s. z. B. M e v i u s, Decis. P. VI, dec. 151; P. VIII, dec. 248; B r u n n e m a n n, Comment. ad L. 11 C. de hered. pet. (III, 31); L e y s e r, Med. ad P., sp. 452, m. 8, wo auch auf eine Diss. von S t r y k, de necessitate edendi tituli possessionis, c. 2, n. 145 Bezug genommen wird, die ich nicht gesehen habe. Als Legalstelle wird L. 5 C. de furtis (VI, 2) angeführt.

24) M. s. z. B. L e y s e r l. c. sp. 657, m. 30. Man beruft sich auf ein Arg. aus L. 1 §§. 41, 42, 45 D. de aqua cott. et aest. (XLIII, 20); c. 7 de priv. in 6 (V, 7).

25) Wegen c. 3 de officio ordin. (I, 16). B r u n n e m a n n l. c.; S t r y k l. c. c. 5. n. 20 seq., auf den sich C l a p r o t h, Grundsätze rc. §. 83 beruft.

26) A. L.R. I, 7, §. 184 u. m. Anm. 8 dazu.

27) Ebenda §. 185. Vergl. I, 15, §. 39, wo wahrscheinlich das Gleiche gemeint ist.

Bekl. seinen Besitztitel und den, von welchem er denselben erhalten hat, anzugeben schuldig sein [28]); diese Ausnahme geht also auch auf verlorene Sachen und ist strenger in der Beweisführung bedingt als die erste; 4) der Besitzer einer Domäne muß, wenn der Fiskus solche abfordert, seinen Besitztitel angeben und nachweisen [29]). Die Fassung dieser Stellen ist nicht gleichlautend, die ersten drei sprechen von der Angabe, die vierte auch von dem Nachweise des Titels; die eine erwähnt auch des Vormannes, die anderen nicht. Diese Verschiedenheit ist jedoch wohl zufällig und jedenfalls unerheblich. Denn was den Vormann betrifft, so gehört dessen Benennung zur vollständigen Angabe des Titels [30]), und daß in den ersten drei Ausnahmefällen eben so gut wie in dem vierten ein Nachweis erforderlich ist, läßt sich nicht bezweifeln, wenn die Vorschriften nicht völlig eitel sein sollen, ist auch von den Erfindern der Lehre gar nicht bezweifelt worden. — Der Grund dieser Ausnahmen ist nicht bei allen der gleiche; zu dessen Erörterung ist jedoch hier nicht der Ort [31]), wo nur von der Stellung der Parteien und von der prozessualischen Behandlung der Frage zu sprechen ist. Man setze den ersten Ausnahmefall voraus.

Jemand tritt mit der Behauptung auf, daß ihm vor längerer Zeit eine Kuh gestohlen worden sei, in deren Besitze sich gegenwärtig der Bekl. befinde. Zur Begründung der Vindikationsklage gehört weiter nichts als daß der Kläger den Erwerb seiner Kuh oder den Besitz derselben (actio Publiciana), sowie daß sie ihm entwendet worden sei und daß der Bekl. sie gegenwärtig hinter sich habe, behaupte und darüber den Beweis antrete. Wenn es ihm nur auf die Herausgabe der Kuh ankommt, so braucht er die Angabe des

---

28) A. L.R. I, 15, §. 34.

29) Ebd. II, 14, §. 34. Dieß ist die fiskalische Lehre, wonach der Besitz dem Fiskus gegenüber nichts gilt.

30) Denn es ziemt dir nicht — sagt die L. 5 C. de furtis (VI, 2) — vorzuschützen, du habest die Sache von einem Vorübergehenden und Unbekannten gekauft. Damit stimmt das A. L.R. I, 15, §. 39 überein.

31) Eine eingehende und vollständige Erörterung soll noch kommen. Das Beste darüber sagt v. Savigny im Obligationenrechte Bd. II, S. 162, jedoch nur beiläufig und deshalb nicht erschöpfend; der vierte Fall ist übergangen. Bornemann erwähnt des Grundes im System Bd. I, §. 91, und ihm spricht der Verf. eines Aufsatzes über die Vindikation eines auf den Inhaber lautenden Papiers, in der Hinschius'schen Wochenschr. v. 1839 S. 405, fast wörtlich nach, ohne ihn zu nennen; der bezeichnete Grund: der Bekl. müsse den Titel deshalb angeben, um darzuthun, daß er wirklich Besitzer geworden sei, der frühere Besitz also aufgehört habe, weil eine fehlerhafte Besitzergreifung den Besitz nicht aufhebe, — ist nicht wahrscheinlich und dabei ganz müßig für die Eigenthumsklage, jedenfalls paßt er nicht zur vierten Ausnahme.

Besitztitels des Bekl. nicht zu verlangen, er kann die Antwort auf die Klage abwarten. Beruft der Bekl. sich auf die Vermuthung für die Rechtmäßigkeit seines Titels, um darauf eine Gegenforderung zu gründen, so muß er von selbst mit seinem Titel hervortreten; denn außerdem kann er die Gegenforderung nicht beweisen. In diesem Falle bedarf es mithin gar keiner vorgängigen Befragung des Beklagten über seinen Besitztitel und noch weniger eines vorbereitenden Verfahrens deshalb. Allein wenn der Eigenthümer z. B. auf Erstattung sämmtlicher Nutzungen, die vielleicht mehr betragen als die Kuh werth ist, klagen will, so wird er bei der Begründung seiner Klage auf Schwierigkeiten stoßen. Der Nachweis, daß die Kuh dem Kläger gestohlen worden, und die daraus folgende Verpflichtnng des gegenwärtigen Besitzers, seinen Titel anzugeben, hebt die für die Rechtmäßigkeit des Besitztitels streitende Vermuthung noch nicht auf[32], und durch die Insinuation der Klage tritt die Wirkung der Unredlichkeit des Besitzes erst mit dem Tage der Insinuation ein. Deshalb muß die Angabe des Titels gefordert werden. Nun bedürfte es zwar dieserhalb nicht nothwendig eines vorbereitenden Verfahrens; der Kläger könnte vielleicht versuchen, die Nutzungen ohne Zeitbeschränkung, und für den Fall, daß der Bekl. seinen Besitztitel nachweise, seit dem Tage der insinuirten Klage zu fordern. Allein es ist sehr zweifelhaft: ob der Richter eine so gestellte Klage annehmen würde, die ja auch in Ansehung des Zeitraums, für welchen die Nutzungen gefordert werden, unvollständig ist; wenn aber doch die Klage in solcher Fassung wirklich Annahme fände, so würde der Kläger sich dem Wechselfalle aussetzen, daß der Bekl. entweder seinen Besitztitel nachwiese, oder die Angabe unterließe: in keinem Falle würde die Klage einen günstigen oder doch befriedigenden Erfolg haben. Denn im ersten Falle würde der Kläger wahrscheinlich sach= und kostenfällig werden; im anderen Falle könnte es zu einem Schlusse nicht kommen, so lange man das Alter des Besitzes des Bekl. nicht wüßte oder doch in dieser Beziehung irgend eine Behauptung von dem Kläger gemacht worden wäre, so daß der Prozeß an der Unvollständigkeit der Klage scheitern würde. Aus diesen Gründen macht sich in dem vorausgesetzten Falle ein vorbereitendes Verfahren nothwendig, auf welches der Kläger anzutragen hat. Zwei Dinge kommen hierbei für den Richter in Betracht: der Nachweis des Klägers über die Besitzentziehung der

32) A. L.R. I, 7, §. 187.

Sache, und die Beharrlichkeit des Bekl. in der Verweigerung der Angabe des Besitztitels.

Der Kläger soll „nachweisen", daß ihm der Besitz der Sache auf eine der im Gesetze [33]) bezeichneten unerlaubten Arten entzogen worden sei, und man ist nicht einig, ob darunter ein förmlicher Beweis, oder eine Bescheinigung zu verstehen sei. Die Meinungsverschiedenheit verschwindet, wenn das Stadium des Verfahrens berücksichtigt wird. In dem vorbereitenden Verfahren kann nur von einer Bescheinigung, genauer von einer gehörigen Beweisantretung die Rede sein, weil dieses Stadium für eine formelle Beweisführung keinen Raum hat; kommt es jedoch demnächst zum Prozesse, so muß in demselben der Beweis förmlich geführt werden, wie sich nach dem Begriffe des Prozesses von selbst versteht.

Der Bekl. soll für einen unredlichen Besitzer erachtet werden, wenn er die Angabe seines Besitztitels „beharrlich" verweigert [34]). Um die Beharrlichkeit festzustellen, wird die Aufforderung zur Erklärung wiederholt werden müssen, und es ist zweckmäßig, die erste Aufforderung nur unter Androhung der Kosten des vereitelten Termins zu erlassen, im Falle des Ungehorsams aber die Vorladung unter Androhung des in Folge des beharrlichen Ungehorsams eintretenden Rechtsnachtheils zu wiederholen. Welche Folgen es habe, wenn zwar der Besitztitel angegeben aber für die Angabe kein Beweis angetreten wird, oder wenn die Angabe an sich so unvollständig ist, daß sie eine Nachforschung unmöglich macht, bleibt der Erwägung des künftig erkennenden Richters überlassen [35]).

Beispiel.

Nr. 1.

Klageanmeldung
des Gutsbesitzers Käsewurm zu Wiesenheide
wider
den Landwirth Hirsebauer zu Fichtenwalde.

Pr. d. 14. Nov. 1860. H.

Vor vier Jahren, nämlich in der Nacht vom 1. zum 2. April 1856 wurde mir aus meinem Rindviehstalle eine schwarze Kuh mit einer Blässe und weißen Hinterfesseln, 7 Jahre alt, gestohlen. Besondere Kennzeichen wa-

33) Ebenda §. 184.

34) Ebenda §. 186.

35) Den zur Anwendung kommenden Rechtssatz enthält der §. 39, Tit. 15, Th. 1 des A. L.R.

D.

Apponantur die bezeichneten Untersuchungsakten v. J. 1856.

N. d. 14. Nov. 1860.

N.

G. A.

A. A.

Die Untersuchungsakten K. 55. rep. 1856 werden gehorsamst beigelegt.

Den 15. Nov. 1860.

Registratur (od.: Bür. V.)

D.

1. Unter abschriftlicher Zufertigung der Klageanmeldung ist dem Bekl. in Gemäßheit des §. 184, Tit. 7, Th. I des A.L.R. aufzugeben, den Titel, aus welchem er die bezeichnete Kuh besitzt, ohne Rückhalt anzuzeigen und sich zu seiner Vernehmung darüber auf den 30. Nov. 11 U. vor dem Deputirten, Herrn ..... einzufinden, widrigenfalls er die Kosten des vereitelten Termins zu tragen und auf seine Kosten zu einem neuen Termine werde vorgeladen werden.

2. Abschrift des Dekrets eren der Mangel des rechten Horns und der Mangel des Haarbüschels am Ende des Schwanzes. Die Nachforschung nach dem Diebe und nach der Kuh blieben fruchtlos. Ueber diesen Diebstahl berufe ich mich auf die bei Einem königl. Wohllöbl. Kreisgerichte verhandelten Voruntersuchungsakten betr. die Feststellung des Thatbestandes des bei dem ꝛc. Käsewurm verübten Kuhdiebstahls vom Jahre 1856.

Es hat sich nun gefunden, daß der Bekl. gegenwärtiger Besitzer dieser Kuh ist. Darüber schlage ich:

1) meinen damaligen Viehhirten, den jetzigen Dorffeldhüter Wächter hieselbst, und
2) meine damalige Viehmagd, die jetzige Arbeiterfrau Katharine Fleiß hieselbst

zu Zeugen vor. Diese hatte ich auf Grund einer unbestimmten Nachricht nach Fichtenwalde geschickt und sie haben, wie sie sagen, die Kuh am 11. d. M. im Stalle des Bekl. gesehen.

Ich vermuthe, daß der Bekl. ein unredlicher Besitzer sei, und ich beabsichtige nicht allein meine Kuh zu vindiciren, sondern auch die Erstattung sämmtlicher Früchte zu fordern. Mir fehlen jedoch Beweismittel für die Unredlichkeit des Bekl., auch habe ich nicht erfahren, seit wie lange derselbe sich im Besitze der Kuh befindet.

hält der Kläger zur vorläufigen Nachricht.

N. d. 15. Nov. 1860.

Richter.

Deshalb nehme ich zur Herbeischaffung der nöthigen Information die Hülfe Eines königl. Wohllöbl. Kreisger. auf Grund der §§. 184, 185, Tit. 7, Th. I des A. L.R. in Anspruch und bitte:

Wohldasselbe wolle den Bekl. zur vollständigen Angabe seines Besitztitels auffordern.

Wiesenheide, d. 13. Nov. 1860.

Käsewurm.

Nr. II.

D.

1. Citetur der Bekl. zu dem früheren Zweck ad novum term. den 15. Dez. 10 Uhr vor dem Deputirten, Herrn .... unter der Verwarnung, daß, wenn er wieder ungehorsam ausbleibe, er für einen unredlichen Besitzer der von dem Kläger in Anspruch genommenen Kuh, in Gemäßheit des §. 186, Tit. 7, Th. I des A. L.R., erachtet werden würde.

Die Kosten für den vereitelten Termin und für die neue Vorladung mit .... Sgr. (I. Col.) habe er an den insinuirenden Gerichtsboten sofort zu entrichten, weil diese Kostenzahlungsverbindlichkeit aus seiner Verpflichtung zur Erklärung folge.

2. Copia decreti dem Kl. zur Nachricht.

N. d. 1. Dez. 1860.

N.

Kreisgericht Neisse, d. 30. Nov. 1860.

In Sachen des Gutsbesitzers Käsewurm zu Wiesenheide wider den Landwirth Hirsebauer zu Fichtenwalde erschien in dem heutigen Termine zur Vernehmung des Bekl. über seinen Besitztitel in Betreff der von dem Kläger in Anspruch genommenen Kuh Niemand.

N., Deputirter.

Nr. III.

D.

Fiat term. zur Aufnahme einer vollständigen Klage auf den ..... vor dem Deputirten, Herrn ....., zu welchem der Kläger unter abschriftlicher Zufertigung der nebenstehenden Registratur vorzuladen.

N. d. 16. Dez. 1860.

R.

Kreisgericht Neisse, d. 15. Dez. 1860.

In Sachen Käsewurm wider Hirsebauer ist in dem heutigen neuen Termine zur Erklärung des Bekl. über seinen Besitztitel wieder Niemand erschienen.

N., Deputirter.

§. 11.

b) Die Vernehmung des Autors.

Wenn sich ergiebt, daß, ehe die Klage selbst aufgenommen werden kann, zuvor noch etwas in Richtigkeit zu setzen ist, was von dem Kläger allein nicht abhängt, namentlich wenn sich findet, daß eine vollständige Information nicht erlangt werden könne, wenn nicht zugleich der Autor des Klägers, von welchem die streitige Sache oder Befugniß an ihn gediehen ist, vorgeladen und vernommen wird; so soll das Gericht, zur Behebung dieses Anstandes, die erforderliche vorläufige Verfügung fördersamst treffen[1]). Das Gericht soll also den Autor des Klägers vorgängig vernehmen dürfen, um aus dessen Aussage die zur Begründung der beabsichtigten Klage gegen einen Dritten nöthige Information zu gewinnen. Darin ist durch die neuere Prozeßgesetzgebung und durch das heutige Verfahren nichts geändert; wer klagen will, kann sich noch heute an das Gericht erster Instanz wenden, und die Aufnahme einer vollständigen Klage von ihm verlangen, und das Gericht muß jenen Vorschriften gemäß die zur Begründung der beabsichtigten Klage erforderliche Information, nach den von dem Kläger allerdings zu machenden Angaben und Anzeigen, einzuziehen bemüht sein. Deshalb kann denn auch die Vernehmung des Autors in dem vorbereitenden Verfahren nicht abgeschlagen werden. Erst wenn eine vollständige Klage hergestellt worden ist und darauf die Klagebeantwortung eingefordert wird, nimmt der dadurch eingeleitete Prozeß seinen gemessenen formellen Verlauf nach den neuen Prozeßvorschriften.

Soll dann der Autor, weil anders die erforderliche Informa-

---

1) A. G.O. Th. I, Tit. 5, §. 11, lit. e, verb. mit Tit. 6, §. 8.

tion nicht gewonnen werden kann, vernommen werden, so kann gefragt werden, unter welcher Verwarnung die Vorladung erlassen werden solle. Diese muß, nach Analogie der Zeugenvorladung [2]), unter Androhung einer Geldstrafe und der Kostenerstattung erfolgen, und wenn diese Ladung fruchtlos bleibt, die Strafe festgesetzt und eingezogen und gleichzeitig die Vorladung unter Androhung einer erhöhten Strafe und unter dem Bedeuten, daß, wenn er in seinem Ungehorsame beharre, dem Kläger der Regreß gegen ihn wegen des demselben aus der Vorenthaltung der geforderten Auskunft entstehenden Nachtheils offen stehe. Der Rechtsgrund davon liegt in der allgemeinen Bürgerpflicht, auf Befragen des Richters, wenn auch nur pro informatione, Auskunft zu geben, soweit ihm selbst daraus kein Nachtheil entstehen kann.

Daß hier nicht an eine eidliche Vernehmung zu denken, versteht sich wohl von selbst. Der Zweck ist ja nur, den Kläger in die Lage zu bringen, gewisse Thatumstände, wodurch sein Anspruch bedingt ist und die er nicht kennt, die aber nach dem, was er im Allgemeinen weiß, vorhanden sein müssen, bestimmt zu behaupten und somit seine Klage zu begründen; der Beweis ist dann seine Sache. Im Interesse des Autors liegt es, nicht zurückzuhalten; kommt man aber einmal an einen böswilligen Menschen, der nichts mehr zu verlieren und folglich einen Regreß nicht zu fürchten hat, so ist der Kläger nicht schlimmer dran als jeder Gläubiger eines bösen und bankerotten Schuldners.

Beispiel.

Nr. I.

Klageanmeldung des Lieferanten Elias Miete hier wider die Stände des N—schen Kreises.

Pr. d. 14. Nov. 1860. H.

Die beiden Gutsbesitzer A. zu Grünthal und B. zu Bielbach haben mit mir den beiliegenden Schlußzettel vom 1. Sept. d. J. auf eine Haferlieferung von 30 Wispel à 100 Thlr. abgeschlossen. Sie gaben sich dabei für Abgeordnete der Stände des hiesigen Kreises aus und kontrahirten als solche für den Kreis. Auf

D.

1. Citentur die beiden Gutsbesitzer A. und B., unter abschrift-

2) Ebd. Tit. 10, §§. 183—186.

licher Zufertigung dieses Gesuchs, zu ihrer Vernehmung darüber, auf den 30. Nov. um 10 Uhr vor dem Deputirten, Herrn ..... unter dem Präjudiz der Kostenerstattung.

2. Abschrift des Dekrets erhält der Kläger zur Nachricht mit dem Beifügen, daß ihm freigestellt sei, sich in dem Termine gleichfalls einzufinden.

N. d. 15. Nov. 1860.

Richter.

mein Verlangen nach Vorzeigung des schriftlichen Auftrages erklärten sie, daß es einer solchen nicht bedürfe, weil der Hafer bei der Abnahme sogleich baar bezahlt werden würde. Die Ablieferung ist am bestimmten Lieferungstage den 30. Sept. d. J. zur Zufriedenheit geschehen, wie der beiliegende Lieferzettel ergiebt, die Bezahlung aber nicht erfolgt, und meine Mahnung ist erfolglos geblieben; auch habe ich den schriftlichen Auftrag nicht erhalten, und die Namen der eigentlichen Auftraggeber nicht erfahren können. Bevor ich meine unmittelbaren Kontrahenten belange, will ich die Kaufgelderforderung gegen den Kreis oder gegen die Auftraggeber verfolgen. Um entweder die direkte Kontraktsklage oder doch die Versionsklage begründen zu können, muß ich erfahren: ob die Kontrahenten schriftlich und von wem beauftragt worden sind, und im Falle es an einem schriftlichen Auftrage fehlen sollte, müssen mir dieselben über die schließliche Verwendung des Hafers Auskunft geben. Ich trage mit Bezugnahme auf die Vorschriften der A. G.O. Th. I, Tit. 5, §. 11, lit. e und Tit. 6, §. 8 an:

die genannten beiden Gutsbesitzer pro informatione zu vernehmen.

N. d. 13. Nov. 1860.

Elias Miete.

Nr. II.

D.

Der Kläger ist nunmehr, unter abschriftlicher Mittheilung dieses Protokolls, zur Aufnahme einer vollständigen Klage auf den .... vor dem Deputirten, Herrn Referendar R. vorzuladen.

N. d. 30. Nov. 1860.

Richter.

Nota. Die Zufertigung einer Abschrift des Protokolls hat den Zweck, den Kläger in den Stand zu setzen, die Klage, wenn er will, schriftlich einzureichen.

Kreisgericht Neisse, d. 30. Nov. 1860.

In Sachen u. s. w. erschien in dem heutigen Termine vor den vorgeladenen Gutsbesitzern A. u. B. bloß der Erstere mit der Anzeige, daß der Andere sein Ausbleiben zu entschuldigen bitte, weil sein Erscheinen sich durch die Erklärung des Erschienenen erübrigen würde. Dieser überreichte den beiliegenden beglaubigten Auszug aus dem Kreis-Ständeversammlungs-Protokolle v. 15. August d. J., wonach die Kreisstände den Ankauf von 30 Scheffeln Hafer beschlossen und die beiden Mitglieder der Versammlung, A. und B., mit der Ausführung beauftragt haben, und sagte:

Das Geschäft, welches wir mit Kläger nach seiner Angabe abgeschlossen haben, ist dasjenige, welches von uns auf dieser Vollmacht ausgeführt worden ist.

V. g. u.

Friedrich A.

a. u. s.

R., Deputirter.

§. 12.

c) Die Urkunden-Edition.

Die gleiche Vorschrift (§. 11) ist gegeben für den Fall, wenn der Kläger sich in der Hauptsache auf ein Dokument bezieht, wovon er weder Original noch Abschrift in Händen hat, und dessen Herausgabe von dem Bekl. oder einem Dritten fordert [1]). Vorauszusetzen ist, daß er auch den Inhalt und die Beschaffenheit des Dokuments nicht soweit kennt, um die Thatsache oder den Umstand, welcher Bedingung eines gewissen bestimmten Klagerechts ist, deut-

1) A. G.O. Th. I, Tit. 5, §. 11, lit. e. u. Tit. 6, §. 8.

lich und bestimmt angeben und das Dokument dergestalt bestimmt bezeichnen zu können, daß ein ordentliches Editionsgesuch begründet werden könnte[2]). Denn wenn der Kläger dieses weiß, so bedarf es zur Herbeischaffung der zur Substantiirung der Klage nothwendigen Information nicht noch eines vorbereitenden Verfahrens, vielmehr kann er ohne Weiteres sich sowohl zur Begründung der Klage, daß z. B. das fragliche Geschäft in der gesetzlichen Form zu Stande gekommen sei, als zum Beweise auf das Dokument berufen und das Editionsgesuch im Hauptverfahren anbringen. Auch der Fall ist ausgeschlossen, wenn der Kläger aus einem besonderen Titel ein Recht auf das fragliche Dokument zu haben behauptet; denn alsdann ist die Forderung auf Herausgabe desselben der Gegenstand eines besonderen Prozesses[3]). Das vorbereitende Verfahren, wovon hier Rede ist, beschränkt sich mithin auf den Fall, wenn der Kläger weiß, daß der Bekl. ein Dokument, welches er nur im Allgemeinen bezeichnen kann, z. B. ein altes Inventarium oder Zinsregister, eine Verleihungsurkunde, einen Lehnbrief, ein Geburtsregister, in Händen hat, und nur weiß, daß darin Etwas über sein vermeintliches Recht vorkommt, ohne daß ihm soviel bekannt ist, daß er darauf die Behauptung eines bestimmten Thatumstandes wagen könnte; kurz den Fall, wo der Kläger sich erst die Information zur Begründung seiner Klage und eines förmlichen Editionsgesuchs verschaffen will. Es ist freilich etwas Eigenthümliches des preuß. Prozeßrechts, was sich aus der alten Untersuchungsmaxime erklärt aber formell noch nicht abgeschafft ist, daß die allgemeine Bürgerpflicht soweit geht, Jedem, welcher irgend einen Rechtsanspruch zu haben vermeint, das Recht einzuräumen, Andere zur Herbeischaffung der Materialien, aus welchen er sich erst die Information und Mittel zur Auffindung eines Grundes zu seinem vermeintlichen Rechte verschaffen will, zu zwingen. Aber da wir an dem Mangel eines einheitlichen vollständigen Prozeßgesetzes leiden und mit widersprechenden Prinzipien in der Anwendung zu kämpfen haben; so läßt sich über die alten Vorschriften nicht hinweggehen, ohne gewiß zu sein, daß sie mit der neuen Prozeßmaxime unvereinbar sind. Das läßt sich von der hier in Rede stehenden Vorschrift nicht schlechthin behaupten: die dem Richter aufgebürdete Pflicht, für die Herbeischaffung der Information zu sorgen und dem Kläger eine vollständige Klage zu machen, besteht in voller Kraft und ver-

2) Ebd. Th. I, Tit. 10, §. 92 b.
3) Ebd. §. 93 u. m. Anmerkungen 8 u. 8a dazu.

trägt sich formell auch mit dem heutigen Prozesse; denn das vorbereitende Verfahren des Richters zur Erfüllung dieser Pflicht ist kein Bestandtheil des Prozesses selbst, der erst mit der geschafften vollständigen Klage anfängt.

Wann und wie die Vorschrift wegen der vorläufigen Urkunden-Edition auszuführen sei, war schon immer den Praktikern unklar. Der Fall, wo dieselbe im Sinne der Vorschrift rechtmäßig verlangt werden könne, ist wohl niemals präcisirt worden, wie ich es hier versucht habe[4]). Merkel[5]) ist sich des Unterschieds bewußt, denn er stellt die Frage: unter welcher Verwarnung wird vom Verklagten die Edition eines Dokumentes, welches der Kläger zur Substantiirung der Klage bedarf, vor Ansetzung des Klagebeantwortungs- oder Instruktionstermins verlangt? Er meint, daß zwar auch hier der §. 94, Tit. 10, Th. I der A. G.O., wonach der Editionspflichtige, gegen welchen ein gehörig substantiirtes Editionsgesuch im Prozesse vorliegt, ediren oder den Editionseid schwören soll, zu berücksichtigen sei, doch scheine es ihm am zweckmäßigsten, als Kommination beizufügen: daß die Klage des Klägers sonst für substantiirt werde erachtet, und hiernächst die Vorladung zum Instruktionstermine verfügt werden. Allein weder die eine noch die andere Verwarnung kann in dem Falle, welcher hier vorausgesetzt wird, Erfolg haben, da ja der Kläger noch nichts „deutlich und bestimmt" angegeben (behauptet) hat, was zum Nachtheile des Bekl., wenn dieser der Editionspflichtige ist, für wahr könnte angenommen werden; sonst würde das vorläufige Verfahren völlig überflüssig sein. Die Zulässigkeit desselben überhaupt ist denn auch aus zwei Gründen in der That bezweifelt worden, wie aus einer Entscheidung des Justizministers auf eine Beschwerde erhellet. Ein (nicht genanntes) Obergericht hatte die Zurückweisung einer Klage, worin zur Begründung derselben auf die Edition einer Rechnung angetragen worden war, gut geheißen und der Justizminister fand die Beschwerde begründet, weshalb er unter Hinweisung auf die Vorschriften §. 8, Tit. 6 und §. 11, lit. e, Tit. 5, Th. I der A. G. O. dasselbe anwies, auf das angebrachte Editionsgesuch, wenn

4) Terlinden, in seinem Versuche einer praktischen Anleitung zum Dekretiren (Halle, 1786), nach den Grundsätzen des Corp. juris Frid., aus welchem die Vorschrift unverändert in die A. G.O. übergegangen ist, Th. I, §. 11, wo er der vorbereitenden Edition erwähnt, läßt sich darauf nicht ein, und das dazu gegebene Formular X u. XI (ein Beispiel giebt er nicht) lautet ganz so wie die Verfügung auf ein vollständiges Editionsgesuch im Prozesse.

5) Neuer Kommentar zur allgemeinen Gerichtsordnung, (Breslau 1817). Tit. 6, §. 8.

es an sich begründet sei, nach Vorschrift jener Gesetzstellen zu verfügen. Hiergegen erhob dieses Gericht die Bedenken, daß 1) es sich hier nicht um Edition von Urkunden handele, welche — wie der §. 8, Tit. 6 und §. 11, lit. c, Tit. 5 der Prozeßordnung voraussetzen, — eine Verpflichtung des Bekl. begründen; und 2) wenn die Edition der vom Kläger in Bezug genommenen Rechnung vor Einleitung der Instruktion erfolgen sollte, es an einer dem Zwecke entsprechenden, rechtlichen Verwarnung gebreche, unter welcher der Bekl. zur Befolgung der richterlichen Verfügung angehalten werden könne. Das erste Bedenken weiset der Justizminister zutreffend damit zurück, daß nach den Worten des Gesetzes die Voraussetzung, die gedachten Vorschriften beträfen bei Editionsgesuchen nur solche Urkunden, welche eine Verpflichtung des Bekl. begründen, nicht gerechtfertigt sei, daß vielmehr diese Vorschriften bei ihrer allgemeinen Fassung auch auf solche Schriften bezogen werden müßten, welche nur zur Aufklärung der Sache und zur näheren Substantiirung eines Anspruchs gereichen sollen. Auf das zweite Bedenken wird gesagt, der Grund beweise offenbar zuviel; denn es würde, wollte man denselben durchführen, alsdann, wegen Mangels eines geeigneten Präjudizes, niemals ein Editionsgesuch vor Einleitung des Prozesses erfolgen können, was indeß nicht allein der Vorschrift der oben allegirten §. 8, Tit. 6 und §. 11, lit. c, Tit. 5, sondern auch dem Inhalte des §. 100, Tit. 10 der Pr.O. widerspreche, in welchem letzten §. die einer Partei wegen Edition von Urkunden zu stellende Verwarnung genügend bestimmt sei[6]). Der Justizminister kommt also überein mit Terlinden (Not. 4), der zwischen dem vorbereitenden Verfahren und dem förmlichen Editionsverfahren im Prozesse selbst keinen Unterschied kennt. Das Präjudiz des §. 100, Tit. 10 ist aber für die Aufforderung zur Vorzeigung einer Urkunde zum Zwecke der Information im vorbereitenden Verfahren ganz unpassend; denn es soll danach, zum Nachtheile der ungehorsamen Partei, das Dokument in contumaciam für edirt und rekognoscirt geachtet; solchemnach die Abschrift für richtig, oder die nach §. 92b „bestimmt angegebene Thatsache", welche dadurch hat erwiesen werden sollen, für dargethan angenommen werden. Wie soll denn das bei einem Dokumente, dessen Inhalt man noch nicht genau kennt, wovon man auch keine Abschrift hat und mit Beziehung auf welche eine bestimmte Thatsache noch nicht hat angege-

6) R. v. 20. März u. v. 9. Mai 1835 (Ergänzungen zu §. 11, lit. c, Tit. 5 der Proz.-Ordn., Nr. 1.)

ben werden können, denkbar sein! Die allein passende Verwarnung ist ebendieselbe wie in dem Falle des vorigen §. 11; beide Fälle kommen auch im Wesentlichen überein, denn der hier besprochene Fall der Urkunden-Edition ist auf eine Vernehmung pro informatione zurückzuführen. Wenn die anzuwendenden Zwangsmittel (Strafen) die Renitenz nicht brechen, so mag der Kläger Schadloshaltung fordern und schließlich den Betrag seines Nachtheils durch den Schätzungseid beweisen [7]).

In Folge der neueren Prozeßgesetze ist das Stadium, in welchem die Urkunden-Vorlegung zum Zwecke der Information geschehen muß, streitig geworden. Der Justizminister hat, im Widerspruche mit der gegentheiligen Meinung, behauptet, der Antrag auf Edition, im Sinne des §. 11, lit. e, Tit. 5 der Pr.O., sei bei der Klage oder im Laufe des Prozesses, niemals aber bei der bloßen Anmeldung der Klage zulässig [8]). Dafür hat er zwei Gründe: 1) den Inhalt des §. 11, lit. e, Tit. 5, auf Grund dessen er sagt: „Daraus läßt sich die gegentheilige Meinung nicht rechtfertigen. Darin ist nur gesagt, daß, wenn der Kläger sich auf ein, hinter dem Bekl., oder einem Dritten befindliches Dokument beziehe, dasjenige geschehen solle, was zur Behebung dieses Anstandes erforderlich sei. Damit ist aber nicht ausgesprochen, daß es zur Begründung des Editionsgesuches genüge, die Klage bloß anzumelden." Diese Aufführung des Inhalts jenes §. 11 ist unrichtig weil unvollständig, es ist die ausdrückliche Voraussetzung der Lage der Sache, in welcher dasjenige geschehen soll, was u. s. w., weggelassen. Es heißt aber dort: „wenn sich ergiebt, daß, ehe die Klage selbst aufgenommen und eingereicht werden kann, zuvor noch etwas in Richtigkeit zu setzen sei" u. s. w., und nun folgt, was in Beziehung auf die einzelnen Beispiele, unter welchen lit. e die Herausgabe einer Urkunde erforderlich ist, geschehen soll. Der §. 11 sagt also das gerade Gegentheil von dem, was der Justizminister daraus behauptet: es ist von der Urkunden-Edition ausdrücklich vor der Aufnahme und Einreichung der Klage die Rede. Noch ein vermeintliches argumentum ad absurdum wird beigefügt: „Dieß (nämlich daß in der Klageanmeldung die Herausgabe eines Dokumentes verlangt werden könne) läßt sich um so weniger annehmen, als es sonst möglich sein würde, unter dem Vorwande einer intendirten Klage die Edition eines Dokuments zu fordern und nach ge-

7) Einen solchen Fall giebt das beigefügte Beispiel.

8) R. v. 13. August 1836 (Ergänzungen a. a. O. Nr. 2).

schehener Einsicht von Anstellung der Klage zu abstrahiren." Ja! warum denn nicht? Eine Ungereimtheit ist darin nicht zu sehen. Und wenn doch, so würde man dieselbe dem Gesetzgeber aufzubürden haben, der das ganz deutlich und wörtlich angeordnet hat. Der Richter hat die Vorschrift zu befolgen. 2) Der zweite Grund ist die Vorschrift des §. 16 der Verordnung v. 1. Juni 1833. Dieser würde es geradehin zuwider laufen, vor Einleitung der Instruktion die beantragte Edition veranlassen zu wollen; da nach diesem Gesetze Editionsgesuche einer Partei gegen die andere in der Klage oder Klagebeantwortung angebracht, und zugleich mit der Hauptsache verhandelt werden sollen [9]). Allein diese Vorschrift hat es mit dem förmlichen Editionsgesuche zum Zwecke des Beweisverfahrens im Prozesse selbst zu thun, das vorbereitende Verfahren und die Herausgabe eines Dokumentes im Sinne des §. 11, Tit. 5 der Pr.O. berührt die Verordnung nicht und an der Vorschrift des §. 11, Tit. 5 wird durch diese Verordnung ganz und gar nichts geändert, es ist vielmehr bei dem daselbst angeordneten vorbereitenden Verfahren in allen Stücken nach wie vor verblieben.

Beispiel.

Nr. I.

Klageanmeldung
des Partikulier Valentin Müßig hieselbst
wider
den Gutsbesitzer Mühsam zu Kaltengrund.

D.

1. Dem Gutsbesitzer Mühsam ist unter Zufertigung einer Abschrift dieser Klageanmeldung zu eröffnen, daß der Antrag auf Herausgabe der Wirthschaftsrechnungen, insbesondere der Aussaat-Register, der Ernte-Re-

Pr. d. 16. Nov. 1860. H.

Die auf der Feldmark Kaltengrund befindliche Braunkohlengrube wird durch Tagebau betrieben. In den Jahren 1854 bis 1857 hatte sie eine Fläche von 2 Morgen zu ihren Aufdeckarbeiten auf dem Schlag Nr. VII, die Queere genannt, in Besitz genommen, wie die beiliegende Abschrift des Besitzüberweisungs-Protokolls des Schichtmeisters Gräber, v. 3. Febr. 1854 ergiebt. Die Grundentschädigung wurde nicht bezahlt und die Gewerkschaft wurde auf meine, des damaligen Besitzers von Kaltengrund, Klage, durch das beilie-

9) R. v. 9. Mai 1835 (Ergänzungen a. a. O. Nr. 1, lit. b).

gister und der Dresch-Register aus den Jahren 1854 bis 1857, nach Vorschrift der A. G.O. Th. I, Tit. 5, §. 11, lit. e begründet erachtet worden sei und er deshalb aufgefordert werde, dieselben am ..... vor dem Deputirten, Herrn ..... herauszugeben, widrigenfalls dazu auf seine Kosten ein neuer Termin werde angesetzt werden.

2. Dem Kläger ist hiervon durch Dekretsabschrift Nachricht zu geben, um sich in dem Termine Behufs seiner Auslassung über die herausgegebenen Schriften gleichfalls einzufinden.

N. d. 17. Nov. 1860.

Richter.

gende rechtskräftige Erkenntniß v. 30. Okt. 1858 verurtheilt, mich wegen der entzogenen Bodenflächen nach den in jedem Jahre zu N. geltenden Marktpreisen zu entschädigen, und in den Gründen ist der Sinn dieses Spruchs dahin erläutert, daß zur Feststellung des Werths der entzogenen Nutzung eine jährliche Abschätzung des entzogenen Ertrages, mit Berücksichtigung der stattgefundenen Fruchtfolge auf dem Schlage Nr. VII, die Queere genannt, so wie der Umstände, welche in jedem Jahre günstig oder ungünstig auf denselben, namentlich auf den sonstigen Fruchtertrag auf demselben Schlage eingewirkt haben, erfolgen müsse.

Mittelst Kontrakts v. 15. Mai 1859 habe ich das Gut Kaltengrund an den Bekl. verkauft und dabei habe ich ihm meine Forderung cedirt. Als Valuta hat er mir diejenige Summe versprochen, auf welche die Nutzung von dem Richter festgesetzt werden würde. Die Wirthschaftsrechnungen, nach deren Inhalte die Nutzungen von jedem Jahre liquidirt werden können, habe ich ihm aus meiner ganzen Besitzzeit überliefert. Der beiliegende Auszug aus dem Kaufkontrakte, §. 4, bescheinigt dieses.

Der Bekl. hat sich mit der Gewerkschaft durch einen Generalvergleich auseinandergesetzt und deshalb die Nutzungen für die genannten Jahre nicht ausgeklagt, die relativ versprochene Cessions-Valuta ist somit nicht zur Festsetzung gekommen. Der Bekl. läßt sich nicht herbei, mich abzufinden, und ich bin deshalb genöthigt, den Betrag der Valuta gegen ihn auszuführen und auf deren Zahlung zu klagen. Es leuchtet aber ein, daß ich die Nutzungen nach Maßgabe des Vorerkenntnisses zu liquidiren ganz außer Stande bin, wenn ich die Wirthschaftsrechnungen nicht einsehen kann. Deshalb bitte ich: auf Grund des §. 11, lit. c der Pr.O. Tit. 5:

dem Bekl. die Herausgabe der Wirthschaftsrechnungen, insbesondere des Aussaat-Registers, des Ernte-Registers und des Dresch-Registers von den Jahren 1854 bis 1857 aufzugeben.

N. d. 15. Nov. 1860.

Müßig.

Nr. II.

D.

1. Der Beklagte ist unter Einziehung der Kosten des vereitelten Termins und der neuen Vorladung zu dem vorigen Zwecke auf einen neuen Termin den ..... vor dem Deputirten, Herrn ...... vorzuladen, unter der Verwarnung, daß er bei abermaligem Ausbleiben in eine Strafe von 20 Thlrn. genommen und dem Kläger überlassen werden würde, ihn we-

Kreisgericht Neisse, d. 30. Nov. 1860.

In Sachen Müßig wider Mühsam ist in dem heutigen Termine zur Edition der Wirthschaftsrechnungen von Seiten des Bekl. Niemand erschienen. Der erschienene Kläger trug darauf an:

den Bekl. zu einem neuen Termine unter Androhung einer Strafe und des Regreß-

gen Entschädigung in Anspruch zu nehmen.

2) Cop. decreti dem Kläger zur Nachricht.

N. den 1. Dezbr. 1860.

Richter.

ses auf Schadloshaltung vorzuladen.

V. g. u.

Müßig.

a. u. s.

N., Deputirter.

Nr. III.

An

Ein Königl. Wohllöbl. Kreisgericht

zu

Neisse.

D.

Der Kläger ist nunmehr, unter Zufertigung einer Abschrift dieser Eingabe, zur Aufnahme einer vollständigen Klage auf den ..... vor dem Deputirten, Herrn ..... vorzuladen, sub praej. der Weglegung der Sache.

N. den 8. Dezbr. 1860.

R.

Hierbei überreiche ich auf die Verf. v. 1. Dezbr. d. J. in Sachen Müßig wider Mühsam die befohlenen Wirthschaftsrechnungen des Dominiums Kaltengrund aus den Jahren 1854 bis 1857 in 10 Fascikeln, worunter sich insbesondere die Aussaat-, Ernte- und Dreschregister befinden. Meines Erscheinens in dem neuen Termine wird es nun wohl nicht bedürfen, weshalb ich anheimstelle, denselben wegfallen zu lassen.

Kaltengrund, den 5. Dezbr. 1860.

Mühsam.

In dem Falle, wo der Editionspflichtige ein Dritter ist, ist die Verfügung überall die gleiche.

Das Ermessen des erfahrenen Richters ist Bürgschaft, daß Niemand ohne Nothwendigkeit mit dergleichen vorgängigen Editionen behelligt wird. Wenn also der Kläger im Stande ist, daß er die Thatumstände, durch welche sein Anspruch bedingt ist, nach seinen eigenen Angaben bestimmt behaupten kann, so muß sein Gesuch um Edition, welche vielleicht durch die Auslassung des Bekl. auf die Klage auch im Prozesse überhaupt ganz unnöthig werden kann, im vorbereitenden Verfahren nicht zugelassen, sondern sofort die Klage selbst aufgenommen und der Kläger dabei bedeutet werden, zugleich ein ordentliches Editionsgesuch zum Zwecke des Beweisverfahrens anzubringen.

§. 13.

d) Die Feststellung des Streitobjekts.

Ist zur Begründung eines Anspruchs, der nicht gerade ein dinglicher zu sein braucht[1]), die genaue Bezeichnung einer bestimmten Sache oder der Lage nothwendig, so steht dem Kläger, wenn er ein Vermögensinteresse[2]) verfolgen will, nach dem Röm. Aktionenrechte die actio ad exhibendum zu Gebote, um sich die ihm erforderliche Information zu verschaffen. Dieses Rechtsmittel ist an sich ein vorbereitendes und der Richter hat nur summarisch zu untersuchen, ob der Kläger ein Vermögensinteresse in Beziehung auf die Sache, welches er ohne sie zu sehen nicht geltend machen kann, habe und ob der Exhibitionsbeklagte dieselbe hinter sich habe, gleichviel aus welchem Grunde oder Anlasse[3]). Findet er dieß, so verurtheilt er den Inhaber, die Sache, wenn sie leicht transportabel, vor Gericht in die Gegenwart des Klägers zu bringen, sonst aber dem Kläger den Zugang zu derselben zu gestatten. Nach den Grundsätzen des preußischen Prozeßrechts wird dieses Rechtsmittel in den allermeisten Fällen durch das vorbereitende formlose Informationsverfahren erschöpft und nur wenn, was selten vorkommt, über die Vorbedingungen der Auslieferung oder Vorzeigung Streit entsteht, wird ein förmliches Prozeßverfahren und Erkenntniß nothwendig. Befindet nun der Richter, daß der angemeldete Anspruch in Beziehung auf eine bestimmte Sache sich nicht begründen läßt, ohne dieselbe zu sehen, und daß derjenige, von welchem die Exhibition verlangt ist, wahrscheinlich die Sache hinter sich hat; so erläßt er den Befehl auf Vorzeigung derselben oder Gestattung des Zuganges dazu. Widerspricht der angebliche Inhaber aus Gründen, welche auf Thatumständen oder Rechtseinwendungen beruhen, welche einer weiteren Erörterung bedürfen, so muß er von der Ausführung seines Befehls abstehen und dem Kläger die förmliche Klage überlassen. Nicht selten kommt der Fall einer anstandslosen vorbereitenden Verfügung dieser Art bei Eigenthumsklagen oder bei Grenzregulirungsklagen vor, wenn dem Kläger kein Zugang zu dem Gegenstande seines Anspruchs gestattet wird. Dann muß der Richter sich mit dem Kläger an Ort und Stelle verfügen[4]),

---

1) L. 3, §. 7 D. ad exhibendum (X, 4).
2) L. 19 D. eodem.
3) L. 3, §. 9 D. eodem.
4) Vergl. A. G.O. Th. I, Tit. 42, §. 7.

und den erforderlichen Befehl unter Strafandrohung an den Bekl. erlassen.

Beispiel.

Nr. I.

Klageanmeldung
des Gutsbesitzers Udo v. Heidenschwerdt auf Kranichfeld
wider
den Gutsbesitzer Urach v. Grimmbart auf Hamsterloch.

Pr. d. 2. Oktbr. 1840. H.

Mein Rittergut Kranichfeld grenzt mit dem Rittergute Hamsterloch des Bekl. Zu meinem Gute gehörte vor Jahren eine 4 Morgen große Wiese, die Storchwiese genannt, welche ganz von dem Territorium des Gutes Hamsterloch umschlossen war und nur durch einen etwa 10 Ruthen langen Feldweg mit der Feldmark meines Gutes in Verbindung stand. Ich übergebe die Kopie einer Karte, welche im Jahre 1812 von den zu meinem Gute gehörigen Grundstücken, bei der damals zum Zwecke der nothwendigen Subhastation aufgenommenen Taxe gemacht worden ist und deren Original sich im Archive der hiesigen Landschaft befindet. In der Taxe, wovon ich gleichfalls Abschrift aus den Landschaftsakten hierbei übergebe, ist diese Storchwiese mit veranschlagt. Aus dieser Subhastation hat mein verstorbener Vater das Gut Kranichfeld erstanden und zugeschlagen erhalten. Den Adjudikationsbescheid lege ich in Urschrift bei. In den darauf folgenden Kriegen sind die Feldmarken beider Güter mehrmals Lager- und Kampfplatz der feindlichen Heere gewesen und deshalb

D.

1. Zur Aufnahme der Information und event. einer vollständigen Klage wird Termin auf den ...... vor dem Deputirten, Herrn ..... an Ort und Stelle angesetzt, zu welchem der Kläger sub praej. repos. actorum vorzuladen ist. Dabei ist ihm aufzugeben, ein anständiges Fuhrwerk zur Abholung des Deputirten zeitig genug vor der Terminsstunde zu gestellen, widrigenfalls er die Annahme eines solchen auf seine Kosten zu gewärtigen habe.

2. Adcitetur als Sachverständiger der königl. Conducteur Messer hieselbst sub praej. expensarum.

3. Dem Beklagten ist, unter Zufertigung einer Abschrift der Klageanmeldung, von der Verfügung Nachricht zu geben, mit dem Befehle, sich bei 50 Thlrn.

Strafe zu enthalten, der Gerichtskommission ein Hinderniß entgegen zu setzen.

N. den 5. Oktbr. 1840.

Richter.

haben die Felder durch einige Jahre Brache gelegen. Jener Feldweg war unterdessen verschwunden und mein Vater, von welchem ich das Gut geerbt habe, starb, bevor noch die Bewirthschaftung wieder aufgenommen worden war. Mein Gut kam in Folge des Todes meines Vaters unter vormundschaftliche Verwaltung, und als im Jahre 1815 die Bebauung der Felder auf den beiden Gütern wieder eintrat, blieb die Storchwiese vergessen. Der damalige Besitzer des Gutes Hamsterloch, Vorbesitzer des Beklagten, nahm die Wiese unter den Pflug und verleibte sie dadurch seiner Feldmark ein. Darüber sind 20 Jahre hingegangen, bis ich großjährig geworden bin und mich um die Verhältnisse meines Gutes habe bekümmern können. Der Bekl. besitzt erst seit 8 Jahren das Gut, hat mithin die Ersitzung der Wiese auf Grund seines Besitztitels pro emtore noch nicht vollenden können und der Vorbesitz seines Autors kann ihm nicht zu Statten kommen, weil dieser den Besitz ohne Titel ergriffen hatte. Der Bekl. will sich zur Herausgabe der Storchwiese, oder vielmehr der jetzigen Ackerfläche derselben nicht verstehen, und ich bin deshalb genöthigt, gegen ihn auf Herausgabe zu klagen. Zur Begründung der Klage gehört indeß die Angabe der äußeren Gren=

zen der Fläche, welche nicht erkennbar sind und welche ich aufzusuchen verhindert bin, weil mir der Bekl. das Betreten seiner Grundstücke nicht gestatten will. Deshalb geht mein Antrag dahin:

die Lage der ehemaligen Storchwiese durch einen Deputirten des Gerichts, unter meiner und eines Geometers Zuziehung, nach Anleitung der übergebenen Karte, feststellen zu lassen und dem Bekl. anzubefehlen, dieser Operation kein Hinderniß entgegen zu stellen.

Zum Techniker schlage ich den Geometer Messer hieselbst vor.

Kranichfeld, d. 1. Oktbr. 1840.

Udo v. Heidenschwerdt.

Nr. II.

In Sachen v. Heidenschwerdt wider v. Grimbart.

G. A.

habe ich in termino den 15. d. M. die Information in Betreff der Lage und äußeren Bezeichnung des Streitgegenstandes an Ort und Stelle aufgenommen; ich überreiche das Protokoll darüber mit einem von dem Sachverständigen gefertigten Situationsplan. Die Aufnahme einer vollständigen Klage war nicht thunlich, weil der Kläger darauf nicht hinlänglich vorbereitet war und die dazu erforderlichen Schriften nicht mit sich führte. Deshalb stelle ich anheim:

einen besonderen Termin zur Klageaufnahme anzuberaumen.

D.

1. Cit. der Kläger zur Klageaufnahme auf den ..... vor dem Deputirten, Herrn ..... sub praej. repos. actorum.

2. Die Gebühren und Auslagen des Herrn .... werden auf .. Thlr. .. Sgr. festgesetzt und sind zur Zahlung einzutragen.

N. den 20. Oktbr. 1840.

Richter.

Die in der Anlage verzeichneten Diäten und Auslagen bitte ich festsetzen und mir anweisen zu wollen.

N. d. 5. Oktbr. 1840.

N., Deputirter.

B. Auf die Klage.

I. Prüfung der Klage.

§. 14.

Ueberhaupt.

Bevor auf eine eingereichte Klage die Einleitung des Prozesses verfügt werden kann, muß die Klageschrift nach allen Richtungen sorgfältig geprüft werden. Der Decernent hat dem Kollegium Alles, was dabei Bedenkliches sein könnte, wenn er selbst auch über das Bedenken hinwegzugehen geneigt wäre, vorzutragen und dabei sein eigenes Dafürhalten (Votum) mit seinen Gründen kundzugeben. Eine Hauptursache von Verwickelungen und Verlängerungen der Prozesse, welche in an sich ganz einfachen Sachen öfter vorkommen, als man es glaubt, ist der mangelhafte Vortrag und die noch schlechtere Beurtheilung des Klagelibells. Dieser Vortrag, einer der allerwichtigsten, wenn nicht der wichtigste, wird im Allgemeinen viel zu leicht genommen. Der geschichtliche Vortrag muß kurz und deutlich, aber getreu nach dem Inhalte der Klageschrift geschehen. Der Klageantrag ist in der Regel wörtlich vorzutragen, wozu auch die Prozeßgattung, welche der Kläger verlangt, genannt werden muß. Wenn bei der Prüfung, nach dem Befinden des Kollegiums, die Einleitung des Prozesses beanstandet wird, so hat die Klageschrift nur den prozessualischen Werth einer Klageanmeldung, und es tritt das vorbereitende Verfahren ein, um den Anstand zu beheben. Es empfiehlt sich nicht, über Bedenkrn, welche bei dieser Prüfung hervortreten, im wohlwollenden Sinne gegen den Kläger in der Hoffnung hinwegzugehen, daß im Laufe des förmlichen Verfahrens die Beseitigung des Mangels erfolgen werde, vielmehr lehrt die Erfahrung, daß daran sehr oft zum großen Nachtheile des Klägers der ganze Prozeß scheitert. Deshalb ist die Nachsicht in diesem Stadium des Verfahrens gar keine Wohlthat für den Kläger.

§. 15.

1. In Ansehung der allgemeinen Voraussetzungen.

Hat ein vorbereitendes Verfahren nicht stattgefunden und ist also die vorgelegte Klage nicht aus einem solchen hervorgegangen; so muß die Prüfung derselben vor Allem auf die Zulässigkeit des Rechtsweges; auf die Kompetenz des Gerichts; auf das etwaige Vorhandensein einer Litispendenz; auf die Prozeßfähigkeit der Parteien; auf den Legitimationspunkt gerichtet und so verfahren werden, wie bereits vorhin, §§. 5 bis 9 auseinandergesetzt worden ist. Demnächst ist auf die Geschichte und auf den Klagegrund zu sehen. Die vorliegende Klageschrift ist alsdann, wenn sich dabei in einem Punkte Anstände finden, zur Grundlage des Prozesses nicht brauchbar, sondern es muß demnächst, wenn die Anstände behoben worden sind, ein neues Klagelibell, welches an den gerügten Mängeln nicht leidet, verfaßt werden. Die Annahme von Nachträgen ist nicht zu empfehlen; die Einheitlichkeit der Klageschrift wird dadurch gestört und der Gegner öfter auf Weiterungen geführt, welche vermieden worden sein würden, wenn eine neue Klage, die sich äußerlich und innerlich als ein wohlgeordnetes Ganzes dargestellt hätte, verfaßt und dem Gegner zur Beantwortung vorgelegt worden wäre.

Ein hierher gehörender Gegenstand der Prüfung ist noch die in dem Libell sich findende Kumulation mehrerer Klagen. Auf was dabei zu achten, ist bereits im §. 13, Th. I hinlänglich ausführlich gesagt. Kann darnach die vorliegende Klage nicht gebraucht werden, so ist der Kläger, unter Angabe der Gründe, zur Aufnahme einer neuen Klage vorzuladen oder zur Einreichung einer solchen aufzufordern.

§. 16.

2. In Ansehung des Klagegrundes.

Was darunter überhaupt und insbesondere nach dem preußischen Prozeßrechte zu verstehen, worauf also das Augenmerk bei der Prüfung zu richten sei, ist bereits im §. 11, Th. I gesagt worden [1]). Bei der Beurtheilung ist darauf zu sehen: ob der Anspruch aus den thatsächlichen Behauptungen rechtlich folgen würde oder doch könnte, wenn dieselben richtig wären. Denn wäre dieses offenbar nicht der Fall, so würde es nichts helfen, wenn gegen den ungehorsamen Beklagten die Thatsachen in contumaciam für zugestan-

1) Vergl. Civilprozeß, §. 162, Nr. III. der 2. Ausg. S. 339.

den angenommen würden. Denn das Kontumazialverfahren besteht nicht, wie von unerfahrenen Richtern mitunter angenommen wird, darin, daß die rechtlichen Folgerungen des Klägers oder gar der Anspruch als von dem ausgebliebenen Beklagten für zugestanden zu erachten sei, sondern nur darin, daß die Wahrheit der Thatumstände fingirt und der Beklagte seiner Rechtseinwendungen für verlustig erachtet wird [1a]). Um die richtige Entscheidung zu finden, muß das Fundament der Klage (die causa) untersucht werden; der Referent (Decernent) muß sich klar machen: welches Klagerecht (actio) dem Kläger nach dessen thatsächlichen Angaben zustehe. Dabei findet der Richter den Klagevortrag entweder vollständig, d. h. innerlich zusammenhängend, klar, verständlich und logisch schlüssig; oder er kann daraus zu keiner klaren Auffassung der Vorstellung, d. h. des Gedankenganges des Klägers gelangen. In dem zweiten Falle muß etwas geschehen, bevor eine Beurtheilung eintreten kann; von bloßen Nebensachen, von welchen die Einleitung des Prozesses nicht abhängt, ist vorläufig abgesehen: hierüber wird auf den §. 18 verwiesen.

I. Ist die Klage in der gedachten Art unvollständig, so tritt, wie auf eine Klageanmeldung, ein vorbereitendes Verfahren ein. Die Mängel, Lücken oder Unklarheiten, deren Hebung der Richter für nothwendig hält, müssen dem Kläger bekannt gemacht werden und er ist zu einem Informationstermine vorzuladen, oder, wenn er sich in einem anderen Gerichtsbezirke befindet, durch Requisition seines Gerichts zu vernehmen, oder, wenn die Klage schriftlich von einem Rechtsanwalte eingereicht worden ist, dieser zur Einreichung einer verbesserten Klage, binnen einer bestimmten Frist, bei Strafandrohung, aufzufordern. Wird bei dieser Prüfung nicht mit Gründlichkeit verfahren und eine mangelhafte oder unbegründete Klage dem Gegner zur Beantwortung zugefertigt; so findet demnächst keine Verbesserung oder Zurückweisung per decretum mehr statt, sondern der Prozeß muß nunmehr durch Erkenntniß beendet werden [2]), wenn nicht der Kläger die Klage, falls er es zu thun vermag, ganz zurücknimmt und die Kosten bezahlt resp. erstattet.

II. Findet der Richter die Klageschrift vollständig und deutlich, aber den Anspruch selbst, nach den von dem Kläger selbst vorgetragenen Umständen, rechtlich „offenbar" unzulässig, d. h. ist der

---

1a) A. G.O. I, 8, §. 10.

2) Vergl. R. v. 10. Decbr. 1814 (Jahrb. Bd. IV, S. 207) u. v. 25. Juni 1821. (Ebd. Bd. XVII, S. 258).

Vordersatz unrichtig, oder ist der Antrag keine logische Folgerung der vorgetragenen Prämissen, so darf die Klage nicht zur Beantwortung und Verhandlung zugelassen, sondern der Kläger muß durch eine schriftliche Resolution, unter Anführung der Gründe, ohne Weiteres abgewiesen werden [3]). (Abweisung per decretum) [4]). Ist der Fall zweifelhaft, so muß er zur Verhandlung zugelassen und per sententiam entschieden werden, damit die Frage vor den höheren Richter gebracht werden kann.

Beispiel.

Klage
des Pfandleihers Meier Hirsch
zu Breslau,
wider
den Schulamts-Kandidaten
Theodor Tihtscher daselbst,
wegen 60 Thlr. Darlehn.

Pr. den 3. Oktbr. 1860. H.

Dem Bekl. habe ich, laut des in Abschrift beigelegten Schuldscheins v. 26. Juni 1859, dessen Original ich künftig zur Rekognition vorlegen werde, auf vieles Bitten, zu einer Reise 60 Thlr. geliehen. Derselbe stand damals im letzten Semester seiner Universitätsstudien, war großjährig und selbstständig. Die Schuld ist schon den 1. April 1860 fällig geworden, jedoch unbezahlt geblieben. Deshalb klage ich mit dem Antrage:

den Bekl. zur Zahlung der 60 Thlr. Darlehn nebst Verzugszinsen seit dem 1. April 1860 und in die Kosten zu verurtheilen.

Breslau, d. 1. Oktbr. 1860.

Meier Hirsch.

D.

Dem Kläger ist zu eröffnen, daß seine Klage nicht zulässig sei, sondern hiermit zurückgewiesen werde. Denn da nach dem Vortrage in derselben dem Bekl. das Darlehn zu einer Zeit gegeben worden sei, wo er noch Student war, und da die Einwilligung der akademischen Obrigkeit dazu fehle; so sei das Darlehn nach den Vorschriften des A. L.R. Th. II, Tit. 12, §§. 104, 108, 110 ff. offenbar ungültig und könne nicht vor Gericht geltend gemacht werden.

Die Kosten sind durch Postvorschuß einzuziehen.

N. den 5. Oktbr. 1860.

Richter.

---

3) A. G.O. I, 6, §. 7; Gem.Beschl. des Reichs-K.G. v. 11. Januar 1769, in Cramer, Obs. T. V, p. 709.

4) A. G.O. I, 5, §. 12 a. E. u. Civilproceß, §. 168, S. 352.

Eine „Abweisung per decretum" kann auch theilweise geschehen[5]). Gegen eine solche Abweisung kann nur die Beschwerde, welche dem Instanzenzuge der gegen Erkenntnisse zulässigen Rechtsmittel folgt, stattfinden[5a]), weil ein Prozeßverfahren fehlt. Deshalb wird ein solches Dekret nicht rechtskräftig, mithin steht dem Kläger immer frei, eine besser begründete Klage anzubringen. Die Abweisung per decretum ist aus dem römischen und dem Gemeinen Prozesse in den preußischen aufgenommen. Im römischen Formularprozesse hatte der Prätor das Offizium, auf den einseitigen Vortrag des Klägers zu prüfen: ob dem Kläger ein Klagerecht zustehe, und ihm, wenn nicht, eine Klage zu versagen[6]). Später ging dasselbe auf den Richter über[7]), und nach gemeinrechtlichem Prozeßrechte ist es Grundsatz: ein Klageschreiben, so oft der darin angeführte Klagegrund nicht stattfindet, noch auch irgend ein anderer für denselben findbar ist, mithin die Klage offenbar (manifesto jure) unbegründet erscheint, nicht zur Nothdurftsverhandlung zuzustellen, sondern mit Anführung der Gründe zu erkennen: daß die Klage oder des Klägers Suchen keine Statt habe[8]). Das Gesetz (Not. 2) bedingt eine solche Abweisung dadurch, „daß die Klage aus einem der Tit. 5, §. 12 angegebenen, oder anderen dergleichen rechtlichen Gründen offenbar unzuläſſig ist." Sobald daher der Fall auch nur im mindesten zweifelhaft ist, muß die Klage zugelassen und das Prozeßverfahren eröffnet werden. Es bewährt sich nicht, hierin strenge zu sein; die Praxis hat eine große Anzahl Klagen aufzuweisen, welche der Richter erster Instanz als offenbar unstatthaft zurückgewiesen, oder welche sogar der Appellationsrichter im zugelassenen Prozesse, in der Appellationsinstanz, absprechend für solche erklärt hatte, welche der Richter erster Instanz per decretum hätte abweisen sollen, und in letzter Instanz doch für wohlbegründet erkannt wurden. Die a. a. O. angegebenen Gründe sind folgende:

1) Wenn die Forderung des Klägers sich zur rechtlichen Erörterung an sich gar nicht qualificirt. Dann ist nach dem, was oben §. 5 gesagt ist, zu verfahren. Darüber aber, wann ein sol-

---

5) R.Dep.A. v. J. 1600, §. 30; Conc. d. R.K.G.O. I, 22, §. 10.

5a) Ebenda, u. V. v. 21. Juli 1846, §. 35; Ges. v. 26. April 1851, Art. XIII, Nr. 1 (G.S. S. 186).

6) L. 27 pr. D. de verbor. obligation. (XLV, 1).

7) L. 3 §. 11 i. f. D. ad exhibendum (X, 4); c. 15 X. de judiciis (II, 1).

8) Böhmer, Jus eccles. Protest. L. 1, tit. 32, §. 31 und der dort angef. Mevius, Decis. P. I, dec. 42; Claproth, Grundsätze von Verfertigung der Relationen, §. 86; u. v. A.

cher Fall vorhanden sei, ist ein allgemeiner Grundsatz nicht zu formuliren; diese Lehre besteht aus einer bloßen Kasuistik, denn auch der Rechtsgrundsatz, daß alle Streitigkeiten über Sachen und Rechte, welche einen Gegenstand des Privateigenthums ausmachen, vor die Gerichte gehören [9]), hat so viele Ausnahmen, daß er keinen sichern Anhalt giebt und ein besonderes Studium oder besser ein Auswendiglernen der zahlreichen Ausnahmen erforderlich ist, um sich zurechtzufinden [10]).

2) Weil die Sache nicht vor dieses, sondern vor ein anderes Gericht gehört. Darüber wird auf §. 6 zurückgewiesen.

3) Weil ein anderer Richter eine rechtmäßige Prävention bereits ausgeübt hat. Dieserhalb ist nach Anleitung des oben §. 7 Gesagten zu verfahren.

4) Weil durch das vorgetragene Faktum der Anspruch nach den Gesetzen gar nicht begründet wird. Um darüber ins Klare zu kommen, ist es nothwendig, den Klagegrund oder das Klagerecht (actio), welcher dem Kläger nach der vorgetragenen Geschichte zustehen möchte, gleichviel, ob er einen solchen genannt oder auch nur allegirt hat oder nicht, zu finden [11]). Ist ein solcher rechtlicher Klagegrund vorhanden oder doch nicht unzweifelhaft nicht vorhanden, so sucht man zu bestimmen, was es für eine Klage sei, um deren gesetzliche Erfordernisse mit den vorgetragenen Thatumständen zu vergleichen und darnach die Vollständigkeit des Vortrages zu prüfen. Wenn aus eben denselben Umständen mehrere Klagen entspringen, wovon die eine strenger bedingt ist als die andere, z. B. die Reivindikation und die publicianische Klage, so ist es genug, wenn die Erfordernisse der einen mit dem Vortrage übereinstimmen. Fehlt Etwas, d. h. sind nicht alle wesentlich erforderlichen Umstände zu der gefundenen Klage vorgebracht worden, oder sind nicht alle so deutlich oder so bestimmt vorgetragen, daß man den ganzen Zusammenhang klar fassen kann; oder kann man den Vortrag ohne einen Situationsplan oder eine Geschlechtstafel nicht verstehen: so kann die Klage nicht abgewiesen, sondern sie muß vervollständigt werden, zu welchem Zwecke das vorbereitende Verfahren eintritt. Unerhebliche Umstände werden für nicht geschrieben erachtet und

9) A. G.O. Einleitung §. 1 u. m. Anm. dazu.

10) Eine vollständige Uebersicht ist nicht vorhanden. Das Publ. des Kammergerichts v. 18. März 1816, die Fälle, in welchen kein gerichtlicher Prozeß statt findet, betreffend (Jahrb. Bd. VII, S. 125), ist schon lange nicht mehr brauchbar. Vergl. Preuß. Civilprozeß, §§. 25 ff.

11) Vergl. Th. I, §. 11, Nr. II, Satz 1 — 5.

übersehen. Ist hingegen der angeführte oder vorausgesetzte Klagegrund offenbar nicht vorhanden und somit der Vordersatz in der Schlußform falsch, so kommt es auf eine fernere Prüfung der vorgetragenen Thatumstände, in wiefern sie nämlich als untergeordneter Satz zum Vordersatze passen und einen logischen Schluß gestatten, gar nicht an, vielmehr ist die Klage abzuweisen.

Beispiel.

Klage
des Kunstgärtners Ehrenfried
Hippe hieselbst,
wider
den königlichen Fiskus, vertreten
durch die Kommandantur der hiesigen Vestung,
wegen Rückgabe eines Gartens.

D.

Dem Kläger ist unter Zurücksendung der Anlage zum Bescheide zu geben, daß seine Klage auf Zurückgabe des für die hiesige Vestung eingezogenen Gartens nicht zulässig sei. Denn seine Voraussetzung, daß er auch dem Staat gegenüber gegen eigenmächtige Besitznahme seines Eigenthums geschützt werden müsse, sei nicht unbedingt richtig. Ein jedes Mitglied des Staates müsse einzelne Rechte dem Wohle des gemeinen Wesens gegen Entschädigung aufopfern. Ob der Fall der Nothwendigkeit dazu vorhanden, habe lediglich das Oberhaupt des Staates zu bestimmen. A. L.R. Einl. §§. 74, 75; Th. I, Tit. 11, §. 10. Diese Bestimmung sei in

Pr. 12. Aug. 1860. H.

Der vor dem Zollthore hieselbst belegene, im Hypothekenbuche der städtischen Gärten sub Nr. 11 verzeichnete Kunstgarten, der Kunzegarten genannt, ist mein Eigenthum, wie der beiliegende Hypothekenschein ergiebt.

In der beiliegenden Aufforderung v. 16. Juli d. J. verlangte der hiesige Kommandant, auf Grund der abschriftlich beigefügten Kabinetsordre vom 6. Juni, worin es heißt, daß der Garten, weil er im Vestungsrayon liege und sich zur Anlegung eines Vorwerks eigne, nothwendig zu den Festungsgrundstücken einzuziehen sei, die Ueberlassung und Räumung des Gartens. Der Garten ist das einzige Mittel, mich und meine zahlreiche Familie zu ernähren. Deshalb ist er mir nicht verkäuflich und ich verweigerte die Abtretung desselben. Am dritten Tage darauf, den 1. August, erschien der Platzmajor Knurrig mit 6 bewaffneten Soldaten und kündigte mir an, daß er auf Befehl des Kommandanten von meinem Garten Besitz

Bezug auf den Garten des Klägers durch die allerhöchste K.O. v. 6. Juni d. J. getroffen und dieselbe sei durch die Militärbehörde zur Ausführung gebracht worden. Gegen die Besitzergreifung finde der Rechtsweg auf Wiedereinräumung des Besitzes nicht statt. Auch die Art der Ausführung, namentlich daß ohne vorherige Festsetzung der Entschädigung der Besitz entzogen worden sei, könne nicht Gegenstand einer gerichtlichen Klage sein, weil den Gerichten keine Kognition über die Dienstführung der Militärbehörden zustehe. Nur über die Bestimmung des Preises und der Entschädigung für das dem Kläger entzogene Grundstück stehe der Rechtsweg offen. A. L.R. a. a. O. §. 11. Da jedoch die Klage nicht hierauf, sondern auf Zurückgabe des Gartens gerichtet sei, so müsse dieselbe zurückgewiesen werden.

Die Kosten sind zugleich einzufordern.

N. den 15. August 1860.

Richter.

nehmen wolle. Darauf ließ er die Umzäunung und das Gartenhaus abbrechen, die Materialien und die Gartengeräthschaften von dem Gartengrundstücke wegschaffen und auf dem nahen Glacis niederlegen, mit dem Bedeuten, daß ich mir solche von dort abholen könne. Dieses werden die Gartenarbeiter A. und B. bezeugen. Gegen eine solche gewaltsame Eigenthumsentziehung muß ich auch dem Staate gegenüber geschützt werden. Denn nach der Verf. Urk. v. 31. Januar 1850 Art. 9 ist das Eigenthum unverletzlich, es kann nur aus Gründen des öffentlichen Wohles gegen vorgängige, in dringenden Fällen wenigstens vorläufig festzustellende Entschädigung entzogen werden. Von dem Allen ist ist hier keine Rede; ich trage darauf an:

den Bekl. zur Zurückgabe meines Gartens und Wiederherstellung des früheren Zustandes, sowie in die Kosten zu verurtheilen.

N. den 10. August 1860.

Ehrenfried Hippe.

5) Weil die Klage zu früh angestellt worden[12]). Eine Ausnahme gilt bei Klagen vor der Verfallzeit aus einem der in der A. G.O. Th. I, Tit. 28, §. 2, Nr. 1, 2, 3 und 4 bezeichneten Dokumente oder wenn die sog. Kündigungsklage angebracht wird[13]).

6) Weil ein dem Kläger entgegenstehender Einwand, dessen Richtigkeit er nicht leugnen kann, d. h. dessen Richtigkeit aus dem

12) Vergl. ebd. Nr. 3 u. A. G.O. I, 5, §. 4, Nr. 10.

13) A. G.O. I, 28, §. 16 u. m. Anm. 60 dazu.

eigenen Vortrage des Klägers erhellet, sein ganzes Recht aufhebt. Diese Vorschrift soll nach einer Meinung auch auf den Fall angewendet werden, wenn aus dem Klagevortrage erhellet, daß die Verjährungszeit abgelaufen ist und der Kläger die Replik auf den etwaigen künftigen Einwand der Verjährung nicht in der Klageschrift anticipirt hat. Allein daraus, daß aus dem Klagevortrage der Verlauf eines solchen Zeitraums seit Entstehung des Anspruchs abgelaufen, der zur Vollendung der in dem betreffenden Falle möglichen Verjährung genügen würde, erhellet gar nicht, daß der Kläger „die Richtigkeit des ihm entgegenstehenden Einwandes der Verjährung, wodurch sein ganzes Recht aufgehoben wird, nicht leugnen kann", denn durch den Zeitverlauf allein wird die Richtigkeit des Einwandes nicht unleugbar bewiesen [14]), die Vorschrift paßt daher auf den vielleicht möglichen, vielleicht aber auch gar nicht vorkommenden Einwand der Verjährung durchaus nicht. Deshalb kann nach der anderen Meinung [15]), daß eine Berücksichtigung des Einwandes der Verjährung bei Prüfung der eingereichten Klage überhaupt nicht für zuläßig zu erachten, sondern abzuwarten sei, ob der Bekl. sich des Einwandes der Verjährung, der noch andere Bedingungen als den Ablauf des Zeitraums habe, bedienen werde [15a]), eine Abweisung der Klage per decretum auf Grund einer, aus dem Klagevortrage vermeintlich hervorgehenden Verjährung nicht eintreten; und diese Meinung ist die richtige; denn es ist nach dem Gesagten gewiß, daß der Fall zweifelhaft, weil unklar, folglich keinesweges „die Klage offenbar unzuläßig ist"; und dieß Offenbare, Unzweifelhafte ist die Bedingung der Abweisung einer Klage per decretum [16]).

7) Wenn aus anderen dergleichen rechtlichen Gründen die Klage offenbar unzuläßig ist (Not. 16). Die Ziffer 1 bis 6 angeführten Gründe sind mithin nur Beispiele. Der Abweisungsgrund muß jedoch immer ein rechtlicher sein, wie z. B. die Handlungsunfähigkeit des Bekl. (vergl. das erste Beispiel zu diesem §. 16), oder die gänzliche Ungültigkeit des Rechtsgeschäfts wegen Formmangels, wie etwa ein mündliches Schenkungsversprechen, eine mündliche Erpromission; niemals ein bloß faktischer.

---

14) Th. I, §. 12, Note 11, u. Civilprozeß, §. 131.

15) Diese Meinung ist durch die meisten Obergerichte vertreten worden. M. s. das R. des J.M. v. 16. Oktober 1841 (J.M.Bl. S. 307).

16) A. G.O. I, 6, §. 7.

§. 17.

3. In Ansehung der Beweisantretung.

Was hierbei ins Auge zu fassen sei, ist hinlänglich ausführlich bereits gesagt [1]). Hier ist nur von der zu treffenden Verfügung des Richters zu sprechen. Die Gegenstände der Prüfung sind vornehmlich: ob der Kläger den Beweis da, wo er denselben zu führen schuldig ist, überhaupt gehörig (vollständig, bestimmt und erschöpfend) angetreten habe; ob die angezeigten Beweismittel in dem vorliegenden Klagefalle zulässig seien; ob die geschehene Kumulation mehrerer Beweismittel über einen und denselben Umstand stattfinden könne.

1) Vermißt der Richter über einen Umstand, in Beziehung auf welchen er den Kläger für beweispflichtig hält, die Anzeige der Beweismittel; so ist der Kläger über die Unvollständigkeit seiner Klage in diesem Punkte zu bedeuten und zur Aufnahme einer vollständigen Klage oder eines Ergänzungsnachtrags vorzuladen oder, wenn ein Rechtsanwalt die Klage verfaßt hat, zur Ergänzung aufzufordern, unter Androhung der Weglegung der Sache im Falle der Nichtfolgeleistung. Macht der Kläger Gegenvorstellungen, entweder daß ihm der Beweis nicht obliege, oder daß der Umstand unerheblich sei, und es ist nicht ganz offenbar, daß der Umstand erheblich sei und der Kläger die Beweispflicht habe; so ist es zweckmäßig, den zweifelhaften Punkt der Parteiverhandlung zu überlassen und die Klage, sowie sie ist, dem Beklagten zur Beantwortung zuzufertigen, wobei ihm von dem stattgefundenen Bedenken und was darüber zwischen dem Richter und dem Kläger verhandelt worden ist, nichts mitgetheilt wird [2]).

Räumt demnächst der Bekl. den fraglichen Umstand nicht ein und es entsteht Streit darüber: wer den Beweis zu führen habe, so bleibt dieser während des Laufes der Instanz unentschieden und bei der künftigen Endentscheidung wird diejenige Partei, welche nach der Meinung des erkennenden Richters den Beweis hätte führen müssen, als beweisfällig behandelt.

2) Befindet der Richter, daß die angezeigten Beweismittel nach Bewandtniß der Umstände oder nach der Art der Sache nicht zulässig sind [3]), so ist eben so wie in dem vorigen Falle zu verfahren.

---

1) Th. I, §. 11, Nr. IV.
2) Vergl. A. G.O. I, 5, §. 14.
3) Darüber: Th. I, §. 11, Nr. IV, Ziffer 2.

3) Sind in der Klage zwei einander ausschließende Beweismittel, namentlich Eideszuschiebung und Urkunden- oder Zeugenbeweis, über einen und denselben Beweissatz, unbedingt und copulative kumulirt, was unzulässig ist[4]), aber doch vorkommt; so ist die Frage: was der Richter zu verfügen habe. Ein preußischer Schriftsteller hat sich darüber, soviel ich weiß, noch nicht geäußert, auch ist aus der Praxis kein Präzedenzfall bekannt, dergleichen Vorkommnisse sind, wie es eben jedesmal von selbst gegangen ist, abgemacht worden. In der gemeinrechtlichen Literatur trifft man zwei Meinungen an. Nach der einen soll die Eidesdelation ohne weiteres verworfen werden[5]). Nach der anderen soll dahin zu erkennen sein, daß der Beweisführer sich erklären solle: ob er den Eid, oder die anderen Beweismittel, fallen lassen wolle[6]). Welche Folge es habe, wenn der Beweisführer die ihm aufgelegte Erklärung schuldig bleibt, wird nicht angedeutet; die Folge muß sein, daß die Sache liegen bleibt. Die erste Meinung ist mit dem wohlmeinenden Geiste des preußischen Prozeßrechts nicht vereinbar; die andere Meinung entspricht der Obliegenheit des Richters, für eine vollständige Klage, vor der Einleitung des Prozesses, von Amtswegen zu sorgen. Der Richter muß daher dem Kläger eröffnen, daß die Klage, welche eine unzulässige Kumulation der Eideszuschiebung mit anderen Beweismitteln enthält, zur Grundlage des Prozesses nicht tauglich sei und daß er sich deshalb bestimmt zu erklären habe, welches Rechtsmittel wegfallen solle. Dabei soll er ihn, ex officio nobili judicis, belehren, daß, wenn er sich der Eidesdelation bediene, er demnächst, falls der Eid angenommen werde, auf die anderen Beweismittel nicht mehr zurückgehen dürfe, daß ihm aber freistehe, neben den anderen Beweismitteln den Eid für den eventuellen Fall, daß diese kein günstiges Ergebniß haben sollten, zuzuschieben[7]), was sogleich in der Klage geschehen könne. Die Klage wird hier also wie eine Klageanmeldung behandelt und es wird, wenn die Klage schriftlich von einem Rechtsanwalte eingereicht worden ist, eine verbesserte Klage oder nach Umständen ein Nachtrag dazu eingefordert, unter Androhung einer Ordnungs-

---

4) Ebenda, Ziffer 3.

5) Kind, Quaest. for. Tom. I, cap. 57; Hommel, Rhaps. quaest. or. Vol. I, obs. 45; Leyser, Medit. ad Pand., sp. 173, m. 6; Glück, Kommentar, Bd. XII, S. 215; u. A.

6) Daniel Nettelbladt, Anl. zu der ganzen praktischen Rechtsgelahrtheit (neue Aufl. v. 1775), §. 750.

7) A. G.O. I, 5, §. 5 a. E., u. Tit. 10, §. 254.

strafe, sonst aber, unter der Verwarnung der Weglegung der Sache, ein Informations= (Klageaufnahme=) Termin angesetzt.

Beispiel.

D.

Dem Kläger ist zu eröffnen, daß seine Klage in ihrer gegenwärtigen Fassung nicht zugelassen werden könne, weil er über die Behauptung, daß er dem Bekl. das eingeklagte Darlehn gegeben, dem Bekl. unbedingt den Eid zugeschoben und zugleich auch Zeugen vorgeschlagen habe, eine solche Verbindung der Eideszuschiebung mit anderen Beweismitteln aber nicht stattfinden dürfe. Deshalb müsse er sich bestimmt erklären, welches von den beiden Beweismitteln er fallen lassen wolle. Hierbei werde er auf die Bedenklichkeiten der Eidesdelation und auf die vorhandenen anderen Beweismittel sowie darauf aufmerksam gemacht, daß, wenn er sich der Eidesdelation bedienen wolle, was ihm freilich freistehe, er nachher, nachdem der Eid von dem Bekl. angenommen worden sei, auf die Zeugenvernehmung nicht mehr antragen könne. Dagegen dürfe er, wenn er sich hauptsächlich des Zeugenbeweises bediene, auch den Eid auf den Fall, daß der Zeugenbeweis mißlingen sollte, zuschieben. Zu seiner Erklärung hierüber und zur Aufnahme einer gehörig substantiirten Klage sei ein Termin auf den ..... vor dem Deputirten, Herrn ..... angesetzt, in welchem er sich einzufinden habe, widrigenfalls die Sache würde bei Seite gelegt und die Kosten von ihm würden eingezogen werden.

Uebrigens hat die eventuelle Eideszuschiebung für den preußischen Prozeß keine praktische Bedeutung, weshalb derselben auch in der Pr.O. mit keiner Silbe gedacht wird; sie ist durch die Praxis aufgekommen aber völlig entbehrlich. Die Quelle dieses Beweismittels ist die gemeinrechtliche Praxis. Dort ist dasselbe als ein Schutzmittel gegen den Ablauf der gemeinrechtlich für die Beweisantretung vorgeschriebenen Präklusivfristen erfunden, aber keineswegs hinsichtlich seiner Zulässigkeit unbestritten. Denn es wird dagegen geltend gemacht, daß der Beweisführer intra fatale probationis bestimmt sich zu erklären verpflichtet sei, welcher Beweismittel er sich bedienen wolle; daß das Beweis=Fatale nicht prolongirt werden dürfe, daß jedoch eine solche Prolongation dadurch, wenn dem Beweisführer, nach mißlungenem Beweise, annoch zur Eidesdelation, elapso termino probatorio, zu greifen verstattet sein sollte, implicite geschehen würde. Aus diesen Gründen ist die Zulässigkeit der eventuellen Eidesdelation oft aberkannt worden [8]). Die preußische Gerichtspraxis ist daher auch über die Behandlung dieses Beweismittels, namentlich darüber: zu welcher Zeit der Gegner sich über die eventuelle Eideszuschiebung zu erklären verpflichtet sei, nicht gleichförmig [9]). Dasselbe ist jedoch für den preußischen Prozeß ganz entbehrlich, weil die Eideszuschiebung zu jeder Zeit im Laufe des Prozesses, und noch bei der Schlußverhandlung, bis zur Abfassung des Erkenntnisses, zulässig ist [10]).

§. 18.

4. In Ansehung des Petitums.

Bei der Prüfung des Petitums kann das darüber bereits Gesagte [1]) zur Richtschnur dienen. Hierbei ist besondere Sorgfalt anzuwenden. Es kommt häufig vor, daß ganze Prozesse durch alle Instanzen umsonst geführt werden, weil der Antrag des Klägers dem ihm zustehenden Klagerechte nicht gemäß ist. Bei dieser Prüfung des Antrags ist jedoch nicht zu übersehen: ob dem Kläger aus dem vorgetragenen Sachverhältnisse nicht vielleicht mehrere Klagen (actiones) nach seiner Wahl zustehen, so daß der Antrag dem einen Klagerechte entspricht, während er zu dem anderen nicht passen würde. So kann z. B. ein Servitutsberechtigter, wenn der Besitzer des belasteten Grundstücks die Anlage, in welcher die Servitut besteht, zerstört, mit der actio confessoria die Wiederherstellung der Anlage und zugleich auch accessorisch Schadensersatz fordern; er hat aber auch einen Anspruch bloß auf Ersatz des bereits zugefügten Schadens aus der unerlaubten Handlung des Beschädigers. Man würde also irren, wenn man dafürhielte, der Klageantrag auf Schadensersatz allein sei unstatthaft, und es könne nur auf Wiedereinräumung der Servitut geklagt werden. Der Kläger kann beides, wenn er will, es hängt aber von ihm ab, welchen Anspruch er zuerst oder zuletzt oder gar nicht geltend machen will.

1) Ist das Sachgesuch in der Hauptsache eine logische Folgerung der vorgetragenen und richtig befundenen Prämissen, so wird das Dekret zur Einleitung des Prozesses erlassen, d. h. die Klage wird zur Beantwortung dem Bekl. zugefertigt und gehörig insinuirt.

---

8) M. s. die Rechtsfälle bei Kind, l. c.

9) M. Anm. 57a zu §. 297, Tit. 10 der Proz.-Ordn. in der 4. Ausg.

10) Verordnung vom 1. Juni 1833, §. 35 a. E.

1) Th. I, §. 11, Nr. III. — Vergl. Civilprozeß, §. 162, Nr. III, (2. Ausg. S. 338).

Enthält dasselbe eine pluspetitio re vel summa, oder loco[2]), so wird der Kläger damit gleichzeitig per decretum abgewiesen und davon der Bekl. bei der Klagezufertigung benachrichtigt, um eine Verhandlung darüber im Schriftwechsel zu verhindern. Die pluspetitio tempore und causa hat die Abweisung der ganzen Klage per decretum in der angebrachten Art zur Folge; ist jedoch der Prozeß einmal eingeleitet, so wird dem Kläger, zur Verhütung einer nutzlosen Vervielfältigung der Prozesse, dasjenige, was ihm von Rechtswegen gebührt, zugesprochen und der Pluspetition nur bei dem Kostenpunkte Rechnung getragen[3]). Findet der Richter Ausstellungen in Betreff von bloßen Nebenumständen (§. 16), deren Behebung Sache der guten Ordnung ist, sonst aber nicht den Fortgang des einmal eingeleiteten Prozesses bedingen kann, so wird ebenfalls auf die Klage in der Sache selbst verfügt, zugleich aber dem Kläger die Abhelfung solcher Mängel, unter Androhung einer Ordnungsstrafe, aufgegeben[4]).

2) Enthält die Klageschrift ein Prozeßgesuch[5]), sei es durch Bezeichnung einer besonderen Prozeßart im Rubrum, z. B. als Wechselklage, Mandatsklage, Bagatellklage, oder durch den ausdrücklichen Antrag, die Verfügung auf die Klage im Wege einer gewissen Prozeßart zu erlassen; so hat der Richter die Zulässigkeit zu prüfen. Dabei kommt die Frage: ob und in wiefern hinsichtlich der Prozeßart dem Willen der Parteien, namentlich des Klägers bei Einleitung der Sache Rechnung zu tragen sei, zur Erwägung. In dieser Beziehung herrschen verschiedene Meinungen darüber: in wiefern die Prozeßnormen als dem öffentlichen Rechte angehörig und deshalb als gebietende, der Abänderung durch Privatwillkühr nicht unterworfen, zu betrachten seien. Daß die Prozeßnormen im Ganzen als dem öffentlichen Rechte angehörig zu erachten seien, darüber ist kein Streit[6]); auch ist darüber nicht zu streiten, daß jede Privatwillkühr ausgeschlossen sei, wenn durch ein Gesetz für gewisse Rechtsstreitigkeiten ein bestimmtes Prozeßverfahren, wie z. B. der Eheprozeß für Ehetrennungen, aus besonderen Staatsrücksichten ausschließlich vorgeschrieben ist, gleichwie es anzuerken-

2) Darüber: ebenda, S. 339.

3) Ebenda, S. 339 u. §. 166, S. 346. — A. G.O. I, 23, §. 3, Nr. 1. Vergl. Erk. des Obertrib. v. 14. Aug. 1848 (Rechtsf. Bd. IV, S. 255), und Leyser, Medit. sp. 37, m. 2 u. sp. 468, m. 22.

4) A. G.O. I, 6, §§. 3, 4.

5) Civilprozeß, §. 162, Nr. III (2. Ausg. S. 335).

6) Mittermaier, im Archiv für civil. Praxis, Bd. XIII, S. 296.

nen ist, daß die Parteien durch ihren Vortrag dem Richter nicht ein ganz anderes Verfahren, als in der ihm gegebenen Prozeßordnung vorgeschrieben oder gebilligt ist, aufnöthigen können, weil er dann nicht vermöge der ihm anvertrauten öffentlichen Richtergewalt gegen die Parteien zur Durchführung des Streites verfahren würde. Die Frage ist nur die: ob der Kläger nicht befugt sein soll, auf ein Verfahren, welches nur seinen Vortheil bezweckt und sonst das öffentliche Interesse nicht beeinträchtigt, verzichten zu dürfen, bestimmter: ob er nicht befugt sei, seine Sache, statt in einem abgekürzten Verfahren, welches der Richter erster Instanz vielleicht für zulässig halten möchte, im gewöhnlichen Prozesse zu betreiben. Im umgekehrten Falle kann die Unzulässigkeit freilich nicht in Frage gestellt werden; denn der gewöhnliche Prozeß ist die Regel, und so lange nicht eine Ausnahme von derselben nachgewiesen wird, kann keiner Partei ein Verfahren, in welchem Formen, die das regelmäßige Verfahren vorschreibt, wegbleiben dürfen, aufgenöthigt werden[7]). In Betreff jener Frage aber ist gemeinrechtlich der Grundsatz angenommen, daß der Kläger auf Weglassung von Formen, welche eine für die Sache geeignete besondere Prozedur zulässig macht, verzichten und deren Beibehaltung durch Betretung des gewöhnlichen Prozesses verlangen, z. B. statt des Mandatsprozesses den ordentlichen Prozeß wählen dürfe, wofern nicht auch hier für das Streitobjekt im Staatsinteresse ausschließlich ein bestimmtes Verfahren angeordnet ist[8]). Im preußischen Prozeßrechte ist die Frage noch nicht ausgemacht. Der Justizminister hat in seiner, durch königl. Erlaß genehmigten Instruktion zur Ausführung der Verordnung über den Mandats-, den summarischen und Bagatellprozeß, v. 1. Juni 1833, den Satz hingestellt: „Den Parteien steht nicht frei, eine andere als die vorgeschriebene Prozeßform zu wählen[9]).“ Genau gesprochen berührt der Satz unsere Frage nicht, denn darüber giebt es keine Meinungsverschiedenheit: ob den Parteien über eine im Verfahren vorgeschriebene Form oder Förmlichkeit eine Wahl freistehe. Nimmt man aber an, daß mit der „Pro-

7) Mevius, Decis. P. I, dec. 171; Boehmer, Jus eccles. Protest. L. II, tit. 1, §. 2; Danz, ordentl. Prozeß, §. 53 a. E.; u. v. A. — Wäre es ohne Widerspruch geschehen, so würde das Verfahren nicht ungültig sein. Clem. 2 de verbor. significat.

8) Heimbach sen., in Weiske's Rechtslexikon, Bd. VIII, S. 586. Vergl. u. A. Claproth, Einleitung in sämmtliche summarische Prozesse, I. Abschnitt, §. 4, S. 17.

9) Instr. v. 24. Juli 1833 (Jahrb. Bd. XLI, S. 437).

zeßform" die Prozeßart gemeint sei, so ist der Satz nicht unbedingt für richtig anzuerkennen; denn die Instruktion ist kein gehörig publizirtes Gesetz, hat mithin, neben ihrem doktrinellen Werthe, nur die Bedeutung einer Anweisung für den Richter, kann aber zur Entscheidung eines Parteistreites nichts beitragen. Daneben findet sich ein Plenarbeschluß des Obertribunals. Bei demselben war in Betreff des Verfahrens in Bausachen, wofür die Prozeßordnung im Tit. 42 ein abgekürztes Verfahren vorschreibt, in verschiedenen Senaten eine Meinungsverschiedenheit hervorgetreten. Eine Bausache, welche für das abgekürzte Verfahren geeignet gewesen wäre, war im ordentlichen Prozesse in erster und zweiter Instanz verhandelt und entschieden worden. Die Nichtigkeitsbeschwerde hatte das Obertribunal als verspätet zurückgewiesen, weil nicht die für schleunige Bausachen vorgeschriebene dreitägige Anbringungsfrist innegehalten worden war. Bei einer später vorgekommenen gleichen Sache, welche in der ersten und zweiten Instanz ebenso behandelt worden war, wollte der Zweite Senat die Nichtigkeitsbeschwerde, die gleichfalls erst nach Verlauf der dreitägigen Frist eingereicht worden war, mit Rücksicht darauf, daß nun einmal in Wirklichkeit durchweg der gewöhnliche Rechtsgang stattgefunden habe, annehmen. Der Zweite Senat stand hierbei auf dem Boden der Vertreter derjenigen Meinung, nach welcher eine sonst summarische Sache im Wege des ordentlichen Prozesses, wenn die Parteien damit einverstanden sind, gültig verhandelt werden kann, und nach welcher die ohne Widerspruch der Parteien wirklich stattgefundene Verhandlung in diesem Verfahren für stillschweigend genehmigt und deshalb das Verfahren für unumstößlich angesehen wird [10]). Das Plenum, an welches dieser Fall gebracht werden mußte, trat jedoch der älteren Meinung bei und faßte den Beschluß: „Die Vorschrift im Art. 14, lit. d der Deklaration v. 6. April 1839 wegen der in Bausachen zur Einlegung der Nichtigkeitsbeschwerde bestimmten Frist findet auf alle Prozesse Anwendung, welche ihrem Gegenstande nach zu den in den §§. 34—41, Tit. 42 der Prozeßordnung bezeichneten schleunigen Bausachen gehören, sie mögen auf die hier vorgeschriebene Art in den vorgeschriebenen Instanzen behandelt worden sein, oder nicht [11])." Der Schluß ist un-

10) Clem. 2 de verbor. signif. — Claproth, Einleitung in sämmtliche summarische Prozesse. I. Abschnitt, §. 4, S. 17. — Glück, Kommentar, §. 498, S. 160, Nr. 3.

11) Pl.-Beschl. v. 5. September 1842 (Entsch. Bd. VIII, S. 202).

logisch, wenn nicht das ganze durch zwei Instanzen widerspruchlos gegangene ordentliche Verfahren, als gegen das allgemeine Staatsinteresse verstoßend, annullirt werden konnte; er ist auch überfallend, da die Partei, nachdem sie den ganzen Prozeß in den Formen des ordentlichen Verfahrens bis dahin durchgemacht hatte, davon plötzlich und wider Vermuthen getroffen wurde. Gegen die unbedingte Geltung des Satzes habe ich mich schon früher ausgesprochen [12]; diesen Widerspruch halte ich aufrecht für die Fälle, wo nicht ein absolut gebietendes Gesetz ein bestimmtes Verfahren ausschließend vorschreibt. Als Grund giebt das Obertribunal für seinen Plenarbeschluß freilich an: weil die Förmlichkeiten des Prozesses und vor Allem die Formalien der Rechtsmittel der Privatwillkühr der Parteien nicht unterworfen sind. Darum handelt es sich aber nicht; es behauptet Niemand, daß in einem, im abgekürzten Verfahren eingeleiteten und verhandelten Prozesse die Formalien der Rechtsmittel nach der Privatwillkühr der Parteien gemodelt und bestimmt werden könnten; sondern die Frage ist die: ob die Formalien der Rechtsmittel, welche für den abgekürzten Prozeß vorgeschrieben sind, wider Vermuthen der Parteien auf den im ordentlichen Verfahren durchgeführten Prozeß von dem Gerichte plötzlich übertragen werden können, aus keinem anderen, bis dahin gar nicht zur Sprache gekommenen Grunde, als daß die Sache für den abgekürzten Prozeß von Anfang geeignet gewesen sein würde. Das ist nicht einzuräumen; der Beweis dafür ist schuldig geblieben. Zurückkommend auf die Frage: ob der Kläger für seine Sache, welche sich für den Mandatsprozeß oder für den Wechselprozeß im abgekürzten Verfahren eignen möchte, auf diese besondere, nur seinen Vortheil bezweckende Prozeßart verzichten und statt derselben den ordinären Prozeß wählen dürfe, behaupte ich, daß ihm dieses freistehe. Ein positives Verbot ist nicht nachzuweisen, es fehlt also an einem zwingenden Grunde, dem Kläger wider seinen Willen den besonderen Prozeß aufzunöthigen, von welchem er besorgt, daß er unwiederbringliche Kosten ohne anderen Erfolg haben werde, als daß er, nachdem er solchen vergeblich durchgemacht, doch den Weg des ordentlichen Prozesses werde betreten müssen. Bei dem Mandatsprozesse, welcher durch öffentliche Beurkundung aller zur Begründung der Klage vorausgesetzten Thatumstände bedingt ist, kann er vielleicht nicht ohne Grund besorgen, daß der Bekl. in irgend einem Punkte die Beurkundung beanstanden werde, etwa hinsichtlich

12) Civil-Prozeß, §. 162, Note 17.

der Fälligkeit, wenn eine Kündigung stattgefunden hat, oder wenn die Fälligkeit von der nicht geleisteten prompten Zinszahlung abhängig gemacht ist und er den Eintritt der Bedingung behauptet. Was hilft es ihm, wenn der Richter erster Instanz den Mandatsprozeß für zulässig hält und ohne Weiteres das Mandat erläßt, mit dem Bescheide an den Kläger, daß ihm die Wahl der Prozeßart nicht freistehe und die Sache sich für den Mandatsprozeß eigne? Das Ende davon ist, daß der Kläger in der letzten Instanz mit der Klage im Mandatsprozesse abgewiesen und in die Kosten verurtheilt wird, so daß er nun, nachdem er Zeit und Kosten verloren hat, die Sache im ordentlichen Prozesse von vorne anfangen muß. Mit welchem Rechte soll er von dem Richter, der ihm für den Erfolg keine Bürgschaft geben kann und auch nicht will, verhindert werden können, sich diesen Verlust zu sparen und die Sache von Anfang zur Verhandlung im ordentlichen Prozesse zu bringen?! Der Mandatsprozeß ist ja kein Versuchsfeld, keine Falle für ihn, er bezweckt den Vortheil des Klägers, wenn dieser vermeint, den Bedingungen desselben genügen zu können, folglich kann er nicht gezwungen werden, diesen Weg zu betreten, wenn er es sicherer findet, im Wege des gewöhnlichen Prozesses vorzugehen. Mit der Wechselklage verhält es sich ebenso. Hier läßt sich auch ein gesetzliches Argument nachweisen. Die A. G.O. I, 27 schreibt vor: §. 9. „Findet das versammelte Gericht den Wechselprozeß, aus Mangel der gesetzmäßigen Erfordernisse, entweder bei den Instrumenten, oder in der Person des Beklagten, nicht zulässig; so muß dasselbe den Kläger durch eine Resolution mit seiner Wechselklage ab=, und zur Ausführung seines Anspruchs im Wege des ordentlichen, oder, nach Beschaffenheit der Sache, des exekutivischen Prozesses anweisen." §. 10. „Gegen eine solche abweisende Resolution steht dem Kläger der gewöhnliche Weg der Beschwerde bei der vorgesetzten Behörde offen. Er kann aber auch in dem ihm nachgelassenen ordentlichen oder exekutivischen Prozesse nachweisen, daß ihm ein wirkliches Wechselrecht gegen den Beklagten zustehe, und die dawider von dem Richter anfänglich gemachten Zweifel ungegründet oder unerheblich sind. Hat er diesen Nachweis hinreichend geführt, so muß, wenn auch die Sache nicht im Wechselprozesse instruirt worden ist, dennoch wechselmäßig erkannt werden." Hier haben wir keinesweges eine absolute Vorschrift, nach welcher die Wechselklage ausschließend im Wechselprozesse eingeleitet und ausgemacht werden müßte; sondern sie kann auch im ordentlichen Prozesse zur Verhandlung und Ent=

scheidung gebracht werden, wenn sich Zweifel gegen die Zulässigkeit und folglich gegen den günstigen Erfolg des Wechselprozesses finden. Nun fragt man umsonst: aus welchem Rechtsgrunde soll der Wechselkläger, der selbst dergleichen Zweifel hegt, genöthigt werden können, zuvor das Opfer der Kosten und des Zeitverlustes, welches ihm durch die vorausgesehene oder doch befürchtete Abweisung entsteht, zu bringen? Warum soll er nicht aus Mißtrauen gegen seine Klagemittel ohne vorgängiges kostspieliges und zeitraubendes Vorverfahren alsogleich den sicheren Weg des ordentlichen Prozesses nehmen dürfen? — Hieran ist durch die neueren Prozeßgesetze gar nichts geändert; die Wahl zwischen dem Mandats-, beziehlich dem Wechselprozesse und dem ordentlichen Prozesse kann daher dem Kläger, wenn er dem ersteren nicht traut, mit Grunde Rechtens nicht verwehrt werden. In wiefern bei den übrigen Sachen, welche nach den Prozeßgesetzen als für den abgekürzten oder besonderen Prozeß geeignet erachtet werden, eine gleiche Wahl freistehe, bleibt hier eine offene Frage. Deren Beantwortung hängt bei jeder Kategorie dieser Sachen davon ab: ob für dieselben im Staatsinteresse ausschließlich das bestimmte Ausnahmeverfahren vorgeschrieben zu erachten ist, was, wie dargelegt worden, in Betreff des Mandats- und Wechselprozesses nicht anerkannt werden kann.

Erachtet der Richter die in Antrag gebrachte Prozeßart nicht für zulässig, so weiset er die Klage nicht etwa per decretum ab, sondern er verfügt deren Einleitung im Wege derjenigen Prozeßart, zu welcher er die Sache für geeignet hält. Sollte bei einer z. B. auf den Mandatsprozeß berechneten Klage die Beweisantretung für den ordentlichen Prozeß nicht vollständig genug scheinen, so ist er nicht verhindert, dieselbe vor der Beweisaufnahme entweder durch einen Nachtrag zur Klage oder bei Gelegenheit der mündlichen Verhandlung zu vervollständigen; denn das Prozeßgesetz verbietet die Aufahme neuer Beweise nur nach bereits erfolgter Beweisaufnahme, nicht aber die nachträgliche Anzeige neuer Beweismittel vor aller Beweisaufnahme [13]), und dieses auch für die Instanz, in welcher sich dieses zuträgt. Denn wenn in einer folgenden Instanz die Sache zur Beweisaufnahme über die bereits früher vorgebrachten Thatsachen in die erste Instanz zurückgewiesen wird, so ist bei einer solchen Lage der Sache dem Beweisführer auch jetzt noch gestattet, neue Beweismittel beizubringen, soweit dieß sonst im Laufe

13) V. v. 1. Juni 1833, §. 35. — R. v. 7. Oktbr. 1833. — Min.-Erläuterung S. 44, in den Jahrb. Bd. XLIII, S. 415.

der ersten resp. zweiten Instanz gesetzlich zulässig ist[14]), d. h. so lange die angeordneten neuen Beweisverhandlungen nicht beendigt sind, oder wenn die neuen Beweise sich erst aus dem aufgenommenen Beweise als vorhanden ergeben haben, oder wenn von der Eides-zuschiebung noch Gebrauch gemacht wird (Not. 13). Es bedarf also nicht erst noch einer vorgängigen Bescheidung des Klägers wegen Abschlagung der erbetenen Prozeßart zum Zwecke einer Erklärung desselben oder einer Vervollständigung der Klage; denn diese muß unter allen Umständen für jede Prozeßart vollständig sein; vielmehr wird dem Kläger, bei der Benachrichtigung über den angesetzten Klagebeantwortungstermin, nur eröffnet, daß und warum der in Antrag gebrachte besondere Prozeß nicht zugelassen werden könne.

Beispiel.

Mandats-Klage
des Rentners Reich hieselbst
wider
den Gutsbesitzer Geldlos zu
Armenrode
wegen 2000 Thlr.

D.

1. Formentur acta[15]).

2. Citet. der Bekl., unter Zufertigung des Duplikats, zur Klagebeantwortung, im Wege des gewöhnlichen Prozesses, auf den ..... vor dem Deputirten, Herrn .....

3. Notif. dem Kl. mit dem Bescheide, daß der Mandatspro-

Pr. d. 24. Nov. 1860. H.

Nach Ausweis des beiliegenden Original-Hypotheken-Instruments v. 1. Mai 1856 stehen auf dem Gute des Bekl. Rubr. III, Nr. 20 2000 Thlr., zu 5 Prozent verzinslich, für mich eingetragen. Dieses Kapital habe ich dem Bekl. den 1. August d. J. brieflich gekündigt. Eine Abschrift dieses Briefes lege ich bei. Wie der in Urschrift beiliegende Post-Empfangsschein des hiesigen Postamts ergiebt, hat der Bekl. den Brief aus den Händen des Postboten am 3. August

14) Erk. des Obertrib. v. 13. Januar 1859 (Archiv f. Rechtsfälle, Bd. XXXIII, S. 23).

15) Das Akten-Rubrum würde in diesem Falle lauten:

Acta
in ordinären Prozeßsachen des Rentners Reich hieselbst,
wider
den Gutsbesitzer Geldlos zu Armenrode,
wegen 2000 Thlr. Darlehn nebst Zinsen.

Es ist jedoch nicht erforderlich, dasselbe im Dekrete vorzuschreiben, weil jeder Büreauschreiber damit aus dem Registratur- und Geschäfts-Reglement vertraut ist und wissen muß, was zur Ausführung der Dekrete erforderlich ist.

zeß unzulässig befunden worden sei, weil alle Thatumstände, welche als Erfordernisse einer Klage anzusehen seien, mithin auch die Kündigung, bei Mandatsklagen durch glaubhafte Urkunden nachgewiesen werden müßten, dieser Nachweis aber bei seiner Klage, hinsichtlich der Zustellung des Kündigungsschreibens, fehle, indem aus dem Post-Empfangsscheine nicht zu entnehmen sei, daß der danach dem Bekl. am 3. Aug. zugestellte Brief die Kündigung enthalten habe.

4. ..... Thlr. Kostenvorschuß sind von dem Kl. einzufordern.

N. d. 28. Nov. 1860.

Richter.

empfangen. Die Zahlung, welche nach drei Monaten, am 3. Nov. d. J. hätte erfolgen sollen, ist ausgeblieben, ich trage deshalb darauf an:

dem Bekl. im Wege des Mandatsprozesses aufzugeben, mir das bezeichnete Kapital der 2000 Thlr. nebst Zinsen seit dem 1. Juli als dem letzten Zinstermine zurückzuzahlen u. die Kosten zu erstatten.

Duplikat ist beigelegt.

N. d. 23. Nov. 1860.

Reich.

§. 19.

5. In Ansehung der Klagenkumulation.

Werden in der vorgelegten Klageschrift mehrere Klagen vorgetragen, so ist die Zulässigkeit der Zusammenfassung (Klagenhäufung, Klagenkumulation) zu prüfen [1]). Kann die Kumulation aus irgend einem Grunde [2]) nicht zugelassen werden, so giebt es zwei Wege, die Sache in Gang zu bringen. Der eine ist der, die Klageschrift ganz unbenutzt zu lassen, und den Kläger unter gehöriger Bescheidung über die Unzulässigkeit der Kumulation, zur Aufnahme besonderer Klagen über jeden einzelnen Anspruch vorzuladen, oder, wenn der Verfasser ein Rechtsanwalt ist, zur Einreichung besonderer Klageschreiben mit einer Fristbestimmung aufzufordern. Der andere ist, von der Klage so viele extraktive Abschriften von den betreffenden Abschnitten machen und als neue Klagen zum Vortrage vorlegen zu lassen, als erforderlich scheinen. Der erste Weg verdient den Vorzug, besonders wenn das Klageschreiben von einem

1) Th. I, §§. 13, 14. — Civilprozeß, §. 164.

2) A. G.O. I, Tit. 1, §§. 35—37; Tit. 5, §§. 24—26; K.O. v. 7. Mai 1838 (Jahrb. Bd. LI, S. 374); V. v. 21. Juli 1843, §. 10 (G.S. S. 297); V. v. 21. Juli 1846, §. 32.

Rechtsanwalte abgefaßt worden ist, da das Gericht keinen Beruf hat, die Kanzleiarbeiten der Rechtsanwälte verrichten zu lassen. Hat das Gericht selbst die Klage durch einen Deputirten aufnehmen lassen, so empfiehlt sich freilich der zweite Weg vorzugsweise, nicht allein, weil es nur sein eigenes Geschäft zu verrichten hat und deshalb den kürzesten Weg einschlagen wird, sondern hauptsächlich, um die Partei nicht mit einer neuen Gestellung vor Gericht zu belästigen.

§. 20.

II. Verfügung auf die Klage.

Findet sich gegen die Annehmbarkeit der Klage kein Bedenken, so wird das Angemessene für die Sache verfügt, wobei zu beachten ist, daß das erste Dekret nicht die Hauptsache, d. h. die Einleitung des Prozesses allein betreffen, sondern sich über den ganzen Inhalt der Klageschrift verbreiten, folglich auch sämmtliche Bestimmungen wegen etwaiger Nebenumstände treffen soll.

I. Die einleitende Verfügung besteht im Allgemeinen darin, daß dem Bekl. die Klageschrift nebst Beilagen abschriftlich zugefertigt wird, mit dem Befehle, sich darauf auszulassen (Kommunikativ-Dekret). Die Spezialform hängt von der Prozeßart ab, für welche der Richter die Sache für geeignet hält und in dieser Hinsicht ist zu befinden: ob der ordentliche Prozeß, oder der abgekürzte Prozeß, oder der Bagatellprozeß, oder der Mandatsprozeß, oder ein bestimmter besonderer Prozeß einzuleiten sei [1]). Es bedarf nur der Bezeichnung der bestimmten Prozeßart im Dekrete, worauf der Sekretär das passende Formular der Ladung anwendet, ohne daß dazu eine besondere Weisung für ihn gegeben zu werden braucht.

II. Hinsichtlich der Nebenumstände ist auch zu beachten: ob der Fall vorliege, wo der vorgesetzten Behörde einer der Parteien von der Klage und deren Ausfalle Nachricht zu geben ist. Dergleichen Fälle, welche am gewöhnlichsten vorkommen, sind folgende:

1) Wenn gegen einen der Regierung untergeordneten Beamten Regreß- und Injurienklagen aus Veranlassung seines Amts angebracht, oder gegen Kassenbediente des Regierungsressorts Geldforderungen eingeklagt werden, so muß das Gericht davon der betreffenden Regierung sogleich Nachricht geben [2]).

---

1) A. G.O. I, 6, §. 10.

2) Anh. z. A. G.O. (I, 6, §. 8) §. 49. — V. vom 26. Dezbr. 1808, §. 47 (Rabe, Bd. IX, S. 487).

2) Klagen, welche gegen Personen der königl. Schauspiele und Kapelle einkommen, müssen der Generaldirektion der königl. Schauspiele mitgetheilt werden [3]).

3) Klagen gegen Magazin- und Kassenbeamte der Militärverwaltung wegen Geldforderungen sind den Militär-Intendanturen nachrichtlich mitzutheilen [4]).

4) Klagen gegen ein königl. oder prinzliches Amt sollen, außer der gesetzlichen Insinuation an den Oekonomiebeamten, auch der Regierung in Abschrift, ohne die Beilagen, mitgetheilt werden [5]).

5) Von jeder gegen einen aktiven Offizier eingehenden Klage soll dem betreffenden Militärvorgesetzten des Offiziers, unter Bezeichnung des Gegenstandes der Klage, Nachricht ertheilt werden; hinsichtlich der regimentirten Offiziere dem Regiments-Kommandeur, hinsichtlich der Anderen dem nächsten unmittelbaren Vorgesetzten [5a]).

6) In allen Prozessen, in welchen Kirchen oder andere hinsichtlich ihrer Vermögensbeaufsichtigung den Kirchen gleichstehende Stiftungen und Institute als Kläger oder Beklagte auftreten, soll der Regierung der Klagebeantwortungstermin, unter Mittheilung einer Abschrift der Klage, bekannt gemacht, und bei der Mittheilung des Erkenntnisses an die Parteien zugleich eine vollständige Abschrift desselben zur Nachricht übersendet werden [6]).

7) Wenn ein einzelnes Komtoir des Seehandlungs-Instituts aus seinen Handlungen und Verträgen belangt wird, so ist die Citation an das Komtoir zu richten und demselben zu insinuiren, zugleich aber der Seehandlungs-Direktion von der eingekommenen Klage Nachricht zu geben [7]).

8) Wenn ein Vormund citirt wird, so muß der Vormundschaftsbehörde eine Abschrift der Klage mitgetheilt werden [8]).

III. Sind Litiskonsorten vorhanden, so ist der Insinuationsmodus zu erwägen und das Erforderliche darüber: ob eine Kur-

---

3) Anh. z. A. G.O. (I, 6, §. 8) §. 49, Absatz 2. — R. v. 28. Juli 1805 (Rabe, Bd. VIII, S. 341).

4) R. v. 5. Mai 1828 (Jahrb. Bd. XXXI, S. 273).

5) A. G.O. I, 7, §. 28.

5a) Allg. Verf. des J.M. v. 12. September 1857 (J.M.Bl. S. 334).

6) R. v. 17. September 1835 (Jahrb. Bd. XLVI, S. 110); R. vom 27. Febr. 1855 (J.M.Bl. S. 78).

7) Anh. z. A. G.O. (I, 7, §. 29) §. 58; R. v. 6. Oktober 1794 (Rabe, Bd. II, S. 703).

8) A. G.O. I, 7, §. 33 b.

rende oder an Jeden eine spezielle Vorladung ausgefertigt werden soll, in dem Dekrete vorzuschreiben. Die A. G.O. geht davon aus, daß nur Ein Exemplar der Citation auszufertigen sei, und derjenige, welchem dasselbe zuerst eingehändigt wird, sich gegen den Boten sofort erklären müsse: ob er selbiges seinen Mitgenossen zustellen wolle. Alsdann soll ihm die Verordnung überlassen werden. Wollte aber der erste Empfänger die weitere Beförderung der Citation nicht übernehmen, so soll das Original allen Interessenten vorgezeigt und bei dem letzten gelassen werden [9]). In beiden Fällen ist das Verfahren unsicher, ungenügend und unpraktisch. In dem ersten Falle kann nicht formell glaubhaft festgestellt werden, ob der erste Empfänger sein Versprechen erfüllt und die Citation seinen Mitgenossen zugestellt hat. Die Vorschrift, daß, wenn ein solcher Interessent die Insinuation an seine Mitbeklagten unterlassen sollte, und gegen diese kein Kontumazialverfahren stattfände, sondern die Vorladung wiederholt werden müßte, der säumige Mitbeklagte dem Kläger alle daraus entstehende Schäden und Kosten zu erstatten schuldig sei (Not. 9), — diese Vorschrift ist nutzlos. Sie räumt ein, daß der vorgeschriebene Insinuationsmodus weiter nichts als ein Versuch ist, auf welchen ein Prozeßgesetz sich niemals einlassen muß: die Vorladung muß mithin wiederholt werden. Das muß selbst dann geschehen, wenn der Empfänger der Vorladung behaupten sollte, solche seinen ausgebliebenen Mitbeklagten zugestellt zu haben; denn dadurch kann die gehörige Zustellung um so weniger festgestellt werden, als der erste Empfänger ein erhebliches Interesse hat, sich aus der ihm aufgelegten Verantwortlichkeit gegen den Kläger zu ziehen. Mit dieser Verantwortlichkeit ist dem Kläger nichts geholfen, sie ist an sich von sehr zweifelhaftem Werthe und giebt dem Kläger keinen Ersatz für die Verschleppung seines Prozesses. Im zweiten Falle ist zwar im Interesse des Klägers eine Form geschaffen, aber auf Kosten des materiellen Rechts der Beklagten. Aus der bloßen Vorzeigung kann ein geschäftsunkundiger Mann sich nichts weiter einprägen als den Termin; sich Raths zu erholen oder gehörig vorzubereiten ist er ganz außer Stande. Nun sagt die Vorschrift (Not. 9) zwar, es stehe einem Jeden frei, Abschriften davon zu nehmen; aber dazu gehört, daß ein Jeder auch schreiben könne, oder auf der Stelle Zeit und Gelegenheit zu schreiben habe, nicht zu gedenken, daß ein Bote, welcher bei Jedem auf das Abschreiben warten soll, sich mehrere Tage mit der Vor-

9) Ebenda §. 31.

zeigung des Originals unterweges befinden kann. Deshalb erfordert die sichere und nach allen Seiten befriedigende Insinuation die Ausfertigung einer besonderen Citation für jeden Mitbeklagten. Der Justizminister hat auch ausdrücklich anerkannt, daß durch die Vorschriften der §§. 19 ff. und §. 31 d. T. nicht ausgeschlossen sei, daß auch im ordentlichen Prozesse (im Mandats- und im Bagatellprozesse muß es ohnehin geschehen, weil die Verfügung eine bedingte Verurtheilung enthält) spezielle Vorladungen an Einzelne unter mehreren Beklagten erlassen werden können, wenn dieß nach dem Ermessen des Gerichts aus besonderen Gründen für zweckmäßig erachtet wird, z. B. alsdann, wenn eine Verschiedenheit des Wohnorts und die erforderliche Beschleunigung solches räthlich erscheinen läßt[10]).

IV. Verlangt der Kläger die Zuordnung eines Assistenten, so erfolgt diese gleichzeitig in dem Einleitungsdekret[11]), in welchem Raum für den Namen, den der Dirigent einzurücken hat, gelassen wird. Der ernannte Assistent erhält Abschrift des Dekrets und dem Kläger wird von der erfolgten Zuordnung und dem Namen des Assistenten Nachricht gegeben.

Beispiel.

An

Ein königl. Kreisgericht zu Krottgau.

Klage
des Gutsbesitzers Rittersporn
zu Fliederthal
wider
die Unternehmer der Braunkohlen-Zeche Friederike-Agnes zu Fliederthal, namentlich: (hier folgen die einzelnen Beklagten nach Namen, Stand und Wohnort)

wegen Grundentschädigung und Sicherheitsbestellung.

Gegenstand über 500 Thlr.

Pr. d. 20. Jan. 1860. H.

Unter Bezugnahme auf das an Ein königl. Kreisgericht ergangene Kommissorium zur Verhandlung und Entscheidung dieser Rechtssache, v. 3. Jan. d. J.[12]), lege ich Wohldemselben, als substituirtem Gerichte, diese Klage zur rechtlichen Verfügung vor.

Abschnitt I.

Auf der Feldmark des Rittergutes Fliederthal, dessen Eigenthümer ich bin,

wie die beiliegende Abschrift

10) R. v. 20. Februar 1839 (J.M.Bl. S. 94).

11) Civil-Prozeß, §§. 107, 113, 117.

12) Vergl. oben §. 2.

D.

1. Form. acta.

2. Fiat term. zur Klagebeantwortung im gewöhnlichen Prozesse, den ..... vor dem Deputirten, Herrn ....., wozu die Beklagten, ein Jeder durch eine besondere Vorladung, unter Zufertigung einer Abschrift dieser Klage, vorzuladen sind.

3. Dem Kläger wird der Herr ..... zum Offizialanwalt bestellt, welcher letztere davon durch Dekretsabschrift benachrichtigt wird.

4. Notif. dem Kläger der Klagebeantwortungstermin und die Zuordnung des verlangten Offizial-Assistenten mit der Anweisung, diesen mit der erforderlichen Information zu versehen.

5. 20 Thlr. Kostenvorschuß sind dabei (Nr. 4) von dem Kläger einzufordern.

6. Dem Kreisgerichte zu Posen, II. Abth., als Vormundschaftsbehörde der mitbeklagten minorennen Geschwister v. Tr. ist eine Abschrift der Klage zur Nachricht zu übersenden.

K. d. 25. Jan. 1860.

Richter.

des Kaufkontraktes v. 28. August 1846, dessen Original bei den Hypotheken-Akten des Kreisgerichts zu N. über das Gut Fliederthal befindlich ist, beweiset,

hat eine Gesellschaft Braunkohlengräberei unternommen, dazu eine Grube, Friederike-Agnes benannt, gemuthet und verliehen erhalten. Zum Betriebe ihrer Kohlengräberei hat sie durch ihren Bevollmächtigten, den Schichtmeister Sch., ohne gehöriges Expropriationsverfahren und noch vor meiner Abfindung, folgende Parzellen meines Grundes und Bodens in Besitz nehmen lassen:

1. 95 □Rth. Hüthung zur offenen Rösche;
2. 105 □Rth. Ackerland zum Fundschacht nebst Haldensturz;
3. 1 Morgen 35 □Rth. Ackerland zur südlichen Aufdeckarbeit;
4. 52 □Rth. zur Erweiterung derselben;
5. 1 Morgen 124 □Rth. Ackerland zur nördlichen Aufdeckarbeit.

Dieses ergeben die beiden Protokolle der Bergamts-Kommission zu N. v. 12. Nov. 1845 und v. 8. April 1847, wovon Abschrift beigefügt ist und deren Original ich eventualiter von der genannten Bergbehörde zu avociren bitte.

Für dieses mir entzogene Eigenthum sind mir die Unternehmer der Kohlengräberei noch die Entschädigung schuldig. Diese sollte, gemäß §. 113, Tit. 16, Th. II des A. L.R., in der jährlichen Abnutzung bestehen, bis mir der aufgegrabene Boden wieder in solchen Stand gesetzt sein würde, daß er gehörig genutzt werden kann. Wie das Protokoll v. 12. Nov. 1845 beweiset, ist von der Bergbehörde, gemäß §. 115 a. a. O., die jährliche Vergeltung

a) für die Parzelle sub 1 auf 3 Thlr. per Morgen, mit 1 Thlr. 17 Sgr. 6 Pf.,

b) für erschwerte Ackerbestellung, welche durch die einspringenden Winkel der dem Grundeigenthümer verbliebenen Ackerfläche veranlaßt wird und für eine Fläche von 4 Morgen 90 □Rth. ausgemittelt worden, per Morgen 1 Thlr., zusammen also 4 Thlr. 15 Sgr. jährlich,

festgesetzt worden. Diese Ausmittelung und Feststellung haben sich beide Theile, laut desselben Protokolls, gefallen lassen. Dagegen ist die von der Bergbehörde gleichmäßig für alle Jahre durchschnittlich angenommene Vergütung für das Ackerland nicht genehmigt, vielmehr ist durch das Erkenntniß des ehemaligen Berggerichts zu Wildenhain, v. 22. Dez. 1847, rechtskräftig entschieden, daß die Abnutzung der Ackerflächen nach den in jedem Jahre in der Kreisstadt N. stattfindenden Marktpreisen zu vergüten.

Die Akten befinden sich jetzt bei dem Kreisgericht zu N., sub R. 1653 rep.; es wird um Adhibirung derselben gebeten, im Falle die Beklagten leugnen sollten.

Bis einschließlich Dezember 1849 ist die Entschädigungsfrage, mit Ausnahme einer in der Exekutionsinstanz entstandenen Differenz, erledigt. Auf die folgenden Jahre 1850, 1851 und 1852 habe ich aber für das mir entzogene Eigenthum noch nichts erhalten. Die Bergbehörde hatte dieselbe festgesetzt und obgleich dabei nicht jene rechtskräftige Entscheidung berücksichtigt worden war, so hätte ich mich doch, aus Abneigung vor Prozessen, dabei beruhigt. Die Bergbehörde wies die Zahlung auf die Grubenkasse an, es erfolgte jedoch aus Mangel an Gelde keine Zahlung, und die Bergbehörde verwies mich nun, wegen Beitreibung meiner Forderung, an die Gerichte.

Dieses beweisen die beiden Schreiben der Bergamts-Kommission zu N. v. 11. Juni und 16. September 1851, wovon ich Abschrift beilege und deren Urschrift im Leugnungsfalle produzirt werden soll.

Ich klagte auf Grund dieser bergamtlichen Festsetzung (A. L.R. II, 16, §. 115) auf Zahlung der festgesetzten Summen gegen die

Gewerkschaft. Da aber machten die Bekl. in ihrer Klagebeantwortung den Einwand, daß sie sich bei dieser Festsetzung nicht beruhigen wollten, sondern rechtliches Gehör und Erkenntniß darüber verlangten (§. 116ª a. a. O.). Ich zog nun diese Klage zurück.

Hierüber berufe ich mich auf die Akten des Kreisgerichts zu N. in Sachen des Gutsbesitzers Ritterspron wider die Gewerken der Kohlengrube Friederike-Agnes, wegen Grundentschädigung, v. J. 1851.

Dieses, ein Beispiel der Schutzlosigkeit des Grundeigenthums gegen Unternehmungen von Bergbau-Spekulanten, trage ich vor, um den Bekl. die Ausrede abzuschneiden, daß die Bergbehörde bereits eine viel geringere Entschädigung als die in der gegenwärtigen Klage liquidirte festgesetzt habe. Wie sie sich davon losgesagt haben, bin ich daran gleichfalls nicht einseitig gebunden und ich verlange nun gleichfalls richterliche Festsetzung.

Ich liquidire die mir gebührende Entschädigung, zur gerichtlichen Ermittlung und Festsetzung, wie folgt:

Für das Jahr 1850.

	Thlr.	Sgr.	Pf.
1. Für die 95 □Rth. Hüthung zur offenen Rösche	1	17	6

2. Für die erschwerte Ackerbestellung auf 4 Morgen 90 □Rth. jährlich per Morgen 1 Thlr., vom 12. Nov. 1849 angefangen.

Laut Protokoll v. 9. Aug. 1850 sind den 1. Juli 1850 geebnet zurückgegeben:

$105\frac{8}{10}$ □Rth.
1 M. $34\frac{1}{2}$ „ } Ackerland.
$51\frac{7}{10}$ „

In Folge dessen sollen von da an nur auf 2 Morgen für erschwerte Ackerbestellung à 1 Thlr. per Jahr und Morgen vergütet werden. Diese Vergütung beträgt also für 1850:

a) auf die Zeit v. 12. Nov. 1849 bis 1. Juli 1850 für 4 Morgen 90 □Rth. 2 Thlr. 23 Sgr. 1 Pf.

b) vom 1. Juli bis Ende Dezember 1850 nur für 2 Morgen . . . . . 1 „ — „ — „

	Thlr.	Sgr.	Pf.
	3	23	1
Uebertrag	5	10	7

Thlr. Sgr. Pf.

Uebertrag 5 10 7

Zum Beweise dessen übergebe ich die Grundentschädigungs-Nachweisung des Schichtmeisters der Bekl. v. 28. April 1851, worin ihr eigener technischer Vertreter diese Entschädigung, auf Grund der protokollarischen Anerkenntnisse, wie geschehen, berechnet.

3. Für folgende Ackerflächen, laut derselben Nachweisung:

	$105\frac{8}{10}$	□ Rth.	Fundschacht nebst Haldensturz,
1 M.	$34\frac{1}{2}$	"	zur südlichen Aufdeckarbeit,
	$51\frac{7}{10}$	"	zur Erweiterung derselben,
1 "	124	"	zur nördlichen Aufdeckarbeit.
3 M.	136	□ Rth.,	alles auf dem nämlichen Gewende oder Schlage, die Queere genannt.

Hierfür muß die ganze Abnutzung auf das Jahr vergütet werden. Denn obgleich am 1. Juli 1850 2 Morgen 12 □ Rth. geebnet zurückgestellt worden sind, so ist es doch in der Natur des Ackerbaues begründet, daß auf einem erst am 1. Juli in einem ganz rohen Zustande zurückgegebenen Boden in demselben Jahre nicht das allergeringste mehr erzielt werden kann, und daß also durch eine solche unzeitige Zurückgabe die Abnutzung für das ganze Jahr vereitelt worden ist.

Das werden als Sachverständige die Gutsbesitzer und vereideten ökonomischen Techniker, A. auf Waldhof und Sch. auf Weitzenberg bestätigen müssen, welche ich darüber zu vernehmen bitte.

Auf dem bezeichneten Gewende oder Schlage ist im Jahre 1850 Weizen gebaut worden. Das werden

1) der Amtmann K. und
2) der Schulze W.
} zu Fliederthal bezeugen;

auch soll das Saat- und Ernte-Register, welches der Erstere geführt hat, zur Einsicht vorgelegt werden. Nach dem Ernteregister sind per Morgen drei Schock Weizen gewonnen worden, und nach dem beigelegten Dresch-Register, welches der genannte Amtmann K. eidlich

Uebertrag 5 10 7

	Thlr.	Sgr.	Pf.
Uebertrag	5	10	7

bestärken wird, sind 4 Scheffel per Schock gedroschen worden, welches vom Morgen 12 Scheffel Weizen giebt.

Dieselben Sachverständigen A. und Sch. haben schon mehrmals in meinen Entschädigungsprozessen wider die Bekl. ausgesagt und werden wiederholt bestätigen:

a) daß, wenn der Grundherr hier auslänglich entschädigt werden soll, von dem Bruttoertrage kein anderer Abzug gemacht werden darf als der Sameneinfall, weil die Fläche verhältnißmäßig so gering, daß an Arbeits- und Zugkräften auf dem Gute keine Reduktion, also keine Ersparniß möglich ist, und daß die Düngung durch den außer Ansatz gelassenen ganzen Strohertrag, die Spreu, die Ueberkehr und die Nachhütung, reichlich erstattet sei, mithin keinen Zuschuß, welcher abzuziehen sei vom Körnergewinne, nöthig mache;

b) daß auf den Morgen 16 Metzen Aussaat zu rechnen sind, welches ich auch durch das vorzulegende, von dem Amtmanne K. zu bekräftigende Saatregister beweisen werde.

Darnach beträgt der Ertrag von

3 Morgen 136 □Rth.	47 Schfl.	12 M.
und nach Abzug der Aussaat von .	3 =	12 =
noch	44 Schfl.	— M.

Darüber, daß auf den zu Unland gemachten Flächen, nach der Bodenbeschaffenheit, der gleiche Ertrag zu erwarten gewesen sein würde, berufe ich mich auf die oben genannten beiden Sachverständigen A. und Sch.

Nach dem Oppelner Regierungs-Amtsblatte von 1851, S. 14, war der Durchschnittsmarktpreis des Weizens in der Kreisstadt N. im Monat Dezember 1850 3 Thlr. per Scheffel, mithin gebühren mir für

	Thlr.	Sgr.	Pf.
44 Scheffel	132	—	—
zusammen für das Jahr 1850	137	10	7.
Uebertrag	137	10	7

Thlr. Sgr. Pf.
Uebertrag 137 10 7

Für 1851.

(Die Liquidation für 1851, 1852 bleibt weg, weil sie zur Darstellung dieses Prozesses nicht nöthig ist; es versteht sich, daß dieselbe mit Zugrundelegung der in jedem Jahre auf dem Schlage erbauten Frucht angelegt werden muß. Der weitere Text der Klage in unserem Falle lautet:)

Die Abnutzung des den Bekl. überlassenen Grundeigenthums macht hiernach für die drei Jahre 1850, 1851, 1852 zusammen . . . . 300 — —.

Ich halte zwar dafür, daß, weil die Bekl. in der Besitznehmung und Unbrauchbarmachung meines Eigenthums durch einen gemeinschaftlichen Bevollmächtigten gehandelt haben, sie solidarisch haften, doch will ich mich hierüber mit ihnen nicht streiten, vielmehr nach der eigenen Theorie der Bekl. unter Bezugnahme auf die §§. 237 und 238, Th. I, Tit. 17 des A. L.R. darauf antragen:

> die Bekl. pro rata eventualiter in solidum zu verurtheilen, mir an Grundentschädigung für das Jahr 1850 137 Thlr. 10 Sgr. 7 Pf., für das Jahr 1851 100 Thlr. und für das Jahr 1852 62 Thlr. 19 Sgr. 5 Pf., nebst 5 Prozent Verzugszinsen von jeder Jahresrate seit dem Ablaufe des Jahres, also resp. vom 1. Januar 1851, 1852 und 1853 an, zu bezahlen.

Einem Einwande, den die Bekl. in der Beantwortung der oben erwähnten, von mir zurückgezogenen Klage vorgebracht haben und den sie muthmaßlich wieder vorbringen werden, will ich anticipando begegnen, soweit er mir verständlich ist. Es sind vor 1850 noch einige Theilnehmer mehr gewesen und die Bekl. nehmen auf §. 292, Tit. 16, Th. II des A. L.R. Bezug, welcher lautet:

> Grubenschulden können von Gewerken, deren Bergwerkseigenthum aufgehoben ist, durch persönliche Klagen nicht zurückgefordert werden.

Daraus scheinen sie folgern zu wollen, daß auch für die Zeit, wo sie allein die Gewerkschaft ausgemacht und mein Eigenthum ausgebeutet haben, die Theile der Ausgeschiedenen so mitgezählt werden müßten, als wenn die Ausgeschiedenen noch unter ihnen wären, und daß sie für die auf diese fallenden Raten nicht aufzukommen brauchten, dergestalt, daß, wenn z. B. 1849 alle Unternehmer bis auf Einen ausgeschieden wären, und nur dieser Eine mit Einem Kure ($\frac{1}{128}$) ganz allein im Jahre 1850 den Boden nach Kohlen aufgewühlt hätte, dieser zwar den ganzen Fund für sich allein hätte nehmen und behalten können, aber dem Eigenthümer für den zu Unland gemachten Grund und Boden nur den 128sten Theil zu bezahlen gehabt hätte, wogegen die übrigen $\frac{127}{128}$ des Grundeigenthums verschwunden sein würden. Allein die freigewordenen Kuxe fallen ipso jure den übrigen Gewerken zu, nach §. 284 a. a. O., und diese übrigen Gewerke sind es auch allein, welche mein Eigenthum für sich ganz in Besitz genommen und benutzt haben; die Bekl. sind eben diejenigen, in deren Namen der bezeichnete Grund und Boden expropriirt worden ist, indem sie damals die alleinigen Gewerken waren. Ueberdieß aber — und das ist die Hauptsache — beruht ihre ganze Idee auf der Meinung, daß die Kaufgelder oder der Taxpreis für den zum Betriebe eines Bergbaues erworbenen Grund und Boden zu den Grubenschulden zählen. Das ist ein Rechtsirrthum. Kein Bergrecht, und auch nicht das A. L.R. §. 342 a. a. O., zählt diesen Erwerbspreis zu den Gruben- oder Bergschulden, und nach der rechtlichen Natur der Sache ist das auch unmöglich. Denn die Verbindlichkeit zur Bezahlung des Preises für den Grund und Boden, welchen die Unternehmer eines beabsichtigten Bergbaues sich zu diesem Zwecke erst erwerben müssen, datirt vor der Entstehung des Bergwerks und ist Bedingung der rechtlichen Möglichkeit des Unternehmens. Es versteht sich von selbst, daß die Unternehmer die ihnen dazu nöthigen Plätze erst auskaufen müssen, denn die bergrechtliche Abtretungsverbindlichkeit des Grundeigenthümers giebt ihnen nur die rechtliche Möglichkeit, die Anschaffung durchzusetzen, nimmt aber dem Eigenthümer nichts von seinem Eigenthume, um es den Unternehmern zu schenken. Dem Grundeigenthümer gegenüber existiren mithin vor der Abtretung des Grundes und Bodens noch keine Bergwerkseigenthümer und keine Kuxe; er hat es nicht mit Bergantheilsbesitzern zu thun, sondern mit Unternehmern eines beabsichtigten Bergbaues für ihre Person, welche von ihm den erforderlichen Grund und Boden erwerben wollen. Sie sind daher ganz eigentlich persönliche Kontrahenten des Grundeigenthümers, wie sie in der Schlesischen Bergordnung §. 2, Kap. 73 auch wirklich genannt werden, wo es heißt:

Sollten nun beide Kontrahenten nicht in der Güte hierüber (über den Preis der nöthigen Plätze) auseinanderkommen, so soll unser Oberbergamt hierüber gehörig und pflichtmäßig decidiren;

ihre dadurch entstandene Verbindlichkeit ist eine rein persönliche.

Abschnitt II.

Die Bekl. sind gehalten, mir für meine künftige Grundentschädigung Sicherheit zu bestellen.

I. Jedermann ist Schutz für sein Eigenthum zu fordern berechtigt, daher ist er, selbst aus Gründen des allgemeinen Staatswohls, nur gegen sofortige Vergeltung sein Eigenthum zu überlassen verpflichtet.

A. L.R. Einleitung, §§. 76 und 75; Th. I, Tit. 11, §§. 3, 11, 221.

Verf.-Urk. v. 31. Januar 1850, Art. 9.

Es ist daher ein Naturale der unfreiwilligen Ueberlassung von Eigenthum, den Ueberlassenden entweder durch sofortige Bezahlung, oder durch Sicherstellung für das, was ihm erst künftig für sein ihm schon jetzt entzogenes Eigenthum gezahlt werden soll, zu befriedigen.

II. Noch aus einem zweiten Grunde kann ich auf Sicherheitsbestellung Anspruch machen, nämlich nach den Grundsätzen über Einräumung von Rechten unter einer auflösenden Bedingung. Die Ueberlassung der mir noch nicht zurückgewährten Plätze ist unter der auflösenden Bedingung der Zurückgabe in gehörig nutzbarem Stande geschehen: wenn die Bekl. solche nicht mehr gebrauchen, und daß mir bis dahin die jährliche Abnutzung gezahlt werde. A. L.R. II, 16, §. 113.

Das A. L.R. I, 4, §. 121 schreibt vor:

Es hängt von dem Erklärenden (Einräumenden) ab, für das unter einer auflösenden Bedingung einzuräumende Recht, gleich bei der Einräumung desselben, Kautionsleistung zu fordern.

Im Protokoll über die Einräumung der Ackerfläche zur nördlichen Aufdeckarbeit, von 1 Morgen 124 □Rth. — und diese ist es, welche mir noch nicht zurückgegeben ist — v. 8. April und 7. August 1847, ist die Frage wegen meiner Zufriedenstellung ausdrücklich vorbehalten,

wie das unter Nr. II der Beilagen abschriftlich befindliche Protokoll ergiebt.

Die Angelegenheit befindet sich daher noch in dem Stadium der Einräumung und die vorbehaltene Frage soll nun zum Austrage kommen. Ich fordere Sicherstellung. Hiermit fällt zusammen die nächstgefolgte Besitzentziehung. Laut Verhandlung vom 23. September 1851,

wovon sub Nr. VII eine Abschrift beigefügt ist,

sind von der Bergbehörde für die Bekl. wieder 144 □ Rth. auf so lange, bis keine Tagebrüche mehr vorkommen, was nach §. 161, I, 4 des A. L.R. einer auflösenden Bedingung gleich ist, meinem Besitze entzogen, und ich habe mich noch über die Einräumung zu erklären. Indem ich nun diesen Besitz einräume, fordere ich Sicherstellung für mein Recht auf Entschädigung und künftige Rückgewähr.

III. Ein dritter selbstständiger Grund der Forderung auf Sicherheitsleistung ist die Unsicherheit der Beklagten. Selbst wenn also die Einräumung bereits unbedingt (ohne Vorbehalt) geschehen wäre, was nicht der Fall ist, würde ich nach §. 122, Tit. 4, Th. I des A. L.R. Sicherstellung für meine Schadloshaltung wegen meines Eigenthums noch nachträglich fordern können, wenn eine erhebliche Besorgniß entsteht, daß die Bekl. sich selbst außer Stand setzen werden, ihrer Verbindlichkeit wegen Zurückgabe der Sache in dem empfangenen Zustande ein Genüge zu leisten. Diese Besorgniß ist in der That entstanden. Die Zeit der Rückgabe ist nämlich gekommen, denn die Bekl. gebrauchen die eingenommenen Flächen schon seit dem Monate Oktober 1850 nicht mehr; aber sie sind im Begriffe, sich außer Stand zu setzen, die Sache in dem früheren Zustande zurückzugeben, indem sie seit dem Oktober 1850 den Betrieb ihres Unternehmens ganz eingestellt, die Arbeiter und Aufseher entlassen, ihre Geräthschaften verkauft, die aufgegrabenen Gruben unausgefüllt liegen gelassen haben, keine Geldmittel mehr aufbringen und damit umgehen, sich gänzlich aufzulösen, so daß eine Einebnung und Zurückgabe der Sache (Ackerflächen) nicht zu erwarten steht; sie haben auch keinen gemeinschaftlichen Vertreter (Vorstand oder Repräsentanten) mehr.

Dieß ergiebt sich theils aus dem Schreiben der Bergamts-Kommission zu R. v. 30. Dezember 1851, sub Nr. VI der Beilagen, theils provocire ich eventualiter auf besondere amtliche Auskunft der gedachten Bergamts-Kommission.

Es steht also in Aussicht, daß die Substanz meines Eigenthums völlig vernichtet werden würde, indem die wasserhaltenden Gruben ewige Zeiten in diesem Zustande bleiben würden, wenn ich gegen eine solche Beschädigung von den zahlreichen, wie das

Rubrum ergiebt, in alle vier Winde weit zerstreuten, und mir ihren Umständen nach völlig unbekannten Beschädigern nicht Sicherstellung verlangen könnte, da mir keine direkte Forderung auf Einebnung und Zurückgabe im kulturfähigen Zustande gebühren soll.

IV. Ein vierter selbstständiger Grund meiner Forderung auf Sicherheitsbestellung endlich beruhet in den Grundsätzen über Nutzungsberechtigung an fremdem Eigenthume, welcher Fall hier vorliegt.

A. L.R. I, 21, §. 20.

Der Schade, welcher mir durch die Veränderung der Substanz der Sache verursacht wird, besteht in der Entziehung der jährlichen Abnutzung der Flächen. Außerdem entstehen über unterirdisch abgebauten Strecken immerfort Tagebrüche, wie das Protokoll vom 23. September 1851 (Beilage VII) ergiebt; seitdem sind schon wieder drei Tagebrüche, außerhalb der im Besitze der Bekl. befindlichen Flächen, entstanden,

worüber ich mich auf den Augenschein berufe.

Der Betrag dieser Schäden sind der Gegenstand und der Maßstab der Sicherstellung, welche ich fordere und deren Höhe einem besonderen Verfahren vorbehalten bleiben kann.

Ich trage an:

die Beklagten pro rata, eventualiter in solidum, zu verurtheilen, mir

1. für die jährliche, so lange, bis der Boden wieder in solchen Stand gesetzt ist, daß er gehörig genutzt werden kann, zu vergütende Abnutzung des von ihnen in Besitz genommenen Grundes und Bodens,
2. für den durch Tagebrüche entstehenden Schaden

annehmliche Sicherheit, deren Betrag in einem Separat-Verfahren festzusetzen, zu bestellen, auch sämmtliche Prozeßkosten zu tragen und zu erstatten.

Wegen meiner Abwesenheit von dem Orte des Gerichts und wegen meiner Unbekanntschaft mit den dortigen Rechtsanwälten bitte ich:

mir einen Assistenten ex officio zuzuordnen.

Für jeden der Beklagten und für die Vormundschaftsbehörde der v. Tr—schen Minorennen ist eine Abschrift der Klage nebst Beilagen beigefügt.

Fliederthal, den 18. Januar 1860.

Rittersporn.

Zweiter Abschnitt.

Die Klagebeantwortung und die weiteren Prozeßschriften.

§. 21.

Uebersicht.

In diesem Stadium des Prozesses können vorkommen: 1) Prorogationen; 2) Agnitionen; 3) Kontumazien; 4) Schriftwechsel. Der Prozeß, an welchem hier das Verfahren zur äußeren Anschauung gebracht werden soll, weiset alle diese verschiedenen Handlungen von Seiten einiger der verschiedenen Beklagten nach.

§. 22.

1. Prorogationsgesuch.

Prorogationsgesuch nennt man das Anrufen des Richters um Fristverlängerung (dilatio) oder um Verlegung des Termins (prorogatio termini) [1]). In schleunigen Sachen kommen auch umgekehrt Gesuche um Abkürzung der anfangs bestimmten Frist oder um Vorrückung des angesetzten Termins vor. Die Bestimmung der Termine soll von demjenigen Mitgliede des Gerichts selbst, welches den Termin abzuhalten hat, mit gehöriger Berücksichtigung der vorwaltenden Umstände eines jeden einzelnen Falles, nach vernünftigem Ermessen festgesetzt, insonderheit soll der Termin zur Beantwortung der Klage, in gewöhnlichen Prozeßsachen, nicht leicht unter 4 Wochen und nicht leicht über 8 Wochen, von dem Tage der Verordnung an, festgesetzt werden [2]); indeß ist die Praxis bei der Bestimmung sowohl der Länge wie der Kürze der Termine oft sehr willkührlich und veranlaßt dadurch nicht selten Gesuche um Verlegung derselben, welche bei vorsichtiger und wohlüberlegter Erwägung aller vorhandenen Umstände des vorliegenden Falles vermieden worden sein würden.

Bei der Prüfung eines eingehenden Prorogationsgesuchs ist zunächst darauf zu sehen: ob die Einwilligung der Gegenpartei beigebracht ist. In diesem Falle ist die Verlängerung der Frist, wenn

1) Civilproceß, §. 150.

2) A. G.O. I, 8, §§. 1, 2. Die V. v. 21. Juli 1846, §. 2 weicht davon im Wesentlichen nicht ab; sie rechnet nur vom Dato der Insinuation der Verordnung an, und spricht von einer Frist von 14 Tagen bis 6 Wochen, welche dem Bekl. in der Regel zur Vorbereitung seiner Einlassung freibleiben soll.

es sich nicht um ein Fatale handelt[3]), oder die Verlegung des Termins ohne Umstände zu bewilligen, selbst wenn das Gesuch erst nach Ablauf der Frist oder des Termins eingegangen wäre, da der Gegenpartei unverwehrt ist, auf die Folgen der anscheinend eingetretenen Kontumaz zu verzichten und dadurch die vielleicht ganz nutzlosen Umschweife des Kontumazial- und Restitutions-Verfahrens, die nur den Prozeß aufhalten würden, abzuwenden, so lange das Kontumazialerkenntniß noch nicht publizirt worden ist; denn wäre das bereits geschehen, so würde das Restitutionsverfahren eintreten müssen.

Wird die Einwilligung der Gegenpartei nicht beigebracht, so kann der Richter, im ordentlichen Prozesse, das Prorogationsgesuch einmal bewilligen, eine fernere Prorogation ist, nach neuem Rechte, seiner Willkühr entzogen[4]). Es ist jedoch auch das erste Mal auf die Bewilligung der Prorogation nur unter nachbezeichneten Voraussetzungen zu rechnen:

1) Das Gesuch muß vor Ablauf der Frist, deren Verlängerung gesucht wird, und vor Ablauf des Termins, welcher verlegt werden soll, bei dem Gerichte eingereicht worden sein[5]). Ist die Frist einmal abgelaufen, so ist sie nicht mehr vorhanden, kann folglich auch nicht verlängert werden, sondern die nachtheiligen Folgen der Versäumniß lassen sich nur durch Wiedereinsetzung in den vorigen Stand abwenden. Dieß ist die gewöhnliche Meinung, welche den Wortlaut der Prozeßvorschriften (Not. 5) für sich hat. Doch giebt es auch eine Meinung, nach welcher in Fällen der Unmöglichkeit der Beobachtung der Frist oder des Termins, und des augenscheinlichen Mangels eines imputablen Ungehorsams, der Richter die Frist oder den Termin als noch nicht abgelaufen soll ansehen und noch hinterdrein soll prorogiren dürfen[6]). Jedenfalls genügt es, wenn das Gesuch noch vor dem gänzlichen Ablaufe der Frist oder des Termins bei dem Gerichte eingegangen ist; das Verlängerungsdekret kann dann unbedenklich ein späteres Datum haben. Entstehen dem Gegentheile deshalb, weil er von der Prorogation nicht

3) V. v. 14. Dezember 1833, §§. 21, 22. Nach gemeinem Prozeßrechte ist man nicht einig, ob nicht auch Fatalien von den Parteien willkührlich mit gegenseitiger Einwilligung verändert werden können.

4) V. v. 21. Juli 1846, §§. 1 u. 2.

5) A. G.O. I, 8, §§. 9 u. 20; I, 32, §. 28.

6) Einen preußischen Rechtsfall solcher Art s. m. in m. Preußens Rechtsverfassung, I. Fortsetzung (Breslau, 1844) S. 12 ff. — Ueber Gemeines Recht: Mevius, Decis. P. V, dec. 310; Buddeus, in Weiske's Rechtslexikon, Bd. IV, S. 371.

zeitig genug hat Nachricht erhalten können, durch fruchtlose Anstalten zu dem vereitelten Termine Kosten, so muß derjenige, welcher die Prorogation gesucht hat, allemal die Kosten tragen, d. h. dem Gegentheile erstatten, selbst alsdann, wenn er durch Zufall an der früheren Anbringung des Prorogationsgesuches wäre verhindert worden. Dieß ist nicht Folge einer contumacia generalis, wie gesagt worden ist[7]), sondern folgt lediglich aus den civilrechtlichen Wirkungen des Zufalls. Deshalb giebt die Prozeßordnung den Rath, daß in dem Falle, wo der Zufall, welcher das Prorogationsgesuch nothwendig macht, sich so spät vor dem Termine ereignet, daß der Beklagte Ursache hat zu besorgen, es werde die erfolgte Prorogation dem Kläger durch den Richter nicht zeitig genug bekannt gemacht werden können, der Beklagte den Kläger unmittelbar (privatim) von dem Vorfalle und dem angebrachten Prorogationsgesuche so schleunig als möglich benachrichtige. Wenn diese Benachrichtigung zufällig mißlingt, so soll die Kostenerstattungsfrage nach den civilrechtlichen Grundsätzen über die Folgen des Zufalls beurtheilt und entschieden werden[8]).

2) Der Bittsteller muß sein Gesuch rechtfertigen. Die Rechtfertigung kann hergenommen werden aus Umständen, welche entweder die Person und den Aufenthalt des Beklagten, oder die Natur, Weitläuftigkeit und Wichtigkeit der Sache, oder beide Rücksichten zugleich betreffen, niemals aber aus persönlichen Umständen des Richters[9]) oder eines Rechtsanwaltes[10]); und die Entscheidung auf ein aus jenen Umständen gerechtfertigtes Prorogationsgesuch ist in jedem einzelnen Falle dem pflichtmäßigen und vernünftigen Ermessen des Gerichts anheim gestellt[11]). Eine besondere Bescheinigung verlangt das Prozeßgesetz nicht[12]). Anders ist es hierin bei der nachgesuchten Prorogation eines Audienztermins; dieser soll in gewöhnlichen Prozessen nur aus bescheinigten erheblichen Gründen, in schleunigen Sachen aber über-

7) Reusch, Anleitung zum Instruiren ꝛc., §. 123, Nr. 1.

8) A. G.O. I, 8, §. 21.

9) Ebenda §. 31; A. L.R. I, 13, §§. 41—45.

10) A. G.O. a. a. O. §. 30; I, 3, §§. 56—58; V. v. 21. Juli 1846, §. 10 a. E.

11) A. G.O. I, 8, §. 33.

12) Ebenda §. 23. — V. v. 21. Juli 1846, §. 2 a. E. Darin ist die Vorschrift des §. 11 der V. v. 1. Juni 1833 für den ordentlichen Prozeß durch den §. 2 der V. v. 21. Juli 1846 geändert und somit die ältere Vorschrift des §. 23 der A. G.O. a. a. O. hergestellt.

haupt gar nicht auf den einseitigen Antrag einer Partei verlegt werden.

Wird das Gesuch abgeschlagen, so genügt es, solches dem Gesuchsteller allein so schleunig wie möglich zu eröffnen; die andere Partei braucht davon nichts zu erfahren, weil ihr Interesse unberührt bleibt. Wird hingegen die nachgesuchte Prorogation bewilligt, so wird eine neue Dilation, beziehungsweise ein neuer Termin bestimmt, und dieses beiden Theilen bekannt gemacht. Bei Fristbestimmungen empfiehlt es sich zur Vermeidung aller Zweifel über den Anfangs- und Endpunkt der neuen Dilation, einen bestimmten Tag, mit welchem die Frist ablaufen soll, in dem Dekrete zu bezeichnen. Wird ein Termin aufgehoben und ein neuer angesetzt, so ist eine besondere Verordnung im Dekrete, daß die Sache dem Deputirten, beziehungsweise dem Vorsitzenden bei Audienzterminen, zur Kenntnißnahme der Aufhebung des alten Termins vorgelegt werden solle, nicht nöthig; das bringt der Geschäftsgang bei der Ausführung des Dekrets von selbst mit sich und ist den Büreaubeamten schon im Allgemeinen durch ihre Instruktion und durch das Geschäftsregulativ vorgeschrieben.

Beispiel.

Nr. I.

Prorogationsgesuch
in Sachen
des Gutsbesitzers Rittersporn
zu Fliederthal, Klägers,
wider
die 11 Unternehmer der Braunkohlen-Zeche Friederike-Agnes
daselbst, Beklagte.

D.

1. Der am 25. Februar anstehende Klagebeantwortungstermin wird rücksichtlich der 10 Bittsteller, also mit Ausnahme des elften Mitbeklagten Redlich, aufgehoben und auf den ...... (nach 5 Wochen) vor dem Deputirten, Herrn ...... verlegt, zu welchem beide Theile, mit

Pr. den 22. Febr. 1860. H.

Wegen der Zerstreutheit und theilweisen Entfernung der Wohnorte der unterzeichneten Beklagten von dem Gerichtsorte und dem Streitorte ist es ihnen, mit Ausnahme des Einen der Beklagten, nämlich des Gutsbesitzers Redlich zu Biederthal, unmöglich, sich bis zu dem am 25. Februar anstehenden Termine zur Beantwortung der weitläuftigen Klage gehörig vorzubereiten, wie aus ihren örtlichen Verhältnissen und der Natur, Weitläuftigkeit und Wichtigkeit der Sache einleuchten wird. Deshalb bitten dieselben:

Ausnahme des Redlich, der Kläger zu Händen seines Offizial-Assistenten, unter Zufertigung des Duplums, und die Beklagten zu Händen des zuerst Unterzeichneten, von Neuem vorzuladen sind.

2. Requir. das Stadtgericht zu Breslau um Insinuation der Vorladung an die Beklagten.

N. den 24. Februar 1860.

Richter.

rücksichtlich ihrer den Termin auf wenigstens 4 Wochen weiter hinaus zu verlegen und ihnen solches zu Händen des zuerst unterzeichneten Mitbeklagten zu Breslau bekannt zu machen.

Duplum liegt bei.

Breslau, d. 20. Februar 1860.

Folgen die Unterschriften.

Nr. II.
Abweisungsdekret.

Citissime.

Dem Bittsteller ist zu eröffnen, daß das Prorogationsgesuch nicht bewilligt werden könne, weil einestheils der Termin zur Einlassung auf die Klage um mehr als die doppelte längste Frist hinaus angesetzt worden sei und noch jetzt hinlänglich Zeit zur Vorbereitung auf die Klagebeantwortung freilasse, anderentheils aber der angegebene Hinderungsgrund, daß der Bekl. die Herreise zu dem bestimmten Tage wegen eines Familienfestes nicht unternehmen könne, ganz unerheblich sei, weil sein persönliches Erscheinen nicht gefordert werde, er vielmehr seine Klagebeantwortung, wenn solche von einem Rechtsanwalte durch dessen Mitunterzeichnung legalisirt sei, schriftlich einreichen, und überhaupt sich durch einen hiesigen Rechtsanwalt vertreten lassen könne, zu welchem Zwecke ihm die Rechtsanwälte Haberecht, Streithahn und Störrig vorgeschlagen würden.

P. c. d.

N. den 24. Februar 1860.

Richter.

§. 23.
2. Agnition.

Wenn der Beklagte den Anspruch des Klägers durchgehends und unbedingt, ganz dem Petitum entsprechend, anerkennt, so hat der Rechtsstreit ein Ende und es bedarf keines Richterspruchs, es kommt nur noch auf die thatsächliche Verwirklichung, auf die Durchführung (Exekution) an. Hierzu bedarf es einer exekutorischen Urkunde. Diese stellt der Richter dar durch die Abfassung einer Resolution (Agnitionsresolution, Agnitionsresolut, Agnitoria), welche dem preußischen Prozesse eigenthümlich ist. Diese kann nichts weiter sein als eine Reproduktion dessen, wozu sich der Beklagte wörtlich für schuldig bekannt hat; was darüber, in Folge von Schlüssen, hinausgeht, ist richterliches Erkenntniß und unterliegt der Vernichtung [1]). Eine solche Resolution hat eine Doppelnatur. Sie ist einestheils an sich nichts anderes als ein richterliches Dekret, welches wesentlich besagt, daß das Urtheil, welches der Beklagte selbst gegen sich gesprochen hat, zu vollstrecken sei, in sofern also kein ordentliches Rechtsmittel, auch keine Beschwerde, zuläßt, anderentheils hat sie die Wirkung eines rechtskräftigen Urtheils und ist als ein solches vollstreckbar. Sie muß dem zu Protokoll verschriebenen Anerkenntnisse entsprechen, wird auf den Vortrag desselben Seitens des Decernenten auf den Beschluß des Kollegiums (der Deputation des Gerichts) abgefaßt und wie ein Urtheil publizirt, ausgefertigt und den Parteien insinuirt. Darin muß deutlich und bestimmt festgesetzt sein, was nunmehr der Beklagte dem Kläger zu leisten oder zu bezahlen oder von ihm zu dulden habe [2]). Wegen ihrer Vollstreckbarkeit erhält die Urkunde die für Erkenntnisse vorgeschriebene Eingangsformel: „Im Namen des Königs", dagegen ist die bei Erkenntnissen übliche Schlußformel: „Von Rechts wegen", unpassend, weil die Festsetzung nicht von Rechts wegen, sondern von Anerkennungs wegen geschieht. Deshalb findet gegen die Agnitionsresolution, wenn sie sich genau an das Anerkenntniß hält, keine Appellation statt, nur die Nichtigkeitsbeschwerde, oder in Bagatellsachen der Rekurs [3]), ist in einem solchen Falle das alleinige Rechtsmittel. Setzt die Agnitionsresolution mehr oder etwas anderes fest, als wozu der Beklagte sich für schuldig erkannt hat, oder beruhet die ganze Resolution auf einem Irrthume in der Voraussetzung eines Anerkenntnisses, während die Festsetzung nur auf Folgerungen gegründet wird; so ist die Resolution in soweit

1) V. v. 14. Dezember 1833, §. 7; Instr. v. 7. April 1839, Nr. 23, Absatz 3.

2) A. G.O. I, 8, §§. 14—16. — V. v. 1. Juni 1833, §. 13. — Instr. v. 24. Juli 1834, §. 35. — V. v. 14. Dezbr. 1833, §. 7. — V. v. 5. Mai 1838, §. 1. — Vergl. Sommer, die Agnitionsresolutionen; im neuen Archiv von Ulrich rc. Heft 1, Nr. V, 6.

3) Die Note 1 angef. Verordnungen u. Dek. v. 6. April 1839, Art. 1, Nr. 2.

ein wirkliches Erkenntniß und es müssen gegen diesen Theil des Inhalts die gewöhnlichen Rechtsmittel stattfinden, da der einer richterlichen Verordnung in der Ueberschrift gegebene Name so wenig wie die zur Ungebühr gebrauchte äußere Form einer Agnitionsresolution etwas entscheidet. Sehr häufig kommt es vor, daß auf unbestimmte und unvollständig verschriebene Erklärungen Agnitionsresolutionen abgefaßt werden, worin das fehlende Anerkenntniß durch Schlußfolgerungen, also urtheilend, ergänzt wird, wäre es auch nur in Ansehung der Nebensachen, namentlich der Zinsen und Kosten, und es kommt nicht selten vor, daß die Richter in einem solchen, durch ihr Urtheil hinzugefügten Theil der sog. Agnitionsresolution ein Erkenntniß, was es in Ermangelung eines Anerkenntnisses doch in der That ist, nicht anerkennen wollen[4]). Gegen diese Meinung ist in dem ersten Jahrzehend nach Einführung der A. G.O. geltend gemacht worden, daß in der Regel gegen jede richterliche definitive Entscheidung die gewöhnlichen Rechtsmittel stattfinden[5]), und daß nirgend verordnet sei, die Agnitionsresolution schließe schon die Rechtskraft in sich und es solle kein Rechtsmittel dagegen zulässig sein; daß sich ein rechtmäßiger Grund dazu wohl denken lasse, z. B. eine Irrung unter mehreren Wechseln oder Schuldverschreibungen, oder daß ein Kaufmann unter seiner Menge

---

4) Ein Miether war auf Räumung der Wohnung wegen Ablaufs der Miethszeit verklagt worden, und hatte eingeräumt, daß die Miethszeit abgelaufen sei und daß er räumen müßte. Er bestritt aber jede Veranlassung zur Klage, behauptend, daß er wirklich geräumt habe, damit aber nicht habe fertig werden können, weil der Vermiether ihm einen Theil seiner Sachen unrechtmäßiger Weise zurückgehalten habe; er verlangte seinerseits die Verurtheilung desselben: ihm seine Effekten verabfolgen zu lassen. Darauf faßte der Richter eine Verfügung ab, welche überschrieben war: Agnitions-Resolution, worin er aussprach: daß, da der Beklagte seine Verbindlichkeit, zu räumen, anerkannt habe, derselbe schuldig sei, das Haus zu räumen, und die Prozeßkosten zu bezahlen, der Kläger aber vor Bezahlung der Miethe die Sachen nicht verabfolgen zu lassen brauche. Gegen diese Resolution wollte der Richter die Appellation nicht zulassen; das Appellationsgericht (ehemal. Oberlandesgericht zu Marienwerder, 1830) nahm jedoch dieselbe ohne Bedenken an.

In einem anderen Falle klagte eine Gutsherrschaft gegen einen Müller rückständiges Metzkorn ein. Der Beklagte antwortete: „Er könne die Höhe des eingeklagten Mühlenzinses nicht bestreiten, und auch nichts gegen die Verbindlichkeit zur Zinsenabführung im Allgemeinen erinnern, allein er sei nicht im Stande, den Zins abzuführen, und müsse bis Michaeli um Frist bitten, indem er sich vorbehalte, wegen der schlechten Beschaffenheit des Mühlengebäudes seine Ansprüche auf Nachlaß des Zinses geltend zu machen.“ Hierauf faßte der Richter eine „Agnitions-Resolution“ ab, und belehrte den Beklagten, daß dagegen kein Rechtsmittel stattfinde, wies auch die Appellationsanmeldung zurück. Das damalige Oberlandesgericht zu Breslau (1835) aber ließ auf den gegen die abweisende Verfügung ergriffenen Rekurs die Appellation zu.

5) A. G.O. Einleitung §§. 56, 64. Vergl. Th. I, Tit. 16, §. 1 u. Tit. 14, §§. 2, 4.

von Geschäften eine alte Rechnung und Gegenforderung vergessen habe. Sowohl der Natur der Sache nach, als nach der ausdrücklichen Vorschrift der Prozeßordnung [6]) gelte das Verbot des Widerrufs nach geschlossener Instruktion nur für die eine Instanz. Warum sollte diese allgemeine Vorschrift für den Fall nicht gelten, wenn die ganze Forderung eingeräumt werde, wohl aber, wenn nur ein Theil der Klage zugestanden werde? Selbst gerichtliche Geständnisse schlössen den Widerruf und den Gegenbeweis nicht aus, sonst würde ja auch die Entsagung auf dergleichen Einwendungen bei gerichtlichen Rezessen [7]) ganz unnütz sein. Uebrigens wird noch der Wortlaut in dem §. 16, Tit. 8, Th. I der A. G.O.: „Die Agnitionsresolution soll gleich einem Urtel publizirt werden und daraus soll eben so wie aus einem Erkenntnisse die Exekution nachgesucht werden können", — als in dieser Hinsicht erheblich hervorgehoben [8]). Diese hierdurch bekämpfte Meinung scheint in der Zulassung der später eingeführten Nichtigkeitsbeschwerde gegen Agnitionsresolutionen (Not. 1) eine neue Stütze gefunden zu haben, indem allerdings gesagt werden kann, daß, wenn gegen eine Agnitionsresolution die Nichtigkeitsbeschwerde stattfinden soll, nicht die Appellation und ein Appellationserkenntniß vorausgehen kann, weil dann die Nichtigkeitsbeschwerde nur gegen das Appellationserkenntniß angebracht werden könnte. Indeß ist damit die Sache nicht erledigt, es kann Fälle geben, wo in der That nur die Nichtigkeitsbeschwerde das alleinige Hülfsmittel ist, und wieder Fälle, wo diese sog. Agnitionsresolution nichts anderes als ein wahrer Richterspruch ist, gegen welchen bei appellablen Objekten die Appellation und dann weiter die Revision oder die Nichtigkeitsbeschwerde stattfinden muß. Ein solcher Fall war der, wo der aus einem Schuldscheine Beklagte nur anerkannte,

> daß er dem Kläger die Summe von 189 Thlrn. 4 Sgr. verschulde, auch den Schuldschein als richtig und von ihm unterschrieben rekognoszire,

in welchem Schuldscheine jedoch nur versprochen war, das Kapital mit den Zinsen „sobald als möglich" zu bezahlen, dennoch aber der Richter auf Grund jenes Anerkenntnisses eine Agnitions-

---

6) A. G.O. Th. I, Tit. 10, §§. 27, 81 ff.

7) A.G.O. a. a. O. §. 80 b, a. E.; u. Th. II, Tit. 2, §. 52; A. L.R. Th. I, Tit. 4, §. 75.

8) Siewert, Materialien zur wissenschaftlichen Erklärung der neuesten allgemeinen preuß. Landesgesetze, Heft I, S. 247.

resolution auf sofortige Bezahlung erlassen hatte. Es wäre nach Lage der Sache darüber, was aus diesen zugestandenen Thatsachen rechtlich folge, mit Rücksicht auf die Vorschriften der §§. 236 u. f., Tit. 5, Th. I des A. L.R. zu erkennen, nicht aber eine Agnitionsresolution abzufassen gewesen; denn der Bekl. hatte ja nicht durchgehends anerkannt, daß er die Schuld an Kapital, Zinsen und Kosten sofort zu bezahlen schuldig sei. Die sog. Agnitionsresolution war mithin nichts anderes als ein unrichtig getauftes Erkenntniß. Deshalb verdient die Entscheidung des Justizministeriums, daß gegen das in Form einer Agnitionsresolution abgefaßte Erkenntniß v. 27. Februar 1836 die Appellation zugelassen werden müsse, und zwar um so mehr (dieß ist der alte vorhin erwähnte Grund), da nirgends vorgeschrieben sei, daß gegen eine Agnitionsresolution keine Appellation stattfinde[9]), — ungetheilten Beifall. Das aus der Zulassung der Nichtigkeitsbeschwerde entnommene Moment wird treffend damit beseitigt, daß die Nichtigkeitsbeschwerde erst dann eintritt, wenn an sich kein ordentliches Rechtsmittel offen steht (Not. 9). Indeß ist das Verhältniß der Nichtigkeitsbeschwerde und des ordentlichen Rechtsmittels zu einander bei Agnitionsresolutionen doch nicht klar. Es ist nicht anzunehmen, daß in jedem Falle der Partei die Wahl freistehe: ob sie von der Appellation oder von der Nichtigkeitsbeschwerde gegen eine Agnitionsresolution Gebrauch machen wolle, es müssen gewisse Voraussetzungen für die eine und die andere zu denken sein und die Praxis sucht nach bestimmten Merkmalen für die ausschließliche Zulässigkeit der einen und der anderen. Als man in der Verordnung vom 14. Dezember 1833 §. 7 die Zulässigkeit der Nichtigkeitsbeschwerde gegen Agnitionsresolutionen aussprach, scheint die specifische Verschiedenheit der Fälle nicht im klaren Bewußtsein gewesen zu sein. Wir befinden uns in dieser Hinsicht auf dem alten Standpunkte. Diesen hat auch die jüngere Ministerialentscheidung (Not. 9) genommen, sie hat die vorhin erwähnten Beispiele hervorgehoben, nämlich: 1) wenn behauptet wird, daß aus zugestandenen Thatsachen eine unrichtige Entscheidung hergeleitet worden sei, also wenn in der Agnitionsresolution nicht ein Anerkenntniß der Verbindlichkeit wiedergegeben, sondern nach der Behauptung eine aus zuge-

9) R. v. 23. Mai 1836 (Centralblatt für preußische Juristen, Jahrg. 1837, Sp. 137), auch abgedruckt in den Erg. zur A. G.O., III. Ausgabe S. 400, Note 2.

standenen Thatsachen gefolgerte Entscheidung und Verurtheilung enthalten ist; 2) wenn gegen das Erkenntniß, sollte heißen Anerkenntniß, ein motivirter Widerruf angebracht wird. In diesen Fällen, wird gesagt, ist die Sache nicht so unzweifelhaft, um darüber durch bloße Verfügung (Dekret) zu entscheiden und es muß das Appellationsverfahren eingeleitet werden. Damit kann man sich völlig einverstanden erklären. Beschwerden, welche nicht in eine dieser beiden Kategorien fallen, gehören in den Bereich der Nichtigkeitsbeschwerde. Das hier Gesagte bezieht sich überhaupt nur auf die in eben demselben Prozesse zulässigen Rechtsmittel. Die Frage: ob ein Anerkenntniß mit einer neuen Klage und aus welchen Rechtsgründen angefochten werden könne, bleibt ganz unberührt.

Die Voraussetzungen einer wahren Agnitionsresolution sind hiernach folgende.

1) Die Erklärung des Beklagten darf nicht eine bloße litis-contestatio affirmativa, d. h. ein Zugeständniß der von dem Kläger behaupteten Thatumstände sein, sondern sie muß eine unbedingte Anerkennung der von dem Kläger daraus hergeleiteten, in dem Klagepetitum präcisirten Verpflichtung des Beklagten enthalten. Wenn nach diesem unumwundenen Anerkenntnisse sich der Beklagte zusätzlich an das Wohlwollen des Klägers um Nachsicht oder um Annahme von Abschlagszahlungen in Form einer bloßen Bitte wendet, so ist dieß nicht als eine Bedingung oder Beschränkung des Anerkenntnisses aufzufassen, und steht der Abfassung der Agnitoria nicht entgegen.

2) Das Anerkenntniß muß die Forderung des Klägers durchgehends einräumen, d. h. unbedingt, deutlich und bestimmt sein und die ganze Forderung sowohl hinsichtlich des Kapitals als auch der Zinsen, Modalitäten und Kosten umfassen, kurz dem Klageantrage vollständig entsprechen. Findet sich dabei Undeutlichkeit oder Unbestimmtheit, oder sind dabei Bedingungen und Vorbehalte gemacht, oder wird nur ein Theil der Forderung, z. B. nur das Kapital, aber nicht die Zinsen, oder zwar auch Zinsen, aber nicht in dem geforderten Maße nach Zeit oder Zinssatz eingeräumt, oder wird die Fälligkeit oder die Münzsorte oder der Zahlungsort bezweifelt; so wird auch über den anerkannten Theil keine Agnitoria abgefaßt, sondern über den ganzen Anspruch ein förmliches Erkenntniß gefällt[10]). In Betreff des Kostenpunkts pflegt sich die

10) A. G.O. I, 8, §§. 14, 17.

Praxis nicht so strenge an die Vorschrift zu binden, sondern diesen nach den bestehenden Vorschriften, wenn das Anerkenntniß darüber schweigt, in der Agnitoria festzusetzen. Diese Festsetzung ist dann aber ein wirkliches Urtheil und kann im Wege des Rekurses angefochten werden. Da aus dem geschichtlichen Theile der Klage im Zusammenhange mit dem Petitum zu entnehmen sein muß: ob der Anspruch ein persönlicher oder ein dinglicher sei, so ist die Einrede des beneficium excussionis reale [11]), wenn sie mit dem Anerkenntnisse in Verbindung gebracht wird, keineswegs durch eine Agnitoria zu beseitigen und der Exekutionsinstanz zu überweisen. Denn wenngleich die sogenannten privilegirten Einreden noch gegen die Exekution vorgebracht werden können, so ist dieß doch eben nur ein Privilegium, welches nicht ausschließt, daß die Einrede auch im Prozesse selbst vorgebracht werden darf und in dem Haupterkenntnisse entschieden werden muß. Räumt also der Beklagte z. B. die Hypothekenforderung zwar ein, bestreitet jedoch, daß er dafür persönlich aufzukommen gehalten, sondern daß er nur mit dem belasteten Grundstücke zu haften habe, so eignet sich der Fall nicht zur Abfassung einer Agnitionsresolution, es muß darüber verhandelt und erkannt werden.

Ob übrigens im Falle eines unvollständigen oder unbeglaubigten Anerkenntnisses ein Kontumazialerkenntniß abzufassen oder ein Termin zur mündlichen Verhandlung anzuberaumen sei, ist in jedem einzelnen Falle nach der besonderen Beschaffenheit desselben zu beurtheilen. In keinem Falle aber ist die Einforderung einer Ergänzung des Anerkenntnisses in einer bestimmten Frist oder in einem neuen Termine unter Androhung der Fortsetzung des Prozesses [12]) prozeßgesetzmäßig, weil der Richter nach heutigem Prozeßrechte nicht befugt ist, die zur Klagebeantwortung einmal bestimmte Frist von Amts wegen zu verlängern.

3) Das Anerkenntniß soll in einer öffentlich glaubhaften Form abgegeben worden sein. Die A. G.O. fordert die Form des gerichtlichen Protokolls in allen Fällen, auch dann, wenn die Partei nicht in Person erschienen ist, sondern sich durch einen Justiz=

---

11) V. l. v. 4. März 1834, §. 11, Abs. 2, u. §. 24; A. L.R. I, 20, 46—54.

12) So hält es Reusch, Anleitung zum Instruiren rc., §. 130 a. E., oft für zweckmäßig. Die nicht beglaubigte (legalisirte) Privaterklärung muß ohne Weiteres zurückgegeben werden. V. v. 21. Juli 1846, §. 3.

kommissarius vertreten läßt, nimmt jedoch auch die bei einem anderen als dem Prozeßgerichte abgegebenen Anerkenntnisse, wenn solche von dem anderen Gerichte attestirt, dem Prozeßgerichte zugestellt werden, für genügend an [13]). Diese Vorschrift beruht auf der Voraussetzung, daß der ganze Prozeß nur protokollarisch verhandelt werden dürfe; denn auch die Justizkommissarien mußten sich mündlich zu Protokoll vernehmen lassen [14]). Davon war hinsichtlich der öffentlichen Behörden schon 1810 die Ausnahme gemacht worden, daß auf deren schriftliche Privaterklärung, in sofern das darin enthaltene Anerkenntniß ganz vollständig und unbedingt wäre, die Agnitionsresolution sollte abgefaßt werden können [15]). Die protokollarische Form der Prozeßschriften ist nun abgeschafft, dergestalt, daß sie nur für die Partei selbst noch fakultativ ist, indem sie ihre Erklärungen auch schriftlich einreichen kann, wenn die Schrift von einem Rechtsanwalte unterzeichnet, oder die Partei selbst zum Richteramte befähigt oder eine öffentliche Behörde ist [16]). Da nun nach den alten Prozeßgesetzen zum Anerkenntnisse keine andere Form als die der Prozeßschriften erforderlich war, diese Form aber verändert worden ist, ohne daß in Betreff der Anerkenntnisse etwas besonderes vorgeschrieben worden wäre, so folgt, daß bei den Anerkenntnissen nur die für die Klagebeantwortung vorgeschriebene Form (Not. 16) zu beobachten ist.

Der freigewählte Vertreter muß zur Abgebung eines Anerkenntnisses mit Spezialvollmacht versehen sein, welche jedoch unter Privatunterschrift (außergerichtlich) gegeben werden kann [17]). Welchen Ausweis ein rechtlich nothwendiger Vertreter beizubringen, ist im Allgemeinen nicht für alle Fälle zu bestimmen; es kommt auf die Art des Stellvertreters und auf den Spezialfall an [18]).

13) A. G.O. I, 8, §. 16.

14) Ebenda I, 3, §§. 71—76.

15) R. v. 7. August 1810, erlassen auf Vorstellung des Magistrats zu Berlin an das Kammergericht. (Mathis, Bd. IX, S. 330.) Der Inhalt ist in den Anh. z. A. G.O., §. 63 (zu §. 16 d. T.) aufgenommen.

16) V. v. 21. Juli 1846, §. 3.

17) A. G.O. I, 8, §. 14.

18) M. s. z. B. meine Anm. 13 zu §. 14 a. a. O. (Note 17).

Beispiel.

D.

1. Der beiliegende Agnitionsbescheid (Nr. II) ist zweimal auszufertigen und dem Kläger wie auch dem Mitbeklagten Redlich jedem eine Ausfertigung zu insinuiren.

2. Abschrift des Bescheides erhält der Assistent des Klägers, der Rechtsanwalt Haberecht.

3. Die bis heute entstandenen Kosten sind zu berechnen und von dem Mitbeklagten Redlich pro rata einzufordern.

K. den 26. Februar 1860.

Richter.

Nr. I.

Kreisgericht Krottgau, d. 25. Februar 1860.

In Sachen des Gutsbesitzers Rittersporn zu Fliederbach, Klägers,

wider

die ehemaligen Gewerken der Kohlengrube Friederike-Agnes daselbst, Bekl., erschien in dem heutigen Termine zur Klagebeantwortung von den 11 Beklagten nur

der Gutsbesitzer Redlich auf Biederthal,

persönlich bekannt, und erklärte:

Ich will mit dem Kläger über die geltend gemachten Ansprüche nicht streiten, räume vielmehr dieselben durchgehends ein und erkenne folglich unbedingt an:

zu Abschnitt 1 der Klage,

daß ich pro rata eventualiter in solidum verbunden sei, dem Kläger an Grundentschädigung für entzogenen Grund und Boden auf die Jahre 1850, 1851, 1852 300 Thlr., nebst 5 Prozent Verzugszinsen von den einzelnen Jahresraten von Ablauf des betreffenden Jahres, also resp. v. 1. Januar 1851, 1852, 1853 an, zu bezahlen;

zu Abschnitt 2 der Klage,

daß ich pro rata eventualiter in solidum schuldig, dem Kläger

1. für die jährliche, so lange, bis der ihm zum Kohlenbergbaue entzogene Grund und Boden

wieder in solchen Stand gesetzt ist, daß er gehörig genutzt werden kann, zu vergütende Abnutzung des überlassenen Grundes und Bodens,

2. für den durch Tagebrüche entstehenden Schaden

annehmliche Sicherheit, deren Betrag in einem Separatverfahren festzusetzen, zu bestellen, auch sämmtliche, bis hierher aufgelaufene Prozeßkosten zu tragen und zu erstatten.

Vorgelesen und zur Unterschrift vorgelegt.

Friedrich Redlich.

a. u. s.

Strebsam, Deputirter. Calamus, Protokollführer.

Nr. II.

Agnitionsbescheid.

Im Namen des Königs.

In Sachen des Gutsbesitzers Rittersporn zu Fliederthal, Klägers,

wider

die ehemaligen Gewerken der Kohlengrube Friederike-Agnes daselbst, namentlich 2c., Beklagte,

hat das Königl. Kreisgericht zu K., I Abtheilung, als substituirtes Gericht für das Kreisgericht zu N., in der Sitzung v. 26. Febr. 1860, an welcher Theil genommen haben:

Hay, Direktor,
Wittling, Kreisgerichtsrath,
Ukeley, Kreisrichter,

den Akten gemäß zum Bescheide ertheilt:

daß der Mitbeklagte Friedrich Redlich zu Biederthal,

da er in dem für ihn am 25. Februar d. J. angestandenen Klagebeantwortungs-Termine erklärt hat,

zu Abschnitt 1 der Klage,

daß er u. s. w. (hier folgt das Anerkenntniß aus dem Protokolle (Nr. 1) wörtlich)

zu Abschnitt 2 der Klage,

daß er u. s. w. (wie im Protokolle wörtlich ausgedrückt ist)

diesem seinem Anerkenntnisse gemäß

schuldig, dem Kläger pro rata eventualiter in solidum

zu Abschnitt 1 der Klage

an Grundentschädigung für den ihm behufs des Kohlenbergbaues entzogenen Grund und Boden auf das Jahr 1850 die Summe von 137 Thlrn. 10 Sgr. 7 Pf., nebst 5 Prozent Verzugszinsen vom 1. Januar 1851 an; auf das Jahr 1851 die Summe von 100 Thlrn., nebst 5 Prozent Verzugszinsen vom 1. Januar 1852 an; auf das Jahr 1852 die Summe von 62 Thlrn. 19 Sgr. 5 Pf., nebst 5 Prozent Verzugszinsen vom 1. Januar 1853 an, zu bezahlen;

zu Abschnitt 2 der Klage

1. für die jährliche, so lange, bis der dem Kläger entzogene Grund und Boden wieder in solchen Stand gesetzt ist, daß er gehörig genutzt werden kann, zu vergütende Abnutzung dieses Grundes und Bodens;
2. für den durch Tagebrüche entstehenden Schaden

annehmliche Sicherheit, deren Betrag in einem Separatverfahren festzusetzen, zu bestellen, auch sämmtliche bis hierher aufgelaufene Prozeßkosten zu tragen und zu erstatten.

K. den 26. Februar 1860.

Hay. Wittling. Ukeley.

§. 24.

3. Kontumazien.

I. Hier ist die Rede von dem Ungehorsame des Beklagten, welcher dem richterlichen Befehle, die Klage zu beantworten, entgegengesetzt wird. Diejenigen Kontumazien, welche nach erfolgter Einlassung auf die Klage im weiteren Verfahren eintreten, können in dem jetzt besprochenen Stadium des Prozesses nicht in Betracht kommen.

Erscheint bis zum Ablaufe des Klagebeantwortungs-Termins für den Beklagten Niemand oder keine legitimirte und zulässige Person, und geht auch keine schriftliche Klagebeantwortung ein, so vermerkt der Deputirte dieses Unterlassen in Form eines Protokolls. Geht eine Schrift des Beklagten bei dem Deputirten ein, so vermerkt er solches in dem Protokolle und legt demselben die Schrift als Beilage bei. Dieses Protokoll hat der Deputirte dem Kollegium bei der nächsten Zusammenkunft vorzutragen[1]). Wenn er mit diesem Vortragsstücke zugleich noch ein anderes Schriftstück, z. B. eine schriftliche Klagebeantwortung oder ein Prorogationsgesuch, welches nicht ihm im Termine übergeben, sondern ins Büreau abgeliefert worden, oder durch den Briefkasten eingegangen ist, eingereicht hat, so versteht sich, daß auch diese Schriften vorgetragen werden müssen, es ist dabei aber noch das Augenmerk auf den Zeitpunkt zu richten, in welchem solche Schriftstücke bei dem Gerichte eingegangen sind. Folgende Fälle können eintreten:

1) Es hat sich Niemand gemeldet. Dann ist bloß zu prüfen und festzustellen: ob die Insinuation der Vorladung der rechten Person geschehen und sonst gehörig nachgewiesen sei[2]). Findet sich dabei ein Bedenken, so muß dasselbe zuvor gehoben und dazu das Erforderliche verfügt werden. Läßt es sich nicht heben oder wird gar ein Fehler festgestellt, so muß die Vorladung ganz vollständig wiederholt werden.

2) Es ist ein Prorogationsgesuch bei dem Deputirten vor dem Terminsschlusse eingegangen. Die Zulässigkeit desselben wird geprüft und darnach das Weitere verfügt (§. 22). Wird es unzulässig befunden, was leicht eintreten kann, wenn es ein zweites Prorogationsgesuch ist, so wird, wie im ersten Falle, die gehörig geschehene Insinuation der Vorladung festgestellt. Wird darauf die Abfassung des Kontumazial-Erkenntnisses beschlossen, so erhält der Beklagte keine besondere abweisende Resolution, sondern es wird in den Gründen des Kontumazial-Erkenntnisses, bei der Feststellung des Ungehorsams, das unzulässige Prorogationsgesuch gewürdigt und abgefertigt.

3) Es ist bei dem Deputirten, vor dem Terminsschlusse, eine Beantwortungsschrift eingegangen. Dann kommt es auf nichts weiter als darauf an: ob sie der vorgeschriebenen äußeren Form[3]) entspricht. Ist dieß der Fall, so mag ihr Inhalt sein wie er will, es kann kein Kontumazial-Erkenntniß abgefaßt werden. Ob darauf eine Replik einzufordern, oder der Audienztermin anzusetzen sei, das muß die Beurtheilung des konkreten Falles ergeben. Fehlt aber die vorgeschriebene Formalität, so wird die Schrift als eine

---

1) Verordnung v. 1. Juni 1833, §. 12.

2) A. G.O. I, 8, §. 10.

3) Verordnung v. 21. Juli 1846, §. 3.

formwidrige und deshalb als eine für nicht angebracht zu erachtende, mittelst einer darauf zu setzenden Randverfügung, dem Beklagten zurückgegeben (Not. 3), und in den Gründen des Kontumazial-Erkenntnisses wird bei der Feststellung des Ungehorsams angedeutet, weshalb auf die Schrift nicht Rücksicht zu nehmen gewesen sei.

4) Es ist eine Beantwortungsschrift oder ein Prorogationsgesuch, mit Vorbeigehung des Deputirten, eingereicht worden. Soll die Schrift eine Klagebeantwortung sein und ist sie formwidrig, so genügt dieses, um ohne Weiteres damit zu verfahren wie in dem vorigen Falle. Geht das nicht an, oder ist die Schrift ein Prorogationsgesuch, welches an sich nach Lage der Sache würde berücksichtigt werden müssen, so muß die Stunde des Präsentatums festgestellt werden, wenn, was der gewöhnliche Fall ist, sich dieselbe nicht neben dem Tage notirt findet. Kann der präsentirende Büreaubeamte nicht mit Bestimmtheit behaupten, daß die Schrift erst nach der Terminsstunde[4]) eingegangen sei, so muß von einer Verspätung abgesehen werden, weil der Ungehorsam bewiesen werden muß. Versichert dagegen der Beamte den verspäteten Eingang auf seinen Diensteid, und wird darauf hin die Abfassung des Kontumazial-Erkenntnisses beschlossen, so wird in den Gründen desselben, bei der Feststellung des Ungehorsams, angegeben, warum auf die Schrift keine Rücksicht habe genommen werden können. Schwierig stellt sich die Feststellung der Zeit des Einganges bei denjenigen Schriften, welche in den angeordneten Briefkasten gesteckt werden. Der entscheidende Brief kann sich schon stundenlang in dem Kasten befunden haben, ehe er herausgenommen wird und zur Präsentation gelangt, und wenn dieser Akt endlich vor sich geht, kann die Terminsstunde längst geschlagen haben (Not. 4). Darunter darf die Partei nicht leiden. Der Fall muß so behandelt werden wie der, wenn der Ungehorsam nicht nachweisbar ist.

II. Ergiebt diese Prüfung das Resultat, daß der Fall des Ungehorsams vorhanden sei und wird demgemäß die Fällung des Kontumazialurtels beschlossen; so hat der Deputirte die Sache selbst mit Zugrundelegung der Klageschrift, welche hier die Stelle des „Referats" vertritt, so vollständig vorzutragen, wie es geschehen muß, wenn auf kontradiktorische Verhandlung das Erkenntniß abgefaßt wird. Dabei wird die Richtigkeit der von dem Kläger in der dem Beklagten mitgetheilten Klageschrift behaupteten That-

4) K.O. v. 1. Oktober 1837 (G.S. S. 147).

umstände, aus welchen der Kläger seinen Anspruch herleitet, fingirt; und da Einwendungen von der anderen Seite nicht vorgebracht worden sind, von dem Richter aber ex officio nicht gemacht werden dürfen, um so viel weniger, als ja der Kläger über dergleichen unvermuthet einfallende Einreden nicht gehört worden ist; so bleibt nur zu beurtheilen: ob und wieweit aus den vorgetragenen Thatsachen der Anspruch des Klägers rechtlich folge, oder nicht folge [5]), um nach Maßgabe dieses logischen Schlusses eine gänzliche oder theilweise Verurtheilung des Beklagten, oder Abweisung des Klägers auszusprechen.

III. Das Kontumazial-Erkenntniß, welches zur Ungebühr auch oft „Kontumazialbescheid", „Kontumazialresolution" genannt und überschrieben wird, ist nach dem Gesagten ein wahres Urtheil, wie ein jedes andere Urtheil, welches von Rechts wegen gesprochen wird; es hat daher auch, wenn es gehörig abgefaßt ist, die vorläufig als bekannt vorausgesetzten Bestandtheile eines richtigen Erkenntnisses, in seiner Begründung also auch eine Geschichtserzählung, eine Feststellung der streitigen Thatsachen nach Vorführung der Beweise, welche Vorführung hier nur durch die Feststellung des Ungehorsams und der daraus für diese Instanz, aber bloß für diese Instanz, folgenden Fiktion der Wahrheit der thatsächlichen Behauptungen des Klägers ersetzt wird, und eine Dijudikation. Da nun ein Richterspruch in seiner Begründung so beschaffen sein muß, daß er einen in sich vollständigen logischen Schluß äußerlich darstellt, so, daß jeder Leser im Stande ist, die Richtigkeit des Schlusses aus der Urkunde selbst zu beurtheilen; so leuchtet ein, daß ein Kontumazial-Erkenntniß diesem Anspruche vollständig Genüge leisten muß. Hierin ist jedoch die Praxis sehr leichtfertig. Man macht es sich so bequem, daß man sich auf Allgemeinheiten und auf bloße allgemeine Behauptungen beschränkt und sich nichtssagender, auf alle Fälle passender gedruckter Formulare bedient. Ein im Formularhandel befindliches Formular des „Kontumazial-Bescheides" lautet:

daß,

da der Verklagte in dem Klagebeantwortungs-Termine am ..., der gehörig erfolgten Vorladung ungeachtet, nicht erschienen ist, und demzufolge der ergangenen Warnung gemäß die in der Klage vorgetragenen Thatsachen für zugestanden zu erachten sind, hieraus aber die Verurtheilung

---

5) A. G.O. I, 8, §. 9; V. v. 1. Juni 1833, §. 12.

des Verklagten in der Hauptsache folgt, und die Entscheidung in Betreff der Kosten durch §. 2 der A. G.O. Th. I, Tit. 23 begründet wird,

Verklagter schuldig u. s. w. (hier folgt nun die Verurtheilung, der Rechtsfall mag sein wie er will).

Es ist einleuchtend, daß ein solches Erkenntniß auf den Namen eines Urtheils, welches der Vorschrift, daß der Erkenntnißformel eine gedrängte geschichtliche Darstellung der Thatsachen und eine vollständige Ausführung der Gründe, und zwar in selbstständiger zusammenhängender Gestalt, ohne Hinweisung auf andere Schriftstücke, beizufügen [6]), auch nur einigermaßen entspräche, gar keinen Anspruch machen kann; die für Entscheidungsgründe ausgegebenen allgemeinen Redensarten besagen gar nichts, was die gegebene konkrete Entscheidung berührt und einleuchtend machen könnte, und sind überdieß auch ganz unerwiesen und deshalb nicht einmal glaubhaft, sie können nicht als Prämissen des daran geknüpften Urtheils gelten.

Da für die Abfassung eines Kontumazial-Erkenntnisses keine besonderen Regeln gelten, so folgt, daß die stereotype Form „daß, da" eben so für Kontumazial-Erkenntnisse wie für andere Erkenntnisse, ausgenommen in ganz einfachen Sachen, ungeeignet weil der Klarheit und Uebersichtlichkeit in verwickelten Sachen hinderlich ist, vielmehr die vorgeschriebene Form [7]), nach welcher die Erkenntnißformel voranzuschicken und die Entscheidungsgründe gehörig abgesondert hinzuzufügen sind, auch bei Kontumazial-Erkenntnissen als Regel festzuhalten.

Beispiel.

Nr. I.

D.	Kreisgericht Krottgau, den
1. Das beiliegende Kontumazial-Erkenntniß (Nr. II) ist zweimal auszufertigen.	25. März 1860.
2. Die eine Ausfertigung ist dem Kläger selbst, und die andere	In Sachen des Gutsbesitzers Rittersporn zu Fliederthal wider die ehemaligen Gewerken der

6) A. G.O. I, 13, §. 7; Instr. v. 7. April 1839, Nr. 17; allg. Verf. v. 28. März 1857 (J.M.Bl. S. 122); Ges. v. 20. März 1854, §. 1 (G.S. S. 115).

7) A. G.O. a. a. O. §§. 7, 38; Krim.-Ordn. §§. 488, 491; R. v. 12. Dezember 1859 (J.M.Bl. S. 430).

dem zuerst genannten Beklagten Streitbar zu insinuiren.

3. Den übrigen 9 Beklagten ist eine Abschrift des Tenors des Erkenntnisses zuzufertigen, mit der Benachrichtigung, daß die Ausfertigung desselben dem Mitbeklagten Streitbar behändigt worden sei.

4. Abschrift des Erkenntnisses erhält der Offizial-Assistent des Klägers, Rechtsanwalt Haberecht.

5. Die Kosten sind von den Beklagten einzufordern.

6. Die Akten sind mit den Behändigungsscheinen eventualiter nach 8 Wochen wieder vorzulegen.

Kr. den 20. März 1860.
Strebsam.

Braunkohlengrube Friederike-Agnes daselbst, wegen Grundentschädigung und Sicherstellung,

erschien in dem heutigen prorogirten Termine zur Klagebeantwortung bei dem Aufrufe der Sache um die bestimmte Stunde Schlag 10 Uhr von Seiten der Beklagten Niemand.

Strebsam,
Deputirter.

Nr. II.

Im Namen des Königs.

In Sachen des Gutsbesitzers Ritterspo rn zu Fliederthal,
Klägers,
wider

die ehemaligen Gewerken der Braunkohlengrube Friederike-Agnes daselbst, namentlich: (hier werden die sämmtlichen Beklagten, mit Ausnahme des durch sein Anerkenntniß ausgeschiedenen Redlich, nach Namen, Stand und Wohnort aufgeführt),

hat die I Abtheilung des Königl. Kreisgerichts zu Krottgau als substituirtes Gericht des Kreisgerichts zu N., in der Sitzung v. 30. März 1860, an welcher Theil genommen haben.

Hay, Direktor,
Wittling, Kreisgerichtsrath,
Ukeley, Kreisrichter,

den Akten gemäß für Recht erkannt:

daß die Beklagten pro rata eventualiter in solidum schuldig, dem Kläger

zu Abschnitt 1 der Klage

an Grundentschädigung für den ihm behufs des Kohlenbergbaues entzogenen Grund und Boden auf das Jahr 1850 die Summe von 137 Thlrn. 10 Sgr. 7 Pf., nebst 5 Prozent Verzugszinsen vom 1. Jan. 1850 an; auf das Jahr 1851 die Summe von 100 Thlrn., nebst 5 Prozent Verzugszinsen vom 1. Januar 1852 an; auf das Jahr 1852 die Summe von 62 Thlrn. 10 Sgr. 5 Pf., nebst 5 Prozent Verzugszinsen vom 1. Januar 1853 an, zu bezahlen;

zu Abschnitt 2 der Klage

1. für die jährliche, so lange, bis der dem Kläger entzogene Grund und Boden wieder in solchen Stand gesetzt ist, daß er gehörig genutzt werden kann, zu vergütende Abnutzung dieses Grundes und Bodens;
2. für den durch Tagebrüche entstehenden Schaden

annehmliche Sicherheit, deren Betrag in einem Separatverfahren festzusetzen, zu bestellen, auch die Prozeßkosten zu tragen und zu erstatten.

Von Rechts wegen.

Gründe.

Auf der Feldmark des Ritterguts Fliederthal, welches der Kläger besitzt, soll sich die Braunkohlengrube Friederike-Agnes befinden. Der Kläger behauptet, daß für die genannten zehn Beklagten und den Gutsbesitzer Redlich zu Biederthal als damalige Gewerken, mehrere Ackerflächen zum Abbau, durch die Bergamtskommission zu R. oder vielmehr durch den damaligen Schichtmeister Sch. — seien faktisch in Besitz genommen worden, ohne daß ein ordentliches Expropriationsverfahren stattgefunden hätte und der Entschädigungspunkt zum Abschlusse gekommen wäre. Er hat deshalb in zwei Abschnitten auf Feststellung und Zahlung der fälligen Grundentschädigung für die verflossenen Jahre 1850—1852 und auf Sicherstellung für die erst künftig fällig werdende Entschädigung geklagt, und das hiesige Kreisgericht ist dem an sich kompetenten Kreisgerichte, wegen eines in der Person des einen Mitbeklagten liegenden Perhorrescenz-Grundes, substituirt worden. Die Klage war auch gegen den schon genannten Gutsbesitzer Redlich mit gerichtet; dieser hat jedoch die Ansprüche des Klägers durchgehends anerkannt und ist dadurch bei diesem Prozesse ausgeschieden.

Zu Abschnitt 1

behauptet der Kläger, daß durch jenen Besitznehmungsakt folgende Bodenflächen seit dem Jahre 1847 seiner Benutzung entzogen seien:

1. 95 □R. Hüthung zur offenen Rösche;

2. (u. s. w., wie die Klage angiebt)

und daß die Entschädigung dafür auf die drei Jahre 1850, 1851, 1852 im Rückstande sei. Diese liquidirt er zur Festsetzung. Zwei Positionen kehren in jedem Jahre unverändert wieder, weil dieselben vergleichsweise auf ein jährliches Pauschquantum festgesetzt worden sein sollen. Diese Posten ist die jährliche Abnutzung für die Parzelle Nr. 1, welche auf 3 Thlr. per Morgen und Jahr vereinbart worden, und die Vergütung für erschwerte Ackerbestellung, welche durch die einspringenden Winkel der dem Kläger verbliebenen Ackerfläche veranlaßt wird, und auf eine Fläche von 4 M. 90 □R. angeschlagen und auf 1 Thlr. per Morgen und Jahr, vereinbart worden sein soll. Hinsichtlich der Abnutzung der übrigen Flächen ist ein rechtskräftiges Erkenntniß des ehemaligen Berggerichts zu Wildenhain vom 22. Dezember 1847 beigebracht, wonach die Abnutzung nach den in jedem Jahre in der Kreisstadt N. stattfindenden Marktpreisen zu vergüten, folglich zunächst der Naturalertrag, welcher auf den Flächen mit Rücksicht auf die auf dem anstoßenden Gewande oder Schlage erbauten Früchte in dem bestimmten Jahre wahrscheinlich gewonnen worden sein würde, nachzuweisen ist. Nach diesen Grundsätzen hat der Kläger, unter Einreichung der Wirthschaftsrechnungen und Benennung mehrerer Zeugen und Sachverständigen, folgende Rechnung aufgemacht:

Für 1850.

(Hier folgt die Rechnung, wie sie in der Klage vorgetragen ist, nur mit Weglassung der Anzeigen über die Beweismittel.)

Darnach beträgt die Abnutzung des dem Beklagten und dem Redlich überlassenen Grundeigenthums des Klägers für die drei Jahre 1850, 1851, 1852 zusammen 300 Thlr. Der Antrag des Klägers geht dahin:

> die Bekl. (neben dem anerkennenden Redlich) pro rata eventualiter in solidum zu verurtheilen, ihm an Grundentschädigung für die Jahre 1850, 1851, 1852 300 Thlr., nebst 5 Prozent Verzugszinsen von jeder Jahresrate seit dem Ablaufe des Jahres, resp. vom 1. Januar 1851, 1852 und 1853 an, zu bezahlen.

Die genannten zehn Beklagten haben, während der Mitbeklagte Redlich den Anspruch des Klägers in dem am 25. Februar angestandenen Klagebeantwortungs-Termine durchgehends anerkannte und sich der Festsetzung seiner Verbindlichkeit durch Agnitionsresolution unterwarf, die Prorogation dieses Termins nachgesucht und erlangt, sie sind aber auch in dem am 25. März d. J. angestandenen neuen Termine ungehorsam ausgeblieben, sie müssen daher und da die gehörige Insinuation der Vorladungen nachgewiesen ist, aller vorstehend gedachter, in der Klage vorgetragener Thatsachen in contumaciam für geständig erachtet werden. Bei der Richtigkeit dieser Thatsachen aber und in Ermangelung eines Rechtseinwandes ist der Anspruch des Klägers, nach Vorschrift des A. L.R. Th. II, Tit. 16, §§. 113, 116[a], sowie, was den Zinsenpunkt betrifft, nach Vorschrift des §. 109, Tit. 11, Th. I a. a. O., völlig gerechtfertigt.

Zu Abschnitt 2

trägt der Kläger vor, daß bei dem regelmäßigen Besitznehmungsverfahren ihm keine Gelegenheit geboten worden sei, seine Gerechtsame wahrzunehmen und für seine Sicherheit zu sorgen; daß dieses Verfahren noch nicht zum Abschlusse gekommen sei und sich noch in dem Stadium befinde, wo bei der Einräumung des Rechts zur Ausbeutung Sicherstellung für die künftig fällig werdende Abnutzung gefordert werden könne; ferner, daß über den unterirdisch abgebauten Strecken fortwährend Tagebrüche vorfielen, welche eine Ausfüllung nothwendig machten, daß aber die Beklagten durch Entlassung der Arbeiter und Verkauf aller Geräthschaften sich selbst außer Stand gesetzt hätten, den Betrieb des Bergbaues, zu welchem auch die Wiedereinebnung der durch Aufdeckarbeiten ausgebeuteten Strecken und die Ausbesserung der Tagebrüche gehört, fortzusetzen. Auf Grund dieser Thatumstände trägt der Kläger darauf an:

die Bekl. pro rata eventualiter in solidum zu verurtheilen: ihm

1. für die jährliche, so lange, bis der Boden wieder in solchen Stand gesetzt ist, daß er gehörig genutzt werden kann, zu vergütende Abnutzung des von ihnen in Besitz genommenen Grundes und Bodens,
2. für den durch Tagebrüche entstehenden Schaden

annehmliche Sicherheit, deren Betrag in einem Separatverfahren festzusetzen, zu bestellen.

Bei der in contumaciam anzunehmenden Richtigkeit der gedachten Thatumstände ist auch dieser Anspruch rechtlich begründet. Denn es ist dem Kläger darin beizutreten:

1) daß derjenige, welcher vermöge des dem Staate zustehenden und von diesem in gewissen bestimmten Fällen an Privatpersonen übertragenen Expropriationsrechts, gehalten ist, sein Eigenthum zu gemeinnützigen Zwecken unfreiwillig herzugeben, dafür sofort, Zug um Zug, entweder eine Kapitalsabfindung, oder, wenn, wie hier, eine jährliche Rente auf die Dauer der Abtretung als Vergütung gegeben werden darf, Sicherstellung dafür fordern kann. Das ist ein Naturale der erzwungenen Ueberlassung und ist auch gesetzlich in der Verfassungsurkunde vom 31. Januar 1850, Art. 9, im A. L.R. Einl. §§. 76 und 75 und Th. I, Tit. 11, §§. 3, 11, 221, und Th. I, Tit. 22, §. 6; Eisenbahngesetz vom 3. Nov. 1838 §. 13, theils ausdrücklich ausgesprochen, theils als selbstverständlich vorausgesetzt;

2) daß derjenige, welcher einem Anderen ein Recht auf unbestimmte Zeit einräumt, bei der Einräumung des Rechts Kautionsleistung für seinen Anspruch zu fordern berechtigt ist, nach A. L.R. I, 4, §. 121;

3) daß der Einräumende sogar noch nach gehörig vollzogener Einräumung des widerruflichen Rechts Sicherstellung für dasselbe oder dessen Vergütung, nach §. 122, Tit. 4, Th. I des A.L.R. zu fordern berechtigt ist, wenn der Inhaber eines solchergestalt eingeräumten Rechtes sich selbst außer Stand gesetzt hat, seine Verbindlichkeit wegen Zurückgabe des Gegenstandes gehörig zu erfüllen, was hier augenfällig eingetreten ist, wenn, wie in contumaciam für richtig anzunehmen, die Bekl. die Arbeiter entlassen, ihre Geräthschaften zum Betriebe des Bergbaues, wozu auch die Einebnung der aufgedeckten Strecken gehört, veräußert haben, demnächst die Arbeiten ganz eingestellt sind und die ausgeschriebenen Zubußen nicht mehr gezahlt werden, mithin dieses Verhalten darauf hinausläuft, daß die aufgegrabenen Vertiefungen mit den daneben liegenden Halden ihrerseits in dem gegenwärtigen dem Ackerbaue schädlichen Zustande für immer gelassen werden sollen;

4) daß derselbe Grundsatz auch unter dem Gesichtspunkte eines eingeräumten Nutzungsrechts, unter welchen die zeitweise Abtretung eines Grundstücks zur bergmännischen Ausbeutung sehr wohl gestellt werden kann, nach §. 20, Tit 21, Th. I des A. L.R. herrschend ist.

Aus diesen Gründen, und da der Kostenpunkt durch den §. 2,

Tit. 23, Th. I der A. G.O. gerechtfertigt ist, hat überall, wie geschehen, erkannt werden müssen.

Hay. Wittling. Ukeley.

IV. Bei einfachen Sachen läßt sich, wie gesagt, die Form „daß, da" zwar anwenden, allein die im Formularhandel befindliche Form, wie sie vorhin mitgetheilt worden, ist auch hier ganz verwerflich, weil lächerlich, sie giebt ein Erkenntniß ohne Gründe; auch in dieser abgekürzten Form müssen die Thatumstände, welche das Klagefundament bilden, und die Rechtsgrundsätze, welche nach diesen für wahr anzunehmenden Umständen den Anspruch rechtfertigen, so dargestellt werden, daß das Ganze einen logischen Schluß bildet[8]). Ob er materiell richtig sei, kommt hier nicht in Betracht, aber man muß im Stande sein, das aus den Prämissen und der Konklusion zu beurtheilen.

Beispiel.

Im Namen des Königs.

In Sachen des Rentners Pfennigwerth hieselbst, Klägers,
wider
den Zimmermann Holzbauer und dessen Ehefrau Eva geb. Dulder
zu Steinberg, Beklagte,

hat das königl. Kreisgericht I Abtheilung zu N. in der Sitzung vom 7. Dez. 1860, an welcher Theil genommen haben (folgen Namen und Charakter der Richter), den Akten gemäß für Recht erkannt:

daß die Beklagten,

da sie in dem am 3. d. M. angestandenen Klagebeantwortungstermine, der am 20. Nov. d. J. gehörig geschehenen Insinuation der Vorladung ungeachtet, nicht erschienen sind, auch eine schriftliche Klagebeantwortung nicht eingereicht haben (oder: und zwar eine Klagebeantwortungsschrift eingereicht, diese aber wegen Mangels der Mitunterschrift eines Rechtsanwaltes als unannehmbar bereits am 25. Nov. mit dem Bedeuten, daß diese Schrift wegen des gedachten Mangels nach §. 3 der V. v. 21. Juli 1846 nicht angenommen werden könne und sie sich deshalb, wenn sie nicht eine von einem Rechtsanwalte unterschriebene Schrift bis zum Termine einreichen wollten, in diesem Termine persönlich oder durch einen gehörig legitimirten und zulässigen

8) Das von Reusch in der Anleitung zum Instruiren ꝛc., Heft 2, §. 131 gegebene Beispiel entspricht diesen Anforderungen vollständig.

Bevollmächtigten einzufinden hätten, zurückerhalten haben),
mithin der ihnen in der Vorladung angedroheten Verwarnung gemäß die in der Klage vorgetragenen Thatsachen in contumaciam für zugestanden und die Urkunden für anerkannt zu erachten sind, folglich die Behauptungen des Klägers:

1. daß er dem beklagten Ehemanne am 1. Febr. 1859 ein baares Darlehn von 200 Thlrn., zur Zurückzahlung nach Ablauf eines Jahres und zu 5 Prozent verzinslich, vorgestreckt habe;
2. daß ihm der beklagte Ehemann darüber den mit der Klage eingereichten Schuldschein vom 1. Febr. 1859, worin die gedachten Modalitäten festgesetzt sind, ausgestellt habe;
3. daß die Bekl. sich noch vor Aufhebung der hiesigen statutarischen ehelichen Güterrechte geheirathet haben, folglich, wenn sie die Gütergemeinschaft unter sich nicht ausschlossen, in der allgemeinen ehelichen Gütergemeinschaft leben,

für richtig angenommen werden müssen, dann aber die Darlehnsklage wegen 200 Thlrn. nebst 5 Prozent Zinsen seit dem 1. Febr. 1859, nachdem die Fälligkeit des Darlehns zur Zurückzahlung bereits den 1. Febr. 1860 eingetreten, gegen beide Eheleute begründet ist und dieses nach §. 2, Tit. 23, Th. I der A. G.O. auch die Verurtheilung in die Prozeßkosten zur Folge hat,

schuldig, dem Kläger das eingeklagte Darlehn von 200 Thlrn., nebst 5 Prozent Zinsen seit dem 1. Febr. 1859 zurückzuzahlen und die Kosten des Prozesses zu tragen resp. zu erstatten.

Von Rechtswegen.

Hay. Wittling. Ukeley.

4. Schriftwechsel.

§. 25.

a) Klagebeantwortung und Wiederklage.

Mit der Klagebeantwortung zu verbinden, beziehungsweise gleichzeitig einzureichen ist 1) das Restitutionsgesuch gegen das ergangene Kontumazial-Erkenntniß, 2) die Wiederklage, 3) das Editionsgesuch, 4) die Litisdenunziation; diese Prozeßschriften sind also zugleich mit der Klagebeantwortung vorzutragen.

Bei dem Vortrage des Restitutionsgesuches [1]) und der Kla-

1) Civilprozeß, §. 376.

gebeantwortung [2]) ist die Prüfung auf folgende Gegenstände zu richten, und darauf der dem Kollegium zu haltende Vortrag zu berechnen.

1) Das Restitutionsgesuch muß eine Einlassung auf die Klage enthalten, sonst als solches zurückgewiesen werden [3]), so daß es auf die übrigen Erfordernisse nicht ankommt. Selbstverständlich ist die Erfüllung dieser Bedingung unmöglich, wenn gegen Jemanden, dem die Citation und die Klage nicht gehörig insinuirt sind, in contumaciam erkannt worden ist. Für diesen Fall forderte das ältere Prozeßrecht die Klagebeantwortung nicht, sondern bewilligte eine vierwöchentliche Frist, vom Tage der Bekanntmachung beziehungsweise Insinuation des Kontumazial-Erkenntnisses, zur Nachsuchung der Wiedereinsetzung in den vorigen Stand, unter bloßer Anzeige des wesentlichen Mangels [4]). Hier konnte es sich treffen, daß Jemand, welcher gegen ein Kontumazial-Erkenntniß restituirt worden war, zum zweiten Male in contumaciam verurtheilt werden mußte. Im neueren Prozeßrechte ist dieser Restitutionsfall aufgehoben; an die Stelle der Restitution und der Nullitätsklage ist die Nichtigkeitsbeschwerde getreten [5])

2) Diese Prozeßschrift muß binnen 10 Tagen, nach der Insinuation des Kontumazial-Erkenntnisses, wobei der Tag der Insinuation nicht mitgezählt wird, bei dem Gerichte erster Instanz eingegangen sein [6]).

3) Die Prozeßschrift muß die für die Klagebeantwortung vorgeschriebene äußere Form haben [7]).

Kann hiernach die Schrift als Restitutionsgesuch und Klagebeantwortung nicht gelten, so wird sie als Appellationsanmeldung behandelt [8]), und davon der Bekl. unter Angabe der Gründe in Kenntniß gesetzt. Darüber ist ein Behändigungsschein zu den Akten zu bringen, um den Anfangstermin für die sechswöchentliche Frist zur Anbringung der gegen das Abweisungsdekret dem Bekl. freistehenden Beschwerde festzustellen.

---

2) Ueber deren Inhalt: oben, Th. I, §§. 16 ff.

3) A. G.O. I, 14, §§. 71 u. 74. Vergl. V. v. 21. Juli 1846, §. 39, Abs. 1.

4) A. G.O. I, 16, §. 2, Nr. 6.

5) V. v. 14. Dezember 1833, §§. 27, 28.

6) A. G.O. I, 14, §. 70 u. meine Anm. dazu.

7) V. v. 21. Juli 1846, §. 3.

8) Pr. des Obertrib. 1984, v. 11. Februar 1848. — Vergl. V. v. 21. Juli 1846, §. 16 u. R. v. 10. Juni 1841 (J.M.Bl. S. 218).

Beispiel.

D.

1. Dem Bekl. ist zu eröffnen, daß das gegen das Kontumazial-Erkenntniß v. 30. März d. J. am 15. April eingereichte Restitutionsgesuch nach Vorschrift der A. G.O. Th. I, Tit. 14, §§. 70 und 74 nicht zugelassen werden könne, weil dasselbe, nachdem das Erkenntniß am 2. April insinuirt worden und erst am 15. April eingegangen, nicht innerhalb der gesetzlich vorgeschriebenen zehntägigen Frist eingereicht worden sei, und weil überdieß die Einlassung auf die Klage fehle. Das Gesuch sei deshalb, in Gemäßheit der Vorschrift der V. v. 21. Juli 1846 §. 34, als Appellationsanmeldung betrachtet und die Einsendung der Akten an das Appellationsgericht zu N. verfügt worden. Doc. ins.
2. Die Akten sind dem Appellationsgerichte zu N. mittelst des üblichen Berichts einzureichen.
3. Nachricht hiervon erhält der Rechtsanwalt Haberecht als Offizial-Anwalt des Klägers, per cop. tol. decreti.

Kr. d. 16. April 1860.

Richter.

Entspricht die Prozeßschrift den äußeren Erfordernissen, so wird nicht etwa die Restitution des Bekl., oder die Verstattung dazu, gegen das Kontumazial-Erkenntniß per decretum ausgesprochen [9]); denn dieses zu thun ist, wenn der Bekl. in der Sache selbst wirklich etwas beigebracht hat — sonst wird nicht auf Restitution erkannt — Sache des künftigen Erkenntnisses [10]); sondern es wird lediglich die Einleitung des Verfahrens, wie es nach dem materiellen Inhalte der Klagebeantwortung erforderlich erscheint, verfügt. Hinsichtlich dieses materiellen Inhaltes der Klagebeantwortung hat sich die richterliche Thätigkeit in dem heutigen Prozeßverfahren, in Vergleichung mit derjenigen, welche ihm die alten Prozeßgesetze zur Pflicht machten, gänzlich umgeändert. Nach dem

---

9) In diesem Punkte stimmt die Anleitung zum Instruiren ꝛc. von Reusch, §. 133, mit den Grundsätzen des Prozesses und den Gesetzen nicht überein, wenn er lehrt: „Sonst dagegen (wenn nämlich die Restitution, womit das Restitutionsgesuch gemeint ist, den Erfordernissen entspricht) setzt der Decernent zunächst die Verstattung des Beklagten zur Restitution fest und verfügt dann — weiter wie auf eine Klagebeantwortung.“ Mit dieser Festsetzung der Verstattung zur Restitution hat der Decernent nichts zu thun, das wäre geradeso, als wenn der Decernent auf eine für begründet gehaltene Klage zunächst die Verstattung zur Klage per decretum festsetzen wollte.

10) A. G.O. I, 14, §. 76.

alten Prozeßrechte mußte der Richter gerade so verfahren, wie bei der Klage; er hatte zu prüfen: ob die Auslassung deutlich und vollständig sei, oder in wiefern hierin noch etwas nachzuholen[11]); er hatte auf die Schlüssigkeit der angebrachten Einwendungen zu achten, um zu beurtheilen: ob der denselben zum Grunde liegende faktische Vortrag deutlich, bestimmt und vollständig, und mit der Angabe der erforderlichen Beweismittel versehen sei; denn wenn der Einwand an sich auf die künftige Entscheidung Einfluß haben konnte, so mußte er auf die Vervollständigung der Angaben zur Herausstellung eines verständlichen Thatbestandes und einer gehörigen Beweisantretung von Amtswegen sorgen und zu diesem Zwecke ein ähnliches vorbereitendes Verfahren einschlagen, wie es noch jetzt hinsichtlich der Herstellung einer gehörig substantiirten Klage, vor Einleitung des förmlichen Prozesses, beobachtet werden muß, was ein Ergebniß des Mangels eines einheitlichen Prozeßgesetzes und ein Unsegen der modernen Novellen-Gesetzgebung, ohne Festhaltung der alten Prinzipien und Systeme, ist, mit welchen man wohl brechen aber doch nicht auf Einmal ein Ende machen möchte. Nach dem neuern Prozeßrechte also steht es mit der Klagebeantwortung anders. Diese mag enthalten was sie will, sie mag den blühendsten Unsinn enthalten und den widersinnigsten Antrag, das Alles beschäftigt den Richter nur insoweit, als er daraus zu ermessen hat: was er zur Fortsetzung des Verfahrens, nämlich auf Grundlage der Klage, verfügen, ob er nämlich eine Replik einfordern, oder eine schriftliche Vorverhandlung verfügen, oder den Audienz-Termin ansetzen soll, oder ob ohne vorherige mündliche Verhandlung eine Beweisaufnahme zu veranstalten sei[12]). Denn eine Ergänzung, Vervollständigung oder Verbesserung der Klagebeantwortung kann der Richter nicht veranlassen, weil er dadurch die Präklusivfrist zur Klagebeantwortung von Amtswegen verlängern würde, wozu er nicht ermächtigt ist: was der Bekl. innerhalb der Frist nicht deutlich und verständlich beantwortet, beziehungsweise bestritten hat, das gilt für diese Instanz als unstreitig. Eben so wenig können vorgebrachte verzögerliche Einreden[13]) nach ihrem rechtlichen Grunde untersucht und als offenbar widerrechtlich per decretum verworfen werden; unterläßt der Bekl. die eventuelle Einlassung wegen einer rechtswidrigen Einrede, so geschieht es auf seine

11) A. G.O. I, 9, §§. 16, 18 u. ff.
12) V. v. 21. Juli 1846, §. 11.
13) Ebenda §. 5.

Gefahr. Was nun auf die vorliegende Klagebeantwortung in der Sache selbst zu verfügen sei, das ist nach dem Gesagten aus dem Vortrage des Bekl., in Vergleichung mit der Klageschrift, zu befinden. Daneben versteht sich die Prüfung der Legitimation des Bekl. zur Person, und des Stellvertreters zum Prozesse, und die zur Hebung der Mängel erforderliche Verfügung von selbst. Fehlt die gehörige Legitimation eines Stellvertreters, so wird diese nebenher unter Strafdrohung eingefordert. — Eine angebrachte uneigentliche Wiederklage wird ebenso geprüft und behandelt wie jede andere Klage.

Beispiel.

Restitutionsgesuch, Klagebeantwortung und Wiederklage
in Sachen
des Gutsbesitzers Rittersporn zu Fliederthal, Klägers,
wider
die Gewerke der Braunkohlen-Zeche Friederike-Agnes daselbst, und zwar (hier folgen die Namen der noch zehn übrigen Bekl.)

D.

1. Dem Rechtsanwalte Haberecht, als Offizial-Anwalte des Klägers, ist das Duplikat der Klagebeantwortung mit der Aufforderung zuzufertigen, seine Gegenerklärung binnen 4 Wochen präklusivischer Frist einzureichen.

Dabei ist ihm bekannt zu machen, daß die Wiederklage per decretum abgewiesen worden sei.

2. Dem Rechtsanwalte Zänker ist zu eröffnen, daß dem Sachwalter des Klägers aufgegeben worden sei, die Replik binnen 4 Wochen präklusivischer Frist einzureichen, daß es aber der erbetenen Editionsverfügung nicht bedürfe, weil das Dokument,

Pr. d. 12. April 1860. H.

Von den zehn Bekl., welche noch in diesem Rechtsstreite befangen sind, bin ich durch die beiliegende Prozeßvollmacht beauftragt, sie in demselben zu vertreten. Es war nicht möglich, ihre Informationen rechtzeitig zusammen zu bringen, um die Klage bis zu dem prorogirten Termine zu beantworten, es hat deshalb das Kontumazial-Erkenntniß v. 30. März d. J. gegen sie ergehen müssen. Ich trage darauf an:

dieselben gegen dieses Erkenntniß in integrum zu restituiren.

Zur Begründung dieses Gesuches lasse ich die Klagebeantwortung hier folgen und erkläre, daß dem Kläger die ihm durch das Kontumazial-Verfahren verursachten Kosten, nach der künftigen richterlichen Festsetzung, sofort erstattet werden sollen.

I. In der Sache selbst wird der Klage der Präjudizial-Einwand entgegengesetzt, daß sämmtliche Bekl. einestheils dadurch, daß mehrere hinsichtlich ihrer Kure

dessen Edition gefordert werde, schon mit der Klage eingereicht sei, und daß auch die mit der Klagebeantwortung verbundene Wiederklage unzulässig sei und per decretum zurückgewiesen werde, weil Litispendenz vorhanden. Denn nach dem eigenen Vortrage der Wiederkläger handele es sich hier um die Vollstreckung des gegen die Gewerke der Braunkohlen-Grube Friederike-Agnes ergangenen Judikats v. 3. Oktober 1850. Der Kläger habe nämlich die Exekution daraus nachgesucht und es sei durch Verf. des Kreisgerichts zu N. v. 6. Oktober 1851 das Exekutionsverfahren zunächst gegen die drei Wiederkläger eröffnet worden, weil diese zur Zeit der Klagebeantwortung unbestritten Mitgewerke dieser Grube und als solche von der zuständigen Bergbehörde ausdrücklich bezeichnet waren. Inzwischen sei, nach ihrem Vortrage, in Folge ihrer Beschwerde, das Exekutionsverfahren gegen alle 11 Gewerken pro rata gerichtet worden und die drei Wiederkläger machten die Rückforderung des anfangs von ihnen Beigetriebenen zum Gegenstande einer neuen Klage. Das Verfahren wegen desselben schwebe aber noch in der Exekutionsinstanz, und es solle sich in diesem Verfahren noch zeigen: ob wegen Ausfalls bei dem einen oder dem anderen Gewerken noch mehr an der fraglichen Grube für kaducirt und der darüber ertheilte Gewährschein für vernichtet erachtet worden ist, die Uebrigen aber dadurch, daß die fragliche Grube durch bergamtliche Verfügung v. 28. Mai 1852 für in das landesherrliche Freie gefallen erklärt worden ist, von aller Theilnahme an dem Betriebe dieses Bergwerkes ausgeschieden sind, worüber auf amtliche Auskunft der Bergamts-Kommission zu R. provocirt wird. Die Bekl. selbst haben dem Kläger keinen Grund und Boden entzogen und aufgegraben. Damit fällt jeder Anspruch des Klägers, jedenfalls in Rücksicht auf die Zukunft, soweit er gegen die ehemaligen Gewerken gerichtet ist, ohne Weiteres in sich zusammen.

II. Was eventuell den speziellen Inhalt der Klage betrifft, so wird derselbe durchweg bestritten, insoweit er nachstehend nicht ausdrücklich anerkannt wird; und die Beilagen werden nicht rekognoscirt.

Bevor speciell auf die Klage eingegangen wird, muß, um den rechtlichen Standpunkt anzudeuten, aus welchem sie beantwortet werden soll, auf diejenigen wesentlichen Eigenthümlichkeiten des Bergbaues und seiner Rechtsverhältnisse aufmerksam gemacht werden, durch deren Nichtbeachtung allein der Kläger dahin gelangen konnte, Ansprüche wie

von den Wiederklägern einzuziehen sein werde, als bis jetzt geschehen, oder ob sonst eine Ausgleichung stattfinden müsse. Die Beschwerden aber, welche sie über die angeordneten Exekutionsmaßregeln zu führen hätten, seien zu jenem noch schwebenden Verfahren zu verweisen.

Zugleich ist dem Rechtsanwalte Zänker aufzugeben, binnen 4 Wochen bei 2 Thlrn. Strafe, eine beglaubte Abschrift des Tutoriums des Kaufmannes Wagehänsel als Vormundes der v. Tr—schen Minorennen einzureichen.

3. Die Kosten für die Wiederklage sind von dem &c. Zänker einzufordern.

4. Repr. ad 1 und 2 nach 5 Wochen.

Kr. d. 15. April 1860.

Hay.

die vorliegenden zu machen. Sie fließen aus der Regalität des Bergbaues und bestehen darin, daß 1) der Bergbau nur vom Staate durch die geordneten Behörden betrieben wird; 2) daß die Belehnung an Privaten diesen nur ein Recht auf die Nutzungen aus dem Bergwerke, mit welchem sie beliehen sind, ertheilt; 3) daß das Bergwerk selbst Eigenthum des Staates, mit dem Nutzungsrechte der Gewerkschaft belastet, bleibt, dergestalt, daß der Staat über dasselbe oder einen Theil mit allen getroffenen Anstalten (Schächten, Stollen, Häusern, Maschinen, Gräben &c.) frei verfügt, sobald das Bergwerk oder ein Antheil davon (Kux), sei es durch Kaducirung, sei es durch freiwillige Verlassung, ins landesherrliche Freie gefallen; 4) daß also die einmal getroffenen Anstalten von der Gewerkschaft ohne Genehmigung des Staats nicht veräußert oder vernichtet werden dürfen, und daß sie nach erfolgter Freifahrung jedem Muthenden, ohne daß er dafür etwas zahlt, oder Grubenschulden übernimmt, verliehen werden können. Dieses vorausgeschickt gehen wir auf die Klage speciell ein.

Es wird bestritten, daß die Beklagten die in der Klage bezeichneten Parzellen von dem Kläger überlassen erhalten haben; die Protokolle v. 12. Nov. 1845 und 8. April 1847 beweisen dieses nicht. Die erstere Verhandlung spricht ganz richtig von einer Entschädigung, die dem Kläger für das von der Braunkohlengrube

Friederike-Agnes eingenommene Terrain kompetire, nennt aber keinen persönlichen Schuldner; sie besagt, daß eine gütliche Einigung nicht zu Stande gekommen sei. Dagegen behauptet der Kläger, daß die Feststellung der jährlichen Entschädigung für die Flächen zur offenen Rösche und zum Fundschacht, wie sie durch die Bergbehörde erfolgt sei, sich beide Theile haben gefallen lassen. Sofern dieses heißen soll, daß beide Theile mit den Ergebnissen der Ermittelung für Gegenwart und Zukunft einverstanden gewesen seien und sie genehmigt hätten, wird dieß bestritten.

Ueberhaupt aber bestreiten wir, daß der Repräsentant der Gewerkschaft als gemeinschaftlicher Bevollmächtigter der einzelnen Gewerken zu betrachten sei und daß einzelne Gewerke durch Handlungen des Repräsentanten persönliche Verpflichtungen überkommen können. A. L.R. II, 16, §§. 269—271. Daraus folgt, daß Gegenstände, welche mit dem Repräsentanten zu verhandeln sind, niemals mit den einzelnen Gewerken verhandelt werden können. Deshalb wird der Einwand mangelnder Passivlegitimation gemacht, weil es sich hier um Entschädigung für die von bleibenden Anstalten zum Bergwerksbetriebe eingenommenen Ackertheile, also um Gegenstände handelt, welche das Eigenthum des Bergwerks selbst angehen. Diese können nur mit dem Repräsentanten verhandelt werden. Denn dieses Eigenthum (Proprietät des Bergwerks) gehört nicht den Gewerken, sondern dem Staate, von ihm gehen alle Einrichtungen, die sich darauf beziehen, aus, insbesondere die Expropriationen, — für ihn geschehen sie. Die dadurch begründet werdenden Rechtsverhältnisse berühren die Gewerken nur insofern, als sie auf deren nutzbares Eigenthum Einfluß haben und sie durch Verminderung und gänzliche Absorbirung der Nutzungen veranlassen können, dasselbe gänzlich und ohne Vergütigung für das darauf Verwendete aufzugeben. Damit hören denn alle dinglichen Rechte der Gewerke an dem Bergwerkseigenthume auf. §. 289 a. a. O. Weiter reichen die Wirkungen der Betriebseinrichtungen (Expropriationen) und deren Folgen gegen die einzelnen Gewerke nicht. Daraus geht hervor, daß eine Klage gegen einige oder alle einzelne Gewerke aus angeblichen Entschädigungsansprüchen, die durch dergleichen, von der Behörde angeordnete Bergwerksbauten herbeigeführt sind, unzulässig ist, weil sie in Bezug auf diese zu dem Grundeigenthümer in keinem persönlichen Rechtsverhältnisse stehen. Es wird demnach darauf angetragen:

jede Beweisaufnahme auszusetzen und den Kläger in allen Punkten unter Auferlegung der Kosten lediglich abzuweisen.

III. Eventualiter erwidern wir im Einzelnen:

Zu Abschnitt I.

Es wird bestritten, daß die Beklagten von dem Kläger Boden überkommen und sein Eigenthum von ihm übernommen haben. Der Kläger hat überhaupt nicht sein Eigenthum abgetreten, sondern nur ein Nutzungsrecht auf demselben unfreiwillig gestatten müssen. Die angelegten Berechnungen interessiren uns zwar nicht, nachdem wir gezeigt haben, daß mit der Auflassung einer Zeche jede Verbindlichkeit der ausgeschiedenen Gewerke nach §. 292 a. a. O. aufhört, doch erkennen wir sie auch nicht für richtig an, halten es aber für überflüssig, auf dieselben speciell einzugehen. Nur bestreiten wir besonders, daß Stroh, Spreu, Ueberkehr und Nachhütung die Düngung decke und deshalb für diese nichts abgerechnet werden könne, so wie, daß auf einem erst am 1. Juli übergebenen frisch aufgeschütteten Boden nichts mehr gewonnen werden könne. Dieß ist indeß unerheblich. Denn nach §. 113 des A. L.R. a. a. O. hört mit dem Augenblicke, wo der Boden wieder in solchen Stand gesetzt ist, daß er gehörig genutzt werden kann, die Entschädigungspflicht des Bergbauenden auf. Es kommt also nur auf die Möglichkeit einer weiteren Benutzung des zurückgewährten Bodens an, und diese ist vom Kläger nicht bestritten worden. Ebensowenig kann für erschwerte Ackerbestellung Vergütung gefordert werden; und hinsichtlich des Preises wird der Kläger sich wohl mit dem Martini-Preise zufrieden stellen müssen.

Zu Abschnitt II.

Die behaupteten Thatsachen, daß man sich selbst außer Stande gesetzt habe, seine Verbindlichkeit zu erfüllen, sowie das Vorkommen von Tagebrüchen werden bestritten, auch wird keine Verbindlichkeit zur Sicherheitsbestellung anerkannt, da überhaupt keine persönliche Verbindlichkeit der Beklagten vorhanden ist. Eventualiter ist nach §. 153 des A. L.R. a. a. O. der Grundeigenthümer nur dann befugt, wegen seiner Entschädigung Sicherstellung zu verlangen, wenn gesetzmäßige Gründe zum Arrestschlage vorhanden sind. Die Erfordernisse des Arrestschlages werden in der Klage nicht behauptet, folglich ist der Anspruch nicht substantiirt.

IV. Der ganzen Klage wird aber eventualiter auch noch der Einwand des Vergleichs und der Zahlung entgegengesetzt [14]). Der Vorbesitzer des Klägers, vormalige Gutsbesitzer Feuerfranz zu

14) Dieser hätte sollen als Präjudizial-Einwand vorgetragen werden. Th. I, §. 20, Nr. II, 2.

Fliederthal, ist mit dem Finder und Muther Schleicher zu N., von welchem die Bekl. ihre Rechte ableiten, übereingekommen, daß er für jeden Morgen Acker, welcher zur Aufdeckarbeit gebraucht werden würde, durch einen Pauschsatz von 60 Thlrn. abgefunden werden solle, und er hat darauf 600 Thlr. vorausgezahlt erhalten. Der darüber vereinbarte Vertrag vom 1. April 1844 befindet sich in den Händen des Kommissionärs Broker zu N., welcher als Unterhändler gebraucht worden ist und als Zeuge über die Schließung und Vollziehung dieses Vertrags, wegen dessen Herausgabe das besondere Editionsgesuch gleichzeitig eingereicht ist, vorgeschlagen wird. Der Kläger ist von dieser Veräußerung vor der Erwerbung des Gutes Fliederthal Seitens des Verkäufers Feuerfranz in Kenntniß gesetzt worden und es ist dieserhalb in dem über Fliederthal geschlossenen Kaufkontrakte vom 28. August 1846 eine Klausel festgesetzt worden, gemäß welcher der Käufer für Grundentschädigung eher keinen Anspruch an die Bergbauenden solle machen dürfen, als bis die vorausgezahlten 600 Thlr. erschöpft sein würden. Zum Beweise dessen wird die Edition dieses Kaufkontrakts von dem Kläger verlangt und gebeten:

den erforderlichen Editionsbefehl an denselben zu erlassen.

Sonach muß der Kläger jene Uebereinkunft gegen sich gelten lassen, und da die gezahlten 600 Thlr. noch lange nicht erschöpft sind, weil noch keine 10 Morgen Fläche zur Benutzung für die Kohlenzeche Friederike-Agnes hergezogen worden sind, so ergiebt sich, daß die ganze Klage, wenn sie wider Erwarten an sich für begründet sollte erachtet werden, durch diesen Einwand entkräftet wird, folglich auch aus diesem Grunde der Antrag:

den Kläger in allen Punkten, unter Auferlegung der Kosten, lediglich abzuweisen,

durchgehends gerechtfertigt ist.

Hiermit verbinden die drei Mitbeklagten X., Y. und Z. folgende

Wiederklage.

Mittelst der abschriftlich beigefügten Klage vom 5. März v. J. nahm der Wiederbeklagte die Gewerkschaft der Friederike-Agnes-Grube bei Fliederthal auf Entschädigung für expropriirte Ländereien in Anspruch. Es erging hierauf das in Abschrift beiliegende, in zweiter Instanz lediglich bestätigte Erkenntniß vom 12. September und 3. Oktober v. J., durch welches die beklagte Gewerkschaft zur Zahlung verschiedener Entschädigungsbeträge nebst Zinsen verurtheilt wurde. Obwohl beide Urtheile gegen die Gewerkschaft, nicht gegen die einzelnen Gewerken, gerichtet sind, suchte der Wiederbeklagte gegen die drei Wiederkläger, welche damals noch zu den Gewerken gehörten, die Exekution nach, eine solidarische Verpflichtung sämmtlicher Gewerke behauptend. Dem Antrage gemäß wurde die Mobiliar-Exekution gegen dieselben unterm 6. Oktober v. J. verfügt. Sie beschwerten sich hierüber, sendeten indeß, um der drohenden Exekutionsvollstreckung zu entgehen, mittels des abschriftlich beigehenden Gesuchs v. 30. Oktober d. J. die von ihnen geforderten Beträge nebst Zinsen, insgesammt mit 120 Thlrn. an das Königl. Kreisgericht zu N., unter Vorbehalt unserer Ansprüche mit der Bitte um Annahme ad depositum. Diese Summe wurde indeß dem Wiederbeklagten, im Wege der Exekution, auf Abschlag seiner Forderung den 4. Nov. gezahlt. Demnächst wurde durch Verfügung des Königl. Appellationsgerichts zu N. v. 1. Nov. v. J. und durch Reskript des Obertribunals v. 7. Januar d. J. entschieden, daß das Erkenntniß nicht gegen jeden Einzelnen in solidum, sondern pro rata, eventualiter in solidum zu vollstrecken. Hiernach änderte denn das Königl. Kreisgericht zu N. seine Exekutionsverfügung dahin, daß gegen jeden seinem Aufenthalte nach bekannten Gewerken vorläufig der auf ihn treffende Antheil zur Einziehung kommen sollte, mit Vorbehalt der nachträglichen Einziehung der etwaigen Ausfälle, und die Wiederkläger erhielten demgemäß vorläufig 51 Thlr. zurück.

> Ueber alles dieses wird auf die kurrenten Prozeßakten des Kreisgerichts zu N., in Sachen Rittersporn wider die Gewerkschaft der Friederike-Agnes-Grube Bezug genommen, und bitten, dieselben zu avociren.

Die Wiederkläger behaupten, daß gegen sie, wenngleich Mitgewerke, gar keine Exekution vollstreckt werden kann und tragen deshalb wiederklagend darauf an:

> den Wiederbeklagten zu verurtheilen, ihnen 69 Thlr. nebst 5 Prozent Verzugszinsen seit dem 4. Nov. v. J. zurückzuzahlen und die Prozeßkosten zu tragen und zu erstatten.

Dieser Antrag findet seine Rechtfertigung darin, daß die Klage v. 5. März v. J. nur gegen die Gewerkschaft, nicht gegen die einzelnen Gewerke gerichtet, und demgemäß ist auch nur gegen jene erkannt, und eine Verpflichtung der einzelnen Gewerke überhaupt nicht ausgesprochen. Deshalb hat das Urtheil gegen die einzelnen Gewerken keine Geltung, und die Exekution kann daraus, in Be=

achtung der Vorschrift §. 5, Tit. 24, Th. I der A. G.O., gegen keinen derselben vollstreckt werden.

Ein Duplikat dieser Schrift liegt bei.

Kr. d. 10. April 1860.

Zänker.

§. 26.

b) Editionsgesuch gegen einen Dritten.

Das Editionsverfahren gegen einen Dritten ist ein Incidentverfahren und wird in besonderen Prozeßschriften verhandelt; bis zu dessen Erledigung wird, wenn es nöthig ist, die Verhandlung der Hauptsache ausgesetzt [1]). Vor der Einleitung desselben hat der Richter zu prüfen:

1) ob das Gesuch den gesetzlichen Erfordernissen entspricht [2]); ist das nicht der Fall, muß es ohne Weiteres, unter Angabe des Grundes, abgewiesen werden; man darf einen Dritten nicht ohne Grund behelligen;

2) ob der Thatumstand, welcher durch die Urkunde, deren Herausgabe von dem Dritten verlangt wird, bewiesen werden soll, für die Hauptsache erheblich zu sein scheint; denn der Editionspflicht unterliegen nur solche Urkunden, welche zur Aufklärung der Sache dienen, d. h. eine erheblich scheinende Thatsache nachweisen [3]). Deshalb darf Niemand mit Editionsforderungen belästigt werden, von deren Genügeleistung kein Einfluß auf die Entscheidung des zwischen den Hauptparteien obschwebenden Rechtsstreites abzusehen ist.

Findet der Richter das Editionsgesuch gehörig begründet und erheblich, so verfügt er die Zufertigung desselben an den Editionsbeklagten, und ladet diesen behufs Edition zu einem Termine vor, unter Androhung eines Präjudizes, welches der für Zeugenvorladungen vorgeschriebenen Verwarnung wesentlich gleichkommt [4]). Darauf können folgende Fälle eintreten:

1) Der Editionsbeklagte läßt sich nicht ein, oder erscheint nicht einmal. Dann werden Geld- eventualiter Gefängnißstrafen als Zwangsmittel zur Folgeleistung angewendet, und wenn diesel-

---

1) A. G.O. I, 10, §§. 102, 103; V. v. 1. Juni 1833, §. 17.

2) Darüber: Th. I, §. 12, Nr. II, 2.

3) A. G.O. Einleitung, §. 16 verb. mit Th. I, Tit. 10, §§. 89, 90.

4) A. G.O. I, 10, §. 105. Vergl. §§. 183—206 ebd., u. m. Anmerkungen dazu.

ben erfolglos bleiben, muß dem Editionsforderer der Regreß wegen seiner Schadloshaltung überlassen bleiben [5]). Dabei muß wohl, nach Analogie der Vorschrift in Betreff der Zeugen [6]), zur Begründung des Regresses, dafür angenommen werden, daß der Regreßbeklagte dasjenige Dokument, welches er ediren sollte, damals wirklich hinter sich gehabt und dieses Dokument dasjenige würde bewiesen haben, was die Editionsforderer daraus beweisen wollen.

2) Der Editionspflichtige giebt das Dokument heraus. Damit ist das Incidentverfahren bis auf den Kostenpunkt erledigt; der Editionsforderer hat, dem Editionspflichtigen gegenüber, alle Kosten zu tragen und zu erstatten [7]).

3) Der Editionsbeklagte macht den Präjudizial-Einwand, daß das Editionsgesuch sich zur gerichtlichen Kognition nicht eigne, weil dasselbe auf eine Untersuchung der von dem Editionspflichtigen geführten öffentlichen Verwaltung hinauslaufe. Darüber hat das Gericht, wenn nicht Kompetenzkonflikt erhoben wird, vorweg zu entscheiden, bevor dem Editionsbefehle weitere Folge gegeben wird [8]).

4) Der Editionsbeklagte leugnet, das bezeichnete Dokument zu kennen und hinter sich zu haben. Dann soll er den Editionseid dahin schwören: daß er ein solches Dokument nicht in seinem Gewahrsam habe, noch wisse, wo es sich befinde, auch daß er es nicht gefährlicher Weise abhanden gebracht habe [9]). Wenn die Behauptung des Editionsforderers ohne alle Bescheinigung ist, mithin der Richter auf ein unbegründetes Gesuch das Editionsverfahren eingeleitet hätte, so kann der Editionsbeklagte nicht zum Schwur angehalten werden. Ist jedoch die Behauptung des Editionsforderers, wie es sich gehört, nachgewiesen; so kann der Editionsbeklagte doch, bevor ihm der Editionseid abgefordert werden darf, von dem Editionsforderer die Ableistung des Eides für Gefährde (juramentum calumniae) verlangen, wenn er behauptet, daß derselbe die Herausgabe wider besseres Wissen von ihm fordere. Dieser Eid wird durch eine bloße Resolution, gegen welche kein Rechtsmittel stattfindet, normirt [10]), und in der Audienz werden beide

5) Ebenda §. 105.

6) Ebenda §. 186 u. m. Anm. 27 dazu.

7) Ebenda §. 104 a. E., u. m. Anm. 23 dazu. Vergl. §. 187 a. a. O., u. §. 19 der Einleitung.

8) Einen solchen Fall s. m. J.-M.-Bl. 1855, S. 304.

9) A. G.O. I, 10, §. 93 a. E.

10) Ebenda §. 102 u. Tit. 22, §§. 39, 41.

Eide abgenommen, wenn der Editionsforderer seinen Eid zuerst leistet; wo nicht, braucht auch der Editionsbeklagte nicht zu schwören. Damit ist das Incidentverfahren wieder erledigt und es bleiben nur noch die Kosten von dem Editionsforderer einzuziehen.

5) Der Editionsbeklagte erklärt, daß er das Dokument wohl kenne, doch nicht besitze, aber wisse, wo es sich befinde. Weiset er den derzeitigen Inhaber nach, so ist das Verfahren gegen ihn erledigt, dem Editionsforderer bleibt überlassen, gegen den bezeichneten Inhaber ein neues Gesuch einzubringen.

6) Der Editionsbeklagte räumt den Besitz der fraglichen Urkunden ein, bestreitet aber die Editionspflicht deswegen, weil sie in einer solchen Privatkorrespondenz bestehen, die über das streitige Geschäft zwischen ihm und dem Prozeßgegner des Editionsforderers geführt worden. Wird dieß festgestellt und der Editionsforderer kann nicht behaupten, daß er sich gleichfalls des Dritten als gemeinschaftlichen Vermittlers zwischen ihm und seinem Gegner bedient habe; so muß von dem Editionsbefehle Abstand genommen werden [11]).

7) Der Editionsbeklagte erklärt, daß ihm das begehrte Dokument auf eine bestimmte Art, z. B. durch Spielerei seiner Kinder, abhanden gebracht oder vernichtet worden sei, und erbietet sich, dieses zu beschwören, weigert sich aber, den Editionseid in der gewöhnlichen Norm, daß er nicht wisse, wo das Dokument sich befinde ꝛc., zu schwören, weil er, wie angegeben, allerdings weiß, daß es vernichtet worden. In einem solchen Falle muß der Editionsforderer sich mit dem angebotenen Eide begnügen. Eine solche Abänderung der Eidesnorm kann noch in ähnlichen Fällen nöthig werden, z. B. in dem Falle, wo von einem Gutsbesitzer die Edition der Wirthschaftsrechnungen für einen Zeitraum gefordert wird, welcher über seine Besitzzeit hinausreicht. Hätte der Editionsforderer glaubwürdig gemacht, daß dem Editionsbeklagten sämmtliche Gutspapiere auch aus der älteren Zeit überliefert worden wären — denn sonst würde das Gesuch an sich überhaupt nicht begründet sein, — oder sollte ohne eine solche Begründung und ohne Unterscheidung die Eidesleistung von Seiten des Richters gefordert werden, so kann der Editionsbeklagte doch unmöglich zu einem anderen Eide gezwungen werden, als daß ihm jene Rechnungen nicht überliefert worden seien. Daß er auch schwöre, er wisse nicht, wo sie sich befinden: dieses zu fordern würde widersinnig sein, denn er weiß oder

11) Ebenda I, 10, §. 92 a.

vermuthet und sagt es, daß sie wohl bei seinem Vorbesitzer sein werden.

8) Der Editionsbeklagte räumt den Besitz des Dokuments ein, behauptet aber, daß dasselbe nichts, was zur gegenwärtigen Streitfrage gehört, enthalte. Dann kann er sich dadurch, daß er diese Angabe eidlich erhärtet, von der Editionsforderung befreien. Behauptet er hingegen, daß in dem Dokumente zwar etwas zur Sache Gehöriges an einer Stelle vorkomme, daß er aber aus Gründen das Dokument, welches außerdem noch Anderes enthalte, nicht aus den Händen geben könne; so darf er nur einen Extrakt in Ansehung der betreffenden Stelle, mit Beifügung des Einganges, des Schlusses, des Datum und der Unterschrift, ediren, welchen der Richter mit dem Original zu vergleichen und mit einem Atteste dahin, daß in dem Original ein mehreres zur Sache Gehöriges nicht vorkomme, zu versehen hat [12]).

9) Der Editionsbeklagte erklärt: das geforderte Dokument sei ihm unter seinen Schriften schon ehemals vorgekommen, aber er wisse nicht oder bezweifele: ob es sich noch darunter befinde. Dann ist er, wenn er sich nicht persönlich mit der Durchsuchung seiner Schriften befassen will, nur gehalten, daß seine Schriften durch eine von ihm zu bezeichnende Gerichtsperson, auf Kosten des Editionsforderers, durchsucht werden, und wenn es sich nicht findet, den Editionseid nur dahin zu leisten verbunden: daß er alle seine Schriften, unter welchen das geforderte Dokument sich möglicherweise befinden könnte, dem Kommissario getreulich vorgelegt und nichts davon gefährlicherweise (absichtlich um den Editionsforderer zu gefährden) zurückbehalten habe [13]).

10) Derselbe erklärt: er erinnere sich nicht, daß ihm das geforderte Dokument unter seinen Papieren jemals vorgekommen sei. In diesem Falle ist er sehr schlimm gestellt. Er soll schuldig sein, diejenigen von seinen Schriften nachzusuchen, unter welchen, nach seiner ihm wahrscheinlichen Vermuthung, das Dokument vielleicht sich befinden könnte, und wenn er es nicht vorbringt, schwören: wie er sich nicht erinnere, daß ihm das geforderte Dokument unter seinen Schriften jemals vorgekommen wäre, daß er selbiges auch bei der gegenwärtig angestellten Nachsuchung nicht gefunden habe; und er nach seiner besten Ueberzeugung nicht glaube, noch dafür halte, daß sich dasselbe unter seinen Skripturen befinde (Not. 13). Man sucht

12) Ebenda §§. 103 u. 99, u. m. Anm. 14 dazu.

13) Ebenda §. 104.

vergeblich nach dem Grunde, warum in diesem Falle der Editionsforderer schuldig sein soll, persönlich die Durchsuchung zu verrichten, während er vielleicht gar keine Vermuthung darüber hat, wo es gefunden werden könnte, während er sich persönlich niemals mit der Asservation seiner zahlreichen Schriften befaßt hat und sich auf die Durchsuchung von Schriftsammlungen gar nicht versteht; und warum er persönlich eine Arbeit übernehmen soll, die wohl mehrere Tage oder Wochen Zeit erfordert. Warum soll ihm nicht freistehen, alle seine Schriften in diesem Falle, wie in dem vorigen, der Durchsuchung eines Gerichtskommissarius preis zu geben? Mehr kann die bloße Bürgerpflicht nicht auflegen, zumal das nämliche Prozeßgesetz die Kosten dem Editionsforderer in allen Fällen zuschreibt und nicht findbar ist, warum hier der Editionsbeklagte durch eigene Leistungen ihm die vielleicht nicht unbeträchtlichen Durchsuchungskosten durch einen Sachverständigen ersparen soll.

Was das Verfahren in diesem Falle betrifft, so versteht sich, daß dem Editionsbeklagten eine geräumige Frist gelassen werden muß, um die ihm aufgelegte Durchsuchung auszuführen und seine Schlußerklärung abzugeben; auch ist nach dem Gesagten dafür zu halten, daß ihm aus den gleichen Gründen wie in dem vorigen Falle freistehen müsse, alle seine Schriften zur Durchsuchung auf Kosten des Editionsforderers einem Kommissarius des Gerichts freizugeben und demnächst den Editionseid nach der Norm des vorigen Falles zu leisten. Zu persönlichen Dienstleistungen, die er vielleicht nicht einmal versteht, ist er nicht gehalten.

Machen wir nun von den hier dargestellten Prozeßregeln Anwendung auf den hier durchzuführenden Prozeß.

Beispiel.

Editionsgesuch
der nachbenannten ehemaligen Gewerken der freigewordenen Braunkohlengrube Friederike-Agnes bei Fliederthal, 1) (folgen die Namen),
wider
den Kommissionär Broker zu N.
in Sachen
des Gutsbesitzers Rittersporn zu Fliederthal, Klägers,

Pr. d. 12. April 1860. H.

In unserer Klagebeantwortung von heute haben wir dem Anspruche des Klägers auf Grundentschädigung und Sicherstellung für künftige Grundentschädigung den Einwand des Vergleichs entgegengesetzt. Dieser Vergleich ist enthalten in einem Vertrage, welchen der Vorbesitzer des Klägers, der vormalige Gutsbesitzer

wider

sie, Beklagte,

wegen Grundentschädigung und Sicherstellung.

D.

1. Der Beschluß hierauf wird bis zum Audienztermine ausgesetzt.

2. Dem Rechtsanwalte Zänker ist zu eröffnen, daß die Beschlußfassung auf das Editionsgesuch gegen den Kommissionär Broker zu N. bis zum Audienztermine und dem alsdann zu fassenden Beschlusse über die Beweisaufnahme ausgesetzt worden sei, weil die Erheblichkeit der geforderten Edition mit Rücksicht darauf, daß der angetretene Beweis darüber: daß der Kläger in seinem Kaufkontrakte von dem Vorhandensein des in Rede stehenden Vergleichs v. 1. April 1844 in Kenntniß und in Mitverbindlichkeit aus demselben gesetzt worden sei, nach den schon vorhandenen Vorlagen kein günstiges Resultat in Aussicht stelle, bei der gegenwärtigen Lage der Sache zweifelhaft erscheine und ohne die wahrscheinliche Erheblichkeit der geforderten Edition ein Dritter mit einer Editionsforderung nicht behelligt werden dürfe.

K. d. 15. April 1860.

Ukeley.

Feuerfranz zu Fliederthal, mit dem Finder und Muther Schleicher zu N. am 1. April 1844 zu Fliederthal abgeschlossen hat und worin beide über ein Pauschquantum als Abfindung für den zur Kohlenzeche in Gebrauch zu nehmenden Grund und Boden übereingekommen sind. Dieser Vertrag ist in den Händen des genannten Grundherrn verblieben, und dieser hat denselben, wegen der ihm daraus an die Bergbauenden entstandenen Forderung, an den Kommissionär Broker zu N. cedirt. Dieses machen wir glaubwürdig durch die beiliegende Abschrift eines Briefes des Broker, v. 11. Mai 1850, an die Bergamts-Kommission, worin er sich als Cessionar des genannten Grundherrn wegen dessen Forderung an die Bergbauenden, aus dem Vergleiche v. 1. April 1844, wovon er eine Abschrift einsendet, meldet und anfragt, wie groß die Fläche sei, welche bisher zum Betriebe der Kohlengrube Friederike-Agnes herangezogen worden sei. Falls der Editionsbeklagte die Abschrift nicht rekognosciren sollte, bitten wir, das Original von der Bergamts-Kommission zu N. einzuholen.

Zum Beweise unseres Einwandes ist die Vorlegung des Originals jenes Vergleiches erforderlich, wir fordern deshalb von dessen Inhaber, dem Kommissionär Broker zu N., dessen Edition und tragen darauf an:

den Imploraten mit der Aufforderung vorzuladen, den Original-Vergleich v. 1. April 1844 zu ediren oder den Editionseid zu schwören.

Duplikat liegt bei.

K. d. 10. April 1860.

(Unterschrift.)

§. 27.

c) Litisdenunciation.

Die Litisdenunciation[1]) ist diejenige Prozeßhandlung, wodurch die Partei, welche in diesen Prozeß wegen eines von einem Dritten auf sie übertragenen Rechts verwickelt worden ist, ihren Gewährsmann von dieser Begebenheit in Kenntniß setzt, und von ihm verlangt, daß er ihm in Ausführung und Vertheidigung seiner Gerechtsame beistehe und ihn also wider seinen Gegner vertrete[2]). Bei der Prüfung eines solchen Gesuches ist auf Folgendes zu sehen:

1) Die Denunciation muß in einem besonderen Schriftsatze, der sonst formlos sein darf, angebracht werden[3]). Diese Vorschrift ist jedoch nur eine unwesentliche Prozeßvorschrift[4]), der Richter begeht mithin keine Nichtigkeit, wenn er die in der Hauptprozeßschrift enthaltene Denunciation berücksichtigt und den Denunciaten zu seiner Erklärung darüber vorschriftsmäßig vorladet. Uebrigens versteht sich, daß die Denunciation den Denunciaten nach Namen, Stand und Wohnort deutlich bezeichnen und eine verständliche Erzählung enthalten muß.

2) Die Denunciation muß zur rechten Zeit geschehen, sonst gilt sie für nicht angebracht[5]), wenngleich sie dem Denunciaten von dem Richter zugestellt worden sein sollte. Die Rechtzeitigkeit

---

1) Preuß. Civilprozeß, §. 78 (2. Ausg. S. 180).

2) A. G.O. I, 17, §§. 2, 8. Nach den römischen Rechtsquellen ist davon nur in den Eviktionsfällen Rede. L. 29, §. 2 D. de evict. (XXI, 2); L. 21 C. eodem (VIII, 45).

3) A. G.O. a. a. O. §. 13.

4) Vergl. Erk. des Obertrib. v. 9. Oktober 1856 (Archiv f. Rechtsf. Bd. XXII, S. 231).

5) A. G.O. a. a. O. §§. 14, 15. — L. 53, §. 1 D. de eviction. (XXI, 2); L. 8 C. eodem (VIII, 45).

bestimmt sich nach dem Zwecke der Denunciation. Dieser ist die Herbeirufung eines Gehülfen bei der Rechtsverfolgung oder Rechtsvertheidigung, folglich muß die Denunciation zu einer Zeit geschehen, wo der Prozeß sich in einer solchen Lage befindet, wo es dem zu Hülfe Gerufenen noch rechtlich möglich, seine Angriffs- oder Schutzmittel prozessualisch zur Geltung zu bringen. Die preußische Gesetzgebung bestimmt die Sache noch genauer dahin: daß in erster Instanz die Adcitation oder Litisdenunciation von dem Kläger gleichzeitig mit der Klage, von dem Beklagten aber gleichzeitig mit der Klagebeantwortung anzubringen, und in der Folge nur in so weit zulässig sei, als die Veranlassung dazu sich erst später ergiebt [6]), so daß z. B. der Kläger die Denunciation noch gleichzeitig mit der Replik anbringen kann, wenn ihm die Klagebeantwortung dazu Anlaß giebt. In zweiter Instanz kann die Denunciation nur gleichzeitig mit der Appellationsrechtfertigung, oder Beantwortung derselben, angebracht werden [7]). — Im Falle der Litisdenunciation gilt also von der Prozeßregel, daß nach geschehener Litiskontestation keine neuen, die Unterstützung der Klage oder die Vertheidigung bezweckenden Thatsachen, wenn die Präklusivfrist zur Einbringung der Klagebeantwortung bereits abgelaufen ist, mehr nachgebracht werden dürfen, und daß durch die Klage und die Klagebeantwortung die Grenzen bestimmt werden, innerhalb deren sich der Rechtsstreit bewegen soll [8]), — eine Ausnahme. Denn der Denunciat muß nicht allein über Alles und Jedes, was bisher in der Sache vorgekommen ist, sondern auch über ganz neue Thatsachen, welche er seiner Seits zur Unterstützung des Anspruches, beziehungsweise zur Vertheidigung gegen denselben, anzubringen hat, umständlich vernommen werden [9]). Die Litisdenunciation kann also möglicherweise als ein Mittel, eine neue Frist zu gewinnen und eine schiefe Klagebeantwortung zu stützen, gebraucht werden, indem sich der Denunciat dazu hergiebt, sich von dem Denuncianten eine neu begründete Klagebeantwortung in den Mund legen zu lassen. Dieß ist in dem heutigen Prozesse, wo die Eventualmaxime vorherrscht, eine Anomalie, welche aus der Zusammenwerfung zweier sich widersprechender Maximen entspringt.

5) Die Denunciation muß an die rechte Person geschehen.

---

6) A. G.O. a. a. O. §. 14. — V. v. 1. Juni 1833, §. 55.
7) A. G.O. a. a. O. §. 15. — V. v. 1. Juni 1833, §. 57.
8) V. v. 1. Juni 1833, §. 14; Instr. v. 24. Juli 1833, §. 29.
9) A. G.O. a. a. O. §. 24.

In dieser Beziehung gilt die Regel, daß nur der zum Schadenersatze **unmittelbar** verpflichtete Vordermann oder dessen Erben zur Vertretung aufgefordert werden können (denuntiatio per saltum non fit), aber es kann sich treffen, daß mehrere Personen einander zu denunciiren haben[10]). Daß eine Ausnahme von dieser Regel eintritt und das Ueberspringen einer Mittelsperson zulässig ist, wenn der unmittelbare Vordermann sein Recht gegen den Entfernteren cedirt oder der Entferntere dem späteren Nachmanne des Regreßanspruches halber Sicherheit bestellt hat[11]), ist keine Besonderheit; aber die gemeinrechtlichen Juristen haben als Ausnahmen auch die Fälle aufgebracht, in welchen der unmittelbare Vordermann zur Vertretung außer Stande ist, und dieses ist von der preußischen Gesetzgebung anerkannt[12]). Wenn nun der Denunciant einem seiner entfernteren Vormänner denunciirt, so ist darauf zu achten: ob er einen anerkannten Ausnahmefall behauptet und glaubhaft macht; außerdem kann dem Gesuche keine Folge gegeben werden.

Auf diese drei Punkte beschränkt sich der Vortrag, insbesondere gehört die Würdigung des rechtlichen Werths des angegebenen Regreßfundaments gar nicht hierher[13]). Findet hiernach das Gericht die Denunciation für zustellungsfähig, so ist zu erwägen: was nach Lage der Sache zu verfügen sei. Die Ansetzung eines **besonderen** Termins, zur Einlassung des Denunciaten, ist nicht vorgeschrieben. Die Prozeßvorschrift sagt: Ist die Adcitation und Litisdenunciation in erster Instanz vor Abhaltung des Termins zur Klagebeantwortung, und in zweiter Instanz vor der Beantwortung der Appellationsrechtfertigung, angebracht worden, so ist der Adcitat oder Litisdenunciat noch zu diesem Termine, sonst nur zum mündlichen Verfahren mit vorzuladen[14]). Die Vorschrift paßt nicht auf alle Fälle. Für die zweite Instanz ist sie ganz unpassend, weil, wenn der gewöhnliche Fall vorliegt, daß die Denunciation mit der Appellationsrechtfertigung eingeht, ein Termin zur Beantwortung

---

10) A. L.R. I, 11, §. 149. — L. 29, §. 2, L. 55, §. 1 D. de evict. (XXI, 2); L. 27, 7, 8 C. eodem (VIII, 45).

11) L. 59 D. eodem.

12) A. L.R. a. a. O. §. 150. Vergl. Glück, Kommentar, Bd. XX, S. 469.

13) Vergl. darüber das R. v. 9. Juni 1834 (Erg. zu §. 16 sqq. der A. G.O. a. a. O., Nr. 2).

14) Instr. v. 24. Juli 1833, §. 50. Vergl. A. G.O. a. a. O. §§. 17 u. 16.

der Appellation nicht mehr angesetzt, sondern eine schriftliche Beantwortung eingefordert wird[15]); es kann also auch nur eine schriftliche Erklärung des Denunciaten eingefordert werden. Für die erste Instanz paßt sie nicht in dem Falle, wenn die Denunciation mit der Klagebeantwortung eingeht, was der gewöhnliche Fall ist. Ist nun die Einforderung einer Replik nöthig und der Kläger durch einen Rechtsanwalt vertreten, so wird in der Hauptsache gleichfalls kein Termin zur Aufnahme der Replik angesetzt, zu welchem der Denunciat nicht vorgeladen werden könnte, sondern es muß eine schriftliche Replik eingefordert werden. Nun bleiben zwei Wege, die Erklärung des Denunciaten einzufordern: entweder die Zufertigung der Denunciation, wie es die Prozeßvorschrift will, bis dahin, wo der Schriftwechsel zwischen den Hauptparteien beendigt ist und die Ansetzung des Audienztermins beschlossen wird, um hierzu den Denunciaten mit vorzuladen; oder inzwischen einen besonderen Termin zur Erklärung des Denunciaten anzusetzen. Denn der dritte Weg: eine schriftliche Erklärung von einem Betheiligten, welcher noch gar nicht in den Rechtsstreit gezogen ist und deshalb mit einem Rechtsanwalte nicht versehen sein kann, ist in der ersten Instanz nicht eröffnet. Also nur jene beiden Wege stehen offen. Wollte man den ersten betreten, so würde man der Grundvorschrift, daß das Hauptverfahren durch Litisdenunciationen nicht aufgehalten werden darf[16]), geradezu zuwider handeln. Denn wenn der Denunciat in dem Audienztermine eine neue Klagebeantwortung oder doch neue Thatumstände zur Vertheidigung beibringt, so ist doch klar, daß man den Gegner nicht zur sofortigen Beantwortung unter Androhung der Folgen des Ungehorsams nöthigen kann; es muß ihm eine angemessene Frist zur Vorbereitung auf solche neue Thatumstände und zu seiner Antwort darauf gegeben werden, zumal wenn er durch einen Stellvertreter, dem es an aller Information über solche plötzlich einfallenden Nova fehlt, erschienen ist. Damit wird der Schriftwechsel von Neuem eröffnet, also der Prozeß erst recht in die Länge gezogen, was man durch die Umgehung eines besonderen Termins zur Auslassung des Denunciaten gerade vermeiden wollte. Hätte man diesen angesetzt, so würde bis dahin, wo die Replik eingegangen oder ausgeschlossen gewesen wäre, der Incidentpunkt erledigt gewesen sein. Hieraus erhellet, daß in solchen und ähnlichen Fällen gar kein Zweifel dar-

15) V. v. 21. Juli 1846, §. 20.

16) A. G.O. a. a. O. §. 17.

über aufkommen kann, den Denunciaten zu einem besonderen Termine vorzuladen.

Beispiel.

Nr. I.

Litisdenunciation
der ehemaligen Gewerken der kaducirten Kohlengrube Friederike-Agnes bei Fliederthal, namentlich (folgen die Namen)
wider
den Bergmann Schleicher zu Rückhalt,
in Sachen
des Gutsbesitzers Rittersporn zu Fliederthal, Klägers,
wider
die genannten ehemaligen Gewerke, Beklagte,
wegen Grundentschädigung und Sicherstellung.

Pr. d. 12. April 1860. H.

Auf der Feldmark des dem Kläger gehörigen Rittergutes Fliederthal befindet sich die nun aufgelassene Braunkohlengrube Friederike-Agnes. Der Kläger hat uns wegen Grundentschädigung für die Jahre 1850 bis 1852 und wegen Sicherstellung für die Zukunft in Anspruch genommen. Der Litisdenunciat ist Finder und Muther dieser Zeche und hat uns, nach geschehener Muthung, alle seine Rechte daraus, mittelst abschriftlich beiliegenden Vertrages v. 1. Juni 1843, abgetreten. In Folge dessen ist die Grube, unter Leitung der Bergamts-Kommission zu R., für unsere Rechnung in Betrieb gesetzt worden und die Bergbehörde hat die dazu erforderlichen Bodenflächen in Besitz genommen, wofür wir jetzt wegen der Grundentschädigung in Anspruch genommen sind. Unser Cedent hat aber in dem Abtretungsvertrage versichert, daß er wegen der Grundentschädigung für alle zum Betriebe dieser Kohlengrube erforderlichen Bodenflächen den Grundeigenthümer ein für alle Mal durch ein Pauschquantum abgefunden habe und wir dieserhalb an ihn nichts wei-

D.

1. Praef. term. zur Beantwortung der Litisdenunciation den ..... vor dem Deputirten, Herrn ..... et citet. dazu der Litisdenunciat unter Zufertigung der sämmtlichen Beilagen, nach dem Formular.

2. Requir. das Kreisgericht zu Rückhalt um die Insinuation.

3. Copia decreti dem Rechtsanwalte Zänker zur Nachricht.

K. d. 15. April 1860.

Ukeley.

ter zu leisten hätten. Darnach ist denn auch die ihm für das abgetretene Recht versprochene Valuta bestimmt worden. Der Litisdenunciat ist hiernach schuldig, uns für die Ansprüche des Grundeigenthümers Gewähr zu leisten und wir werden, wenn wir in diesem Prozesse unterliegen sollten, unsern Regreß an ihn auf Schadloshaltung nehmen. Wir denunciiren ihm deswegen den Rechtsstreit und fordern ihn auf, uns in demselben zu vertreten. Zu diesem Ende tragen wir darauf an:

dem Litisdenunciaten die beiliegende Abschrift dieser Denunciation und die gleichfalls beiliegenden Abschriften der Klage nebst Beilagen, sowie unserer Klagebeantwortung, mit der Aufforderung zuzufertigen, sich hierüber zu erklären.

K. d. 10. April 1860.

(Unterschrift.)

Nr. II.

Kreisgericht K. d. 25. Mai 1860.

In Sachen (folgt das Rubrum) hat sich in dem heutigen Termine zur Erklärung des Litisdenunciaten, Bergmann Schleicher zu Rückhalt, auf die Litisdenunciation der Beklagten, v. 10. April d. J., auf den um 10 Uhr erfolgten Aufruf der Sache, Niemand gemeldet.

a. u. s.

Strebsam, Deputirter.

D.

Cop. dieser Registratur erhält der Rechtsanwalt Zänker zur Nachricht p. c. d.

K. d. 26. Mai 1860.

Ukeley.

§. 28.

d) Replik.

Für die Replik [1]) ist dieselbe äußere Form wie für die Klagebeantwortung vorgeschrieben [2]). Bei dem Vortrage aus derselben ist daher zunächst zu prüfen: ob der Schriftsatz seiner Form und Rechtzeitigkeit nach annehmbar sei. Ist das nicht der Fall, so wird er der Partei, unter Andeutung des Formmangels, mittelst Randverfügung zurückgegeben [3]) und, wenn die Frist noch läuft, deren Ablauf abgewartet, ehe in der Sache selbst weitere Verfügung ergeht, sonst aber das Erforderliche zum Fortgange des Prozesses gleichzeitig verordnet. Da die Fristen für die Replik und Duplik präklusivisch sind, so folgt, daß nach Ablauf derselben die versäumte Entgegnung im Laufe dieser Instanz, also auch im Audienztermine, nicht mehr vorgebracht werden darf; der Gegner hat ein Recht darauf, daß die von ihm behaupteten und innerhalb der Präklusivfrist nicht bestrittenen Thatsachen als unstreitig behandelt werden. Wird die Schrift angenommen, so wendet sich der Vortrag dem Inhalte zu, jedoch nur zu dem Zwecke, um zu erwägen: ob der Bekl. noch mit einer Duplik zu hören sei. Das hängt davon ab: ob solche neue Thatsachen, welche zur Widerlegung der Klagebeantwortung dienen sollen, angebracht worden sind; denn andere neue Thatumstände, welche die Ergänzung der Klage bezwecken oder gar die Klage verändern, bleiben außer Beachtung, auch kann eine Aenderung des Klagepetitums, mag sie zulässig sein oder nicht, keinen Anlaß zur Einforderung einer Duplik sein, weil eine solche Aenderung Gegenstand des Plaidoyer ist und einer faktischen Erörterung nicht bedarf. Werden aber neue Thatumstände jener Art, wozu die Klagebeantwortung Veranlassung gegeben hat und welche die Ablehnung oder Widerlegung der Einreden bezwecken, aufgeführt; so empfiehlt es sich in allen Fällen, vor der Ansetzung des Audienztermins noch die Duplik des Klägers einzufordern. Dieß gebietet die Gleichstellung der Parteien vor Gericht, welche den Angegriffenen das letzte Wort zur Vertheidigung läßt; außerdem aber empfiehlt es sich aus einem Zweckmäßigkeitsgrunde. Denn wenn der Bekl. auf die neuen Thatsachen der Replik mit neuen Thatsachen zu antworten hat, so ist der Termin zur mündlichen Verhandlung eine schlechte Gelegenheit zur Aufnahme einer vollständigen Duplik

1) Ueber deren Abfassung: oben, Th. I, §. 21.

2) V. v. 21. Juli 1833, §§. 7, 8.

3) Dieselbe V. §§. 3 u. 7 a. E.

und sein Zweck ist vereitelt, wenn der Gegner zur Erwiderung nicht vorbereitet ist. Die voreilige Ansetzung des Audienztermins fördert mithin den Lauf des Prozesses nicht nur nicht, sondern kann auch durch eine unvollständige oder schiefe Duplik, wie sie im Audienzprotokolle rhapsodisch nur angedeutet zu werden pflegt, Verwickelungen im ordentlichen Gange des Verfahrens veranlassen. — Enthält hingegen die Replik nichts Neues, so wird die Anberaumung des Termins zur mündlichen Verhandlung verordnet.

Beispiel.

Replik
in Sachen
des Gutsbesitzers Rittersporn
zu Fliederthal, Klägers,
wider
die ehemaligen Gewerke der Braunkohlen-Grube Friederike-Agnes daselbst, Beklagte.

Pr. d. 25. Mai 1860. H.

Auf die Klagebeantwortung v. 10. April d. J. wird erwidert:

Zu I. Die Behauptung der Beklagten: daß sie nicht selbst dem Kläger Grund und Boden entzogen und aufgegraben hätten, wird durch zwei Thatsachen widerlegt.

1. Das Berggegenbuch der Bergamts-Kommission zu R. ergiebt, daß der Besitztitel für die Bekl., als Gewerken der in Rede stehenden Braunkohlengrube, am 25. Juli 1845 berichtigt worden ist. Durch diesen Akt ist, nach bekannten Rechten, von den Bekl. nur die Berechtigung zum Bergbaue, aber kein Recht auf ein noch nicht acquirirtes Grundstück erworben worden; denn dieses müssen, nach klarer Vorschrift des §. 109, Tit. 16, Th. II des A. L.R., die Bergbauenden von dem Grundeigenthümer erst besonders erwerben.

2. Die erste im Jahre 1850 wieder zurückgegebene Grundparzelle, von welcher nur noch die Abnutzung für 1850 gefordert

D.

1. Das Duplikat ist dem Bekl., zu Händen des Rechtsanwalts Zänker, mit der Aufforderung zuzufertigen, die Duplik binnen 4 Wochen präklusivischer Frist einzureichen.

2. Nachricht hiervon ist dem Kläger, zu Händen des Rechtsanwalts Haberecht, zu geben.

3. Reprod. nach 6 Wochen.

K. d. 26. Mai 1860.

Ukeley.

wird, ist von dem Bekl. laut Protokolls v. 12. Nov. 1845, und die zweite, welche die Bekl. aufgegraben, und — nachdem sie die Kohlen herausgenommen — offen liegen gelassen haben, ist von ihnen laut Protokolls v. 8. April 1847 in Besitz genommen worden.

Es erhellet hieraus, daß die Bekl. mit, in Gemeinschaft des durch sein unbedingtes Anerkenntniß aus diesem Prozesse ausgeschiedenen Gutsbesitzers Redlich, selbst den Grund und Boden, um welchen es sich hier handelt, sich von dem Kläger haben abtreten lassen, keinesweges der ursprüngliche Finder und Muther. Ich trage in dieser Beziehung auf Einholung der Original-Protokolle v. 12. Nov. 1845 resp. v. 8. April 1847 von der Bergamtskommission zu R. an, und übergebe gleichzeitig einen bergamtlichen Extrakt aus dem Berggegenbuche derselben.

Ich bemerke ferner, daß die Beklagten, nachdem sie das in Besitz genommene Grundstück ausgebeutet und zum Bergbaue nicht mehr nöthig hatten, den Grubenbau verlassen, den Erlös aus den Kohlen in ihre Kasse genommen und den aufgegrabenen Grund und Boden als Unland liegen gelassen haben. Die Bekl. waren und sind aber verpflichtet, das ausgebeutete Grundstück, gehörig eingeebnet und in Kulturzustand versetzt, wieder zurückzugeben und bis dahin die Abnutzung zu vergüten; sie haben hiernach also klar eine ganz unbestreitbare persönliche Verbindlichkeit in Bezug auf den von ihnen in Besitz genommenen, von ihnen ausgebeuteten, zum Bergbaue nicht mehr nöthigen aber bis heute noch nicht wieder zurückgewährten Grund und Boden unerfüllt gelassen. Endlich führe ich noch an, daß Seitens der Bergamtskommission zu R. sogar ausdrücklich die Ausfüllung und Einebnung des fraglichen Grundstücks angeordnet und daran auch schon 1849 und 1850 gearbeitet worden ist, daß aber die Bekl. die ausgeschriebenen Mittel nicht eingezahlt haben, die Einebnung mithin nicht zu Stande gebracht und in Folge dessen das Grundstück als Unland liegen gelassen worden ist.

Ueber alle diese Thatsachen provocire ich auf amtliche Auskunft der Bergamtskommission zu N. und trage auch gleichzeitig auf Einnehmung des Augenscheins an Ort und Stelle, sowie auf eidliche Vernehmung des Steigers K. zu N. an. Im Uebrigen widerspreche ich ihrer rechtlichen Folgerung aus der Auflassung der Zeche.

Zu II. Die juridische Einleitung macht einen großen Aufwand von Gelehrsamkeit, geht aber doch fehl und kann ganz dahin gestellt bleiben. Das Thatsächliche, worauf die Bekl. den Einwand der mangelnden Passivlegitimation gründen wollen, reducirt sich auf die Behauptung, daß es sich hier um Entschädigung für bleibende Anstalten zum Bergbaue (Schachten, Stollen, Häuser u. s. w.) handele, welche unverändert bleiben müßten und an den Staat, resp. den Fiskus (in das landesherrliche Freie) oder wer weiß an wen gefallen seien. Diese Behauptung ist eine aus der Luft gegriffene Erfindung. Es existirt gar nichts von einer dergleichen Anstalt bei Fliederthal, worüber die Bekl. auch die Beweisantretung schuldig geblieben sind; vielmehr ist die Spur des ehemaligen Bergwerks lediglich die unbrauchbar zurückgelassene Fläche, von welcher die Bergbauenden die Ackerkrume abgedeckt und, nachdem sie die Kohlen darunter weggenommen, nicht wieder eingeebnet und nicht zurückgegeben haben. Zum Gegenbeweise wird auf Einholung amtlicher Auskunft, Einnehmung des Augenscheins und Vernehmung des Steigers K. provocirt.

Was hier noch, verworren durch einander, davon gesprochen wird, daß alles das, was mit dem Repräsentanten der Gewerkschaft verhandelt worden, die einzelnen Gewerken nicht berühre, und daß folglich die Feststellung der jährlichen Entschädigung für die Flächen zur offenen Rösche und für erschwerte Ackerbestellung die einzelnen Gewerken nicht verbinde, auch daß für erschwerte Ackerbestellung nichts brauche vergütigt zu werden; so ist das Alles unzutreffend. Die Klage ist auf eine Verhandlung mit dem Repräsentanten der Gewerkschaft nicht gegründet; sie ist darauf gegründet, daß die Bekl. das ihnen vom Staate verliehene Expropriationsrecht durch die kompetente Bergbehörde haben ausüben aber nicht ordnungsmäßig in Beziehung auf den Entschädigungspunkt haben durchführen lassen, weshalb eben das Fehlende nachgeholt werden muß. Daß diejenige Privatperson, welche sich das Expropriationsrecht hat verleihen lassen, und nicht der verleihende Staat, die Entschädigung für die expropriirten Gegenstände leisten muß, darüber ist gar nicht zu streiten. Wenn nun die Bekl. die Festsetzung der Bergbehörde für jene Flächen Jahre lang sich haben gefallen und darnach haben die Entschädigung bezahlen lassen, so ist ihr jetziger formwidriger Einwand dagegen unerheblich. Nach §. 116ª, Tit. 16, Th. II des A. L.R. hätten sie gegen die Anerkennung ihres Repräsentanten einen motivirten, ihren Bevollmächtigten desavouirenden Widerspruch erheben und bei dem Berggerichte auf rechtliches Gehör und Erkenntniß antragen müssen. Statt dessen haben sie durch mehrjährige Bezahlung der festgesetzten Entschädigung die Festsetzung anerkannt; sie tragen noch jetzt nicht gehörig auf rechtliches Gehör und Erkenntniß darüber an, denn ihr unbestimmtes Vorbringen ist völlig unsubstantiirt und es läßt sich darauf nicht sachgemäß antworten. Eventualiter läßt der Kläger sich eine neue gerichtliche Feststellung gefallen, wozu er seiner Seits die in der Klage genannten Sachverständigen vorschlägt.

Zu III, Abschnitt 1. Die Behauptung, daß mit dem Augenblicke, wo das Ackerstück wieder eingeebnet zurückgegeben worden, die Entschädigung unbedingt und ohne Rücksicht darauf: ob der frisch aufgeschüttete rohe Boden tragbar sei oder nicht, und ohne Rücksicht auf die Jahreszeit aufhöre, ist irrthümlich. Hierüber hat sich die Rechtspraxis an entscheidender Stelle bereits klar und bestimmt ausgesprochen. Das königl. Obertribunal sagt in seinem Plenarbeschlusse v. 7. Nov. 1849 (Entsch. Bd. XVIII, S. 47):

> „In Folge der Bergwerksregalität und der Freierklärung des Bergbaues sind die dem Bergregale unterworfenen Fossilien ihrem ursprünglichen Zusammenhange mit dem Grundeigenthume entzogen und Gegenstand eines besonderen Eigenthums der vom Staate beliehenen Bergwerksbesitzer geworden. Außer dieser Abtrennung des Bergwerkseigenthums von dem Grundeigenthume ist dem Oberflächeneigenthümer überdieß die Verbindlichkeit auferlegt worden, von dem ihm verbliebenen Eigenthume dasjenige an die Bergbauenden abzutreten, was davon zum Betriebe des Bergbaues erforderlich ist. Von dieser Abtretung und eigentlichen Expropriation ist in den §§. 109—111 die Rede. Der §. 112 spricht aber nicht allein von der Entschädigung für diese Abtretungen, sondern zugleich von einer ganz anderen Entschädigung, die ihre Wurzel keinesweges in der Abtretung von Oberflächeneigenthum oder von Zubehörungen desselben an den Bergbauenden, auch zunächst nicht einmal in einem entsprechenden, dem Bergbauenden zugewen-

beten Vortheile hat, deren eigentlicher Grund vielmehr immer nur in jener Absonderung und Bildung eines besonderen Bergwerkseigenthums, im Gegensatze zum Grundeigenthume, zu finden ist. Die Grundeigenthümer sollen auf jeden Fall gegen den Schaden gesichert werden, der ihrem Grundeigenthume durch den Betrieb des Bergwerks erwächst. Der Staat sichert zugleich den Grundeigenthümern im §. 112 ganz allgemein eine vollständige Entschädigung für Alles zu, was sie durch den Bergbau verlieren."

Hieraus erhellet, daß der Kläger nicht bloß mit der Vergütung für die Abnutzung der Oberfläche sich begnügen muß, sondern daß er auch berechtigt ist, für Alles, was er durch den Bergbau verliert, also auch für die Erschwerung der Ackerbestellung auf den ihm verbliebenen Flächen, und für den Ausfall an der Jahresnutzung wegen unzeitiger und in einem unfruchtbaren Zustande geschehener Rückgabe Ersatz zu fordern. Denn der §. 113 a. a. O. sagt ja ausdrücklich, daß die jährliche Abnutzung in jedem Jahre so lange vergütet werden muß, bis der Boden wieder in solchen Stand gesetzt ist, daß er gehörig genutzt werden kann. Auch leuchtet daraus ein, daß, wenn die Bergbauenden dem Grundeigenthümer einen dergleichen Schaden verursacht haben, wenn sie z. B. ihm Mühlen, Gebäude ꝛc. abgebrochen, Brunnen und Wasserleitungen demolirt haben, sie sich von der Ersatzverbindlichkeit nicht dadurch befreien können, daß sie folgenden Tages ihr Bergwerkseigenthum aufgeben*). Die Bekl. sind nun aber, wie gesagt, diejenigen Bergbauenden, welche den Schaden, wofür hier Ersatz gefordert wird, selbst oder durch ihre Arbeiter angerichtet haben.

Zu III, Abschnitt 2 ist nur darauf aufmerksam zu machen, daß der §. 153, aus welchem die Bekl. darthun wollen, daß Sicherheitsbestellung nur unter den gar nicht behaupteten Erfordernissen eines Arrestschlages verlangt werden könne, sich gar nicht auf den Bergbauenden, sondern auf den Schürfer bezieht. Die Sicherstellung wird hauptsächlich aus dem im II Abschnitte dargelegten ersten und zweiten Grunde gefordert und dabei kommt es auf die im Tit. 29 der Prozeßordnung vorgeschriebenen Erfordernisse eines Arrestschlages nicht an.

Zu IV. Der Einwand des Vergleichs und resp. Zahlung ist

*) Eigentlich gehört die Rechtsausführung in den mündlichen Vortrag, es ist jedoch nicht selten nützlich, den rechtlichen Gesichtspunkt schon in den Schriftsätzen näher darzulegen.

unbegründet. Was der Vorbesitzer des Klägers mit dem Finder und Muther durch ein außergerichtliches Abkommen abgemacht hat, ist dem Kläger nicht bekannt, weshalb die Angabe der Bekl. nicht zugestanden werden kann. Bestritten aber wird, daß dem Kläger davon etwas bei dem Kaufe des Gutes gesagt worden und daß darüber etwas in dem Kaufkontrakte v. 28. August 1846 enthalten ist. Dieser Kontrakt ist bereits mit der Klage eingereicht, wie der Vertreter der Bekl. wissen müßte, wenn er die Klage aufmerksam gelesen hätte; das diesen Kontrakt betreffende Editionsgesuch ist mithin ganz unnöthig angebracht.

Gegen den an sich unerheblichen, weil den Kläger als einen Dritten gar nichts angehenden Einwand wird aber eventuell auch die Ungültigkeit des Vertrages v. 1. April 1844, wenn ein solcher wirklich vorhanden sein sollte, wegen mangelnder Verfügungsfähigkeit des damaligen Besitzers von Fliederthal, replicirt. Denn dieser stand damals wegen Verschwendung unter Vormundschaft, mithin war er unfähig, ein Rechtsgeschäft der in Rede stehenden Art abzuschließen. Diese Vormundschaft ist erst durch den Beschluß des Vormundschaftsgerichts zu N. v. 1. Juli 1846 wieder aufgehoben. Dieses wird durch die beiliegende Abschrift des Legitimations-Zeugnisses von demselben Tage bescheinigt und durch die amtliche Auskunft des Kreisgerichts, II Abtheilung zu N., welche einzuholen gebeten wird, vollständig bewiesen werden.

Abschrift dieser Replik für die Bekl. ist beigelegt.

K. d. 20. Mai 1860.

Haberecht.

§. 29.

e) Duplik.

Bei dem Vortrage aus der Duplik [1]) ist zu verfahren wie bei dem aus der Replik (§. 28). Auf die Duplik kann nur die Vorladung zum Audienztermine verfügt werden; denn mit der Duplik ist der Schriftwechsel geschlossen. Der Audienztermin wird in der Regel mindestens auf einige Wochen hinausgerückt; die Ansetzung liegt dem Dirigenten der Deputation ob [2]). Kommen in der Duplik erlaubter Weise neue Umstände vor, so darf weder von Amts wegen die Duplik zur Triplik mitgetheilt, noch dem Kläger auf dessen Ansuchen Frist zur Triplik gegeben werden [3]). Ist auf die

1) Darüber vergl. Th. I, §. 22.

2) V. v. 21. Juli 1846, §. 8 a. E.

3) Instr. v. 24. Juli 1833, §. 32.

Duplik noch Thatsächliches zu erwidern, so geschieht es mündlich im Audienztermine. Findet es der Bekl. zweckmäßig, noch eine schriftliche Triplik einzureichen, so darf sie, wenn sie der vorgeschriebenen äußeren Form entspricht, nicht zurückgewiesen werden[4]), sie wird, wenn dazu noch hinlänglich Zeit vor dem Termine ist, dem Gegner zugestellt; ist die Zeit zu kurz, so wird der Inhalt im Audienztermine mit vorgetragen, der Bekl. kann die Schrift aber auch im Audienztermine, nachdem er den Inhalt selbst vorgetragen hat, zu den Akten übergeben und dem anwesenden Gegner das Duplikat einhändigen; jedenfalls ist darauf in der mündlichen Verhandlung Rücksicht zu nehmen. Ist aber der Gegner ausgeblieben und kann er deshalb von dem Neuen keine Kenntniß erhalten, so darf gegen ihn nicht in contumaciam verfahren werden, weil ihm in dieser Beziehung keine Kontumaz zur Last fällt, viemehr muß, wenn das Gericht die neuen Anführungen für zulässig und erheblich hält, ein neuer Audienztermin anberaumt werden. Das Gleiche muß geschehen, wenn der anwesende Gegner erklärt, daß er auf die Nova nicht antworten könne, weil er darauf nicht vorbereitet sei. Das wird der gewöhnliche Fall sein, wenn die Partei durch einen Stellvertreter erscheint.

Beispiel.

Duplik
in Sachen
des Rittergutsbesitzers Rittersporn auf Fliederthal, Klägers,
wider
die vormaligen Gewerke der kaducirten Braunkohlenzeche Friederike-Agnes, bei Fliederthal,
Beklagte.

D.

Fiat Audienztermin den ..... et citentur beide Theile, zu Hän-

Pr. d. 15. Juni 1860. H.

Auf die Replik v. 20. Mai d. J. erwidern wir:

Zu I und II. Die Behauptung, daß nicht wir selbst den Grund und Boden erworben und aufgegraben haben, und daß wir nicht persönlich verpflichtet seien, welche Hauptgegenstand auch unserer Ausführung war, wird festgehalten. Wäre es auch richtig, daß die Bekl. eingetragene Besitzer von Kuxen waren, als die Parzellen durch Expropriation von der Bergwerksbehörde in Benutzung genommen wurden,

4) Arg. V. v. 21. Juli 1846, §. 27, Absatz 4; K.O. v. 26. Juli 1847, Nr. 4 (G.S. S. 322).

den ihrer Vertreter, die Kläger unter Zufertigung des beiliegenden Duplikats.

Referent: Herr ......

K. d. 16. Juni 1860.

Ukeley.

so folgt daraus weder, daß die einzelnen Kurinhaber die Benutzung überkommen, noch auch, daß sie dieselben zurückgeben konnten oder mit ihrem Vermögen persönlich verpflichtet waren, für die Einebnung aufzukommen. Von allem Diesen ist in der Klagebeantwortung das Gegentheil dargethan und in der Replik nicht widerlegt.

Zu III. Die Bekl. beharren bei ihren thatsächlichen Behauptungen, erachten die Ertheilung amtlicher Auskunft von Seiten der Bergamts-Kommission, Einnehmung des Augenscheins und die Vernehmung des Steigers K. für unerheblich, weil eine persönliche Klage wegen Grubenschulden nach aufgehobenem Bergeigenthume vorliegt, eine solche aber nach §. 292, Tit. 16, Th. II des A. L.R. unzulässig ist; sie protestiren deshalb gegen jede Beweisaufnahme. Gegen die Anordnungen der den Bau leitenden Bergbehörden steht den Gewerken, indem ihnen der Rechtsweg verschlossen ist, nur die Aufgebung ihrer Rechte und zwar ohne Vorbehalt zu. Es ist demnach auch dem Rechtsprinzipe durchaus angemessen, daß sie aus den Anordnungen der Staatsbehörde, denen sie persönlich fremd sind, auch nicht persönlich haften, sobald sie aus aller Gemeinschaft mit der Grube treten.

Zu IV. Es soll nicht bestritten werden, daß der Vorbesitzer des Klägers am 1. April 1844, wegen Verschwendung, noch unter Vormundschaft stand, auch läßt sich nicht behaupten, daß der Vertrag v. 1. April 1844 und die in Folge desselben geleistete Zahlung von Seiten der Vormundschaft genehmigt worden ist. Dieß wird jedoch von den Bekl. für unerheblich gehalten, weil der Vertrag keine Verfügung über die Substanz des Gutes enthält. Daß der Kläger durch den Vertrag und durch die Vorauszahlung verpflichtet wird, folgt daraus, daß das Gut dadurch belastet war und der Kläger nicht mehr erworben hat, als ihm sein Autor übertragen konnte, weshalb nichts darauf ankommt: ob er von der Sache etwas wußte.

Abschrift für den Kläger liegt bei.

§. 30.

f) Nicht eingeforderte Schriften.

In der Regel steht es den Parteien nicht frei, im Laufe des Verfahrens andere Schriften einzureichen, als welche der Richter eingefordert hat, weil sonst das Verfahren ein völlig regelloses Durcheinander werden würde und weil der Richter zu bestimmen hat, worüber ihm nach der Grundlage der Klage, welche festgehalten werden muß, Auskunft zu geben ist, um in die Lage zu kommen, ein Urtheil über den Anspruch des Klägers zu fällen. Hiernach bestimmt sich das Prinzip für die zulässigen Ausnahmen: es besteht in dem Nichtwissen von Umständen oder inzwischen eingetretenen Ereignissen, welche auf die Leitung oder den Gang des Prozesses Einfluß haben und deren Kenntniß Einfluß auf seine Entschließung zur ferneren Leitung des Verfahrens haben kann. Darnach machen eine Ausnahme von der Regel z. B. 1) Fristgesuche; 2) Anzeigen von dem Tode einer Partei; 3) Anzeigen von dem Eintritte der Dispositionsunfähigkeit einer Partei; 4) Vorträge von Ereignissen, welche inzwischen eingetreten sind und auf die künftige Entscheidung Einfluß haben; 5) Auslassungen, welche nach dem vorgeschriebenen Prozeßgange abgeschnitten waren und die freistehende mündliche Auslassung ersetzen oder unterstützen sollen (§. 29). Was auf eine solche exceptionelle Schrift zu verfügen sei, läßt sich wegen der großen Verschiedenheit der Fälle durch einen allgemeinen Grundsatz nicht angeben, die besondere Beschaffenheit der Umstände in jedem vorliegenden Falle muß nach dem Zwecke des Prozesses den Richter auf die richtige Verfügung leiten; es kann sich treffen, daß das Verfahren sistirt und ein Incidentverfahren einzuleiten ist, wie z. B., wenn eine Partei verstorben oder unter Vormundschaft gestellt worden ist und die Information des Stellvertreters nicht ausreicht. Zur Veranschaulichung folgt hier ein auf den hier dargestellten Prozeß passendes

Beispiel.

An
Ein königl. Kreisgericht zu Krottgau.

In Sachen
des Rittergutsbesitzers Ritter sporn auf Fliederthal, Klägers,
wider
die vormaligen Gewerken der kaducirten Braunkohlenzeche Friederike-Agnes bei Fliederthal, Beklagte.

D.

1. Unter Aufhebung des am 4. Juli anstehenden Audienztermins wird ein neuer Termin zur mündlichen Verhandlung auf den ..... angesetzt, zu welchem die noch übrigen vier Bekl., z. H. des Rechtsanwalts Zänker, unter Zufertigung des Duplikats, so wie der Rechtsanwalt Haberecht für den Kläger, vorzuladen sind.

2. Jedem der ausscheidenden fünf Beklagten ist eine Abschrift der Renunciation mit der Nachricht zuzufertigen, daß sie für ihre Personen aus dem Prozesse ausscheiden.

Per cop. decr. ad 2.
K. d. 20. Juni 1860.
Ukeley.

Pr. d. 20. Juni 1860. H. haben den Kläger von den Beklagten für die Vergangenheit und Zukunft die Herren
Richard Schraube,
Gebrüder Mühlscher,
v. Tr—schen Minorennen,
Robert Schwätzer,
Gutsbesitzer Nordpol
für ihren Theil inzwischen befriedigt. Dieß anzeigend, nimmt deshalb der Kläger seine Klage gegen dieselben hiermit zurück.

Er zieht auch den Antrag
zu Abschnitt II der Klage
gegen die übrigen zurück. Dagegen hält er
zu Abschnitt I der Klage
seinen Antrag gegen die übrigen Bekl. Klop, Böse, Klotzig und Raffer für ihren Theil aufrecht und erweitert denselben dahin:

daß diese Bekl. auch verurtheilt werden, ihm die jährliche Abnutzung von dem ihm entzogenen Grundeigenthume in jedem Jahre so lange für ihren Theil zu vergüten, bis der Boden wieder in solchen Stand gesetzt ist, daß er gehörig genutzt werden kann.

Zu dieser Erweiterung des Klage-Petitums ist der Kläger in Gemäßheit der Vorschriften des A. L.R. II, 16, §. 115 und der A. G.O. Th. I, Tit. 5, §. 21 und Tit. 10, §. 5a berechtigt, weil die genannten Bekl. ihre Verbindlichkeit zu der beanspruchten Vergütung in der Klagebeantwortung ausdrücklich bestritten haben und weil das Fundament der Klage und des Antrages durchaus unverändert bleibt.

Sollten diejenigen Bekl., gegen welche ich die Klage zurückgenommen habe, zu dem anstehenden Audienztermine schon vorgeladen sein, so bitte ich hiermit ganz ergebenst:

die diesfälligen Vorladungen schleunigst zurückzunehmen.

B. d. 14. Juni 1860.

Haberecht.

Dritter Abschnitt.

Die Instruktion (erste mündliche Verhandlung).

§. 31.

Uebersicht.

Auf den Schluß des ersten Verfahrens, welches aus der Klage, der Einlassung und Vertheidigung, der Wiederklage und deren Beantwortung, und allenfalls aus der Replik und Duplik besteht, erfolgt 1) der Vortrag aus demselben. Daran schließt sich 2) der mündliche Vortrag der Parteien, worüber ein Protokoll aufgenommen wird, und darauf faßt das Gericht 3) seinen Beschluß nach Lage der Sache und verordnet das Erforderliche zur Ausführung desselben.

I. Der Vortrag.

§. 32.

1. Vorbemerkung.

Der durch die Verordnung v. 1. Juni 1833 eingeführte summarische Prozeß ist durch die Verordnung v. 21. Juli 1846 zum Ordinarium gemacht worden[1]). Nach diesen Prozeßgesetzen unterscheidet sich der heutige Prozeß von dem vorigen Prozeßverfahren nach dem System der Allg. Gerichtsordnung wesentlich darin, daß die Parteien persönlich oder durch Stellvertreter ihre Sache wechselseitig dem erkennenden Richter unmittelbar vortragen, oder doch den Vortrag überwachen und ergänzen können, während früher ihre Sache lediglich von der Treue, Unparteilichkeit und Fähigkeit des Referenten abhing. Dem eigenen Vortrage der Parteien soll jedoch durch ein Mitglied des Gerichts (den Referenten)

---

1) Vor 30 Jahren sagte ich in der Note 8 zu §. 37 meiner Anleitung zum Referiren, es sei zu wünschen, daß diese Prozeßart (der summarische Prozeß) das Ordinarium wäre. Dieser Wunsch ist 15 Jahre später in Erfüllung gegangen.

eine kurze mündliche Darstellung der Sache, auf Grund einer vorher in gedrängter Kürze entworfenen vollständigen Geschichtserzählung und Darstellung des Rechtsstreites (Referat), vorausgeschickt werden[2]). Dessen würde es nach dem Wesen des mündlichen Verfahrens, in welchem der entscheidende Richter die Parteien unmittelbar anhört, nicht bedürfen; es kommt auch in dem französischen Prozesse (in erster Instanz), welchem der heutige preußische Prozeß nachgebildet ist, nicht vor. Allein der preußische Prozeß in seiner heutigen Verfassung kann diesen vorbereitenden Zwischenvortrag aus zwei Gründen nicht entbehren. Der eine Grund ist der in erster Instanz noch nicht eingeführte Advokatenzwang, worunter die gebietende Vorschrift verstanden wird, daß in dem Audienztermine eine Partei, welche nicht rechtsverständig ist, nicht persönlich ohne Assistenz eines Advokaten, der selbstverständlich die Verantwortlichkeit für einen sachgemäßen Vortrag auf sich hat, und deshalb, wenn die Partei selbst sprechen will, an geeigneter Stelle eintreten und einlenken muß, auftreten darf. Die Absicht des preußischen Gesetzgebers hierbei ist, die bürgerliche Freiheit zu schonen und der Partei nicht das persönliche Vertheidigungsrecht zu nehmen. Dadurch wird jedoch die Lücke, welche im mündlichen Rechtsverfahren durch die Ausschließung des Advokatenzwanges entsteht, nicht gerechtfertigt, was ja die Gesetzgebung selbst durch ihre Anordnung für die höchste Instanz thatsächlich anerkennt. Denn der sachwidrige unverständige Vortrag der Partei wird in seinen Folgen und Wirkungen nicht auf das Rechtsgebiet dieser Partei begrenzt, sondern der Andere und das Gericht werden in Mitleidenschaft gezogen. Wie sollen diese dazu kommen, wer weiß wie lange Reden, welche gar nicht zur Sache gehören und keinen Einfluß auf die Entscheidung haben können, nach Belieben des Sprechers anhören zu müssen! Der Vorsitzende hat zwar die Befugniß zur Schließung der Verhandlung[3]), kann mithin auch einem solchen Sprecher das Wort entziehen. Allein damit würde in der Sache nichts ausgerichtet sein, wenn nicht jener Vortrag des Referenten vorausgegangen wäre; die Richter würden von der Sache nichts erfahren und nicht urtheilen können, obgleich doch in dem Schriftwechsel alle Materialien dazu enthalten sind. Der Zweck der Audienzen wird daher durch die Ausschließung des Advokatenzwanges verfehlt. Der Rücksicht auf die bürgerliche Freiheit wird

2) V. v. 1. Juni 1833, §. 26; Instr. v. 24. Juli 1833, §. 32.
3) V. v. 1. Juni 1833, §. 28.

völlig Rechnung getragen durch den Grundsatz der französischen Prozeßordnung, wonach jede Partei persönlich erscheinen und sprechen darf, aber nur in Beistand eines Rechtsanwaltes[4]). Der andere Grund, aus welchem der Vortrag eines Referenten nothwendig wird, ist der preußische Prozeßrechtsgrundsatz, daß ein einmal in Gang gesetzter Prozeß von Amts wegen zu Ende gebracht werden muß. Was sollte werden, wenn es beiden Parteien gefiele, auszubleiben? Die Sache müßte, wie es auch nach anderen Prozeßrechten geschieht, liegen bleiben, bis sie von einer Partei einmal wieder aufgenommen würde, so lange die Verjährung der Instanz nicht abgelaufen. In einem solchen Falle hilft nun den Vortrag des Referenten aus, das Gericht erkennt nun ohne Anhörung der Parteien, auf den Vortrag des Referenten, den Akten gemäß, ganz so wie früher. Der Audienztermin hängt demnach an dem Verfahren wie das fünfte Rad am Wagen.

Das alte Relationswesen blüht hierbei nothwendig nach wie vor; das heutige Referat unterscheidet sich von der alten Relation bloß darin, daß der kritische Theil fehlt, der geschichtliche Theil muß eben so vollständig sein wie früher, das Referat ist mithin eine Relation nach altem Style ohne Beurtheilung[5]).

Dieser Vortrag muß in jedem ordentlichen Prozesse so oft wiederholt werden, als eine Audienz stattfindet, es giebt mithin, wie in dem gemeinen Prozesse, einen Vortrag aus dem ersten Verfahren, auf welchen, wenn die Sache zum Endurtheile noch nicht reif ist, ein Beweisinterlokut (Beweis-Resolut) ergeht, sodann einen Vortrag aus der Beweis-Instanz, und, wenn auch darauf das Endurtheil noch nicht gefällt werden kann, einen Vortrag aus dem fortgesetzten Verfahren. In allen Fällen bestimmt der Zweck des Vortrages dessen Grenzen. Das erste Verfahren soll die vorläufigen Punkte des Prozesses (praeliminaria judicii) ins Klare setzen und die Streitfragen gehörig bestimmen; hierauf

4) Code de procedure civile, Art. 85: „Pourront les parties, assistées de leurs avoués se defendre elles-mêmes; le tribunal cependant aura la faculté de leur interdire ce droit, s'il reconnait que la passion, ou l'inexperience, les empêche de discuter leur cause avec la décence convenable ou la clarté necessaire pour l'instruction des juges."

5) Einen solchen „rapport" kennt auch der französische Prozeß in den Fällen, wo eine besondere Berathschlagung oder ein schriftliches Verfahren verordnet worden ist. C. de procedure Art. 111: „Le rapporteur resumera le fait (die species facti) et les moyens (die gegenseitigen Rechtsgründe, den Akten-Auszug) sans ouvrir son avis." Aber dieser Rapport greift in beiden Fällen als ein nothwendiger Ring der Kette ein, ohne ihn würde der Zusammenhang fehlen.

also beschränkt sich der Vortrag aus demselben. Ist in Thatumständen nichts streitig, so wird das Endurtheil gesprochen.

Das neue Verfahren ist an sich geschickt, die verwickeltsten Prozesse, selbst weitläufige Punktensachen und über kumulirte Klagen gründlich zu verhandeln und zu entscheiden. Aber daran hindert den preußischen Richter der Mangel eines einheitlichen vollständigen Prozeßgesetzes. Die von ganz anderen Grundsätzen als den des älteren Prozeßrechts ausgehenden Prozeßverordnungen vom 1. Juni 1833 und v. 21. Juli 1846 hat man auf die alte Prozeßordnung gepfropft und dadurch eine organische Verbindung zwischen dem Neuen und Alten schaffen wollen; das Produkt aber ist ein Gemisch von prinzipiellen Widersprüchen. Hier, in Beziehung auf den in Rede stehenden Gegenstand, tritt dem Richter die nur zu dem schriftlichen Untersuchungsprozesse der alten Prozeßordnung passende Vorschrift, daß der ganze Prozeß durch ein einziges Endurtheil zu entscheiden[6]), hindernd entgegen und erschwert ihm die Instruktion und Entscheidung einer aus vielen Punkten zusammengesetzten Sache, wenn sie, was immer der Fall ist, erst nach und nach, zu verschiedenen Zeiten spruchreif werden, auf das äußerste, und die Parteien müssen leiden, daß bei eintretendem Wechsel der Gerichtspersonen ganz zuletzt, wenn man der endlichen Entscheidung sehnsüchtig entgegensieht, die von dem abgetretenen Personale als bereits spruchreif längst bei Seite gelassenen Punkte von Neuem zur Verhandlung und Beweisführung hervorgeholt werden[7]). Nichts von alle dem kann vorkommen, wenn die dem mündlichen Prozeßverfahren angehörige Fakultät den Richtern zusteht, in einer aus mehreren Ansprüchen zusammengesetzten Streitsache, wenn sie in der Lage ist, daß über einige entschieden werden kann, über andere nicht, nach ihrem verständigen Ermessen über die spruchreifen Punkte zu erkennen und in demselben Urtheile in Beziehung auf die übrigen das Erforderliche zu verordnen (sog. gemischte oder zusammengesetzte Entscheidungen)[7a]), oder auch das Endurtheil auszusetzen, bis alle Punkte spruchreif sind. Für die Revisionsinstanz schreibt dieß schon die alte Prozeßordnung obligatorisch vor[8]), es ist kein Grund findbar, der dieser Vorschrift, zumal wenn sie nur fakultativ anzuwenden ist, für die erste Instanz entgegen

6) A. G.O. I, 13, §. 43.

7) Vergl. m. Civilprozeß, §. 279, Note 3a.

7a) L. 15 C. de sentent. et interlocut. (VII, 45.)

8) A. G.O. I, 15, §. 9.

stehen könnte, wenn nur, was damit als nothwendig gegeben ist, beigefügt wird, daß, wenn über einzelne Punkte erkannt wird, die Appellationsfrist doch erst nach insinuirter Entscheidung des letzten Punkts zu laufen anfängt, und alle Urtheile als Theile eines einzigen Endurtheils angesehen, die einzelnen Entscheidungen auch vor der Schlußentscheidung vollstreckbar werden, in soweit dieselben in den dazu geeigneten Fällen nicht für vorläufig vollstreckbar erklärt worden sind[9]).

§. 33.

2. Bedeutung, Bestandtheile und Einrichtung des Referats überhaupt.

I. Durch den Vortrag des Referenten sollen die anderen Mitglieder des Gerichts von der Lage der Sache, welche vor ihnen plaidirt werden soll, vorläufig in Kenntniß gesetzt werden, um den Parteivorträgen folgen zu können. Die Relationen nach dem alten Verfahren hatten den Zweck, die an der Entscheidung theilnehmenden Richter in den Stand zu setzen, so gut wie der Referent selbst die Entscheidung zu finden und den Vorschlag des Referenten zu der zu treffenden Entscheidung (das Votum des Referenten) zu beurtheilen. Deshalb mußte der Referent seine Arbeit darauf berechnen, daß die Hörer, ohne große Anstrengung, den thatsächlichen und rechtlichen Zusammenhang der Sache so klar zu übersehen im Stande seien, als ob Jeder von ihnen die Akten selbst durchgelesen hätte. Diese Regel ist für die Ausarbeitung des Referats aus dem ersten Verfahren nicht mehr leitend, denn es wird bloß „aus der Klage und Klagebeantwortung, und weiter aus der Replik und Duplik, eine vollständige Geschichtserzählung und Darstellung des Rechtsstreites in gedrängter Kürze" verlangt[1]). Rechtsausführungen oder Nachweisungen des rechtlichen Klagegrundes oder der verschiedenen kumulirten Klagerechte gehören also nicht in das Referat, dieses Alles sollen die Richter von den Parteien selbst erfahren. Dennoch steht es bereits in den Akten und das ist, wie wir sogleich sehen werden, gut. Wenn nun das heutige Referat den übrigen Richtern eine so genaue Kenntniß von dem Inhalte der

9) Dieß ist schon in meinem Entwurfe einer Civil-Prozeß-Ordnung, welchen ich 1848 im Auftrage der damaligen Herren Minister (Bornemann und Märker) ausgearbeitet habe (Berlin bei Guttentag, 1848), §. 236 vorgeschlagen. Dieser Entwurf ist von dessen Herrn Nachfolger Simons, welcher sich wegen meiner Opposition gegen die von der damaligen Regierung projektirte Gerichtsorganisation, die noch heute besteht, und wegen meiner politischen Gesinnung durch Nichtbeförderung und Bruch des mir vor ihm gegebenen schriftlichen Versprechens, und noch durch Anderes, zur Beförderung des allgemeinen Besten gerächt hat, todtgeschwiegen.

1) V. v. 1. Juni 1833 §. 26; Instr. v. 24. Juli 1833, §. 32.

Akten verschaffen sollte, als ob jedes Mitglied die Akten selbst gelesen hätte [2]), so müßten alle Rechtsallegate und Ausführungen aus den Akten in das Referat geschrieben werden. So soll es nicht sein, folglich können die Hörer, nach Anhörung des Referats, unmöglich soviel wissen, wie der Referent, welcher die Akten gründlich und aufmerksam gelesen hat. Natürlich ist zu fragen: wozu steht denn der juridische Theil des Rechtsstreites in den Akten, wenn die Richter davon nichts erfahren? Das Hinschreiben in die Akten ist doch nicht Selbstzweck! Das ist es auch nicht und darum ist es gut, daß es in den Akten steht, am rechten Orte werden es die übrigen Richter schon erfahren. Der Grund oder richtiger die Nothwendigkeit dieser Sonderbarkeit liegt in der Eigenthümlichkeit des preußischen Prozeßverfahrens. Dieses ist wesentlich keineswegs ein mündliches Verfahren, es ist wesentlich nichts anderes als ein schriftlicher Prozeß nach dem Muster des gemeinen Prozesses, mit einem unwesentlichen Anhange, der ohne Nachtheil für den Fortgang des Prozesses in jedem beliebigen Falle von Seiten der Parteien mißachtet werden kann. Das geschieht in der That nicht allein von den Parteien selbst, indem sie ausbleiben oder erschienen den Mund nicht aufthun, sondern auch von stellvertretenden Rechtsanwälten, deren mir Manche vorgekommen sind, welche gewohnheitsmäßig nichts zu sagen hatten [3]). Hier kommt nun den Parteien dasjenige, was ein kluger und vorsichtiger Verfasser ihrer Prozeßschriften darin über den Rechtspunkt niedergelegt hat, zu Gute, und es läßt sich nicht behaupten, daß dergleichen Rechtsdarlegungen in die Prozeßschriften unbedingt nicht gehörten, nämlich für den preußischen Prozeß läßt sich dieß nicht behaupten. In dem wahren mündlichen Prozesse können dergleichen freilich in den Schriften, welche die Parteien von Anwalt zu Anwalt mit einander wechseln, gar nicht vorkommen, aber in diesem Prozesse erfahren die Richter auch über die Prozeßverhandlungen weiter nichts, als was ihnen die Rechtsanwälte vortragen. Wer bei diesem Verfahren nicht befähigt ist, einen klaren und vollständigen Vortrag,

2) So will es Schering in seiner Anleitung zur Anfertigung von Referaten, Nr. II, 1 (S. 10).

3) Einen habe ich kennen gelernt, welcher von dem Zwecke der Audienz keinen Begriff hatte. Sein Plaidoyer fing in der Regel mit „Uebrigens" an und bestand meistens in den Worten: „Uebrigens habe ich gegen den Vortrag des Herrn Referenten nichts zu erinnern und bleibe bei dem stehen, was ich bereits gesagt habe. Weiter habe ich nichts anzuführen." Aber man muß gerecht sein. Wozu sich kein Bedürfniß findet, das wird auch nicht erzeugt. Das preußische Verfahren, wie es jetzt ist, wird nimmermehr rechte gerichtliche Redner hervorbringen.

jeder von seiner Seite, über die dem Rechtsstreite zum Grunde liegende Geschichte und die gepflogenen Verhandlungen zu halten, und daran die rechtliche Darstellung der Angriffs- beziehungsweise Vertheidigungsmittel zu knüpfen, der darf als Rechtsanwalt nicht auftreten. Dergleichen Vorträge sind in dem schriftlichen preußischen Verfahren nicht nöthig, darum werden sie auch nicht gehört. Der bei dem Vortrage des Referenten im Audienzzimmer rückständig verbliebene Haupttheil des Akteninhaltes wird demnächst in dem Berathungszimmer vorgetragen und dadurch werden die Richter in allen Fällen in die Lage gesetzt, „den Akten gemäß", auch ohne Anhörung der Parteien, den Rechtsstreit nach alter Art zu entscheiden. Der Referent soll dazu einen Entwurf zum Resolut oder Urtel vorlegen. Daß derselbe mit Gründen abgefaßt sein solle, ist für die erste Instanz nicht vorgeschrieben[4]), würde auch für diese Instanz keinen praktischen Zweck haben, da dergleichen Entwürfe, wenn sie nicht genehmigt werden, nicht zu den Akten gehören und Beweisresolute überhaupt nicht mit Gründen abgefaßt werden, die Gründe dazu also in keinem Falle praktisch zu gebrauchen sind.

II. Das heutige Referat ist im Wesentlichen nichts anderes als der geschichtliche Theil der alten Relationen. Dieser soll den Inhalt der Akten in Betreff der Thatsachen darstellen, welche von den Parteien zum Zwecke der Rechtfertigung ihrer Ansprüche oder ihrer Vertheidigung vorgebracht worden sind. Deshalb darf der Referent keine eigene Bemerkungen einmischen, sondern nur erzählen, und zwar parteilos, ohne alle Modificirung in seinem Sinne nach einer von ihm über die zu treffende Entscheidung vorgefaßten Meinung, treu, kurz aber vollständig, bestimmt und deutlich, d. h. nicht in Ausdrücken, welche einen mehrdeutigen Sinn haben, insbesondere es zweifelhaft lassen: ob die Partei etwas gesagt oder ob sie zu dem, was der Andere gesagt, geschwiegen hat, z. B. „der Kläger, der Beklagte leugnet nicht, oder stellt nicht in Abrede, daß" u. s. w.[5]). Behauptungen, deren Sinn dem Referenten nicht klar ist, müssen wörtlich wiedergegeben werden. Ueberhaupt ist festzuhalten, daß die Anführungen der Parteien nicht den Zweck haben, in den Akten niedergeschrieben zu sein, sondern dem entscheidenden Richter zur rechten Zeit vorgetragen zu werden, und

4) Instr. v. 24. Juli 1833, §. 38. Schering a. a. O. S. 7 verlangt Gründe dazu.

5) Vergl. darüber v. Fahnenberg, Briefe an seinen Sohn rc. (Regensburg 1804), S. 23.

daß in dieser Hinsicht der Referent einerseits das Organ der Parteien ist, an deren Stelle er sich bei seinem Vortrage versetzen muß; andererseits aber auch die Richter zu vertreten hat, indem er an ihrer Stelle die Akten las und bei der Rechenschaftsablegung auf deren Interesse Rücksicht nehmen muß, daß durch die Beschaffenheit seines Vortrages die Aufmerksamkeit und Zeit derselben nicht mehr in Anspruch genommen wird, als es die Sache nothwendig erfordert.

III. Ein Referat besteht ordentlicher Weise aus zwei Stücken: 1) aus der Geschichtserzählung (species facti) und 2) aus dem Aktenauszuge (extractus actorum). Dieser kann zwei Theile haben: a) die Geschichte des Prozesses oder die Erzählung der Art und Weise, wie der Verlauf des Rechtsstreites gewesen ist (historia processus), wenn darauf etwas ankommt, was nicht immer der Fall ist; b) der Aktenauszug im engeren Sinne, d. i. dasjenige Vorbringen der Parteien, worauf sie die Begründung ihrer Ansprüche oder ihrer Vertheidigung stützen. Dem Ganzen wird ein Rubrum, eine Ueberschrift vorangesetzt, und am Ende unterschreibt es der Referent.

§. 34.

a) Das Rubrum.

I. Unwesentlich aber zur Ordnung gehörig und zugleich vorbereitend für das auf den Vortrag [1]) etwa erfolgende Endurtheil ist das Rubrum oder die Rubrik, d. h. eine Ueberschrift, welche die besondere Gattung des Prozesses, die streitenden Theile 1) nach ihrem Namen, auch Vornamen, wenn dieser vorkommt, was nicht immer der Fall ist, ihrer Lebensstellung und ihrem Wohnorte, 2) ihrer Prozeßstellung oder Qualität, und den Prozeßgegenstand enthält. Oben links wird die Distributionsnummer vermerkt.

Beispiel zu Nr. 1.

Distr. Nr. 97. Referat

in Sachen (oder in Wechselsachen)

des Kaufmanns Jakob Lebrecht Krämer zu Ellenmarkt, Klägers,

wider

den Bandhändler Christlieb van der Elle, zu Seltenbrod, Bekl.,

wegen einer Waarenschuld von 100 Thlrn.

---

1) Erfolgt das Endurtheil erst auf einen späteren Vortrag, so ist das erste Rubrum vielleicht wegen der eingetretenen Personalveränderungen nicht mehr brauchbar, weshalb jeder Vortrag das für seine Zeit passende Rubrum erhalten muß.

Beispiel zu Nr. 2.

a) Referat

Distr. Nr. 97. in Sachen

des Landraths v. Knechten zu N. als Besitzers des Ritterguts Haferfeld, Klägers,

wider

den Einsassen Michel Leider, als Besitzer der Häuslerstelle Nr. 15 daselbst, Beklagten,

wegen einer jährlichen Grundabgabe von 3 Thlrn.

b) Referat

Distr. Nr. 97. in Sachen

des Rechtsanwalts Hastig hieselbst, als Kurator des verstorbenen Rentners Knicker, hieselbst, Bekl.,

wider

den Wagenbauer Friedholz Nürnberger hieselbst, Beklagten,

wegen eines Darlehns von 100 Thlrn.

c) Referat

Distr. Nr. 97. in Sachen

der minorennen Kinder des verstorbenen Handelsmanns Elias Drücker hieselbst, namentlich:

a) Euphrosine, b) Isolda, c) Amande, d) Eberhard, Geschwister Drücker, vertreten durch ihren Vormund, den Handschuhmacher Hannes Knapp hieselbst, Klägers,

wider

den Gutsbesitzer Bruno v. Degen zu Sonnenburg, Beklagten,

wegen einer Waarenschuld von 60 Thlrn.

In ähnlicher Weise werden die nothwendigen Vertreter oder Beistände in allen Fällen neben der Partei selbst genannt, es ist sachentsprechend, den Vertreter als Partei unter Benennung der wahren Partei, für welche er den Prozeß führt, aufzuführen, er ist nicht dominus litis.

Hat sich nach Einleitung des Prozesses eine Personalveränderung unter den Parteien durch Universal- oder Singular-Succession zugetragen, so müssen neben der ursprünglichen Partei auch deren Rechtsnachfolger genannt werden, z. B.:

Referat

in Sachen

des Fabrikanten George Züchner zu N., jetzt (modo) dessen Erben, namentlich: u. s. w.

Aber außer dem Falle der Succession ist es durchaus unstatthaft, eine andere Person als dominus litis ex officio zu substituiren, wie in der That in einem Prozesse vorgekommen ist, welcher im Namen einer Korporation angefangen und in erster Instanz zu Ende geführt worden war, in dessen zweiter Instanz aber der Appellationsrichter die Vollmacht der als Stellvertreter der Gemeinde aufgetretenen Deputirten unvollständig gefunden und deshalb in dem Appellationserkenntnisse die physischen Personen, welche die Gemeinde-Vollmacht unterschrieben hatten, als Partei an Stelle der Gemeinde im Rubrum genannt hatte. Dadurch war entweder die anhängige Sache nicht zwischen der Gemeinde und ihrem Gegner unentschieden geblieben, oder es war der klagenden und in der Hauptsache obsiegenden Gemeinde ohne Weiteres und ungehört das dominium litis genommen worden, was beides außer aller Prozeßordnung ist.

Stehen auf einer Seite mehrere Personen, sei es als Hauptparteien (Litiskonsorten) oder als Nebenparteien (Litisdenunciaten, Adcitaten, Intervenienten) nebeneinander, so werden sie alle vollständig genannt, und zwar die Nebenparteien neben derjenigen Hauptpartei, zu welcher sie halten, z. B.

in Sachen
des Landwirths Kasper Bullrich zu Hasenhausen, Klägers und Adcitanten gegen den Mäkler Stehauf daselbst, Adcitaten,
wider
den Roßhändler Ephraim Täuscher hieselbst, Beklagten und Litisdenuncianten, und den Bauer Sebastian Schlauer zu Trödelheim, Litisdenunciaten,
wegen Redhibition eines Pferdes, 100 Thlr. werth.

Dieses Rubrum leidet dadurch, daß der Adcitant, beziehungsweise der Litisdenunciat nicht assistiren, keine Veränderung.

II. Des Zusammenhanges wegen mag hier zugleich über das Rubrum in den weiteren Instanzen das Nöthige folgen. Daß die neue Parteistellung neben derjenigen, welche die Parteien in der ersten Instanz einnahmen, bezeichnet werden muß und daß in der Revisionsinstanz die Angabe, wer in der zweiten Instanz Appellant und Appellat gewesen, als unnöthig wegbleiben kann[2]), ist

---

2) Bemerkungen der Immediat-Justiz-Examinations-Kommission über die bei den Civil-Relationen für die dritte juristische Prüfung häufig wahrgenommenen Mängel, Abschnitt I (Jahrb. Bd. XLVII, S. 451). (Für den Gebrauch unbequem eingerichtet.)

wohl überflüssig noch zu erwähnen. Nur zwei Punkte sind deshalb hervorzuheben, weil Meinungsverschiedenheiten darüber laut geworden sind.

1) Der erste Punkt betrifft zwei Gegenstände, nämlich: a) den Gebrauch, in der Ueberschrift zwischen den Worten „Referat" und „in Sachen" die Worte: „aus den Akten zweiter (oder dritter) Instanz" einzuschalten; und b) wie die Akten, aus welchen referirt wird, zu bezeichnen seien, wenn man sich jener Ueberschrift mit den in Rede stehenden eingeschobenen Worten bediene. Beide Gegenstände sind an sich ganz gleichgültig, doch muß man sich der, wenngleich unerheblichen, Fragen bewußt sein. Gegen jenen Gebrauch der beanstandeten Ueberschrift, z. B.:

Referat
aus den Akten zweiter Instanz
in Sachen
des Bierbrauers Ferdinand Hopfensack zu Pfannenheim,
Beklagten, jetzt Appellanten u. s. w.

ist gesagt worden, die Einschaltung sei ein Pleonasmus und deshalb zu vermeiden [3]); es solle also rubricirt werden: „Referat in Sachen des N., Beklagten und Appellanten, wider den" u. s. w. Bei diesem Urtheile ist nicht erwogen, daß die Hauptparteien nicht in allen Fällen die alleinigen Prozeßinteressenten sind, welche im Rubrum genannt werden müssen. In der Revisionsinstanz mag das allenfalls zutreffen, aber in der Appellationsinstanz nicht, hier können Adcitationen, Litisdenunciationen und Interventionen vorkommen. Wo wäre denn da in den Worten: „aus den Akten zweiter Instanz" der Pleonasmus zu finden, wenn neben dem „Appellanten" und „Appellaten" noch ein Adcitat und beziehungsweise ein Litisdenunciat vorkäme! Diese Nebenparteien sind nicht bloß der zweiten Instanz eigen, so daß sich aus ihrer Benennung allein die zweite Instanz von selbst verstände. — In der anderen Beziehung ist der Ausdruck: „Relation aus den Akten zweiter (dritter) Instanz", für höchst mangelhaft und unvollkommen, und sogar für ein juristisches Unding erklärt worden, indem ein Vortrag aus den Akten einer einzelnen Instanz nur bei der ersten denkbar sei; es müsse heißen: „Referat aus den Akten erster und zweiter, oder erster, zweiter und dritter Instanz", wenn die Benennung richtig und vollständig sein solle [4]). Der Tadel ist grundlos, die getadelte Be=

3) Schering, Anleitung ꝛc. S. 22.
4) Juristische Zeitung v. J. 1833 Spalte 212.

zeichnung ist die unter allen Umständen allein richtige und auf alle Fälle passende. Der Grund, aus welchem der Vortrag „aus den Akten zweiter oder dritter Instanz" ein Unding sein soll, weil nämlich ein Vortrag aus den Akten einer einzelnen Instanz nur bei der ersten denkbar sei, liegt in der mangelhaften Auffassung des Begriffs der Akten einer der höheren Instanzen, denn die Akten der früheren Instanzen sind allemal integrirende Theile der folgenden Instanz. Es giebt keine Akten der zweiten oder dritten Instanz, ohne daß die Akten der vorhergehenden Instanz darin stecken, wenn auch die Schriften, worin die früheren Prozeßhandlungen enthalten, nicht in ein einziges Heft äußerlich verbunden sind. Es giebt Akten, welche gar nicht geheftet sind (Sammelakten). Die vorgeschlagene Fassung des Rubrums: „Relation aus den Akten erster und zweiter, beziehungsweise erster, zweiter und dritter Instanz", enthält daher nicht allein einen Pleonasmus, sondern paßt auch nicht auf solche Sachen, welche aus der dritten Instanz in eine frühere zurückgewiesen worden sind; man müßte denn nach dieser Meinung schreiben: „Referat aus der ersten, zweiten, dritten und (vierten? oder wieder ersten?) Instanz". Die sonst vorgeschlagene kürzere Fassung: „Referat in Appellations- (oder Revisions-) Sachen des u. s. w.", ist da nicht passend, wo es Gebrauch ist, das Rubrum der ersten Instanz unverändert beizubehalten, d. h. den Kläger immer zuerst als den Herrn der Sache zu nennen. (Nr. 2). Uebrigens ist es in der gemeinrechtlichen Praxis ein unbestrittenes Erforderniß, anzugeben: „aus was für Schriftstücken (Akten, Verfahren) ein Vortrag gehalten werde;" im preußischen Verfahren findet sich kein Abweichungsgrund [5]).

2) Der zweite Punkt ist die Ordnung, in welcher die Parteien im Rubrum des Vortrages in den weiteren Instanzen genannt werden sollen. In meinem praktischen Gerichtsleben ist es mir vorgekommen, daß bei einzelnen Obergerichten, namentlich bei dem ehemaligen Oberlandesgerichte zu Breslau, die Stellung der Parteien beibehalten wird, welche dieselben in der ersten Instanz einander gegenüber eingenommen haben, dergestalt, daß der Kläger als Herr der Sache immer zuerst genannt wird, wenn er auch Appellat ist. Als Grund davon wurde mir angegeben, daß durch die

5) Die Immediat-Justiz-Examinations-Kommission spricht in ihren Bemerkungen a. a. O. (Note 2) auch von den „aus den Akten zweiter oder dritter Instanz zu fertigenden Relationen", und nicht von den aus den Akten erster, zweiter und dritter Instanz; und über die damit übereinstimmende alte preuß. Gerichtspraxis sehe man die Muster-Relation in Hymmen's Beiträgen, Sammlung VIII, S. 147.

Beibehaltung des erstinstanzlichen Rubrums die spätere Aufsuchung und Verfolgung der Rechtssache erleichtert werde, während sonst, wenn man nicht voraus wisse, wer der Appellant sei, das Auffinden der Akten bei Nachfragen, zumal in Fällen, wo mehrere Litiskonsorten vorhanden und nur Einer davon appellirt, große Schwierigkeiten habe. Es ist aber ein althergebrachter Gebrauch[6]), der durch die rein mechanische Einrichtung in Betreff der Aufbewahrung der Akten, in seiner Begründung nicht berührt wird, daß diejenige Partei, durch deren Berufung die Sache in die zweite (dritte) Instanz gelangt ist, als Extrahent dieses Verfahrens voran genannt wird, da er ja dadurch als Kläger vor dem höheren Richter gegen den anderen Theil auftritt. Dieser Gebrauch ist auch von der Immediat-Justiz-Examinations-Kommission ganz ausdrücklich als der allein praktische, ich würde sagen sachgemäße, zur Beobachtung bei den Proberelationen anempfohlen, da durch das Rubrum „der Referent ja die Parteien, so zu sagen, bei der Versammlung einführen soll." Auf die Regel, daß diejenige Partei voransteht, welche das Verfahren veranlaßt hat, deutet auch die Prozeßordnung bei den Exekutionsprozessen, d. h. denjenigen Prozessen, welche in der Exekutionsinstanz über die sogenannten privilegirten Einreden stattfinden. In diesen wird nicht dem Extrahenten der Exekution, oder dem ehemaligen Kläger in der Sache, sondern dem Exequendus, welcher die Aufhebung der Exekution fordert und dadurch das Verfahren durch seine Opposition veranlaßt, als „Provokanten" die Rolle des Klägers zugetheilt[7]). — Nur wenn beide Theile das Rechtsmittel ergriffen haben, ist ihre erstinstanzliche Stellung beizubehalten, entweder unter Voraussetzung der Worte:

„In wechselseitigen Appellations- (Revisions-) Sachen des ꝛc."

oder mit dem Nachsatze:

„jetzt beiderseits Appellanten (Revidenten) und Appellaten (Revisen)"[8]).

Es wird beigefügt, was schon vorhin gesagt ist, daß in Revisionssachen es jedenfalls überflüssig sei, auch noch im Rubrum anzugeben, welcher Theil in der zweiten Instanz Appellant und Appellat gewesen.

Bei Referaten aus der Nichtigkeitsbeschwerde wird dieselbe

6) Hymmen, Beiträge, Bd. 1, S. 116.

7) A G.O. I, 24, §. 39.

8) Bemerkungen der gedachten Kommission, a. a. O. — Vergl. Hymmen a. a. O.

Regel beobachtet, nur daß der Beschwerdeführer als „Implorant“ und der Gegner als „Implorat“ bezeichnet wird.

§. 35.

b) Geschichtserzählung. (Species facti.)

Die Geschichtserzählung (species facti) ist die historische Erzählung derjenigen Thatumstände, welche zu der gegenwärtigen Klage Veranlassung gegeben haben, oder woraus der Prozeß entstanden ist, jedoch nur in sofern, als dieselben für unstreitig anzusehen sind. Mit dieser Erzählung muß in der Regel ohne allen anderen Eingang (Vorwort, Einleitung) angefangen werden[1]). Ausnahmsweise kann eine kurze Vorandeutung dessen, worüber gestritten wird, in verwickelten Fällen von Nutzen sein, um zu bezeichnen, auf was die Zuhörer ihre Aufmerksamkeit besonders zu richten haben werden, aber sie kann nur dann zweckmäßig sein, wenn sie das streitige Verhältniß nach seiner rechtlichen Natur mit wenigen Worten, so zu sagen, hinwirft. Deshalb ist sie nicht angebracht, wenn das Rechtsgeschäft, aus welchem der Streit entstanden ist, nach seiner rechtlichen Natur unbestritten ist, z. B. wenn es sich nur um die Rechtsgültigkeit oder die Erfüllung eines Rechtsgeschäfts handelt: alsdann wird der Gegenstand des Prozesses schon durch das gehörig gefaßte Rubrum angedeutet. Wenn aber über die rechtliche Natur des der Klage zum Grunde liegenden Verhältnisses Streit ist, so ist die Vorandeutung des Streitgegenstandes schwierig, wenn nicht deren Grenzen überschritten werden sollen. Denn es muß Alles vermieden werden, was geradezu oder verdeckt auf ein Urtheil hinausgeht und die Zuhörer im Voraus einnehmen könnte. Darum kann z. B. nicht gesagt werden: „es kommt in dieser Sache darauf an“ u. s. w. oder: „es handelt sich um die Entscheidung der Fragen“ u. s. w. Außerdem darf in einer solchen Einleitung nichts vorkommen, was in die Geschichtserzählung gehört, mithin dürfen keine faktischen Angaben, Namen, Zahlen u. dgl. darin vorkommen[2]). Man macht keinen Fehler, wenn man eine Einleitung wegläßt.

Nach dem oben angegebenen Begriffe der Geschichtserzählung ist dabei Folgendes zu beobachten:

---

1) Gemeinrechtlich ist der Eingang sogar verboten. Koncept zur R.K.G.O. I, 23, §. 17; J.R.A. §. 143.

2) Darüber sehr gut: Bemerkungen der Immediat-Justiz-Examinations-Kommission, Abschn. II, Absatz „Wie bei dem mündlichen Vortrage“.

1) Die streitenden Personen müssen, **wenn es darauf ankommt**, deutlich beschrieben werden und ihr Verhältniß zu einander muß durch vorzulegende Stammtafeln, welche der Referent zu entwerfen oder aus den Akten zur Vorlegung abzuschreiben hat, anschaulich gemacht und mündlich erklärt werden.

2) Der Gegenstand des Streites, wenn es auf örtliche Lagen und Verhältnisse ankommt, muß durch Handzeichnungen veranschaulicht und mündlich erklärt werden.

3) Es ist nichts aufzunehmen, was nicht als unstreitig zu behandeln ist, wenn es auch für juristisch bewiesen angesehen werden könnte [3]). Zur Aufnahme geeignet ist also: a) Alles, was schon beim Beginne des Prozesses als notorisch oder unangefochten festgestanden hat; b) Alles, was im Laufe des Prozesses zugestanden worden ist; c) Alles, was von dem Gegner unbestritten geblieben ist [4]), wobei diese Art der Feststellung angedeutet werden muß. Dabei ist jedoch mit Vorsicht zu verfahren, damit nicht Thatsachen, welche indirekt, etwa durch Erzählung einer anderen Geschichte von dem fraglichen Vorfalle, bestritten sind, als unbestritten vorgetragen werden; d) Alles, was aus anerkannten oder als anerkannt zu erachtenden, oder einer Anerkennung nicht bedürftigen Urkunden (Beweisstücken) unzweideutig erhellet [5]). Bei den Urkunden ist jedoch darauf zu achten: ob sie schlechthin anerkannt, oder ob sie nur in ihrer Echtheit (in qualitate producta) rekognoscirt, aber doch das Thema, was daraus bewiesen werden soll, oder doch die Beweiskräftigkeit an sich bestritten wird. In dem letzteren Falle kann der fragliche Thatumstand nicht als unstreitig in die Geschichtserzählung aufgenommen werden, vielmehr gehört er in die Prozeßgeschichte. Wird die Erzählung nicht deutlich, ohne noch streitiger Thatsachen zu erwähnen, so muß dabei bemerkt werden, daß der Eine die Thatsache so, der Andere so behaupte.

4) Es ist nichts aufzunehmen, was nicht in Beziehung auf den vorliegenden Rechtsfall **thatsächlich**, sondern nur **juristisch** ist; es gehören aber zu den Thatsachen besondere Rechtsnormen, na-

3) Martin, Anleitung zu dem Referiren in Rechtssachen, §. 12, ist anderer Meinung. Aber wenn die Parteien darüber streiten: ob etwas so oder anders sei, so soll ja eben erst darüber entschieden werden.

4) A. G.O. I, 13, §. 7, Worte: „von den Parteien nicht widersprochen ist".

5) A. G.O. I, 10, §. 29. — Bemerkungen der Immediat-Justiz-Examinations-Kommission a. a. O. Absatz: „Es wird kaum einen Rechtsstreit geben".

mentlich: Privilegien, ausländische Gesetze, Statuten, Gewohnheitsrechte, Observanzen u. dergl.[6]).

5) Es gehören bloß diejenigen Thatsachen in die Geschichtserzählung, welche bereits geschehen waren, ehe die Klage, beziehungsweise die Exception angebracht worden ist. Das wird nicht für allgemein wahr angenommen; man hat dagegen gesagt: ob etwa die Entwickelung eines ausgemachten Spoliums, welches nach mitgetheilter Klage von dem Kläger an dem Beklagten verübt worden, nicht die Geschichtserzählung der exceptio spolii sei[7]). Freilich ist sie das, aber die Exception hat ihre eigene Geschichtserzählung. Die exceptio compensationis oder solutionis ꝛc. ist gleichfalls zulässig, wenn sie auch erst nach insinuirter Klage entstanden ist, und doch wird sie ihre besondere Geschichtserzählung haben. Für den preußischen Prozeß ist der Zweifel gegen diese Regel gesetzlich ausgeschlossen[8]).

6) Nur diejenigen Thatsachen gehören in die Geschichtserzählung, auf welche die Klage gegründet wird; nicht aber solche Thatumstände, welche eine Exception, Replik oder Duplik begründen: diese gehören in den Aktenauszug.

7) Dieses Material ist nach folgenden Regeln zusammenzustellen, beziehungsweise zu verarbeiten:

a) Nur erhebliche Thatsachen (relevante Fakta) werden erzählt. Diese Regel beschränkt sich auf die Geschichtserzählung, sie ist nicht anwendbar auf die Prozeßgeschichte[9]). Ein relevantes Faktum ist ein solches, welches für den vorliegenden Streit Folgen hat. Dazu gehören ebenfalls erläuternde Thatsachen; nur treten sie in den Hintergrund, in so fern sie bloß erläuternde sind. Denn was bisweilen als Beispiele von erläuternden Thatsachen oder Umständen angeführt wird, wie Oertlichkeiten, Familienverhältnisse, Gewerbe u. dergl., kann relevant sein (Nr. 1 u. 2), es kommt dabei auf die individuelle Natur und besondere Beschaffenheit der Sache, nach dem Bedürfnisse des Vortrages in dem Stadium, in welchem sich die Sache gerade befindet,

---

6) A. G.O. a. a. O. §§. 53—55. Vergl. Pütter, über die beste Art aus Akten zu referiren (Göttingen 1797) §. XXII, S. 24; A. D. Weber, über die Verbindlichkeit den Beweis zu führen (Rostock 1805) S. 21 u. f.

7) Martin, Anleitung ꝛc. §. 12, Note 4.

8) A. G.O. I, 10, §. 29, Worte: „vom Anfange des Geschäfts bis auf den Zeitpunkt, da der Prozeß entstanden".

9) Vergl. Bemerkungen der Immediat-Justiz-Examinations-Kommission Abschnitt II, Paragraph: „Auch bei dem Vortrage der Prozeßgeschichte", Nr. 1.

an. „Jedenfalls ist darauf besonders Bedacht zu nehmen, daß in diesem Punkte die Geschichtserzählung nicht umständlicher gerathe, des Thatsächlichen darin nicht mehr gegeben und dabei nicht weiter ausgeholt werde, als einerseits die Parteien selbst es verständigerweise nur fordern und erwarten können, damit ihre in der Prozeßgeschichte folgenden Herleitungen und Anträge verstanden werden, und andererseits es mit dem Auffassungs- und Gedächtnißvermögen der Zuhörer und dem gerechten Anspruche derselben auf Verschonung mit allen ihnen zur Zeit entbehrlichen Details und mit Wiederholungen oder Zurückweisungen, welche sonst unvermeidlich bevorstehen, vereinbar ist“ [10]). Deshalb muß hier z. B. die wörtliche Angabe des Inhalts der Urkunde, des Kontrakts, Familienpakts, Privilegiums, Verleihungsbriefes, der Stiftung u. dgl., auf welchen der Rechtsstreit zurückzuführen ist, ferner die Aufzählung der im Laufe der Zeit stattgehabten Veränderungen durch Modifikationen, Veräußerungs- und Vererbungsfälle, Prozesse und sonstige Begebenheiten, die Angabe von Summen bis auf Groschen und Pfennige, von Maßbestimmungen nach Hufen, Morgen, Quadratruthen und Fußen und dergleichen, vermieden werden [11]). Solche Einzelnheiten, wenn es darauf ankommt, gehören in die Prozeßgeschichte und müßten dort, wenn sie auch hier zur Ermüdung der Zuhörer vorgebracht worden wären, wiederholt werden [12]).

b) Jedes einzelne relevante Faktum wird in Einen Satz gefaßt, einfach und klar, im positiven Style, gewöhnlich im Imperfektum, oder wohl auch im Präsens [13]). Zusammengesetzte Perioden, d. h. Perioden mit „da, wenn, weil, obgleich —: so“ u. s. w., müssen wo möglich vermieden werden [14]). Wird ein relevantes Faktum ohne Anführung eines irrelevanten nicht hinlänglich klar oder verständlich, so bringt man das Erläuternde mit dem erheblichen Thatumstande in Eine Periode.

---

10) Bemerkungen rc. Abschnitt II, Absatz „Immer wird“.

11) Ebenda, Absatz „Es sind Relationen vorgekommen“.

12) „Et ne bis aut saepius idem dicamus cavendum est: etiam ne id quod semel supra diximus, deinceps dicamus.“ Cicero, Rhetor. ad Herennium, L. I, c. 9.

13) Vergl. darüber Pütter a. a. O. §. XVI, S. 20, und Quintilian., Instit. orat. IV, 2, 31 sqq.

14) Bemerkungen der Immediat-Justiz-Exam.-Kommission, Abschnitt IV, Schlußsatz, Worte: „daß auch auf Einfachheit, Würde und Präcision des Ausdrucks, auf angemessenen Periodenbau, mit Vermeidung aller beschwerlichen Einschaltungen oder Zwischensätze — Bedacht zu nehmen“.

c) Die Thatsachen müssen in einer streng chronologischen Ordnung erzählt werden, ohne Rücksicht auf Zeit und Stelle: wann und wo sie in den Akten vorkommen[15]), weil sonst von dem Hörer ein unrichtiges Bild aufgefaßt wird.

Die Behandlung der sog. Punktensachen unterliegt einigen besonderen Regeln, wovon das Nähere im letzten Abschnitte.

§. 36.

c) Prozeßgeschichte.

Die Prozeßgeschichte (historia processus) wird nicht immer von dem Aktenauszuge unterschieden; diese beiden Bestandtheile des geschichtlichen Theiles einer Relation werden gewöhnlich zusammengeworfen, wohl deshalb, weil die Prozeßgeschichte sich nicht durchaus von dem Aktenauszuge äußerlich trennen läßt und weil bisweilen dazu der Stoff fehlt. Ist ein solcher vorhanden, so muß der Lauf des Rechtsstreites vor dem Vorbringen der Parteien in der Sache selbst (merita causae) als ein besonderer Punkt erzählt werden, weil darüber wie über einen Präjudizialpunkt verhandelt und befunden werden muß, bevor zur Sache selbst vorgeschritten werden kann. Die Prozeßgeschichte im engeren Sinne ist nichts anderes als die Erzählung des Laufes des Rechtsstreites und hat den Zweck, die wesentlichen Mängel in den Förmlichkeiten des Prozesses herauszustellen und darüber einen Beschluß des Gerichts zu veranlassen; sie hat daher die Handlungen oder Unterlassungen der Subjekte des Prozesses, in sofern nämlich dieselben bei der Entscheidung des Prozesses erheblich sein können, zum Gegenstande. Nach diesem Gegenstande liegt es auf der Hand, daß die Prozeßgeschichte im engeren Sinne nicht mit dem eigentlichen Aktenauszuge (dem Vortrage der merita causae) vermengt werden kann. Wenn sie sich auch nicht in allen Fällen von dem Aktenauszuge durchaus trennen läßt, so ist es doch zweckmäßig, und es ist, soweit es dem Zwecke entspricht, auch immer möglich, sie vorweg abgesondert vorzutragen. Gleichwohl geht man in den Anleitungen zum Referiren nach preußischem Verfahren, auch in den neuesten[1]), stillschweigend hinweg, auch in

15) A. G.O. I, 10, §. 30 Worte: „ohne Rücksicht auf die Stelle, wo ihrer zuerst erwähnt worden". Vergl. Cicero, Rhetoricorum ad Herennium L. I, c. 9, verbis: „Rem dilucide narrabimus, si, ut quidque primum gestum erit, ita primum exponemus, et rerum ac temporum ordinem conservabimus, ut gestae res erunt, aut ut potuisse geri videbuntur." — v. Grolmann, Theorie des gerichtlichen Verfahrens, §. 145; Martin, Anleitung zu dem Referiren über Rechtssachen, §. 14.

1) Reusch u. Schering schweigen über diesen Abschnitt des Referats.

den Bemerkungen der Immediat-Justiz-Examinations-Kommission wird diesem Gegenstande kein besonderer Abschnitt gewidmet, aber hier ist er ganz treffend nebenher mit besonderer Betonung hervorgehoben, und es ist angebracht, zur Bestätigung meiner Methode das dort Gesagte hier einzufügen. „Die Prozeßgeschichte“ (womit der Aktenauszug in Betreff des Vorbringens der Parteien gemeint ist) — heißt es — „ist aber als solche nicht der geeignete Ort, das mit in sich aufzunehmen, was nur der Prüfung der äußeren Förmlichkeiten angehört. Die Zuhörer sind auch nicht im Stande, zum Behufe dieser später vorzunehmenden Prüfung schon während der Anhörung des Geschichtsvortrages dorthin gehörige Momente, vollends Zahlenangaben, im raschen Fluge auszuheben und festzuhalten. Solche Angaben werden gewöhnlich überhört, und kommt nun der Referent nicht selbst später noch einmal auf jene Punkte zurück, so kann besorglich leicht etwas übersehen, eine nothwendige Nachholung verabsäumt werden“ [2]). Dieß wird in dem Abschnitte von der Beurtheilung der wesentlichen Förmlichkeiten gesagt und fordert deutlich eine der Beurtheilung unmittelbar vorhergehende Geschichte, getrennt von der Prozeßgeschichte (dem Aktenauszuge), ohne die Stelle dazu anzuweisen. Diese ergiebt sich jedoch aus dem Zwecke des Vortrages dieser Geschichte, welcher ist, das Verfahren vorher, wenn nöthig, zu verbessern, woraus von selbst folgt, daß, wenn ein solcher Beschluß gefaßt werden muß, jeder weitere Vortrag erübrigt wird.

Die Prozeßgeschichte hat mit der Geschichtserzählung das gemein und unterscheidet sich dadurch von dem eigentlichen Aktenauszuge (§. 37), daß sie völlig unzweifelhafte und unbestrittene Handlungen und Unterlassungen vorträgt. Der Vortrag richtet sich nach denselben Regeln, welche für die Geschichtserzählung gelten, deren Anwendung sich nach Beschaffenheit des Falles leicht von selbst findet. Gegenstände dieses Vortrages sind:

1) Die Zulässigkeit des Rechtsweges. Aus der Geschichtserzählung muß sich schon ergeben: ob der Streit über Sachen und Rechte einen Gegenstand des Privateigenthums betrifft; denn diese Streitigkeiten gehören in der Regel zur Kompetenz der Gerichte. Allein diese Regel hat mancherlei Ausnahmen. Was also dem Referenten Thatsächliches bekannt ist, was eine solche Ausnahme begründen könnte, oder was von einer Partei vorgebracht

2) Bemerkungen rc. Abschnitt III, Nr. 4.

worden ist, um den Rechtsweg auszuschließen, muß an diesem Orte vorgetragen werden, damit das Gericht, vor jedem weiteren Vortrage, nach Anhörung der Parteien, darüber in Berathung treten und beschließen könne: ob die Klage zurückzuweisen, oder ob der Vortrag und die Verhandlung der Sache fortzusetzen sei.

2) Die Kompetenz des Gerichts. Darüber ist der Vortrag nach den Instanzen verschieden.

a) In erster Instanz beschränkt sich der Vortrag nicht immer darauf, daß der Beklagte seinen ordentlichen Wohnsitz im Gerichtssprengel habe, was schon aus dem Rubrum vernommen worden sein wird, oder daß die Erfordernisse des außerordentlichen Gerichtsstandes des Kontrakts, der Verwaltung, des Arrestes u. s. w. vorhanden, welche Erfordernisse besonders angegeben werden müssen, oder daß der Beklagte, welcher eigentlich in einem anderen Gerichtssprengel wohne, doch die ihm gehörig insinuirte Klage, wobei der Insinuationsmodus anzuzeigen, angenommen und die Klage beantwortet habe, ohne den Einwand der Inkompetenz zu machen; sondern es ist auch darauf zu achten: ob die Sache nicht etwa ihrem Gegenstande nach vor ein Spezialgericht, z. B. vor die Auseinandersetzungsbehörde, oder vor das Handelsgericht, oder vor den Kommissarius für Bagatellsachen gehöre. In einem solchen Falle wird verfahren, wie in dem Falle Nr. 1, nur wird, wenn ein Spezialgericht kompetent erscheint, nicht auf Abweisung der Klage hierorts erkannt, falls nicht etwa die Parteien über die Kompetenz gestritten hätten, sondern es wird resolvirt, daß die Sache an die kompetente Behörde abzugeben sei.

b) In zweiter Instanz ist darauf hinzuweisen, welches Gericht in erster Instanz erkannt habe. Gehört dasselbe nicht zum Gerichtssprengel des Appellationsgerichts, so ist zu berichten, was aus den Akten über die Ursache der Hierhersendung der Akten erhellet. Die Ursache kann z. B. in einer Veränderung der Gerichtsverfassung liegen, wie sie 1849 durch Aufhebung der Berggerichte vorfiel, wo man zweifelhaft war, ob die Appellationen von berggerichtlichen Urtheilen an dasjenige Appellationsgericht, in dessen Bezirke das aufgehobene Berggericht seinen Sitz gehabt hatte, oder an dasjenige Appellationsgericht, zu dessen Bezirke der Wohnort des Beklagten gehörte, zu bringen seien[3]). Ferner ist das Vor-

3) Z. B. das ehemalige Berggericht zu Waldenburg hatte seinen Sitz im Bezirke des Breslauer Obergerichts, jedoch Jurisdiktion über die Einwohner des Ratiborer Bezirks in Bergsachen, und die Appellation ging ohne Unterschied des

handensein oder der Mangel der summa appellabilis nachzuweisen und allenfalls den bestehenden Vorschriften [3a]) gemäß zu berechnen.

c) In dritter Instanz ist seit der Verordnung v. 14. Dezember 1833 (§. 26) das Obertribunal ausschließlich kompetent, der Vortrag ist daher darauf zu richten: ob die Sache nach der Geschäftsordnung [4]) vor denjenigen Senat gehöre, bei welchem sie vorgetragen wird; außerdem aber, wie nach lit. b, das objectum litis, soweit es in diese Instanz übergegangen, nachzuweisen.

3) Der Legitimationspunkt. Man spricht bekanntlich von einer legitimatio ad causam, legitimatio ad personam und legitimatio ad processum. Die Legitimation der Parteien zur Sache (legitimatio ad causam), welche von Vielen hier vorgetragen wird oder worden ist, gehört gar nicht hierher, sie gehört als sog. fundamentum agendi intermedium zur Begründung der Klage und muß in der Geschichtserzählung, und sofern darüber gestritten wird, in dem Aktenauszuge vorgetragen und bei der Begutachtung der Sache selbst beurtheilt werden [5]). An dieser Stelle kommen somit nur die beiden anderen Legitimationsarten in Betracht.

a) Die Legitimation zur Person (legitimatio ad personam) betrifft die Prozeßfähigkeit der in Person oder durch einen frei gewählten Vertreter aufgetretenen Partei. In dieser Beziehung muß vorgetragen werden, was die Akten über die persönliche Dispositionsfähigkeit ergeben, gleichviel: ob es bereits aus der Klage hervorgeht oder erst später zum Vorscheine gekommen ist. Denn wenn es sich herausstellt, daß die als Kläger aufgetretene oder als Beklagter belangte Person nicht selbstständig handeln könnte, so würde der Prozeß nicht weiter fortzuführen sein, die Verhandlungen müßten eingestellt und zuvor die Ergänzung der mangelhaften Persönlichkeit verordnet werden. Beispielsweise gehört hierher der Fall, wenn Jemand belangt worden ist, von dem sich im Verlaufe der

Wohnsitzes des Bekl. nach Breslau. Im Jahr 1849 befaßten sich in den Sachen, welche bei Aufhebung des Berggerichts in dem Stadium zwischen der Anmeldung und der Einführung der Appellation schwebten, beide Obergerichte mit der Appellation, indem das Ratiborer Gericht in einer solchen Sache die Appellation für desert erklärte, das Breslauer aber, bei welchem die Einführung geschehen war, sich für kompetent hielt.

3a) Ges. v. 10. Mai 1851, §§. 11, 12; Ges. v. 9. Mai 1854, Art. 3.

4) Präsidial-Verfügung v. 20. Oktober 1846 (Höppe's Rechtsmittel der Revision und der Nichtigkeitsbeschwerde, S. 137). Das neueste (ungedruckte) Geschäftsregulativ ist vom 30. Dezember 1859.

5) Th. I, §. 11, Nr. II, 2; §. 116, Nr. II, 2, a; §. 18, Nr. 4. — Bemerkungen der Immediat-Justiz-Examinations-Kommission, Abschnitt III, Nr. 6. — Vergl. R. v. 10. Dezember 1814 (Jahrb. Bd. IV, S. 208).

Sache ergiebt, daß er noch minorenn ist oder unter väterlicher Gewalt steht, was in Schwängerungsprozessen nicht selten vorkommt; oder wenn eine Frauensperson auftritt, welche, ohne daß es angegeben wurde, verheirathet war, oder welche sich während des Prozesses verheirathete; oder wenn die aufgetretene Partei aus einem anderen Grunde als wegen Minderjährigkeit schon von Anfang bevormundet war oder während des Prozesses bevormundet wurde. Der Vortrag beschränkt sich in solchen Fällen lediglich auf das Thatsächliche, derselbe muß damit abgebrochen und es muß, nach Anhörung der Erschienenen, darüber, was zu thun sei, Beschluß gefaßt und dieser demnächst den Anwesenden eröffnet werden.

b) Die Legitimation zum Prozesse hat es mit der Ermächtigung des Stellvertreters der Partei zu thun und betrifft die freigewählten nicht allein, sondern auch die rechtlich nothwendigen. In Beziehung auf Beide ist im Vortrage anzuzeigen: ob die Partei, beziehungsweise deren gesetzlicher Vertreter, persönlich oder durch einen Bevollmächtigten und durch wen den Prozeß führe, und an welcher Stelle der Akten die Legitimationsurkunden vorfindlich. Dabei ist anzudeuten, welche Beschaffenheit dieselben haben, sowie: ob und welche Ausstellungen dagegen gemacht worden sind, damit das Kollegium im Stande sei, die Vollständigkeit zu beurtheilen: die Versicherung, es sei dabei nichts zu erinnern, ist ein Urtheil, bei welchem das Kollegium sich nicht beruhigen darf, weil es an der Gewähr für die Richtigkeit fehlt [6]).

α) Bei den Legitimationsurkunden der gesetzlichen Vertreter ist zu beachten: ob sie materiell und formell vollständig sind, ob sie z. B. von der kompetenten Behörde ausgefertigt; ob in Fällen, wo es erforderlich, neben dem Tutorium oder der Bestallung, auch die Autorisation zur Klage (decretum ad agendum) beigebracht [7]); ob in der Vormundschaftsbestallung der Grund der Bevormundung ausgedrückt und, wenn es eine Altersvormundschaft ist, ob Namen und Geburtstag der Minderjährigen eingerückt sind und inzwischen nicht der Eine oder Andere davon großjährig geworden ist, was häufig übersehen wird. In diesem Falle muß gleichfalls das Verfahren abgebrochen und vor Allem das Erforderliche wegen Zuziehung der nicht vertretenen Partei verordnet

---

6) Gegen eine solche Methode spricht sich die Immediat-Justiz-Examinations-Kommission a. a. O. Nr. 2 sehr energisch aus.

7) In Betreff des Konkurs-Massenverwalters s. m. die Konk.-Ordnung §. 158, Nr. 5 u. §. 222, Nr. 3.

werden, wenn nicht etwa der für die Mitkläger oder Mitbeklagten anwesende Vertreter die Rechte jenes Betheiligten, unter dem Versprechen, Vollmacht nachzubringen, mit wahrzunehmen übernimmt.

β) In Betreff der Vollmachten der freigewählten Stellvertreter muß der Referent feststellen und anzeigen: ob dabei die nach Verschiedenheit der Persönlichkeiten der Vollmachtgeber vorgeschriebenen Erfordernisse anzutreffen sind. Diese Erfordernisse sind schon oben (§. 9, lit. b, bb, β) angedeutet.

4) Die Gesetzmäßigkeit der prozeßleitenden Verfügungen. Ist dabei ein Fehler vorgefallen, dieser aber schon früher wahrgenommen und abgestellet worden, so ist darüber hinwegzugehen; der Vortrag beschäftigt sich nur mit solchen Gebrechen, auf deren Abhülfe es gegenwärtig noch ankommt. Dahin gehören z. B. a) wenn eine an sich unstatthafte Klagekumulation zugelassen worden ist und also die Frage entsteht: ob nicht die eine Klage ohne Weiteres ad separatum zu verweisen sei; b) wenn die Vorladung nicht in Richtigkeit ist, etwa weil sie an einen Streitgenossen, Adcitaten oder Litisdenunciaten unterblieben, obwohl sie anscheinend nicht hätte unterlassen werden sollen, oder weil die Insinuation nicht an alle Streitgenossen gehörig geschehen oder nicht nachgewiesen, oder weil eine andere als die gesetzlich vorgeschriebene Verwarnung gestellt worden ist, u. dergl. Ist ein solches Gebrechen durch eine spätere Prozeßhandlung, nach der Meinung des Referenten, geheilt, so ist es darum nicht zu übergehen; denn es ist ja möglich, daß das Kollegium seiner Ansicht nicht beistimmt und es für nothwendig findet, den Mangel noch vorab beseitigen zu lassen [8]). Er hat daher den Fehler vorzutragen und anzuzeigen, was in Folge der prozeßwidrigen Verfügung geschehen ist, z. B. die Vorladung auf die Klage ist dem Mitbeklagten N. nicht insinuirt worden; die Klagebeantwortung ist jedoch im Namen sämmtlicher Mitbeklagten schriftlich erfolgt, aber der nicht vorgeladene N. hat dieselbe nicht unterschrieben, sondern es findet sich neben drei Kreuzen sein Name anscheinend von derselben Hand geschrieben, welche das Schriftstück geschrieben hat; der Rechtsanwalt A., welcher das Schriftstück legalisirt hat, ist zur Prozeßführung nicht bevollmächtigt.

5) Die Förmlichkeiten der Prozeßschriften, mögen sie Protokolle oder eingereichte Schriftsätze sein. Hierher gehören

8) Bemerkungen der Immediat-Justiz-Examinations-Kommission a. a. O. Nr. 5.

z. E. bei Verhandlungen die Nichtzuziehung eines Protokollführers, der Mangel der Unterschrift einer der Gerichtspersonen, einer der Parteien oder eines Stellvertreters; bei Schriftsätzen der Mangel der Mitunterzeichnung eines Rechtsanwaltes, wobei die Lebensverhältnisse der Partei anzudeuten sind, um das Gericht in den Stand zu setzen, zu beurtheilen: ob die Partei zu denjenigen Personen gehöre, welche ohne Zuziehung eines Rechtsanwaltes ihre Prozeßschriften verfassen und einreichen dürfen. Hierbei gilt das Nr. 4 Gesagte. In Beziehung auf diesen Punkt ist hervorgehoben, daß Rügen, welche lediglich auf, in dem Votum über die Hauptsache vertheidigten, Ansichten beruhen, mithin durch die Richtigkeit der letzteren — materiell — bedingt sind, nicht hierher, sondern unbedingt in das Votum selbst gehören (Not. 8). Mir ist das nicht klar. Wenn z. E. eine Partei, welche an sich zum Richteramte befähigt, aber kassirt worden und nun ganz unfähig zu irgend einem Amte ist, ihre Klagebeantwortung ohne Zuziehung eines Rechtsanwaltes eingereicht hat, und der Referent der Ansicht ist, daß diese Prozeßschrift nicht hätte angenommen werden sollen, so muß er diesen vermeintlichen oder wirklichen Verstoß ohne Zweifel hier an diesem Orte vorbringen. Nun ist zwar nicht sichtbar, wie in diesem Exempel die Ansicht des Referenten auf der Ansicht, welche er über die Entscheidung der Hauptsache hat, beruhen könnte, aber ich kann mir überhaupt nicht einen Mangel in den Förmlichkeiten des Prozesses denken, welcher aus der Rechtsansicht über die Entscheidung der Hauptsache entspringen oder auch nur nachgewiesen werden könnte, außer etwa den Fall, wenn ein Ausländer nach seinem Heimathsrechte großjährig ist, nach hiesigem Rechte aber das Großjährigkeitsalter noch nicht erreicht hat, hier über die Gültigkeit eines hier abgeschlossenen Rechtsgeschäfts wegen Minderjährigkeit streitet: in diesem Falle würde die Rüge der vermeintlich fehlenden Prozeßfähigkeit mit der Entscheidung der Sache selbst stehen und fallen.

Es ist von derselben Seite (Not. 8) als ein Mangel des gerichtlichen Verfahrens, welcher hier an dieser Stelle zur Beurtheilung angezeigt werden müßte, hervorgehoben und dann nachgeschrieben worden [9]): wenn die Vereidigung eines Zeugen ohne ersichtlichen Grund unterblieben ist. Dieser Fall gehört hierher gar nicht. Der Zweck des Vortrages der Prozeßgeschichte in unserem

---

9) Schering, Anleitung, Abschnitt VI, lit. A, Nr. 7.

Sinne und deren Beurtheilung vor der Verhandlung und Beurtheilung der Sache selbst ist der, jede weitere Zeit- und Kraftverschwendung abzuschneiden, wenn ein solcher wesentlicher Mangel im Verfahren vorgefallen ist, daß ohne dessen vorherige Beseitigung ein gültiges und unbedingtes Urtel nicht gefällt werden kann. Ein solches Gebrechen ist die Nichtvereidigung eines Zeugen überhaupt nicht; sie ist ein Mangel an der Beweiskräftigkeit des Zeugen und gehört ganz eigentlich in die Beurtheilung des Beweises. Es ist auch ganz unmöglich, hier an dieser Stelle, vor der Hauptverhandlung, zu übersehen: ob es auf den Zeugeneid wirklich ankommen wird. Dazu müßte ja die ganze Sache vollständig vorgetragen, das wechselseitige Plaidoyer der Parteien angehört und darauf die Berathung in der Sache selbst von dem Kollegium gepflogen werden. Es ist aus mancherlei Gründen möglich, daß der fehlende Zeugeneid entbehrlich ist, welche Gründe man erst aus der Verhandlung der Sache selbst kennen lernen kann. Es kann sein, daß das Beweisthema schon durch andere Beweisgründe festgestellt werden kann; es kann sein, daß der Zeuge ganz unglaubwürdig ist; es kann sein, daß der Umstand, worüber er vernommen worden, völlig unerheblich ist: das Alles läßt sich hier bei dem Vortrage und der Beurtheilung der wesentlichen Förmlichkeiten des Prozeßganges gar nicht übersehen. Der Umstand, daß der Zeuge Nichtwissen bekundet hat, würde kein Grund sein, den Eid vor Entscheidung der Sache nicht zu fordern, denn der Zeuge könnte wohl, wenn er zur Eidesleistung schreiten soll, ein Gedächtniß erhalten. Dagegen ist es in den höheren Instanzen erforderlich, anzuzeigen: ob die Rechtfertigungsschrift bestimmte Beschwerden angebe; denn wäre dieß nicht geschehen, so würde das Rechtsmittel für desert und jede weitere Verhandlung der Sache für unzuläßig zu erachten sein [10]). Es ist jedoch hierbei zu beachten, daß die Angabe „bestimmter Beschwerden" nicht gleichbedeutend ist mit der Formulirung bestimmter Beschwerde*punkte* [11]); vielmehr genügt es, wenn durch einen in sich klaren Antrag um Abänderung des vorigen Urtels gebeten wird [12]). Der Referent muß deshalb, wenn die Rechtfertigungsschrift nicht einzelne artikulirte Beschwerde*punkte* enthält, auch

---

10) Verordnung v. 21. Juli 1846, §. 18 u. m. Anmerkungen dazu.

11) Von der Angabe bestimmter Beschwerde*punkte* spricht *Schering* a. a. O. Nr. 5.

12) Vergl. Erk. des Obertrib. v. 4. August 1848 (Jur. Wochenschrift 1848, Sp. 496).

den Antrag berücksichtigen und soviel daraus vortragen, wie erforderlich ist, um zu verstehen: ob eine bestimmte Beschwerde geführt wird. Die Formulirung bestimmter Punkte der Beschwerden ist nicht vorgeschrieben.

6) Die Beobachtung der Präklusivfristen. In dieser Beziehung muß eine Vergleichung des Datums, an welchem diejenige Verfügung, welche zu der betroffenen Prozeßhandlung Anlaß gegben hat, insinuirt worden ist, unter Angabe dessen, was etwa gegen die gehörige Insinuation vorgebracht worden, mit dem Präsentatum der kritischen Prozeßhandlung gemacht werden[13]), um das Kollegium in die Lage zu bringen, selbstständig über die Beobachtung der Frist zu urtheilen. Hierbei kann nicht unterdrückt werden, daß die Parteien in Beziehung auf diesen Punkt nicht hinlänglich gesichert sind. Wo das wahrhaft mündliche Verfahren herrscht, kommt diese Unsicherheit nicht vor, weil da, in der Regel, die Zustellung der Prozeßschriften von Partei zu Partei, oder von Anwalt zu Anwalt, durch einen darauf verpflichteten Gerichtsbeamten geht, der über Tag, Stunde und Art der Zustellung einen öffentlich glaubwürdigen Akt aufnimmt. Daran fehlt es in dem preußischen Verfahren. Die Partei muß ihre Prozeßschrift an den Büreaubeamten oder wer in dem Büreau (der Registratur) gerade anwesend ist, abgeben, oder in den obligaten Briefkasten stecken. Mit welchem Präsentationsdatum nun das Schriftstück versehen wird, ist dem Zufalle überlassen; die Partei hat keine Gewähr dafür, daß der Tag, an welchem sie ihre Schrift eingebracht hat, auf dieselbe gesetzt wird, und doch soll davon ihre Präklusion abhängen. Wie groß die Unsicherheit sei, mag daraus ermessen werden, daß die Briefkasten durch ganz untergeordnete Unterbeamten, ohne Kontrole oder Beaufsichtigung dieses rein mechanischen Geschäfts, entleert werden und es leicht treffen kann, daß der kritische Brief nicht mitgefaßt wird und vielleicht bis zum folgenden Tage oder noch länger im Kasten versteckt wird; ferner, daß dieser Unterbeamte die herausgenommenen Briefe, bevor er sie an die entscheidende Stelle bringt, ohne Aufsicht von Außen besehen und prüfen, und vielleicht nach ihm angegebenen äußeren Merkmalen oder gar nach Andeutung einer dabei zugelassenen fremden Person, diesen oder jenen Brief zurückbehalten kann; ferner daß endlich die Eröffnung nicht immer gerade unter den Augen derjenigen Person, welche

13) Vergl. Bemerkungen der Immediat-Justiz-Examinations-Kommission, Abschn. III, Nr. 3, Abs. 2, Worte: „wenn der Referent".

die eingehenden Briefe zu präsentiren hat, geschieht; ferner, daß selbst die geöffneten und richtig präsentirten Briefe noch einen unbeobachteten Weg nach dem Büreau haben und von dem Träger ungestört durchgesehen werden können, und daß endlich der schlecht besoldete Büreaubeamte, der zuletzt die Schriften empfängt, um sie zum Vortrage zu befördern, oft unzuverlässig und so wenig wie jener Bote den Versuchungen immer unzugänglich ist. Erwägt man alle diese Möglichkeiten, so muß zugestanden werden, daß die Partei keine Gewähr für die richtige Präsentation ihrer Prozeßschrift, von welcher der Gewinn oder Verlust ihres Rechts abhängen kann, hat. Hierzu tritt noch ein Umstand, durch den die Rechte der Parteien gefährdet werden. Der Vermerk der Präsentation ist ein den Parteien völlig verborgen bleibender Akt. Wird also eine wesentliche Schrift erst nach Ablauf der Präklusivfrist eingereicht, so erfährt die Gegenpartei davon nichts, und, wenn der Richter die Schrift aus Unachtsamkeit annimmt, so hat dieselbe keine Veranlassung, die Präklusion geltend zu machen. Das einzige aber nicht zuverlässige Mittel, wodurch diese Partei auf die Unzulässigkeit der fraglichen Prozeßschrift aufmerksam werden kann, ist die Treue und Zuverlässigkeit des Referenten, wenn dieser, wie ihm obliegt, jene Vergleichung der Daten im Vortrage anstellt und, wohlzumerken, wenn die Partei dieselbe bei dem Fluge des Vortrages nicht überhört, was auch einem Geübten vorkommen kann, weil er darauf nicht vorbereitet ist und Zahlen sich nicht leicht festhalten lassen.

a) In der ersten Instanz kann die in Rede stehende Vergleichung nur bei dem Restitutionsgesuche gegen ein ergangenes Kontumazialerkenntniß und der damit nothwendig zu verbinden gewesenen Klagebeantwortung, bei der Klagebeantwortung, bei der Replik und der Duplik vorkommen.

aa) Geht aus dem faktischen Vortrage hervor, daß nach einem gefällten Kontumazialerkenntnisse das Restitutionsgesuch in Verbindung mit der Klagebeantwortung, (oder gar die Klagebeantwortung besonders noch später) erst nach Verlauf der zehntägigen Restitutionsfrist präsentirt, d. h. mit dem Vermerke eines späteren Präsentationsvermerks versehen wäre, so muß der Vortrag hier abgebrochen und die mündliche Verhandlung eröffnet werden. Nun sind folgende Fälle denkbar:

α) Der Gegner verzichtet auf die Rechte, welche ihm aus der Versäumniß entstehen und willigt in die Fortsetzung der Verhandlung der Sache. Dazu kann er seine Gründe haben, ohne freigebig zu sein; er kann es für zweckmäßiger in seinem Interesse halten, daß die Sache schon in erster Instanz gehörig erörtert und beurtheilt werde, wissend, daß ein Bestehen auf ein Kontumazialverfahren doch nur eine Vertagung der Verhandlung der Sache bis zur zweiten Instanz sein würde, wodurch er vielleicht in der Widerlegung der Einwendungen des Gegners um eine Instanz kommen könnte. In diesem Falle muß ohne Weiteres der Vortrag fortgesetzt werden.

β) Der Gegner erhebt Widerspruch gegen die Restitution. Hierauf kann der Restitutionssucher entweder gegen den faktischen Vortrag nichts einzuwenden haben. Dann wird allenfalls die mündliche Verhandlung auf Grund des für nichtig anzunehmenden Klagevortrages eröffnet, ohne daß auf die Klagebeantwortung zurückgegangen werden darf, und nach Schließung der Verhandlungen geht das Gericht zur Berathung. Nun ist es zwar möglich, daß aus den juristischen Erörterungen das Gericht eine ganz andere Ansicht über die rechtlichen Folgen der als wahr vorausgesetzten Thatsachen erhalten hätte. Allein daraus kann das Gericht keinen Grund entnehmen, sein Kontumazialurtheil aufzuheben, weil dazu kein Richter Macht hat, wenn er hinterdrein, nach gesprochenem und publizirtem Urtel, auch einsieht, daß er sich geirrt habe; hier kann nur der höhere Richter helfen. Der Gegenstand dieser Berathung kann allein nur die nachgesuchte Restitution sein; ohne diese kann das Gericht auf keine neue Beurtheilung der Sache selbst eingehen, und wenn es, nach dem vorliegenden Eingeständnisse der betroffenen Partei, die Versäumniß als feststehend, mithin das Kontumazialverfahren für gerechtfertigt anerkennen muß, so ist ein anderer Beschluß als der, daß das gesprochene Kontumazialerkenntniß aufrecht zu erhalten (daß es dabei zu belassen) rechtlich möglich. Mit der Publikation dieser Entscheidung hat die Verhandlung und die ganze erste Instanz ihr Ende. — Oder der Gegner bestreitet die Versäumung der Präklusivfrist; er behauptet, daß seine Prozeßschrift vor Ablauf des Fatale bei dem Gerichte eingereicht worden und daß das darauf vermerkte Präsentatum unrichtig sei; tritt auch darüber sogleich den Beweis an, denn er kann sich ja z. B. Zeugen mitgenommen haben, welche die Schrift gelesen hatten und sahen, daß eben diese Schrift an einem bestimmten früheren Tage in den Briefkasten des Gerichts gesteckt oder in dem Büreau in die Hände des dort angetroffenen, namhaft gemachten Beamten gelegt wurde.

Hieraus entsteht ein Incidentverfahren, die weitere Verhandlung der Sache muß ausgesetzt und es muß auf Erhebung des angetretenen Beweises resolvirt werden.

bb) Ist die Klagebeantwortung zu spät eingegangen, so müssen die Parteien gleichfalls vor der Fortsetzung des Vortrages gehört werden. Erhebt der Gegner die Beschuldigung des Ungehorsams und läßt sich die verspätete Einreichung der Klagebeantwortung nicht gefallen, so kann daraus, daß er auf die Klagebeantwortung replicirt hat, ohne die Präklusion zu rügen, kein Einwand der Heilung des Gebrechens hergenommen werden, weil er ja die Thatsache der Verspätung nicht kannte. Der Bekl. hat rechtlich keine andere Einrede als die wirkliche Innehaltung der Frist, und das weitere Verfahren ist dann das gleiche wie in dem vorigen Falle, um das wahre Datum der Präsentation festzustellen. Gelingt der angetretene Beweis nicht, oder wird die Behauptung nicht gemacht, so muß das Kontumazialerkenntniß abgefaßt werden, im Falle einer stattgefundenen Beweiserhebung erst auf eine weitere bloß hierüber gestattete mündliche Verhandlung.

cc) Ist die Replik zu spät eingegangen und es wird dieserhalb kein Incidentverfahren ausgewirkt, so beschränkt sich, nach Anhörung der Parteien, der Beschluß des Gerichts darauf: ob bei der Fortsetzung des Vortrages und der darauf folgenden Verhandlung auf die Replik Rücksicht genommen werden soll, oder nicht. In dem zweiten Falle hat der Referent darauf Bedacht zu nehmen, Alles wegzulassen, was in der Replik vorgebracht worden ist; er muß nun den Vortrag so einrichten, als wenn der Kläger mit seiner Replik präkludirt worden und als wenn keine Duplik in den Akten vorhanden wäre. Sache des Vorsitzenden ist es, darauf zu halten, daß sich die mündlichen Vorträge und Verhandlungen der Parteien nicht auf Thatumstände und daraus zu ziehende Folgerungen erstrecken, welche in den als nicht vorhanden fingirten Prozeßschriften vorgebracht worden sind.

dd) In Betreff der zu spät eingegangenen Duplik wird, mutatis mutandis, auf gleiche Weise verfahren.

b) In der zweiten Instanz ist im Referate anzugeben, bei welchem Gerichte und an welchem Tage die Anmeldung der Appellation, unter Vergleichung mit dem Tage der gehörigen Insinuation des ersten Erkenntnisses, präsentirt worden. Es kommt vor, daß die Präsentation bei einem anderen Gerichte oder bei einer anderen Kommission oder Abtheilung, als wo erkannt worden ist, geschieht und daß über die Absendung von dort an das Gericht, welches erkannt hat, die Frist verläuft, weshalb das Gericht im Stande sein muß, zu beurtheilen, ob die Frist für gewahrt zu erachten ist; ferner: wann und wo die Einführungs- und Rechtfertigungsschrift eingegangen; denn es fällt vor, daß diese bei dem Gerichte erster Instanz in Fällen, wo dies unzulässig, eingegangen ist, weshalb auch angezeigt werden muß, an welchem Tage die Schrift von dieser Mittelstation eingegangen ist; endlich: wann dieselbe dem Gegner insinuirt, und ob und wann darauf die Beantwortung eingereicht, so wie: ob diese dem Appellanten zugestellt worden ist.

c) In der dritten Instanz ist das Gleiche hinsichtlich der Revisionsanmeldung, der Einführungs- und Rechtfertigungsschrift und der Beantwortung zu beobachten. Da es an diesem Orte lediglich auf die Bedingungen, von welchen die Zulassung und Verhandlung des Revisionsverfahrens abhängt, ankommt; so leuchtet ein, daß eine Erzählung dessen, was das fatale appellationis und Fristen zur Einbringung der Appellationsschriften betrifft, nicht hierher gehört. Denn wenn auch die Appellation noch nach Ablauf des Appellationsfatale zugelassen und die Rechtfertigungsschrift noch nach Ablauf der Präklusivfrist angenommen worden wäre; so leuchtet doch von selbst ein, daß darum nicht die Revision für unstatthaft erklärt werden kann, im Gegentheil, jene Verstöße können gerade zum Gegenstande der Revisionsbeschwerden gemacht werden oder gar gemacht worden sein. Aber auch wenn dieß geschehen ist, kann davon hier, bei den Förmlichkeiten der Revision, nicht füglich die Rede sein [14]), sondern die Beschwerden müssen da vorgetragen werden, wo die Anfechtungsgründe gegen das Appellationsurtel vorkommen.

d) Im Nichtigkeitsverfahren kommen, wenn der Referent die Nichtigkeitsbeschwerde für begründet hält oder ein eventuelles Votum begründen will, immer nur diejenigen Förmlichkeiten zum Vortrage, welche der Nichtigkeitsbeschwerde angehören. Ob und in wiefern aus der Nichtbeobachtung der Förmlichkeiten in der Appellationsinstanz ein Nichtigkeitsgrund gemacht werden könne, gehört nicht hierher, noch weniger gehört hierher eine Prüfung jener Förmlichkeiten von Amtswegen [15]).

14) Auf diesen Gedanken könnte man durch die Aeußerung der Immediat-Justiz-Exam.-Kommission a. a. O. kommen: „wobei es übrigens in der Revisionsinstanz einer Verbreitung über das fatale appellationis nur dann, wenn in Beziehung darauf gravaminirt worden, noch bedürfen kann".

15) Vergl. das Pr. 425 des Obertrib. v. 12. März 1838 (Entsch. Bd. III, S. 247).

Wenn in der Prozeßgeschichte etwas vorkommt, was erheblich zu sein scheint oder wobei auch nur Einer der Richter ein Bedenken hat, so sollte mit dem Vortrage, wie bereits bei einigen Punkten angedeutet worden ist, immer inne gehalten und der Auslassung der Parteien, sowie der Berathung der Richter Raum gegeben werden. Denn wenn sich findet, daß vorgängig eine Zwischenverfügung getroffen, oder gar die Klage aus Formgründen zurückgewiesen werden muß, so würde die auf die Fortsetzung des Vortrages und auf die darauf eröffnete Verhandlung der Sache verwendete Zeit und Kräfte weggeworfen sein [16]). Man geht jedoch mit diesen zeitlichen Gütern nicht sehr haushälterisch um; man läßt gewöhnlich oder doch sehr häufig das lange Referat ablesen und darauf gedankenlos die wechselseitigen Parteivorträge in ihrer ganzen Breite abspinnen, um dann ein Resolut zu machen, nach welchem zuvor einem wesentlichen Mangel in den Förmlichkeiten des Prozesses abgeholfen werden soll. Damit ist der Vortrag und die Verhandlung in der Sache selbst gänzlich verloren. Der Grund davon liegt nicht immer in der Gedankenlosigkeit des Vorsitzenden, oder in der Bequemlichkeit der Richter, sich zur Berathung zurückzuziehen, sondern an vielen Orten in der großen Umständlichkeit, welche durch die Oertlichkeit mit den Unterbrechungen der Verhandlungen verbunden ist. Denn viele Gerichte haben kein Berathungszimmer, in welches sich die Richter zurückziehen könnten, sondern es muß jedesmal, wenn die Richter sich berathen wollen, das Audienzzimmer von den Parteien, deren Anwälten und Beiständen und von dem Publikum geräumt werden, was zumal zu Winterszeiten seine Unannehmlichkeiten hat, zu deren Vermeidung oft die ganze Verhandlung zum Schluß geführt wird.

§. 37.

d) Akten = Auszug.

Der eigentliche Akten = Auszug enthält Alles, was die Parteien gegenseitig vorgebracht haben, sei es thatsächlicher oder rechtlicher Natur, daher er auch von Einigen „Inhalt der Prozeßverhandlungen" genannt wird [1]). Die Regel also, daß

16) Vergl. Bemerkungen der Immed. = J. = Exam. = Kommission, Absch. II, Schlußsatz: „Bei sorgfältiger Erwägung". Dabei ist zu beachten, daß diese Bemerkungen eine schriftliche Relation nach altem Style voraussetzen und daher der mündlichen Verhandlung nicht gedenken.

1) C. F. Wendt, Bemerkungen über die Referirmethode in Justizkollegien (Nürnberg 1808), S. 45.

der Vortrag die beiderseitigen Anführungen, soweit sie thatsächlichen Inhalts sind[2]), enthalten soll, kann nicht für richtig anerkannt werden; ohne die geltend gemachten Rechtsmomente lassen sich weder der Klagegrund noch die Einwendungen in Kürze verständlich vortragen, was doch unbedingt geschehen muß[3]). Daß Rechtsausführungen hier nicht vorkommen können, bringt schon das mündliche Verfahren mit sich, welches ja eben voraussetzt, daß Deduktionen nicht schriftlich zu den Akten eingereicht, sondern in der Audienz mündlich vorgetragen werden. Damit sind jedoch die Rechtsgründe (juristischen Angriffs- und Vertheidigungsmittel) nicht zu verwechseln; diese müssen hier ganz eigentlich ihre Stelle finden. Dabei muß die rechte Mitte zwischen zu großer Kürze, welche den juristischen Gedanken in Dunkelheit läßt[4]), und zu großer Breite gehalten werden. Da dem Richter das Recht bekannt sein muß, so wird in der Regel die Andeutung des geltend gemachten Rechtsgrundsatzes, wenn dieser feststeht, genügen. Wird aber eine Rechtsbestimmung von jeder Partei in einem anderen Sinne aufgefaßt und in diesem Sinne für sich als Grund der Rechtsverfolgung oder Vertheidigung geltend gemacht, so muß der Rechtsgrundsatz in dem Sinne, welchen ihm jede der beiden Parteien beilegt, vorgetragen werden, wobei die beiderseitigen Gründe nur kurz anzudeuten sind. — Dieser Theil des Vortrages (Referats) ist der wichtigste und kann nie fehlen; er erfordert Aufmerksamkeit und Geschick. Die Ausarbeitung desselben richtet sich nach anderen Regeln als die Geschichtserzählung; nur was die Einfachheit, Reinheit und Klarheit der Darstellung, so wie die Kürze betrifft, sind beide Stücke dem gleichen Gesetze unterworfen. Folgende Regeln empfehlen sich zur Anwendung bei der Ausarbeitung des Akten-Auszuges als zweckmäßig:

Der Referent muß in dem Referate aus dem ersten Verfahren unbedingt den Klagegrund (wozu auch das s. g. fundamentum agendi intermedium, oder die s. g. legitimatio ad causam gehört), den Klageantrag, die Einlassung, die verschiedenen Einwendungen und den Antrag des Beklagten vollständig verzeichnen, und darf insbesondere keine der Einwendungen ganz unerwähnt lassen, doch ohne Einmischung eines eigenen Urtheils darüber, und ohne darin etwas in den Schatten treten zu lassen, oder einem Momente der

2) Schering a. a. O., Abschnitt V, lit. C, AA, Nr. 1.

3) Bemerkungen der Immed.-J.-Exam.-Kommission, Abschn. II, Nr. 1.

4) „dum brevis, nimis obscurus fio." Horaz.

einen oder der anderen Partei an seiner Stärke zu schmälern[5]). Denn das Kollegium soll möglichst zeitig in den Stand gesetzt werden, das Feld des Streites, wie ihn die Parteien in ihrem eigenen Sinne führen, selbst zu übersehen, um sich zu einem unbefangenen gründlichen Urtheile vorzubereiten (Not. 5). Zur Erreichung dieses Zieles hat der Referent Folgendes zu beobachten:

1) Der Vortrag darf nicht in chronologischer Ordnung, auch nicht im Ganzen oder im Einzelnen nach der Ordnung der Akten[6]), oder der Darstellung der Parteien geschehen, sondern die Materialien müssen nach den Prozeßhandlungen gesondert, beziehungsweise zusammengestellt oder verschmolzen, und in natürlicher Ordnung und Verbindung — synthetisch — vorgetragen werden (Not. 5). Die Abschnitte folgen in der Ordnung der Prozeßhandlungen, und zwar:

a) voran der wesentliche Inhalt der Klage, oder, wenn solche aus mehreren Punkten besteht, des ersten Punktes, und der Antrag (das Petitum), der letztere wörtlich, weil sich darnach das Erkenntniß richtet. Die Darstellung geschieht so, wie sich schließlich durch die Verhandlungen die Klage und der Antrag gestaltet haben, gleichviel ob die Nachhülfe oder Veränderung erst in der Replik oder in sonst angebrachten Modifikationen stattgefunden hat, vorausgesetzt, daß hiergegen kein Widerspruch erhoben worden ist. Hat der Bekl. widersprochen, so muß dieß hervorgehoben werden, z. B.

„in der Klage behauptet der Kläger zur Begründung derselben, daß" u. s. w.

in der Replik fügt der Kläger hinzu, oder präcisirt seine Behauptung dahin:

„daß u. s. w.";

diese Aenderung hält jedoch der Bekl. für unzulässig. Oder in Betreff des Antrages:

„Der ursprüngliche Klageantrag geht dahin: u. s. w.; in der Replik (oder in einer uneingeforderten Anzeige) hat der Kläger aber den Antrag dahin erweitert, oder eingeschränkt, oder verändert, daß u. s. w.; der Bekl. hat jedoch der Zulässigkeit dieser Aenderung widersprochen."

Anticipirte Repliken werden übergangen; sie kommen erst zum

5) Bemerkungen der Immed. = J. = Ex. = Kommission, Abschnitt II, Nr. 1.

6) Nach Ordnung der Akten will z. B. Grolmann, Theorie des gerichtlichen Verfahrens (3. A.) S. 278, Nr. 1 u. Martin, Anleit. zu dem Referiren, §. 17. — Dagegen: die Immediat = Justiz = Exam. = Kommission a. a. O.

Vortrage, wenn der bekämpfte Einwand erhoben worden ist, und zwar als Erwiderung auf denselben am gehörigen Orte.

b) Darauf die Antwort des Bekl., wozu alles dasjenige gehört, was der Bekl. zur Widerlegung des Klagegrundes vorgebracht hat, und der Antrag (das Petitum) wörtlich, gleichfalls ohne Rücksicht darauf, ob es in der Klagebeantwortung, oder in der Duplik vorgebracht ist, unter der vorigen Maßgabe. Die einzelnen Einwendungen, welche jede ihren für sich bestehenden juristischen Grund haben, sind mit ihrer eigenen besonderen Geschichtserzählung gehörig getrennt vorzuführen; solche Einreden, welche die Ausschließung der Einlassung und Verhandlung bezwecken (exceptiones litis ingressum impedientes), werden der Einlassung vorangestellt, was sich auch mit manchen präjudiziellen Einreden, wodurch die ganze Klage entkräftet werden soll, wenigstens in soweit, daß man die Einlassung auf das geforderte Quantum zuletzt folgen läßt, als zweckmäßig ergeben kann.

c) Die Replik, d. h. alles dasjenige, was der Kläger zur Widerlegung der Ausstellungen gegen den faktischen Klagevortrag und zur Entkräftung der Exceptionen angeführt hat. Die Widerlegung der Exceptionen muß unmittelbar hinter der bekämpften Exception folgen und wenn zur Bekämpfung eine Replik im eigentlichen Rechtssinne vorgebracht wird, so muß sie von der ihr eigenen Geschichtserzählung passend begleitet sein.

d) Die Duplik in derselben Weise, wobei Wiederholungen hier ebenso wie bei der Replik zu vermeiden sind.

In Ansehung der Beweisantretung und der Anzeige der Beweismittel hat man den Rath gegeben, dieselbe bei jeder bestrittenen Behauptung am Rande kurz zu verzeichnen, weil die Angaben der Regel nach nicht in die zusammenhängende Darstellung der Parteivorträge, welche dadurch einen überaus schleppenden Gang vermeintlich erhalten würde, gehören sollen [7]). Das kann als richtig nicht anerkannt werden; im Gegentheil, ein Referat, welches auf Vollständigkeit und Treue Anspruch macht, muß auch die angezeigten Beweismittel, in sofern es noch darauf ankommt, unmittelbar in Verbindung mit der streitigen Thatsache, andeuten, oder, wenn es an der Beweisantretung fehlt, dieses bemerklich machen, und wenn es daran deshalb fehlt, weil die Parteien über die Beweislast streiten, auch diesen Streit kurz mit vortragen; wenn aber Einwendungen gegen die Zulässigkeit eines angezeigten Beweis-

7) Schering a. a. O. Nr. 7.

mittels gemacht worden sind, auch diese nicht unterdrücken; ferner muß, wenn eine der Parteien einen Beweis nur unter Vorbehalt (eventuell) angetreten hat, weil sie sich zur Beweisführung nicht verpflichtet hält, auch dieses vorgetragen werden; denn ihre Absicht ist dabei, daß, wenn das Gericht ihrer Meinung beistimmt und der Beweispflichtige nicht noch nachträglich den Beweis antritt, der von ihr angetretene Beweis gar nicht; wenn aber der Beweispflichtige noch den Beweis antritt, der von ihr angetretene Beweis als Gegenbeweis aufgenommen werden soll. Das alles ist thatsächlicher Natur und muß den Richtern vorgebracht und zum Gegenstande der Verhandlung der Parteien gemacht werden. Außerdem haben die Parteien gar keine Gewähr dafür, daß in dem geheimen Gemache, wo man damit umgeht, ein Beweisresolut zu erlassen, den Richtern, welche die Akten nicht gelesen haben, davon etwas zur Kenntniß kommt. Daß dieses geschehe, und zwar unter ihrer Kontrole und Mitwirkung, darauf haben die Parteien ein unantastbares Recht, folglich kann das alles nicht in zufällige Randnotizen gehören, wenn man einen ordentlichen schriftlichen Vortrag überhaupt für nothwendig hält. Ueberhaupt ist es nicht verständlich, was die Randnotizen über thatsächliche Vorträge nützen sollen. „Der Vortrag soll durch die Aufnahme dieses in Rede stehenden Vorbringens der Parteien einen überaus schleppenden Gang erhalten." Das schriftliche Referat hat ja überhaupt nur den Zweck, zur Grundlage des mündlichen Vortrages zu dienen. Der lebhafte Gang ist ja also nicht für das Schriftstück berechnet. Was sollen denn die Randbemerkungen bezwecken!? Sie sollen doch ohne Zweifel in dem mündlichen Vortrage an der betreffenden Stelle mit vorgebracht werden. Wird denn dadurch der Gang des Vortrages nicht gerade erst recht schleppend, holperig und unterbrochen? Sollen sie aber nicht vorgetragen werden, so haben sie auch keinen vernünftigen Zweck, das bloße Hinschreiben müßte denn Selbstzweck sein.

e) Das Ergebniß der anticipirten Beweiserhebung [8]) hat keine besondere Stelle, sondern muß da vorgetragen werden, wo die zu erweisende Thatsache vorkommt, wenn diese nicht etwa dadurch außer Streit gesetzt worden ist. Denn in diesem Falle wird der fragliche Thatumstand als unstreitig behandelt und, wie z. B., wenn durch Augenschein etwas festgestellt worden ist, schon in der Geschichtserzählung (species facti) verwendet [9]). Wenn dagegen das

8) Verordnung vom 21. Juli 1846, §. 11.

9) Bemerkungen der Immed. = J. = Exam. = Kommission a. a. O. Nr. 2 a. E.

Ergebniß der Beweisführung zweifelhaft oder gar schon streitig ist, z. B. wenn eine producirte Urkunde in qualitate producta rekognoscirt, aber bestritten worden ist, daß ihr Inhalt das thema probandum erschöpfe, so muß die kritische Stelle am gehörigen Orte wörtlich vorgetragen werden, damit die Parteien darüber kontradiktorisch verhandeln können. Denn wenn die Lage des Prozesses auch noch keine Endentscheidung in Aussicht stellt, so muß doch die Verhandlung darüber schon jetzt eröffnet werden, weil die Antretung eines Ergänzungsbeweises möglich ist, der mit dem noch übrigen Beweise zugleich aufgenommen werden könnte.

f) Thatsächliche und rechtliche Momente, die nur sekundäre Gründe zur Unterstützung der Klage oder einer Einrede, oder künstliche Beweise des Klage= oder Exceptionsgrundes, oder Mittel zur Beurtheilung des Gewichts und der Glaubwürdigkeit dieses oder jenes Beweismittels nach der Ansicht der Parteien bilden, fanden nach dem alten schriftlichen Verfahren, außer einer bloß flüchtigen Andeutung in dem Akten=Auszuge, ihren eigentlichen Platz in dem kritischen Theile der Relation, in welchem der Referent das Faktum nach allen Haupt= und Nebenumständen und nach den Begebnissen der Beweisaufnahme zu konstruiren, die Einwendungen, Ausstellungen und Rechtsausführungen der Parteien vorzuführen und zu beleuchten hatte[10]). Diese Regel ist für das heutige Verfahren nicht mehr anwendbar: jetzt sollen die Parteien selbst, unmittelbar, über alle ihre Anführungen, in ihrem Sinne, also auch über unterstützende Nebenumstände, zum Richter sprechen können oder sich doch davon überzeugen, daß Alles, was sie vorgebracht haben, dem Richter auch wirklich vorgetragen werde. Deshalb müssen alle die erwähnten Nebenumstände und Unterstützungsgründe mit dem Hauptfaktum zugleich in das Referat aufgenommen und dadurch gleichfalls zum Gegenstande der mündlichen Verhandlung gemacht werden.

Hiermit schließt das Referat aus dem ersten Verfahren. Dasselbe muß so eingerichtet sein, daß keine Zurückweisung bei einem späteren Punkte auf einen früher vorgetragenen, nach der beliebten Methode „ad 1, ad 2" u. s. w. vorkommt.

2) Der Vortrag darf sich nicht bloß auf das dem Referenten scheinbar Relevante beschränken, wie bei der Geschichtserzählung, sondern er muß alle von den Parteien angeführten Thatum=

---

10) A. G.O. I, 13, §. 7, Absatz 4, verglichen mit Tit. 10, §§. 32, 33. — Bemerkungen rc. Abschnitt II, Nr. 1, Absatz 2.

stände und alle Gründe mit den aus denselben gezogenen Folgerungen enthalten, mögen sie dem Referenten auch noch so unerheblich oder unstatthaft scheinen [11]). Dieser Satz ist bestritten [12]); die Richtigkeit desselben springt aber sofort in die Augen, wenn man bedenkt, daß der Referent bei dem Aktenauszuge eigentlich die Parteien selbst zu dem Richter sprechen läßt, und daß diese dasjenige, was sie anzubringen in ihrem Sinne für sachgemäß gehalten haben, zur Kenntniß des erkennenden Richters gebracht wissen wollen. Das vermögen sie auch thatsächlich durchzusetzen, wenn sie ihre Rechte gehörig wahrnehmen, oder wahrnehmen lassen. Denn wenn sie durch das Referat nicht befriedigt sind, so müssen die Richter den verbesserten Vortrag der Parteien nach ihrem Sinne und überdieß die Beschwerden über Unvollständigkeit des Vortrages und Unterdrückung ihrer Gründe, ruhig anhören, wodurch für die Richter ein doppelter Zeitverlust entsteht. Das Gewicht dieses Grundes fühlen auch diejenigen, welche nur Relevantes hören wollen; sie geben deshalb die Regel: bei zweifelhafter Relevanz lieber zuviel als zu wenig zu extrahiren [13]). Aber das Schwierige besteht gerade in der Frage: was erheblich und was unerheblich sei. Das ist durch die Rechtsanschauung eines jeden Einzelnen bedingt, es würde also, wenn die Auswahl lediglich dem Ermessen des Referenten überlassen sein sollte, die Entscheidung der Sache in der That oft von ihm allein abhängen. Die Erfahrung aber lehrt, daß etwas, das dem Referenten so unbedenklich unerheblich geschienen, daß er es nicht der Erwähnung für werth gehalten, von den übrigen Richtern gerade für das Allererheblichste gehalten worden ist und bei der Entscheidung der Sache den Ausschlag gegeben hat.

3) Der Styl des Vortrages richtet sich bei diesem Theile des Referates, welcher aus Geschichte und Behauptungen zusammengesetzt ist, nach dem jeweiligen Gegenstande. Geschichte wird im positiven, Behauptungen werden im relativen Style vorgetragen [14]), immer aber kurz und kernig und in steter Verbindung mit demjenigen, worauf es die Partei nach ihrem Sinne bezieht.

11) Bemerkungen der Immed.-J.-C.-K., Abschn. II, Nr. 1. — Vergl. Fahnenberg, Briefe an seinen Sohn, S. 12.

12) Martin, Anleitung §. 16, will nur das Relevante vorgetragen wissen und daher natürlich die Beurtheilung der Frage, was relevant sei oder nicht, dem Referenten überlassen.

13) Martin a. a. O., S. 22, Note 6.

14) Vergl. Gönner, Grundsätze der juristischen Praxis (Bamberg 1797), §. 252.

§. 38.

e) Votum. (Beurtheilung, Dijudikation.)

Nach dem Schlusse der mündlichen Verhandlungen, und nachdem die Richter oder die außer ihnen Anwesenden sich zurückgezogen haben, nimmt der Referent den Vortrag wieder auf und legt einen besonders mitgebrachten Entwurf zum Resolut oder Urtel zur Berathung und Beschlußfassung vor [1]). Die Aufzeichnung der Begründung des Votums ist in der ersten Instanz nicht praktisch, weil sie nicht zu den Akten genommen werden kann, also ein nutzloses Exercitium sein würde, wenn ein Resolut abgefaßt würde oder das vorgeschlagene Endurtheil keinen Beifall fände; denn in dem ersten Falle würde die künftige Entscheidung voraus bekannt gegeben, und im anderen Falle hätte die verworfene Begründung der überstimmten Entscheidung gar keinen Zweck bei den Akten. Das Gleiche gilt in der Appellationsinstanz [2]). In der dritten Instanz ist es anders, hier wird ein vollständiges Referat mit Entscheidungsgründen ausgearbeitet und versiegelt zur Registratur gegeben, bis es am Audienztage zur Eröffnung und zum Vortrage gelangt [3]). Der Referent eröffnet dem Kollegium sein Votum und entwickelt mündlich seine Motive:

I. Auf die historia processus. Dabei werden alle Punkte, nach der in §. 36 angegebenen Reihefolge, einzeln vorgenommen und begutachtet, auch diejenigen von Amts wegen, in Beziehung auf welche keine Partei-Ausstellung vorkommt. Findet sich bei dem Einen oder dem Anderen ein Anstand, so muß dieser zuvor erledigt werden, ehe weiter vorgegangen wird. Dabei kann es vorkommen, daß bei der Beanstandung stehen geblieben wird, entweder durch Abfassung eines abweisenden Urtels, oder eines Resoluts, durch welches eine Vorverhandlung, oder die Nachholung einer wesentlichen Prozeßverfügung, z. B. die nachträgliche Vorladung eines übersehenen Mitbeklagten, Adcitaten oder Litisdenunciaten, oder eine Beweiserhebung angeordnet wird. Wenn z. B. im Falle eines ergangenen Kontumazialerkenntnisses sich herausgestellt hätte, daß das Restitutionsgesuch zu spät präsentirt worden wäre, oder daß die dazu gehörige Klagebeantwortung ein späteres,

1) Instr. v. 24. Juli 1833, §. 36.

2) Verordnung v. 21. Juli 1833, §. 49.

3) Verordnung v. 14. Dezember 1833, §. 16; nur fällt der dort erwähnte zweite Referent weg, nach der V. v. 21. Juli 1846 §. 23 im Eingange.

außerhalb der Restitutionsfrist liegendes Datum hätte, so kann die darauf eröffnete mündliche Verhandlung zweierlei ergeben haben.

Entweder hat der Restitutionssucher gegen die Thatsache der Verspätung nichts vorgebracht. Dann muß das Votum auf Zurückweisung der Restitution und Aufrechthaltung des Kontumazialerkenntnisses ausfallen und das abzufassende Urtel lauten:

> „daß das Restitutionsgesuch gegen das Kontumazialerkenntniß vom ..... zurückzuweisen und es bei diesem Erkenntnisse zu belassen;"

oder:

> „daß es bei dem Kontumazialerkenntnisse vom ....., unter Zurückweisung des dagegen angebrachten Restitutionsgesuches, zu belassen;"

oder auch ganz einfach:

> „daß es bei dem Kontumazialerkenntnisse vom ..... zu belassen;"

denn das Wesentliche des Anspruchs besteht in dem Ausdrucke: daß das Kontumazialerkenntniß nicht aufzuheben sei[4]). Damit hat die erste Instanz ihr Ende erreicht, ein zweites Restitutionsgesuch findet nicht statt; der Bekl. hat aber durch dieses Verfahren doch den Vortheil, daß erst von der Insinuation dieses Erkenntnisses an der Lauf der Appellationsfrist gerechnet wird, welchen Zeitgewinn er nicht gehabt hätte, wenn die gehörige Aufmerksamkeit auf die Prüfung des Restitutionsgesuches verwendet worden wäre; denn dieses Erkenntniß wird nun für das erste Urtel erachtet (Not. 4).

Oder der Bekl. hat die rechtzeitige Einreichung des Restitutionsgesuches und der Klagebeantwortung und folglich die Unrichtigkeit des Präsentationsvermerks behauptet und einen schlüssigen Beweis angetreten. Dann muß das Votum auf die Erhebung dieses Beweises ausfallen, und der weitere Vortrag ist abzubrechen. Denn wenn der Beweis mißlingt, so muß es bei dem Kontumazialerkenntnisse, wie in dem vorigen Falle, sein Bewenden behalten, und die Fortsetzung des Vortrages und der Berathung würde jedenfalls eine Zeitvergeudung sein, auch für den Fall, daß der Beweis gelänge und mithin die Sache selbst berathen werden müßte; denn in diesem Falle würde doch die Verhandlung und Berathung wiederholt werden müssen, da man sich auf das Gedächtniß der Richter für künftige Zeiten nicht verlassen darf und ein vorausgefaßter eventueller Beschluß für keinen bindend ist, auch gegen alle

4) A. G.O. I, 14, §. 76.

Prozeßgrundsätze verstoßen würde, nicht allein deshalb, weil sich ja die Meinungen Einzelner oder Aller in der Sache selbst ändern können, sondern auch, weil die Mitglieder des Gerichts künftig vielleicht nicht mehr dieselben sind.

Mängel in Formalien, welche für unwesentlich und nur zur guten Ordnung gehörig erachtet werden, hemmen den Fortgang der Berathung nicht, sondern deren Erledigung wird in dem, in der Sache selbst zu fassenden Beschlusse (Resolute oder Erkenntnisse) unter Androhung einer Ordnungsstrafe verordnet [5]).

Die Kritik des Verfahrens, welche bei den Relationen pro statu gefordert wird [5a]), hat keinen Einfluß auf die Entscheidung der Sache und gehört deshalb nicht in den Kontext des Referates; sie findet den schicklichsten Platz als Anhang am Schlusse der Relation [6]).

II. Auf die verzögerlichen und prozeßhindernden Einreden, soweit sie durch die Beurtheilung der historia processus noch nicht erledigt sind; denn manche dieser Einreden fallen mit den wesentlichen Förmlichkeiten des Prozesses zusammen. Hierbei ist der Verlauf des Vortrages und der Beurtheilung der gleiche wie bei dem vorigen Punkte.

III. Auf den Vortrag und die Verhandlung in der Sache selbst. Das Votum kann auf ein Beweisresolut oder auf die Endentscheidung ausfallen; beide muß der Referent motiviren.

1) Das Beweisresolut, auf welches der Referent anträgt, kann sich auf die streitigen Thatumstände, welche die Klage begründen sollen, oder auf die Einreden des Beklagten, oder auf beide beziehen; in allen Fällen aber muß es so vollständig und erschöpfend ausfallen, daß nach Erledigung desselben wegen solcher Thatumstände, welche bereits vorgebracht worden sind, nicht noch ein zweites Resolut nothwendig wird.

a) Handelt es sich um Thatsachen, welche der Klage zum Grunde gelegt sind, so muß der Referent auf den Rechtspunkt soweit eingehen, daß das Kollegium die Erheblichkeit der bestimmt zu präcisirenden Thatsache zu beurtheilen vermag. Er muß also, unter Voraussetzung der Richtigkeit der Thatsache, juristisch nachweisen, daß dem Kläger der Anspruch rechtlich zustehe. Denn wenn aus

5) Dekl. v. 6. April 1839, Art. 7, Abs. 3.

5a) A. G.O. Th. III, Tit. 4, §. 27.

6) Diesen Platz, den ich schon in der Anleitung zum Referiren, §. 14, Nr. 2 a. E. angerathen habe, weiset auch die Immed. = J. = Exam. = Kommission in ihren Bemerkungen, Abschn. III, Nr. 1 an.

dem thatsächlichen Vorbringen des Klägers ein rechtlicher Klagegrund nicht herauszufinden wäre, so könnte die Feststellung der Thatsachen zu gar nichts führen; die Sache steht dann so, als wenn im Falle der Kontumaz des Bekl. der Kläger durch das abzufassende Kontumazialerkenntniß abzuweisen ist[7]), alles weitere Verfahren hat damit sein Ende.

Das Gleiche tritt ein, wenn ein peremtorischer Einwand, der den ganzen Klagegrund aufhebt, klar gestellt ist. Dann bedarf es keiner Feststellung der bestrittenen Behauptungen des Klägers, es muß auf Abweisung erkannt werden.

b) Sind die thatsächlichen Grundlagen der Einreden des Bekl. streitig, so kann es auf einen Beweis darüber nur unter den beiden Voraussetzungen ankommen, daß der Kläger eine nach seinen Behauptungen begründete Klage hat und daß die fragliche Einrede des Bekl. begründet, auch nicht durch eine bereits festgestellte Replik entkräftet oder diese nicht durch eine Duplik widerlegt ist. Das muß von dem Referenten dargelegt werden.

c) Trägt der Referent auf Beweiserhebung an über Thatsachen, welche der Klage zum Grunde liegen, und über Thatsachen, aus welchen eine Einrede entnommen ist, so ist in Beziehung auf beide die Erheblichkeit nachzuweisen.

Außerdem sind die angebotenen Beweismittel nach ihrer Beweiskraft an sich, und nach ihrer Zulässigkeit in Erwägung zu ziehen. Völlig beweisunkräftige Beweismittel, wie z. B. das Zeugniß eines Meineidigen oder Zuchthaussträflings, helfen zu gar nichts; eben so wenig unzulässige Beweismittel, wie z. B. die Eidesdelation in Ehescheidungs-, Schwängerungs- und Injuriensachen. Auf dergleichen Beweismittel ist nicht einzugehen; die Vernehmung unglaubwürdiger Personen pro informatione hat in dem heutigen Prozesse keine Stelle.

Die gleichen Rücksichten sind bei einem angetretenen direkten Gegenbeweise zu nehmen.

Das beschlossene Resolut muß bestimmt aussprechen, was geschehen soll. Ist es ein Beweisresolut, so müssen die Beweissätze, über welche Beweis geführt werden soll, präcisirt und bei jedem die Beweismittel, welche zur Anwendung kommen sollen, bezeichnet werden. Die Mittel des Gegners zur Entkräftung des Beweises oder zur Führung des Gegenbeweises sind gleichzeitig hinter dem betroffenen Beweisthema anzugeben etwa in dieser Fassung:

7) A. G.O. I, 14, §. 79.

„— hat beschlossen: über nachbezeichnete Thatsachen den Beweis zu erheben:

1. ob der Bekl., bei der Ankunft der ihm von dem Kläger zugesendeten Waaren, noch vor der Abnahme derselben, einen Ballen geöffnet und demnächst dem Frachtführer A. bestimmt gesagt habe, daß er ihm die Waaren, weil sie verdorben und nicht probemäßig seien, nicht abnehme, daß aber dennoch der Frachtführer A. sämmtliche zehn Ballen auf der Straße vor der Thüre des Bekl. niedergelegt habe?

   durch Vernehmung der von dem Bekl. vorgeschlagenen Zeugen:

   1) den Handelskommis Y.; 2) den Kommissionär Z. hieselbst, und

   durch Vernehmung der von dem Kläger vorgeschlagenen Gegenzeugen:

   1) den Frachtführer A.; 2) den Sackträger B. hieselbst;

2. ob die beiden Gegenzeugen A. und B. bei dieser Gelegenheit so angetrunken waren, daß sie taumelten und nicht verständlich sprachen, auch das zu ihnen Gesprochene nicht beachteten?

   durch Vernehmung der Zeugen" u. s. w.

Daß sich nur streitige, d. h. solche Thatsachen, welche nicht zugestanden worden und auch nicht in contumaciam für zugestanden zu erachten sind, und nur erhebliche und zugleich rechtzeitig angebrachte, sowie von dem Beweispflichtigen unter Beweis gestellte Thatsachen zur Aufnahme als Beweisthemata in das Resolut eignen, ist eine Regel, welche das Kollegium bei der Beschlußfassung zu beobachten hat; für den Referenten zur Befolgung bei Abfassung des Resoluts aber gilt sie nicht, dem Referenten liegt ob, das Resolut genau dem Beschlusse entsprechend zu fassen, wenn er auch damit nicht einverstanden ist. Ueberhaupt sind über alle diese Erfordernisse und über deren Vorhandensein, je nach der Beschaffenheit des Rechtsfalles und nach den verschiedenen Rechtsansichten berechtigte Meinungsverschiedenheiten möglich. Dergleichen finden sich z. B. auch bei der Normirung des Eides, wenn dieser als Beweismittel angewendet werden soll, der Vorschrift gemäß in dem Resolute die Norm vorzuschreiben ist[8]) und durch den Eid ein ge-

8) Instr. v. 24. Juli 1833, §. 40.

wisses Quantum schuldig zu sein abgelehnt werden soll. In einem solchen Falle soll nach einer Meinung so normirt werden:

> „Ich (Beklagter) schwöre 2c., daß ich von dem Kläger die in seiner Rechnung vom 10. August 1851, Nr. 1—20 zum Gesammtwerthe von 200 Thlrn. spezifizirten Waaren nicht empfangen habe,"

und es soll nicht etwa die ganze Rechnung in den Eid aufgenommen werden, auch soll der Zusatz, daß dem Schwörenden die Beschränkung des Eides auf ein quantum minus zustehe, z. B.

> „daß ich die 2c. spezifizirten Waaren (oder welche davon) nicht entnommen habe,"

nicht nothwendig sein, weil diese Befugniß ihm ohnedieß nach den Gesetzen zustehe [9]). Es kann dahin gestellt bleiben, ob die Aufnahme des Verzeichnisses in den Eid ersprießlich sei, oder nicht, und ob es der Erinnerung an diese Befugniß durch die Einschaltung der Worte (oder welche davon) bedürfe, da diese Erinnerung jedenfalls Obliegenheit des Gerichts oder der Gerichtsperson bei der Eidesabnahme ist. Aber ich habe für den fingirten Fall, über die Fassung der Norm, abgesehen von diesen Einschaltungen, eine ganz andere Meinung, weil jene Fassung zu Mentalreservationen veranlassen kann, und weil sie der betreffenden Prozeßvorschrift nicht entspricht. Der §. 311[a], Tit. 10, Th. I der A. G.O. verordnet: „Soll Jemand, ein gewisses Quantum schuldig zu sein, eidlich ablehnen; so muß er entweder schwören, daß er gar nichts schuldig sei; oder, wenn er ein geringeres Quantum eingesteht, so muß der Eid dahin: daß er dem Gegentheile nicht mehr, als er nachgegeben hat, schuldig geworden sei, gerichtet werden." Hiernach müßte jene Eidesnorm so lauten:

> „Ich (Beklagter) schwöre, daß ich von dem Kläger keine der in dessen Rechnung vom 10. August 1851, Nr. 1—20 verzeichneten Waaren (oder: nicht mehr als die nachgegebenen Stücke, nämlich Nr. 2 u. s. w. von den in der Rechnung vom 10. August 1851 verzeichneten Waaren) empfangen habe."

Auf den Preis kommt dabei nichts an, dieser braucht daher in den Eid nicht aufgenommen zu werden. Uebrigens muß, wenn nicht beide Theile mit der der Eidesnorm in dem Resolute gegebe-

---

9) Reusch, Anleitung, Heft I, §. 47.

nen Fassung einverstanden sind, darüber verhandelt und schließlich in dem Endurtheile erkannt werden [10]).

Die Art der Ausführung des Resolutes braucht nicht im Kontexte desselben vorgeschrieben zu werden, die für die Gerichtsbeamten gegebenen Anweisungen passen nicht einmal dahin; am schicklichsten finden sie ihren Platz in dem auf das Audienzprotokoll zu erlassenden Dekrete.

Motive des Resolutes finden in den Akten keine Stelle, auch nicht in Form von Notizen, die das Verfahren nicht kennt; sie sind auch nicht vorgeschrieben [11]).

§. 39.

Fortsetzung. Urtheilsgründe.

2) Beschließt das Kollegium die Endentscheidung, so eröffnet der Referent die Fortsetzung seines Vortrages

a) mit dem Votum. Dieses muß ganz kurz und formlos sein, z. B.:

> ich würde den Kläger abweisen; oder: m. E. ist der Anspruch des Klägers unbegründet; oder: der Bekl. ist m. E. in der Hauptsache nach dem Klageantrage zu verurtheilen.

Ein umständlich formulirtes Gutachten, wie es öfters in den zur Uebung gearbeiteten Relationen der jungen Praktiker vorkommt, ist an dieser Stelle ganz unzweckmäßig [12]). Das Verschieben aber der bestimmten Aussprechung des Votums bis zum Schlusse der Ausführung ist unbedingt nur zu mißbilligen, weil das Kollegium alsdann immer längere oder kürzere Zeit im Dunkeln darüber: wohin die Betrachtungnn und Entwickelungen des Referenten führen sollen, bleibt und des so nöthigen Anhaltes für die schrittweise umsichtige Würdigung derselben in der Anwendung auf ihre Zulänglichkeit entbehrt [13]); die beste Ausführung geht so verloren.

b) Manche Referenten geben nach Abgabe des Votums, ehe sie auf die Entwickelung ihrer Gründe eingehen, eine Wiederholung der Geschichtserzählung, der Prozeßgeschichte und der Anträge der Parteien in einer abgekürzten Zusammenstellung, und berufen sich dieserhalb auf die Vorschrift der A. G.O. Th. I, Tit. 13, §. 7, Absatz 3, wonach den Gründen des Referenten für sein Votum

10) A. G.O. I, 10, §§. 304, 306.

11) V. v. 1. Juni 1833, §. 30; Instr. v. 24. Juli 1833, §. 38.

12) Vergl. m. Anleitung zum Referiren, §. 15.

13) Bemerkungen der Immed. = J. = Exam. = Kommission, Abschn. IV, Nr. 1.

allemal eine vollständige und zusammenhängende Erzählung des ganzen Fakti nach allen seinen Haupt= und zur Sache gehörigen Nebenumständen, so wie selbiges nach dem Urtheile und der Ueberzeugung des Referenten durch die geführte Instruktion und den aufgenommenen Beweis feststeht, vorausgeschickt werden soll. Auch diese Methode ist schon nach dem Standpunkte des Referenten in dem alten Verfahren, als Regel, ich meine mit Grunde, gemißbilligt worden, weil dabei übersehen werde, daß diese Vorschrift sich auf die dem Referenten in seinem Gutachten natürlich vor Allem obliegende Konstruirung des Fakti aus den Verhandlungen und aufgenommenen Beweisen und auf die Nothwendigkeit beziehe, in den dem künftigen Erkenntnisse beizufügenden Gründen auch den Parteien von der Art, wie der Richter das Thatsächliche aufgefaßt und seiner Entscheidung untergelegt hat, Rechenschaft zu geben[14]). Es mag dahin gestellt bleiben: ob der Verfasser dieser Vorschrift nicht wirklich eine Wiederholung der ganzen Geschichte, „welche auch dem künftigen Erkenntnisse beizufügen", vor der Entwickelung der Entscheidungsgründe gemeint habe[14a]). Allein für das heutige Prozeßverfahren ist diese Methode nicht immer zweckmäßig.

c) Ist die Sache in faktischer und juristischer Hinsicht einfach, so hat der Referent ohne Weiteres mit der Rechtfertigung selbst zu beginnen, denn es müßte schlimm sein, wenn die unmittelbar aus dem Vortrage des Sachlichen und den Verhandlungen der Parteien heraustretenden Richter dafür kein Gedächtniß mehr hätten. Daß in dem Erkenntnisse den Entscheidungsgründen eine Geschichte, zur Rechenschaft den Parteien gegenüber, gegeben werden muß, ist etwas Anderes, wovon weiterhin, bei Abfassung des Erkenntnisses, gesprochen werden wird (§. 57, Nr. III). — In Sachen dagegen, in welchen das thatsächliche oder rechtliche Verhältniß verwickelt ist, müssen zu Anfange des Gutachtens die einzelnen Gegenstände der Beurtheilung (consideranda), wie sie sich aus dem Aktenauszuge und aus dem Rechtsverhältnisse als nothwendig ergeben, regulirt werden. Dafür lassen sich allgemeine, auf alle Fälle passende Regeln nicht geben; der stets vor Augen festzuhaltende Zweck des Vortrages: den Zuhörer mit dem Ideengange des Referenten vertraut zu machen und ihm zu ermöglichen, demselben mit möglichst geringer Anstrengung zu folgen, muß den

---

14) Ebenda, Nr. 2.

14a) v. Trützschler in seinem Aufsatze über die Methode zu referiren, v. 28. Novbr. 1817, §. 9, hat diese Vorschrift auch in diesem Sinne aufgefaßt.

rechten Weg und die richtige Mitte an die Hand geben, wobei nicht zu vergessen, daß der Zuhörer ein Rechtsverständiger ist. Dabei gilt als eine allgemeine Regel, daß die präjudiziellen und vorbereitenden Fragen voranzustellen, eventuelle Punkte allemal den Prinzipal-Punkten unterzuordnen sind, und daß die Beurtheilung eines jeden Punktes mit der Beantwortung der Frage (dem Votum) eröffnet wird. Z. B.:

„In der Sache selbst ist zu beurtheilen:

principaliter: ob dem Rittergute des Klägers, nach Gewohnheitsrechte, das Eigenthum an dem Grenzraine zwischen den Feldmarken der Parteien auch da zustehe, wo Rustikalstellen an die Grenze stoßen;

eventualiter: ob der Beklagte dadurch, daß er den streitigen Grenzrain durch rechtsverjährte Ersitzung angeblich abgeholzt hat, ein dingliches Recht und was für eins? und gegen wen? erwerben können.

In Betreff der ersten Frage ist m. E. die Behauptung des Klägers gegründet. (Folgen die Gründe.)

Es kommt nun die eventuelle Frage in Betracht: ob der Bekl. ein in der eventuellen Wiederklage geltend gemachtes dingliches Recht, und was für ein dingliches Recht auf den streitigen Grenzrain erworben habe.

Als Erwerbungsart ist dreißigjährige Verjährung behauptet, und die Besitzhandlungen sollen in der regelmäßigen Abholzung des Rains bestanden haben. Der Kläger bestreitet, daß ein dingliches Recht auf den Grenzrain mittelst der Verjährung durch Besitz erworben werden könne. Es würde mithin, unter vorausgesetzter Richtigkeit des verjährungsmäßigen Besitzes, in rechtlicher Beziehung zu befinden sein:

1. ob an dem Grenzraine der Bekl. mittelst Verjährung durch Besitz ein Recht erwerben konnte;
2. von welcher Art das erworbene Recht sei, namentlich: ob es Eigenthum, Miteigenthum, oder Grundgerechtigkeit sei.

Die Untersuchung dieser Rechtsfragen würde gegenstandlos sein, wenn sich fände, daß der Beweis des Besitzes mißlungen sei. Dieß ist m. E. der Fall, weshalb die Würdigung der Beweisgründe vorangehen mag.

Die von dem Bekl. vorgeführten Zeugen bekunden: (folgen die zur Sache gehörigen Aussagen u. s. w.)

Das Ergebniß der ganzen Beweisführung ist mithin: daß der Bekl. und dessen Vorbesitzer durch einen Zeitraum von ungefähr 20 Jahren an einzelnen Stellen dreimal haben Holz schlagen lassen.

Dagegen hat überdieß der Kläger den angetretenen Gegenbeweis dahin:

> daß das erste Mal das Holz von ihm an den Vorbesitzer des Bekl. verkauft worden ist, und daß das letzte Mal die Holzschläger des Bekl. gepfändet und vertrieben worden sind,

fast vollständig wenn nicht ganz vollständig geführt. Denn (folgt der Inhalt der Beweismittel).

Die Lage der Sache ist hiernach so, daß der Bekl. für den thatsächlichen Grund seiner eventuellen Wiederklage keinen Beweis erbracht hat, auch nicht soviel, daß ein nothwendiger Eid gerechtfertigt sein könne. Jene Rechtsfragen können somit auf sich beruhen, da jedenfalls wegen mangelnden Beweises die Wiederklage zurückzuweisen sein würde.

Auf den Fall jedoch, daß das Kollegium hierin anderer Meinung sein und auf einen nothwendigen Eid erkennen sollte, bin ich der Meinung: daß die erste Frage:

> ob der Bekl. an dem Grenzraine mittelst Ersitzung ein Recht erwerben konnte,

zu bejahen (oder zu verneinen) sei. (Folgen die Gründe. Wird die Frage bejahend entschieden, so muß weiter folgen:)

Die zweite Frage:

> von welcher Art das erworbene Recht sei,

ist nach der Meinung des Klägers und Wiederbeklagten, daß es nichts weiter als eine Holzungsgerechtigkeit sei, zu entscheiden. (Folgt die Rechtfertigung.)

In diesem Beispiele muß die Feststellung der faktischen Frage den Rechtsfragen deshalb vorangehen, weil sie für den Verneinungsfall am weitesten reicht. Wollte man die Ordnung umkehren, so würde durch die Verneinung der ersten Rechtsfrage der Referent sein Ziel noch nicht erreicht haben; denn er müßte sich, für den Fall ihm das Kollegium nicht beistimmte, doch noch mit der zweiten Frage beschäftigen, und diese läßt sich nicht erledigen, ohne in der Würdigung des Beweises einzutreten. Dadurch würde die Vorführung der Beweisgründe zerrissen und zuletzt, bei der an den Schluß verlegten Feststellung der Thatsachen, eine vollständige Wiederholung nöthig werden.

d) Die **Urtheilsgründe** zerfallen in Zweifels- und in Entscheidungsgründe [15]). Ueber die Auffindung und Entwickelung derselben, so wie über die Ordnung der Darstellung, lassen sich keine für alle Fälle passende Regeln geben [16]). Gewöhnlich werden sich die Sachen auf folgende Weise am zweckmäßigsten behandeln lassen:

aa) Voran wird die Erörterung der Präjudizialfragen, welche nicht schon bei der Beurtheilung der historia processus ihre Erledigung gefunden haben, z. B. der Einwand der rechtskräftig entschiedenen Sache, gestellt. Das s. g. fundamentum agendi intermedium (die Legitimation zur Sache) eignet sich in der Regel dazu nicht [17]); es gehört zur Begründung der Klage, indem der Kläger darzulegen hat, daß der geltend gemachte Anspruch gerade ihm für seine Person zustehe, es ist von der ursprünglichen Entstehungsgeschichte des Anspruchs oft auch nicht einmal trennbar, und überdieß ist es aus Zweckmäßigkeitsgründen nicht wohlgethan, diesen Punkt unter den Präjudizialfragen zu erörtern, da er ungleich weitläuftiger und zweifelhafter sein kann als die Beurtheilung des Klagegrundes selbst und deshalb dahin gestellt bleibt, wenn aus den behaupteten Thatumständen ein Klagerecht gar nicht entspringt; denn in diesem Falle wird der Kläger, möchte sich auch das einer weit aussehenden Beweisführung zu unterwerfende fundamentum agendi intermedium schließlich nachweisen lassen, doch wegen des an sich mangelnden Klagerechtes abgewiesen.

bb) Führen die Präjudizialfragen zu keiner Entscheidung oder vorgängigen Anordnung, so untersucht man das geltend gemachte Klagerecht und stellt fest: ob die thatsächlichen Voraussetzungen dazu oder doch zu einem anderen von dem Kläger behauptet worden sind. Fehlt es an der Behauptung des einen oder des anderen Erfordernisses und mangelt es somit an einem Klagerechte an und für sich, so kommt nichts darauf an: ob der Bekl. den Mangel gerügt habe. Der Prätor giebt keine Klage, ohne daß deren Voraussetzungen sämmtlich behauptet worden. Die Bestimmung des Prätors hat heutzutage der Richter: dieser soll die Klage nicht annehmen, ohne daß deren Erfordernisse behauptet worden sind oder, wie es in der preußischen Rechtssprache heißt, ohne daß sie substan-

15) A. G.O. Th. III, Tit. 3, §. 53 a. E. — Vergl. Reichs-Absch. v. 1654, §. 157.

16) M. s. hierüber Brinkmann, über die richterlichen Urtheilsgründe &c. (Kiel 1826), §§. 49—57; Claproth a. a. O. §§. 47, 48.

17) A. M. Schering, Abschn. VI, lit. B, Nr. 3.

tiirt ist. Hat er gleichwohl eine unsubstantiirte Klage angenommen, so hindert ihn nichts, später, noch bei Fällung des Urtheils, die mangelhafte Klage zurückzuweisen. Dadurch holt er nur nach, was er am Anfange versäumt hatte. So wenig er damals zur Zurückweisung des Klägers die Rüge des Fehlers von Seiten des Bekl. nöthig hatte, noch abwarten konnte, so wenig hat er jetzt, am Ende des Verfahrens, dazu den Bekl., der den Anspruch nicht anerkannt hat, noch vorher zu befragen [18]). Sind die wesentlichen Behauptungen unbestritten, so gelten sie eben für unstreitig, der Richter hat keines einzigen Erfordernisses halber von Amts wegen nachzuforschen: ob die desfallsige Behauptung auch wahr sei.

cc) Soweit die wesentlichen Behauptungen bestritten sind, hat der Referent in der Regel, d. h. wenn die Einreden nicht eine Ausnahme rathsam machen (lit. dd), sofort, hier an dieser Stelle, die Beweise und Gegenbeweise hinter der hervorgehobenen Streitfrage, vorzuführen. (Vergl. das obige Beispiel).

Dabei ist jedoch mit Umsicht zu verfahren; es sind nicht unbedingt alle Zeugenaussagen, alle Urkunden, alle Gutachten und dergleichen, nach der Reihe, vorzulesen, vielmehr hat der Referent, bevor er den Inhalt der Beweismittel vorzutragen beginnt, folgende Punkte zu erwägen:

α) Die Zulässigkeit der vorgeschlagenen Beweismittel. Sind dieselben nach dem Dafürhalten des Referenten ganz unannehmbar, so hat er seine Gründe dafür vorzutragen, und wenn diese Beifall finden, kommt es auf den Inhalt nicht an.

β) Die Erheblichkeit der Beweismittel: denn wenn deren Inhalt ganz unschlüssig erscheint, kann das Kollegium damit gleichfalls nicht behelligt werden; deshalb ist das Ergebniß ganz summarisch, zur Begründung der Meinung, daß es auf eine genaue Prüfung des Inhalts nicht ankommen könne, anzugeben, z. B. wenn ein Zeuge über den Inhalt eines der Klage zum Grunde liegenden Kaufvertrages produzirt worden ist und ausgesagt hat, daß er nur bei der Abschließung eines Pachtvertrages über einen ganz anderen Gegenstand anwesend gewesen.

γ) Die Ordnung, in welcher der Referent die verschiedenen Beweisgründe vortragen will, besonders wenn die Mittel nicht gleichartig sind, namentlich: wenn Zeugen und Urkunden als direkte Beweismittel gebraucht und zugleich ein indirekter Beweis

18) Vergl. Pl.-Beschl. (Pr. 1108) des Obertrib. v. 14. März 1842 (Entsch. Bd. VII, S. 308); u. m. Beurtheilung rc. S. 512.

geführt worden ist. Bei dieser Erwägung ist zwar davon auszugehen, daß an sich die Reihefolge des Vortrages gleichgültig sein muß, weil die Beweisgründe immer so sein müssen, daß sie, auch ohne Beobachtung der Regeln der Redekunst, ihre Wirkung haben, wie dieß ja bei dem Referenten, so wie bei jedem Mitgliede, der Fall sein muß, wenn sie solche bloß durch das Lesen der Akten, in welchen sie zerstreut und ungeordnet angetroffen werden, kennen lernen. Da hierzu jedoch eine längere Zeit behufs der Zusammenstellung und Vergleichung erforderlich ist, so macht man an den Referenten den Anspruch, daß er dem Zuhörer diese Zeit durch eine logische, der Kombination zu Hülfe kommende Ordnung erspare. Nach der Erfahrung, welche sich auf die Operationen der menschlichen Denkkraft gründet, findet man es empfehlenswerth, mit den schwächeren Gründen anzufangen oder sie in die Mitte zu nehmen. Nur wenn mehrere Beweisgründe sich wie Ursache und Wirkung zu einander verhalten, wie solches häufig bei dem künstlichen Beweise der Fall ist, zählt man dieselben nach der Zeitfolge auf. Unerläßlich aber ist es, jeden allegirten, dem Referenten auch noch so einflußlos scheinenden Beweisgrund aufzuzählen, weil nicht der Referent allein, sondern das Kollegium der Richter ist, und man nicht wissen kann, was für ein Gewicht ihm der Eine oder der Andere beilegt.

δ) Die Gegenbeweisgründe sind auch nicht immer nach einerlei Methode vorzutragen, sondern es ist zu unterscheiden: ob sie sich auf einen einzelnen Beweisgrund, oder auf das Gesammtergebniß der Beweisführung des Gegners beziehen. Die ersteren sind unmittelbar hinter den dadurch angefochtenen Beweisgrund vorzubringen und es ist unmittelbar darauf zu erwägen und festzustellen: ob und in wiefern der Beweisgrund in seiner Kraft stehen bleibt oder hinfällt. Dabei sind auch die Einwendungen des Produkten gegen die Beweiskraft zu würdigen. Beruhen solche auf Thatsachen, so muß hier an dieser Stelle der Beweis erwogen werden. Ebenso sind hier die Einwendungen gegen die Zulässigkeit des Beweismittels und gegen dessen Glaubwürdigkeit zu würdigen. — Die anderen hingegen folgen hinter dem gezogenen Resultate, welches die gesammten Beweisgründe geben würden, wenn kein Gegenbeweis geführt worden wäre.

ε) In Betreff der Behauptungen von Begriffen oder Thatumständen, welche aus verschiedenen einzelnen Momenten zusammengesetzt sind, wie z. B. die Verjährung, ist getadelt worden, daß die Referenten dabei oft entgegengesetzte Fehler begehen, besonders in Fällen, wenn dagegen vielfache Ausstellungen gemacht worden sind. Der Eine trage sämmtliche Aussagen nach der Reihefolge der Zeugen hintereinander und wörtlich vor; ein Anderer allegire dieselben gar nicht und gebe vielmehr nur sein Urtheil über das Resultat, statt die Aussagen nach den Gegenständen zusammenzustellen und hier, so weit es jedesmal nöthig, wörtlich anzuführen [19]). Die Schlußbemerkung enthält schon die erforderliche Anweisung: die bestrittenen oder bemängelten Momente müssen gesondert und mit den sie betreffenden Beweisen für und wider, die Beweise nach ihrem wörtlichen Inhalte, einzeln nach einander vorgetragen und gewürdigt werden.

ζ) Nachdem sämmtliche Beweise vorgetragen worden, zieht man aus der Abwägung des Beweises und Gegenbeweises gegen einander das Ergebniß und spricht aus: was man darnach vollständig, oder unvollständig, oder gar nicht von dem Beweissatze bewiesen halte. Gar nicht bewiesen ist alles das, wo der Beweis Lükken hat. Ist der Beweis mangelhaft, so erwägt man: ob er durch ein Suppletorium zu ergänzen oder durch ein Purgatorium zu beseitigen.

dd) Ist auf diese Weise die Richtigkeit der, der Klage unterliegenden, Thatsachen unbedingt oder bedingungsweise dargelegt und daraus gefolgert, daß und wie die Klage an sich begründet sei, so läßt man den Vortrag der zur Entkräftung derselben vorgebrachten Rechtseinwendungen des Beklagten, und zwar eine nach der anderen, unter Voranschickung ihrer eigenen Geschichte, und Nachbringung der Beweise und Gegenbeweise folgen, wobei eben so verfahren wird wie bei der Feststellung des Klagegrundes. Ergiebt sich daraus das Resultat, daß die Exception erheblich und bewiesen oder doch bis auf einen nothwendigen Eid bewiesen sei, so wird die gegen diese Exception gerichtete Replik vorgetragen, unter Anwendung derselben Regeln, welche bei dem Vortrage und der Würdigung der Exception leiteten. Das Resultat muß sein: entweder daß die Replik erheblich und bewiesen, folglich die Exception entkräftet sei; oder daß sie unerheblich oder doch nicht bewiesen, folglich die Exception aufrecht stehen bleibe. Das gewonnene Resultat ist am Schlusse dieses Stückvortrages festzustellen. Sind mehrere Exceptionen vorgebracht worden, so wird eher zu einer

19) Bemerkungen der Immed. - J. - Exam. - Kommission, Abschn. IV, Nr. 4.

anderen nicht übergegangen, als bis die in Vortrag genommene auf die so eben angedeutete Weise vollständig erledigt ist.

Von der Regel, daß man den Vortrag der Exceptionen erst nach der vollständigen Richtigstellung und Würdigung der Klage, und wenn das Resultat nicht zur Abweisung derselben führt, folgen lasse (lit. cc), empfiehlt sich eine Ausnahme in dem Falle, wo die der Klage zum Grunde gelegten Thatsachen verwickelt, weitläuftig und die Beweisführung umfangreich und ohne ein klares Resultat ist. Dann ist es zweckentsprechend, die Einrede, wenn sie dem Referenten erheblich und vollständig erwiesen zu sein scheint, unmittelbar hinter dem Klagevortrage folgen zu lassen und somit die Beurtheilung des Klagerechts und den weitläuftigen Vortrag der Beweise und Gegenbeweise auszusetzen. Denn wenn die Klage, falls sie auch begründet wäre und bewiesen würde, durch die Einrede für ganz entkräftet von dem Kollegium erachtet werden sollte, so müßte jener Vortrag als völlig überflüssig wegfallen. Sollte aber das Kollegium dem Referenten nicht beistimmen, auf welchen Fall er vorbereitet sein und seine Relation eingerichtet haben muß, so würde durch den anticipirten Vortrag der Exception gar nichts verloren oder verschlimmert worden sein.

ee) In so weit bei dieser Behandlung der Sache die rechtlichen Momente nicht schon bei der Würdigung der verschiedenen Rechtseinwendungen ihre Stelle gefunden haben, folgt auf die Feststellung aller angeführten Thatumstände die Rechtsausführung, wobei die Zweifelsgründe gelegentlich gehörigen Ortes erwogen werden. Der alte Fakultätsgebrauch, wonach die Zweifelsgründe in einer ununterbrochenen Reihe zu Anfang vorgetragen und von den nachfolgenden Entscheidungsgründen streng gesondert wurden, ist in der preußischen Praxis nicht üblich und, wegen seiner Schwerfälligkeit, der natürlichen Darstellung auch hinderlich. Man kann auch bei jeder Rechtsfrage die Zweifelsgründe erst auf die Entscheidungsgründe folgen lassen, indem man die gegentheilige Meinung widerlegte. Das schließliche Ergebniß ist entweder, daß die an sich begründete und bewiesene Klage per exceptionem beseitigt wird, oder daß sie stehen bleibt; dieses Resultat wird in ein Kollektiv-Votum zusammengefaßt, und was etwa zur Rechtfertigung desselben noch dient, wird hinzugefügt. Damit schließt die Beurtheilung im Sinne des Referenten.

ff) Hiermit ist jedoch die Aufgabe des Referenten noch nicht gelöst; er muß auch auf den Fall, daß das Kollegium ihm nicht beistimmt, oder doch in der Art und Weise, wie entgegengesetzte oder abweichende Ansichten in Gestalt bloßer Zweifelsgründe in dem Gutachten beseitigt worden, seine Befriedigung noch nicht finden möchte, gefaßt sein und darnach seine Relation eingerichtet haben.

In diesem Falle kann es darauf ankommen, auch faktische und nicht bloß rechtliche Momente, welche der Referent in der von ihm betretenen Richtung mehr oder weniger nur beiläufig zu berühren gehabt hatte, unter dem Gesichtspunkte der gegenüberstehenden Ansicht anderweitig hervorzuheben und zu beleuchten. Daraus ergiebt sich, um dem Vorwurfe der Einseitigkeit und der Unvollständigkeit zu entgehen, die Unerläßlichkeit eines besonderen eventuellen Votums. Doch kann die Abgabe eventueller Vota nur da geschehen, wo der Referent mit seiner Hauptansicht nicht in Widerspruch geräth und wo die dem angenommenen Standpunkte entgegengesetzte Erörterung nicht schon ihren Platz in der Rechtfertigung des Hauptvotums gefunden hat[20]). Ist dieser Fehler vermieden, so ist es ein Leichtes, im Falle der Verwerfung des Prinzipal-Votums, in die Richtung der abweichenden Meinung einzulenken, etwa mit der Wendung:

> „Im Falle das Kollegium meinem Voto nicht beitreten, vielmehr die vorhin bekämpfte Meinung für richtig halten sollte, würde der Kläger abzuweisen sein."

Dabei setzt er die Richtigkeit der angenommenen Meinung voraus, die Gründe dazu für das künftige Erkenntniß hat ihm die ihn abstimmende Mehrheit anzugeben, und er hat nur die weiteren rechtlichen Folgerungen daraus darzulegen.

gg) In der rechtlichen Ausführung hat der Referent sich allemal auf die einschlagenden Rechtssätze, welche wörtlich zu geben sind, zu beziehen, mögen sie durch ausdrückliche Anerkennung eines Gesetzes feststehen, oder durch Auslegung gewonnen, oder durch Theorie oder Praxis festgestellt worden sein, wobei die Berufung auf Autoritäten oder auf ältere Rechtssprüche am Orte ist; das bloße Allegiren von Gesetzen oder Autoren ohne Inhaltsangabe ist völlig nutzlos, und ganz ungehörig ist die Aufzeichnung des Inhaltes in Noten zum Texte oder am Rande[21]). Ueberhaupt muß

---

20) Ebenda, Nr. 6.

21) Ebenda, Nr. 5. — A. M. ist Schering, Abschn. VI, lit. B, Nr. 6 a. E., wo er die Regel giebt, daß „die in Bezug genommenen Vorschriften der Gesetze, der Regel nach, wörtlich in den Text aufzunehmen, jedenfalls die den Ausschlag gebenden; bei den übrigen aber der Wortlaut mindestens am Rande zu verzeichnen." Die übrigen sind ja aber eben übrig, was soll also das

die Ausführung möglichst kurz gehalten, streng logisch und schlagend sein und alles prunkhafte Allegiren, so wie alle Abschweifung über Rechtssätze oder Kontroversen, die mit der vorliegenden Sache in keiner näheren, höchstens in sehr untergeordneter Beziehung stehen, vermieden werden [22]). Wo Kontroversen berührt werden müssen, sind die Gründe für die vertretene Meinung, durch welche gewöhnlich zugleich die Gründe für die gegentheilige Meinung widerlegt werden, kurz und bündig anzugeben. Dabei ist die Sprache eines Schriftstellers, der vor der gelehrten Welt eine Streitfrage verhandelt, bekämpft oder behauptet, zu vermeiden, weil Ton und Waffen eines öffentlichen Schriftstellers immer die eines Streitführers, und deshalb einem Richter nicht anständig sind. Ueberhaupt muß der Ton der Ausführung der Urtheilsgründe, als einer Sache des ruhigen, prüfenden, erklärenden Verstandes, der ernsten und würdigen Stellung des Richters entsprechen; der rechte Ton darf in keiner Beziehung gegen die Harmonie der verschiedenen Theile des Ganzen verstoßen, er muß sich eben so frei von scherzhaften Ausdrücken, lächerlichen Wendungen, unedlen Ausdrücken, als fern von Witz und Spott, so wie von der Redeweise eines bewegten aufwallenden Vertheidigers halten und kein falsches Pathos gebrauchen, wodurch immer zur Lächerlichkeit Anlaß gegeben wird; der Ton soll unter allen Umständen, selbst wenn der Richter von Verachtung oder Abscheu gegen eine Partei ergriffen wäre, milde, ruhig und würdevoll bleiben [23]).

§. 40.

Fortsetzung. Urtels = Formel.

3) Am Schlusse der Relation wird die Fassung der Endentscheidung (über die Fassung eines Resolutes s. o. §. 38, Nr. III) zur Prüfung vorgeschlagen. So ist es allgemeiner preußischer Gerichtsgebrauch. Gemeinrechtliche Praktiker [1]) haben als zweckmäßiger vorgeschlagen, die Formel erst nach gefaßtem Beschlusse zu entwerfen. Doch ist der preußische Gebrauch für die Praxis der preußischen Gerichte, welchen keine Zeit zur Abfassung von Dekreten und Sentenzen in den Sitzungen und an den Audienztagen zu-

übrige, zumal das künftige Erkenntniß ohne dergleichen Randbemerkungen erscheinen muß.

22) Vergl. Bemerkungen 2c. a. a. O. (s. die vor. Note).

23) Brinkmann, über die richterlichen Urtheilsgründe §§. 61 ff.

1) J. B. Gensler, Grundsätze der Vortrags= und Entscheidungskunde, Bd. I, S. 58, Note 8.

gemessen ist, vorzuziehen, weshalb er auch von der Gesetzgebung bestätigt worden ist[2]). Gewöhnlich wird nur der entscheidende **Inhalt**, der materielle Bestandtheil des Erkenntnisses (das Dispositiv, der tenor sententiae, die formula pronunciandi, das Schwarze — Nigrum) entworfen und dem Kollegium zur Prüfung unterbreitet; es sollte aber auch der Eingang (das Rubrum) einer besonderen Prüfung unterzogen und erwogen werden: ob das Rubrum, welches der Referent dem Referate vorangestellt hat, unverändert als Eingang des Erkenntnisses benutzt werden könne; denn die Unachtsamkeit oder Unverläßlichkeit mancher Referenten veranlaßt durch die Unvollständigkeit, Unrichtigkeit oder unbestimmte[3]) Bezeichnung der Parteien neue Prozesse. Völlig ungehörig ist die vorgekommene beziehungsweise Bezeichnung einer Prozeßpartei, namentlich die Bezeichnung mit Bezugnahme auf eine bestimmte Stelle der Akten, z. B. „in Sachen der Blatt 5 der Akten genannten Einlieger zu K. Kläger" u. s. w.; denn die Urkunde muß in sich die Personen nachweisen, unter welchen das streitige Recht bleibend festgestellt wird; nach wenigen Jahren sind die in Bezug genommenen Prozeßverhandlungen (Akten) schon kassirt und dann ist ein solches Erkenntniß werthlos. Soll dem Referenten bei einer großen Anzahl von Streitgenossen durch eine solche Bezugnahme geholfen werden, so kann das nur so geschehen, daß ein beglaubigtes Verzeichniß der Namen angehängt wird.

Der **Inhalt** (die formula pronunciandi 2c.) soll aussprechen: **was nach der dermaligen Lage der Akten und nach den gepflogenen Verhandlungen, von Rechts wegen, als Gesetz für die Parteien, an welche der Ausspruch gerichtet wird, für ihr jetzt streitiges Privatrechtsverhältniß gelten soll**; er muß daher aussprechen: was das Gericht jetzt **gebietet, verbietet, erlaubt, anordnet oder entschei-**

2) A. G.O. III, 3, §. 42 a. E. — Instr. vom 24. Juli 1833, §. 38, Absatz 2.

3) Z. B. „In Sachen des Dominii N. wider" u. s. w. In einer so rubrizirten Sache fand sich nach rechtskräftiger Entscheidung, daß ein solches Dominium gar nicht vorhanden war. Die als Kläger aufgetretene Person, die im Rubrum nicht nach Namen u. s. w. benannt wurde, war einer von zwei gleichnamigen Wirthschaftsbeamten eines mit einem Eigennamen versehenen Vorwerks gewesen, der zu dem Prozesse angeblich keine Vollmacht erhalten hatte, und später behauptete, nur seinen eigenen Anspruch geltend gemacht zu haben. Das Rubrum war von dem Registrator als seine eigene Erfindung auf den Aktendeckel gesetzt und von dem Instruenten und Referenten nachgeschrieben worden. Der Ausdruck „Dominium" ist ohne Beifügung einer bestimmten Person als dessen Besitzer überhaupt keine Bezeichnung für eine Prozeßpartei. Vergl. R. v. 9. Okt. 1835 (Jur. Wochenschr. I, S. 410).

det[4]). Dieser Hauptbestandtheil des künftigen Erkenntnisses erfordert die größte Genauigkeit im Ausdrucke und in der logischen Ordnung, wie ein Gesetz, als welches der Ausspruch zwischen den Parteien ja auch gelten soll. Folgende Regeln sind bei der Fassung zu beachten:

a) Der Styl ist der unpersönliche (in dritter Person) und positive, z. B. „daß Kläger schuldig, der Kläger gehalten (ist)" u. dergl. Der Indikativ „ist" wird des Wohlklanges wegen gewöhnlich verschluckt, muß aber im Sinne supplirt werden, da der Gegenstand als gewiß in der Vorstellung ist; nicht etwa ist der Konjunktiv „sei" hinzuzudenken, wodurch das Urtheil ein bloßes Erachten werden würde.

b) Die Sprache muß würdig, bestimmt, bündig, kurz aber erschöpfend sein, kein Wort zu viel, kein Wort zu wenig gebrauchen, jedes Wort mit Vorsicht in seiner eigentlichen Bedeutung gewählt werden.

c) Der Ausspruch muß rein gehalten werden von allen nicht bestimmenden und nicht anordnenden Zu- oder Zwischensätzen, er darf nur ein Gebieten, oder Verbieten, oder Gestatten, oder Verordnen, oder Entscheiden enthalten, und es dürfen keine Gründe, welche zu dem Ausspruche bewogen haben, eingemengt werden[5]).

d) Die einzelnen Bestandtheile des Spruches sind nach der Eventualmaxime entweder in eine entsprechende Verbindung, nach ihrer prozessualischen Verwandtschaft, oder, wie sie aus einander folgen, in eine logische Reihe zu setzen, in sofern es in ein geschlossenes Gebiet gehört, wie z. B. Alles, was mit der Hauptklage zusammenhängt, wogegen andere für sich bestehende Punkte von einander genau zu trennen und in eine prozeßwissenschaftliche Ordnung zu stellen sind[6]). Diesen Anforderungen würde etwa folgende Ordnung entsprechen:

α) Die Verordnung, was zur Erledigung der außerwesentlichen Mängel in den Formalien geschehen solle (§. 38, I, a. E.).

β) Die Bestimmung über Incidentpunkte[7]). Diesen Platz hat auch der Ausspruch über die Folgen einer Litisdenunziation oder Adzitation, wenn der Litisdenunziat oder Adzitat nicht assistirt hat.

---

4) M. s. u. A. Gensler, Anleitung zur gerichtlichen Praxis, §. 55, ad II, S. 311; Linde, Lehrbuch des Civilprozesses, §. 168.

5) A. G.O. I, 13, §. 38. — Vergl. Gensler a. a. O.

6) A. G.O. I, 13, §§. 36 u. 42; Th. III, Tit. 3, §. 54. — Gensler a. a. O. S. 313.

7) A. G.O. I, 13, §. 36.

Ein solcher Ausspruch enthält nichts weiter als die Festsetzung des Nachtheils, welcher dem Litisdenunziaten oder Adzitaten für den Fall, daß er sich nicht melden oder daß er nicht beistehen würde, in der Vorladung wörtlich angedrohet worden ist[8]). Da jedoch diese Folge von Rechts wegen eintritt, so ist eine solche Festsetzung völlig überflüssig[8a]).

γ) Die Entscheidung über die Hauptklage, und zwar in sich vollständig, nicht etwa bloß beziehungsweise auf eine bestimmte Stelle der Akten oder auf ein voriges Urtel[9]). Dabei muß in obligatorischen Sachen der Rechtsgrund (causa) der Forderung ausgedrückt werden, z. B. „die Darlehnsforderung von 2c.", „die Miethgelderforderung"; auch ist der Nebensachen an Zinsen, Früchten, Schäden u. dergl. in unmittelbarer Verbindung, zusprechend oder abweisend, zu gedenken.

Ist der ursprüngliche Antrag aus irgend einem Grunde ermäßigt worden, so versteht sich, daß nur das noch Streitige Gegenstand der Entscheidung ist. Es ist jedoch Gebrauch, der Entscheidung die Floskel voranzuschicken: „daß es bei der Ermäßigung der Forderung um so und so viel, oder bei der Zurücknahme des Antrages wegen" u. s. w. zu belassen; „im übrigen" u. s. w. (und nun die Entscheidung folgen zu lassen). Diese Einleitung ist ganz werthlos, und sollte deshalb weggelassen werden; der Gegenstand der Entscheidung muß aus den Gründen erhellen, und das „Belassenwollen" steht ja gar nicht in der Macht des Richters, es wird ja von ihm über den zurückgezogenen Antrag oder Theil desselben kein Ausspruch verlangt.

Erfolgt eine theilweise Zuerkennung und eine theilweise Abweisung, so wird die erstere der anderen vorangestellt, z. B.: „daß der Beklagte schuldig, dem Kläger an Entschädigung wegen u. s. w. 100 Thlr. nebst 5 Prozent Zinsen seit dem .... zu bezahlen, mit den mehrgeforderten 100 Thlrn. aber der Kläger abzuweisen." Daß neben der abgewiesenen Summe auch der Zinsen davon gedacht werde, wie man öfter in Urteln zu lesen bekommt, ist ein lächerlicher Ueberfluß.

δ) Die Entscheidung auf die Wiederklage, in gleicher Weise. Bei Punktensachen muß diese Entscheidung unmittelbar hinter dem Punkte folgen, auf welchen sich die Wiederklage bezieht.

---

8) A. G.O. I, 17, §. 19.

8a) Vergl. m. Anm. 9 zu §. 19 a. a. O.

9) Ebenda, §. 42. Die in Bezug genommenen Schriften sind vielleicht schon nach kurzer Zeit nicht mehr vorhanden.

Wird eine bedingte Entscheidung (γ und δ) gefällt, z. B. die Entscheidung von einem Eide abhängig gemacht, so ist für diesen Fall eine bestimmte Formel positiv vorgeschrieben, nämlich: „daß die Partei (welche schwören soll) schuldig, ernstlich zu prüfen, ob sie ohne Verletzung ihres Gewissens, und ohne sich der Gefahr auszusetzen, als meineidig bestraft zu werden, einen Eid dahin:

daß u. s. w. (folgt die wörtliche Eidesnorm, welche so zu fassen, wie oben, §. 38, Nr. III, 1 angedeutet ist)

leisten könne"[10]); und es müssen zugleich im unmittelbaren Zusammenhange damit die Folgen der Ableistung und der Verweigerung des Eides bestimmt ausgedrückt werden[11]). Ob die Entscheidung auch von anderen Bedingungen abhängig gemacht werden dürfe, ist nicht klar; nur in Betreff eines nachträglich zu fordernden Zeugeneides ist dies bestimmt ausgesprochen[12]). Doch würde ein anders bedingtes Urtheil in keinem Falle nichtig, wenn auch nicht zu billigen sein[13]).

ε) Die Festsetzung des Kostenpunktes[14]). Diese wird in der Regel dem letzten Entscheidungspunkte angehängt. Ist sie weggelassen, so ist es nach preußischem Rechte anders als nach Gemeinem Rechte. Dieses gestattet keine besondere Klage wegen Nebensachen und Kosten und die zuständig gewesene Klage ist durch den Richterspruch konsumirt. Die Folge davon ist, daß der unterliegende Theil zu einem Kostenersatze nicht angehalten werden kann, daß mithin eine Kompensation der Kosten eintritt. Nach preußischem Rechte kann eine nachträgliche Deklaration des Erkenntnisses gefordert, und gegen diese das Rechtsmittel des Rekurses ergriffen werden[15]).

e) Die Anwendung der formellen Entscheidungskunde, um die übliche Formel als das passende, in ihren einzelnen in bestimmter Bedeutung gebräuchlichen Ausdrücken hergebrachte Mittel zu finden, die getroffene Entscheidung in ihrem prozeßrechtlichen Sinne kurz und treffend auszusprechen[16]). Diese Formen sind an sich nicht unabänderlich, sie haben den Zweck, einen bestimmten Vorbe-

10) Anh. z. A. G.O. (I, 10, §. 372) §. 95.

11) A. G.O. I, 13, §. 39. — Vergl. L. 11 C. de sentent. et interlocut. (VII, 45).

12) A. G.O. I, 10, §. 234, Absatz 3.

13) A. G.O. I, 15, §. 25. — L. 1, §. 5 D. quando appellandum (XLIX, 4).

14) A. G.O. I, 13, §. 41.

15) A. G.O. I, 23, §. 22. Nicht entgegen ist der §. 62 ebd., dieser bezieht sich auf bestimmte geforderte Kosten.

16) Ueber dergleichen Formeln s. m. Preuß. Civilprozeß, §. 168, Note 6 u. Gensler a. a. O. S. 314.

halt oder eine gewisse Voraussetzung bei der Entscheidung technisch auszudrücken. Dergleichen Vorbehalte oder Voraussetzungen sind sowohl nach ihrer Nothwendigkeit des Ausdruckes, als nach der Form des Ausdruckes selbst, zum Theil dem Wechsel der Meinungen und Ansichten unterworfen. Es ist noch nicht lange her[17]), daß die Formel jedes Appellations- und Revisions-Erkenntnisses anfangen mußte:

> „daß die Förmlichkeiten der Appellation (Revision), oder: daß formalia appellationis (revisionis) richtig, oder für beobachtet anzunehmen, und in der Sache selbst, (oder, wenn bestätigt werden sollte:) dennoch aber in der Sache selbst, oder: in der Sache selbst aber" u. s. w.[18]).

Als Grund dieser Pedanterie wurde angegeben, daß man in der Sache selbst nicht erkennen könne, bevor die Förmlichkeiten des Verfahrens geprüft und richtig befunden worden seien. Aus diesem wahren Satze folgt jedoch nicht, daß darüber eine ausdrückliche Entscheidung gefällt werden müsse, oder daß die Förmlichkeiten Gegenstand eines förmlichen Präjudizialerkenntnisses seien. Die Beobachtung derselben ist Vorbedingung einer Entscheidung in der Sache selbst, und daß die Voraussetzung wirklich vorhanden sei, wird durch die gefällte Entscheidung thatsächlich ausgedrückt. Nach heutigem Style wird das Decisum mit den Worten eingeleitet, im Falle der Bestätigung:

> „daß das Erkenntniß des rc. Gerichts zu N. vom .... zu bestätigen;"

und im Falle der Abänderung:

> „daß das Erkenntniß des rc. Gerichts vom .... dahin abzuändern, daß ..."

oder:

> „daß unter Abänderung des Erkenntnisses des rc. Gerichts vom .... der Beklagte zu verurtheilen" u. s. w.;

im Falle einer theilweisen Abänderung:

> „daß das Erkenntniß des rc. Gerichts vom .... dahin abzuändern, beziehungsweise zu bestätigen, daß" u. s. w.;

oder im Falle der Bestätigung unter einer Maßgabe:

---

17) In der ersten Hälfte des vorigen Jahrzehents kommen noch viele Erkenntnisse mit dieser Formel vor, es finden sich aber gegen das Ende des vorhergehenden Jahrzehents (1847 — 1849) Erkenntnisse ohne dieselbe. Gemeinrechtlich ist sie noch üblich.

18) Darüber u. A.: Hymmen, Beiträge zur juristischen Literatur, Bd. I, S. 119, 122.

„daß das Erkenntniß des rc. Gerichts zu N. mit der Maßgabe zu bestätigen, daß“ u. s. w.

Damals war es auch allgemeiner Styl, in Appellations- und Revisionssachen bei Abänderungen den ganzen Tenor des vorigen Urtels in dem Decisum zu wiederholen und für aufgehoben zu erklären und darauf die an dessen Stelle tretende Entscheidung folgen zu lassen, z. B.:

„daß das Erkenntniß des rc. Gerichts zu N. vom .... dahin zu ändern, daß (Kläger mit seiner Klage auf Erstattung der geforderten ... Thlr. Schäden nicht abzuweisen, vielmehr) der Beklagte zu verurtheilen, dem Kläger den, durch die Strandung des demselben zugehörig gewesenen Schiffes Wilhelmine verursachten, in separato zu ermittelnden, Schaden zu erstatten, und die Kosten des Prozesses zu kompensiren.“

Dieser althergebrachten Fassung ist an entscheidender Stelle, wo sie bis dahin in beständigem Gebrauche gewesen war, der Fehler einer zu großen Breite vorgeworfen worden; es genüge meistens, zu sagen, daß, unter Abänderung der vorigen Entscheidung, dahin erkannt werde rc. [19]). Darnach fallen aus der vorstehenden Formel die eingeklammerten Worte hinweg.

§. 41.

Fortsetzung. Kritik des Verfahrens.

4) Die A. G.O. Th. III, Tit. 4, §. 27 schreibt in Beziehung auf Proberelationen vor, der Kandidat solle auch das Verfahren bei der Instruktion in den ihm vorgelegten Akten genau prüfen, die etwaigen dabei vorgefallenen Mängel gehörig anmerken, und seine Meinung, wie denselben vorgebeugt, oder die Sache kürzer und doch vollständiger, oder sonst zweckmäßiger hätte zusammengefaßt werden können, abgeben. Die Stelle dieser Kritik in der Relation ist nicht angedeutet; die Unterbringung der Kritik hat daher, und da sie in die Aburtelung der Sache nicht eingreift, bei den Kandidaten Skrupel und Seitens der Examinatoren Ausstellungen veranlaßt. Manche Kandidaten haben mit der Prüfung und Beurtheilung der eigentlichen Formalien unmittelbar die Kritik des Verfahrens verbunden, oft sogar Beides bunt durch einan-

19) Bemerkungen der Immed. = J. = Exam. = Kommission, Abschn. IV, Nr. 7.

der geworfen[1]). Andere haben dieselbe bis an das Ende der Relation verschoben, darin jedoch Erinnerungen mit aufgenommen, die offenbar in den Abschnitt von den wesentlichen Förmlichkeiten oder zur Beurtheilung der Hauptsache gehörten, womit also der Referent mit seiner Aeußerung über etwaige Unerheblichkeit immer zu spät kam, in sofern es ja doch möglich blieb, daß das Kollegium seiner Ansicht nicht beistimmte und den Mangel erheblich genug fand, um ihn vorab beseitigen zu lassen; auch sind in der Kritik Rügen vorgekommen, welche lediglich auf, in dem Votum über die Hauptsache vertheidigten, Ansichten beruheten, mithin durch die Richtigkeit derselben bedingt waren und die unbedingt in die Beurtheilung der Sache selbst gehörten. Beides ist getadelt worden[2]). Ueber den passendsten Platz scheint jedoch auch bei der Immediat-Justiz-Examinations-Kommission selbst früher keine Uebereinstimmung oder doch keine entschiedene Meinung geherrscht zu haben. v. Trützschler, seiner Zeit, wenn ich nicht sehr irre, Präses dieser Kommission, sagt darüber: „Um die Aufmerksamkeit des Kollegii nicht durch Nebendinge zu unterbrechen, muß die Kritik des Verfahrens niemals zwischen die species facti und Beurtheilung eingeschoben, sondern entweder gleich hinter dem allgemeinen Eingange, oder noch besser ganz am Schlusse der Relation aufgenommen werden", wobei er jedoch die Beurtheilung der wesentlichen Formalien, namentlich die Prüfung des Legitimationspunktes, die Beobachtung der Fristen zur Einlegung des Rechtsmittels, die Zulässigkeit des letzteren und des Fori, unterscheidet und hervorhebt, daß diese allerdings der Beurtheilung der Hauptsache jedesmal vorangehen müsse[3]), worin also mit ihm die Bemerkungen der späteren Immediat-Justiz-Examinations-Kommission übereinstimmen (Not. 2). Die erste Stelle, welche nach v. Trützschler auch noch gut, aber nicht besser als die andere sein soll, ist ungenau bezeichnet, denn auf die species facti folgt nicht unmittelbar die Beurtheilung der Hauptsache, und einen allgemeinen Eingang, außer der species facti (Geschichtserzählung), haben nicht alle Relationen (Referate), doch aber scheint er nicht eine Verbindung mit der Beurtheilung der wesentlichen Förmlichkeiten, welche Beurtheilung doch jedenfalls der Beurtheilung der Haupt-

1) Nach dem Vorbilde der Muster-Relation in Hymmen's Beiträgen Bd. VIII, S. 152 ff.

2) Ebenda, Abschnitt III, Nr. 1 u. 5.

3) Ueber die Methode zu referiren, v. 28. November 1817, §. 8.

sache vorangehen muß, zu meinen. Sei dem wie ihm wolle, so ist nach dem Zwecke der Relation so viel gewiß, daß der Vortrag der Sache nicht durch Einschiebung einer gar nicht eingreifenden Geschichte und Kritik unterbrochen werden darf, daß folglich die Kritik der Relation ganz zuletzt als Anhang, gleichsam als ein Extra-Exercitium, beigegeben werden muß [4]), und daß darin zu allererst nichts vorkommen darf, was die Entschließung des Kollegiums über die Abfassung oder Aussetzung der Endentscheidung bedingen, oder gar das Urtheil in der Hauptsache bestimmen könnte, wenngleich es kurz wiederholt und dem Kollegium zu Bemerkungen oder Rügen in der Nebenverfügung Anlaß geben kann.

§. 42.

3. Vorbereitung zum Referate.

Um ein den angedeuteten Erfordernissen entsprechendes Referat zu verfassen, muß sich der Referent, ehe er zu schreiben anfängt, durch fleißiges Lesen der Akten [1]) und Studiren des Rechtsfalles zum Meister des Stoffs gemacht haben und somit im Stande sein, denselben nach allen Richtungen hin zu beherrschen.

1) In Beziehung auf das Aktenlesen geben Einige [2]) die Regel: zuerst nachzusehen, in welcher Instanz die Sache schwebet, und wenn es eine folgende Instanz ist, kennen zu lernen: was für Beschwerden geführt worden sind, weil man alsdann gleich wisse, was annoch streitig, und man alles übrige, was sich auf diese Beschwerden nicht bezieht, nur kursorisch zu lesen brauche, wodurch man sich die Arbeit sehr erleichtere. Diese Regel ist angehenden Juristen gar nicht zu empfehlen. Diese müssen sich daran gewöhnen, die Akten von Anfang bis zu Ende mit gleicher Aufmerksamkeit zu lesen, weil man nicht wissen kann, an welcher Stelle oder bei welcher Gelegenheit die Parteien etwas zur Sache Gehöriges angeführt haben. Außerdem wird durch das kursorische Aktenlesen,

4) Bemerkungen a. a. O. Nr. 1, Worte: „— daß jener Kritik, die nur wie eine Zugabe für die Probearbeit zu betrachten ist, ein abgesonderter Platz am schicklichsten zu Ende der Relation gebührt".

1) A. G.O. I, 13, §. 7: „— der Referent muß — ehe er zur Aufsetzung der Relation schreitet, sich den ganzen Inhalt der Akten durch fleißiges Lesen derselben ganz genau und vollständig bekannt machen —". Vergl. Cirkular v. 20. September 1783, §. 12. (Hymmen, VIII, S. 140.)

2) Claproth, Grundsätze von Verfertigung der Relat., §§. 18, 26 — 28; Eckardti Compendium artis relatoriae, Sect. II; Kees, Anweisung 2c. Abschnitt I, §§. 4 — 6. Auch der preuß. Verfasser der „Anweisung zum Referiren", in Hymmen's Beiträgen, Bd. I, S. 106.

welches dem eigentlichen gründlichen Aktenlesen vorhergehen soll, in seltenen Fällen etwas gewonnen, in den meisten Fällen aber die darauf verwendete Zeit verloren. Es hat aber auch den materiellen Nachtheil, daß man Vieles nicht versteht, und entweder durch unnützes Herumsuchen nach dem Vorangegangenen die Zeit verliert, oder das Nichtverstandene als vermeintlich unerheblich ganz übergeht; und endlich ist, besonders bei Anfängern, diese Art des Aktenlesens der gerade Weg zur Oberflächlichkeit und Flüchtigkeit. Werden dagegen gleich von Anfang die Akten recht genau und gründlich gelesen, und die Anführungen der Parteien mit Aufmerksamkeit verfolgt, so wird man selten eine Wiederholung des Aktenstudiums nöthig haben, und man kann, weil man die Behauptungen von Grund aus gleich zu beurtheilen im Stande ist, dem Rechtsideengange der Parteien von Anfang folgen und damit zugleich den juristischen Werth des Vorbringens würdigen. Als ein anderes Hülfsmittel wird von Manchen [3]) die sog. hebräische Akten-Lektüre (vom Ende anfangend, rückwärts fortgehend) empfohlen. Nur zum Zwecke des Memorialien-Vortrages kann diese Methode angewendet werden, wenn es nämlich nur auf die Beurtheilung einzelner Theile aus der Sache ankommt. In diesem Falle sieht man wohl die Akten rückwärts zu dem Zwecke durch, um auf diesem Wege am kürzesten zu den, den vorliegenden Gegenstand angehenden, zerstreut in den Akten befindlichen Vorverhandlungen und Vorverfügungen zu kommen, wenn nicht schon der Büreaubeamte, wie es ihm das Geschäftsregulativ vorschreibt, die Folien dieser älteren Stücke am Rande des Memorials angemerkt hat. Das rückwärts gehende Lesen der Akten ist aber auch in diesem Falle nicht immer zu rathen, weil dadurch Verwechselungen veranlaßt werden.

2) Schon mit dem Aktenstudium ist das Studium des Rechtspunktes zu verbinden. Dieses Studium kann nicht in einer bloßen Durchforschung der von den Parteien herangezogenen, oder von dem Referenten etwa für passend gehaltenen gesetzlichen Bestimmungen, in einer bloßen Wortauslegung bestehen. Es kann auch nichts helfen, wenn gesagt wird [4]), es sei für den Referenten unerläßlich, die einschlagenden Rechtsmaterien im Zusammenhange von Grund aus

3) Walch, Einleitung in die Wissenschaft, aus Akten einen Vortrag zu thun, §. 17, S. 35; Klüber, Lehrbegriff der Referirkunst, §. 5, Nr. 6; Gensler a. a. O. S. 41; Eckardt l. c.

4) Z. B. von Schering a. a. O., Abschnitt III, Nr. 2.

durchzustudiren und sich im Wege selbstständiger Forschung davon, welche Bestimmungen auf den vorliegenden Fall anwendbar und durchgreifend sind, zu vergewissern. Die einschlagenden Materien muß der Referent schon früher von Grund aus durchstudirt haben, sonst würde er kein Rechtsgelehrter sein; es würde viel zu spät sein, wenn er bei einer Klage aus dem Kaufs= oder Pachtverhältnisse erst jetzt diese Materie von Grund aus studiren wollte; diese muß er schon kennen. Es kommt auf etwas Anderes an: er muß sich aus der Lehre von Klagen und Einreden klar machen: welches Rechtsmittel (spezifische Klagerecht — actio) dem Kläger nach dessen thatsächlichem Vortrage zusteht, und welches Vertheidigungsmittel (exceptio) der Beklagte nach seinem Vortrage gebrauchen kann. Diesen Ausgangspunkt muß er mit seiner Rechtswissenschaft, ohne Hülfe der Paragraphen des Landrechts, welches Gesetzbuch ja kein Lehrbuch ist, sondern erst mit Hülfe der Rechtswissenschaft verstanden sein will, finden. Hat er sich dieses Standpunkts versichert, so kennt er auch die Voraussetzungen des spezifischen Angriffsmittels (der Klage) und des Vertheidigungsmittels (der rechtlichen Einrede), und er wird ohne Zweifel in dem nun aufgeschlagenen preußischen Gesetzbuche die Bestätigung, wenn auch hier und da unter gewissen Modifikationen, finden. Nach Gewinnung dieses Standpunkts kann die Sicherheit in der Beurtheilung nicht fehlen; es werden die irrigen Auffassungen und die Fehlschlüsse der Parteien von selbst in die Augen springen. In älteren Anleitungen[5]) wird mitunter der Rath gegeben, über die zu fällende Entscheidung zuerst die innere Stimme des Naturrechts, und dann denjenigen Titel des Gesetzbuches, der von der Materie handelt, zu Rathe zu ziehen; oft zeige sich eine glückliche Uebereinstimmung. Mit diesem vermeintlichen Naturrechte hält man es in neuerer Zeit nicht mehr, denn die innere Stimme, auf die ich gleichfalls so eben hingedeutet habe, ist nichts weiter als das aus der sich angeeigneten Rechtswissenschaft entspringende Rechtsbewußtsein. Trifft man auf Zweifel in der Rechtsanwendung oder auf Streitfragen über Rechtsgrundsätze, so versteht es sich, daß man die derzeitige Rechtsstatistik darüber aus älteren Rechtssprüchen, beziehungsweise Autoren, kennen lernen muß, um mit Bewußtsein und Selbstständigkeit seine Meinung zu bilden.

3) Nach dieser Vorbereitung macht der Referent seinen Ent=

---

5) Z. B. Hymmen, Bd. I, S. 106, Note 1.

wurf, wonach er das Referat arbeiten will. In der Regel wird er zur Erleichterung dieser Arbeit keiner besonderen Handgriffe bedürfen. Die große Mehrzahl der täglichen Prozesse sind einfach und können mit dem Gedächtnisse allein beherrscht werden, wenn die Akten mit Bedacht und Gründlichkeit gelesen worden sind. Für weitläuftige Sachen, besonders für Punktensachen, wird die Anwendung von Akterzerpten, welche der Referent nur zu eigener Notiz macht, angerathen, um dem Gedächtnisse zu Hülfe zu kommen. Man soll für jeden Punkt, welcher im Referate abgesondert zu behandeln ist, einen besonderen Bogen Papier zur Hand nehmen, und auf jeden Bogen den Gegenstand, für welchen solcher bestimmt ist, oben zur Aufschrift darüber schreiben. Bei dem alsdann vorzunehmenden Durchlesen der Akten soll man zunächst aus der durchgelesenen Klage unter einen jeden Klagepunkt die Geschichtserzählung, den Rechtsgrund der Klage und die Bitte vermerken. Dieß soll die Grundlage zum Vortrage des Verfahrens sein. Wenn dieß geschehen, so legt man den Grund zur Geschichte des Rechtsganges (historia processus), indem man auf dem dafür bestimmten Bogen das Präsentatum der Klage und die darauf ergangene Verfügung notirt. Hierauf ziehet man aus der Beantwortungsschrift alle verzögerliche Einreden mit ihren Gründen und der Bitte aus, und trägt jede auf den dazu bestimmten Bogen, wobei zu beobachten, daß die Einlassung auf die Klage unter einen jeden Klagepunkt gesetzt und die in die Einlassung fehlerhaft mit eingeflochtenen Thatumstände der Einreden ausgesondert und unter die Einreden getragen werden. Demnächst soll man eine jede zerstörliche Einrede und zuletzt einen jeden Wiederklagepunkt besonders ausziehen und auf diese Weise mit allen übrigen Schriften und Dekreten fortfahren. In den weiteren Stadien (Instanzen) soll man auch die ergangenen Urtheile und Resolute dergestalt ausziehen, daß prozeßleitende Verfügungen in den Vortrag der Geschichte des Rechtsganges (Prozeßgeschichte, historia processus) gebracht und die Erkenntnisse über die Punkte in der Sache selbst unter diese Punkte getragen werden[6]).

Nach einem anderen empfohlenen Handgriffe werden alle vorgebrachten Behauptungen nach den Prozeßhandlungen, durch welche sie vorgebracht worden sind, in Kolonnen, von welchen je eine für jede vorkommende Prozeßschrift bestimmt und mit deren Namen über-

6) Claproth, von Verfertigung der Relationen, §. 23.

schrieben ist, unter fortlaufenden Ziffern und mit Angabe des Aktenblattes, nebeneinander notirt, auch die für jede Thatsache angezeigten Beweismittel unmittelbar dahinter angemerkt; und mit dem Petitum wird geschlossen. Darnach würde die Kolonne I der Klage, die Kolonne II der Beantwortung, die Kolonne III der Replik und die Kolonne IV der Duplik gewidmet sein. Außerhalb der Kolonnen sollen noch die Bemerkungen über die Formalien, namentlich über die legitimatio ad processum gesammelt, die Rechtsdeduktionen der Parteien angedeutet, und die von ihnen herangezogenen Gesetzstellen angemerkt werden [7]). Für dieses „außerhalb der Kolonnen" sehe ich jedoch keinen Platz, auch scheint mir Alles, was „außerhalb" notirt werden soll, in die Kolonnen selbst geeigneten Ortes zu gehören. Mir scheint das zweite Hülfsmittel für wirklich weitläuftige und verworrene Sachen weniger geschickt zu sein als das erste. Doch kann ich über die Brauchbarkeit keines von beiden aus eigener Erfahrung urtheilen, denn ich habe in meinem Leben von dergleichen Hülfsmitteln keinen Gebrauch gemacht. Machen wir jedoch zur Veranschaulichung von dem zweiten Mittel eine Anwendung auf unseren Prozeß durch folgendes

7) Reusch, Anleitung ꝛc. Heft I, §. 29.

Bei

I. Klage.

I. Fol. 10. Kl.: Gutsbesitzer R. zu Fliederthal.

Off. Anwalt: R. A. Haberecht.

II. Bekl.: folgende ehemalige Gewerke der Fr.-Agnes-Grube:

1. der Gutsbesitzer Redlich zu B.
2. u. s. w.

III. Klagegrund: angebliche Expropriation mehrerer Grundstücke auf der Feldmark des angeblich dem Kl. gehörigen Gutes Fl. zum Bergbau für die Kohlengrube Fr.-Agnes, im J. 1845, 1847, wo die Bekl. die Gewerke der nun aufgelassenen Grube gewesen sein sollen.

II. Beantwortung.

Ad II. Der Mitbeklagte R e d l i c h hat agnoscirt und scheidet aus, fol. 15.

Die übrigen 10 Bekl. sind im prorogirten Klagebeantwortungstermine, den 25. März 1860, ausgeblieben, fol. 20.

Kontumazialbescheid vom 30. März 1860, insinuirt d. 3. April, fol. 20.

Ad III. Restitutions-Gesuch und Klagebeantwortung der noch übrigen 10 Bekl., präs. den 12. April, fol. 26.

Vertreter R.A. Zänker, fol. 31. Tutorium des Vormundes der v. Tr.—schen Minorennen fehlt.

1. Eigenthum des Kl. (legit. ad causam activa) unbestritten.
2. Expropriation eingeräumt, aber legit. ad causam passiva bestritten. Der Expropriationsberechtigte sei der Bergfiskus, ihnen sei nichts abgetreten, die Bergbehörde habe die Grundstücke für die Grube in Besitz genommen und die Grube sei an den Staat (ins Freie) gefallen.
3. Die Grundentschädigung sei eine Grubenschuld, und die ausgeschiedenen Gewerken hafteten nicht persönlich für Grubenschulden. II, 16, §. 292.
4. Eventualiter: Einwand des Vergleichs u. der Zahlung, fol. 25.

Beweis ein mit dem Vorbesitzer des Kl. abgeschlossener Vertrag v. 1. April 1844. Deshalb Editionsgesuch gegen B r e k e r, fol. 30.

Verfügung darauf suspendirt.

III. Litisdenunziation der Bekl. wider den Bergmann S c h l e i c h e r, fol. 31.

1. Vorladung an den Litisdenunziaten insinuirt den 20. April 1860, fol. 33.
2. Der Litisdenunziat hat sich nicht erklärt, fol. 34.

spiel.

IV. Replik.	V. Duplik.	VI. Ungeforderte Anzeige.
1. Die Einforderung mit sechswöchentlicher Fristbestimmung insinuirt d. 22. April 1860, fol. 35. 2. Eingegangen d. 25. Mai 1860, fol. 36.	1. Einforderung mit Frist von 6 Wochen insinuirt d. 28. Mai 1860, fol. 38. 2. Eingegangen d. 15. Juni 1860, fol. 40.	Fol. 46.
Ad 2 wird auf II, 16, §. 109 verwiesen, wonach die Bergbauenden die Grundentschädigung schuldig, und wiederholt hervorgehoben, daß 1845 u. 1847 die Bekl. die Bergbauenden waren und die Flächen zu Unland gemacht hätten. Beweis fol. 36. Ad 3 bestritten, fol. 36.		
Ad 4. Der thatsächliche Grund bestritten, u. replizirt: Ungültigkeit des angeblichen Vertrages wegen Verfügungsunfähigkeit durch Bevormundung aus Verschwendung, fol. 37.	Ad 4. Die Replik zugestanden aber für unerheblich erklärt, weil nicht über die Substanz verfügt worden sei.	

I. Klage.	II. Beantwortung.	III. Litisdenunziation.
IV. Gegenstand der Klage. Abschnitt I. 1. Grundentschädigung für die Ackerflächen, auf die Jahre 1850 bis 1852 300 Thlr. nebst Zinsen von jeder Jahresrente von Ende des Jahres an, auf Grund des A. L.R. II, 16, §. 113, fol. 11. 2. Liquidation, fol. 11, 12. 3. Antrag, fol. 12.	Zu Abschnitt I. 1. Die Berechnung im Allgemeinen bestritten, ein quantum minus nicht angegeben, fol. 28. 2. Speziell bestritten: a) für das Jahr 1850, zu Pos. 3, fol. 12, daß auf einem erst am 1. Juli übergebenen, frisch aufgeschütteten rohen Boden in diesem Jahre nichts mehr gewonnen werden könnte; es hätten noch Gemenge und Futterkräuter gebaut werden können, wofür ein Beweis nicht angetreten ist; dieß sei nach II, 16, §. 113 unerheblich, weil die Entschädigungspflicht mit dem Augenblicke der Zurückgabe aufhöre, fol. 25; b) für alle 3 Jahre: Die P. 2 für erschwerte Ackerbestellung ihrem Grunde nach, weil nur d. Abnutzung zu vergüten sei, fol. 26.	
Abschnitt II. 4. Sicherstellung für die künftige Grundentschädigung aus 4 Gründen: a) weil die Sicherstellung ein Naturale sei bei Expropriationen, wenn die Entschädigung in Renten bestehe, nach Einl. 76, 75 und I, 11, §§. 3, 11, 221 A. L.R., und Verf.-Urk. Art. 9; b) weil die Sicherstellung jetzt bei der Einräumung, nach I, 4, §. 121, gefordert werde; das Expropriationsverfahren sei nicht abgeschlossen; c) wegen durch Verlassung des Grubenbaues eingetretener Unsicherheit, nach I, 4, §. 121; d) als cautio usufructuaria wegen Vernachlässigung der in Gebrauch genommenen Flächen, welche uneingeebnet liegen blieben, und weil Tagebrüche nicht ausgefüllt würden, auf Grund des §. 20, I, 21, fol. 13. 5. Antrag, fol. 14.	Zu Abschnitt II. 1. Die Verbindlichkeit zur Sicherstellung an sich bestritten, weil keine persönliche Verbindlichkeit zur Einebnung 2c. vorhanden. Die gemachten Anstalten müßten unverändert bleiben, fol. 26; 2. die Außerstandsetzung zur Erfüllung der Verbindlichkeiten bestritten, fol. 26; 3. Das Vorkommen von Tagebrüchen bestritten, fol. 26; 4. Eventualiter könne Sicherstellung nur unter den Voraussetzungen eines ordentlichen Arrestschlages, nach II, 16, §. 153, gefordert werden, und das Vorhandensein derselben sei nicht behauptet worden, fol. 16.	

IV. Replik.	V. Duplik.	VI. Ungeforderte Anzeige.
Zu Abschnitt I.		Zu Abschnitt I.
Ad a, es solle Beweis erhoben werden; es müsse vollständige Entschädigung geleistet werden, II, 16, §. 112.		1. Zurücknahme der Klage gegen folgende 6 Bekl.: (Namen), wegen Befriedigung des Klägers. Die Klage bleibt hier also nur stehen gegen folgende vier: (folgen deren Namen 2c.) 2. Erweiterung des ursprünglichen Klageantrages fol. 12 gegen diese vier dahin: daß 2c., fol. 46.
Ad b, zur vollständigen Entschädigung gehöre die Vergütung für erschwerte Ackerbestellung.		
Zu Abschnitt II.		Zu Abschnitt II.
Ad 1. Bleibende Anstalten seien gar nicht gemacht worden. Beweisantretung fehle, Gegenbeweis fol. 37.	Ad 1. Die Beweisantretung und der Gegenbeweis seien unerheblich.	Zurücknahme der Klage gegen sämmtliche zehn Beklagte.
Ad 2 und 3 möge der Beweis erhoben werden.		
Ad 4 wird darauf aufmerksam gemacht, daß der §. 153 sich auf Schürfer und nicht auf Bergbauende (Gewerken) beziehe.		

§. 43.

4. Abfassung des Referats.

Nach dieser Vorbereitung macht man sich an die Niederschreibung des im Kopfe geordneten Referats. Man muß sich daran gewöhnen, sofort in der Reinschrift zu arbeiten, wenigstens für den praktischen Gebrauch; bei Relationen pro statu mag man ein Konzept machen, welches man über Nacht liegen läßt und dann der Feile unterwirft, worauf man es, schon aus Achtung vor dem Recensenten, womöglich ohne Korrekturen, Interlineationen und Einschaltungen mundirt und dabei möglichst deutlich schreibt [1]). Außerdem ist dabei zu beobachten:

1) Die Fassung muß den Regeln, welche ich Th. I, §. 10 angegeben habe, entsprechen. Dann wird den Ansprüchen, welche an entscheidender Stelle [2]) hinsichtlich der Logik auf folgerechte Anordnung, Klarheit und Bündigkeit des Vortrages in allen seinen Theilen, der Einfachheit, Würde und Präcision des Ausdrucks, des angemessenen Periodenbaues, mit Vermeidung aller beschwerlichen Einschaltungen oder Zwischensätze, sowie hinsichtlich der möglichsten aber nicht übertriebenen Reinhaltung der Sprache von veralteten Wörtern, fremden Ausdrücken und Provinzialismen, an die Kandidaten gemacht werden, Genüge geschehen.

2) Das Referat muß mit einem breiten Rande versehen, bei Proberelationen geheftet, foliirt oder paginirt sein [3]). Es ist alte Sitte, die Relationen auf die rechte Seite des gebrochenen Papiers zu schreiben [4]). Der breite Rand links ist für Bemerkungen des Präsidenten oder Dirigenten und zur Vermerkung der Aktenfolien, wo die Angaben der Parteien oder die Beweise vorkommen, bestimmt [5]).

3) Die Parteivorträge werden in der dritten Person, unter Einführung derselben in ihrer Prozeßrolle, gehalten, z. B. der Kläger, der Beklagte behauptet, bestreitet u. s. w., wobei die pronomina personalia, possessiva und demonstrativa (er, sein, die-

1) Konklusum der Immediat-Justiz-Examinations-Kommission, wegen der äußeren Form der Proberelationen, v. 30. März 1830 (Jahrb. Bd. XXXV, S. 135).

2) Bemerkungen derselben Kommission, Abschnitt IV am Schlusse. Vergl. V. v. 27. Oktbr. 1810 (G.S. S. 9).

3) Konklusum v. 30. März 1830 (Note 1).

4) Kurze Anweisung zum Referiren, §. 3 (v. J. 1775); in Hymmen's Beiträgen, Bd. I, S. 107.

5) Cirkulare v. 20. September 1783, in Hymmen, Beiträge, Bd. VIII, S. 142. — Vergl. Instr. v. 24. Juli 1833, §. 32, Abs. 3.

ser, jener) mit Vorsicht zu gebrauchen sind, um Undeutlichkeit oder gar Verwechselung der Personen zu verhindern. Was der Referent (in der Beurtheilung) für seine Person zu sagen hat, schreibt man am passendsten in der ersten Person. Manche meinen, sie müßten aus Bescheidenheit das Ich vermeiden und von sich selbst als von einem abwesenden oder hinter ihnen steckenden Dritten sprechen; sie bedienen sich deshalb der Wendungen: „Referent würde, Referent ist der Meinung" u. s. w. Diese Art zu sprechen ist wenigstens bei Relationen zum praktischen Gebrauche nicht natürlich. Warum will der Referent seine Persönlichkeit verleugnen? Die Relation ist nichts anderes als ein pro memoria für den Referenten, welches er abliest, wenn ihm sein Gedächtniß untreu ist. So unnatürlich es sein würde, wenn er bei der mündlichen Erzählung dessen, was er selbst denkt und meint, einen unsichtbaren Dritten redend einführen wollte, ebenso ist es bei der Ablesung seines Aufsatzes.

4) Es ist nicht nöthig, die Relation in gewisse Abschnitte mit Ueberschriften oder nach Paragraphen abzutheilen. Wo die Geschichtserzählung aufhört und der Aktenauszug anfängt, oder wo dieser aufhört und die Beurtheilung beginnt, das wissen die sachverständigen Zuhörer, ohne daß es ihnen durch Ablesung einer Ueberschrift angekündigt wird, und wenn dies nicht der Fall ist, so liegt es an der Relation, die alsdann durch die Abschnitte und Überschriften um nichts besser oder übersichtlicher wird. Doch kann es bei sehr weitläuftigen Sachen zweckmäßig sein, am Rande die Abschnitte anzumerken, um sich selbst beim Vortrage leichter zurechtzufinden.

5) Die wörtlich angeführten Stellen aus Parteivorträgen und Anträgen, Zeugenaussagen, Urkunden, Gesetzen und Autoren werden durch Einrückung äußerlich bemerklich gemacht.

6) Am Schlusse folgt Ort, Datum und Unterschrift des Referenten, in Proberelationen noch vorher die Versicherung an Eidesstatt, daß der Referent diese Proberelation selbst, ohne fremde Beihülfe, verfertigt habe [6]). Die Höflichkeit „s. m." (salvo meliore oder salvis melioribus) und der nur in Übungsarbeiten anwendbare Submissionsstrich können in Arbeiten für den praktischen Gebrauch wegbleiben; Niemand sieht oder hört davon etwas, mithin fehlt jeder Zweck.

7) Das fertige Referat wird in erster und zweiter Instanz offen und ohne Votum mit den Akten dem Dirigenten der Deputation zugestellt; Uebungsreferate erhält zuvor das zum Referenten

6) A. G.O. III, 4, §. 27, Nr. 2 a. E.

bestimmte Mitglied des Gerichts zur Prüfung und eventuellen Berichtigung, wonächst der Dirigent seinerseits die Prüfung und Berichtigung zu bewerkstelligen und den Audienztermin anzusetzen hat [7]). Das besonders zu entwerfende Votum bringt der Referent in die Audienz mit, um davon bei der Berathung Gebrauch zu machen. Oft wird es nicht passen, weil noch in der mündlichen Verhandlung neue Thatsachen oder Beweismittel beigebracht werden können, wie auch unser Prozeß zeigen wird. In dritter Instanz, wo nichts Neues vorgebracht werden kann, wird die vollständig mit dem Votum und der Beurtheilung ausgearbeitete Relation zusammengelegt, mit einem Umschlage versehen, versiegelt, mit der Distributionsnummer und dem Rubrum der Sache überschrieben und sammt den Akten zur Registratur befördert, von welcher sie dem Präsidenten vorgelegt wird, der sie präsentirt und bis zu dem von ihm anzusetzenden Audienztermine unentsiegelt aufbewahrt [8]). Der zweite Referent ist abgeschafft [9]).

Beispiel.

Distr. Nr. 192. Referat

aus dem ersten Verfahren

in Sachen

des Gutsbesitzers Rittersporn auf Fliederthal im Kreise N.,

Klägers,

wider

die vormaligen Gewerken der auflässigen Braunkohlen-Grube Friederike-Agnes bei Fliederthal, namentlich: (folgen die einzelnen Beklagten nach Namen, Stand und Wohnort), Beklagte,

wegen Grundentschädigung und Sicherstellung.

Fol. 6. Der Kläger ist Eigenthümer des Rittergutes Fliederthal. Auf seiner Feldmark befindet sich eine nun durch Auflassung ins Freie gefallene Braunkohlen-Grube, Friederike-Agnes genannt. Für diese
Fol. 12. sind im Jahre 1845 und 1847 verschiedene Ackerflächen durch die Bergbehörde zum Abbau durch Tagewerke expropriirt worden und, nach vollbrachtem Abbaue, uneingeebnet und unzurückgegeben als Unland bei der Verlassung der Grube Seitens der Gewerke liegen ge-
Fol. 20. lassen worden. In der Zeit der angeblich nicht ordnungsmäßig, in

---

7) Instr. v. 24. Juli 1833, §. 32.

8) A. G.O. III, 3, §. 57. — V. v. 14. Dezember 1833; u. V. v. 21. Juli 1846, §. 22. — Vergl. Reichs-Absch. v. 1654, §. 150.

9) V. v. 21. Juli 1846, §. 19.

Betreff der Entschädigung des Grundherrn, zum Abschluß gebrachten Expropriation, und während des Abbaues dieser Flächen, sollen die Beklagten die Gewerken gewesen sein. Seit dem Jahre 1850 einschließlich hat der Kläger gar keine Grundentschädigung erhalten; er hat deshalb auf Feststellung und Entrichtung der Grundentschädigung für die vergangenen drei Jahre und für die Zukunft bis zur Zurückgabe der Grundstücke im kulturfähigen Zustande und auf Sicherstellung für die Zukunft in zwei Abschnitten gegen die genannten elf Beklagten geklagt. Fol. 15. Fol. 6.

Das hiesige Gericht ist durch Verfügung des Appellationsgerichts zu N. vom 3. Januar 1860 zum gemeinschaftlichen Forum bestellt worden. Fol. 1.

Der Kläger ist durch den ihm zum Offizial-Anwalt bestellten Rechtsanwalt Haberecht vertreten. Fol. 2.

Von den Beklagten hat der Gutsbesitzer Redlich zu Biederthal die Ansprüche des Klägers durchgehends agnoscirt und ist in Folge dessen aus dem Prozesse ausgeschieden. Fol. 15.

Die übrigen Beklagten sind in dem prorogirten Klagebeantwortungstermine ausgeblieben und nach den Klageanträgen in contumaciam verurtheilt worden. Gegen das am 3. April 1860 insinuirte Kontumazialerkenntniß haben sie Restitution nachgesucht. Das Restitutionsgesuch sammt der Klagebeantwortung ist am 12. April, mithin innerhalb der zehntägigen Restitutionsfrist eingegangen. Fol. 22. Fol. 26.

Sie sind durch den Rechtsanwalt Zänker, der die Klagebeantwortung unterzeichnet hat, vertreten. Die von diesem beigebrachte Vollmacht ist nach Vorschrift der Prozeßordnung abgefaßt, unterzeichnet und untersiegelt, ermächtigt auch zur Empfangnahme von Erkenntnissen. Später hat der Kläger gegen folgende sechs Mitbeklagte (folgen die Namen) die Klage zurückgenommen, weil sie ihn befriedigt haben, es bleiben daher nur noch die vier Beklagten Klop, Böse, Klotzig, Raffer übrig. Fol. 30. Fol. 46.

Die Beklagten haben dem Bergmann Schleicher zu N. litem denunziirt; diesem ist die Vorladung den 20. April insinuirt worden, der Litisdenunziat hat sich jedoch nicht erklärt. Die Vorladung enthält wörtlich die in der Prozeßordnung Tit. 17, §. 19 vorgeschriebene Verwarnung. Fol. 31. Fol. 33.

Es ist eine Replik und eine Duplik mit einer Fristbestimmung von 6 Wochen eingefordert worden. Diese Schriften sind, von den Rechtsanwälten der Parteien unterzeichnet, schon am dreißigsten

Tage nach der Insinuation der Einforderungsverfügung eingegangen.

Die Beklagten widersprechen den Ansprüchen des Klägers durchgehends. Sie wenden gegen den Grund der ganzen Klage ein:

Fol. 26. 1) Principaliter den Mangel der Passivlegitimation. Dieser Einwand beruht auf einer Rechtsansicht. Die Beklagten halten nämlich dafür, daß nicht die Gewerken, sondern der Bergfiskus der Expropriationsberechtigte sei, weil ihm die Grube vermöge des Bergregals gehöre und ihm jetzt durch die Freilassung auch thatsächlich zugefallen sei. Nicht sie sondern die Bergbehörde für die Grube habe die Grundstücke zum Grubenbaue dem Kläger entzogen. Die schuldig gebliebene Grundentschädigung sei eine Grubenschuld und für Grubenschulden hafteten die Gewerken nicht persönlich, nachdem sie ihr Bergeigenthum aufgegeben hätten, nach A. L.R. II, 16, §. 292. Deshalb sei die Klage gegen ihre Person ganz unbegründet.

Der Kläger hat diese Rechtsansicht bekämpft und auf §. 109 a. a. O. verwiesen, wonach die Bergbauenden die konzessionirten Expropriationsberechtigten und die persönlichen Schuldner wegen der Grundentschädigung seien; er hat auch auf den §. 345 a. a. O. verwiesen, welcher die Forderungen des Grundherrn für abgetretenen Grund und Boden oder gelieferte Materialien zu den s. g. Berg- oder Grubenschulden nicht zähle. Daß die Bekl. zur Zeit der Expropriation und der Ausbeutung der fraglichen Bodenflächen die Bergbauenden gewesen seien und daß sie die Mittel zur Wiedereinebnung verweigert hätten, darüber ist ein Extrakt aus dem Berggegenbuche beigebracht worden und auf Einholung einer amtlichen
Fol. 34. Auskunft der Bergamts-Kommission angetragen.

Ueber den Extrakt haben die Beklagten sich nicht erklärt.

Fol. 25. 2) Eventualiter sei die Grundentschädigung verglichen und bereits vorausbezahlt. Der Vorbesitzer des Klägers, der vormalige Gutsbesitzer Feuerfranz zu N. nämlich, habe am 1. April 1844 mit dem Muther und ersten Beliehenen, ihrem Autor, dem Litisdenunziaten Bergmann Schleicher zu N. einen Vertrag geschlossen, wonach derselbe sich mit einem Pauschsatze von 60 Thlrn. für jeden Morgen begnügt und 600 Thlr. vorausbezahlt erhalten habe, folglich für mehr Morgen als nachher exproprirt worden seien.

Fol. 28. Zum Beweise dessen ist ein Gesuch um Edition dieses Vertrages gegen den Kommissionär Broker zu N. als Cessionar des Feuerfranz und Inhaber der Urkunde angebracht worden; das Kollegium hat jedoch die Verfügung darauf bis zur Abfassung des Beweisresolutes ausgesetzt.

Dieser Vertrag soll dem Kläger deshalb entgegenstehen, weil er in seinem Kaufkontrakte vom 28. August 1828, damit bekannt gemacht, die Verbindlichkeit übernommen haben soll, jenen Vertrag vom 1. April 1844 gegen die Bergbauenden zu erfüllen, und die Beklagten hatten auf Edition dieses Kaufkontrakts angetragen. Dieser Kaufkontrakt war aber schon Behufs der Legitimation zur Sache von dem Kläger mit der Klage eingereicht. Er enthält gar nichts von dem, was die Beklagten behaupten, im Gegentheil, er enthält im §. 4 eine Abtretung aller Rechte, welche dem Verkäufer wegen der Anmaßungen der Bergbauenden aus der Vergangenheit gegen dieselben zustehen möchten. Aus diesem Grunde ist jenem Editionsgesuche gegen Broker noch keine Folge gegeben worden. Die Beklagten haben späterhin, in der Duplik, keinen anderen Beweis darüber, daß dem Kläger das Vorhandensein jenes angeblichen Vertrages des Verkäufers mit dem Muther, vom 1. April 1844, bei seinem Kaufe des Gutes Fliederthal bekannt gewesen oder angezeigt worden sei, angetreten.

Der Kläger bestreitet das Vorhandensein eines solchen Vertrages, hält denselben aber auch für unerheblich, weil er denselben nicht gekannt habe und weil die dadurch etwa gegründete Verbindlichkeit keinen Titel zu einem dinglichen Rechte enthalte. Er hat aber auch replizirt, daß jener angebliche Vertrag vom 1. April 1844 an sich nichtig sein müßte, weil der Verkäufer damals wegen Verschwendung unter Vormundschaft gestanden habe. Fol. 34.

Die Beklagten haben diese Replik in thatsächlicher Hinsicht zugestanden, aber für unerheblich gehalten, weil der fragliche Vertrag nicht über Vermögenssubstanzen, sondern nur über Revenüen verfüge und, nach ihrer Meinung, ein wegen Verschwendung Bevormundeter über Revenüen zu verfügen befähigt sei.

Eventualiter:

Abschnitt I.

Unter Abschnitt I liquidirt der Kläger die Grundentschädigungsforderung für die 3 Jahre 185⁰/₂ speziell.

Die Beklagten haben sich speziell darauf nicht eingelassen, sondern sich darauf beschränkt, dieselbe im Allgemeinen zu bestreiten; sie haben sich daher auch über ein quantum minus bei keiner Position ausgelassen. Nur über drei Positionen haben sie sich näher erklärt. Es sind nämlich in jeder Jahresrechnung in Ansatz gebracht:

1) für 95 □Ruthen Hüthung zur offenen Rösche, 3 Thlr. per Morgen, also 1 Thlr. 17 Sgr. 6 Pf., und

2) für erschwerte Ackerbestellung in Folge der einspringenden Winkel und Ecken, auf 4 Morgen 90 □R., jährlich 1 Thlr. per Morgen.

Die Sätze gründen sich auf eine Feststellung der Bergbehörde, welche sich die Parteien haben gefallen lassen, und wonach die Vergütung bis zum Jahre 1850 geleistet worden ist.

Die Beklagten wenden dagegen ein, daß sie sich diese Festsetzung nicht brauchten gefallen zu lassen, weil sie dazu nicht persönlich zugezogen worden seien, ihr zugezogener Schichtmeister aber sie zu vertreten nicht ermächtigt gewesen sei; und daß eine Forderung für erschwerte Ackerbestellung an sich nicht Grund habe, weil weiter nichts als die Abnutzung der entzogenen Ackerflächen gefordert werden dürfe. Ein quantum minus ist auch hier nicht eventuell zugestanden.

Der Kläger hat entgegnet, daß die anerkannte Festsetzung der Bergbehörde, weil nicht nach §. 116, II, 16 A. L. R. gegen die Anerkennung ihres Repräsentanten Widerspruch erhoben und nicht bei dem Berggerichte auf rechtliches Gehör und Erkenntniß angetragen worden, maßgebend sei. Eventuell läßt er sich gefallen, daß die damals zugezogenen Sachverständigen A. und Sch. nochmals vernommen würden. Hinsichtlich der ihrem Grunde nach bestrittenen Forderung für erschwerte Ackerbestellung weiset er darauf hin, daß ihm nach §. 112. a. a. O. vollständige Genugthuung geleistet werden müsse, wozu die Vergütung für erschwerte Ackerbestellung gehöre.

3) Für das Jahr 1850 ist die Abnutzung für das ganze Jahr vom 3 M. 136 □Ruthen liquidirt worden, obgleich davon 2 M. 12 □R. am 1. Juli 1850 geebnet zurückgestellt worden sind. Diese Post wird dadurch begründet, daß die Fläche ganz roh, mit frisch aufgeschüttetem todten Boden zurückgegeben worden sei und daß es nach der Natur des Ackerbaues unmöglich, auf einem solchen Boden nach dem 1. Juli noch etwas zu erbauen. Darüber sollen die Sachverständigen A. zu Waldhof und Sch. zu Weitzenberg gutachtlich vernommen werden.

Die Beklagten sagen darauf: es sei unerheblich, ob noch etwas zu erbauen gewesen sei, denn mit dem Augenblicke, wo das Ackerstück wieder eingeebnet zurückgestellt werde, höre die Entschädigung unbedingt und ohne Rücksicht darauf: ob der frisch aufgeschüttete rohe Boden tragbar sei, oder nicht, und ohne Rücksicht auf die Jahreszeit auf. Eventuell hätten noch Gemenge und Futterkräuter angebaut werden können. Ein Gegenbeweis hierüber ist nicht angetreten, eine solche Beweiserhebung wird überhaupt für ganz unerheblich gehalten. Fol. 25.

Der Kläger bestreitet die eventuelle Behauptung, wegen der Rohheit des Bodens und wegen des Mangels der naturgemäßen Vegetationsperiode nach dem 1. Juli; ihm gebühre vollständige Entschädigung.

4) Rechtskräftig ist bereits festgestellt, daß die Vergütung für das Ackerland nach den in jedem Jahre in der Kreisstadt N. stattfindenden Marktpreisen, mit Rücksicht auf den Ertrag und die angebauten Früchte auf dem übrigen Theile des Gewendes oder Schlages, zu geschehen hat. Der Kläger behauptet, daß auf dem Schlage, Fol. 10. wo sich die in Unland verwandelten Flächen befinden, im Jahre 1850 Weizen gebauet worden sei; daß von dem Morgen drei Schock geerntet, daß vom Schock 4 Scheffel erdroschen und aufgemessen und auf den Morgen nur 16 Metzen ausgesäet worden seien.

Darüber hat er sich zur Vorlegung seiner von dem Amtmanne K. geführten Saat-, Ernte- und Dresch-Register erboten und den Amtmann K. und Schulzen W. zu Zeugen vorgeschlagen.

Er behauptet, daß nach der Bodenbeschaffenheit von den zu Unland gemachten Flächen der gleiche Ertrag zu erwarten gewesen wäre, und beruft sich darüber auf das Gutachten der Sachverständigen A. und Sch.

Ferner behauptet er, daß, wenn der Grundherr für verhältnißmäßig so kleine Flächen auslänglich entschädigt werden solle, von dem Brutto-Ertrage kein anderer Abzug gemacht werden dürfe als der Samen-Einfall, weil die Fläche verhältnißmäßig so gering sei, daß an Arbeits- und Zugkräften auf dem Gute keine Reduktion, also keine Ersparniß möglich; und daß für Düngung nichts in Abzug kommen könne, weil der ganze Strohertrag, die Spreu, die Ueberkehr und die Nachhütung als Ersatz für die erforderliche Düngung außer Ansatz geblieben sei, wodurch der Dünger reichlich bezahlt werde, mithin keinen Zuschuß erfordere.

Auch dieses sollen die genannten Sachverständigen A. und Sch. begutachten.

Nach diesen Grundsätzen stellt sich der Ertrag von 3 M. 136

□R., als soviel die expropriirten Flächen' betragen sollen, welchem nicht speziell widersprochen worden ist, per Morgen auf 12 Schffl., oder nach Abzug der 16 Mtz. Aussaat auf 11 Schffl., zusammen auf 44 Schffl.

Die Beklagten haben sich auf diese Einzelnheiten nicht ausgelassen, nur daß für Dünger, wegen des außer Ansatz gelassenen Strohes rc., nichts dürfe abgezogen werden, ist bestritten.

Als Marktpreis fordert der Kläger den Durchschnittspreis in der Kreisstadt N. im Monat Dezember 1850, mit 3 Thlr. pro Scheffel, unter Bezugnahme auf die Regierungsbekanntmachung im Amtsblatte 1851 S. 14, wonach der Durchschnittspreis des Weizens pro Dezember wirklich auf 3 Thlr. der Scheffel festgesetzt worden ist. Als Grund der Forderung dieses Preises wird angegeben, daß mit dem Ende des Jahres die Vergütigung fällig geworden sei.

Fol. 30. Die Beklagten bemerken darauf nur: hinsichtlich des Preises werde der Kläger sich wohl mit dem Martini-Preise zufrieden stellen müssen. Warum? und wieviel dieser weniger betrage? wird nicht gesagt.

(Die Liquidation für die Jahre 1851 und 1852 wird als für den Zweck unnöthig übergangen.)

Der ursprüngliche Antrag des Klägers ging dahin:

Fol. 5. die Beklagten pro rata eventualiter in solidum zu verurtheilen, ihm an Grundentschädigung für das Jahr 1850 137 Thlr. 10 Sgr. 7 Pf.; für 1851 100 Thlr. und für das Jahr 1852 62 Thlr. 19 Sgr. 5 Pf., nebst 5 Prozent Verzugszinsen von jeder Jahresrate seit dem Ablaufe des Jahres, also resp. vom 1. Januar 1851, 1852 und 1853 an zu bezahlen.

Diesen Antrag hat der Kläger in einer uneingeforderten Anzeige nach dem Schlusse des Schriftwechsels auf Grund dessen, daß die Beklagten ihre Verbindlichkeit, den Kläger zu entschädigen, gänzlich bestritten haben, ohne neue Thatsachen vorzubringen, dahin erweitert:

Fol. 46. daß die Beklagten auch verurtheilt werden, ihm die jährliche Abnutzung von dem ihm entzogenen Grundeigenthume in jedem Jahre, so lange für ihren Theil zu vergüten, bis der Boden wieder in solchen Stand gesetzt ist, daß er gehörig genutzt werden kann.

Zu Abschnitt II

ist die Klage wegen Sicherstellung auch in Beziehung auf die noch im Prozesse stehenden vier Beklagten zurückgenommen. Fol. 46.

Krottgau, den 1. Juli 1860.

Ukeley.

Votum.

(Wird, auf einen besonderen Bogen geschrieben, von dem Referenten zur Audienz mitgebracht und bei der Berathung des Kollegiums vorgelegt.)

Ich würde den Beweis nur über zwei Fragen erheben, nämlich:

1) kann auf einem erst am 1. Juli in rohem und frisch aufgeschüttetem Zustande übergebenen Boden in demselben Jahre keine Frucht mehr gewonnen werden, und wird also durch eine so verspätete Zurückgabe die Abnutzung für das ganze Jahr vereitelt?

oder

können noch Gemenge und rasch wachsende Futterkräuter auf solchem Boden gewonnen werden?

durch Vernehmung des Gutsbesitzers A. zu Waldhof und des Gutsbesitzers Sch. zu Weitzenberg als Sachverständige;

2) darf, wenn der Grundherr hinlänglich entschädigt werden soll, von dem Bruttoertrage der Ackerflächen im Betrage von 3 M. 136 □R. außer dem Samen Nichts abgezogen werden, weil wegen der geringen Fläche im Verhältniß zum Ganzen an den Arbeits- und Zugkräften auf dem Gute keine Reduktion, also keine Ersparung möglich ist und weil die Düngung schon dadurch, daß der ganze Strohertrag, die Spreu, die Ueberkehr und die Nachhutung außer Ansatz gelassen ist und ohnehin dem Futtergewinne abgehen, reichlich aufgewogen wird?

durch Vernehmung derselben Sachverständigen.

Denn alle übrigen Thatsachen müssen in contumaciam für richtig angenommen werden, namentlich:

1) ob die in Rede stehenden Grundflächen im November 1845 und April 1847 zur Benutzung für die Kohlenzeche Friederike-Agnes übernommen worden sind. Die Beklagten haben Uebernahme durch den Schichtmeister der Grube, Sch. zu R., für die Grube eingeräumt und über die Zahl der Grundstücke und über deren Flächeninhalt sich nicht erklärt, folglich ist dieser unbestritten;

2) was für Früchte auf dem Schlage, wo die eingenommenen Grundflächen sich befinden, in den Jahren 1850, 1851, 1852; wieviel Metzen auf den Morgen ausgesäet, wie viel Schocke geerntet und wieviel erdroschen worden. Denn darauf haben sich die Beklagten nicht ausgelassen, mithin ist das Alles unbestritten;

3) ob auf den zu Unland gemachten Flächen, wären sie nicht in Unland verwandelt oder dem Kläger nicht entzogen worden, nach der Bodenbeschaffenheit die gleichen Erträge hätten gewonnen werden können; weil auch dieser Umstand unbeantwortet, somit unbestritten geblieben ist.

Mit diesem Referate und dem Votum hätte der Referent den Ansprüchen, welche nach Lage der Akten an ihn gemacht werden konnten, genügt, allein das Votum wird, wie sich im folgenden Abschnitte ergeben wird, auf die Lage der Sache nach dem Schlusse der mündlichen Verhandlungen, deren Ergebniß nicht vorausgesehen werden kann, nicht passen.

§. 44.
5. Audienztermin.

Nach Empfang des Referats setzt der Dirigent der Deputation den Audienztermin an und verordnet die Vorladung der Parteien[1]). Das Verfahren in dem Termine habe ich schon hinlänglich ausführlich beschrieben[2]): doch bleibt dafür noch eine Nachlese übrig. Die Audienz hat den Zweck: 1) die Parteien in den Stand zu setzen, den Vortrag zu kontroliren, auf Grund dessen der Richter, der die Akten nicht gelesen hat, sein Urtheil fällen soll; 2) die Sühne nochmals zu versuchen[3]). Wann und bei welcher Gelegenheit die Sühne das erste Mal versucht werden soll, weiß man nicht. Die Verordnung setzt das Zusammentreffen der Parteien bei der Klagebeantwortung voraus. Dieses Zusammentreffen ist nach der jüngeren Verordnung vom 21. Juli 1846 höchst zufällig und, wenn die Parteien durch Rechtsanwälte vertreten werden, unmöglich. Das heutige Verfahren hat somit für den Hauptsühneversuch keinen Raum; der Sühneversuch ist jetzt in die Audienz verlegt; 3) die Parteien darüber zu hören: was sie gegen die Vollständigkeit des Vortra-

---

1) Instr. v. 24. Juli 1833, §. 32.

2) Preuß. Civil-Prozeß, §. 281.

3) Verordn. v. 1. Juni 1833, §. 28.

ges zu sagen und zu dessen Ergänzung vorzubringen haben, und was sie hinsichtlich des Rechtspunktes ausführen wollen. Aber da die Parteien durch die Beschränkung des Schriftwechsels auf die Duplik nicht in allen Fällen Raum haben, sich auszusprechen, so muß die Audienz auch 4) dazu benutzt werden, den neuen thatsächlichen Behauptungen oder Rechtseinwendungen, welche in der letzten Prozeßschrift der einen Partei vorgebracht worden sind, von Seiten der Gegenpartei entgegenzutreten[4]). Hierdurch wird das Audienzprotokoll, auf dessen Fassung den Parteien kein entsprechender Einfluß gestattet ist, zur Prozeßschrift, was es nach dem wahrhaft mündlichen Prozeßverfahren gar nicht sein kann. Möglicherweise kann daraus ein langwieriges protokollarisches Instruktionsverfahren vor der Gerichtsdeputation entstehen, indem immer neue Audienztermine angesetzt werden müssen, so oft zulässige neue Thatumstände und Beweismittel vorgebracht werden, auf welche der Gegner nicht vorbereitet sein konnte[4]). — Zurückkehrend zu unserem Prozesse (der in der Wirklichkeit geführt worden ist und hier unter anderer Fassung der Schriften, Verfügungen und Entscheidungen, sowie Hinzufügung der Incidentpunkte und einiger anderer Modifikationen als Beispiel gebraucht wird) haben wir zu besprechen und vorzuführen: 1) die Partei-Vorträge, 2) die Berathung und Beschlußfassung; 3) das Audienz-Protokoll und die Fassung des beschlossenen Resoluts.

§. 45.

a) Die Partei-Vorträge.

Die Parteien oder deren Vertreter dürfen nicht eigenmächtig das Wort nehmen und beliebig durcheinander reden, vielmehr haben sie abzuwarten, daß und wie ihnen der Vorsitzende das Wort gestattet. Die Würde der gerichtlichen Verhandlungen erfordert, daß der Vorsitzende die Ordnung mit Takt handhabe. Dazu gehört, daß er, nachdem die Parteien, auf den Aufruf der Sache, ihre Plätze eingenommen haben, die Verhandlungen für eröffnet erkläre, etwa mit den Worten: „Die Verhandlungen der Sache sind eröffnet;“ und sich darauf an den Referenten wendet, etwa sprechend: „Der Herr Referent wolle die Sache vortragen.“ Meine Erfahrung hat mich gelehrt, daß diese Vorbemerkung, wie trivial sie auch Manchem vorkommen mag, gar nicht überflüssig ist. Nach beendigtem Vortrage hat der Dirigent derjenigen Partei, welche zuerst sprechen soll, das Wort zu geben, etwa sprechend: „Der Herr

4) Vergl. V. v. 1. Juni 1833, §§. 27 u. 35.

Rechtsanwalt des Beklagten hat das Wort," wobei eine nähere Bezeichnung des Gegenstandes, worüber der Beklagte, gegen die Regel, zuerst sprechen soll, erforderlich sein kann. Die Regel ist nämlich, daß der Kläger zuerst zu sprechen und der Beklagte immer das letzte Wort hat [1]). Dieß ist jedoch nach dem Prozeßgrundsatze: reus excipiendo fit actor, zn verstehen und anzuwenden. Wenn daher die letzte Prozeßschrift von dem Kläger eingegangen ist und darin etwas Neues vorkommt, so muß zuvor dem Beklagten Gelegenheit gegeben werden, darauf zu antworten, wofern er nicht etwa mit der Antwort schon präkludirt worden. Wird dieß nicht beobachtet, läßt vielmehr der Dirigent den Debatten ohne Leitung ihren Lauf wie sie wollen, so wird nicht allein Verwirrung eintreten, sondern die Zeit, welche der zuerst sprechende Kläger auf seinen Vortrag gebraucht hat, wird durch den nachhinkenden Vortrag des Beklagten verloren sein. Machen wir von dem Gesagten eine Anwendung auf unsern Prozeß. Der Dirigent wird sagen: „Der Herr Vertreter der Beklagten hat das Wort über die nachträgliche Anzeige des Klägers betreffend die Zurücknahme der Klage gegen mehrere der ursprünglich Beklagten und die Erweiterung des Klageantrages gegen die noch übrigen." Darauf folgen:

I. Vortrag der Beklagten.

Die nachträgliche Anzeige des Klägers bringt zwei neue Thatsachen vor, welche mit den bisherigen Verhandlungen im Zusammenhang stehen und sich erst im Laufe des Prozesses ereignet haben. Deshalb wird die Zulässigkeit des Vorbringens nicht bestritten. Die Thatsachen sind die Abfindung des Klägers von sechs der ursprünglichen Mitbeklagten und eine dadurch motivirte Zurücknahme der Klage gegen dieselben, und dann das Bestreiten der Verbindlichkeit der Beklagten dem Grunde nach, somit auch für die Zukunft, und ein darauf gegründeter zweiter Klageantrag. Die Thatsachen werden eingeräumt, die daraus von dem Kläger gezogenen Folgerungen aber bestritten.

1) Die Abfindung des Klägers für die Vergangenheit und Zukunft hätte nicht bloß die Zurücknahme der Klage gegen jene sechs Mitbeklagten, aus deren Händen er die Abfindung erhalten, sondern die Zurücknahme der Klage gegen alle Beklagte zur Folge haben müssen. Deshalb erwächst den noch im Prozesse stehenden vier Mitbeklagten aus der Abfindung ein neuer Präjudizial-Ein-

1) V. v. 1. Juni 1833, §. 26: „wobei dem Verklagten das letzte Wort gebührt".

wand des Vergleiches und der Befriedigung. Der Kläger ist nämlich nicht, wie er angiebt, bloß für den Antheil der gedachten sechs Litiskonsorten, vielmehr ist er wegen seiner ganzen Ansprüche aus der Vergangenheit und für die Zukunft abgefunden worden. Denn es ist zwischen den gedachten sechs Litiskonsorten durch den Kaufmann Richard Schraube zu B. für sich und in Vertretung der übrigen Fünfe und dem Kläger ausdrücklich ausgemacht worden, daß die vereinbarte Abfindung als vollständige Befriedigung des Klägers wegen aller seiner Ansprüche an sämmtliche 10 Beklagte gegeben und angenommen werden soll, und auf diese Uebereinkunft hin ist die Zahlung der verglichenen Summe wirklich erfolgt. Hierüber wird dem Kläger der Eid zugeschoben, welcher zurückgeschoben von allen 4 Mitbeklagten de ignorantia acceptirt wird.

Mag nun die eingeklagte Forderung eine solidarische oder doch eventuell solidarische Schuld der Beklagten, wie der Kläger behauptet, darstellen, oder mag die angebliche Schuld, wie die Beklagten wollen, eine getheilte sein; in jedem Falle hat der Kläger sein Klagerecht verloren. In dem ersten Falle sind nämlich durch die Befriedigung des Gläubigers von Einem der Solidarschuldner auch alle übrigen Korrealschuldner befreit worden, in dem anderen Falle aber ist der Zahler in die Rechte des Gläubigers ipso jure getreten, mithin fehlt dem Kläger nun die Aktivlegitimation, er muß also unter allen Umständen lediglich abgewiesen werden.

2) Der neue Antrag kommt nur eventuell in Betracht. Für diesen Fall wird die Zulässigkeit desselben bestritten. Zwar ist der Klagegrund nicht verändert und der Anlaß dazu mag erst durch die Klagebeantwortung gegeben worden, also aus den Prozeßverhandlungen hervorgegangen sein. Auch ist es richtig, daß die alte Prozeßordnung Tit. 5, §§. 21 u. 22 und Tit. 10, §. 5a noch eine Aenderung des Klageantrages bis zum Schlusse der Sache in erster Instanz gestattete. Allein die sogenannte Erweiterung des Antrages erweitert nicht den ursprünglichen Antrag, vielmehr bleibt dieser unverändert stehen und es wird ihm ein zweiter Antrag neu hinzugefügt. Dieß war schon nach jenen Vorschriften nicht gestattet, diese sind nun aber durch die neuen Prozeßverordnungen ganz beseitigt worden. Nach der Instruktion v. 24. Juli 1833 §. 29 hat der Kläger Alles, was er vom Verklagten verlangt, in seiner Klage anzubringen; später findet im Laufe desselben Prozesses keine neue Forderung statt. Der zweite neue Antrag enthält aber eine neue Forderung. Ferner erklärt die V. vom 14. Dezember 1833 §. 5,

Nr. 3 es für eine Nichtigkeit, wenn ein gesetzlicher Präklusivtermin überschritten, und diese Ueberschreitung von dem Richter zugelassen worden ist. Der Ausschließungstermin für die Anbringung des in Rede stehenden weiteren oder zweiten Antrages trat ein mit der Litiskontestation. Daß erst durch die Klagebeantwortung der Kläger die Weigerung der Beklagten, überhaupt, also auch in der Zukunft Entschädigung zu leisten, erfuhr, ist auf den gegenwärtigen Prozeß ohne allen Einfluß; der Kläger kann durch diese Weigerung nur einen neuen Klagegrund erhalten, den er durch eine neue Klage zur Geltung bringen muß. Ich trage an:

> den neuen Antrag lediglich abzuweisen, schlimmstenfalls aber doch ad separatum zu verweisen.

Den neuen Einwand und den Widerspruch gegen den neuen Antrag wolle das Gericht im Protokolle vermerken lassen.

II.

Der Vertreter des Klägers erhält das Wort und trägt vor:

Was der Gegner über die nachträgliche Anzeige des Klägers vorgebracht hat, werde ich an gehöriger Stelle beantworten.

Die Klage gründet sich auf Expropriation, mithin auf ein Vertragsverhältniß, und geht auf Feststellung der Entschädigungsverbindlichkeit. Auf der Feldmark des Klägers befindet sich eine nun ins Freie gefallene Braunkohlengrube. Für diese sind 1845 und 1847 durch die Bergbehörde verschiedene Flächen, welche im Vortrage angegeben worden sind, zur Ausbeutung mittelst Tagebaues, d. i. durch Wegnahme der auf dem Kohlenlager liegenden Erdschicht, im Wege der Expropriation in Besitz genommen worden, die Flächen sind abgebauet und nach Herausnahme der Kohlen als tiefe Löcher, welche jetzt Wasser enthalten, liegen geblieben, die Bergbauenden haben den Grubenbau ganz aufgegeben und die Kohlenzeche ins Freie fallen lassen. Die Frage ist nun: wer dem Kläger die seit Ende 1849 rückständig gebliebene Grundentschädigung für seine ihm in Unland verwandelten fruchtbaren Ackerflächen zahlen soll. Der Kläger kennt keine anderen Schuldner als diejenigen Bergbauenden, welche 1845 und 1847, zur Zeit der Expropriation, Eigenthümer der Zeche waren und in deren Interesse die dem Kläger entzogenen Ackerflächen auch wirklich abgebaut und in Unland verwandelt worden sind. Diese waren diejenigen, gegen welche die Klage ursprünglich gerichtet worden ist. Dieß ist durch den in beglaubigter Form beigebrachten Extrakt aus dem bergamtlichen Gegenbuche bewiesen und auch nicht bestritten worden. Sieben der Beklagten haben auch ihre Verbindlichkeit anerkannt und für ihren Theil den Kläger befriedigt; sie sind deshalb aus dem Prozesse geschieden. Nur die noch übrigen Viere weigern sich beharrlich, dem Kläger gerecht zu werden. Sie machen zunächst drei Präjudizialeinwendungen, auf deren Grund sie die Abweisung des Klägers, ohne Prüfung des Betrages der Forderung, verlangen.

1) Prinzipaliter wenden sie den Mangel der Passivlegitimation ein. Sie behaupten nämlich, die Grube sei Eigenthum des landesherrlichen Fiskus, vermöge der Regalität des Bergbaues. Aus dieser Regalität fließe, daß der Bergbau nur vom Staate durch die geordneten Behörden betrieben werde; daß die Belehnung an Private diesen nur ein Recht auf die Nutzungen aus dem Bergwerke, mit welchem sie beliehen seien, ertheile; daß also das Bergwerk selbst Eigenthum des Staates, mit dem Nutzungsrechte der Gewerkschaft belastet, bleibe, dergestalt, daß der Staat über dasselbe oder einen Theil mit allen getroffenen Anstalten (Schächten, Stollen, Häusern, Maschinen, Gräben 2c.) frei verfüge, sobald das Bergwerk oder ein Antheil daran (Kux), sei es durch Kaduzirung, sei es durch freiwillige Verlassung, ins landesherrliche Freie gefallen; daß also die einmal getroffenen Anstalten — womit in unserem Falle auf die aufgegrabenen und ausgebeuteten Wasserlöcher, da von Anstalten jener Arten gar nichts vorhanden ist, gezielt wird — von der Gewerkschaft ohne Genehmigung des Staates nicht veräußert oder vernichtet werden dürften. — Daraus wird nun, indem man die aufgegrabenen, der Kohlen entledigten und dadurch in Wasserlachen verwandelten Erdlöcher den b e i b e n d e n B e r g g e b ä u d e n unterschiebt, weiter gefolgert, daß die Bergbauenden nicht einmal berechtigt, viel weniger verpflichtet seien, diese Löcher wieder auszufüllen und einzuebnen, und daß diejenigen, welche ihr Bergeigenthum verlassen haben, durch diese willkührliche Handlung jeder persönlichen Verbindlichkeit frei und ledig geworden seien, nachdem sie den Nutzen durch die herausgenommenen Kohlen davon gezogen. Dafür berufen sie sich auch auf eine Bestimmung im Bergrechte, nämlich auf den §. 292, II, 16 des A. L.R., wo es heißt:

> „Grubenschulden können von Gewerken, deren Bergwerkseigenthum aufgehoben ist, durch persönliche Klagen nicht zurückgefordert werden.“

Diese ganze Ausführung, wenn sie ernstlich gemeint ist, ist eine rechtswissenschaftliche Verirrung, es verlohnt sich nicht der

Mühe, darauf ernstlich einzugehen. Doch will ich, zur Wahrung der Rechte meines Clienten, auf die Irrthümer hinweisen. Die Vorstellung von dem Eigenthume des Staates an den Gruben, belastet mit dem Nutzungsrechte der Bergbauenden, ist eine Chimäre. Die Beleihung mit einer gemutheten Grube ist weiter nichts als eine Konzession zum Bergbaue auf die in der Beleihung bezeichneten Fossilien in dem bestimmten Reviere und giebt dem Beliehenen das Eigenthum des in Folge der Beleihung angelegten Bergwerks. Dieß ist in den Berggesetzen ausdrücklich ausgesprochen.

§. 82, II, 16 sagt: Jeder Beliehene muß sein Bergwerkseigenthum den Grundsätzen der Bergwerkspolizei gemäß benutzen. —

§. 188. Jede Bergwerksbeleihung geschieht unter der Bedingung, das überkommene Bergwerkseigenthum, bei dessen Verluste, zu dem beabsichtigten Endzwecke zu benutzen.

§. 253. Jedes verliehene Bergwerkseigenthum, und also auch Bergtheile oder Kuxe, werden zum unbeweglichen Vermögen gerechnet.

§. 267. Derjenige ist als wahrer Eigenthümer eines Bergtheils zu betrachten, der als solcher im Gegenbuche steht.

§. 328. Das Bergwerkseigenthum kann — gültig verpfändet werden.

§. 255. Was im ersten Theile Tit. 10, §§. 6—10 von der mittelbaren Erwerbung des Eigenthums der Grundstücke überhaupt vorgeschrieben ist, gilt auch vom Bergwerkseigenthume.

Durch die Beleihung mit dem Bergwerkseigenthume erlangt der Beliehene aber noch kein Recht auf den Grund und Boden, welcher ihm zur Errichtung der Berggebäude nöthig ist, diese muß er erst von dem Grundeigenthümer erwerben, er kann diesen nicht ohne Weiteres austreiben. Wie der Staat, wenn er selbst auf dem Grunde und Boden eines Privaten ein Bergwerk, eine Grube anlegen wollte, sich über die Ablassung des erforderlichen Terrains verständigen müßte, so muß das auch der Beliehene thun. Für den Fall, daß der Grundeigenthümer sich dazu nicht herbeilassen wollte, hat der Staat das Expropriationsrecht. Dieses Recht wird an den Beliehenen durch die Beleihung mit übertragen. Das ist Alles. Deshalb schreibt das A. L.R. II, 16, §§. 109 ff. ganz ausdrücklich vor, daß der Bergbauende den Grundeigenthümer für Alles, was dieser an ihn abzulassen genöthigt worden, vollständig zu entschädigen habe. Was nun davon gesagt wird, daß alle Berggebäude und bleibende Anstalten mit der Auflassung in das Freie fielen, so ist das nur die halbe Wahrheit, abgesehen davon, daß hier dergleichen Anstalten gar nicht vorhanden sind. Der §. 190 a. a. O. sagt:

> (Werden die Berggebäude nicht ununterbrochen fortgebauet, so) fallen die Berggebäude, die Räume u. s. w., welche dem Grundbesitzer zum Bergbaue abgekauft worden, in das landesherrliche Freie; die nicht abgekauften Plätze aber zurück an die Grundbesitzer.

Vermögen denn die Beklagten zu behaupten, daß sie einen einzigen Quadratzoll abgekauft haben? Wo sind denn die Plätze, welche für die Beklagten ohne Abkauf in Besitz genommen worden sind? Aus den Plätzen haben sie tiefe Wasserlöcher gemacht, die Plätze haben sie verschwinden gemacht und ohne ihre Verbindlichkeit, die Gruben wieder auszuschütten, damit die wiederhergestellten Plätze hätten zurückfallen können, sind sie davon gegangen. Sie sind somit selbst nach den Grundsätzen des Tit. 6, Th. I des A. L.R. vollständige Entschädigung zu leisten schuldig.

Der §. 292: „Grubenschulden können von Gewerken, deren Bergwerkseigenthum aufgehoben ist, durch persönliche Klagen nicht zurückgefordert werden", ist völlig mißverstanden. Er bezieht sich lediglich auf das Verhältniß zwischen den noch gebliebenen Gewerken zu den ausgeschiedenen und berührt das Verhältniß zwischen dem Grundeigenthümer einerseits und den Gewerken (Bergbauenden) andererseits gar nicht. Ueberhaupt zählt das A. L.R. II, 16, §. 343 die Entschädigung des Grundeigenthümers durchaus nicht zu den sog. Bergschulden. Das Verhältniß des Grundeigenthümers zu den Bergbauenden ist ein rein persönliches, man kann sich von den daraus entstandenen Verbindlichkeiten durch willkührliches Verlassen seines Bergeigenthumes nicht freimachen.

Der Einwand des Mangels der Passivlegitimation ist hiermit vollständig widerlegt.

2) Eventualiter wird eingewendet, der Vorbesitzer des Klägers habe am 1. April 1844 mit dem Autor der Beklagten einen Vertrag geschlossen, wodurch der Vorbesitzer für 60 Thlr. per Morgen den erforderlichen Grund und Boden zum Grubenbaue abgelassen und dafür bereits 600 Thlr., also für mehr als überhaupt überlassen worden sei, Bezahlung erhalten habe, und daß der Kläger

in seinem Kaufkontrakte vom 28. August 1848 verpflichtet worden sei, die dadurch vermeintlich gegründete Reallast gegen sich gelten zu lassen. Allein ein solcher Vertrag v. 1. April 1844 ist niemals geschlossen worden; wenn dieß aber auch wirklich geschehen sein sollte, so würde der Vertrag in Beziehung auf den damaligen Gutsbesitzer F. null und nichtig gewesen sein, weil dieser zu jener Zeit wegen Verschwendung unter Vormundschaft stand und der Vormund nicht zugezogen worden ist, wie die Bekl. zugestanden haben. Dazu kommt, daß die Behauptung der Beklagten: dem Kläger sei in seinem Kaufkontrakte v. 28. August 1846 die Erfüllung jenes angeblichen Vertrages zur Auflage gemacht worden, durch den Inhalt des Kaufkontrakts geradezu widerlegt wird, und daß endlich die Meinung, es sei durch jenen Vertrag vom 1. April 1844, wenn er wirklich vorhanden wäre, dem Gute Fliederthal eine dingliche Last aufgelegt worden, eine ganz irrige ist, braucht wohl nicht noch erwähnt zu werden. Ich halte mich daher bei diesem völlig grundlosen Einwande nicht weiter auf. Nun haben aber die Bekl.

3) heute einen neuen Präjudizialeinwand vorgebracht. Der Kläger soll von den ausgeschiedenen Mitbeklagten durch die Abfindung, welche sie demselben vergleichsweise während des Prozesses gezahlt haben, wegen seiner ganzen Forderung an sämmtliche ehemalige Gewerken, für die Vergangenheit und Zukunft, befriedigt worden sein und dadurch sein Klagerecht oder doch die Legitimation zur Sache verloren haben. Der dieser Einrede zum Grunde liegende Thatumstand wird bestritten; die ausgeschiedenen Mitbeklagten haben nur für ihren Theil den Kläger befriedigt. Der dem Kläger darüber deferirte Eid wird verneinend angenommen, jedoch für unerheblich gehalten. Denn der Einwand ist eine exceptio de jure tertii, es interessirt die Beklagten rechtlich nicht, was zwischen den ausgeschiedenen Mitgewerken und dem Kläger vorgefallen ist, da sie ja eine solidarische Verbindlichkeit bestreiten und eventuell nur pro rata haftbar sein wollen; wenn aber dieses der Fall ist, sie, so lange ihnen die erfolgte freiwillige oder nothwendige Cession noch nicht gehörig bekannt gemacht worden ist, von den Verhandlungen, welche zwischen dem Gläubiger und einem Dritten in Betreff ihrer Schuld stattgefunden haben, gar nicht betroffen werden, vielmehr an ihren bisherigen Gläubiger gültig zahlen können, wie die §§. 413—416, Th. I, Tit. 11 des A. L.R. verordnen. Deshalb wird gebeten: die Ableistung des Eides auszusetzen und in dem Erkenntnisse festzusetzen: ob derselbe geschworen werden solle.

Ich gehe jetzt zu der Liquidation des Entschädigungsquantums über. Diese hat zur Basis die rechtskräftige Entscheidung, daß die jährliche Abnutzung nach Maßgabe der in jedem Jahre auf dem betreffenden Gewende angebauten Fruchtgattung und nach dem Marktpreise derselben in der Kreisstadt N. erfolgen müsse.

Die stattgehabte Einziehung verschiedener Feldflächen für die Grube zum Zwecke des Bergwerksbetriebes im Jahre 1844 und 1847 ist nicht bestritten; die Beklagten haben auch nicht bestreiten können, daß sie damals und bis zur Auflassung ihres Bergwerkseigenthums Antheile der Zeche besessen haben, also Mitgewerken gewesen sind. Sie bestreiten nur, daß ihnen die Plätze abgetreten worden sind, weil sie davon ausgehen, daß der Staat für sich durch seine Bergbehörde die für den Bergwerksbetrieb erforderlichen Bodenflächen habe in Besitz nehmen lassen. Wer nun der zur Entschädigung des Grundeigenthümers Verpflichtete sei, ob der Staat, oder die Bergbauenden, das ist eine Rechtsfrage, welche schon in dem ersten Theile meines Vortrages erörtert worden ist. In thatsächlicher Hinsicht ist hier also kein Streit. Auch der in der Klage genau angegebene Inhalt der verschiedenen Flächen muß als unbestritten angesehen werden, die Beklagten haben sich darauf nicht speziell ausgelassen. Ihre bestimmte Auslassung beschränkt sich auf drei Posten: auf die Entschädigung für das ganze Jahr 1850, auf die Behauptung, daß von dem Bruttoertrage für Düngung nichts abgerechnet werden könne, und auf die Pos. für erschwerte Ackerbestellung.

1) Im Jahre 1850, am 1. Juli, ist dem Kläger eine von den Flächen zurückgewährt worden, nachdem die an ihrer Stelle gemachte Bodenvertiefung wieder ausgefüllt und mit rohem, sogenanntem todten, d. h. unfruchtbarem Boden wieder eingeebnet worden war. Der Kläger behauptet, daß auf einem solchen Ackerboden für dieses Jahr nichts mehr habe erzielt werden können, aus zwei Gründen, einmal weil auf einem solchen Boden, ohne vorgängige Düngung und Durcharbeitung überhaupt, keine Kulturfrucht wachse, und dann, weil am 1. Juli, zumal nach Abrechnung der zur Düngung und Bearbeitung des Bodens erforderlichen Zeit, die für eine Frucht, möge sie sein welche sie wolle, erforderliche Vegetationsperiode gefehlt habe. Deshalb fordert er die Vergütung für 1850 von der ganzen Fläche. Darauf haben nun die Beklagten zweierlei gesagt: erstlich komme es auf nichts weiter an als auf Zurückgabe des Platzes, mit dem Zeitpunkte der Zurückgabe

höre die Entschädigungsverbindlichkeit auf, es sei einerlei, ob auf der Ackerfläche in diesem Jahre noch etwas habe erbaut werden können oder nicht, und ob der aufgeschüttete Boden tragbar sei oder nicht. Das Absurde fällt durch die Konsequenz in die Augen. Wenn die Beklagten die Grube, welche sie auf der überkommenen fruchtbaren Weizenackerfläche hatten aufgraben lassen, um die Kohlen herauszunehmen, mit Kies und Steinen hätten ausfüllen und einebnen lassen, so würde, nach ihrer Theorie, der Kläger auch in diesem Falle über die richtige Zurückgabe seines Weizenackers dankend zu quittiren gehabt haben. Darauf ist gar nicht zu antworten. Nur sei bemerkt, daß das Gesetz (§. 113 a. a. O.) ausdrücklich sagt, die Abnutzung sei so lange zu vergüten, bis der Boden wieder in solchen Stand gesetzt ist, daß er gehörig genutzt werden kann. Die Beklagten haben sich dann auch zweitens herbeigelassen, einwandsweise zu behaupten, es hätten noch Gemenge und rasch wachsende Futterkräuter auf dieser rohen Bodenfläche nach dem 1. Juli angebaut und gewonnen werden können. Die Einrede ist, in dieser Form vorgebracht, völlig unsubstantiirt. Der Kläger hat vollständige Schadloshaltung zu fordern, man kann ihn also für eine reichliche Weizenernte nicht mit Gemenge und Futterkräutern abfinden. Die Beklagten hätten also zur Begründung ihrer Einrede behaupten müssen, daß Gemenge und Futterkräuter auf frisch aufgeschüttetem rohem Boden den gleichen Werth wie eine gute Weizenernte gehabt hätten; oder wenn sie zu dieser Behauptung nicht dreist genug gewesen wären, so hätten sie sagen müssen: um wieviel durch den Gewinn von dergleichen Gemenge und Futterkräutern die nach Weizenertrag angelegte Berechnung des Klägers sich verminderе. Außerdem läßt sich ein Beweis und Gegenbeweis gar nicht erheben. Nichts von alle dem sagen die Beklagten, sie treten nicht einmal Beweis für ihr Vorbringen an. Was soll nun geschehen? Gesetzt, das Gericht wollte den Beklagten in ihrer unvollständigen Auslassung damit zu Hülfe kommen, daß es von Amts wegen die von dem Kläger für seine Behauptung vorgeschlagenen Sachverständigen über die Gegenfrage:

> „oder hätten noch Gemenge und schnellwachsende Futterkräuter gebaut werden können"

vernehmen lassen, und diese sagten aus: es wäre wohl möglich gewesen, noch eine Art Futterkraut, vielleicht Knörrich, auf der Stelle anzubauen: was wollte das Gericht mit diesem Gegenbeweise wohl machen? Wollte es den Kläger, der für den Ertrag einer Weizenernte entschädigt werden muß, abweisen? Unmöglich! Dazu wäre noch erst erforderlich, festzustellen: wieviel der Knörrich, welchen die Beklagten in Rechnung bringen wollen, werth gewesen wäre? Denn sie müssen doch beweisen, daß sie den Kläger vollständig befriedigt haben. Wie will nun der Richter von Amts wegen zu dieser Feststellung kommen? Die Beklagten geben ihm dazu Nichts an die Hand. Oder: wollte der Richter etwa erkennen: daß der Kläger sich den Werth des Knörrichs, welcher hätte gewonnen werden können, anrechnen zu lassen gehalten? Gleichfalls unmöglich. Damit würde ja dem Kläger ein ihm gar nicht obliegender Beweis aufgebürdet werden und die Sache würde in eine Lage kommen, in welcher ein gesetzmäßiger Austrag ganz unmöglich wäre. Die Beklagten würden nichts thun, um diesen Werth nachzuweisen, und der Kläger hätte keine Beweispflicht; die Sache bliebe also ohne Austrag. Hiernach halte ich dafür, daß, da die Beklagten nicht haben behaupten können, es habe auf dem in einem Weizenfelde liegenden Fleck noch nach dem 1. Juli Weizen erbaut werden können, und da sie in Betreff der ganz unbestimmten Redensart, es hätten wohl noch Gemenge und rasch wachsende Futterkräuter erbaut werden können, keine gehörig substantiirte Einrede vorgebracht haben, es über den in Rede stehenden Punkt einer Erhebung des von dem Kläger für seine Behauptung angebotenen Beweises gar nicht bedarf.

2) Der Kläger behauptet, daß für Düngung von dem Bruttoertrage nichts in Abzug kommen dürfe, weil Stroh, Spreu, Ueberkehr und Nachhütung ungerechnet geblieben und mehr werth seien als der Dünger, welcher erforderlich gewesen sein würde. Dieß ist eine anticipirte Replik. Der Kläger hätte besser gethan, das Monitum als Einwand abzuwarten; die Beklagten würden, da sie von der Landwirthschaft nach ihren Auslassungen nichts zu verstehen scheinen, darauf nicht gekommen sein; oder wenn dieß geschehen wäre, so hätten sie das Monitum wie einen Einwand substantiiren, d. h. eine bestimmte Summe als Werth der Düngung angeben und Beweis antreten müssen; wonächst dann der Kläger mit seiner Replik hervorgetreten sein würde. Die Beklagten suchen sich nun diese Voreiligkeit zu Nutze zu machen, thun als gehöre der Düngungspunkt zur Substantiirung der Forderung und begnügen sich, denselben einfach zu bestreiten, aber auch ohne sich auf ein quantum minus einzulassen. Schon deshalb kann auf das Bestreiten nicht Rücksicht genommen werden. Aber, hiervon ab-

gesehen, ist die Parteistellung und die Beweislast durch die Anticipirung der Replik gar nicht verändert. Der von dem Kläger angetretene Beweis hat die Natur des Gegenbeweises, genauer ist er der Beweis für die Replik. Der Replik und des dafür angetretenen Beweises bedarf es nicht, so lange nicht ein substantiirter Einwand vorgebracht worden ist. Das ist der vorliegende Fall: die Beklagten haben weder den Einwand in gehöriger Form und vollständig vorgetragen, noch haben sie Beweis für ihre Behauptungen, die sie nicht aufgestellt haben, angetreten, folglich ist hinsichtlich dieses Punktes kein Beweis zu erheben, vielmehr der Rechnungsposten für unbestritten und unmonirt zu erachten.

3) Der Kläger hat für erschwerte Ackerbestellung 1 Thlr. pro Morgen in Rechnung gestellt und die Fläche, auf welcher die Erschwerung stattfinde, auf 4 M. 90 □R. angegeben. Die Erschwerung entsteht nämlich durch die hervorspringenden Spitzen und einspringenden Winkel, welche durch das Herausreißen der für die Grube eingenommenen Plätze mitten aus der fruchtbaren Ackerfläche verursacht worden sind. Dadurch ist die Zufuhr und hauptsächlich die Bearbeitung des Ackers mit dem Pfluge erschwert, beziehungsweise verhindert, weil die Zugthiere durch die 12 bis 16 Fuß tiefen Erdausgrabungen mit steil abfallenden Wänden verhindert sind, so nahe heran zu gehen, wie erforderlich wäre, um den Acker mit dem Pfluge und mit der Egge und anderen Maschinen zu bearbeiten; es müssen deshalb Strecken mit dem Grabscheit (Spaten) und mit dem Handrechen bearbeitet werden. Die kompetente Bergbehörde hat die Vergütung dafür, unter Zuziehung vereideter Sachverständigen und des Schichtmeisters der Zeche, auf 1 Thlr. pro Morgen von 4 M. 90 □R. festgestellt. Hiergegen ist von keiner Seite etwas erinnert worden, und diese Vergütung ist durch eine Anzahl von Jahren bis 1850 jährlich bezahlt worden.

Nun aber bringen die Beklagten vor: für erschwerte Ackerbestellung brauche nichts vergütigt zu werden, der Kläger müsse sich mit der Abnutzung der ihm entzogenen Flächen begnügen; und hinsichtlich des Quantums brauchten sie sich die bergamtliche Festsetzung nicht gefallen zu lassen und die Erklärungen des Schichtmeisters nicht anzuerkennen. Auch dieses Vorbringen ist nicht geeignet, wegen des fraglichen Punktes irgend etwas zu veranlassen. Die Rechtmäßigkeit der Forderung folgt daraus, daß dem Kläger vollständige Schadloshaltung gewährt werden muß, und die Gültigkeit der Festsetzung erhellet aus dem §. 115, II, 16 des A. L.R., wo vorgeschrieben ist:

> „Kann dergleichen Vereinigung in Güte nicht getroffen werden: so muß das Bergamt die Schadloshaltung, mit Zuziehung sachverständiger Taxatoren — bestimmen."

Das ist geschehen, und von der Befugniß, welche der §. 116 demjenigen, welcher sich bei dieser Festsetzung nicht beruhigen will, auf rechtliches Gehör und Erkenntniß bei den Gerichten anzutragen giebt, ist kein Gebrauch gemacht worden; die bergamtliche Festsetzung besteht somit noch jetzt in ihrer Kraft. Es fällt wohl von selbst in die Augen, daß die hingeworfene Aeußerung der Beklagten: sie brauchten sich die Festsetzung nicht gefallen zu lassen, durchaus ungeeignet ist, die bergamtliche Festsetzung umzustoßen, und zum Zwecke der Anfechtung wird Nichts vorgebracht. Eventuell hat der Kläger zwar erklärt, daß er sich die nochmalige Vernehmung der adhibirten Sachverständigen A. und Sch. gefallen lasse; doch halte ich diese bei der Lage der Sache nicht für prozeßmäßig. Der Kläger hat hier nichts zu beweisen, er hat hier die gesetzmäßige Festsetzung des Bergamts für sich und den Beklagten steht nur frei, dagegen auf rechtliches Gehör und Erkenntniß anzutragen. Das haben sie noch bis jetzt nicht gethan, sie haben nicht das Mindeste angeführt, worüber sie gegen jene kompetente Festsetzung gehört zu werden verlangen. Sonach ist auch bei diesem Punkte eine Beweiserhebung nicht zu veranlassen.

Zuletzt haben die Beklagten in Betreff des nachgewiesenen Marktpreises vom Monat Dezember, als dem Monate, mit dessen Ende die Zahlung fällig war, gesagt, der Kläger werde sich wohl mit dem Martinipreise begnügen müssen. Darauf läßt sich nicht antworten; die Beklagten knüpfen daran keine Folgerung; man weiß nicht, ob sie dem Kläger mehr einräumen oder weniger zugestehen wollen, als er gefordert hat, und warum? Sie behaupten nicht: ob der Martinipreis höher oder niedriger gewesen als der Dezemberpreis.

Ich komme jetzt auf den Klageantrag und dessen Erweiterung. Der Kläger hat beantragt:

> die Beklagten pro rata, subsidiarisch in solidum zu verurtheilen, ihm die liquidirte Grundentschädigung für die vergangenen drei Jahre 1850, 1851, 1852, nebst Verzugszinsen zu bezahlen.

Gegen die eventuelle Solidarität sprechen die Bekl. gleichfalls, sie greifen jedoch die Rechtsgrundsätze, auf welchen sich dieser Theil des Antrages stützt, nicht an. Die Forderung des Klägers entspringt aus einem Vertragsverhältnisse zwischen ihm und den Beklagten. Das A. L.R. I, 17, §§. 237, 238 schreibt vor, daß die mehreren Schuldner aus einem solchen Verhältnisse, in Ermangelung einer Vertragsbestimmung über die Art der Haftung, zunächst Jeder für seinen Antheil, demnächst aber auch subsidiarisch als Bürge für die Antheile der Uebrigen zu haften hat. Die Beklagten wollen jedoch persönlich überhaupt nicht verhaftet, sondern so angesehen sein, als hätten sie nur als Nutznießer ein auf dem nicht ihnen, sondern dem Staate zuständig gewesenen Bergeigenthume haftendes Onus, während der Dauer ihres Nießbrauches, zu tragen gehabt, wovon sie durch das Verlassen des Nießbrauches von selbst befreit worden seien. Abgesehen von dieser Verirrung, so übersehen die Beklagten auch, daß sie selbst nach ihrer falschen Theorie von ihrer Verbindlichkeit nicht frei geworden sind, nach dem auch im A. L.R. I, 21, §§. 181—183 anerkannten allgemeinen Rechtsgrundsatze, daß dem Nießbraucher zwar zu allen Zeiten freistehe, seinem Rechte zu entsagen, daß er jedoch durch Entsagung seines Rechtes von den übernommenen Pflichten sich nicht befreien könne. Doch folge ich den Beklagten auf diesem Boden nicht weiter; es ist bereits zur Genüge dargethan, daß die Beliehenen, also die Beklagten, wegen der dem Grundeigenthümer gebührenden Schadloshaltung persönliche Schuldner desselben geworden seien und daß sie sich von dieser einmal entstandenen Verbindlichkeit nicht willkührlich durch Aufgebung ihres Bergeigenthums freimachen können.

Dieses Bestreiten jedweder Verbindlichkeit in der Klagebeantwortung hat dem Kläger Veranlassung gegeben, zur Verhütung eines neuen Prozesses über den Grund seiner Forderung jenen Klageantrag dahin zu erweitern:

> daß die Beklagten auch verurtheilt werden, ihm die jährliche Abnutzung von dem ihm entzogenen Grundeigenthume in jedem Jahre so lange für ihre Theile zu vergüten, bis der Boden wieder in solchen Stand gesetzt ist, daß er gehörig genutzt werden kann.

Die Erweiterung des Klageantrages soll nach der Meinung, welche die Beklagten vorhin vorgetragen haben, nach dem heutigen Prozeßrechte unstatthaft sein und sie haben gegen die Zulassung Widerspruch erhoben. Daß eine solche Aenderung oder Erweiterung des ursprünglichen Klageantrages nach den Vorschriften der A. G.O. I, Tit. 5, §. 21 und Tit. 10, §. 5 a gestattet ist, das gestehen die Beklagten selbst zu, aber diese Prozeßvorschrift soll durch neuere Gesetze aufgehoben worden sein. Als solche Gesetze wird die Instruktion vom 24. Juli 1833 §. 29, und die V. vom 14. Dezember 1833 §. 5, Nr. 3 bezeichnet. Allein diese Stellen berühren jene Prozeßvorschrift gar nicht, sie beziehen sich auf die Vorbringung neuer Thatumstände, wodurch der Anspruch anders oder besser begründet werden soll, und auf die Anbringung neuer Einwendungen zur Vertheidigung. Der §. 29 der Instruktion sagt: „Im Laufe desselben Prozesses findet keine neue Forderung und keine neue Gegenforderung statt; der Kläger darf sein Klagefundament nicht ändern, der Verklagte in dieser Instanz keine neue, auf Thatsachen beruhende Einrede vorbringen; nur in so weit die Klagebeantwortung dem Kläger Veranlassung zur Anführung neuer Thatsachen, und diese dem Verklagten Veranlassung zu deren Widerlegung giebt, bleibt die Erörterung derselben im Fortgange des Prozesses noch zulässig." Von dem Antrage wird darin nicht gesprochen, es wird nur die Vorbringung neuer Thatsachen, aus welchen Rechtsfolgerungen gezogen würden, in der Regel für unzulässig erklärt, aber aus bereits angebrachten Thatsachen neue Rechtsfolgerungen zu ziehen und neue Einreden zu gründen, ist ausdrücklich gestattet, folglich können Modifikationen, Einschränkungen und Erweiterungen des Antrages eben so gut angebracht werden, wie neue Rechtseinwendungen, wenn jene wie diese nicht auf unzulässigen neuen Thatsachen beruhen. Die andere Stelle sagt, es sei Nichtigkeit, wenn die Frist zur Anmeldung eines Rechtsmittels, oder sonst ein gesetzlicher Präklusivtermin überschritten, und diese Ueberschreitung von dem Richter zugelassen worden sei. Den zweiten Theil könnte man auf die Ausschließung des Klägers mit neuen Anführungen, welche Ausschließung durch die bestreitende Litiskontestation eintritt, beziehen. Aber ausgeschlossen sollen durch Eintritt des Präklusivtermins ja nur neue Thatsachen sein; von der Ausschließung rechtlicher Folgerungen und der Modifikation des Petitums ist nirgends die Rede, im Gegentheile, die Aenderung des Klageantrages und die Anpassung desselben an die durch die Verhandlung sich gestaltete Lage der Sache ist in der Prozeßordnung ausdrücklich gestattet, um die Vervielfältigung der Prozesse zu verhindern; und die Vorschrift ist nicht abgeändert. In der Praxis ist darüber auch kein Zweifel. Das Obertribunal hat in seiner Rechtsprechung den Satz festgestellt: „Eine Verletzung im Sinne der zweiten Stelle liegt nicht vor, wenn der Kläger den in der Klage geltend gemachten Anspruch wegen Zinsen erst im Termine zur mündlichen Verhandlung erweitert, und der Richter nach diesem erweiterten Antrage unter Nichtbeachtung des §. 29 der Instruktion v. 24. Juli 1833 erkannt hat.“ Pr. 2256, v. 22. Oktober 1850 (Entsch. Bd. XX, S. 539).

Ich schließe mit dem Antrage:

ohne Beweisaufnahme nach den Anträgen des Klägers zu erkennen.

III.

Antwort des Vertreters der Beklagten.

Der Rechtsauffassung des Klägers über sein Klagefundament wird widersprochen. Die erzwungene oder rechtlich nothwendige Abtretung von Vermögensgegenständen an wen immer begründet kein Vertragsverhältniß. Es kommt jedoch auf eine Feststellung der Natur des durch Expropriation begründeten Rechtsverhältnisses hier nicht an; denn die Bekl. halten ihre Behauptung aufrecht, daß, wiewohl der beigebrachte Auszug aus dem Berggegenbuche anerkannt wird, doch nicht sie diejenigen sind, an welche der Kläger Stücke seines Grundes und Bodens zum Zwecke des Bergwerksbetriebes hat überlassen müssen, sondern daß die Bergbehörde als Organ des Staates für die Kohlenzeche Friederike-Agnes die fraglichen Ackerflächen in Besitz genommen hat, und daß der Staat Eigenthümer des Bergwerks, vermöge der Regalität des Bergbaues, ist, die Bekl. aber als Bergbauende nur Nutznießer der Zeche waren. Sie leugnen mithin die Entstehung jeder persönlichen Verbindlichkeit für sie gegen den Kläger und bleiben dabei stehen, daß mit und durch die Freilassung ihres durch die Beleihung erworben gehabten Rechtes an die Grube ihre Verpflichtung, während der Dauer ihrer Nutznießung die mit dem Bergwerksbetriebe verbundenen Aufwendungen und Lasten zu tragen, erloschen ist. Dieses wird durch das, was der Gegner vorhin auszuführen versucht hat, nicht widerlegt, ist vielmehr durch den §. 292, Th. II, Tit. 16 des A. L.R. wörtlich ausgesprochen, indem dort gesagt wird: Grubenschulden können von Gewerken, deren Bergwerkseigenthum aufgehoben ist, durch persönliche Klagen nicht zurückgefordert werden. Damit in Verbindung steht der §. 289 a. a. O., welcher festsetzt: Mit dem Verluste des Eigenthums der Zechen und Bergtheile werden alle dinglichen Rechte aufgehoben, welche die Gewerke daran gehabt haben. Nun behauptet zwar der Gegner, die Entschädigungsforderung des Grundeigenthümers sei keine Grubenschuld, und zum Beweise beruft er sich darauf, daß dieselbe unter den im §. 343 a. a. O. verzeichneten Bergschulden nicht genannt ist. Dadurch wird jedoch der Beweis nicht geführt; die a. a. O. genannten Posten sind nur Beispiele. Möge dem jedoch sein wie ihm wolle, in keinem Falle sind die Beklagten die rechten Beklagten. Denn entweder ist die Forderung eine Bergschuld, oder sie ist keine. Ist sie eine Bergschuld, so sind die Bekl. davon durch die Aufgebung ihrer dinglichen Rechte an die Grube frei geworden; ist sie keine, so sind die Bekl. nicht die Expropriationsberechtigten. Der nachgewiesene Präjudizialeinwand der mangelnden Passivlegitimation bleibt somit ungeschwächt stehen. Dieß erübrigt mir, dem Gegner weiter ins Einzelne zu folgen, ich bestreite alles, was er in rechtlicher Hinsicht anszuführen sich bemüht hat; nur in einem Punkte treffe ich mit ihm zusammen, nämlich darin, daß es keiner Beweisaufnahme bedürfen kann; nur sind wir aus ganz verschiedenen Gründen dieser gleichen Meinung: er, weil er alles Erhebliche für unbestritten hält, ich, weil ich alles von ihm Angeführte für unerheblich halte. Deshalb beantrage ich:

den Kläger ohne Weiteres lediglich abzuweisen und in sämmtliche Kosten zu verurtheilen.

IV.

Die Verhandlung wird geschlossen und das Kollegium tritt in Berathung.

§. 46.

b) Berathung und Beschlußfassung.

I. Sind in dem mündlichen Verfahren neue Thatumstände vorgebracht worden, so muß der Referent an diese anknüpfen, dieselben mit seinem vorher aufgesetzten, nun vorgelegten Votum in Verbindung bringen, und darnach sein schriftliches Votum ergänzen oder ändern. Dazu giebt der hier dargestellte Prozeß folgendes Beispiel.

Die Bekl. haben den Einwand der Befriedigung des Klägers ganz neu vorgebracht. Die Zulässigkeit ist außer Streit, es wird nur darüber gestritten: ob der Einwand erheblich sei, weil dazu, nach der Meinung des Klägers, den Bekl. die Legitimation fehlen soll. (Exceptio de jure tertii.) Deshalb wird von Seiten des Klägers gefordert, daß über den darüber deferirten Eid förmlich erkannt werden solle. Dagegen haben auch die Bekl. nichts erinnert, denn sie haben den Einwand nur eventuell vorgebracht. Nach meiner Meinung ist der Einwand nicht unerheblich, wenn, wie der Kläger behauptet, die Bekl. subsidiarisch in solidum (als Bürgen) haften. Denn wäre der Einwand bewiesen, so hätte der Kläger gar nichts mehr zu fordern und müßte folglich gänzlich abgewiesen werden. Man könnte daher gemeint sein, zwei Wege einzuschlagen. Entweder nämlich von dem Kläger den acceptirten Eid sofort fordern. Das würde jedoch gegen die Vorschrift der Prozeßordnung Tit. 10, §§. 306—309 verstoßen, wonach dem Eidespflichtigen der deferirte Eid nur in dem Falle im Laufe der Instruktion abgefordert werden darf, wenn die weitere Fortsetzung der Instruktion von dessen Erörterung abhängt. Dieser Fall ist vorhanden. Die Ausmittelung des Klagegrundes und des hauptsächlichen Einwandes kann geschehen, und die Bekl. selbst wollen den Einwand nur als einen eventuellen angesehen wissen; auch würde durch die Abforderung des Eides nur der Lauf des Prozesses aufgehalten werden, wenn der Eid abgeleistet würde, während in demselben Zeitraume auch die vorgeschlagene Beweisaufnahme geschehen kann. Auf dem anderen, wenn man nämlich sofort erkennen und den Ausfall des Prozesses von dem Eide abhängig machen wollte, könnte für den Fall der Ableistung desselben keine Entscheidung gefällt werden, weil die Sache noch nicht spruchreif ist. Deshalb ist mit Rücksicht darauf, daß den Parteien Gelegenheit gegeben werden muß, sich über die Eidesnorm zu erklären, meine Meinung, daß in dem Resolute nur die Norm formulirt und das Weitere dem künftigen Erkenntnisse überlassen bleibe. Die Eidesnorm würde ich so fassen:

> daß die aus dem Prozesse geschiedenen sechs Mitbeklagten dem Kläger die Abfindung nicht unter der Verabredung, daß der Kläger dadurch auch für die Antheile der Bekl. Klop, Böse, Klotzig und Raffer befriedigt sein solle, gezahlt haben.

II. Wie bei der Abstimmung, d. h. über die Fragestellung zu verfahren sei, habe ich bereits dargelegt [1]); es ist nicht in Pausch und Bogen über den Schluß des Syllogismus, sondern über die Vorder- und Untersätze abzustimmen, woraus das Konklusum logisch folgen muß [2]). Zur Nachlese ist noch des Falles zu gedenken,

1) Preuß. Civilprozeß, §. 156, Nr. II.

2) Daß darüber die Meinungen verschieden sind, habe ich a. a. O. gesagt.

wenn sich mehr als zweierlei Meinungen bilden. Wenn mehr als drei Richter Theil nehmen, so hat die Sache keine Schwierigkeit, die geringere Zahl muß dann einer der beiden Meinungen beitreten, welche von der größeren Zahl geäußert wird, d. h. sie wird überstimmt [3]). Aber wenn nur drei Richter vorhanden sind, von welchen Jeder eine abweichende Meinung hat und festhält, wie ist da zum Schlusse zu kommen? Darüber hat die preußische Prozeßgesetzgebung keine Bestimmung und auch das Gemeine Recht läßt im Stiche. Das französische Recht schreibt für diesen Fall vor, daß, um den Ausschlag zu geben, ein Richter mehr zugezogen und nun die Sache aufs neue mündlich verhandelt werden soll [4]). Im preußischen Verfahren muß darauf gesehen werden: ob nicht zwei Meinungen bis auf einen gewissen Punkt zusammen treffen. Wenn z. B. eine Stimme den Kläger lediglich abweisen, die zweite ihn nur angebrachtermaßen oder theilweise abweisen, die dritte aber den Bekl. verurtheilen will, so trifft die Mehrheit in der Meinung des Zweiten zusammen. Denn der Erste will die Abweisung und dafür stimmt auch der Zweite; aber der Erste bleibt mit der gänzlichen Abweisung allein, weil in dem Votum des Dritten auch dasjenige enthalten ist, was der Zweite dem Kläger zugestehen will. Uebrigens ist bei einer richtig geleiteten Debatte und wenn über die Ober- und Untersätze des Syllogismus richtig abgestimmt wird, der besprochene Fall gewiß höchst selten; mir ist er nie vorgekommen. Uebrigens ist nicht einzuräumen, es sei wesentlich, daß nur der Dirigent und der Referent vor der mündlichen Verhandlung die Akten durchgearbeitet und ihr Votum festgestellt haben, nicht aber der dritte Richter [5]). Eine solche wesentliche Prozeßvorschrift ist nicht vorhanden und würde sich auch nicht durchführen lassen, da ja das Durchlesen der Akten Seitens des dritten Richters nicht zu verhindern ist und auch keine Spur zurückläßt. Von einer Feststellung des Votums vor der mündlichen Verhand-

---

Die Gegenmeinung wird auch von Reusch, Anleitung, H. 1, §. 42, Nr. 3 vertreten; seine Gründe sind gehaltlos. Der angeführte §. 9, Tit. 25, Th. I der A. G.O. berührt die Frage nicht, daß kein Mitglied sich eine Prämission aufdringen lassen dürfe, welche es für unrichtig hält, ist eben so gewichtlos wie die Behauptung, daß es sich die Endentscheidung nicht brauche gefallen zu lassen, wenn es sie für unrichtig hält, und der dritte Grund, daß die Abstimmung über Gründe oft zu einem Urtheile führe, welches sämmtliche Richter für unrichtig hielten, ist ein Scheingrund, den ich a. a. O. widerlegt habe.

3) Vergl. Code de procédure, Art. 117.

4) Ebenda, Art. 118.

5) Das meint Reusch a. a. O. Nr. 2.

lung läßt sich auch nicht sprechen; ein so festgestelltes Votum würde ein Vorurtheil sein und die mündliche Verhandlung zu einer zwecklosen Komödie machen; im Gegentheil, die Richter sollen ohne vorgefaßte Meinung die Vorträge der Parteien anhören und erst nachher, und nach gepflogener Berathung unter sich, ihr Urtheil bilden. Es mag wohl vorkommen, daß diejenigen, welche die Akten gelesen und gelehrte Vorstudien gemacht haben, mehr oder minder in ihrem Urtheile befangen und deshalb für die neuen Eindrücke der mündlichen Verhandlung weniger empfänglich sind, als diejenigen, welche den Rechtsstreit ausschließlich aus dem mündlichen Verfahren kennen lernen und somit dessen vollen und ungetrübten Eindruck empfangen [6]). Allein das ist ein Mangel der Zwitterhaftigkeit des preußischen Prozeßverfahrens überhaupt, indem es kein wahrhaft mündliches Verfahren ist.

III. Nach gepflogener Berathung ist in dem behandelten Prozesse, zum Theil gegen das Votum des Referenten, beschlossen worden:

A. über folgende Streitfragen Beweis zu erheben:

1. Hat der Schichtmeister der Friederike-Agnes-Grube zu Fliederthal diejenigen zum Rittergute Fliederthal gehörigen Grundflächen zur Benutzung für die genannte Zeche übernommen, welche in der der Klage sub Nr. II in Abschrift beiliegenden Verhandlung v. 12. Nov. 1845 und v. 8. April 1847 näher bezeichnet sind?

durch Einholung der Originalien dieser Verhandlungen von der königl. Bergamts-Kommission in R. und Vorlegung derselben;

2. kann auf einem erst am 1. Juli in rohem und frisch aufgeschüttetem Zustande übergebenen Boden in demselben Jahre keine Frucht mehr gewonnen werden, und wird also durch eine so verspätete Zurückgabe die Abnutzung für das ganze Jahr verhindert?

oder

können noch Gemenge und rasch wachsende Futterkräuter auf solchem Boden gewonnen werden?

durch Vernehmung des Gutsbesitzers A. auf Waldhof und Sch. in Weitzenberg als Sachverständige;

---

6) Dieß ist der Grund bei Reusch, warum der dritte Richter die Akten nicht lesen soll; er beweiset zuviel; es müßte danach Keiner die Akten lesen, was freilich bei dem wahrhaft mündlichen Verfahren auch wirklich der Fall ist.

3. haben im Jahre 1850 von folgenden von der Zeche Friederike-Agnes benutzten Flächen des Rittergutes Fliederthal:

	$105\frac{8}{10}$	□R.	Fundschacht nebst Haldensturz,
1 M.	$34\frac{1}{2}$	"	zur südlichen Aufdeckarbeit,
	$51\frac{7}{10}$	"	Erweiterung derselben,
1 "	124	"	zur nördlichen Aufdeckarbeit,
3 M.	136	□R.	per Morgen 12 Scheffel Weizen gewonnen werden können?

durch Vernehmung der ad 2 genannten Sachverständigen, welche die Aecker genau kennen;

4. darf, wenn der Grundeigenthümer hinlänglich entschädigt werden soll, von dem Bruttoertrage der Ackerfläche ad Nr. 3 außer dem Samen Nichts abgerechnet werden, weil wegen der geringen Fläche im Verhältniß zum Ganzen, an den Arbeits- und Zugkräften auf dem Gute keine Reduktion, also keine Ersparniß möglich ist, und weil die Düngung durch den außer Ansatz gelassenen ganzen Strohertrag, die Spreu, die Ueberkehr und die Nachhütung, wofür gleichfalls nichts berechnet ist, reichlich ausgeglichen wird, folglich nicht noch überdieß für Düngung Etwas vom Ertrage abgehen darf?

durch Vernehmung derselben Sachverständigen;

5. sind auf den Morgen 16 Metzen Aussaat zu rechnen?

durch Vernehmung derselben Sachverständigen;

6. hätten im Jahre 1851 von der sub Nr. 3 erwähnten Fläche von 1 Morgen 124 □R. zur nördlichen Aufdeckarbeit vom Morgen bei einer Einsaat von 16 Metzen 9 Scheffel Roggen gewonnen werden können?

durch Venehmung derselben Sachverständigen;

B. den dem Kläger deferirten und von ihm acceptirten Eid dahin zu normiren:

daß die aus dem Prozesse geschiedenen sechs Mitbeklagten dem Kläger die Abfindung nicht unter der Verabredung, daß der Kläger dadurch auch für die Antheile der Beklagten Klop, Böse, Klotzig und Raffer befriedigt sein solle, gezahlt haben.

§. 47.

c) Das Audienz-Protokoll und die Fassung des Resoluts.

I. In dem wahrhaft mündlichen Verfahren hat das Audienz-Protokoll nur den Zweck, festzustellen: wer von den Parteien erschienen und gehört worden ist; welche Personen als Richter und, wo es nothwendig, als Staatsanwalt der Sitzung beigewohnt haben, und was das Gericht beschlossen hat; zur Aufnahme von Parteierklärungen ist es nicht bestimmt [1]); es sei denn, daß eine Partei über eine Aeußerung des Gegners Akt verlangte, d. h. dasjenige, was der Gegner so eben in Gegenwart der Richter ausgesprochen hat, urkundlich festgestellt zu sehen ausspräche. Im preußischen Zwitterverfahren kommt man mit einem solchen Protokolle nicht aus, doch aber fehlt es an der Bürgschaft für die Parteien, daß dasjenige, was sie nothgedrungen, weil das Gericht mit der Duplik den Schriftwechsel abschneidet, noch in der Audienz Thatsächliches beibringen müssen, richtig und vollständig in ihrem Sinne aufgezeichnet, und somit aktenmäßig gemacht werde. Im rein mündlichen Verfahren bedarf es dieser Bürgschaft nicht, denn hierin sprechen sich die Parteien untereinander vollständig aus, bis sie, auf die Ladung der einen oder der anderen Partei, vor den Richtern erscheinen, und hier bedarf es keiner schriftlichen Aufzeichnung dessen, was sie vorbringen, da es ja die Richter unmittelbar von ihnen hören. Im preußischen Prozesse aber wird Alles schriftlich verhandelt und darum muß, was die positiv vorgeschriebene Schließung des Schriftwechsels abschneidet, noch in der mündlichen Verhandlung aufgenommen werden. Gleichwohl ist dieses wesentliche Erforderniß nicht vollkommen gesichert. Die vorhandene Vorschrift über den Inhalt des Protokolls verlangt [2]):

1) die Namen der anwesenden Gerichtsmitglieder; man verzeichnet sie zur Seite des Audienzprotokolls [3]);
2) die Namen der Parteien und ihrer Sachwalter, und ob sie erschienen sind, oder nicht;
3) den Gegenstand des Rechtsstreites;
4) den Gang der stattgefundenen Verhandlungen im Allgemeinen;

---

1) Vergl. z. B. Code de procédure, Art. 138.

2) V. v. 1. Juni 1833, §. 36.

3) Nach dem Vorbilde des Code de procédure Art. 138; „en marge de la feuille d'audience"; nur wird die dort vorgeschriebene Unterzeichnung dieser Erwähnung (mention) bei uns nicht verlangt.

5) die Zugeständnisse der Parteien, deren Aufzeichnung verlangt wird, d. h. selbstverständlich von dem Gegner verlangt wird; denn der Zugestehende hat kein Interesse dabei, daß sein Zugeständniß beurkundet werde.

Soweit entspricht der vorgeschriebene Inhalt dem Audienzprotokolle im rein mündlichen Verfahren. Nun aber wird, um jenem Erfordernisse Rechnung zu tragen, der Vorschrift Ziffer 5 beigefügt:

„so wie diejenigen Erklärungen der Parteien, deren Aufnahme das Gericht für erheblich hält."

Das Audienzprotokoll soll hierdurch zur Ergänzung des abgeschnittenen Schriftwechsels dienen. Dabei ist jedoch die große Beschränkung gemacht, daß die Aufzeichnung gar nicht in die Macht der Parteien, sondern lediglich in die Willkühr des Gerichts gestellt ist [4]), wobei noch zu beachten ist, daß hierüber während der Verhandlung kein Beschluß gefaßt wird. Die Partei hat auch kein Mittel, die Verzeichnung zu erzwingen; denn wenn das Gericht nichts verzeichnen läßt, so erfolgt auch kein Befragen: ob gegen die Fassung etwas zu erinnern sei; es wird eben, wie sogleich weiter gesagt werden wird, nichts vorgelesen. Zwar ist für diese Verhandlung die Aufzeichnung nicht erforderlich, da ja die Richter das Gesagte gehört haben, aber wenn darauf bei Fassung des Beschlusses nicht Rücksicht genommen worden ist, so fehlt für die folgenden Instanzen die nachweisbare Grundlage zur Anfechtung.

Die Vorschrift fordert weiter, daß der letztere Vermerk (Nr. 5) den Parteien vorgelesen werde, und daß diese mit ihrer Bemerkung über dessen Fassung zu hören seien. Wird nichts vermerkt, so wird das Protokoll nicht vorgelesen, und wird nicht verzeichnet, was die Parteien gegen die Fassung sagen, so haben sie dagegen kein Mittel; denn ihre Unterschrift, durch deren Verweigerung sie allenfalls die Vermerkung des Grundes ihrer Unzufriedenheit mit der Fassung oder der Weglassung erlangen könnten, ist in keinem Falle erforderlich [5]). So steht es, wenn die Parteien Neues vorbringen und darüber nichts vermerkt wird. Wie sich die Sache stelle, wenn die Aufzeichnung einer Parteierklärung geschehen ist, und später gegen deren Fassung Widerspruch

4) Was Reusch a. a. O., §. 41, Nr. II sagt: daß das Audienz-Protokoll auch enthalten müsse, was eine Partei aufzuzeichnen ausdrücklich verlangt, ist eben unrichtig.

5) K.O. v. 11. Dezember 1845 (G.S. 1846, S. 18).

erhoben wird, macht andere Unzuträglichkeiten. Jene Vorschrift verlangt, daß der Vermerk vorgelesen werde, befiehlt aber nicht, daß die geschehene Vorlesung beurkundet, d. h. in dem Protokolle vermerkt werde. Nach der Natur des schriftlichen Prozesses muß jede Parteierklärung von der Partei oder deren Machthaber unterzeichnet sein, wenn die Erklärung für die Partei bindend sein soll. Insofern also das Audienzprotokoll die Stelle eines Schriftsatzes vertritt, müßte dasselbe auch unterzeichnet sein. Ist nun positiv vorgeschrieben (Not. 5), daß es der Unterzeichnung nicht bedürfe, so muß doch förmlich beurkundet werden: daß die Partei den Vermerk, der ihre Erklärung enthält, wirklich genehmigt habe. Hierüber streiten sich die Meinungen. Nach der einen Meinung ist es Nichtigkeit, wenn in dem Protokolle der Vermerk (die Beurkundung) der erfolgten Vorlesung des fraglichen Theiles des Protokolls fehlt; nach einer anderen Meinung soll es dieses Vermerks nicht bedürfen, weil zu vermuthen sei, daß die Vorlesung wirklich geschehen [6]). Daß also die Genehmigung der Partei und zu deren Beweise die Vorlesung des Vermerks ohne darauf erfolgte Erinnerung Seitens der Partei erforderlich sei, bestreitet auch diese Meinung nicht; sie will aber an die Stelle einer Beurkundung dieser Genehmigung eine Vemuthung setzen. Eine solche Vermuthung wird jedoch durch kein Gesetz begründet und eine faktische Vermuthung (praesumtio hominis s. facti) hat eben so gute Gründe wider sich als für sich, ist mithin zum Beweise des Einverständnisses der Partei mit der Fassung ihrer angeblichen Erklärung durchaus unzureichend [7]). Ferner ist nach allgemeinen Rechtsgrundsätzen erforderlich, daß der Erklärende, wenn er durch die Fassung seiner Erklärung gebunden werden soll, den vorgelesenen Vermerk muß verstehen können, sonst läßt sich nicht behaupten, daß er die Fassung durch sein Stillschweigen genehmigt habe. Deshalb muß, wenn die ohne Rechtsbeistand erschienene Partei der Sprache des Gerichts nicht mächtig ist, ein Dolmetscher zugezogen werden. Das ist auch angeordnet [8]) und außer Streit. In Frage ist jedoch die Aufnahme eines Nebenprotokolls in der Sprache der Partei gekommen. Im Allgemeinen läßt sich die Nothwendigkeit des Nebenprotokolls weder behaupten

---

6) Darüber s. m. die Motive des Plenarbeschlusses (Pr. 2692) des Obertrib. v. 5. Oktober 1857 (J.M.Bl. S. 403 und Entsch. Bd. XXXVII, S. 17).

7) Darüber habe ich mich schon in der Anm. 29 zu Tit. 10 der Proz.=Ordnung (4. Ausg.) hinlänglich näher ausgesprochen.

8) J.M.Reskr. v. 30. August 1833 (Jahrb. Bd. XLIII, S. 412).

noch bestreiten, es muß vielmehr in jedem einzelnen Falle auf den Inhalt des Protokolles gesehen werden. Vertritt dasselbe nicht eine Prozeßschrift, d. h. ist darin keine Prozeßerklärung der Partei aufgenommen, so hat die Partei kein Interesse an dem Protokolle, der Zweck ihres Rechtsvortrages ist schon erreicht, sobald der Vortrag den Richtern verdolmetscht worden ist; um Errichtung einer gerichtlichen Urkunde darüber handelt es sich nicht. Wenn daher in dem Protokolle eine erhebliche Prozeßerklärung nicht vermerkt worden ist, so bedarf es so wenig eines Nebenprotokolls in der fremden Sprache wie der Vorlesung. So ist die Frage auch von dem Obertribunale entschieden worden [9]). Wie dasselbe über den Fall denkt, wo dergleichen Parteierklärungen gefallen sind, ist nicht klar; in den Motiven (Not. 9) werden zwei unerhebliche Umstände berührt, über den allein erheblichen Fall aber wird geschwiegen. Der eine jener beiden ist die Konstatirung, daß keine Erklärungen der Parteien aufzuzeichnen waren: „die Vorlesung des Protokolls (ohne Aufnahme eines Nebenprotokolls) muß," so wird gesagt, „auch für völlig ausreichend erachtet werden, wenn eine des Deutschen unkundige Partei auftritt; für hinreichend daher namentlich auch, um zu konstatiren, daß keine Erklärungen der Parteien aufzuzeichnen waren, und daß keine Beweisaufnahme im Audienztermine stattgefunden hat." An was für eine Vorlesung hierbei zu denken, ist unklar; in dem gesetzten Falle ist ja eben gar nichts vorzulesen, weil nichts aufgezeichnet ist; wenn aber registrirt worden, daß die Parteien nichts angeführt hätten, so braucht diese Notiz auch nicht vorgelesen zu werden, weil sie überflüssig und nirgends vorgeschrieben ist, die Wiederausstreichung wäre mit der Vorlesung der Notiz von gleichem Werthe. Es erscheint daher nicht zuträglich, über die Form, in welcher zu konstatiren, daß nichts anzuführen gewesen sei, in rechtliche Erwägung zu treten: das inhaltslose Protokoll konstatirt dies schon. Man könnte meinen, es müsse auch festgestellt werden, daß die Partei irgend eine Aufzeichnung nicht verlangt habe, und darauf zielt der zweite unerhebliche Umstand hin. Es wird hervorgehoben, der Implorant behaupte keinesweges, daß eine von ihm abgegebene Erklärung in das Audienzprotokoll nicht aufgenommen worden sei. Diese Behauptung würde unerheblich sein, denn die Aufzeichnung hängt nicht von der Willkühr der Partei ab, die Prozeßvorschrift befiehlt ausdrücklich nur die Aufzeichnung derjenigen Erklärungen der Parteien, deren Aufnahme das

9) Erk. v. 24. November 1859 (Entsch. Bd. XLIII, S. 372).

Gericht für erheblich hält; wäre aber die Behauptung erheblich, so würde unfindbar sein, in wie fern sie auf die Entscheidung der Frage in Betreff des Nebenprotokolls Einfluß haben könnte. Der dritte allein erhebliche, unberührt gebliebene Fall ist der: wenn eine Erklärung, welche das Gericht für erheblich gehalten hat, aufgezeichnet worden ist. Dieser Fall lag zur Entscheidung nicht vor, und konnte daher auf sich beruhen. Nach dem vorhin, in Betreff der Vorlesung und Genehmigung, Gesagten muß hier hinsichtlich des Nebenprotokolls eben so verfahren werden, wie bei der Aufnahme einer Prozeßverhandlung nach den Vorschriften der Prozeßordnung verfahren werden soll, weil das Audienzprotokoll in diesem Theile seines Inhaltes eine wirkliche, von dem instruirenden Gerichte aufgenommene Prozeßschrift enthält. Eine Nebenfrage hierbei ist, ob ein dabei vorgefallener Fehler das ergangene Urtel nichtig machen kann, wenn die unglaubwürdig beurkundete Erklärung gar keinen Einfluß auf die Entscheidung gehabt hat. Das muß verneint werden, weil die betroffene Partei durch den Fehler nicht beeinträchtigt worden ist [10]); das Urtel gründet sich nicht darauf. Zu jenen wesentlichen Erfordernissen des Protokolls tritt noch der Inhalt des Beschlusses und der Vermerk über dessen Publikation oder über die Vertagung der Publikation, so wie die Unterschrift sämmtlicher Richter, welche an der Sitzung Theil genommen haben [11]); die Unterschrift des Dirigenten und des etwaigen Protokollführers, welche sonst bei den fortlaufenden Protokollen über die ehemaligen Spruchsitzungen genügte [12]), ist unzureichend.

Unwesentlich aber zum Theile üblich sind die Vermerke über den Aufruf der Sache, über die Eröffnung der Verhandlung, über die Verstattung der Parteien zum Worte und ihre Konfrontation, und über den Schluß der Verhandlung; nicht allgemein gebräuchlich und auch nicht empfehlenswerth weil nutzlos ist die Verzeichnung der vermeintlichen Resultate der mündlichen Verhandlung. Zufällig kann noch der Vermerk über den Sühneversuch, wenn dieser angestellt wird, was selten geschieht, und über dessen Erfolg hinzukommen.

II. Die die Abfassung des Resolutes erfolgt nach den oben, §. 38, Nr. III, 1, lit. c gegebenen Andeutungen; die Verfügung,

10) V. v. 14. Dezember 1833, §. 4.

11) Instr. v. 24. Juli 1833, §. 41. Nach dem Code de procédure Art. 138 ist nur die Unterschrift des Vorsitzenden und des Gerichtsschreibers erforderlich.

12) Instr. v. 7. April 1839, Nr. 47.

betreffend die Ausführung, wird auf den Rand des Audienzprotokolles, oder, wenn das Resolut auf einen besonderen Bogen gesetzt und gehörig vollzogen dem Audienzprotokolle beigelegt wird, wovon dann im Protokolle bei dem Publikationsvermerke Erwähnung geschieht, auch wohl als Nebenverfügung unter das vollzogene Resolut gesetzt und von dem Referenten allein unterschrieben; auch in diesem Falle verdient der Platz am Rande des Protokolls den Vorzug.

Beispiel.

Anwesende Richter:
1. Kreisger.-Direktor Hay,
2. Kreisger.-Rath Wittling,
3. Kreisrichter Ukeley.

D.

1. Requir. die Königliche Bergamts-Kommission zu N., diejenigen beiden Verhandlungen v. 12. Nov. 1845 und v. 8. April 1847, nach welchen von dem Schichtmeister Sch. gewisse Akkerflächen von den Dominial-Gründen des Gutes Fliederthal für die Kohlenzeche Friederike-Agnes zum Zwecke des Bergwerksbetriebes übernommen worden seien, in der Urschrift, Behufs der Beweisführung, hierher zu senden; sie würden nach gemachtem Gebrauche wieder remittirt werden.

2. Dieses Audienzprotokoll geht urschriftlich an das königl. Kreisgericht zu N., sub voto rem., mit dem Ersuchen, nach Maßgabe des darin enthaltenen Resoluts die Gutsbesitzer A. und

Kreisger. Krottgau, d. 25. Juni 1860.

Vor der Deputation für Civil-Prozeßsachen erschienen am heutigen Tage zum mündlichen Verfahren in Sachen

des Gutsbesitzers Rittersporn zu Fliederthal, Klägers,
wider
die vormaligen Gewerken der Friederike-Agnes-Grube, Klop und Genossen, Beklagte,
Grundentschädigung für Bergwerkanlagen betr.,

nach erfolgtem Aufrufe um 10 Uhr:

1. der Rechtsanwalt Haberecht für den Kläger,
2. der Rechtsanwalt Zänker für die Beklagten.

Die Verhandlung wurde eröffnet. Der Kreisrichter Ukeley trug die Sache mit Zugrundelegung des Referats vor, und die Rechtsanwälte wurden vorschriftsmäßig gehört.

Folgende Erklärungen wurden für erheblich gehalten und deshalb aufgenommen:

I. Die Beklagten erkennen den vom Kläger eingereichten

Sch. als Sachverständige zu vernehmen und die darüber aufzunehmende Verhandlung uns zu übersenden.

3. Abschrift des Protokolls und dieses Dekrets erhalten die beiden Rechtsanwalte Haberecht und Zänker.

4. Repr. cop. rel. nach 6 Wochen.

Krottgau, d. 25. Juni 1860.

Königl. Kreisger. I. Abth.

Hay. Ukeley.

Auszug aus dem Berggegenbuche an, und machen eventuell den neuen Präjudizialeinwand, daß der Kläger die Aktivlegitimation zur Sache im Laufe des Prozesses verloren habe, weil er von denjenigen sechs Mitbeklagten, gegen welche die Klage zurückgenommen worden sei, seine vollständige Befriedigung auch hinsichtlich der Antheile der jetzt noch im Prozesse stehenden vier Beklagten erhalten habe. Die Abfindung, welche ihm jene Sechs gegeben hätten, sei nämlich unter der vorher getroffenen Uebereinkunft gezahlt worden, daß der Kläger durch dieselbe vollständig, auch für die Antheile der noch übrigen vier Beklagten Klop, Böse, Klotzig und Raffer, befriedigt werde. Hierüber würde dem Kläger der Eid zugeschoben, welcher im Zurückschiebungsfalle von den Beklagten de ignorantia angenommen werde.

Der Kläger bestreitet die behauptete Uebereinkunft, er sei von den ausgeschiedenen sechs Mitbeklagten nur für deren Antheil befriedigt worden. Den zugeschobenen Eid acceptirt er negativ, hält ihn aber für unerheblich, weil der Einwand eine exceptio de jure tertii sei und er durch jene Uebereinkunft seine Legitimation zur Sache nicht verloren haben würde, was er weiter ausführte. Deshalb verlangte er, daß zuvor über den Eid erkannt werde.

II. Die Beklagten erhoben Widerspruch gegen die Zulässigkeit des erweiterten oder neuen Antrages in diesem Prozesse.

Nachdem die Verhandlung geschlossen worden, wurde der Vermerk I und II über die Erklärungen der Parteien vorgelesen; gegen dessen Fassung wurde nichts erinnert.

Darauf wurde beschlossen und publizirt:

daß

I. über folgende Punkte Beweis zu erheben: (hier folgt der Beschluß aus §. 46, Nr. III wörtlich.)

Hay. Wittling. Ukeley.

Vierter Abschnitt.

Das Beweisverfahren.

§. 48.

Uebersicht.

Das Beweisverfahren überhaupt ist schon in hinlänglicher Ausführlichkeit zusammen dargestellt worden*), eine Wiederholung wäre überflüssig. Die hier vorliegende Aufgabe ist: die Handhabung zu zeigen. Darin ist jedoch in dem Prozesse, welcher praktisch durchgeführt werden soll, eine bestimmte Grenze gegeben, die nicht zu überschreiten ist, wenn der Gang des dargestellten Verfahrens nicht unterbrochen und dadurch unklar werden soll. In diesem Prozesse kommen drei Beweismittel zur Anwendung: Urkunden, Gutachten Sachverständiger und Eid. Die Durchführung des Eidesbeweises kann in dem vorliegenden Falle erst nach Eintritt der Rechtskraft des künftigen Endurtheils erfolgen; hier wird da-

*) Mein preuß. Civilprozeß, Buch 2, Abschnitt 2, S. 388 ff. (2. Ausg.)

her nur die **Erhebung** des Urkundenbeweises und die Vernehmung der Sachverständigen vorkommen, und das Referat über das Beweisverfahren wird sich anschließen.

§. 49.

1. Produktionsverfahren.

Das Urkunden-Beweisverfahren in unserem Falle besteht in zwei Handlungen: in der Edition der Originalurkunde von Seiten eines Dritten, und in dem Produktions- und Schlußverfahren.

I. Der Editionspflichtige ist hier eine öffentliche Behörde, die Bergamts-Kommission zu N. Ein besonderes formelles Editionsgesuch ist nicht angebracht weil nicht üblich, nur müssen die materiellen Erfordernisse eines solchen dem Richter vorliegen, wie es hier in den Prozeßschriften und den beigefügten Abschriften von den angeblichen Originalien geschieht. Die richterliche Verfügung an den Dritten, wegen Vorlegung der Urkunden, weicht von der in der Prozeßordnung vorgeschriebenen Form ab, weil der Editionspflichtige eine Behörde ist und die Edition im Aufsichtswege durchgesetzt werden kann, weshalb das übliche Requisitionsverfahren eingeschlagen wird, vorbehaltlich der Privatrechte der Partei für den Fall, daß dadurch das Ziel nicht erreicht werden sollte. Wegen des Requisitionsverfahrens wird auch kein Editionstermin bestimmt und kein Rechtsnachtheil angedroht, weil sich das mit dem üblichen Requisitionsstyl nicht verträgt. Das auf dem Rande des Audienzprotokolls befindliche Dekret Nr. 1 a. E. des vorhergehenden §. 47 macht dieß anschaulich. Der Partei ist dadurch nichts vergeben.

II. Nach dem Eingange der Urkunden werden diese den Parteien vorgelegt. (Produktionsverfahren.) Es steht in dem Gutbefinden des Gerichts: ob es diese Handlung mit dem mündlichen Verfahren verbinden und somit in den Audienztermin verlegen, oder dazu einen besonderen Termin vor einem Deputirten ansetzen will**). In unserem Prozesse ist der zweite Weg genommen.

Beispiel.

I.

Einsendung der Urkunden.

An	**Pr. d. 28. Juni 1860. H.**
Ein Königl. Kreisgericht zu	**Dem Königl. Kreisgerichte**
Krottgau.	**übersenden wir auf die geehrte**
Sportelfr. Justiz-Sache.	**Requisition v. 25. d. M. zur**

**) Vergl. a. a. O. §. 223.

D.

Citentur die beiden Rechtsanwälte Haberecht und Zänker zur Vorlegung und Vergleichung der eingesandten Verhandlungen mit den der Klage beigefügten Abschriften ad term. den ..... vor dem H. Kreisrichter Ukeley, unter der Verwarnung, daß gegen den Ausbleibenden angenommen werden würde, er habe gegen die vorzulegenden Urkunden nichts zu erinnern.

K. d. 28. Juni 1860.

Ukeley.

Sache des Gutsbesitzers Rittersporn zu Fliederthal wider die Gewerken der kaduzirten Kohlengrube Friederike-Agnes, den Dr. medicinae Klop und Genossen, die Originalprotokolle v. 12. Nov. 1845 und v. 8. April 1847, betreffend die Besitznehmung mehrerer Ackerparzellen für die gedachte Grube auf der Dominial-Feldmark Fliederthal durch den Schichtmeister Sch., und ersuchen um Rücksendung derselben nach gemachtem Gebrauche.

R. d. 27. Juni 1860.

Königl. Bergamts-Kommission.

R.

II.

Produktionsverfahren.

Kreisger. Krottgau, d. 15. Juli 1860.

In Sachen des Gutsbesitzers Rittersporn zu Fliederthal, Klägers,

wider

die ehemaligen Gewerken der Friederike-Agnes-Grube, Klop und Genossen, Beklagten, erschienen in dem heutigen Produktionstermine

1. der Rechtsanwalt Haberecht für den Kläger,
2. der Rechtsanwalt Zänker für die Beklagten.

Denselben wurden die von der Bergamts-Kommission zu R. eingesandten Verhandlungen v. 12. Nov. 1845 und v. 8. April 1847 neben den mit der Klage

D.

1. Der Bergamts-Kommission zu R. sind die beiden Original-Verhandlungen v. 12. Nov. 1845 und v. 8. April 1847 zu remittiren.

2. Abschrift dieses Protokolls und Dekrets erhalten die Rechtsanwälte Haberecht und Zänker.

K. d. 15. Juli 1860.

Ukeley.

eingereichten Abschriften derselben fol. 9 und 10 der Akten vorgelegt.

Beide Erschienene erkannten, die ersteren als Originale, und die letzteren als damit übereinstimmend, nach vorheriger Vergleichung an, so wie auch, daß darin diejenigen Grundstücke richtig bezeichnet seien, welche der Schichtmeister der Friederike-Agnes-Grube bei Fliederthal für diese Zeche von den zum Rittergute Fliederthal gehörigen Grundflächen übernommen habe.

Vorgelesen, genehmigt und zur Unterschrift vorgelegt.

Haberecht. Zänker.

a. u. s.

Ukeley. Schreiber, vereideter Protokollführer.

§. 50.

2. Sachverständigen-Vernehmung.

Von dem Begriffe der Sachverständigen und der zwiefachen Art, auf welche die Sachverständigen vorkommen, nämlich entweder als Beweismittel, oder als Gehülfen des Richters in Fällen, wo dem Richter die Kenntniß von Dingen, welche außer dem Bereiche der ihm als Richter beiwohnenden Wissenschaft liegen und die ihm zur Fällung des Urtheiles nöthig ist, verschafft werden muß, so wie von dem Beweisverfahren mit Sachverständigen, ist bereits an einer anderen Stelle von mir die Rede gewesen [1]); es ist jedoch dafür hier noch eine Nachlese übrig.

1) Der Ausdruck „Sachverständige" ist eine generische Bezeichnung in unseren Gesetzen; es werden darunter alle Arten von Verständigen (Experten) verstanden, welche, im Gegensatze von faktischen Zeugen, über ihnen vorgelegte Gegenstände oder Fragen nach ihren Erfahrungen oder nach den Regeln ihrer besonderen

1) S. m. preuß. Civilprozeß, §§. 269 ff.

Geschäfts-, Berufs- oder Kunstkenntniß, **Auskunft geben**, oder ein **Urtheil fällen**, oder beides zugleich thun sollen; man begreift also darunter im Allgemeinen nicht bloß die gemeinen Sach- und Werkverständigen, sondern auch die eigentlichen Kunstverständigen und Wissenschaftskundigen oder Fachkundigen (Techniker). Die Gesetzgebung unterscheidet diese Arten nicht. In allen Fällen aber, wo diese Subjekte als Beweismittel gebraucht werden, ist ihre Aufgabe, eine Thatsache, sei es nach vorheriger Wahrnehmung oder Voraussetzung gewisser Gegenstände oder thatsächlicher Verhältnisse, sei es auf bloße technische Fragen, festzustellen, welche der Richter Behufs der Findung des Rechtes zwischen den Parteien dem zur Anwendung kommenden Rechtsgrundsatze unterstellen will. Einige nennen daher auch die so angewendeten Sachverständigen *gelehrte* Zeugen im Gegensatze der *faktischen* Zeugen; als Zeugen im weiteren Sinne können sie nicht betrachtet werden.

2) Da Personen, welche als Sachverständige zugezogen werden sollen, außer der Zeugentüchtigkeit auch die erforderliche Kenntniß, Fertigkeit und Erfahrung haben müssen: so wird öfters die Tüchtigkeit und Glaubwürdigkeit der von dem Produzenten vorgeschlagenen Personen streitig. Gesetzliche Bestimmungen über die Qualifikation der Sachverständigen giebt es keine, ausgenommen in Betreff der Streitigkeiten in landwirthschaftlichen Angelegenheiten: in diesen sollen Gutachten anderer Personen als der approbirten Oekonomie-Kommissarien nicht gültig sein[2]). In nicht agrarischen Angelegenheiten werden auch Gutachten von anderen Experten angenommen, und wenn über die Tüchtigkeit der betreffenden Person Streit entsteht, so kommt es bloß darauf an: ob Inhalt und Begründung ihres Gutachtens Veranlassung zur Bemängelung desselben darbieten, was der Richter zu befinden und nach den sonstigen individuellen Umständen der Person zu beurtheilen hat[3]). Im Allgemeinen streitet die Vermuthung für die Tüchtigkeit solcher Personen, welche der Staat als Fachbeamte in solchen Angelegenheiten, in welche die entstandene Frage einschlägt, angestellt hat, weil die Anstellung nicht ohne vorherige Prüfung

---

2) Kultur-Edikt v. 14. September 1811, §. 38 (G.S. S. 300). Die dort noch genannten *Kreisverordneten* sind nicht ins Leben getreten; die jetzt vorkommenden s. g. Kreisdeputirten sind andere Personen.

3) Vergl. Erk. des Obertrib. v. 3. Juli 1857 (Archiv für Rechtsfälle, Bd. XXVI, S. 87). Wenn der Richter zur Beurtheilung der technischen Gründe nicht befähigt ist, muß er von Amts wegen ein Superarbitrium einholen. A. G.O. I, 14, §. 60.

und Approbation geschieht. Dem Gegner bleibt freigestellt, andere tüchtige Sachverständige zum Gegenbeweise zu produziren. Ausländer dürfen jedoch gegen den Willen einer Partei zu Sachverständigen nicht ernannt werden[4]).

3) Eine weitere Frage betrifft die Verpflichtung der benannten Personen, sich als Sachverständige gebrauchen zu lassen, eine Frage, von welcher die Form der Vorladung und die Zulässigkeit des angedroheten Zwanges abhängt. Gemeinrechtlich ist ein allgemeines Prinzip nicht anerkannt. Fast übereinstimmend will man nur diejenigen Personen für verpflichtet halten, welche öffentlich angestellte Fachkundige sind, weil ihre Verpflichtung zur Ertheilung geforderter Gutachten in ihrer Stellung liege. Die Verpflichtung anderer Personen ist streitig. Die Analogie der Zeugen, nach welcher von Einigen[5]) eine allgemeine Verpflichtung behauptet wird, paßt nicht, weil Zeugen nicht beliebig gewählt werden können und von ihnen auch nicht eine technische Leistung, welche allemal eine besondere Anwendung geistiger und leiblicher Kräfte nothwendig macht (ein facere), gefordert wird. Auch würde ja ein Zwang zu einer solchen obligatorischen Leistung nicht zum Ziele führen, wenn die Person erklärte, daß sie von der Sache nichts verstehe. Mit einem Zeugen ist es hierin ganz anders: wenn er Nichtwissen vorgiebt, muß er beschwören, daß er die Wahrheit gesagt und **nichts verschwiegen habe**; einen ähnlichen Eid für Sachverständige giebt es nicht.

Die preußische Gesetzgebung ist in diesem Punkte auch nicht klar und ohne Widerspruch. Bestimmt vorgeschrieben ist nur, daß sich als Sachverständige vernehmen lassen müssen:

a) diejenigen, welche ein- für allemal als Sachverständige bei den Gerichten angestellt und vereidigt sind;

b) diejenigen, welche in der betreffenden Angelegenheit im Staatsdienste angestellt sind und auf Requisition des Gerichts von der Amtsbehörde zur Verrichtung des Geschäfts des Sachverständigen benannt werden[6]).

Dagegen findet sich hinsichtlich solcher Personen, welche nicht in der Eigenschaft als Sachverständige bei den Gerichten angestellt

---

4) Besch. des Obertrib. v. 13. Januar 1859 (Entsch. Bd. XL, S. 286).

5) J. B. **Martin**, Jahrb. der Gesetzgeb. u. Rechtspflege in Sachsen, I, S. 179 ff.; **Walther**, im Archiv für civil. Praxis, Bd. XXVI, S. 262 ff.

6) Anh. z. A. G.O. (I, 9, §. 38) §. 64, entnommen aus dem Reskr. v. 12. Juli 1806 (**Rabe**, Bd. VIII, S. 625; **Mathis**, Bd. IX, S. 514).

und ein für allemal vereidet, auch nicht als Beamte von den ihnen vorgesetzten Behörden bezeichnet, sondern außerhalb dieser Kategorien von den Parteien vorgeschlagen sind, zwischen zwei Gesetzstellen ein Widerspruch. Nach dem §. 64 des Anh. z. A. G.O. (Not. 6) muß der Vorgeschlagene, falls seine Kunst oder Wissenschaft ihn ernährt, z. B. wenn er Lehrer, Professor, Arzt, Künstler oder Handwerker ist, sich als Sachverständiger, der Aufforderung seines persönlichen Richters gemäß, gestellen und eidlich vernehmen lassen. Nach §. 285 desselben Anh. (z. A. G.O. I, 38, §. 6) hat ein Arzt, der weder als Physikus, noch sonst gegen den Staat oder die Kommune in besonderen Pflichten steht, keine Verbindlichkeit, sich den Geschäften eines Sachverständigen zu unterziehen. Zur Lösung dieses Widerspruchs ist vorgeschlagen worden, die zweite Stelle als die ältere [7]) für aufgehoben zu erachten. Dieser Grund trifft nicht zu, weil beide Stellen als Gesetze von gleichem Alter, d. h. am nämlichen Tage publizirt und eingeführt sind. Nach einer anderen Meinung soll die zweite Stelle als Ausnahme von der Regel angesehen werden, weil sie gerade im Tit. 38 der Prozeßordnung, betreffend das Blödsinnigkeits-Verfahren, steht und sich auf die Wahl der ärztlichen Sachverständigen dazu bezieht. Zu einer Ausnahmebestimmung findet sich kein Grund und wenn man das öffentliche Interesse bei der raschen Durchführung des Wahnsinnigkeitserklärungs-Verfahrens als zwingenden Grund zu einer Ausnahme gelten läßt, so müßte die Ausnahme das gerade Gegentheil anordnen. Der Widerspruch ist prinzipiell; denn beide Stellen beruhen auf verschiedenen allgemeinen Gründen, welche sich gegenseitig ausschließen. Die ältere Entscheidung huldigt dem Grundsatze, daß ein Fachverständiger „keine Verbindlichkeit habe, nach der Aufforderung eines jeden Privati sich dergleichen Geschäften zu unterziehen, wenn er nicht in besonderen Pflichten gegen den Staat oder die Kommune steht“ (Not. 7). Die zweite Entscheidung dagegen gründet sich mit der Behauptung, daß der Sachverständige zur Klasse der Zeugen gehöre, darauf, daß dieserhalb kein Sachverständiger sich seinem Gutachten entziehen könne [8]), — ein Grund, der nach dem vorhin Gesagten unrichtig ist. Die Aufnahme beider Stellen in den Anhang ist hiernach ein Redaktionsfehler; die eine

---

7) Sie ist entnommen aus dem Justiz-Min.-R. v. 1. Dezember 1796 (N. C. C. Tom. X. S. 1911; Stengel, Bd. IV, 283; Rabe III, 617).

8) Bericht des Kammergerichts v. 22. Mai 1806 u. Schr. des Großkanzlers v. Goldbeck, v. 7. Juni 1806 (Mathis, Bd. IX, S. 517, 518).

Stelle mußte weggelassen werden, und dieß mußte, wenn man auf den Rechtsgrund gesehen hätte, die erste Stelle treffen. Die darin enthaltene Vorschrift führt ohnehin nicht zu dem beabsichtigten Erfolge, wenn die vorgeschlagene Person das Gutachten unter der Erklärung, daß sie nichts von der Sache verstehe, ablehnt.

4) Die Sachverständigen werden, unter kurzer Angabe des Falles, zu einem bestimmten Termine, unter Androhung des Zwanges, welchen das Gericht für zulässig hält, vorgeladen. Der Termin wird nach Bewandtniß der Umstände, entweder an gewöhnlicher Gerichtsstelle, oder am Streitorte, angesetzt. Die Vernehmung auswärtiger Sachverständigen geschieht nach den Umständen, entweder vor dem Prozeßgerichte, oder durch den persönlichen Richter der Sachverständigen, nach Analogie der Zeugenvernehmungen; doch kann die Vorschrift der K. O. v. 5. Oktober 1846, wonach die Zeugen darauf aufmerksam gemacht werden sollen, daß ihr Eid sich auch auf die Beantwortung der Generalfragen beziehe, bei der Vernehmung der Sachverständigen nicht Anwendung finden, weil deren Eid dazu nicht paßt; auch fällt die Generalfrage Nr. 4 weg, weil die Sachverständigen sich allerdings besprechen dürfen.

5) Die Beiladung der Parteien ist nur dann nothwendig, wenn es zugleich auf eine Wahrnehmung oder Besichtigung ankommt, damit die Parteien die Gewißheit über die Identität des Gegenstandes erlangen. In der Regel ist sie monitorisch; wenn es aber auf eine Besichtigung der Person ankommt, arktatorisch.

Beispiel.

Pr. d. 1. Juli 1860.

H.

D.

Urschriftlich, unter Beifügung des hergesandten Resoluts v. 25. Juni cr., an das königl. Kreisgericht zu Krottgau.

Die unten verzeichneten Gebühren-Auslagen sind zur dortigen Salarienkasse einzuziehen.

N. d. 30. Juni 1860.

Königl. Kreisger. I. Abth.

Häuptling. Reinicke.

Portofr. Justiz-Sache.

Kreisger. N., d. 30. Juni 1860.

Zur Erledigung der Requisition des königl. Kreisgerichts zu Krottgau v. 25. d. M. in der vor demselben schwebenden Rechtssache des Rittergutsbesitzers Ritterspron zu Fliederthal, wider die ehemaligen Gewerken der Friederike-Agnes-Grube, Klop und Genossen, steht heute Termin an. In demselben erschienen:

1) Seitens der Partei:

a) der Rechtsanwalt Haberecht und

b) der Rechtsanwalt Zänker,

beide aus Krottgau;

2) als Sachverständige:

a) der Gutsbesitzer A. aus Waldhof,

b) der Erbscholtisei-Besitzer Sch. aus Weitzenberg.

welche beide, wie hiermit attestirt wird, als landwirthschaftliche Sachverständige bei dem hiesigen Kreisgerichte bestellt und ein- für allemal vereidigt sind.

Den Sachverständigen wurde der Gegenstand ihrer Begutachtung, gemäß des Inhaltes des Resoluts des Kreisgerichts zu Krottgau, v. 25. Juni d. J., bekannt gemacht; sie versicherten, daß ihnen das Terrain und die Beschaffenheit des Bodens, um welche es sich im vorliegenden Prozesse handele, aus mehreren Lokalbesichtigungen vollkommen bekannt seien.

Die Sachverständigen wurden aufgefordert, das von ihnen erforderte Gutachten, ihrer Kenntniß und Erfahrung gemäß, nach sorgfältiger Prüfung, unparteiisch und gewissenhaft abzugeben. Sie wurden bedeutet, daß sie nach der Vernehmung ihr Gutachten auf den von ihnen ein- für allemal geleisteten Sachverständigen-Eid zu nehmen hätten, welches dieselben Folgen habe, als wenn sie denselben Eid jetzt besonders ableisteten.

Hierauf wurden jedem Sach-

D.

1. Citent. die Rechtsanwälte Haberecht und Zänker zum mündlichen Schlußverfahren ad term. den .....

2. Copia des Protokolls v. 30. Juni erhalten beide Rechtsanwälte.

K. d. 1. Juli 1861.

Hay.

Referent H. Kr.-R. Ukeley.

verständigen folgende allgemeine Fragen vorgelegt:

1. ob und wie nahe derselbe mit der einen oder der anderen Partei verwandt oder verschwägert sei;

2. ob er bei der im Prozeß befangenen Sache irgend ein Interesse habe, ob er namentlich Nutzen davon zu hoffen oder Schaden davon zu befürchten habe;

3. ob Jemand sich angemaßt habe, ihn unterrichten zu wollen, was und wie er aussagen solle;

4. ob er einem der streitenden Theile entweder in dem Geschäft oder Handel, worüber sein Gutachten verlangt wird, oder auch in dem jetzt darüber schwebenden Prozeß selbst Rath gegeben;

5. ob Jemand durch Geschenke oder Versprechungen ihn zur Abgabe eines günstigen Gutachtens für einen oder den anderen Theil habe vermögen wollen.

Hierauf sind dieselben einzeln, in Abwesenheit des Anderen, wie folgt, vernommen:

1. Sachverständiger A.

Ich heiße mit Vornamen Anton Caspar Balthasar, bin 48 Jahre alt und katholischer Konfession. Die allgemeinen Fragen verneine ich sämmtlich.

Zur Sache.

Ad I, Nr. 2 des Resoluts.

Auf einem erst am 1. Juli im rohen und frisch aufgeschütteten Zustande übergebenen Boden kann in demselben Jahre keine Frucht mehr gewonnen werden, und wird also durch eine so verspätete Zurückgabe die Abnutzung für das ganze Jahr verhindert. Frisch aufgeschütteter todter Boden ist, wegen des ihm mangelnden Humus, für unsere Kulturfrüchte unfruchtbar. Dazu kommt überdieß, daß der frisch aufgeschüttete Boden zu porös und trocken ist, besonders wenn, wie in dem vorliegenden Falle, die Bearbeitung des Bodens in den heißen Sommermonaten stattfinden soll. Aus diesen Gründen würde der eingestreuete Same nicht einmal keimen und die auf einzelnen feuchten Stellen liegenden wenigen Körner würden, wenn sie Keime trieben, wegen Mangels an Nahrungstoff, keine Pflanze treiben. Außerdem ist, nach dem 1. Juli, wenn nun noch die Bearbeitungs- und Bestellungszeit abgeht, für alle unsere Kulturpflanzen die Vegetationsperiode zu kurz, es könnten daher unter den günstigsten Witterungsverhältnissen auch nicht einmal Gemenge oder rasch wachsende Futterkräuter gewonnen werden, ganz gewiß nicht in einem solchen Ertrage, daß die Kulturkosten auch nur zu einem geringen Bruchtheile gedeckt werden würden. Das ist jedem, der einigermaßen mit der Naturgeschichte bekannt ist, so einleuchtend, daß die Frage dem gemeinen Ackerknechte lächerlich erscheinen würde.

Ad I, Nr. 3 des Resoluts.

Von den bei dieser Streitfrage näher bezeichneten Flächen im Gesammtbetrage von 3 Morgen 124 □Ruthen, welche im Jahre 1850 von der Zeche Friederike-Agnes benutzt wurden, konnten im Jahre 1850 per Morgen sehr wohl 12 Scheffel Weizen gewonnen werden, denn die oben gedachten Flächen gehören gerade zu den fruchtbarsten Gewenden des ganzen Gutes und der Kulturzustand des Ackers ist vorzüglich, und der angegebene Ertrag entspricht der Erfahrung.

Ad I, Nr. 4 des Resoluts.

Wenn der Grundherr hinlänglich entschädigt werden soll, darf von dem Brutto-Ertrage der Ackerfläche ad Nr. 3 außer dem Samen Nichts abgezogen werden. Das Gut Fliederthal hat ein Areal von 600—650 Morgen und es leuchtet von selbst ein, daß, wenn von diesem Areal nur 3 Morgen 124 □Ruthen unbebaut bleiben, der Gutsbesitzer weder an Arbeits- noch an Zugkräften dadurch etwas erspart, weil diese kleine Fläche in einem viel zu geringen Verhältnisse zum Ganzen steht, als daß dieserhalb eine Reduktion der Kräfte möglich wäre. Man rechnet im Durchschnitt auf 100 Morgen etwa ein Gespann Pferde und einen Knecht bei nicht sehr schwerem Boden, und dieß trifft auch auf dem Gute Fliederthal zu, wo 13 Arbeitspferde, 6 Knechte und ein Stalljunge gehalten werden. Darnach kann Jeder, welcher geläufig zählen gelernt hat, berechnen, daß auf 3 Morgen weder ein Pferd noch ein Dienstbote abgeschafft werden kann, zumal ja die Gewerken diese Plätze jeden Tag plötzlich zurückgeben können. Dieser letztere Umstand kommt jedoch nicht in Betracht, denn 3 Morgen mehr oder weniger bei 13 Pferden und 6 Knechten fallen gar nicht ins Gewicht; unter 40—50 Morgen läßt sich eine dauernde Verminderung nicht thun.

Ferner ist es nicht zweifelhaft, daß für Düngung Nichts in Abzug gebracht werden darf, wenn der ganze Strohertrag, die Spreu, die Ueberkehr und die Nachhutung außer Ansatz gelassen worden ist; diese Erzeugnisse sind mehr werth als die erforderliche Düngung. Man rechnet auf den Morgen alle drei Jahre 10 Fuhren Dünger, also würden für das Jahr 1850 etwa 12 Fuhren anzuschlagen gewesen sein. Diese sind die Fuhre für 15 Sgr. zu haben, zusammen also für 6 Thlr. Das gewonnene Stroh würde aber von circa 4 Morgen etwa 7—8 Schock betragen und einen Werth von 14—18 Thlr. gehabt haben, woraus allein schon der Mehrwerth der außer Ansatz gelassenen rohen Stoffe erhellet. Wären diese in Ansatz und die Düngung in Abzug gebracht worden, so würde die Rechnung höher ausgefallen sein.

Ad I, Nr. 5 des Resoluts.

Auf Boden von der Beschaffenheit und Klarheit, welche das Gewende, auf welchem die oben bezeichneten Flecke sich befinden, hat, braucht man nicht mehr Einsaat als 16 Metzen per Morgen, weil fast jedes Korn aufgeht. Eine stärkere Einsaat würde einen zu dichten Stand geben und dem Ertrage Eintrag thun; sie ist nur anwendbar auf unklarem (klößigem), steinigem und nassem Boden, wo viele Körner, theils weil sie unbedeckt bleiben, theils aus verschiedenen anderen Gründen, nicht aufgehen.

Ad I, Nr. 6 des Resoluts.

Im Jahre 1851 hätten auf der in Rede stehenden Fläche vom Morgen bei einer Einsaat von 16 Metzen sehr gut und wenigstens 9 Scheffel Roggen gewonnen werden können. Die Ursache, warum der Ertrag pro 1850 geringer als pro 1851 anzunehmen ist, liegt darin, daß 1850 auf dem Gewende, wozu die gedachten Flächen gehören, gleichfalls eine Winterhalmfrucht (Weizen) gebaut worden war und bei dieser Vorfrucht der Ertrag an Roggen im folgenden Jahre erfahrungsmäßig geringer ist, als in dem vorangegangenen, weil die Vorfrucht fast die gleichen Nahrungsstoffe gebraucht und dadurch dem Boden schon einen Theil desselben entzogen hat. Man pflegt bei gutem Boden den Rückschlag auf Ein Korn zu rechnen. Hiernach hat der Kläger durchaus nicht zu viel in Ansatz gebracht.

Mein Gutachten nehme ich auf den von mir ein= für allemal geleisteten Sachverständigen=Eid.

Vorgelesen, genehmigt und zur Unterschrift vorgelegt.

Anton A.

2) Sachverständiger Sch.

Ich heiße mit Vornamen Franz Joseph, bin 65 Jahre alt und katholisch. Die mir vorgelegten Generalfragen verneine ich sämmtlich.

Zur Sache.

Ad I, Nr. 2 des Resoluts.

Es ist unmöglich, auf einem erst am 1. Juli in einem rohen frisch aufgeschütteten Zustande übergebenen Boden, von dem man die obere Erdkrume weggenommen, und dann die Erdvertiefung, wie ich gesehen habe, mit todtem Thonboden eben erst ausgefüllt hatte, in demselben Jahre noch eine Frucht, sei sie welche sie wolle, zu gewinnen. Um solchen rohen Boden tragbar für unsere Kulturfrüchte zu machen, muß er zuvor tüchtig mit Dünger befahren, dieser muß untergepflügt werden und eine Zeit von mehreren Wochen liegen, um zu faulen, d. h. zu gähren, damit er demnächst mit dem rohen Boden durcheinandergebracht werden könne. Demnächst muß der Boden, wenigstens noch zwei Mal, in Zwischenräumen von 14 Tagen — 3 Wochen umgepflügt werden, damit der rohe Boden von der Luft gehörig durchzogen und zersetzt und dadurch zur Aufnahme des Samens empfänglich und triebkräftig gemacht werde. Zu dieser Vorbereitung ist eine Zeit von 6—8 Wochen erforderlich. Darüber würde Michaelis herangekommen sein. Daß man bei uns die Kulturfrüchte, welche noch in demselben Jahre eine Ernte geben sollen, nicht um Michaelis säet, das ist allgemein jedem verständigen Menschen bekannt. Die kürzeste Vegetationsperiode für unsere Halmfrüchte ist zwischen 10—14 Wochen, und Futterkräuter oder Gemenge erreichen bei so später Einsaat, daß die kürzlich aufgegangenen jungen Pflanzen schon von Nachtfrösten getroffen werden, nie mehr die Höhe, daß sie geschnitten werden könnten, bevor sie erfrieren. Der Same und die Be=

stellungskosten würden daher gänzlich weggeworfen sein. Es erhellet hieraus ganz klar, daß durch eine so verspätete Zurückgabe die Abnutzung der in Rede stehenden Flächen für das ganze Jahr verhindert worden ist. Gemenge und rasch wachsende Futterkräuter wachsen auch nur in einem kultivirten Boden; auf rohem frisch aufgeschüttetem Boden keimt der Same nicht, die Saat geht nicht erst auf.

Ad I, Nr. 3 des Resoluts.

Auf den Flächen, welche für die Kohlenzeche Friederike-Agnes in Besitz genommen sind und auf dem fruchtbarsten Gewende der Gutsfeldmark Fliederthal liegen, konnten 1850 sehr wohl 12 Scheffel Weizen per Morgen gewonnen werden. Denn der Boden ist fruchtbar, eignet sich vorzüglich zum Weizenbaue, und steht in der besten Kultur, auch habe ich den Düngungszustand dort immer vortrefflich gefunden; denn das Gewende stößt unmittelbar an den Wirthschaftshof und theilt daher das günstige Schicksal mit allen sehr nahe liegenden Aeckern hinsichtlich der Kultur und Düngung.

Ad I, Nr. 4 des Resoluts.

Es ist ganz richtig, daß, wenn der Grundherr hinlänglich entschädigt werden soll, von dem Brutto-Ertrage der in Rede stehenden Ackerfläche, außer dem Samen, Nichts abgezogen werden darf, wenn der Strohgewinn, die Spreu, die Ueberkehr und die Nachhutung von dem Kläger nicht in Rechnung gebracht worden ist. Denn die Bearbeitung und Bestellung würde keinen besonderen Aufwand gemacht haben, weil die Arbeits- und Zugkräfte wegen der 3 Morgen 124 □ Ruthen nicht vermindert werden konnten, vielmehr in ihrer vorherigen Stärke beibehalten werden mußten, indem bei einem Gesammtareal von etwas über 600 Morgen, 3—4 Morgen mehr oder weniger nichts ausmachen; es kann auch dadurch, daß ein oder anderes Mal oder dauernd 3—4 Morgen unbearbeitet bleiben, nicht das Mindeste gespart oder sonst gewonnen werden.

Für Düngung darf deshalb Nichts in Abzug kommen, weil das außer Ansatz gebliebene Stroh, die Spreu, die Ueberkehr und die Nachhutung mehr werth ist als der Dünger, welcher erforderlich gewesen wäre; der Kläger kommt daher bei seiner Rechnung noch zu kurz, wenn er alle diese Erzeugnisse auf die Düngung kompensirt.

Ad I, Nr. 5 des Resoluts.

Auf dem Boden, wo sich die in Rede stehenden Flächen befinden, sind wegen seiner reinen und klaren Beschaffenheit und guten Kultur mehr als 16 Metzen Weizen per Morgen nicht erforderlich; wenn mit der Maschine gesäet wird, braucht man noch weniger, ohne Ausfall am Ertrage zu haben, wegen der besseren Bedeckung und der daraus entstehenden Reihensaat, welche der Luft und den darin befindlichen Pflanzen-Nahrungsstoffen freieren Durchzug gestattet. Eine stärkere Aussaat ist nur bei weniger mürben und weniger fruchtbaren Böden angebracht.

Ad I, Nr. 6 des Resoluts.

Im Jahre 1851 hätten auf den erwähnten Flächen, als Nachfrucht hinter dem Weizen, bei einer Einsaat von 16 Metzen, sehr gut 9 Scheffel Roggen per Morgen gewonnen werden können. Die Ursache, warum nicht so viel wie im Vorjahre gerechnet werden kann, liegt in der Fruchtfolge, indem das s. g. Stoppelkorn, d. h. das Korn, welches in die Stoppeln einer wesentlich gleichen Vorfrucht (Winterfrucht) ohne frische Düngung gesäet wird, ein oder ein Paar Korn weniger Ertrag giebt; sonst würde der Ertrag unter gleichen äußeren Verhältnissen nicht geringer als im Vorjahre ausgefallen sein.

Dieses mein Gutachten bekräftige ich durch Versicherung auf meinen ein für allemal geleisteten Sachverständigen-Eid.

Vorgelesen, genehmigt und unterzeichnet.

Franz Joseph Sch.

a. u. s.

Reinicke, Kreisrichter. Hörer, Auskultator.

§. 51.

3. Referat über das Beweisverfahren und zur Abfassung des Endurtheiles.

I. Auf die eingegangenen Beweisverhandlungen wird, wie am Rande des vorstehenden Vernehmungsprotokolls angedeutet ist, der Audienztermin zum mündlichen Schlußverfahren angesetzt, und der ernannte Referent hat in der Zwischenzeit das Referat aufzusetzen und so zeitig vor dem Termine mit den Akten zur Registratur einzuliefern, daß der Dirigent, dem es sofort vorgelegt werden muß, noch hinlänglich Zeit hat, dasselbe vor dem Audienztage mit den Akten zu vergleichen. So hat sich die Praxis festgestellt; die Instruktion vom 24. Juli 1833 schweigt über das Referat in diesem Stadium des Prozesses. Das Referat ist so einzurichten, daß die Beisitzer in die Lage kommen, das Endurtheil zu sprechen; denn der Beweis soll in dem Resolute so vollständig angeordnet worden sein, daß ein zweites Beweisresolut in der Regel nicht nothwendig wird. Ausnahmsweise soll dieses nur erlassen werden, wenn eine Partei an sich zulässige neue Thatumstände oder neue Beweismittel anbringt. Darauf aber kann der Referent sein Referat nicht einrichten, da er davon im Voraus nichts wissen kann. Denn wären in der Zwischenzeit uneingeforderte Parteischriften eingegangen und nicht, wie es hätte geschehen sollen, als ungehörig zurückgegeben worden, so könnte er doch darauf sein Referat nicht richten, vielmehr müßte der Partei überlassen bleiben, in der Audienz das ihr zweckdienlich Scheinende vorzubringen, damit der Gegner darauf antworten könnte und das Gericht auf diese neue Verhandlung das Weitere beschließen könnte. Denn der §. 35 der Verordnung vom 1. Juni 1833, wonach neue Beweise nur dann zugelassen werden dürfen, wenn der Gegner nicht widerspricht, oder wenn sich dieselben erst aus dem aufgenommenen Beweise als vorhanden ergeben haben, gestattet keinesweges ein schriftliches Zwischenverfahren, sonderen weiset auf das hin, was das Gericht auf Grund der stattgefundenen mündlichen Verhandlung in Beziehung auf dergleichen Anträge beschließen kann. Der Decernent, oder vielmehr das Gericht, ist nicht befugt, ohne neue mündliche Verhandlung das Beweisresolut zu überschreiten, ausgenommen in dem einen Falle, wenn beide Parteien in einem gemeinschaftlichen Schriftsatze oder gleichzeitig in zwei korrespondirenden Schriftsätzen darauf antragen, noch vor der mündlichen Verhandlung eine weitere bestimmte Beweisaufnahme, über deren Erheblichkeit nicht gestritten wird, zu verfügen [1]). Denn ein neuer Schriftwechsel darf nicht eröffnet werden und ohne daß der Gegner über die Zulässigkeit und Erheblichkeit der neuen Beweisaufnahme gehört worden ist, darf das Gericht die Aufnahme neuer Beweise nicht verfügen [2]), folglich kann die Fortsetzung des Beweisverfahrens ohne vorgängige neue mündliche Verhandlung nur durch eine übereinstimmende gleichzeitige Erklärung beider Parteien ausgewirkt werden. Diese Fortsetzung, gehörig durchgeführt, wird als ein Bestandtheil des ersten Beweisverfahrens angesehen und als ein solches bei der Ausarbeitung des Referats behandelt.

II. Die Methode, nach welcher das sog. zweite Referat aus dem Vortrage des ersten, dem Nachtrage des Resultats des ersten

1) V. v. 21. Juli 1846, §. 11.

2) Vergl. V. v. 1. Juni 1833, §. 35.

mündlichen Verfahrens und des Resoluts, und dem Ergebnisse der Beweisaufnahme zusammengestellt wird, genügt den Ansprüchen, welche das Kollegium an einen klaren, logisch geordneten und von unerheblichen Geschichten freigehaltenen Vortrag zu machen berechtigt ist, in keiner Beziehung, sie empfiehlt sich nicht einmal für einfache Sachen. Dem Referenten liegen jetzt zwei Verfahren zur Berichterstattung vor, das erste Verfahren und das Verfahren über Beweis und Gegenbeweis. Wenn das erste Referat noch in dem gegenwärtigen Stadium des Prozesses mit dem ersten Verfahren, wie es jetzt liegt, übereinstimmt, so ist das eine bloße und selten eintretende Zufälligkeit. Denn zu dem ersten Verfahren gehört auch das erst nach Erstattung des ersten Referats hinzutretende mündliche Verfahren mit allen seinen Neuheiten, wodurch sich auch manche Umstände, welche das erste Referat als zweifelhaft oder streitig darstellen mußte, in ausgemachte Sachen verwandeln und eine andere Darstellung erfordern. Die vorgebrachten Neuheiten wollen in logischer Ordnung am gehörigen Orte eingefügt sein und dürfen nicht hinten angehängt werden, damit die Hörer, jeder nach seiner Weise, diese Nachträge sich zurechtlege; und die Ergebnisse der Beweisaufnahme dürfen noch viel weniger durch eine Herlesung der Urkunden, Zeugenaussagen und Gutachten, wie sie auf einander folgen, den Hörern vorgeführt werden. Die Sache muß vielmehr von Neuem vollständig und im gehörigen Zusammenhange so, wie sie in der gegenwärtigen Lage des Prozesses gestaltet ist, nach den oben (§§. 33—43) angegebenen Regeln dargestellt werden.

1) Im Rubrum (§. 34) sind die Veränderungen, welche in Beziehung auf die prozeßführenden Personen inzwischen vorgefallen sind, zu berücksichtigen. Ist von mehreren Klägern oder Beklagten der eine oder der andere gänzlich, ohne Nachfolger, ausgeschieden, so werden die ausgeschiedenen Litiskonsorten zweckmäßig im Rubrum gar nicht wieder genannt; in der Prozeßgeschichte kann dessen Erwähnung geschehen.

2) In der Geschichtserzählung (§. 35) nimmt Alles, was als zweifelhaft angedeutet war und inzwischen unstreitig geworden ist, einen positiven Charakter an, und Alles, was im Aktenauszuge als Parteibehauptung vorgetragen war und in der Folge außer Streit gesetzt worden ist, wird gehörigen Orts aufgenommen. Zu dieser Aufnahme eignen sich jedoch nur solche Umstände, welche, sei es durch Geständniß, sei es durch Anerkennung des als voll geführten Beweises, von den Parteien als unstreitig angenommen worden

sind; nicht aber solche, welche der Referent, gegen die Meinung des Produkten, für vollständig bewiesen hält. Dergleichen Sätze müssen als streitige beibehalten und in dem neuen Referate in unmittelbarer Verbindung des geführten Beweises vorgetragen werden, um den Parteien Gelegenheit zu geben, über die Stärke des Beweises zu sprechen.

3) Das Neue, was der äußeren Prozeßgeschichte (§. 36) angehört, z. B. daß eine Partei gestorben sei und ein legitimirter Nachlaßkurator die Fortführung des Prozesses übernommen habe, wird gehörigen Orts erzählt.

4) In den Aktenauszug wird dasjenige, was im Audienztermine oder in späteren Schriftsätzen Neues vorgebracht worden ist, in logischer Ordnung mit aufgenommen. In verwickelten und weitläuftigen Sachen sichert man sich dabei gegen Auslassungen dadurch, daß man aus dem ersten Referate die Ziffern der Streitpunkte auf ein in senkrechte Spalten gebrochenes Stück Papier neben einander setzt, und bei der Durchlesung des Audienzprotokolls und der etwa vorkommenden weiteren Schriftsätze, so wie des Resoluts und der Beweisverhandlungen, unter jeder Ziffer das, was sich auf sie bezieht, mit Angabe des Aktenblattes ganz kurz notirt. Diejenigen Beweissätze, welche das Resolut bestimmt vorgeschrieben hat, müssen in unmittelbarer Verbindung mit den Streitpunkten, auf welche sie sich beziehen, vorgetragen werden. Wo aber kein bestimmter Beweissatz vorgeschrieben oder derselbe zu allgemein gefaßt ist, muß, bevor der Inhalt der Beweismittel vorgetragen wird, aus dem ersten Verfahren der Streitpunkt nach den gegenseitigen Behauptungen soweit präcisirt werden, daß sich das Ergebniß der Beweisführung an einen den Zuhörern klaren Beweissatz unmittelbar anschließen kann. Stecken in einem festgesetzten Beweissatze mehrere Sätze (capita thematis probandi), so muß der Beweissatz in die darin steckenden Sätze aufgelöst, diese müssen von einander getrennt, und jedem derselben muß der denselben betreffende Stoff des Beweises beigefügt werden. Unmittelbar daran knüpft sich der Gegenbeweis. Hinsichtlich des Gegenbeweises ist zu unterscheiden: ob derselbe auf die Widerlegung des Beweissatzes, oder aber auf den Beweis einer persönlichen Einrede gerichtet ist. Nur in dem ersteren Falle folgt hier unmittelbar der geführte Gegenbeweis mit Allem, was für und wider dessen Glaubwürdigkeit oder Beweiskraft vorgebracht worden ist; in dem anderen Falle gehört

der vermeintliche Gegenbeweis nicht hierher, er ist ein Hauptbeweis, welcher sich gehörigen Orts an seinen Beweissatz anschließt.

5) Der Vortrag ist nicht bei allen Gattungen der Beweismittel auf einerlei Weise zu halten; jede Gattung erfordert ihre eigene Behandlung.

a) Bei dem Zeugenbeweise kommt es vor, daß ein und derselbe Zeuge über verschiedene Beweissätze vernommen ist, es kommt auch sehr oft vor, daß mehrere über denselben Beweissatz und einzelne zugleich noch über andere Fragen vernommen worden sind. Diese beiden Fälle verlangen jeder eine besondere Beachtung; und außerdem sind im Allgemeinen bei jedem Zeugen gewisse Dinge zu beobachten.

aa) Hinsichtlich eines jeden Zeugen sind zunächst die wesentlichen Förmlichkeiten der Vernehmung zu prüfen, z. B. ob er in Abwesenheit der Nebenzeugen vernommen worden ist; ob ihm die Generalfragen vorgelegt worden sind; ob er den Zeugeneid geleistet hat oder weshalb dieses unterblieben; ob er das Protokoll unterzeichnet hat; ob das Gericht gehörig besetzt gewesen und das Protokoll von beiden Gerichtspersonen unterschrieben worden ist; ob bei Zeugen, welche der deutschen Sprache unkundig, die Vorschriften wegen Zuziehung eines Dolmetschers und Führung des Nebenprotokolles beobachtet worden sind, und ob auch das vorhandene Nebenprotokoll gehörig unterzeichnet worden ist. Die sich dabei ergebenden Mängel müssen vorgetragen werden, ehe noch des Inhalts der Aussage Erwähnung geschieht. Findet sich nichts zu erinnern, so meldet man dieß kurz; in der täglichen Praxis pflegt man dann die Förmlichkeiten mit Stillschweigen zu übergehen, doch hat dann das Kollegium keine Gewähr dafür: daß der Referent an die Prüfung der Förmlichkeiten auch wirklich gedacht habe.

Ferner muß bei einem jeden Zeugen Alles vorweg vorgetragen werden, was gegen dessen Tüchtigkeit und Glaubwürdigkeit aus den Akten hervorgeht; es muß also, wenn darüber Beweis geführt worden ist, auch dessen Ergebniß hier an dieser Stelle vorgebracht werden, vorausgesetzt, daß der angegriffene Zeuge irgend etwas zur Sache ausgesagt hat. Denn wenn der Referent berichten kann, daß der Zeuge zur Sache gar nichts bekundet habe, so hat der umständliche Vortrag der gegen dessen Tüchtigkeit und Glaubwürdigkeit vorgebrachten Einwendungen und Beweise keinen Nutzen. Doch hat auch diese Regel ihre Ausnahme. Wenn z. B. erwiesen worden wäre, daß der von dem Beweisführer produzirte

Zeuge das Ereigniß, worüber er Zeugniß geben sollte, mit angesehen oder gehört haben muß, und daß er von dem Produkten (der Gegenpartei) unterrichtet worden, wie er aussagen sollen; so würde der Referent nicht unterlassen dürfen, die ganze Geschichte und zugleich die Vernehmlassung des Zeugen zur Sache, die letztere wörtlich, vorzutragen.

Aus den Generalien wird dasjenige, auf was es bei der Sache ankommt, ausdrücklich vorgetragen. Steht der Zeuge mit einer Partei in einem Verwandtschafts- oder sonstigen besonderen Verhältnisse, so muß nicht bloß dieses, sondern auch angezeigt werden, wer denselben produzirt hat, und was etwa von den Parteien in Beziehung auf die Glaubwürdigkeit wegen dieses Verhältnisses vorgebracht worden ist. Es kann sein, daß Umstände vorwalten, welche den Zeugen gerade zum Vortheile derjenigen Partei, zu welcher er in diesem Verhältnisse steht, gegen die allgemeine Regel, besonders glaubwürdig oder unglaubwürdig machen. — Kommt es auf das Alter des Zeugen besonders an, z. B. bei Verjährungen, so wird dasselbe angegeben.

bb) Ist ein Zeuge über verschiedene Beweissätze produzirt worden, so wird der die Sache betreffende Stoff nach den Gegenständen zerstückelt und an seinem gehörigen Orte stückweise vorgetragen; diejenigen Umstände aber, welche die Formalien der Vernehmung und die Tüchtigkeit und Glaubwürdigkeit betreffen, werden an der Stelle vorgetragen, wo der Zeuge zu allererst als Beweismittel vorgeführt wird. Bei den später vorkommenden Punkten wird, wenn der Vortrag weitschichtig ist und fremdartige Dinge dazwischen liegen, kurz daran erinnert, daß dieser Zeuge eben jener sei.

cc) Sind mehrere Zeugen über denselben Beweissatz vernommen worden, deren Aussagen folglich an derselben Stelle hintereinander vorgetragen werden müssen, und sind ihnen einerlei Einreden entgegengesetzt, so werden diese zusammengefaßt und vorweg vorgetragen, ehe zu den die einzelnen Zeugen betreffenden Einreden geschritten wird.

Was den Vortrag des Inhalts des Zeugenbeweises betrifft, so hängt die Methode von den Umständen ab. Ist der Fall einfach und erschöpfen die Aussagen den Beweissatz bejahend oder verneinend, so ist es genug, wenn nach Anführung des Beweissatzes gesagt wird, daß der Zeuge oder die Zeugen denselben bestimmt bejahet, oder verneint, oder darüber nichts zu wissen erklärt hätten.

Wenn aber die Aussage lückenhaft oder unklar ist, oder wenn mehrere Aussagen sich gegenseitig ergänzen oder scheinbar widersprechen, oder wenn es sich überhaupt um eine gewisse Auffassung der Aussage handelt; so muß der Inhalt wörtlich aufgenommen werden. Sind eine größere Anzahl von Zeugen über denselben Gegenstand vernommen worden, welche theils für, theils wider den Produzenten aussagen, so darf der Referent die Aussagen nicht, wie sie zufällig hintereinander in den Akten vorkommen, ohne eine gewisse Ordnung herlesen; ein solches Durcheinander würde die Hörer verwirren und zu keinem logischen Schlusse kommen lassen; er muß sich zu einem geordneten Vortrage des Beweisstoffes dadurch vorbereiten, daß er einen Bogen Papier in der Mitte bricht und von den dadurch entstandenen zwei Spalten die eine mit der Ueberschrift: „für den Produzenten", die andere mit: „gegen den Produzenten" versieht, und demnächst nach den verschiedenen Beweissätzen oder Stücken eines Beweissatzes, unter eben so vielen Abschnitten, die Zeugenaussagen in den beiden Spalten, ihrem entsprechenden Inhalte gemäß, mit Bezeichnung der Zeugen und der Aktenfolien extrahirt. Hiernach ist es ein Leichtes, die verschiedenen Aussagen in logischer Ordnung nebeneinander und beziehungsweise einander gegenüber zu stellen und dadurch dem Kollegium die Uebersicht zu erleichtern.

b) Bei dem Beweise durch Kunstverständige ist im Allgemeinen nach Analogie des Zeugenbeweises zu verfahren, namentlich was die Förmlichkeiten der Herstellung der Gutachten, die Tüchtigkeit und Glaubwürdigkeit der Gutachter betrifft. Hinsichtlich des Inhalts des Beweises ist das Verfahren jedoch viel weniger sicher als bei dem Zeugenbeweise. Aus dem ersten Verfahren der Parteien läßt sich nicht immer, wegen der mangelnden Sachkenntniß, der Beweissatz in Betreff eines jeden Punktes präcisiren, keiner weiß genau: auf was der Beweis gerichtet und wie die Frage gestellt werden muß. Bei einem Entschädigungsprozesse aus einer Bauentreprise wegen Fehlerhaftigkeit des Baues, wissen oft der Kläger und der Richter nicht, auf was sie den Angriff richten sollen, d. h. wo der Grund liegt, aus welchem der Beklagte verbindlich geworden sein soll, ob z. B. gegen die Regeln der Kunst, oder gegen den Akkord, und wie? gefehlt worden. Deshalb läßt sich der Beweissatz nicht immer präcisiren, im Gegentheile, die Klugheit räth, die Streitfrage so allgemein wie möglich zu fassen, um durch die Gutachten erst auf das eigentliche Punktum geführt zu werden. Ein vorsichtiger Kläger freilich wird sich schon vor Anstellung der Klage durch Sachverständige auf das führen lassen, auf was es bei der Durchführung des Entschädigungsprozesses wesentlich ankommt; aber wenige haben die Mittel, sich diese Information zu verschaffen; sie klagen mit der allgemeinen Behauptung, daß es der Beklagte versehen habe, und berufen sich darüber auf das Gutachten von Kunstverständigen; und der Gegner schlägt Gegensachverständige vor. In diesem Falle muß der Referent aus den Wechselschriften der Parteien und aus den verschiedenen Gutachten der Sachverständigen die Punkte, um welche sich der Streit drehet, herausfinden, feststellen und daran die verschiedenen Aussprüche der Gutachter mit ihren Gründen reihen.

c) Der Beweis der Taxatoren (Schätzer) fordert in Beziehung auf die Formalien des Verfahrens, die Tüchtigkeit und Glaubwürdigkeit der Schätzer das gleiche Verfahren bei dem Vortrage; in Betreff des Inhalts des Beweises hingegen tritt darin eine Verschiedenheit ein, daß es auf Gründe nicht ankommt, weil die Schätzung einer Sache nach ihrem Werthe zu einer gewissen bestimmten Zeit nicht auf feststehenden Regeln einer Kunst, sondern auf Erfahrung, Kenntniß der Preise, Kunstkenntniß, Befähigung zur Würdigung des individuellen Gebrauchswerthes der Sache in Vergleichung des marktgängigen Werthes mit Sachen von gleicher Art, auf einem Kunstgefühle u. s. w. beruhet. Deshalb genügt die einfache Angabe des Ausspruchs des Taxators oder der mehreren Taxatoren, deren Werthangaben, wenn sie darin nicht übereinstimmen, zusammengerechnet und im Durchschnitte ihrer Zahl als Beweis genommen werden [3]).

d) Der Urkundenbeweis hat im preußischen Prozesse keine Förmlichkeiten; der Vortrag ist nur auf die Gültigkeit des Beweismittels und auf den Stoff des Beweises zu richten, wobei der Referent seine eigenen Wahrnehmungen benutzen muß.

aa) In Betreff des ersten Punktes muß, wenn auch kein Mangel sichtbar und nichts gegen die Urkunde in ihrer angegebenen Qualität vorgebracht ist, sie doch nach ihrer Beschaffenheit und Einrichtung bezeichnet werden. Dann ist vorzutragen, was in Ansehung der Echtheit der produzirten Urkunde vorgebracht, festgestellt oder bewiesen worden ist, namentlich also das Diffessionsverfahren und die Vergleichung der Handschriften mit dem Gutachten der Schreibverständigen. Ist die Urkunde mit sichtbaren Mängeln behaftet,

3) A. G.O. Th. II, Tit. 6, §. 6.

so muß der Referent dieselbe den übrigen Beisitzern zur Beurtheilung vorlegen. Sind mehrere Urkunden produzirt, gegen welche verschiedene Einreden vorgebracht und verschiedene Mängel gerügt worden sind, so bereitet der Referent sein Referat dadurch vor, daß er für jede angefochtene Urkunde ein besonderes Blatt Papier bestimmt und darauf Alles, was die darauf bezeichnete Urkunde betrifft, aus den Akten zu seinem Gebrauche bei der Niederschreibung des Referats notirt. Daß von jeder dieser verschiedenen Urkunden in dem Referate nur an der Stelle im Zusammenhange gesprochen wird, wo ihrer zum Beweise eines Satzes zu allererst zu gedenken ist, braucht wohl nicht erwähnt zu werden, sowie, daß der Referent über die Beweiskraft einer angefochtenen Urkunde in keiner Weise seine Meinung durchblicken lassen darf; hier ist nur Thatsächliches vorzutragen.

bb) Aus dem Inhalte der Urkunde wird nur dasjenige vorgetragen, was sich auf den Beweissatz, beziehungsweise auf die verschiedenen Stücke des Beweissatzes bezieht. Ueberhaupt wird hinsichtlich des Auszuges des Inhaltes auf ganz gleiche Weise verfahren, wie mit dem Vortrage der Zeugenaussagen (a); denn die Worte der Urkunde und die Worte der Zeugenvernehmungsprotokolle stehen in Beziehung auf den Vortrag auf gleicher Linie.

e) Ist der Beweis durch Eideszuschiebung geführt worden, so hat der Referent den Beweissatz vorzutragen und anzuzeigen: ob der Eid geschworen, oder ob er verweigert worden ist, oder ob er noch und in welcher Norm geschworen werden soll. Die wörtliche Angabe der Norm ist nothwendig, um die Parteien in die Lage zu bringen, über die Norm zu verfahren. Ist der Eid bereits abgeleistet, so ist auf die Beobachtung der Förmlichkeiten zu sehen und was dabei Vorschriftswidriges vorgefallen anzuzeigen, und muß gesagt werden, was geschworen worden ist, und zwar in Vergleichung mit dem, was geschworen werden sollte, wobei die etwa vorgekommene Abweichung besonders hervorzuheben ist, um die Parteien über die Erheblichkeit oder Unerheblichkeit des Mehr oder Weniger zu hören.

f) Der Beweis durch Augenschein ist nicht in allen Fällen auf gleiche Weise zu behandeln. In vielen Fällen wird der Erfolg der Besichtigung und Wahrnehmung darin bestehen, daß die Parteien den Streit über den Beweissatz fallen lassen, wodurch die Thatsache, welche festgestellt werden sollte, unstreitig wird und in den Bereich der Geschichtserzählung tritt. In einem solchen Falle braucht der Einnehmung des Augenscheins in dem Referate keine Erwähnung zu geschehen. Wird dagegen durch die Aufnehmung des Beweises durch Augenschein die Streitfrage nicht erledigt, wie wohl immer der Fall sein wird, wenn durch den Augenschein ein nur indirekter Beweis geführt werden soll; so muß der Referent von der Beweisaufnahme die wesentlichen Förmlichkeiten derselben und was für Versehen etwa vorgefallen, vortragen, demnächst den Beweissatz festsetzen und darauf den Inhalt des über den Befund aufgenommenen Protokolls und was die Parteien dabei Erhebliches vorgebracht haben, vortragen.

6) Das Votum, welches der Referent fertig mitbringen soll, leidet auch hier an dem Mangel, daß es nur eine hypothetische Arbeit ist, denn es beruhet auf der Voraussetzung, daß von den Parteien in dem mündlichen Schlußverfahren nichts Erhebliches vorgebracht werden wird. Es ist niederdrückend für die Parteien, bei ihren Vorträgen zu wissen, daß ein vor dem Schlusse des Verfahrens verfaßtes Vorurtheil über ihre Sache in der Tasche mitgebracht wird. Dieß ist so etwas Abnormes, daß sich nicht begreifen läßt, wie man ein solches Verfahren hat einführen mögen, wodurch das mündliche Schlußverfahren, das eigentliche Hauptverfahren, thatsächlich für ein Ueberflüssiges erklärt wird. Es gehört Ueberwindung der Parteien und deren rechtsverständigen Vertreter dazu, im Bewußtsein eines solchen Verfahrens noch ein Wort zu sprechen.

Das Votum geht dießmal von der Meinung aus, welche bei dem Erlasse des Beweisresoluts geleitet hat, und wendet sich unmittelbar zur Begutachtung des geführten Beweises, wenn nicht in dem mündlichen Verfahren etwas Neues vorgebracht worden ist, welches selbstverständlich vorweg in Betracht genommen werden muß und möglicherweise einen Meinungsumschwung zur Folge haben kann, und entweder ein neues Resolut, oder ein Urtheil veranlassen kann, wodurch die Beurtheilung des geführten Beweises überflüssig wird. Tritt dieser Fall nicht ein, so verfährt der Referent nach folgenden Regeln:

a) Bei dem Zeugenbeweise kommen zuerst die Förmlichkeiten in Betracht und der Referent spricht sein Gutachten mit Gründen darüber aus: ob der Fehler erheblich oder unerheblich, und im ersten Falle: wie er zu verbessern sei. Ist in dieser Beziehung nichts zu veranlassen, so wird bei jedem Zeugen begutachtet und festgestellt: ob derselbe völlig glaubwürdig, oder verdächtig, oder ganz verwerflich sei. Dabei ist sehr viel dem Ermessen des Richters überlassen[4]). Nachdem hierüber das Kollegium Beschluß gefaßt hat, werden zu jedem Beweissatze, beziehungsweise zu jedem Theile eines Beweissatzes die Gutachten erstattet: ob und wie weit derselbe für bewiesen zu erachten sei. und zuletzt folgt das Kollektivvotum: ob der Beweis völlig, zur Hälfte, mehr oder weniger als halb gelungen, oder völlig mißlungen sei. Die beiden Endpunkte lassen sich in den meisten Fällen leicht finden; die Festsetzung der Mittelstufen ist schwieriger und meistens Gefühlssache oder, wenn man will, Sache der inneren Ueberzeugung. Folgende Geistesoperation kann einigen Anhalt geben: Man findet durch Abstraktion, was die Zeugen hätten aussagen müssen, wenn der Beweis für vollständig hätte gehalten werden sollen, und was sie im Gegentheile nicht hätten aussagen müssen, wenn gar nichts bewiesen sein sollte. Dadurch werden die beiden äußersten Grenzen festgestellt. Was in der Mitte liegt, ist ein unvollständiger Beweis, dessen Stufe festzustellen ist. Gesetzt, es gehöre zum vollen Beweise die vollständige Nachweisung der Umstände A, B, C und D, und es wäre nur B (die Ausübung der Hütungsgerechtigkeit, etwa mit der Ueberlieferung der schon früher, zu Anfang der Verjährungszeit stattgefundenen Ausübung) und C (die ungestörte Ausübung bis zu einem gewissen dem Ende nahe liegenden Zeitpunkte) völlig erwiesen, A (der Anfang oder die Besitzergreifung) und D (der Endpunkt) aber nicht; so würde zu erwägen sein, ob die Wahrscheinlichkeit nach den Umständen und der Aussage de auditu mehr für als wider den behaupteten Anfang und das Ende spräche. Dabei würde denn das Vertrauen, welches die eine oder die andere Partei bei dem Richter gewonnen hätte, ins Gewicht fallen. Möchte die Aussage de auditu über den Anfangspunkt sich nur auf einen verhältnißmäßig kurzen Zeitraum erstrecken und an dem Endtermine wenig fehlen, auch über die Unterbrechung der Ausübung kurz vor dem Ablaufe der Verjährung gar nichts von der Gegenpartei vorgebracht sein; so würde wohl mit ziemlicher Sicherheit angenommen werden können, daß der Beweis mehr als zur Hälfte erbracht worden. Und so umgekehrt, wenn etwa der Anfang der Verjährung bewiesen, über die Fortsetzung aber gar kein Beweis beigebracht und über das

---

4) A. G.O. I, 10, §. 232, §. 234 a. E., §. 235. — Vergl. R.A. v. 1570, §. 97; Konk. z. R.K.G.O. Th. III, Tit. 23, §. 1; J.R.A. v. 1654, §. 56. — L. 3, §. 2 D. de testibus (XXII, 5). — Leyser, Med. ad Pand., sp. 283, 285.

Ende nur ein Besitzstreit ermittelt worden wäre. Befindet das Gericht, daß der geführte Beweis doch wenigstens ein Anfang des Beweises ist, so wird sich eine unbedingte Abweisung des Produzenten wegen Mangels des Beweises nicht rechtfertigen lassen, es wird dann auf einen nothwendigen Eid zu erkennen sein. Dann kommt in Frage: ob ein Ergänzungseid (suppletorium) oder ein Reinigungseid (purgatorium) aufzuerlegen sei. Hierbei wird die vulgäre Regel gegeben: der Ergänzungseid finde statt, wenn der Beweis wenigstens bis zur Hälfte erbracht, der Reinigungseid aber, wenn weniger als die Hälfte bewiesen worden sei. Diese Regel ist praktisch unbrauchbar, weil man keinen absoluten Beweismesser hat; es kommt hier Alles auf das verständige Ermessen des Richters an, wobei zuletzt der Umstand den Ausschlag giebt, ob die eine Partei de veritate, die andere aber nur de ignorantia schwören kann, indem der erste Eid den Vorzug hat, wenn nicht die Partei, welche de veritate schwören könnte, eidesunfähig ist[5]); der Ignoranzeid ist werthlos, er sollte als eine bloße Formalität aus der Reihe der Beweismittel ganz gestrichen werden. Die Eidesformel kann in dem Falle, wenn an dem vollständigen Beweise nur ein einzelner Umstand fehlt, entweder der Beweissatz selbst, oder nur der mangelnde einzelne Umstand, beziehungsweise bejahend oder verneinend sein. Es ist aber zweckmäßiger, den Beweissatz selbst in den Eid zu nehmen, da nicht selten mehrere einzelne Umstände unvollkommen bewiesen sind, und durch die Beschwörung des Beweissatzes selbst das ganze Thema erschöpft wird.

b) Bei dem Beweise durch Sachverständige kommt außer dem Gutachten über die Förmlichkeiten des Verfahrens und über die Glaubwürdigkeit der Person auch das Gutachten über die angefochtene Befähigung des Sachverständigen vor. Der urkundliche Nachweis einer formellen Qualifikation durch obrigkeitliche Approbation und Konzession erledigt den Parteienstreit nicht immer, es giebt approbirte Kunstverständige genug, welche die gröbste Unwissenheit in ihrer Kunst oder Profession an den Tag legen. Der Stoff zur Beurtheilung der Befähigung fällt hier zusammen mit dem Stoffe des Beweises selbst: die Beurtheilung muß sich auf den Inhalt des Gutachtens und auf die Triftigkeit der angeführten Gründe richten, wobei die Ausstellungen der Parteien den Richter leiten können. Sind mehrere sich widersprechende Gutachten

5) A. G.O. I, 13, §. 24. — Vergl. c. 36, §. 1 i. f. X. de jurejurando (II, 24).

vorhanden und der Referent hat nicht die erforderliche Kunstkenntniß und Erfahrung, um die angeführten Gründe zu beurtheilen, so wird es angemessen sein, darauf anzutragen: entweder die Sachverständigen zusammen zu bringen, um sich über die Gründe, womit sie ihre Meinung unterstützt haben, wechselseitig hinsichtlich dessen, was sie an der Richtigkeit oder Erheblichkeit dieser Gründe auszusetzen haben, bestimmt auszulassen; oder einen dritten Sachverständigen von Amts wegen zu ernennen, welcher zwischen den streitenden Meinungen entscheide [6]).

c) Bei Schätzungen besteht das Gutachten in der Angabe der Durchschnittssumme von den zusammengezählten verschiedenen Werthsangaben, welche durch die Zahl der Schätzer getheilt werden. Hinsichtlich der Förmlichkeiten des Verfahrens und der Tüchtigkeit, sowie der Glaubwürdigkeit ist das Gutachten nach Analogie des Verfahrens mit Zeugen vorweg zu erstatten. Muß darnach der eine oder der andere Taxator unbeachtet bleiben, so ist zu begutachten: ob die Abschätzung mit Heranziehung eines anderen Taxators an Stelle des ausfallenden zu wiederholen, oder ob der Werth nach den Angaben der übrigen unverwerflichen Taxatoren festzusetzen sei, was keine Richtigkeit sein würde.

d) In Betreff des Urkundenbeweises kommt ein Gutachten über die Förmlichkeiten nur dann vor, wenn ein Verfahren mit Schreibverständigen zur Vergleichung der Handschriften, oder ein Zeugenverhör zur Feststellung der Echtheit des Dokumentes oder dessen Unterschrift stattgefunden hat. In einem solchen Falle ist das Gutachten über den Urkundenbeweis zusammengesetzt. Der erste Theil muß mit dem Votum schließen: entweder, daß das Dokument für echt zu halten; oder daß die angefochtene Echtheit nicht nachgewiesen sei. In dem zweiten Falle kommt es auf den Inhalt des Beweisstückes nicht an. In dem ersten Falle aber kann, bevor zur Beurtheilung des Beweisstoffes selbst geschritten wird, ein zweites Gutachten über ein Verfahren wegen Feststellung von Fälschungen, Rasuren, Einschaltungen, Durchstreichungen, Zerreißung u. dgl. nöthig sein. Erst wenn dieses dahin ausfällt, daß das Dokument als Beweisstück nicht ganz verwerflich sei, ist der Inhalt zu beurtheilen, und das Votum muß schließlich dahin gehen: entweder, daß der Beweissatz durch die Urkunde erschöpft sei, oder daß dadurch gar

6) A. G.O. I, 14, §. 60. Vergl. m. Anm. 62 dazu.

nichts bewiesen werde, oder daß nur ein unvollständiger Beweis, und in welchem Grade, daraus entnommen werden könne.

Das Gesagte bezieht sich auf den Fall, wenn durch die Urkunde ein direkter Beweis geführt werden soll. Es werden aber auch oft Urkunden produzirt, mit welchen der Beweisführer einen Thatumstand in Verbindung bringt, wodurch er Inzichten oder faktische Vermuthungen, auf deren Grund er über den Beweissatz zum Eide verstattet zu werden verlangt, begründen will, wie z. B. daß der Produkt ein Schriftstück, welches seine Adresse hat, an einem gewissen Orte liegen gelassen oder verloren habe, um seine Anwesenheit daselbst nachzuweisen, oder daß dem Beweisführer ein anonymer Zettel, der eine gewisse Bestellung, etwa in einer Schwängerungssache, enthält, von dem Produkten oder auf dessen Veranlassung durch einen Dritten zugestellt worden sei, u. dergl. Dann ist das Gutachten darauf zu richten: in wiefern der fragliche Thatumstand bewiesen und erheblich sei, und ob und wem auf Grund der daraus entstehenden Wahrscheinlichkeit ein nothwendiger Eid über den eigentlichen Beweissatz anzuvertrauen.

e) Bei der Beweisführung durch Eidesdelation ergiebt sich das Votum nach Lage der Sache von selbst. Ist der Eid bereits geleistet, so ist der dabei etwa vorgefallene Fehler zu beurtheilen, um zu befinden, ob die Eidesleistung zu wiederholen sei. Entspricht der Schwur nicht der vorgeschriebenen Norm, so ist die Folge daraus zu bestimmen.

f) Bei dem Beweise durch den Augenschein, wenn derselbe noch zu beurtheilen ist, müssen zunächst die Förmlichkeiten begutachtet werden und das Votum muß entweder auf Verwerfung der Rügen wegen Unerheblichkeit, oder auf Wiederholung des Augenscheins ausfallen. Im ersten Falle folgt das Gutachten über den Beweis mit Gründen, unter Zugrundelegung des vorhandenen Planes oder Risses, der vielleicht auch dem Erkenntnisse beizufügen ist. Ueber diesen Punkt wird öfter zu leicht hinweggegangen. Die Folge davon ist, daß nach kurzer Zeit das Urtheil umsonst gesprochen ist, weil die darin bezeichneten Lokalitäten unkenntlich sind.

Zuletzt folgt das Kollektivvotum: wie in Folge der von dem Kollegium bei Abfassung des Beweisresolutes angenommenen Meinung, nach Maßgabe des erbrachten Beweises, zu erkennen und der Kostenpunkt zu bestimmen sei.

Beispiel.

Distr. Nr. 97. **Referat**
aus dem Beweisverfahren
in Sachen
des Gutsbesitzers **Rittersporn** zu Fliederthal, Klägers,
wider
die ehemaligen Gewerken der Kohlenzeche Friederike=Agnes daselbst, den Dr. medicinae **Klop** zu R., den Kommissionär **Böse** zu B., den Zimmermeister **Klotzig** zu N. und den Kommerzienrath **Raffer** zu K., Beklagte.

Der Kläger ist Eigenthümer des Rittergutes Fliederthal. Auf seiner Feldmark befindet sich eine Braunkohlenzeche, Friederike=Agnes genannt. Für dieselbe wurden auf Anordnung der Bergbehörde, durch den damaligen Schichtmeister der Grube, Sch. zu R., zum Zwecke des Bergbaues, im Jahre 1844 und 1847, expropriationsweise nachbenannte Flächen von den Grundstücken des Klägers in Besitz genommen:

95	□R.	Huthung zur offenen Rösche,
$105\frac{8}{10}$	=	Ackerland zum Fundschacht nebst Haldensturz,
1 M. $34\frac{1}{2}$	=	Ackerland zur südlichen Aufdeckarbeit,
— = $51\frac{7}{10}$	=	Ackerland zur Erweiterung derselben,
1 = 124	=	Ackerland zur nördlichen Aufdeckarbeit,

wofür der Kläger noch nicht vollständig entschädigt worden ist. Die Grube ist seit 1850 ins Freie gefallen, aber die Ackerparzellen sind durch Tagewerke, d. h. Abtragung der auf dem Kohlenlager liegenden Erdschichten, ausgebeutet und die nun mit Wasser angefüllten Erdvertiefungen sind großentheils unausgefüllt als Unland liegen gelassen.

Damals waren die vier Beklagten Mitgewerken der Grube. Die übrigen Gewerken sind von dem Kläger, wegen Befriedigung desselben während des Prozesses, ex nexu gelassen worden; die vier verweigern ihm für ihren Theil die Entschädigung, welche er für die Jahre 1850, 1851, 1852 eingeklagt hat, ursprünglich mit dem Antrage:

> die Beklagten pro rata, subsidiarisch in solidum zu verurtheilen, ihm die liquidirte Grundentschädigung für die vergangenen drei Jahre 1850, 1851, 1852, nebst Verzugszinsen vom Tage der Fälligkeit jeder Jahresrate, beziehungsweise vom 1. Januar 1851, vom 1. Januar 1852 und vom 1. Januar 1853 zu bezahlen.

Die Beklagten verlangten die Abweisung des Klägers, ihre Verbindlichkeit zu irgend einer Entschädigung für jenen dem Kläger zum Grubenbaue entzogenen Grund und Boden bestreitend, und nun erweiterte der Kläger seinen Antrag dahin:

> daß die Beklagten auch verurtheilt würden, ihm die jährliche Abnutzung von dem ihm entzogenen Grundeigenthume in jedem Jahre so lange für ihre Theile zu vergüten, bis der Boden wieder in solchen Stand gesetzt ist, daß er gehörig genutzt werden kann.

Diesen weiteren Antrag erklären die Bekl. aus prozessualischen Gründen für unzulässig.

Dem Grunde des Anspruchs setzen dieselben drei Präjudizialeinreden entgegen, wegen welcher sie die Erörterung der Liquidation des Klägers für unerheblich halten.

Der erste Einwand ist der der mangelnden Passivlegitimation, weil nach ihrer Rechtsansicht nicht die Gewerken einer Grube, sondern der Staat, vermöge der Regalität des Bergbaues, Eigenthümer eines jeden Bergwerks sei und mithin für die zum Zwecke des Bergbaues expropriirten Privatgrundstücke aufzukommen habe, weil die Grube Friederike-Agnes seit 1850 aufgelassen und beziehungsweise ins Freie gefallen und die Gewerken für Grubenschulden gar keine persönliche Verbindlichkeit auf sich hätten, folglich durch den Verlust ihrer dinglichen Rechte an dem Bergwerke von jeder Verbindlichkeit frei würden.

Der zweite nur eventuelle Einwand ist der des Vergleichs und der Befriedigung des Grundeigenthümers für immer. Der Vorbesitzer des Klägers, damals als Verschwender unter Vormundschaft, soll nach der Behauptung der Bekl. am 1. April 1844 mit ihrem Autor einen Vergleich über die Abfindung des Grundeigenthümers für den zum Bergbaue erforderlichen Grund und Boden abgeschlossen und die Vergleichssumme für sechs Morgen, also für mehr als in Besitz genommen worden, bezahlt haben, und dieser Vertrag soll, obgleich er ohne Zuziehung des Vormundes geschlossen worden sei, doch gültig sein, weil er nur Revenüen zum Gegenstande habe; dem Kläger soll aber der Vertrag um deswillen entgegen stehen, weil dadurch dem Gute eine dingliche Last aufgelegt worden sei und der Kläger davon Kenntniß gehabt habe. — Ueber die, diesem Einwande zum Grunde liegenden sämmtlich bestrittenen Thatumstände ist kein Beweis erbracht worden.

Der dritte Einwand, gleichfalls ein eventueller, ist der der mangelnden Aktivlegitimation. Er ist erst aus den Prozeßverhandlungen entstanden und hergenommen aus dem Motive, welches der Kläger zur Zurücknahme der Klage gegen die ursprünglich mitbeklagten übrigen Gewerken angegeben hat. Er nahm die Klage gegen diese zurück, „weil sie ihn für ihren Theil, sowohl hinsichtlich der Vergangenheit als für die Zukunft befriedigt" hätten. Die Bekl. haben darauf behauptet, die ausgeschiedenen ursprünglichen Mitbeklagten hätten den Kläger nicht bloß für ihre Antheile, sondern wegen seiner ganzen Forderung für den abgetretenen Grund und Boden befriedigt, folglich sei sein Klagerecht erloschen und auf die Abfindenden übergegangen. Sie haben dem Kläger darüber: daß unter der Verabredung seiner vollständigen Befriedigung die Abfindung an ihn gezahlt worden sei, den Eid deferirt. Diesen Eid hat der Kläger angenommen, aber für unerheblich erklärt, weil die Einrede eine exceptio de jure tertii sei. Der Eid ist eventuell dahin normirt worden:

> daß die aus dem Prozesse geschiedenen sechs Mitbeklagten dem Kläger die Abfindung nicht unter der Verabredung, daß der Kläger dadurch auch für die Antheile der Bekl. Klop, Böse, Klotzig und Raffer befriedigt sein solle, gezahlt haben.

Das Gericht hat den Eid zum Erkenntnisse gestellt und die Erörterung der Liquidation des Klägers verordnet.

In Beziehung auf die zu erstattende Vergütigung der Abnutzung für den dem Kläger entzogenen Grund und Boden steht bereits rechtskräftig fest, daß die Vergütung für das Ackerland nach den in jedem Jahre in der Kreisstadt N. stattfindenden Marktpreisen, mit Rücksicht auf den Ertrag und die angebauten Früchte auf dem Schlage oder Gewende, wo sich die expropriirten Flächen befinden, zu geschehen. Der Kläger liquidirt nun:

I. Für das Jahr 1850:

	Thlr.	Sgr.	Pf.
1) Für 95 □R. Hüthung zur offenen Rösche	1	17	6
2) Für erschwerte Ackerbestellung in Folge der durch das Absperren der expropriirten Flecke einspringenden Winkel und Ecken, auf 4 M. 90 □R., jährlich 1 Thlr. pro Morgen, jedoch nach Abrechnung von 2 M. 12 □R., welche den 1. Juli zurückgegeben worden sind	3	23	1
Uebertrag	5	10	7

	Thlr.	Sgr.	Pf.
Uebertrag	5	10	7

Diese beiden Posten gründen sich auf eine Feststellung der Bergbehörde in Folge der darüber am 12. Nov. 1844 und 8. April 1847 an Ort und Stelle vernommenen Sachverständigen, gegen welche Festsetzung die Parteien bis auf den jetzigen Prozeß nichts erinnert haben und nach welcher die Vergütung auch bis Ende 1849 gezahlt worden ist; die zweite Post gründet sich auf eine spezielle Grundentschädigungs-Nachweisung des Schichtmeisters der Bekl., vom 28. April 1851. Jetzt wenden die Bekl. ein, daß sie sich diese Festsetzung nicht brauchten gefallen zu lassen, weil man sie nicht persönlich zugezogen habe. Ihr zugezogener Schichtmeister sei zu ihrer Vertretung nicht legitimirt gewesen.

Eine Forderung für erschwerte Ackerbestellung habe an sich nicht Grund, weil weiter nichts als die Abnutzung der entzogenen Ackerflächen gefordert werden dürfe. Ueber ein quantum minus hat man sich nicht erklärt.

Der Kläger hat auf den §. 116, II, 16 des A. L.R. verwiesen, wonach die Bergbehörde die zunächst kompetente Behörde zur Feststellung der Grundentschädigung sei, und der Partei, welche mit deren Feststellung nicht zufrieden sei, nur freistehe, auf gerichtliches Gehör und Erkenntniß zu provoziren, was nicht geschehen sei. Eventuell hat er sich gefallen lassen, die Sachverständigen A. und Sch., welche damals zugezogen worden, nochmals zu vernehmen.

Das Kollegium hat eine Wiederholung solcher Vernehmung nicht veranlaßt.

Wegen des bestrittenen Grundes der Forderung für erschwerte Ackerbestellung hat der Kläger auf den §. 112 a. a. O. verwiesen, wonach ihm vollständige Genugthuung geleistet werden müsse, wozu auch die Vergütung für die ihm durch die Expropriation verursachte Erschwerung der Bestellung der ihm verbliebenen anstoßenden Grundstücke gehöre.

Uebertrag	5	10	7

Thlr. Sgr. Pf.

Uebertrag 5 10 7

3) Für folgende Ackerflächen laut derselben Nachweisung:

		$105\frac{8}{10}$	□R.	Fundschacht und Haldensturz,
1	M.	$34\frac{1}{2}$	=	zur südlichen Aufdeckarbeit,
—	=	$51\frac{7}{10}$	=	zur Erweiterung derselben,
1	=	124	=	zur nördlichen Aufdeckarbeit,
3	M.	136	□R.	

Hierfür fordert der Kläger die Vergütung für das ganze Jahr, obgleich am 1. Juli 1850 2 M. 12 □R. eingeebnet zurückgestellt worden sind. Denn er behauptet, daß auf einem erst am 1. Juli in einem rohen Zustande zurückgegebenen Boden, wegen der Unfruchtbarkeit des aufgeschütteten todten Bodens und wegen der Kürze der Zeit, in demselben Jahre nicht das Allergeringste mehr erzielt werden könne und daß also durch eine so verspätete Zurückgabe die Abnutzung für das ganze Jahr verhindert worden sei.

Die Bekl. halten dieß für unerheblich, weil mit dem Augenblicke, wo das Ackerstück wieder eingeebnet zurückgestellt werde, die Entschädigungspflicht unbedingt aufhöre. Eventuell hätten noch Gemenge und rasch wachsende Futterkräuter angebaut werden können. Ein Beweis ist hierüber von ihnen nicht angetreten, auch haben sie nicht angegeben, wieviel der Ertrag von Gemenge oder Futterkräutern mehr oder weniger oder ebensoviel als der Ertrag von Weizen, der in diesem Jahre auf dem Gewende erbaut worden ist, werth gewesen sein würde.

Es hat jedoch die Vernehmung der von dem Kläger über seine Behauptung vorgeschlagenen Sachverständigen A. und Sch. zugleich auch über die Gegenbehauptung der Bekl. stattgefunden. Diese sind als landwirthschaftliche Sachverständige bei dem Kreisgerichte zu N. angestellt, ein für allemal als solche vereidigt, mit dem Terrain und der örtlichen Bodenbe-

Uebertrag 5 10 7

	Thlr.	Sgr.	Pf.
Uebertrag	5	10	7

schaffenheit genau bekannt, verneinen die Generalfragen und sagen einstimmig auf ihren Eid:

Es sei unmöglich, auf einem erst am 1. Juli in einem rohen frisch aufgeschütteten Zustande übergebenen Boden, von dem man die obere Erdkrume weggenommen, und dann die Erdvertiefung mit todtem Thonboden ausgefüllt hatte, in demselben Jahre noch irgend eine Frucht zu gewinnen, auch nicht Gemenge und rasch wachsende Futterkräuter; der eingestreute Samen und die Bestellungskosten würden weggeworfen gewesen sein. In ihren Gründen kommen sie darin überein, daß die Unfruchtbarkeit des rohen Bodens ohne vorherige Vorbereitung durch Düngung und mehrmalige Bearbeitung das Keimen des eingestreuten Samens verhindere und die Vorbereitung des Bodens eine so lange Zeit in Anspruch genommen hätte, daß darüber der Rest des Sommers vergangen sein würde.

Auf dem Gewende, wo sich die fraglichen Flächen befinden, ist im Jahre 1850 Weizen erbaut worden; und der Kläger behauptet, daß er vom Morgen 12 Scheffel gewonnen habe, worüber er sich zur Vorlegung seiner Wirthschaftsregister und zum Zeugenbeweise erboten hat, und daß auf den gedachten Flekken, wenn er dieselben mit hätte bestellen können, nach der Bodenbeschaffenheit und Lage ebensoviel würde zu gewinnen gewesen sein.

Die Bekl. haben sich auf die Einzelnheiten nicht ausgelassen, sie haben die Liquidation nur im Allgemeinen bestritten, weshalb die von dem Kläger vorgeschlagenen Sachverständigen A. und Sch. auch hierüber vernommen worden sind. Diese sind darüber einverstanden, daß auf den bezeichneten Flächen im Jahre 1850 sehr wohl 12 Scheffel Weizen per Morgen

hätten gewonnen werden können, weil das

Uebertrag	5	10	7

	Thlr.	Sgr.	Pf.
Uebertrag	5	10	7

Gewende zu den fruchtbarsten des ganzen Gutes gehöre und der Kulturzustand desselben vorzüglich sei und der angegebene Ertrag der Erfahrung entspreche.

Der Kläger will von dem Bruttoertrage nur die Einsaat mit 16 Metzen per Morgen abrechnen, für Bestellung und Düngung aber nichts in Abzug bringen, weil wegen der Nichtbestellung einer verhältnißmäßig so geringen Fläche von 3 M. 136 □R. in Vergleich zum ganzen Areale von mehr als 600 M. an Zug= und Arbeitskräften nichts erspart werden könne und die Düngung durch den außer Ansatz gelassenen Strohgewinn, die Spreu und Ueberkehr, sowie die entgangene Nachhütung mehr als reichlich aufgewogen werde. Diese Rechnungssätze sind von den Bekl. ohne nähere Angaben bestritten. Die darüber gleichfalls vernommenen Sachverständigen bekunden einstimmig:

a) Mehr als 16 Metzen Einsaat per Morgen seien auf dem in Rede stehenden Boden nicht erforderlich und nicht einmal zuträglich, weil auf diesem Boden fast jedes Samenkorn aufgehe und eine stärkere Einsaat einen zu dichten Stand der Frucht zur Folge haben würde, welcher dem Körnerertrage nachtheilig sei.

b) An der Zug= und Arbeitskraft des Gutes von 600—650 Morgen könne wegen Nichtbebauung einer Fläche von nur 3 Morgen 136 □R. gar nichts erspart werden. Dieß weisen sie durch eine Berechnung nach.

c) Die außer Ansatz gelassenen, dem Kläger gleichfalls entgangenen Naturerzeugnisse an Stroh, Ueberkehr, Spreu und Nachhütung hätten einen höheren Werth als die erforderlich gewesene Düngung, folglich könne auf Düngung nichts abgezogen werden, wenn nicht auch der Werth der gedachten Erzeugnisse in Rech=

Uebertrag	5	10	7

	Thlr.	Sgr.	Pf.
Uebertrag	5	10	7
nung gestellt worden sei. Dieß weisen sie durch eine Werthsberechnung der Düngung und der bezeichneten Produkte nach*).			
Unter den von dem Kläger angenommenen, von den Sachverständigen bestätigten Voraussetzungen stellt sich die Berechnung der Abnutzung für das Jahr 1850 wie folgt:			
Von der expropriirten Gesammtfläche von 3 M. 136 □R. hätten per Morgen 12 Scheffel, nach Abzug von 16 Metzen Aussaat 11 Scheffel Weizen gewonnen werden können, zusammen also 44 Scheffel. Die Vergütung hätte Ende Dezember bezahlt werden müssen. Der nachgewiesene Durchschnittspreis des Weizens pro Dezember war 3 Thlr. für den Scheffel, zusammen also	132	—	—
In Beziehung auf den Dezember-Marktpreis haben die Bekl. gesagt: der Kläger werde sich schon mit dem Martini-Marktpreise begnügen müssen, sie haben jedoch nicht angegeben, warum? noch ob der erwähnte Martini-Marktpreis niedriger gestanden habe.			
Nach dieser Liquidation beträgt die Abnutzung für das ganze Jahr 1850 zusammen	137	10	7.

Für das Jahr 1851.

(Die weitere Liquidation ist für unseren Zweck überflüssig.)

Votum.

(Wird wieder, auf einem besonderen Bogen Papier gesetzt, mitgebracht und in der Berathung vorgetragen.)

Der Beweis, welchen das Kollegium in dem Resolute dem Kläger aufgelegt hat, ist m. E. vollständig erbracht. Die Klage hat das Kollegium für begründet angenommen, weil sie sich auf ein gesetzlich nothwendiges Vertragsverhältniß (Expropriation) gründet und die Gegenleistung durch richterliche Festsetzung zu bestimmen ist, auch die Gewerken für die Expropriationsberechtigten, welche für die Gegenleistung, nach den verhandelten Rechtsgrün-

*) Hier folgen die drei Beweisstücke unmittelbar hintereinander, weil sie so übersichtlicher sind, als wenn sie mit den ihnen angehörigen Beweissätzen gesondert würden. Wenn aber die Beweissätze und der Beweisstoff weitläuftig sind, so muß jeder Beweissatz mit dem ihm angehörigen Beweisstoffe besonders vorgetragen werden.

den, persönlich aufkommen müssen, anzusehen sind. Damit ist zugleich der prinzipielle Präjudizialeinwand der mangelnden Passivlegitimation widerlegt.

Der zweite eventuelle Präjudizialeinwand des Vergleichs und der dem Kläger bekannt gewesenen Reallast ist m. E., und wie auch das Kollegium bereits angenommen hat, an sich unbegründet und überdieß nach seinen thatsächlichen Voraussetzungen völlig unerwiesen. Der Vertrag zwischen dem Vorbesitzer des Klägers und dem Auktor der Beklagten ist an sich kein Modus zur Gründung einer Reallast für das Gut Fliederthal und an sich wegen der Handlungsunfähigkeit des Vorbesitzers unkräftig.

Der dritte, gleichfalls eventuelle Einwand der mangelnden Aktivlegitimation ist von dem Kollegium bereits für erheblich erkannt und deshalb ist der dem Kläger deferirte Eid über das von den Bekl. behauptete Abkommen zwischen ihm und den ausgeschiedenen Mitbeklagten normirt worden. Der Eid ist nicht allein deshalb zum Erkenntnisse gestellt worden, weil beide Theile, wiewohl aus verschiedenen Gründen, nur eventuell denselben für erheblich halten, sondern hauptsächlich deshalb, weil, wenn der Kläger, zur Ableistung gedrängt, den Eid geschworen hätte, die Sache nicht spruchreif gewesen wäre, sondern erst nach Zeitverlust auf das Beweisresolut hätte zurückgegangen werden müssen. Jetzt steht die Sache so, daß, der Eid mag geschworen oder verweigert werden, für beide Fälle eine Entscheidung in Ansehung der Hauptsache und der Kosten getroffen werden kann. Hiernach würde ich erkennen:

> daß dem Kläger der normirte Eid, betreffend den Einwand des Mangels der Aktivlegitimation, aufzuerlegen; im Schwörungsfalle die Bekl. lediglich nach den Klageanträgen des Klägers, auch in Betreff der erst künftig fällig werdenden Abnutzung zu verurtheilen und die Kosten in der Art zu vertheilen, daß der Kläger $\frac{1}{6}$ und die Bekl. $\frac{5}{6}$ zu tragen gehalten; im Nichtschwörungsfalle dagegen der Kläger lediglich abzuweisen und in sämmtliche Kosten zu verurtheilen.

Fünfter Abschnitt.
Die Schlußverhandlung und das Erkenntniß.

§. 52.
1. Das mündliche Verfahren.

Das Verfahren ist das gleiche wie das erste (§. 44), auch dirigirt der Vorsitzende, nachdem der Referent seinen Vortrag gehalten hat, die Parteivorträge auf gleiche Weise (§. 45). Hier erhält der Vertreter des Klägers das Wort zuerst, weil ein Grund zu einer Ausnahme von der Regel, wie im Falle des §. 45, jetzt nicht vorliegt. Die Verhandlung unseres Prozesses hat nun folgenden Verlauf.

I. Vortrag des klägerischen Vertreters.

Heute ist der Tag gekommen, wo dem Rechtshandel, in welchen mein Klient schon so oft verwickelt worden ist, nachdem man ihm einen Theil seines Grundeigenthums zu bergbaulichen Zwecken expropriationsweise entzogen hat, das Ende naht. Der Grund davon, daß mein Klient zur Vergeltung für die Hergabe seines Grundeigenthums, in zahlreiche Prozesse gestürzt worden, ist der friedliebende Charakter meines Klienten und die dadurch möglich gewordene ganz ordnungswidrige (tumultuarische) Art und Weise des Verfahrens. Mein Klient hätte sich ganz einfach dem Einreiten des Schichtmeisters mit seinen Sachverständigen thätlich widersetzen und ihn auf den förmlichen Weg des Expropriationsverfahrens verweisen sollen. Dann wäre der Entschädigungspunkt gleichzeitig zur Feststellung gekommen, während nun meinem Klienten fast jede Jahresentschädigung einen frischen Prozeß einbringt. Von dieser Art ist auch der gegenwärtige einer, nur ist in demselben etwas hervorgetreten, was bisher außer dem Bereiche der Denkbarkeit lag. Daß der Grundeigenthümer für den ihm abgenommenen Grund und Boden von denjenigen, zu deren Vortheile die Expropriation geschehen war, Entschädigung von Rechts wegen zu fordern habe, war zu bestreiten bisher noch keinem vernünftigen Menschen in den Sinn gekommen, es handelte sich immer nur um die Ausmittellung und Feststellung des Betrages. In gleicher Weise hatte denn der Kläger auch diesmal seine Klage in Betreff der Entschädigung für die drei Jahre 1850—1852 gestellt, denn es hatte ihm ja noch niemand den Grund seines Anspruchs streitig gemacht und wegen eines abstrakten Rechtsgrundsatzes, dessen Anwendbarkeit kein Mensch bestreitet, kann man keine Klage anstellen. Da treten denn nun aber die Bekl. mit der Behauptung hervor: sie hätten ihr Bergeigenthum aufgegeben und wären dadurch von allen Verbindlichkeiten, welche ihnen wegen ihrer dinglichen Rechte an die Zeche etwa obgelegen haben möchten, plötzlich frei geworden; nicht sie sondern der Staat hätte das Expropriationsrecht ausgeübt, nicht sie sondern der Staat sei Eigenthümer der Zeche gewesen vermöge der Regalität des Bergbaues; die Gewerken könnten nach dem Verluste ihres Bergbaurechts mit persönlichen Klagen nicht verfolgt werden. Wegen dieser erst im Laufe des Prozesses eingetretenen Rechtsverletzung ist der Kläger auch hinsichtlich der Zukunft zur Klage legitimirt, und dadurch ist die Erweiterung des ursprünglichen Klageantrages auch auf die Verurtheilung zur künftigen Entschädigung bis zur dereinstigen Zurückgabe des Ackers in tragbarem Zustande völlig berechtigt, da dieselbe lediglich auf dem alten Klagegrunde beruhet und nicht die geringste Neuerung in Thatumständen vorgekommen ist.

Gleichwohl halten die Bekl. die Erweiterung des Klagepetitums aus prozessualischen Gründen für unzulässig. Die Zulässigkeit ist in der Prozeßordnung Tit. 5, §. 21 und Tit. 10, §. 5ª mit ausdrücklichen Worten ausgesprochen, und von der Gegenseite ist die Aufhebung dieser Prozeßvorschriften nicht nachgewiesen; die Instr. v. 24. Juli 1833 §. 20 und die V. v. 14. Dezember 1833 §. 5, Nr. 3, worauf die Bekl. sich berufen, berührt die Frage gar nicht, wie ich in meinem vorigen Vortrage nachgewiesen habe, welchen ich, um das verehrliche Kollegium nicht zu ermüden, nicht wiederhole.

Der hauptsächliche Präjudizialeinwand der mangelnden Passivlegitimation, an welchem die Bekl. vermöge ihrer eigenthümlichen Rechtsanschauung so hartnäckig festhalten, bedarf gleichfalls keiner wiederholten Bekämpfung, er steht und fällt von selbst mit dem Stehen oder Fallen des Klagegrundes, über welchen schon genug gesprochen worden ist; dem verehrlichen Kollegium ist dieß aus dem Referate in Erinnerung.

Der eventuelle Einwand der Abgeltung der Entschädigung des Grundherrn für immer durch die angebliche Disposition des unfähigen Vorbesitzers des Klägers kann wegen mangelnden Beweises gänzlich auf sich beruhen.

Der andere eventuelle Einwand des eingetretenen Mangels

der Aktivlegitimation ist, wie ich früher ausgeführt habe, rechtlich nicht begründet. Wiewohl das verehrliche Kollegium anderer Meinung zu sein scheint, so wäre es doch nicht unmöglich, daß die Richter einer höheren Instanz der Meinung des Klägers wären. Der Kläger kann und will den acceptirten Eid, wie er normirt ist, mit gutem Gewissen schwören, aber die Heiligkeit des Eides überhaupt steht ihm so hoch, daß er sich zur Leistung desselben nur dann verstehen will, wenn die Richter einstimmig den Eid für nothwendig halten. Deshalb wird bei der Bitte: darüber zu erkennen, stehen geblieben.

Was nun den Betrag der Forderung betrifft, so hat der Kläger den Beweis, welchen ihm das Resolut, wie ich dafür halte, nicht mit vollem Rechte aufgebürdet hat, vollständig erbracht, wie das Referat sehr klar und übersichtlich dargestellt hat. Deshalb darf ich zuversichtlich mit dem Antrage schließen:

lediglich nach den Anträgen des Klägers zu erkennen.

II. Vortrag der Beklagten.

Meine Mandanten halten ihre Rechtsansicht, was den Klagegrund und den damit zusammenhängenden Präjudizialeinwand der mangelnden Passivlegitimation betrifft, aus den bereits hinlänglich erörterten Gründen aufrecht.

Den eventuellen Einwand der Abgeltung der Entschädigung für immer durch die Veräußerung des Vorbesitzers des Klägers an den Autor der Bekl. wollen meine Mandanten fallen lassen; ich stehe mithin davon ab.

Dagegen bestehen meine Mandanten auf den eventuellen Einwand der mangelnden Aktivlegitimation in Folge der Abfindung des Klägers durch die ausgeschiedenen sechs Mitbeklagten. Mit der Eidesnorm sind sie nicht einverstanden, sie verlangen die Hinzufügung der Worte am Ende:

„sondern daß sie dadurch nur ihre eigenen Antheile haben berichtigen wollen."

Denn wenn nicht auch der Gegensatz in die Eidesnorm aufgenommen wird, ist der Beweissatz nicht erschöpft, der Kläger muß deshalb auch diesen Gegensatz mit beschwören; wenn er dieses nicht kann oder nicht will, muß er sich die Folgen der Eidesverweigerung gefallen lassen.

Ferner habe ich gegen die Förmlichkeiten der Sachverständigenvernehmung einzuwenden, daß die Sachverständigen nicht an Ort und Stelle vernommen worden sind. Deren Gutachten hat deshalb gar keine Beweiskraft, der Kläger hat mithin den ihm obgelegenen Beweis nicht geführt und ich kann darauf antragen:

den Kläger lediglich abzuweisen und in sämmtliche Kosten und resp. deren Erstattung zu verurtheilen.

III. Antwort des Klägers.

Der Gegner hat zwei Neuheiten vorgebracht: 1) eine andere Fassung der Eidesnorm; 2) einen vermeintlich wesentlichen Mangel in den Förmlichkeiten der Vernehmung der Sachverständigen.

Hinsichtlich der bemängelten Eidesnorm hat der Gegner eine völlig verkehrte Auffassung des Beweissatzes. Mein Klient hat die Klage gegen sechs ursprünglich Mitbeklagte für ihren Theil zurückgezogen. Was ihn dazu bewog, brauchte er nicht zu sagen. Was wollen nun die Beklagten? Sie wollen, der Kläger solle beweisen, daß das von ihm angegebene Motiv wahr sei. Das geht sie gar nichts an, mein Klient kann noch heute sein Motiv für ungesprochen erklären. Hätte er dasselbe von Anfang verschwiegen, so würden die Bekl. auf ihren seltsamen Einfall nicht gekommen sein. Aber mögen sie ihren Einwand haben, doch reicht ihr Beweissatz nicht weiter als ihre Behauptung, daß jene Sechs für sie mit bezahlt hätten. Wird dieß bewiesen, so steht auch fest, daß sie nicht bloß für ihren Antheil bezahlt haben. Mein Klient würde dieses Moment mit gutem Gewissen in dem Eide aussprechen können, aber er ist nicht gehalten, nach der Laune der Bekl. unerhebliche Pleonasmen zu beschwören.

Was der Gegner als vermeintlichen wesentlichen Mangel an den Förmlichkeiten der Vernehmung der Sachverständigen rügt, hat gar keinen Grund. Beide Sachverständigen sagen ausdrücklich, daß ihnen das Terrain und die örtliche Bodenbeschaffenheit genau bekannt sei, der Eine fügt sogar hinzu, daß er die mit todtem Boden frisch eingeebnete Fläche unmittelbar darauf gesehen habe. Das sind schon mehrere Jahre her, und der Boden ist durch diesen mehrjährigen Zeitraum wieder in nothdürftigen Kulturstand gesetzt worden. Wollen sich etwa diesen verbesserten Zustand die Bekl. aneignen und zu Nutze machen? Welchen Zweck sie sonst mit einer Vernehmung von Sachverständigen an Ort und Stelle über einen jetzt nicht mehr erkennbaren Zustand, wie er im Juli 1850 vorhanden war, verbinden, sagen sie nicht; sie knüpfen an ihre vermeintliche Rüge keine rechtliche Folge und wissen nicht was sie wollen.

IV. Schlußerklärung der Beklagten.

Von Seiten der Bekl. ist nichts weiter anzuführen.

Die Verhandlungen werden für geschlossen erklärt und das Kollegium tritt in Berathung.

§. 53.

2. Die Berathung und der Beschluß.

I. Der Referent legt sein mitgebrachtes Votum vor und trägt dazu aus der mündlichen Verhandlung nach:

Den Zusatz, welchen die Bekl. zur Eidesnorm verlangen, halte ich aus den von dem Kläger vorgetragenen Gründen für verwerflich, ich bleibe bei der von dem Kollegium beschlossenen, völlig erschöpfenden Norm stehen.

Der an den wesentlichen Förmlichkeiten der Sachverständigenvernehmung gerügte Mangel ist gar kein Mangel, im Gegentheil, es würde Thorheit gewesen sein, die mit dem Zustande der Oertlichkeit zu jener Zeit, auf welche es ankommt, bekannten Sachverständigen an einen Ort zu führen, wo von dem Zustande, wie er vor Jahren gewesen, keine Spur mehr vorfindlich ist und wo es auf Besichtigung gar nicht mehr ankommt.

II. Nach gepflogener Berathung wird beschlossen:

zu erkennen: daß die Bekl. gegen das Kontumazialerkenntniß v. 30. März 1860 in integrum zu restituiren und in der Sache selbst der Kläger schuldig, ernstlich zu prüfen, ob er ohne Verletzung seines Gewissens, und ohne sich der Gefahr auszusetzen, als meineidig bestraft zu werden, einen Eid dahin leisten könne:

daß die aus dem Prozesse geschiedenen sechs Mitbeklagten ihm die Abfindung nicht unter der Verabredung, daß er dadurch auch für die Antheile der Bekl. Klop, Böse, Klotzig und Raffer befriedigt sein solle, gezahlt haben;

im Schwörungsfalle die Bekl. schuldig, dem Kläger

1) an Grundentschädigung für das Jahr 1850 die Summe von 137 Thlrn. 10 Sgr. 7 Pf., nebst 5 Prozent Verzugszinsen seit dem 1. Jan. 1851; für das Jahr 1851 die Summe von 100 Thlrn., nebst 5 Prozent Verzugszinsen seit dem 1. Jan. 1852; für das Jahr 1852 die Summe von 62 Thlrn. 19 Sgr. 5 Pf., nebst gleichen Zinsen seit dem 1. Jan. 1853, nach Verhältniß ihrer Antheile an dem Braunkohlenwerke Friederike-Agnes bei Fliederthal zu zahlen;

2) die jährliche Abnutzung des dem Kläger entzogenen Grundeigenthums in jedem Jahre so lange nach Verhältniß ihrer

Antheile zu vergüten, bis der Boden in solchen Stand gesetzt ist, daß er landwirthschaftlich genutzt werden kann; dagegen der Kläger mit dem Antrage auf eventuelle solidarische Verurtheilung der Bekl. zur Zahlung der vollen Entschädigungen hinsichtlich der Antheile der Bekl., und mit dem Antrage auf Sicherstellung hierfür*) abzuweisen, und die Kosten mit $\frac{1}{3}$ dem Kläger und mit $\frac{2}{3}$ den Bekl. aufzuerlegen;

im Nichtschwörungsfalle aber der Kläger gänzlich abzuweisen und in sämmtliche Kosten zu verurtheilen.

§. 54.

3. Das Audienzprotokoll.

Das Audienzprotokoll wird hier eben so gehalten, wie das Beispiel zu §. 47 zeigt, es wird hier nur zur Durchführung des Prozesses, wegen der sich von selbst ergebenden Veränderungen, wiederholt.

Anwesende Richter:

1. Kreisger.-Direktor Hay,
2. Kreisger.-Rath Wittling,
3. Kreisrichter Ukeley.

Protokollführer:
Referendar Plötze.

Kreisger. Krottgau, d. 2. Juli 1860.

Vor der Deputation für Civil-Prozeßsachen erschienen am heutigen Tage zum mündlichen Verfahren in Sachen

des Gutsbesitzers Ritterspornzu Fliederthal, Klägers,

wider

die vormaligen Gewerken der Friederike-Agnes-Grube daselbst, Klop, Böse, Klozzig und Raffer, Beklagte,

Grundentschädigung für Bergwerksanlagen betr.,

nach erfolgtem Aufrufe um 8 Uhr:

1. der Rechtsanwalt Haberecht für den Kläger,
2. der Rechtsanwalt Zänker für die Beklagten.

---

*) Der splendid gedruckte Theil des Beschlusses ist nichtig, weil aktenwidrig (wirklich vorgekommen); er wird weiterhin ein Gegenstand der Appellationsbeschwerde sein.

Die Nebenverfügung unter dem beiliegenden Erkenntnisse ist auszuführen.

K. d. 5. Juli 1860.

Ukeley.

Nach Eröffnung der Verhandlung trug der Kreisrichter Ukeley das Referat vor und die Rechtsanwälte wurden vorschriftsmäßig gehört.

Aus dem Vortrage der Bekl. wurde aufzuzeichnen für erheblich gehalten:

1. Der eventuelle Präjudizialeinwand der Abfindung für immer mittelst des zwischen dem Vorbesitzer des Klägers und dem Auktor der Beklagten angeblich geschlossenen Abkommens v. 1. April 1844 wird fallen gelassen.

2. Zu dem Eide, betreffend die Befriedigung des Klägers durch die ausgeschiedenen sechs ursprünglichen Mitbeklagten, wird am Ende der Zusatz verlangt:

„sondern daß sie dadurch nur ihre eigenen Antheile haben berichtigen wollen."

3. Gegen die Förmlichkeiten der Vernehmung der Sachverständigen wird gerügt, daß die Sachverständigen nicht an Ort und Stelle vernommen worden sind.

Nach dem Schlusse der Verhandlungen wurde beschlossen und publizirt:

daß (hier folgt aus §. 53 der Beschluß wörtlich.)

Hay. Wittling. Ukeley.
Plötze.

4. Das Erkenntniß.

§. 55.

a) Das Allgemeine.

Die äußere Form im Allgemeinen ist die der gerichtlichen Verfügungen überhaupt [1]). Die entscheidenden oder Decisiv=Dekrete, d. h. solche, welche sich in einem Privatrechtsstreite darüber zu den Parteien aussprechen, was dieses Streits wegen, nach dem Vorgebrachten, zwischen ihnen Rechtens sei, und welche rechtskräftig (unabänderlich) werden können — Rechtssprüche, Entscheidungen, Erkenntnisse, Urtheile, Sentenzen, alle gleichbedeutende Namen — haben einiges Besondere in ihrer Einrichtung, und sind sich in allen Fällen so nahe verwandt, daß die Prozeßwissenschaft allgemeine Regeln aufgestellt hat, welche bei der Abfassung ohne Unterschied des Rechtsfalles anzuwenden sind.

Die Abfassung liegt, wenn ein Kollegium das Urtheil gefällt hat, dem Referenten ob [2]), wobei er sich streng an das Konklusum, auch hinsichtlich der Begründung der Entscheidung, zu halten hat, wenn dieß auch seiner eigenen Meinung nicht entspricht. In dem letzteren Falle ist die Arbeit ein unangenehmes und oft undankbares Geschäft. Nicht selten muß der Urtelsfasser das eigentlich Juristische der oft nicht klar ausgesprochenen Entscheidungsgründe der Mehrheit erst aufsuchen. Dieß ist eine Prüfung der juristischen Tüchtigkeit des Referenten. Je mehr er den Rechtsstoff beherrscht, desto weniger wird man seiner Arbeit anmerken, daß er sich in fremde Ansichten habe hineindenken müssen. — Die Urkunde wird oben in der linken Ecke mit der Distributionsnummer und mit dem Aktenzeichen bezeichnet, um das Verbringen zu unrichtigen Akten, welche ein gleichlautendes oder ähnliches Rubrum führen, was nicht selten ist, zu verhindern.

Man unterscheidet drei äußere Bestandtheile des Erkenntnisses: den Eingang, den Inhalt und den Schluß.

b) Insbesondere.

§. 56.

aa) Der Eingang.

I. Der Eingang eines preußischen Erkenntnisses (Rubrum, das Rothe) [3]) hat folgende Stücke:

1) Die Nennung des Gerichtsherrn, in dessen Namen das Urtheil gesprochen worden ist, in Form der Ueberschrift: „Im Namen des Königs". Eine praktische Bedeutung hat diese Ueberschrift gar nicht, sie ist erst seit 1849, seit der Aufhebung der stan=

1) Darüber: m. preußischer Civilprozeß, §. 141.

2) A. G.O. I, 13, §. 42; Instr. v. 24. Juli 1833, §. 41.

3) Ueber die Ursache dieser Benennung: m. Civilprozeß, §. 141, Note 8.

desherrlichen, städtischen und Patrimonialgerichtsbarkeit jeder Art positiv für die Ausfertigungen der Urtheile dahin vorgeschrieben, daß die Ausfertigungen in der Ueberschrift die Worte: „Im Namen des Königs", sodann die Aufführung der Parteien und die Bezeichnung des erkennenden Gerichts erhalten sollen [4]). Man setzt die Ueberschrift aber auch auf die bei den Akten bleibenden Urschriften, wo sie gar keinen Zweck hat. Wahrscheinlich hat man bei dieser Vorschrift das französische Recht zum Vorbilde gehabt. Dieses schreibt nämlich vor, daß bei der Ausfertigung der Urtheile — bei den Urschriften kommt nichts davon vor, — die Eingangs- und Schlußformel so gefaßt werden muß, wie in Betreff der Einführung der Gesetze vorgeschrieben ist [5]). Das hat aber den praktischen Zweck, daß ein unter dieser Formel ausgefertigtes Erkenntniß in dem ganzen Reiche an jedem Orte von den vollziehenden Behörden auf Vorzeigung vollstreckt werden muß. Davon ist bei uns keine Rede; die Vollstreckung ist nach wie vor bei dem Gerichte, welches in erster Instanz erkannt hat, geblieben und es bedarf zur Vollstreckung des Urtheils nicht erst der Ausfertigung und der Vorzeigung des in der Formel enthaltenen Befehls des Staatsoberhauptes, daß das Urtheil vollstreckt werden solle; dieses Gericht braucht sich selbst nicht erst zu sagen, daß es das von ihm selbst gesprochene Urtheil im Namen seines Gerichtsherrn gesprochen und in Vollzug zu setzen habe.

2) Die Bezeichnung der streitenden Parteien, wobei das anzuwenden, was oben im §. 34, in Betreff des Rubrums der Referate, von der Benennung der Parteien und ihrer rechtlich nothwendigen Vertreter gesagt worden ist.

3) Die Erklärung des Organs (Gerichts) des Gerichtsherrn, daß es „erkenne". Das Gericht wird mit seinem Kollektivnamen und zugleich mit Angabe des Gerichtspersonales, aus welchem dasselbe bei dieser Handlung zusammengesetzt war, bezeichnet [6]); dieses Personal muß im Konterte angedeutet sein, es darf nicht am Rande der Ausfertigung angemerkt werden [7]). Ist das erkennende Gericht ein außerordentlicher, nicht auf einer allgemeinen Rechts-

---

4) Verordnung v. 2. Januar 1849, §. 33 (G.S. S. 11).

5) Code de procédure, Art. 146.

6) V. v. 2. Januar 1849, §. 33; V. v. 14. Dezember 1833, §. 24; Instr. v. 7. April 1839, Nr. 45.

7) R. v. 9. Juni 1834 (Jahrb. Bd. XLIII, S. 537); Instr. v. 7. April 1839, Nr. 45.

regel beruhender Gerichtsstand für die einzelne Sache, so muß der ganz besondere Grund seiner Kompetenz zugleich bei seiner Benennung angegeben werden, z. B. „erkennt das rc. Gericht als dem rc. Gerichte substituirtes Gericht“. Ist der außerordentliche Gerichtsstand durch eine allgemeine Rechtsregel, z. B. als forum contractus, arresti etc. begründet, so bedarf es dieser besonderen Bezeichnung nicht, die Kompetenz muß dann aus den Entscheidungsgründen erhellen. Die Benennung des Richterpersonals soll den Parteien dafür Gewähr geben, daß nicht weniger als die gesetzlich vorgeschriebene Richterzahl an der Entscheidung Theil genommen haben und daß keiner Theil genommen hat, welchen eine der Parteien hätte verwerfen können [8]). Die Theilnahme einer größeren Richterzahl ist keine Nichtigkeit; es ist nirgends verboten, daß an einer Entscheidung in erster Instanz nicht vier Richter theilnehmen könnten; es ist mithin keinesweges wesentlich, daß nur die gesetzliche Richterzahl stimme; es ist auch als ein Zweckmäßigkeitsgrund nicht anzuerkennen, daß jede Veränderung der als die geringste vorgeschriebenen Zahl durch eine Vermehrung eine andere Wahrscheinlichkeit für die Richtigkeit des Urtheils gebe [9]), denn dieser Grund müßte bewirken, daß die Zahl der Richter mit jeder höheren Instanz vermindert würde. Das Gesetz (Not. 8) lautet darüber auch klar genug: es soll als Verletzung wesentlicher Prozeßvorschriften nur angesehen werden, „wenn bei einem Gerichte, welches als Kollegium zu erkennen hat, in erster Instanz nicht wenigstens drei — Richter an der Abfassung des Erkenntnisses Theil genommen haben.“ Haben mehr Theil genommen, so ist es desto besser [9a]). — Ferner ist es keine Nichtigkeit, wenn die namentliche Bezeichnung des Richterpersonals ganz fehlt. Anders ist es mit der mangelnden Angabe des erkennenden Gerichts. Einer Urtheilsurkunde, aus welcher nicht selbstständig hervorginge, von wem das Urtheil gefällt worden, würde es an dem wesentlichen Erfordernisse der Angabe der Hauptpersonen des Prozesses, zu welchen das Gericht gehört, gerade ebenso fehlen wie wenn die Urkunde die Parteien nicht bezeichnete. Nur darf nicht angenommen werden, daß diese Nichtigkeit schon dann vorhanden sei, wenn die Personalangaben nicht ausführlich an der gewöhnlichen Stelle des Einganges der Urkunde zu finden sind; dem wesentlichen Erforder-

8) V. v. 14. Dezember 1833, §. 5, Nr. 4—7.

9) So will es Reusch, in seiner Anleitung, §. 42, Nr. 1.

9a) Ist auch entschieden in Nr. 14 der Instr. v. 7. April 1839.

nisse würde entsprochen sein, wenn durch Bezugnahme auf die Akten oder auf eine Stelle der Urkunde die betheiligten Personen außer Zweifel gestellt wären, so daß z. B. ein Urtheil mit dem Eingange: „In Sachen der Blatt 2 der Akten bezeichneten Personen, Kläger, wider die Blatt 3 der Akten genannten Personen, Beklagten, erkennt das unterzeichnete Gericht für Recht" rc. ex capite der mangelnden Personenbezeichnung nicht nichtig sein würde, vorausgesetzt, daß am Schlusse die sämmtlichen Richter sich mit ihren Namen unterzeichnet hätten und aus der Ausfertigung ersichtlich wären[10]).

Die Handlung oder das Thun, welches der Richter durch die Fällung des Urtheils vollzieht, ist das Erkennen oder Auffinden des zwischen den Parteien bereits bestehenden aber streitig gewordenen Rechtes, deshalb erklärt er, daß er zwischen ihnen für Recht erkenne. Der Richter hat nicht die Macht, ein neues Recht zwischen den Parteien zu gründen, seine Thätigkeit beschränkt sich ganz allein darauf, das verdunkelte und deshalb streitige Recht wieder zu finden und als das für richtig erkannte festzustellen. Der Richter ist hierbei jedoch auf die Erkennungsmittel beschränkt, welche ihm die Parteien an die Hand geben; er darf sich nicht auf eigene Hand Mittel verschaffen, von welchen die Parteien vielleicht absichtlich keinen Gebrauch machen wollen und die, weil sie einseitig verstanden oder mißverstanden werden, die Parteien ganz unvorbereitet mit einer ihnen ganz fremden Rechtsfindung überraschen. Diese dem Richter gesteckten Grenzen werden mit der Formel „den Akten gemäß", oder „den Verhandlungen gemäß" oder „den Akten und Verhandlungen gemäß" bezeichnet; diese Formeln sind gleichbedeutend, sie sollen andeuten, daß die Rechtsfindung nur der Lage der ihm vorgelegten Akten entspreche; denn es ist Nichtigkeit, wenn der Richter aus anderen Quellen seine Erkenntniß geschöpft hat. Dagegen hat der Zusatz: „und den Gesetzen", welcher mitunter

---

10) V. v. 14. Dezember 1833, §. 24; V. v. 2. Januar 1849, §. 33. Die Vorschrift der Instr. v. 7. April 1839, Nr. 45, betreffend die Stelle, wo die Namen der Richter stehen sollen, ist keine wesentliche Prozeßvorschrift. — Manche außerpreußische Gerichte nennen sich als sprechende Behörde im Kontexte gar nicht; sie sprechen in der dritten Person, z. B. „In Sachen rc. wird als Recht erkannt, daß rc." — Ueberhaupt ist die Nichtigkeit nicht auf den Mangel jenes Vermerks, sondern auf den Mangel der nothwendigen Anzahl der Richter gesetzt. Dieser Mangel muß deshalb behauptet und bewiesen werden. Vergl. Erk. des Obertrib. v. 20. Januar 1836 (Ulrich, Archiv, Bd. III, S. 166). Die Vorschrift wegen Benennung der Personen ist im Disciplinarwege aufrecht zu erhalten. Instr. v. 7. April 1839, Nr. 13.

noch jetzt vorkommt, keinen Sinn. Diesen Andeutungen entsprechend lautet die übliche Formel der Erklärung:

„hat das rc. Gericht (oder dessen betreffende Abtheilung) in seiner Sitzung vom ....., an welcher Theil genommen haben:

N. Präsident, Dirigent, Vorsitzender,

N., N. Räthe u. s. w.

den Akten gemäß für Recht erkannt:"

Die offiziell vorgeschriebene Formel lautet:

„hat das rc. (Bezeichnung des Gerichts oder der betreffenden Abtheilung) in seiner Sitzung vom ....., und an welcher Theil genommen haben:

N. N. Präsident, Dirigent,

N. N. Räthe und Assessoren,

den Akten gemäß erkannt:"

In der Praxis finden sich mancherlei Abweichungen durch Weglassung bald der Worte: „den Akten gemäß", bald der Worte: „für Recht"; bisweilen auch wohl, wenn man recht lakonisch sein will, aller fünf Worte. Dergleichen Weglassungen sind unwesentlich, wenn nur die Haupterklärung des Gerichts, daß es „erkenne" oder „erkannt" habe, stehen bleibt; denn eine andere Formel, welche nicht das Gleiche ausdrückte, z. B. die Formel: „ertheilet für Recht", würde die verrichtete Handlung des Richters nicht bezeichnen, sondern nur die Berufsunkenntniß des Richters beweisen, wenngleich sie das Urtheil nicht nichtig machen könnte.

II. Gemeinrechtlich kommen bei manchen Gerichten noch zwei Stücke vor:

1) eine allgemeine Bezeichnung des Prozeßgegenstandes, bald zu Anfang des Einganges, bald hinter der Benennung der Parteien, z. B.: „In Darlehnssachen", „in Erbschaftssachen", „in Servitutssachen" und dergl. Das findet man auch bei einzelnen preußischen Gerichten in gewissen Prozessen, z. B.: „In Wechselsachen", „in Possessoriensachen", „in Arrestsachen", „in Ehescheidungssachen" und dergl. Setzt man die Bezeichnung des Objekts hinter die Parteien, so bedient man sich der Formel: „In Sachen des rc., einen Kauf betreffend" und dergl. Diese Bezeichnungsart ist in der preußischen Prozeßpraxis nicht üblich.

2) Eine Bezeichnung des Prozeßstadiums, um anzudeuten, über welche Verhandlungen, über welchen Prozeßabschnitt gegenwärtig erkannt werden soll, entweder an der Spitze des Einganges,

z. B.: „Auf erhobene Klage, dagegen vorgeschützte Einreden und ferneres Vorbringen des N., Klägers" rc., oder in Verbindung mit der Erklärung I, Nr. 3, z. B.: „In Vindikationssachen des A. zu B. Klägers, wider den C. zu D. Beklagten, wird auf erhobene Klage u. s. w. von dem rc. Gericht zu Recht erkannt, daß" u. s. w. Dieß ist in der preußischen Prozeßpraxis in der ersten Instanz gar nicht üblich, wenn auch mehrere Erkenntnisse, z. B. über Präjudizialfragen gefällt werden. Dagegen ist es in weiteren Aktenabschnitten (Instanzen) auch bei preußischen Gerichten nicht ungebräuchlich, z. B.: „In Exekutionssachen" rc., wenn privilegirte Einreden gegen die Vollstreckung des Erkenntnisses vorgebracht werden, — „in Appellationssachen", „in Revisionssachen", „in Nichtigkeitsbeschwerdesachen".

§. 57.

bb) Der Inhalt.

I. Der materielle Bestandtheil des Erkenntnisses, ehemals auch das Schwarze, Nigrum, genannt [1]), hat zwei Theile: die formula pronunciandi, den tenor sententiae, das Dispositiv, die Entscheidung, das Dezisum, d. i. der bestimmende, gebietende, verbietende, gestattende, verordnende oder entscheidende Ausspruch, und die Gründe, welche den Richter zu diesem Ausspruche bewogen haben. Beide Theile müssen zusammen alle Theile eines vollkommenen logischen Schlusses (Syllogismus) enthalten, wobei der erste Theil sich als die Folgerung (conclusio) aus den Gründen, d. h. aus dem Gesetze oder den Rechtsgründen (Obersatz) und den Thatumständen (Untersatz) darstellt. In wiefern der ganze logische Schluß der Rechtskraft fähig sei, ist eine unter den Rechtsgelehrten noch nicht ausgemachte Frage [2]). Für das preußische Recht ist zwar bestimmt, „daß bloße Entscheidungsgründe niemals die Kraft eines Urtels haben sollen [3])"; damit sind jedoch die Zweifel und Meinungsverschiedenheiten nicht beseitigt [4]). Mag es damit jedoch sein wie ihm wolle, was für die hier vorliegende Aufgabe dahin gestellt bleibt, so fordert doch die logische Ordnung, daß in der äußeren Darstellung des Syllogismus, womit wir es hier zu thun haben,

1) Warum? s. m. Civilprozeß, §. 141, Note 8.

2) Eine eingehende Geschichte derselben giebt Heimbach sen. in Weiske's Rechtslexikon, Bd. XI, S. 808 ff.

3) A. G.O. I, 13, §. 38.

4) S. m. Anm. 28 zum §. 38 a. a. O., wozu noch der Rechtsfall in den Entsch. Bd. XXXIX, S. 353 ff. tritt.

die einzelnen Theile genau von einander getrennt gehalten werden, daß mithin der bestimmende und verfügende Theil des Erkenntnisses (Tenor) völlig rein von nicht verordnenden und entscheidenden Zusätzen (Gründen) gehalten und nichts, was zu dem Einen gehört, in das Andere eingemischt werde [5]).

II. Der Tenor wird, ohne Korrekturen, die Ziffern mit Buchstaben geschrieben, in die Erkenntnißurkunde so aufgenommen, wie er von dem Kollegium auf den Vortrag des Referenten gefaßt zu werden beschlossen worden ist. (Oben §. 40.) Eigenmächtig darf daran der Referent nichts ändern; stößt ihm bei der Absetzung des Erkenntnisses ein Bedenken auf, so muß er dasselbe dem Kollegium vortragen und dessen Beschluß erwirken. Dazu findet sich bisweilen Veranlassung besonders in Fällen, wo der Referent überstimmt wird und die Formel nicht präcise und ausführlich im Audienzprotokolle niedergeschrieben worden ist, wo sich dann erst bei der ruhigen Ausarbeitung des Erkenntnisses die Lücken finden. Das Erkenntniß muß jedenfalls eine Verurtheilung oder Lossprechung (Abweisung) hinsichtlich dessen, was den Hauptzweck der Klage bildet, enthalten, wenn nicht über eine Präjudizialklage zu erkennen ist: in diesem Falle hat das Erkenntniß sich nur über den bestrittenen Zustand anerkennend oder abweisend auszusprechen. Dingliche Klagen gehen zwar hauptsächlich auch auf die Anerkennung des behaupteten dinglichen Rechtes, aber es schließt dem beifälligen Ausspruche des Richters folgeweise doch die Verurtheilung des Beklagten zur Erstattung der dem Kläger aus der Rechtsverletzung, welche zur Klage Anlaß gegeben hat, entstandenen Nachtheile an, wenn auch mit Vorbehalt der Ausmittelung des Betrages in einem besonderen Verfahren. Nicht zu billigen ist es, wenn das Urtheil sich entweder darauf beschränkt, das in Anspruch genommene dingliche Recht zuzusprechen und den Schadensersatz zu übergehen, oder wenn es umgekehrt bloß den Beklagten zu den Leistungen, welche eine Folge der Verletzung des angefochtenen dinglichen Rechts sind, verurtheilt. Bei Verurtheilungen ist der Gegenstand der Leistung so genau wie möglich zu bestimmen, sonst ist ohne neuen Prozeß die Vollstreckung nicht durchzuführen. Bei Abweisungen ist die Anwendung der auf gewisse Fälle berechneten herkömmlichen Formeln (§. 40, lit. c) anzurathen, um durch die da-

5) Das wird von allen Prozessualisten gefordert und ist in der A. G.O. I, 13, §. 38 ausdrücklich vorgeschrieben.

mit verbundenen, allgemein bekannten Bedeutungen Mißverständnissen zuvorzukommen. Daß der Richter sämmtliche Streitpunkte, worüber er die Parteien gehört hat, durch sein Urtheil zu entscheiden gehalten, ist ein alter Rechtsgrundsatz [6]). Dieser ist auch auf den Fall anwendbar, wenn Grund und Betrag eines Anspruchs streitig und über beide hinlänglich verfahren worden ist, der Richter aber den Grund nicht für richtig erkennt und deshalb den Kläger abweiset: dann muß er eventuell, wenn etwa in den höheren Instanzen der Anspruch begründet gefunden werden sollte, zugleich über den Betrag erkennen [7]), anderenfalls auf Verlangen ein Nachurtheil liefern. Wäre jedoch die Sache hinsichtlich des Betrages nicht spruchreif, so würde ein solches Ergänzungsurtheil nicht gefordert werden können, dann bliebe im Falle der Abänderung des ersten Erkenntnisses die Ausmittelung des Betrages einem besonderen Verfahren vorbehalten. — Dieser Theil des Erkenntnisses schließt nach preußischem Gerichtsstyle mit den Worten: „Von Rechts wegen" (V. R. w.). Die Formel ist unwesentlich aber aus dem Gemeinen Rechte althergebracht und dient zu einem ersten und festen Schlusse dessen, was das Gericht im Namen des Rechts und der Gerechtigkeit entscheidend ausgesprochen, und mit deren feierlichem Klange sich somit ein hoher Sinn verbindet [8]).

III. Die Entscheidungsgründe sind an sich nicht ein Bestandtheil des Urtheils, sie haben eine lange Geschichte.

1) Im älteren römischen Prozesse fand eine förmliche Mittheilung der Urtheilsgründe gar nicht statt, vermöge der eigenthümlichen Einrichtung der Justizverwaltung, wonach der eigentliche Rechtsprechende, der Prätor, zugleich Gesetzgeber war, und der Juder nur den Rechtssatz (die Formel), welchen der Prätor gab, wenn er die Klage nicht in Gemäßheit seines Jahres-Edikts verweigerte, auf die Thatumstände anzuwenden hatte. Indessen finden wir in den Klassikern Beispiele, daß man sich auch über die Gründe der Entscheidung aussprach [9]); aber nothwendig war es nicht, daß man

6) L. 74 pr. D. de judiciis (V, 1): „de qua re cognoverit judex, pronunciare quoque cogendus erit. Vergl. L. 19, §. 1 D. de receptis qui arbit. (IV, 8).

7) A. G.O. I, 13, §. 40.

8) Welcher Sinn jedoch — fügt Gensler, Anleitung rc., §. 55 a. E. hinzu — in dem Erkenntnisse selbst freilich oft beleidigt wird.

9) Beispiele: Livius, VIII, 7; Cicero, de officiis III, 16; Valerius Maximus, VIII, 2; Gajus, Instit. Comment. IV, 11.

seinen Ausspruch mit Gründen rechtfertigte [10]). Im neueren Röm. Rechte, wie es in den Sammlungen Justinian's vorliegt, kommt in gewissen Fällen etwas davon vor, daß der Richter die Gründe seiner Verfügung angeben soll. Dieß ist der Fall, wenn der Richter der bei ihm eingewendeten Appellation nicht stattgeben wollte, wo er seine Weigerung mit Gründen einberichten und dem Appellanten eine Abschrift davon geben mußte [11]). Ferner war verordnet, daß, wenn der Richter, sei es zum Zwecke seiner Belehrung, oder im Wege der Appellation in einer Rechtssache an den Kaiser berichtete, den Parteien eine Abschrift des Berichts mitgetheilt werden sollte, damit diese eine Gegenausführung zu den Akten einreichen möchten [12]). Allein diese Fälle berühren gar nicht die Nothwendigkeit, ob der Richter seine Entscheidungsgründe bei der Fällung seines Urtheils mitzutheilen habe; darüber findet sich keine ausdrückliche Vorschrift. Gleichwohl wird in mehreren Stellen die Möglichkeit eines Angriffs gegen das gefällte Urtheil von dem Bekanntsein des Entscheidungsgrundes abhängig gemacht, z. B. die Rescission eines Urtheils wegen falscher Urkunden oder bestochener Zeugen [13]); die Anfechtung eines Urtheils wegen Benutzung falscher oder unwahrer Thatumstände [14]); die Anfechtung eines Urtels als nichtig, weil contra claram legem erkannt worden, weil man dazu wissen muß, daß der Richter aus Nichtbeachtung des Gesetzes so wie geschehen erkannt habe, und nicht etwa unter Anerkennung desselben aus der vielleicht irrigen Meinung, daß die fragliche Thatsache nicht unter dasselbe falle, oder nicht bewiesen sei [15]); der Gebrauch der exceptio rei judicatae in vielen Fällen [16]). Diese Rechtsmittel können wohl schwerlich von dem bloßen Zufalle abhängig gewesen sein, daß die

10) Seneca, epist. 94: „Quid? quod etiam sine probationibus ipsa monentis auctoritas prodest: sic quomodo jurisconsultorum valent responsa, etiam ratio non redditur.“

11) L. 6 D. de appellat. recipiendis (XLIX, 5).

12) L. 1 C. de relation. (VII, 61); L. 18, 19 C. de appellat. (VII, 62). Vergl. L. 1, 11, 16 C. Theod. de appellat. (XI, 30).

13) L. 33 D. de re judicata (XLII, 1); L. 11 D. de exception. (XLIV, 1); L. 3 C. si ex falsis instrumentis (VII, 58).

14) L. 75 D. de judiciis (V, 1); L. 1, 2 C. si tutor vel curator falsis (V, 63).

15) L. 19 D. de appellation. (XLIX, 1); L. 32 D. de re judicata (XLII, 1); L. 1, §. 2 D. quae sententiae sine appellatione (XLIX, 8).

16) L. 9 pr.; L. 18 D. de exceptione rei jud. (XLIV, 2). Vergl. L. 7, §. 1 D. de compensat. (XVI, 2); L. 8, §. 2 D. de negotiis gestis (III, 5); L. 1, §. 4 D. de contraria tutelae (XXVII, 4).

Parteien auf Umwegen die Entscheidungsgründe in Erfahrung gebracht hätten. Hierüber herrscht Dunkel.

2) Das kanonische Recht hat die Sache in dieser Lage gelassen. Der Richter soll den Parteien Abschrift seines motivirten Berichts mittheilen [17]) und auf die Gründe eines früheren Urtheiles wird gesehen, wenn die Sache wieder streitig geworden [18]); aber daß die Angabe der Entscheidungsgründe zu den wesentlichen Formen eines Urtheiles gehöre, daß der Mangel derselben ein wesentlicher Verstoß sei, wird nirgend gesagt. Eine Stelle, welche die Entscheidung eines Rechtsstreites in Betreff mangelnder Gründe eines früheren Urtheiles enthält, ist unzutreffend und läßt es völlig im Dunkel, wie der Pabst (Innocenz III, 1212) über die Frage denkt [19]).

3) In Deutschland weiß man in der Zeit des öffentlichen Gerichtsverfahrens nichts von Urtheilsgründen. In den Formeln und in den Sammlungen alter Gerichtsbriefe findet sich kein Richterspruch, welcher Gründe enthielte. Mit der Einführung des geheimen Gerichtsverfahrens blieben auch die Urtheilsgründe geheim, aus politischen Gründen. Erst nach Errichtung des Reichs-Kammergerichts wurde eine sehr beschränkte Ausnahme gemacht. Wenn nämlich wider ein Erkenntniß desselben die Syndikatsklage erhoben oder die Revision eingelegt wurde, sollten diejenigen Mitglieder des Kammergerichts, welche das Urtel gefällt hatten, die Gründe desselben anzuzeigen verbunden sein [20]). Erst der Reichsabschied von 1566 verordnete, daß in wichtigen oder zweifelhaften Sachen die Gründe der Bescheide aufgeschrieben werden sollten, damit bei späteren Vorträgen der Parteien die Mitglieder des Kammergerichts sich der vorigen Motive zur Aufrechthaltung der Gleichheit erinnern möchten. Von einer Mittheilung an die Parteien war also noch keine Rede. In dieser Beziehung geschah auch durch den J. R. A. von 1654 nichts. Dieser schrieb im §. 60 nur vor, daß auf Appellationen der judex a quo seine rationes decidendi mit und neben den actis prioribus an das Kammergericht einsenden solle. Eine andere Vorschrift im §. 157, die Gründe des Votums schriftlich einzureichen, beschränkt sich auf

17) C. 68 X. de appellation. (II, 28).

18) C. 13 X. de exception. (II, 25); c. 18, 22 X. de sent. et re jud. (II, 27).

19) C. 16 X. de sent. et re judic. (II, 27).

20) K.G.O. Th. III, Tit. 53, §§. 4, 9.

Religionsstreitigkeiten. Im Reichshofrathe sollten, wenn die Referenten per majora überstimmt worden waren, außer dem Urtheile auch die rationes decidendi zu Papier gebracht werden und die Votanten ihre Stimme motiviren [21]). Zur Mittheilung der Gründe an die Parteien geschah auch bei dem Reichshofrathe nichts; die Relationen und die rationes decidendi wurden verschlossen. So ist es bei den Reichsgerichten bis zur Auflösung des deutschen Reichs verblieben. Erst nach Errichtung des deutschen Bundes ist für Austrägalsachen verordnet, daß den von dem Austrägalgerichtshofe im Namen der Bundesversammlung abzufassenden Erkenntnissen jederzeit die vollständigen Entscheidungsgründe beigefügt werden sollen [22]). Die verschiedenen Landesgerichtsordnungen hatten sich hierin nicht alle nach den Reichsgerichten gerichtet, doch war noch bis auf späte Zeit nicht allenthalben, und nicht in allen Instanzen und unter allen Umständen die Mittheilung der Gründe angeordnet.

4) In Preußen war schon vor der Einführung einer allgemeinen Prozeßordnung die Publikation der Entscheidungsgründe, mit dem Urtheile zugleich, hergebracht. Die Kammergerichtsordn. Th. I, Tit. 6, §. 18 verordnete, daß den Bescheiden und Urteln die rationes decidendi jederzeit inseriret werden müßten; wenn aber die Sache zum ordentlichen Schriftwechsel verwiesen worden, die rationes decidendi auf einen besonderen Bogen beigefügt werden sollten. Diese Vorschrift hat sich im Verlaufe der Zeit noch dahin erweitert, daß den Entscheidungsgründen auch eine geschichtliche Darstellung der Thatsachen an die Spitze gestellt werden soll [23]). Doch hat sich hinsichtlich der Revisionserkenntnisse die gesetzlich gebilligte Vorenthaltung [24]) der Entscheidungsgründe bis zum Jahre 1825 erhalten. In diesem Jahre wurde verordnet, daß, wenn zwei gleichlautende Erkenntnisse oder Urtheile ganz oder zum Theil abgeändert würden, fortan den Revisionserkenntnissen, und zwar ohne Unterschied der Gerichtshöfe, bei welchen sie in den Provinzen und Landestheilen, worin die Allgemeine Gerichtsordnung Gesetzeskraft hat, ergehen, Entscheidungsgründe beizufügen, und sie mit diesen den Parteien bekannt zu machen seien [25]). Auch diese Beschrän-

21) R.H.O. Tit. IV, §. 17, Abs. 2 u. Tit. V, §. 9.

22) Bundesbeschluß, das Austrägalverfahren betreffend, v. 3. August 1820, Art. V.

23) S. oben die Note 6 zu §. 24.

24) A. G.O. I, 15, §. 22; Anhang dazu §. 133.

25) Ges. v. 21. Juni 1825 (G.S. S. 161).

kung ist seit 1832 gefallen; es sollen seitdem alle Revisionserkenntnisse mit Entscheidungsgründen versehen, mit diesen ausgefertigt und den Parteien publizirt werden[26]). Damit wäre denn in Preußen der Widerstand gegen ordnungsmäßige Mittheilung der Entscheidungsgründe für alle Instanzen überwunden, ein Widerstand, welcher sich auf wunderliche Gründe stützte, z. B. die Mittheilung sei von gar keinem Nutzen, könne vielmehr viele üble Folgen haben und die Parteien in unnöthige Weitläuftigkeiten setzen, weil die dem Urtel einverleibten Entscheidungsgründe Rechtskraft erlangten, mithin öfters nöthig sei, einen nachtheiligen Entscheidungsgrund von der Rechtskraft auszuschließen, wenn man sonst keine Ursache haben würde, wider das Urtheil selbst sich zu beschweren; ferner sei auch unter Umständen die Mittheilung der Gründe ein schädliches Mittel, den Rechtsstreit weitläuftig zu machen, indem ein gewinnsüchtiger oder unwissender Advokat daraus Veranlassung nehme, ohne allen Unterschied von einem jeden Entscheidungsgrunde eine Beschwerde zu machen, auf diese Weise deren Zahl zu häufen und die Akten zu vergrößern; indem er dabei gewissermaßen mit dem Richter, dessen Gründe er zu widerlegen suche, in Streit gerathe, während der gegnerische Advokat gleichsam die Vertheidigung des Richters übernehme. Ferner: in einem solchen Urtheile könnten doch nur einige wenige Gründe angeführt werden, weil es ein „unbändig" weitläuftiges Urtheil werden würde, wenn man alle Gründe aufführen wollte; es sei also nur Stückwerk, wenn einige Gründe beigefügt würden, und wenn diese noch überdieß unglücklich gewählt seien, was gar leicht sei, so sehe es vollends kläglich aus. Endlich lasse sich der Richter weiter herunter als es nöthig sei, denn er sei nur seinen Obern, aber nicht den Parteien, von seinem Erkenntnisse Rechenschaft zu geben schuldig; und die Erfahrung lehre, daß nichts weniger als der gerühmte Endzweck erreicht werde, daß nämlich öfters eine Partei in sich gehe, durch die Gründe von ihrem Unrechte überzeugt werde, oder der Advokat einsehe, wo er es versehen habe[27]) u. dergl. — Nur ein Unterschied zwischen den Revisionsurtheilen und den Erkenntnissen der Instanzgerichte ist geblieben, nämlich der, daß bei den Revisionserkenntnissen die geschichtliche Darstellung fehlen kann; denn das Gesetz (Not. 26) fordert nur die Beifügung der Entscheidungsgründe, worunter von

26) K.O. v. 19. Juli 1832, §. 8 (G.S. S. 193).

27) Claproth, Grundsätze rc., §. 68 u. die in Klein's Rechtssprüchen, Bd. III, S. 117 Angeführten.

jeher die den Rechtspunkt betreffenden Gründe, im Gegensatze zu den aus dem Thatsächlichen entnommenen Gründe verstanden werden[28]). — Die Beifügung der Gründe ist den Parteien dadurch gesichert, daß das Urtheil nichtig ist, wenn der Richter gar keine Entscheidungsgründe angegeben, oder der Appellationsrichter sich lediglich auf die Gründe des ersten Urtels bezogen hat[29]). Das bezieht sich auf jeden einzelnen Punkt des Tenors, für welchen keine Gründe angegeben sind[29a]).

Zur geschichtlichen Darstellung der Thatsachen, welche der Ausführung der Gründe vorangeschickt werden soll, benutzte man lange Zeit das behufs des mündlichen Verfahrens aufgesetzte Referat, indem man das Aktenexemplar des Erkenntnisses so aufsetzte, daß man unter den Tenor die Ueberschrift „Gründe" schrieb, darauf folgen ließ: „(Scribatur das Referat. Darauf folgt:"), und die Rechtsgründe darunter setzte. Die daraus entstehende Urkunde enthielt kein in sich vollständiges Erkenntniß, und die darnach von den Schreibbeamten für die Parteien hergestellten Ausfertigungen wurden ungestaltete, oft widersinnige Urkunden, welche die faktische und rechtliche Auffassung, auf welcher die Entscheidung beruhte, nicht bestimmt und klar darstellten, weil die Geschichtserzählung im Referate zum Zwecke der mündlichen Verhandlung, durch welche sie sich oft ändert, überhaupt nicht als geschichtliche Darstellung der Thatsachen für die Endentscheidung paßt und meistens zuviel oder zuwenig oder nach der Lage der Sache am Schlusse der Verhandlungen nicht mehr Passendes enthält. Deshalb ist es unerläßlich, für das Erkenntniß eine selbstständige, auf ihren besonderen Zweck berechnete geschichtliche Darstellung derjenigen Thatsachen, auf welche es noch ankommt, auszuarbeiten und mit den Entscheidungsgründen in inneren Zusammenhang zu bringen. (Oben, §. 39, lit. c.) — Deshalb ist die zur Beseitigung jener Mißstände den Gerichten erster Instanz gegebene Anweisung, die von ihnen gefällten Urtheile in einer Weise abzusetzen, daß dieselben in selbstständiger

28) J.R.A. §. 61: „Ob er (judex a quo) auch schon die Urtheil auf einer Universität oder Collegio juridico eingeholt hätte, gestalt dann solche Collegia juridica bei Abfassung der Urtheil die ex facto genommene rationes decidendi allemal kürzlich aufzusetzen und auf Erfordern judicis a quo auszustellen schuldig sein sollen." — Die ex jure entnommenen rationes decidendi waren unerfordert schon mit dem Urtheile übersendet worden. §. 60.

29) V. v. 14. Dezember 1833, §. 5, Nr. 9. Die Bezugnahme der Appellationsrichter auf die Gründe des ersten Urtels mit den Worten „aus den von dem ersten Richter angeführten unwiderlegten Gründen" war sonst sehr üblich.

29a) Pr. des Obertrib. Nr. 453.

und zusammenhängender Gestalt, ohne Hinweisung auf andere Schriftstücke, zur Vollziehung durch die erkennenden Richter gelangen und bei den Akten sich vorfinden, zweckentsprechend [30]).

Ist der Referent in seinem Votum überstimmt worden, so muß er die Entscheidungsgründe, welche der zur Geltung gekommenen Meinung entsprechen, neu auffinden, entwickeln und logisch anlegen, wobei die, oben, §. 39, lit. e angedeuteten Regeln anzuwenden sind. Aber wenn das Kollegium seinem Votum zwar beigetreten ist, jedoch der Begründung nicht Beifall gegeben hat, empfiehlt es sich, nach den gegebenen Gesichtspunkten die Gründe neu auszuarbeiten: es ist nicht rathsam, den mitgebrachten Entwurf durch Ausstreichungen, Randzusätze und Zwischenschiebungen zum Aktenexemplar machen zu wollen, um sich einige Schreiberei zu ersparen; man hat dabei zu wenig Spielraum und kann dem Ganzen zu wenig Rundung geben, ganz abgesehen davon, daß die Kanzlei aus solchen durchstrichenen und mit Einschaltungen und Randzusätzen und anderen Korrekturen, wobei oft ein unpassendes Wort stehen bleibt oder ein nothwendiges Wort in der Feder bleibt, versehenen Konzepten sinnlose Ausfertigungen macht.

Was die Fassung der Entscheidungsgründe betrifft, so hat man zwei Methoden: die französische und die deutsche. Die französische besteht darin, daß man die Gründe dem Urtheile selbst einverleibt, indem man die Entscheidungs- und Zweifelsgründe mit dem Urtheile selbst in eine einzige vielgliederige und schwerfällige Periode, die oft einen ganzen Bogen oder mehrere Bogen durchläuft und dem Leser Athem und Festhaltung der Gedankenfolge nimmt, verarbeitet, und welche bei Anfange eines jeden neuen Satzes mit den Worten: „in Erwägung daß", oder: „in Betracht daß", „angesehen den §. .... des Ges.-Buchs, welcher lautet": im äußeren Zusammenhange gehalten wird. Diese Methode ist ungeeignet dazu, den Entscheidungsgründen eine zusammenhängende Darstellung der, der Entscheidung zum Grunde liegenden Thatsachen vorauszuschicken. Darauf ist sie auch nicht berechnet. Dieses Erforderniß wird herbeigeschafft durch die sog. Qualitäten, welche von den Parteien durch ihre Anwalte dargestellt und, wenn darüber keine Vereinbarung unter ihnen stattfindet, von dem Richter, der bei der Sache präsidirt wird, festgestellt werden. Diese Qualitäten müssen ent-

30) Allg. Verf. des J.M. v. 28. März 1857 (J.M. S. 122). Eine ältere Verf. v. 21. April 1834 hatte jenen Uebelstand gebilligt, um den Richtern die Schreiberei zu erleichtern.

halten: die Namen, das Gewerbe und die Wohnsitze der Parteien, die Konklusionen (Anträge), die Thatumstände und die Rechtspunkte, auf welche es ankommt[31]). Diese Qualitäten werden in der Urtheilsausfertigung den Entscheidungsgründen und der Entscheidung vorangestellt. Diese Methode ist von deutschen und besonders von preußischen Gerichten in der bekannten Form:

erkennet:

daß Beklagter,

„da", oder „weil", oder „in Betracht daß", oder näher dem Französischen „in Erwägung, daß" (folgen die verschiedenen Erwägungen)

schuldig u. s. w.

nachgeahmt worden, ohne zu beachten, daß die bei Anwendung dieses Styls erforderlichen und vorausgesetzten Qualitäten zu einem in sich ganz vollständigen Urtheile fehlen. Deshalb ist die Anwendung dieser Methode mit Recht gemißbilligt worden[32]).

Der deutsche Gerichtsstyl, der auch der am meisten übliche ist, besteht darin, daß die Geschichtserzählung und die Ausführung der Entscheidungsgründe in einem ungezwungenen, natürlich, d. h. nach juristisch-logischen Gesetzen geordneten, Vortrage dem Urtheile, äußerlich getrennt, in einem besonderen Abschnitte unter der Ueberschrift: „Gründe", beigefügt werden.

§. 58.

cc) Der Schluß.

Der Schluß besteht, nach preußischem Gerichtsstyle, bloß in den Unterschriften der anwesend gewesenen Richter, welche an der Entscheidung Theil genommen haben[1]), ohne Voranstellung des Kollektivnamens des Gerichts, welcher schon im Eingange (§. 56) genannt ist. Deshalb wird auch nicht Ort und Datum wiederholt. Nur die Ausfertigungen, von welchen hier nicht die Rede ist, schließen die besondere Ausfertigungsklausel, welche zu lauten pflegt: „Urkundlich unter der verordneten Unterschrift und dem gerichtlichen Insiegel ausgefertigt", oder auch bloß: „Ausgefertigt", mit Ort, Datum, Kollektivnamen des Gerichts und der alleinigen Unterschrift des Vorsitzenden, und der Beidruckung des Gerichtssiegels.

31) Code de procédure, Artt. 142—145.

32) Allg. Verf. des J.M. v. 12. Dezember 1859 (J.M.Bl. S. 430).

1) Corpus jur. Frid. Th. I, Tit. 13, §. 15; A. G.O. Th. I, Tit. 13, §. 44. — R. des J.M. v. 9. Juni 1834 (Jahrb. Bd. XLIII, S. 537).

Die unrichtige oder mangelhafte Unterschrift des Originalurtheils hat Nichtigkeit desselben zur Folge. Dieß findet sich nirgends ausdrücklich gesagt, folgt aber aus der Wesenheit eines richterlichen Erkenntnisses. Ein solches muß nothwendig die Schriftform haben und erfordert mithin eine Urkunde in vollständig authentischer und bindender Form. Dazu gehört wesentlich die Unterschrift der Person, von welcher die Urkunde errichtet ist; so lange die Unterschrift fehlt, ist der Inhalt der Schrift, wenn er auch unbestritten von der bestimmten Person ausgesprochen ist, nur mündlich ausgesprochen. Es kommt nun darauf an, welches Schriftstück als dasjenige angesehen werden muß, unter welchem sich die Originalunterschriften, welche zur Herstellung des Urtheils erforderlich sind, in gehöriger Ordnung befinden müssen, wenn der Fall eintritt, daß hierin bei dem ursprünglichen Beschlusse und bei dem Aktenexemplar des ausgearbeiteten Urtheils sich keine Gleichheit findet. Es kann vorkommen, daß bei dem einen oder dem anderen sich mehr oder weniger Unterschriften finden als Personen an der Entscheidung Theil genommen haben; es kann auch vorkommen, daß darunter Unterschriften von Personen, welche in der Sache als Richter unzulässig waren, gefunden werden; es können noch andere bedenkliche Fälle vorkommen. Als diejenigen Personen, welche die über das gefällte Urtheil errichtete Urkunde zu unterzeichnen haben, müssen alle angesehen werden, welche an der Entscheidung Theil genommen haben; und die für wesentlich zu haltende Urkunde ist zunächst das Konklusum, welches entweder auf die Relation gesetzt oder in das Audienzprotokoll eingetragen ist[2]). Hieran knüpfen sich folgende Bemerkungen:

1) Wenn ein Einzelrichter erkannt hat, so muß das darüber aufgenommene Protokoll nothwendig von ihm und dem Protokollführer unterschrieben werden, sonst ist das Protokoll nichtig. Fehlt eine Unterschrift, und der Richter erläßt, weil er die Publikation des Urtheils ausgesetzt, d. h. die Entscheidung nicht in das Protokoll aufgenommen hat, ein besonderes von ihm unterschriebenes Urtheil, so würde dasselbe nichtig sein, nicht deshalb, weil seine Unterschrift für das Urtel ungenügend wäre, denn mehr als diese ist für das Urtel als solches nicht erforderlich, sondern deshalb, weil es eine nichtige Grundlage hat.

---

2) M. s. die in der vor. Anm. vermerkten Stellen. Dazu die V. v. 1. Juni 1833, §. 36 in Verb. mit der Instr. v. 24. Juli 1833, §. 41.

2) Ist der Richter eine Personenmehrheit (ein Kollegium), so können z. B. folgende Fälle eintreten:

a) Das Protokoll ist nicht von allen anwesend gewesenen Richtern unterschrieben. Dann ist es in Betreff der darin enthaltenen Entscheidung nichtig; denn es hat nicht die juristische Person, welche gerade aus der Personenmehrheit, durch welche das Gericht konstituirt worden war, bestand, unterschrieben. Wollte man diesen Satz nicht gelten lassen, so hätte man keine Grenze, wo die Zahl der genügenden Unterschriften anfangen und aufhören sollte; man könnte dann auch behaupten, daß die Urtheilsurkunde durch die alleinige Unterschrift des letzten Beisitzers, der vielleicht das gerade Gegentheil wollte, oder wenn er auch beistimmte, gehörig vollzogen worden wäre. Also der behauptete Satz ist: wenn eine Unterschrift fehlt, ist es so gut, als wenn keiner unterschrieben hat, so wie wenn ein Einzelnrichter, der für sich allein das Gericht darstellt, nicht unterschrieben hat. Nun stellen sich bei einem Kollegium die untergeordneten Fragen dar:

aa) wie wenn mehr Personen als die Zahl, welche absolut nothwendig gewesen wäre, Theil genommen, und soviel unterschrieben haben, als ursprünglich zur Besetzung des Gerichts erforderlich gewesen wäre? Der Ausspruch ist nichtig weil mündlich, denn das Gericht war einmal so wie geschehen konstituirt und hat in dieser Gestalt sein Urtheil gefällt. Der Fall, wo man bei voraussichtlich lange dauernden Gerichtsverhandlungen noch einen oder einige überzählige Personen als Ergänzungsrichter von Anfang zuzieht, ist ein ganz anderer: diese sind nur eventuelle Stellvertreter der etwa ausscheidenden Richter und nehmen an der Beschlußfassung keinen Theil, wenn der Fall der Stellvertretung nicht eintritt;

bb) wie wenn das demnächst ausgearbeitete Erkenntniß von allen anwesend gewesenen Richtern gehörig unterschrieben worden wäre? Dann würde die Nichtigkeit des Protokolls gedeckt sein, insofern es sich nicht wesentlich auf Thatumstände und Beweise stützt, welche in dem Protokolle ganz neu beurkundet worden sind.

b) Das Gericht war aus mehr Richtern, als nothwendig waren, gebildet und darunter befand sich ein unzulässiger Richter, der zwar an dem Beschlusse thätig Theil genommen, aber demnächst nicht mit unterschrieben hat, so daß nun das Protokoll noch die erforderliche Zahl von Unterschriften zeigt. Das Urtheil ist ungültig, weil hier die Nichtigkeit in dem Umstande der Theilnahme eines unzulässigen Richters an der Fällung des Urtheils liegt, die durch die Unterschrift der Urkunde durch die erforderliche Zahl zulässiger Richter nicht gedeckt werden kann; die Urkunde enthält ein nichtig gefaßtes Urtheil, wenn die Urkunde als solche für authentisch gilt, oder nicht.

c) Ein unzulässiger Richter, welcher an der Entscheidung nicht Theil genommen hat, hat neben den in gehöriger Zahl thätig gewesenen Richtern aus Irrthum oder Fahrlässigkeit die Erkenntnißurkunde mit unterschrieben. Dadurch wird das Urtheil nicht nichtig, aus demselben Grunde, aus welchem es in dem vorigen Falle (b) nichtig ist; es kommt dann auf die Feststellung des fraglichen Thatumstandes an [3]).

Hinsichtlich der Nichtigkeitsgründe, welche aus der fehlenden oder unzulässigen Unterschrift der Urtheile entspringen, befinden sich die Parteien noch jetzt in der nämlichen Unkenntniß, mit welcher sie wegen der Entscheidungsgründe bis auf die neueste Zeit zu kämpfen hatten: die in Betreff der Bekanntmachung der Entscheidungsgründe getroffenen Anstalten gewähren den Parteien nicht die Kenntnißnahme von den fehlerhaften, die Nichtigkeit des Urtheils zur Folge habenden, Unterschriften. Diese Gewährleistung würde die Vorschrift geben, daß in die Ausfertigung auch die unter dem Original befindlichen Unterschriften mit aufgenommen werden müßten.

Es folgt nun das erste Erkenntniß aus unserem Prozesse als Beispiel.

Im Namen des Königs.

In Sachen des Gutsbesitzers Ritterspорn zu Fliederthal, Klägers,

wider

die ehemaligen Gewerken der Kohlengrube Friederike-Agnes bei Fliederthal, namentlich: 1) den Dr. medicinae Klop zu N., 2) den Kommissionär Böse zu B., 3) den Zimmermeister Klotzig zu N., 4) den Kommerzienrath Raffer zu K., Beklagte,

hat das Königl. Kreisgericht zu Krottgau, I. Abtheilung, Deputation für Civilprozesse, als substituirtes Gericht für das Kreisgericht zu N., in seiner Sitzung v. 3. Juli 1860, an welcher Theil genommen haben:

3) Dieser Satz ist bereits durch das Pr. des Obertrib. 421, v. 27. Januar 1838 (I. Samml. S. 376), festgestellt. Vergl. auch das Erk. des Obertrib. v. 21. Oktober 1837 (Centralbl. 1838, Spalte 803). In einem älteren Erk. vom 17. Dezember 1837 (Themis, 1838, Sp. 270, 287) hatte das Obertrib. das Gegentheil ausgesprochen.

1) der Kreisgerichtsdirektor Hay,

2) der Kreisgerichtsrath Wittling,

3) der Kreisrichter Ukeley,

den Akten (und Verhandlungen) gemäß für Recht erkannt: daß die Beklagten gegen das Kontumazialerkenntniß vom 30. März 1860 in integrum zu restituiren, und in der Sache selbst der Kläger schuldig, ernstlich zu prüfen, ob er ohne Verletzung seines Gewissens, und ohne sich der Gefahr auszusetzen, als meineidig gestraft zu werden, einen Eid dahin schwören könne:

daß die aus dem Prozesse geschiedenen sechs Mitbeklagten ihm die Abfindung nicht unter der Verabredung, daß er dadurch auch für die Antheile der Beklagten Klop, Böse, Klotzig und Rupfer*) befriedigt sein solle, gezahlt haben;

im Schwörungsfalle die Beklagten schuldig, dem Kläger

1) an Grundentschädigung für das Jahr 1850 die Summe von Einhundert Sieben und Dreißig Thalern Zehn Silbergroschen Sieben Pfennigen (137 Thlr. 10 Sgr. 7 Pf.), nebst fünf Prozent Verzugszinsen seit dem 1. Januar 1851; für das Jahr 1851 die Summe von Einhundert Thalern (100 Thlr.), nebst fünf Prozent Verzugszinsen seit dem 1. Januar 1852; für das Jahr 1852 die Summe von Zwei und Sechszig Thalern Neunzehn Silbergroschen Fünf Pfennigen (62 Thlr. 19 Sgr. 5 Pf.), nebst fünf Prozent Verzugszinsen seit dem 1. Januar 1853, nach Verhältniß ihrer ehemaligen Antheile an dem Braunkohlenwerke Friederike-Agnes bei Fliederthal zu zahlen;

2) die jährliche Abnutzung des dem Kläger entzogenen Grundeigenthumes in jedem Jahre so lange nach Verhältniß ihrer Antheile zu vergüten, bis der Boden in solchen Stand gesetzt ist, daß er landwirthschaftlich genutzt werden kann;

dagegen der Kläger mit dem Antrage auf eventuelle solidarische Verurtheilung der Beklagten zur Zahlung der vollen Entschädigungen hinsichtlich der Antheile der Beklagten, sowie mit dem Antrage auf Sicherstellung hierfür**), abzuweisen, und die Kosten mit $\frac{1}{3}$ dem Kläger und mit $\frac{2}{3}$ den Beklagten aufzuerlegen***).

---

*) Dieß ist ein Schreibfehler, welcher durch das Deklarationsverfahren gerügt und verbessert werden muß.

**) Dieser aktenwidrige Ausspruch muß durch die Appellation gehoben werden.

***) Uebergangen ist der Nichtschwörungsfall. S. unten, §. 63.

Von Rechts wegen.

Gründe.

Der Kläger ist Eigenthümer des Ritterguts Fliederthal. Auf seiner Feldmark befindet sich eine Braunkohlengrube, Friederike-Agnes genannt. Für dieselbe wurden zum Zwecke des Bergbaues im Jahre 1845 und 1847, auf Anordnung der Bergbehörde, durch den damaligen Schichtmeister der Grube, Sch. zu R., unter Zuziehung der Sachverständigen A. zu B. und Sch. zu W., ohne Widerspruch des Grundeigenthümers, nachbenannte Flächen von den Grundstücken des Klägers expropriationsweise in Besitz genommen.

	95	□R.	Huthung zur offenen Rösche,
	$105\frac{8}{10}$	=	Ackerland zum Fundschacht nebst Haldensturz,
1 M.	$34\frac{1}{2}$	=	Ackerland zur südlichen Aufdeckarbeit,
	$51\frac{7}{10}$	=	Ackerland zur Erweiterung derselben,
1 =	124	=	Ackerland zur nördlichen Aufdeckarbeit.

An Grundentschädigung wurden ohne Widerspruch des Schichtmeisters Sch. und des Grundeigenthümers festgestellt:

für die 95 □R. Huthung zur offenen Rösche jährlich 1 Thlr. 17 Sgr. 6 Pf. und

für erschwerte Ackerbestellung in Folge der durch das Absperren der mitten im Gewende expropriirten Flecke einspringenden Winkel und Spitzen, auf 4 M. 90 □R., jährlich 1 Thlr. pro Morgen.

Die gleichzeitig für die Abnutzung des Ackerlandes durch die Sachverständigen festgestellte durchschnittliche jährliche Entschädigung wurde von Seiten des Schichtmeisters Sch. nicht gut geheißen, indessen ist darnach die ganze Entschädigung bis Ende 1849 geleistet worden. Seitdem ist sie rückständig. Durch das rechtskräftige Erkenntniß des ehemaligen Berggerichts zu W. v. 22. Dezember 1847 ist festgestellt, daß die Abnutzung der Ackerflächen nach den in jedem Jahre in der Kreisstadt N. stattfindenden Marktpreisen zu vergüten ist. Zur Zeit der Expropriation und während der Ausbeutung der Flächen waren die Beklagten Mitgewerken. Seit 1850 ist die Grube ins landesherrliche Freie gefallen und der Kläger hat seitdem weder Entschädigung für die ihm entzogene Abnutzung erhalten, noch hat man ihm die Grundstücke, auf welchen man die Oberkrume abgedeckt, die obere Erdschicht weggenommen und das darunter befindliche Kohlenlager ausgebeutet hat, wieder eingeebnet vollständig zurückgegeben, der größte Theil ist als Unland, in dem Zustande eines großen Wasserbehälters, liegen gelassen worden. Der Kläger hat nun sämmtliche damalige Gewerke auf Leistung der ihm gebührenden Grundentschädigung für die Jahre 1850 bis 1852 und auf Sicherstellung wegen derselben für die Zukunft bis zur Zurückgewähr der Grundstücke im landwirthschaftlich nutzbaren Zustande belangt. Der ordentliche Gerichtsstand der Beklagten in dieser Sache würde nach §. 107, Tit. 2, Th. I der A. G. O. das königl. Kreisgericht zu N. als forum reale sein; der Kläger hat jedoch, aus persönlichen Gründen, die Substitution eines anderen Gerichts ausgewirkt, und es ist in Folge dessen durch Verfügung des königl. Appellationsgerichts zu R. vom 3. Januar 1860 das hiesige Kreisgericht beauftragt worden, als substituirtes Gericht für das Kreisgericht zu N. in dieser Sache zu verfahren und in erster Instanz zu entscheiden. Von den in Anspruch genommenen Gewerken haben sechs den Kläger, nach dessen Anzeige, für ihre Antheile wegen der Vergangenheit und für die Zukunft befriedigt und sind deshalb durch Zurücknahme der Klage gegen sie aus diesem Prozesse ausgeschieden. Die gebliebenen vier Beklagten haben jedoch dem Anspruche des Klägers dem Grunde und dem Betrage nach durchgehends widersprochen. Der ursprüngliche Klageantrag ging dahin:

zu Abschnitt I die Beklagten pro rata, subsidiarisch in solidum zu verurtheilen, ihm die liquidirte Grundentschädigung für die vergangenen drei Jahre 1850, 1851, 1852, nebst Verzugszinsen vom Tage der Fälligkeit jeder Jahresrate, beziehungsweise v. 1. Januar 1851, v. 1. Jan. 1852 und vom 1. Januar 1853 zu bezahlen;

zu Abschnitt II*) für die jährliche, so lange, bis der Boden wieder in solchen Stand gesetzt ist, daß er gehörig genutzt werden kann, zu vergütende Abnutzung des ihnen überlassenen Grundes und Bodens, sowie für den durch Tagebrüche entstehenden Schaden annehmliche Sicherheit, deren Betrag in separato festzusetzen, zu bestellen.

In Folge der Bestreitung des Klagegrundes erweiterte der Kläger den Antrag zu Abschnitt I dahin:

daß die Beklagten auch verurtheilt würden, ihm die jährliche Abnutzung von dem ihm entzogenen Grundeigenthume

*) Hier ist der Anfang der Aktenwidrigkeit; die Klage Abschnitt II war gegen sämmtliche Beklagten zurückgenommen. In dieser Beziehung ist das Erkenntniß ein praktisches Produkt, auch die Entscheidung selbst (mit Ausnahme der Eidesauflage und deren Begründung), so wie die Gründe sind nicht fingirt. Nur der geschichtliche Theil ist umgearbeitet, weil das wirkliche Produkt ein solches Durcheinander und mehrere Bogen langes Gewäsch war, daß dessen Vorführung eine Sünde gewesen sein würde und für uns keinen Zweck gehabt hätte.

in jedem Jahre so lange für ihre Theile zu vergüten, bis der Boden wieder in solchen Stand gesetzt ist, daß er gehörig genutzt werden kann.

(Von hier an Originalfassung, als Beispiel, wie die Entscheidungsgründe in dieser Sache nicht hätten angelegt werden sollen.)

„Abschnitt I.

„I. Für das Jahr 1850 sollen die im Rubro genannten 14 Beklagten (im Erkenntnisse stehen alle ursprünglichen Beklagten, auch die aus dem Prozesse ganz ausgeschiedenen, als fortdauernd Beklagte aufgeführt), die Verpflichteten sein, weil ihnen im Jahre 1845 und 1847 sein Grund und Boden zum Bergbaue überlassen worden sei. Darüber beruft er sich auf das Gegenbuch und eine von der Bergamtskommission zu N. eventualiter einzuholende amtliche Auskunft, hat auch später mit der Replikschrift einen angeblich von der königl. Bergamtskommission zu N. unterm 29. Dezember 1859 beglaubigten Extrakt aus dem Berggegenbuche der Braunkohlenzeche Friederike-Agnes überreicht*). Kläger ist der Ansicht, daß Alle, welche sein Eigenthum übernommen haben, ihm für die Vergeltung persönlich verhaftet seien, bis sie ihm sein Eigenthum zurückgegeben haben, und ihn daher nicht berühre, ob sie es Anderen überlassen haben. Er liquidirt für das Jahr 1850:

	Thlr.	Sgr.	Pf.
1. für 95 □R. Huthung zur offenen Rösche	1	17	6
2. für erschwerte Ackerbestellung auf 4 M. 90 □R. à 1 Thlr. jährlich. Laut Protokolls vom 9. August 1850 seien den 1. Juli 1850 geebnet zurückgegeben worden: 2 M. 12 □R. Ackerland. In Folge dessen will Kläger von da an nur auf 2 M. für erschwerte Ackerbestellung à 1 Thlr. pro Jahr und Morgen Vergütigung verlangen. Diese beträgt			
a) auf die Zeit bis 1. Juli 1850 für 4 M. 90 □R.	2	23	1
b) vom 1. Juli bis Ende Dezember 1850 nur für 2 M.	1	—	—
Uebertrag	5	10	7

*) Das war alles nicht mehr „angeblich", sondern ausgemachte Sache und gewiß, denn der Extrakt aus dem Berggegenbuche war rekognoszirt worden, was, da es eine öffentliche Urkunde, nicht einmal ausdrücklich hätte zu geschehen brauchen.

	Thlr.	Sgr.	Pf.
Uebertrag	5	10	7

Zum Beweise dessen hat Kläger die Grundentschädigungs-Nachweisung des Schichtmeisters der Beklagten v. 18. April 1851 übergeben, worin angeblich*) der eigene technische Vertreter der Beklagten diese Entschädigung auf Grund der protokollarischen Anerkenntnisse, wie geschehen, berechnet haben soll**).

3. Für folgende Ackerflächen laut derselben Rechnung:

	$105\frac{8}{10}$	□R.	Fundschacht nebst Haldensturz,
1 M.	$34\frac{1}{2}$	"	zur südlichen Aufdeckarbeit,
— "	$51\frac{7}{10}$	"	zur Erweiterung derselben,
1 "	124	"	zur nördlichen Aufdeckarbeit.
3 M.	136	□R.	

„Kläger ist der Ansicht, daß ihm die ganze Abnutzung auf das Jahr vergütet werden müsse. Denn obgleich am 1. Juli 1850 2 M. 12 □R. geebnet zurückgestellt worden seien, so sei es doch in der Natur des Ackerbaues begründet, daß auf einem erst am 1. Juli in einem rohen, frisch aufgeschütteten Zustande übergebenen Boden in demselben Jahre nicht das allergeringste mehr erzielt werden könne, und daß also durch eine solche verspätete Zurückgabe die Abnutzung für das ganze Jahr verhindert worden sei. Das sollen die Gutsbesitzer und vereideten ökonomischen Sachverständigen A. auf Waldhof und Sch. zu Weitzenberg bestätigen. Auf dem Gewende, auf welchem jene Flächen sich befinden, soll im Jahre 1850 Weizen erbaut worden sein, und es seien vom Morgen 12 Scheffel gewonnen worden, was der Amtmann K. und Schulze W. bezeugen sollen***). Nach der Bodenbeschaffenheit hätten auf den entzogenen

Uebertrag	5	10	7

*) Nichts von „angeblich", die Person des Schichtmeisters war immer unbestritten, und seine Schrift gleichfalls außer Streit.

**) War gleichfalls unbestritten, streitig war nur die verbindliche Kraft des Anerkenntnisses des Schichtmeisters für die Beklagten.

***) Unpassend weil ganz unstreitig.

	Thlr.	Sgr.	Pf.
Uebertrag	5	10	7
Stücken ebenfalls 12 Scheffel vom Morgen gewonnen werden können, was jene genannten Sachverständigen bekunden sollen, die den Acker genau kennen sollen. Dieselben sollen bestätigen a) daß, wenn der Grundherr hinlänglich entschädigt werden soll, von dem Bruttoertrage außer dem Samen nichts abgerechnet werden darf, weil wegen der geringen Fläche im Verhältnisse zum ganzen Gute an den Arbeits= und Zugkräften auf dem Gute keine Reduktion, also keine Ersparniß möglich sei, und daß auf Düngung der ganze Strohertrag, die Spreu, Ueberkehr und Nachhütung außer Ansatz gelassen worden sei, wodurch die Düngung reichlich ausgeglichen werde, zumal überdieß noch der Futtergewinn entgehe; b) daß auf den Morgen 16 Metzen Aussaat zu rechnen. „Darnach betrüge der Ertrag von 3 M. 136 □R. per Morgen 12 Scheffel, nach Abzug der Aussaat von 1 Scheffel per Morgen noch 44 Scheffel. Nach dem Oppelner Regierungs=Amtsblatte pro 1851 S. 14 soll*) der Durchschnitts=Marktpreis des Weizens in der Kreisstadt N. im Monat Dezember 1850, als der Zeit der Fälligkeit der Entschädigung, 3 Thlr. pro Scheffel gewesen sein, mithin für 44 Scheffel . .	132	—	—
Kläger fordert überhaupt für 1850	137	10	7.

„Auf Grund der §§. 237, 238, Tit. 17, Th. I des A. L.R. trägt Kläger an

die Beklagten pro rata und subsidiarisch in solidum zu verurtheilen, ihm an Grundentschädigung für 1850 137 Thlr. 10 Sgr. 7 Pf., nebst 5 Prozent Zinsen seit dem 1. Januar 1851, zu bezahlen.

„II. Für die Entschädigung des Jahres 1851 sollen nach der Ansicht des Klägers ihm die Beklagten sämmtlich, wenn auch im Laufe des Jahres Einer oder der Andere die Kohlengräberei verlassen hätte, verhaftet sein, da Keiner ihm sein Eigenthum oder einen Theil zurückgewährt habe. Er fordert gemäß der vorhergehenden Darlegung:“

*) Gleichfalls unpassend, weil es nach dem Amtsblatte gewiß ist.

1) (Hier folgt die Liquidation.)

„Abschnitt II.

„Kläger fordert angeblich (warum angeblich? die Forderung war ganz gewiß gemacht worden) aus zwei Rechtsgründen Sicherheitsbestellung. (Hier folgt ein bogenlanger Aktenauszug, der wegen der Zurückziehung dieses Klageabschnitts eine ganz nutzlose Arbeit ist.)

„Die Beklagten haben dem ganzen Klageantrage widersprochen, indem sie folgende Einwendungen machen:

1) Der Lehnsträger, nicht sie, habe geschürft, gemuthet und die Belehnung erhalten, mithin könne nur gegen diesen geklagt werden;

2) sie seien nur Nutznießer, der Staat dagegen Eigenthümer des Bergwerks, also dieser der eventuell Verpflichtete;

3) da es sich zugleich um Entschädigung von bleibenden Anlagen handele, so könne nur mit den Repräsentanten verhandelt werden, §§. 269—271, Tit. 16, Th. II des A. L.R.;

4) eine persönliche Verpflichtung liege nicht vor, da das fragliche Bergwerk in das landesherrliche Freie gefallen sei, §. 289 a. a. O., wie die zu den Akten gekommenen bergamtlichen Bescheinigungen darthun; eventualiter habe sich Kläger an die Grubenkasse zu halten;

5) die Höhe der Entschädigungsforderung werde bestritten, weil die Ermittelung ad Nr. 1 und 2, a, b, ohne ihre Zuziehung erfolgt und ihre Genehmigung nicht zu der unberechtigten Anerkennung des Schichtmeisters ertheilt worden sei, und weil ad Nr. 3 daselbst eine zeitweise Nutzung pro 1850 landwirthschaftlich dem Kläger möglich gewesen;

6) mit der mangelnden persönlichen Verhaftung falle auch die subsidiarische Verbindlichkeit hinweg; endlich sei

7) der erweiterte Klageantrag verspätet und daher unzulässig, auch kein gesetzlicher Grund zur Sicherheitsbestellung vorhanden.

„Anlangend die Kompetenz des hiesigen Gerichts (nun folgt eine lange Prüfung der Kompetenz, deren Grund schon als gewiß und unangezweifelt in der Geschichtserzählung vorgetragen worden war).

„Die Einwendungen der Beklagten bezüglich der mangelnden Passivlegitimation*) sind nicht begründet. Der Staat hat sich allerdings das Bergwerksregal auch für Braunkohle vorbehalten.

*) Es war nur eine Einwendung, nämlich die der mangelnden Passivlegi-

§. 71, Tit. 16, Th. I des A. L.R.; er gestattet jedoch die Beleihung dieses Bergwerkseigenthums, sobald, wie sich von selbst versteht, ein solches ins Leben gerufen wird, an Privatpersonen, lediglich unter Vorbehalt der Betriebs=Oberaufsicht, §. 79, 82 daselbst. Der gehörig Beliehene tritt also in die Rechte und Pflichten des Staats ein, vorbehaltlich der Kontrole. Der §. 128 a. a. O. und das Marginale sprechen ausdrücklich von den Privatpersonen als Bergwerkseigenthümern. Das Schürfen geht dem Muthen voraus, und der beliehene Muther erlangt die Kuxe (?) als dingliches Eigenthum (giebt es auch ein nicht dingliches Eigenthum?) durch die Besitztitelberichtigung (?) im Berggegenbuche. §§. 154, 158, 169, 267, und §. 253 daselbst. Im letztallegirten §. 253 ist ausgesprochen, daß jedes verliehene Bergwerkseigenthum, also auch Bergwerkstheile oder Kuxe, zum unbeweglichen Eigenthume gerechnet werden; nur die Ausbeute ist bewegliches Vermögen*). Unbeschadet dieses unbeweglichen Eigenthums verbleibt der Grundeigenthümer der Eigenthümer der Bodenoberfläche, falls sie nicht besonders verkauft worden ist. §. 190. Demnach (?) liegt zwischen dem Grundeigenthümer, welcher den zum Bergbaue nöthigen Boden hergiebt, und den das Bergwerk Bebauenden ein Realkontrakt vor**), indem der etwa fehlende Konsens***) des Ersteren durch das Gesetz supplirt wird, §. 109, und zwar wie bei Expropriationen†). — Grundeigenthum kann nur mit allen darauf haftenden Lasten erworben resp. übertragen werden. Zu den öffentlichen (?) Lasten gehören aber auch diejenigen fortdauernden Verbindlichkeiten, welche das besondere Gesetz, hier §. 112 und 113, statuirt.

„Die Beklagten sind, wie der anerkannte Extrakt aus dem Berggegenbuche vom 29. Dezember 1851 ergiebt, die Erstbeliehenen gewesen, und bis zum Freifallen ihrer Kuxe, welche auf Andere nicht übergegangen sind, die Mitgewerke gewesen††). Die

---

timation, und was da unter Nr. 1 u. flg. als verschiedene Einwendungen vorgetragen worden, sind nur Gründe dieser Einwendung.

*) Das ist für die vorliegende Frage völlig gleichgültig und ohne Folge.

**) Kann sein, aber im Allgemeinen ist es unrichtig, es kommt auf das zwischen beiden Theilen Geschehene an.

***) Wenn er nicht fehlt, so ist es ja ein vollständiger Konsensualkontrakt, wenn auch der Preis noch durch einen Dritten bestimmt werden soll.

†) Hier handelt es sich um eine Expropriation selbst, nicht um eine Analogie.

††) Dieser Umstand ist unerheblich, es fragt sich nur: ob sie Kontrahenten des Grundeigenthümers waren.

Beliehenen und Bauenden haben die §§. 112 und 113 bestimmten Entschädigungen zu leisten und haften dafür als erste Erwerber*) zugleich**) persönlich.

§. 114 a. a. O. — Vergl. Plenarbeschluß des königl. Obertribunals vom 4. November 1849, und Kap. 73, §. 2 der Schlesischen Bergordnung, vom 5. Juni 1769.

„Es folgt dieß aber, außer den angeführten allgemeinen Rechtsregeln, auch aus §. 293, Tit. 16, Th. II des Allg. L.R.; denn der Kläger hat durch den Nichtempfang der Entschädigungen für 1850—1852 eine für die Berechnung der Zubuße einflußreiche Minus-Ausgabe herbeigeführt, für welche, wenn sie in die Zubuß-Ausschreibung aufgenommen worden wäre, die Beklagten persönlich aufzukommen haben, auch wenn sie nicht mehr Bergwerkseigenthümer sind***). Irrig ist die von den Beklagten aus §. 289 dagegen hergeleitete Deduktion. Denn dieser §. 289 sagt nur, daß in dem angegebenen Falle die dinglichen Rechte der Gewerken an dem Bergwerkseigenthume wegfallen; von einem gleichzeitigen Wegfalle ihrer sonstigen Verbindlichkeiten ist nicht die Rede, und konnte es nicht sein, da nur die nachtheiligen Folgen aus der unterbliebenen Zubußzahlung auszusprechen waren, natürlich bloß gegen denjenigen, welchen hierbei eine Schuld trifft. Da übrigens die Beklagten zugestehen, und womit auch die bei den Akten befindlichen Urkunden übereinstimmen, daß die ganze Grube in das landesherrliche Freie gefallen ist, so kann fernerhin ein Repräsentant oder Lehnsträger nach Erlöschen des Gegenstandes dafür nicht mehr existiren, gegen ihn demnach nicht, sondern nur noch gegen diejenigen geklagt werden, welche bisher vertreten wurden. Dasselbe gilt von der Grubenkasse. Es hat also keinen Sinn, wenn die Beklagten den Kläger an den Repräsentanten oder Lehnsträger, und an die Grubenkasse verweisen, welche sie nicht mehr haben; denn sie selbst sind die Subjekte.

„Alle Theilnehmer an diesem Bergbaue (die sämmtlichen Gewerke) stehen als ein Ganzes dem Kläger gegenüber; ein Vertrag, welcher die Beitragsbestimmungen enthält, liegt nicht vor, doch ist

*) Dieser Grund ist zutreffend.

**) Warum zugleich? Es muß heißen nur.

***) Diese in die Materie von nützlichen Verwendungen hinüberschweifende Erwägung ist überflüssig, da ja der Kläger sein unmittelbares Vertragsverhältniß zu den Beklagten hat, mithin den Umweg der nützlichen Verwendung nicht nöthig und auch nicht betreten hat.

dieser Umstand nicht Bedingung eines Korrealverhältnisses der Beklagten, dem Kläger gegenüber, vielmehr genügt hierzu nach §. 239, Tit. 17, Th. I des A. L.R., daß die Gesellschafter einem Dritten aus einem ausdrücklichen, wenn auch nur durch ihren Bevollmächtigten eingegangenen Vertrage ohne Bestimmung der Beiträge der Einzelnen verbindlich gemacht worden sind, und der Kläger steht mit seiner Meinung, daß dieses in der Person des Schichtmeisters der Grube in der That geschehen sei, keinesweges allein. Da jedoch der Kläger hierüber nicht streiten will; so müssen die §§. 237 und 238, Tit. 17, Th. I des A. L.R. zur Anwendung kommen, wonach sich Kläger zunächst nur an jeden der Genossen auf Höhe seines Antheils halten kann, wogegen für etwaigen Ausfall die Mitgenossen als Bürgen subsidiarisch haften. Allein der Kläger hat 6 Mitverklagte von dem erhobenen Anspruche freigelassen, und dabei angeführt, daß er von ihnen bezüglich ihrer Antheile befriedigt sei. Hieraus folgt, daß die noch jetzt an diesem Prozesse betheiligten Verklagten subsidiarisch nur für die etwa in der Exekution ausfallenden Antheile ihrer mitverklagten Genossen aufzukommen haben. Der Klageantrag ist aber auf die ganze Entschädigung gerichtet und nicht demgemäß modifizirt worden, woraus die betreffende theilweise Abweisung folgte*).

„Nach diesen Vorausschickungen fragt es sich, welche Entschädigungen die Verklagten zu leisten haben. Der Grundeigenthümer muß vollständige Entschädigung erhalten für Alles, was er zum betreffenden Bergbaue hergegeben und verloren hat. Der Kläger hat im Abschnitte I der Klage die abgetretenen Grundstücke genau specifizirt, und sind dieselben von der bergamtlichen Kommission am 12. November 1845, resp. 8. April 1847 besichtigt worden. Gegen diese thatsächlichen Feststellungen ist Seitens der Verklagten kein Einwand gemacht worden.

„Der Schaden zerfällt in gänzliche und zeitweise entzogene landwirthschaftliche Benutzung vom Acker, und in erschwerte Ackerbestellung. Da der §. 112 zurückweiset auf Tit. 6, §. 7, Th. I des A. L.R., so muß nicht nur der gesammte Schaden, sondern auch der entzogene Gewinn vergütet werden.

„Die erschwerte Zufuhr zu dem an die Grube anstoßenden Akker ist durch die erwähnten Verhandlungen außer Zweifel gesetzt, aber auch eben so unzweifelhaft, daß eine leichte Zufuhr ein Ge-

*) Ein widersinniger Grund, der, wie weiterhin vorkommt, von dem Appellationsrichter reprobirt worden ist.

winn für den, dieselbe Bedürfenden, und eine Erschwerung ein entzogener Gewinn und ein Verlust ist. Die Verklagten haben also hierfür aufzukommen. Bezüglich der entzogenen Ackerbenutzung schreibt der §. 113 sowohl den Umfang als die Dauer der Entschädigung vor.

„Den Werth der Zufuhrerschwerung hat die erwähnte Bergkommission ermittelt, und zwar unter Zuziehung zweier vereideter Kreistaxatoren. Das Gesetz benennt diese gemeinschaftlichen Sachverständigen als die für dieß Geschäft hauptsächlich geeigneten. §. 115 a. a. O. Die Verklagten haben zwar eingewendet, daß ihr damaliger Schichtmeister zu einem Anerkenntnisse nicht berechtigt gewesen, und daß sie selbst hierbei nicht zugezogen worden, weshalb sie das Taxresultat nicht gegen sich gelten lassen dürften. Richtig sind die ersteren beiden Behauptungen, denn der Schichtmeister ist nur gesetzlicher Generalbevollmächtigter in so weit, als es sich um den Betrieb des Bergwerks selbst handelt, §. 314; unzutreffend ist dagegen die letztere Behauptung, denn da die gedachte Kommission zunächst die Befugniß zur Schadensermittelung hatte, so war es Sache der Verklagten, durch bestimmte Data die Unrichtigkeit der Taxe unter Berufung auf andere Sachverständige nachzuweisen. Dieß ist nicht geschehen, und verbleibt es daher bei diesem Resultate, nach welchem der betreffende Klageantrag übereinstimmt.

„Durch die Sachverständigen Allnoch und Schwarzer ist der Werth der dem Kläger pro 1850, 1851 und 1852 entzogenen Abnutzung so ermittelt worden, wie ihn Kläger erstattet haben will, weshalb auch hiernach zu erkennen war. Auch die nachträglich geforderte Entschädigung pro futuro, bis die Gruben zugeschüttet und der Acker zur landwirthschaftlichen Benutzung wieder hergestellt sein wird, findet ihre Begründung im §. 113 a. a. O.

„Von Entschädigung für bleibende Anlagen ist keine Rede, da geständlich Gebäude und dergleichen Anlagen nicht existiren. Demnach wird in Folge des Freifahrens nach §. 190 verfahren.

„Der Einwand des für die Instanz verspäteten Klagenachtrags behebt sich, wenn man den §. 29 der Instruktion vom 24. Juli 1833 nach der eigentlichen Intention in Hinblick auf §. 5ª, Tit. 10, Th. I der A. G.O. und resp. §. 21, Tit. 5 das. nur dahin erklären kann, daß keine neuen Forderungen, welche nicht im genausten und engsten Zusammenhange mit dem ursprünglichen Klagepetitum stehen, zuzulassen, weil diese mehr oder minder mit neuen Thatsachen in Verbindung stehen, und ein dem neuen Prozeßverfahren fremdes Fortsetzen der mündlichen Verhandlung nöthig machen würde.

„Dagegen war Kläger mit der geforderten Sicherstellung abzuweisen. Denn der Fall des Kontrakts, wonach solche eventuell bewilligt, ist nicht vorhanden, und die Bergordnung läßt solche Forderung nur zu, wenn gesetzmäßige Gründe zum Arrestschlage vorhanden sind. §. 153*). Dergleichen Gründe sind von dem Kläger nicht vorgebracht worden, und war derselbe hiermit zurückzuweisen.

„Die Kostenvertheilung rechtfertigt sich gemäß §. 2, Tit. 23, Th. I der A. G.O. durch das Verhältniß des Zugesprochenen zu dem Zurückgewiesenen."

(Hier endet die Originalfassung. Es folgt, ohne Veränderung der Rechtsgedanken, wie sie den bisher angedeuteten Kunstregeln (§§. 38, 39) mehr entsprechen dürfte. Der Einwand der mangelnden Aktivlegitimation und die daraus entstandene Eideszuschiebung ist fingirt und zu dem Zwecke eingelegt, um daran die Behandlung eines zugeschobenen Eides und schließlich das Purifikations-Verfahren zu veranschaulichen.)

Was zuvörderst die während des Prozesses geschehene Erweiterung des Klageantrages zu Abschnitt I betrifft, so ist der von den Beklagten gegen die Zulassung aus prozessualischen Gründen erhobene Widerspruch unbegründet. Die A. G.O. Th. I, Tit. 5, §. 21 und Tit. 10, §. 5[a] gestattet eine solche Aenderung und Erweiterung ebenso wie eine Ermäßigung des Klagepetitums ganz ausdrücklich, wenn sich dazu aus den gepflogenen Verhandlungen und aus der Feststellung des Sachverhältnisses Veranlassung ergiebt. Daran ist durch die neuere Prozeßgebung ausdrücklich gar nichts geändert und folgeweise folgt aus der gegenwärtigen Eventual-Maxime gleichfalls keine Abänderung. Nach dieser Maxime sollen die Parteien bis zu einem bestimmten Präklusivtermine nur alle Thatumstände vorbringen, aus welchen rechtliche Folgerungen gezogen werden, aber daß aus den rechtzeitig vorgebrachten und deshalb zulässigen Thatumständen nicht noch auf rechtliche Folgen daraus, auf welche nicht gleichzeitig hingewiesen worden ist und, wie in diesem Falle, nicht hingewiesen werden konnte, weil sie bis dahin noch nicht bestritten worden waren, gefußt werden dürfe, ist nicht vorgeschrieben und auch nicht prozeßwidrig. Die angerufene

*) Bezieht sich nicht auf Abtretung von Grundeigenthum zum Zweck des Bergbaues, sondern auf vorübergehende Schürfarbeiten.

Instruktion v. 24. Juli 1833 §. 29 spricht bloß von der Unzulässigkeit neuer Thatsachen und den daraus herzuleitenden neuen Forderungen oder neuen Vertheidigungsmitteln, und die Dekl. v. 6. April, Art. 3, Nr. 2 berührt diesen Gegenstand nicht.

Gegen den Grund des ganzen Anspruches machen die Bekl. prinzipaliter den Präjudizialeinwand der mangelnden Passivlegitimation, d. h. den Mangel einer jeden persönlichen und auch dinglichen Verbindlichkeit gegen den Kläger geltend. Diesen Einwand begründen sie damit, daß sie nicht Schürfer, nicht Muther und auch nicht ursprünglich Beliehene oder Lehnsträger seien; daß sie nur Nutznießer gewesen seien, der Staat aber der Bergwerkseigenthümer sei; daß wegen bleibender Bergwerksanlagen nur mit dem Repräsentanten verhandelt werden könne; daß das Bergwerk seit 1850 in das landesherrliche Freie gefallen und dadurch nach §. 289, Th. II, Tit. 16 des A. L.R. alle dinglichen Rechte der Gewerken an dem Bergwerke erloschen seien; daß nach §. 292 a. a. O. Grubenschulden von den ausgeschiedenen Gewerken nicht zurückgefordert werden könnten. Diese Einrede fällt zusammen mit dem Klagegrunde. Ist dieser richtig, so fällt die Einrede von selbst als grundlos zusammen.

Der Kläger fordert von den Beklagten, als Bergbauenden, Entschädigung für den ihm zum Zwecke des Bergbaues entzogenen Grund und Boden. Die Besitznahme ist 1845 und 1847 auf Anordnung der Bergbehörde durch den Schichtmeister der Grube geschehen und die Beklagten waren damals Miteigenthümer der Grube (Mitgewerken) und sie haben auch mit ihren Genossen die Grundstücke ausnutzen und demnächst als Unland liegen lassen. Die Rechtshandlung war eine Expropriation, welche die Form eines Kaufs oder die einer Pachtung annehmen kann. In dem vorliegenden Falle war es die einer Pachtung, denn die Grundstücke sollten nur auf die Zeit ihrer Ausbeutung mittelst Tagewerke gegen die jährliche Abnutzung bis zur Wiederherstellung in einen landwirthschaftlichen Zustand übernommen werden. Das Rechtsverhältniß war also ein Pachtverhältniß, bei welchem die Vergütung nach ihrem Betrage durch einen Dritten, entweder die Bergbehörde oder durch den Richter bestimmt werden sollte, insofern keine Vereinbarung stattgefunden hatte. Die Kontrahenten waren die Grundeigenthümer einerseits und die mit dem Expropriationsrechte Beliehenen, die Bergbauenden, vertreten durch die Bergbehörde und den Schichtmeister der Grube, andererseits.

A. L.R. II, 16, §§. 109, 112. — Schlesische Bergordnung v. 5. Juni 1769, Kap. 73, §. 2.

Beide Theile stehen mithin in einem Vertragsverhältnisse, aus welchem wesentlich eine persönliche Verbindlichkeit entspringt. Mit der Besitznahme der Grundstücke war die persönliche Verbindlichkeit begründet. Von dieser eiumal begründeten Verbindlichkeit können die Beklagten sich überhaupt nicht einseitig und willkührlich, insbesondere nicht durch Aufgebung ihres Bergwerkseigenthums, zumal nachdem sie die expropriirten Grundstücke für sich ausgebeutet und die Aecker in Unland verwandelt haben, freimachen; sie müssen ihre Verbindlichkeit erfüllen.

Die für ihre Meinung beigebrachten Gründe sind alle unerheblich oder unzutreffend. Unerheblich ist es, wer der Schürfer, der Muther oder der ursprünglich Beliehene und der Lehnsträger der Grube gewesen sei; unrichtig ist es, daß die Beliehenen und deren Nachfolger nur Nießbraucher gewesen seien, der Staat aber Eigenthümer des in Rede stehenden besonderen Bergwerks, und überdieß würde das unerheblich sein, weil es lediglich darauf ankommt: wer das Expropriationsrecht ausgeübt und die expropriirten Grundstücke für sich ausgebeutet und zu Unland gemacht hat oder hat machen lassen; unrichtig und unsubstantiirt ist das Vorbringen, daß es sich um bleibende Bergwerksanlagen handele, da dergleichen nicht vorhanden sind und da überdieß nicht angegeben wird, was daraus in Beziehung auf ihre Verbindlichkeit, die Vergütung für den expropriirten Grund und Boden zu bezahlen, würde folgen sollen; unerheblich ist der Verlust ihrer dinglichen Rechte an der in Rede stehenden Kohlengrube durch Freifahrung oder Auflassung, da der §. 289 a. a. O. daran durchaus nicht die Befreiung der Gewerken von ihren bereits begründeten persönlichen Verbindlichkeiten knüpft, und unzutreffend ist die Berufung auf die Bestimmung des §. 292 a. a. O., wonach Grubenschulden von den ausgeschiedenen Gewerken durch persönliche Klagen nicht zurückgefordert werden können, indem es sich darum hier nicht handelt und die Entschädigungsforderungen des Grundeigenthümers überhaupt gar nicht zu den Grubenschulden gehören und der Grundeigenthümer als solcher kein Berggläubiger ist. §. 343 a. a. O.

Eventualiter wenden die Beklagten ein, daß der Kläger sein Klagerecht während des Prozesses durch vollständige Befriedigung verloren habe, indem die ausgeschiedenen sechs ursprünglich Mitbeklagten nicht bloß für ihre Antheile, sondern wegen des Ganzen den Kläger befriedigt hätten, worüber sie ihm den Eid deferiren. Der Kläger hat zwar den Eid eventuell acceptirt, den Einwand aber für unerheblich gehalten, weil derselbe eine exceptio de jure tertii sei. Darin ist ihm jedoch nicht beizutreten. Denn da die Beklagten in einem, wenn auch nur subsidiarischen Korreal-Verhältnisse zu dem Kläger stehen, so werden sie durch die Zahlung des Ganzen Seitens eines Mitverpflichteten von ihrer Verbindlichkeit, dem Gläubiger gegenüber, befreit. A. L.R. Th. I, Tit. 5, §§. 434, 435. Deshalb hängt die Entscheidung der Sache von der Ableistung des Eides, so wie er normirt ist, ab. Auf das Verlangen der Beklagten, auch noch den Gegensatz, daß nämlich der Kläger nicht bloß für die Antheile der Ausgeschiedenen abgefunden worden sei, in den Eid aufzunehmen, ist nicht einzugehen; es genügt, daß der Eid den Beweissatz, daß der Kläger für seinen ganzen Anspruch befriedigt worden sei, einfach erschöpfe, und dieses ist in der Norm, in welcher er dem Kläger anvertraut wird, der Fall.

Wird der Eid geleistet, so haben die Beklagten wie Gesellschafter dem Kläger zu haften: ob hauptsächlich oder nur subsidiarisch (als Bürgen) in solidum — A. L.R. I, 17, §§. 337 bis 339 — kann dahin gestellt bleiben. In dieser Sache war der ursprüngliche Antrag des Klägers, nur zur subsidiarischen Haftung in solidum die sämmtlichen Beklagten, zur Vermeidung eines Streites über eine hauptsächliche Solidarhaftung, zu verurtheilen, nach §§. 337 und 338 a. a. O. unzweifelhaft begründet. Allein der Kläger hat 6 Mitbeklagte von dem erhobenen Anspruche freigelassen und dabei angeführt, daß er von ihnen bezüglich ihrer Antheile befriedigt worden sei. Hieraus folgt, daß die noch jetzt an diesem Prozesse betheiligten Beklagten subsidiarisch nur für die etwa in der Exekution ausfallenden Antheile ihrer mitverklagten Genossen aufzukommen haben. Der Klageantrag ist aber auf die ganze Entschädigung gerichtet und nicht demgemäß modifizirt worden, woraus die betreffende Abweisung folgt.

Es kommt nunmehr auf den Fall der Eidesleistung auf die Festsetzung der Leistungen der Beklagten an.

Abschnitt I der Klage

liquidirt der Kläger den Betrag seiner Entschädigungsforderung für die vergangenen Jahre 1850 bis 1852.

I. Für das Jahr 1850 fordert er:

	Thlr.	Sgr.	Pf.
1. für 95 □R. Hüthung zur offenen Rösche	1	17	6
2. für erschwerte Ackerbestellung	3	23	1

auf Grund der bergamtlichen Festsetzung und einer Grundentschädigungs-Nachweisung des Schichtmeisters der Beklagten, v. 28. April 1851.

Gegen die zweite Post machen die Beklagten die Einrede der Unzulässigkeit, es solle nur die Abnutzung von den entzogenen Grundstücken gefordert werden können. Diese Einrede hat keinen Grund. Der Grundeigenthümer hat nach §. 112 des A. L.R. a. a. O. und dem dort allegirten §. 7, Tit. 6, Th. I vollständige Genugthuung zu fordern. Die erschwerte Zufuhr zu dem an die Grube anstoßenden Acker ist festgestellt und es ist unzweifelhaft, daß eine leichte Zufuhr ein Vortheil und eine verursachte Erschwerung ein Nachtheil oder Verlust ist. Die Beklagten haben die Erschwerung verursacht, folglich müssen sie dafür aufkommen.

Dann setzen die Beklagten gegen den Betrag der beiden Posten aus, daß ihr Schichtmeister zu einem Anerkenntnisse nicht berechtigt gewesen sei, und daß sie selbst zur Feststellung nicht zugezogen worden seien, weshalb sie das Taxresultat nicht gegen sich gelten zu lassen brauchten. Mögen die beiden Thatumstände hinsichtlich ihrer Richtigkeit dahin gestellt bleiben, aber die daraus gezogene Folgerung trifft für die jetzige Lage der Sache nicht zu. Denn die Bergbehörde war zur Feststellung der Entschädigung zunächst berufen und sie hat diesen gesetzlichen Auftrag ausgeführt. Die Beklagten hätten, unter Berufung auf andere Sachverständige und bestimmter Angabe von Thatsachen, die Unrichtigkeit der Festsetzung behaupten und auf richterliches Gehör darüber antragen können. Das ist bis heute nicht geschehen, im Gegentheil, sie haben es bei dem Anerkenntnisse ihres technischen Stellvertreters nicht nur bewenden lassen, sondern dasselbe dadurch gutgeheißen, daß sie darnach die Grund-

Uebertrag	5	10	7

Thlr. Sgr. Pf.

Uebertrag 5 10 7

entschädigung durch mehrere Jahre haben zahlen lassen. Deshalb muß es auch jetzt bei der Festsetzung verbleiben, um so mehr, als dieselbe nicht sachgemäß angefochten ist.

3. Für die nach Abzug der 95 □R. Hüthung (Nr. 1) verbleibenden 3 M. 136 □R. Acker fordert der Kläger den Dezember-Marktpreis für 44 Schffl. Weizen à 3 Thlr., mit . . . . 132 — —

Hiergegen machen die Beklagten folgende Ausstellungen:

a) Am 1. Juli 1850 sind von dieser Gesammtfläche 2 M. 12 □R. frisch eingeebnet zurückgegeben worden. Der Kläger fordert gleichwohl die Abnutzung von der ganzen Fläche für das ganze Jahr, weil es in der Natur des Ackerbaues begründet sei, daß auf einem erst am 1. Juli in einem rohen, frisch aufgeschütteten Zustande übergebenen Boden in demselben Jahre nicht das allergeringste mehr erzielt werden könne und also durch eine solche verspätete Zurückgabe die Abnutzung für das ganze Jahr verhindert worden sei. Das wollen die Beklagten nicht gelten lassen. Sie bestreiten im Rechtspunkte, daß auf diesen Thatumstand etwas ankomme, weil die Grundentschädigung nur bis zu dem Zeitpunkte der Zurückgabe des Grundstückes zu leisten sei, und in thatsächlicher Hinsicht bestreiten sie, daß nach dem 1. Juli nichts mehr habe erbaut werden können; sie meinen, es hätten noch Gemenge und rasch wachsende Futterkräuter erbaut werden können. In thatsächlicher Hinsicht ist die Einrede nicht substantiirt, denn die Beklagten haben nicht behauptet, wieviel die von ihnen unterstellte Gemenge- oder Futterkräuter-Ernte im Verhältnisse zur Weizenernte, welche in diesem Jahre auf dem Gewende gemacht worden ist, werth gewesen sein würde; denn der Einwand könnte doch nur darauf hinausgehen, daß der Kläger sich so viel, wie er durch eine dergleichen Gemenge- oder Futterkräuter-Ernte würde ha-

Uebertrag 137 10 7

Thlr. Sgr. Pf.
Uebertrag 137 10 7

den gewinnen können, an der Weizenernte abrechnen müsse. Indessen ist dieses nicht beachtet worden und man hat die von dem Kläger über seinen Beweissatz produzirten Sachverständigen auch über die unbestimmten Ausstellungen der Beklagten vernommen.

Was den Rechtspunkt betrifft, so ist das Monitum der Beklagten unbegründet. Es kommt nicht darauf an, daß das Grundstück zurückgegeben werde, sondern wie, d. h. in welchem Zustande es zurückgegeben worden ist. Nach §. 113 des A. L.R. a. a. O. muß die Abnutzung so lange vergütet werden, bis der Boden wieder in solchen Stand gesetzt ist, daß er gehörig genutzt werden kann.

In thatsächlicher Hinsicht haben die klassischen Sachverständigen A. und Sch. einstimmig ausgesagt, daß es unmöglich sei, nach dem 1. Juli auf einem erst frisch und mit rohem Erdboden eingeebneten Flecke in demselben Jahre noch irgend eine Frucht, sei es auch Gemenge oder rasch wachsendes Futterkraut, zu erbauen; sie haben ihr Gutachten mit technischen Gründen motivirt und gegen diese Gründe ist gar nichts vorgebracht worden. Das Monitum der Beklagten ist also hinfällig.

b) Der Kläger hat von dem Morgen einen Bruttoertrag von 12 Scheffeln Weizen berechnet. Diesen haben die Beklagten im Allgemeinen bestritten, ohne ein quantum minus einzuräumen. Man hätte hierüber nach Prozeßgrundsätzen hinweggehen können. Denn der Ansatz beruhet auf der Behauptung, daß im Jahre 1850 auf dem Gewende wirklich 12 Scheffel Weizen vom Morgen gewonnen worden seien, worüber Beweis durch Vorlegung der Wirthschaftsrechnungen und durch Zeugen angeboten worden ist; und daß die in dem Gewende liegenden Bergwerksflecke wegen ihrer gleichen Bodenbeschaffenheit den gleichen Ertrag hätten geben können, was dieselben Sachverständigen begutachten sollen.

Uebertrag 137 10 7

Thlr. Sgr. Pf.

Uebertrag 137 10 7

Hierauf ist ein ganz allgemeines Bestreiten in Pausch und Bogen nicht geeignet, einen bestimmten sachgemäßen Beweissatz festzustellen und darnach die Beweisführung mit Aussicht auf ein bestimmtes Ergebniß durchzuführen, da z. B. die Beweisführung durch Eid, wenn dieser den Beklagten hätte anvertraut werden sollen und nur dahin, daß nicht 12 Scheffel vom Morgen gewonnen worden seien, geleistet worden wäre, gar keinen Einfluß auf die Entscheidung der Sache hätte haben können, so lange nicht von den Beklagten ein Minus zugegeben oder behauptet worden wäre, es sei gar nichts gewonnen worden. Indessen hat man die Vernehmung der Sachverständigen zugleich über die Frage: ob auf den fraglichen Stellen 12 Scheffel Weizen vom Morgen hätten gewonnen werden können, verordnet. Die Sachverständigen haben dieses mit Bestimmtheit bestätigt und gegen die von ihnen angegebenen technischen Gründe ist von den Beklagten gar nichts vorgebracht worden.

c) Der Kläger hat von dem Bruttoertrage weiter nichts als 16 Metzen Sameneinfall per Morgen abgerechnet. Dabei replizirt er anticipando: Bestellungskosten könnten nicht in Abzug kommen, wenn er vollständig entschädigt werden solle, weil wegen der sehr geringen Fläche von 3 M. 136 □R. im Verhältnisse zum ganzen Gute an Arbeits- und Zugkräften keine Reduktion thunlich gewesen, folglich nichts erspart worden sei; und auf Düngung sei deshalb nichts in Abzug zu bringen, weil der ganze Strohertrag, die Spreu, Ueberkehr und Nachhutung, welches zusammen den Werth der erforderlichen Düngung überwiege, außer Ansatz gelassen worden sei, worüber er seinerseits auf das Gutachten der genannten Sachverständigen sich beruft. Die Beklagten haben sich auf ein allgemeines Bestreiten der Replik beschränkt, das Monitum selbst aber, gegen welches die Replik anticipando gerichtet war, nicht vorgebracht,

Uebertrag 137 10 7

	Thlr.	Sgr.	Pf.
Uebertrag	137	10	7

d. h. sie haben nicht monirt, wie viel Aussaat mehr erforderlich gewesen sei; wie viel auf Bestellungskosten abgerechnet werden müßte; daß und wie viel die Düngung mehr werth sei als die zur Ausgleichung derselben außer Ansatz gelassenen Ackererzeugnisse. Es ist jedoch auch hier die Erhebung des von dem Kläger für seine anticipirte Replik angetretenen Beweises verfügt worden. Die Sachverständigen haben bestätigt, es sei 1 Scheffel Aussaat auf den Morgen genügend gewesen; auf Bestellung dürfe nichts in Abzug kommen, weil dieselbe mit den vorhandenen Kräften hätte bestritten werden können; und die außer Ansatz gelassenen Erzeugnisse seien mehr werth als die Düngung, welche erforderlich gewesen wäre. Die übereinstimmenden Gutachten sind ausführlich und überzeugend motivirt und die Gründe sind unangefochten geblieben.

In Betreff des Dezember-Marktpreises lassen die Beklagten fallen, daß der Kläger sich mit dem Martini-Marktpreise werde begnügen müssen. Warum? und was daraus folgen soll, wird nicht gesagt*).

Hiernach muß die Forderung des Klägers pro 1850 liquidirtermaßen festgesetzt werden auf . . 137 10 7 nebst Verzugszinsen vom 1. Januar 1851 an als dem Tage der Fälligkeit.

II. Für das Jahr 1851 liquidirt der Kläger wie folgt: (folgen die Liquidationen und Festsetzungen für 1851, 1852.)

Abschnitt II der Klage

fordert Kläger aus zwei Rechtsgründen Sicherheitsbestelluug wegen seiner Entschädigungsforderungen für die Zukunft. (Folgt der Aktenauszug. Die Gründe lauten bloß:)

*) Man wird bemerken, daß von alle dem, was die Würdigung des Beweises und die Beurtheilung der Sache betrifft, in der Original-Fassung der Entscheidungsgründe nichts vorkommt. Vorausgeschickt ist denselben ein ungeordneter Auszug aus der Klageschrift, aus welcher ohne kritische Wahl die Liquidation der Länge nach ausgeschrieben ist, und in den Entscheidungsgründen kommt mit Bezug darauf nur die Stelle vor: „Durch die Sachverständigen A. und Sch. ist der Werth der dem Kläger pro 1850, 1851, 1852 entzogenen Abnutzung so ermittelt worden, wie ihn Kläger erstattet haben will, weshalb auch hiernach zu erkennen war.“

Mit der geforderten Sicherstellung war jedoch der Kläger abzuweisen. Denn der Fall des Kontrakts, wonach solche eventualiter bewilligt worden, ist nicht vorhanden, und die Bergordnung läßt solche Forderung nur zu, wenn gesetzmäßige Gründe zum Arrestschlage vorhanden sind. §. 159. Dergleichen Gründe sind von dem Kläger nicht vorgebracht worden, weshalb derselbe hiermit zurückzuweisen war.

Die Kostenvertheilung rechtfertigt sich gemäß §. 2, Tit. 23, Th. I der A. G.O. durch das Verhältniß des Zugesprochenen zu dem Zurückgewiesenen.

Hay. Wittling. Ukeley.

Nebenverfügung.

1) Das Erkenntniß ist zweimal auszufertigen, die eine Ausfertigung ist dem Kläger selbst, die andere nebst 3 Tenorsabschriften, dem Rechtsanwalt Zänker für die Beklagten zu insinuiren.
2) Abschrift des Erkenntnisses erhalten die Rechtsanwalte Haberecht und Zänker.
3) Reprod. mit den Insinuationsdokumenten.

Kr. den 3. Juli 1860. Ukeley.

§. 59.

5. Publikation und Insinuation des Urtheiles und deren Wirkung.

I. Zur Publikation des Erkenntnisses wird nur in dem Falle eine besondere Audienz angesetzt und dieses den Parteien sofort am Schlusse der mündlichen Verhandlung mündlich eröffnet, wenn das Gericht gut findet, sich vor dem Urtheilsspruche noch zu einer späteren Zeit zu berathen, sonst wird die Entscheidung noch an demselben Audienztage gefällt, und wie gesagt (§§. 47 und 54), im Audienzzimmer laut ausgesprochen [1]). In den Quellen des Gemeinen Rechtes ist diese Verrichtung dem Richter persönlich, und zwar, zur Vermeidung übereilter oder fehlgegriffener Aussprüche, durch Ablesung eines das Urtheil enthaltenden schriftlichen Aufsatzes (periculum, d. i. Entwurf des Urtheils oder Protokoll, worin der Ausspruch aufgezeichnet ist) aufgelegt (a sedente judice recitare ex periculo) [2]). Das war durch die A. G.O. abgeschafft worden. Zur

1) V. v. 1. Juni 1833, §. 29; Instr. v. 24. Juli 1833, §§. 38 u. 41; V. v. 21. Juli 1846, §. 12.

2) L. 1, 2, 3 C. de sententiis ex periculo recitandis (VII, 44); L. 6,

Publikation des in der geheimen Sitzung abgefaßten Erkenntnisses wurde, mit der Ausfertigung desselben zugleich, ein Termin zur Publikation vor einem Deputirten, gewöhnlich dem sog. Wochendeputirten, der ein Auskultator, Referendar oder Aktuar war, angesetzt, und durch diesen das Erkenntniß, mochten die Parteien auf die ergangene Vorladung erschienen oder ausgeblieben sein, publizirt [3]). Wie er das machen sollte, ob er nämlich bloß den Tenor oder auch die Gründe abzulesen hatte, war nicht vorgeschrieben, jedenfalls war die Handlung, wenn keine der Parteien erschienen war, bei der Heimlichkeit des Verfahrens eine Lächerlichkeit; die einzige daran geknüpfte Bedeutung war die, daß das heimlich abgefaßte Erkenntniß ein bestimmtes Datum erhielt, indem der Deputirte den Tag der geschehenen Publikation mit den Worten: Publicatum., oder publizirt den ...., auf dem Erkenntnisse zu vermerken hatte [4]). Im heutigen Prozeßverfahren ist diese Verrichtung wieder dem Richter, bei Kollegien dem Vorsitzenden zugewiesen [5]).

Was zur gehörigen Publikation des Urtheils gehöre, ob nämlich die Verlesung des Tenors genüge, oder zugleich auch die Gründe bekannt zu machen seien, ist nicht klar. Nach Gemeinem Rechte hat der Richter keine Verpflichtung, zugleich auch die Gründe bekannt zu machen (§. 57, Nr. III). Die A. G.O. schweigt darüber. In der neueren Prozeßgesetzgebung wird gesagt, daß das Erkenntniß mit den Entscheidungsgründen den Parteien zu publiziren sei [5]). Gleichzeitig wird als Instruktion hinzugefügt: es sei nicht nothwendig, daß die Gründe gleich mit vorgelesen würden, es genüge, daß der Vorsitzende sie kurz anführe [6]). In der Praxis wird auch dieses nicht immer befolgt; bei dem Obertribunale geschieht es niemals. Es hat auch keinen praktischen Zweck; denn die nicht gehörig präcisirte mündliche Eröffnung der Gründe hat nicht die Wirkung der Unabänderlichkeit, wie bei dem Tenor, und den An=

---

§. 6 i. f. C. de postul. (VII, 45); Nov. 52, cap. 3. — C. 5 de sentent. et re jud. in 6 (II, 14). Ob der Richter sitzen oder stehen müsse oder dürfe, ist der Gegenstand vieler und weitläuftiger Erörterungen. Stryk meint in seinem Usus mod. Pandect. Lib. XLII, 1, §. 12, er halte dafür, daß ein Urtheil darum, weil der Richter es im Stehen publizirt habe, nicht angefochten werden könne. Das sind Antiquitäten. Ueber die Bedeutung des „periculum facere“ s. m. Jac. Godofredus ad L. 2 C. Theod. IV, 17, Tom. I, p. 435 sq.

3) A. G.O. I, 14, §. 29; Tit. 27, §. 30 u. Tit. 30, §. 29.

4) A. G.O. I, 13, §. 46.

5) V. v. 1. Juni 1833, §. 29.

6) Instr. v. 24. Juli 1833, §. 38, Absatz 4.

sprüchen der Parteien wird Genüge geleistet, wenn sie die Gründe aus der Ausfertigung erfahren.

II. Die Bekanntmachung des Urtheils (des Tenors) hat die Wirkung, daß der Richter, welcher dasselbe gesprochen hat, daran nichts mehr ändern kann, wenn er auch selbst seinen Irrthum einsieht [7]). Der Grundsatz kommt her aus dem römischen Formularprozesse, in welchem der Auftrag des Richters mit dem Ausspruche desselben beendigt war [8]); er ist, als in dem Wesen der Urtheile begründet, in das spätere und heutige Prozeßrecht übergegangen. Wie es mit manchen ganz feststehenden Rechtsgrundsätzen der Fall ist, daß sie in der preußischen Gesetzgebung keine gerade und ausdrückliche Aufnahme gefunden haben und darum doch nicht bezweifelt werden, so ist es auch mit diesem Grundsatze: er findet sich nirgends geradezu und bestimmt ausgesprochen; er wird nur vorausgesetzt dadurch, daß eine Ausnahme (die Deklaration) aufgenommen und im Uebrigen jeder Partei, die mit dem Ausspruche unzufrieden ist, die Berufung auf ein zweites Erkenntniß eines anderen Richters freigestellt wird [9]). Der Grundsatz der Unabänderlichkeit wird durch folgende Ausnahmen modifizirt: 1) wenn eine Partei gegen das zuerst ergangene Erkenntniß in integrum restituirt wird [10]); 2) wenn in dem publizirten Urtel irgend ein Irrthum in Worten, Namen, oder Zahlen vorgefallen, oder wenn etwas darin dunkel und zweideutig ausgedrückt zu sein scheint [11]). Diese Bestimmung faßt drei Fälle zusammen: a) den Irrthum in Worten und Namen, also das in den Quellen des römischen Rechts [12]) und darnach im Gemeinen Rechte als Schreibfehler bezeichnet wird. Dort ist vorgeschrieben, daß die Verbesserung der Worte in den Akten, wenn dadurch der Sinn des Inhaltes nicht verändert werde, unverboten sei. Vom Erkenntnisse ist nicht Rede; man hält jedoch die Anwendung der Stelle auf Urtheile für zulässig, weil die Urtheile vor der Publikation schriftlich verfaßt und

---

7) L. 14, 55, 62 D. de re judicata (XLII, 1); L. 3 C. comminationes (VII, 57).

8) L. 55 D. de re judicata (XLII, 1): „Judex, posteaquam semel sententiam dixit, postea judex esse desinit, et hoc jure utimur, ut judex, qui semel vel pluris vel minoris condemnavit, amplius corrigere sententiam suam non possit; semel enim male seu bene officio functus est."

9) A. G.O. I, 14, §§. 1, 2.

10) A. G.O. I, 14, §. 76; I, 16, §§. 15, 21, 27. — Vergl. L. 42 D. de minor. (IV, 4).

11) A. G.O. I, 14, §. 1 u. §. 67; I, 15, §§. 26, 28.

12) L. 46 D. de re judicata (XLII, 1).

dadurch auch ein Bestandtheil der Akten werden [13]). b) Den Irrthum in Zahlen. Darunter sind begriffen bloße Schreibfehler in Zahlen und auch offenbare Rechnungsfehler (errores calculi). Einen offenbaren Rechnungsfehler, d. i. einen Verstoß gegen die Zahlenlehre, welchen der Richter selbst, ohne Mitwirkung der Parteien, in seinem Urtheile begangen hat, kann er nach Gemeinem Rechte sogar von Amts wegen verbessern [14]), und ich zweifele nicht, daß er dazu auch nach preußischem Rechte befugt ist, wenn er von selbst gewahr wird, daß er z. B. den Beklagten ad punctum 1 zu 50 Thlrn. und ad punctum 2 zu 25 Thlrn., „zusammen also zu 100 Thlrn." verurtheilt hat. c) Wenn etwas dunkel und zweideutig in dem Urtheile ausgedrückt worden ist. Dieses Falles geschieht in den Quellen des Gemeinen Rechtes keine ausdrückliche Erwähnung; die Glossatoren haben jedoch die erstgedachte Stelle (Not. 12) auf denselben bezogen [15]) und daraus ist das im gemeinen Prozesse bekannte Erklärungs- oder Erläuterungsgesuch (Deklarationsgesuch) hervorgegangen. 3) Wenn nicht über alle Anträge der Parteien erkannt ist und die übergangenen Anträge oder Punkte nicht solche sind, welche durch die Uebergehung von Rechts wegen für aberkannt gelten; oder wenn hinsichtlich der rechtlichen Folgen einer Auflage, z. B. der Eidesauflage, oder der Folgen der Verurtheilung, beziehungsweise Abweisung, das Erforderliche festzusetzen übersehen worden ist. Dann muß der Richter sein Erkenntniß auf formloses Verlangen einer Partei ergänzen, wozu er im Beschwerdewege angehalten werden kann, ohne daß es der Nichtigkeitsbeschwerde bedarf [16]).

III. Das publizirte Erkenntniß wird ausgefertigt und die Ausfertigungen werden den Parteien insinuirt, die Rechtsanwälte der Parteien erhalten vollständige Abschriften.

1) Was die Ausfertigung betrifft, so wird für jeden der streitenden Theile, welche sich gegenüber stehen, nur Eine Ausfertigung gegeben, mag jeder Theil aus einer physischen Person, oder aus einer Personenmehrheit (Kollegium, Korporation), oder aus meh-

---

13) Bayer, Vorträge über den gemeinen ordentlichen Civilprozeß (8. Ausg.), §. 136, S. 426; Heimbach sen. in Weiske's Rechtslexikon, Bd. XI, S. 777.

14) L. 1, §. 1 D. quae sentent. sine appellat. (XLIX, 8): — „citra provocationem."

15) Glosse zu L. 46 D. de re judicata (XLII, 1): Vel dic secundo.

16) V. v. 14. Dezember 1833, §. 5, Nr. 10, lit. d. — Vergl. L. 42 D. de re judicata (XLII, 1). — Ueber das Verfahren s. m. preuß. Civilprozeß, §. 329.

reren einzelnen Individuen (Litiskonsorten) bestehen; in dem dritten Falle erhalten die übrigen Theilnehmer eine Abschrift des Tenors in Betreff sämmtlicher Punkte der Entscheidung mit der Nachricht, wem die Ausfertigung des ganzen Erkenntnisses zugestellt worden[17]). Die verschiedenen Subhastationsinteressenten in Subhastationsprozessen sind nicht Litiskonsorten in diesem Sinne, sondern selbstständige sich gegenüberstehende Parteien, müssen also jeder eine Ausfertigung des Adjudikationsbescheides erhalten[18]), in sofern nicht mehrere von ihnen ein gemeinschaftliches Interesse wegen einer ihnen ungetheilt zustehenden Post oder Berechtigung haben.

2) Die Insinuation muß auf dieselbe Weise wie die Insinuation der Vorladungen in Prozessen vollzogen werden, es treten dabei jedoch folgende Abweichungen ein:

a) Bei Litiskonsorten kann die Benachrichtigung, wem die Ausfertigung zugestellt worden, auch durch eine Kurrende, der nur eine einzige Abschrift des Tenors beigefügt ist, geschehen. Haben die Litiskonsorten zur Verhandlung des Prozesses Deputirte aus ihrer Mitte gewählt, so erfolgt die Zustellung nur an diese und zwar die Ausfertigung an den Einen und die Benachrichtigung davon mit einer Tenorsabschrift an die Uebrigen derselben, wenn sie in ihrer Bestellung zur Empfangnahme des Urtels auch nicht ausdrücklich ermächtigt worden sind[19]).

b) Ausfertigungen und beziehungsweise Tenorsabschriften mit der vorgeschriebenen Benachrichtigung für Parteien, deren gegenwärtiger Aufenthalt unbekannt ist, sowie Präklusionsbescheide und Kontumazialerkenntnisse, welche auf eine Ediktalladung ergangen sind, ingleichen Todeserklärungsurtel, werden 14 Tage lang an gewöhnlicher Gerichtsstelle ausgehängt, und daß dieses geschehen, durch den Vermerk des Tages der Aushängung und der Wiederabnahme, z. B. mit den Worten: affigirt den ...., refigirt den ...., unter der Unterschrift des Gerichtsboten, welcher diese Handlungen verrichtet hat, festgestellt. Damit ist die Insinuation vollzogen[20]).

---

17) V. v. 5. Mai 1838, §. 3, lit. a. Ehemals mußte jeder Litiskonsorte eine Ausfertigung erhalten. V. vom 21. Februar 1834 (Jahrb. Bd. XLIII, S. 417).

18) Pr. des Obertribunals, 1066, v. 13. November 1841.

19) V. v. 5. Mai 1838, §. 3, lit. a u. meine Anm. dazu.

20) Ebenda, lit. b u. c, u. K.O. v. 2. August 1828 u. R. v. 16. April 1839 (J.M.Bl. S. 143).

c) Mit der Zustellung an Parteien, welche nicht am Orte des Gerichts oder in dessen nächster Umgebung sich aufhalten, wird wie folgt verfahren: aa) Die Insinuation wird nach der bestehenden Vorschrift im Inlande durch die Post bewirkt und die Zusendung in das Ausland geschieht unter Rekommandation des Briefes, wenn die Rekommandation nach dem Bestimmungsorte zulässig ist. Kommt das Erkenntniß als unbestellbar zurück, so wird dasselbe nach der Bestimmung lit. b ausgehängt[21]). bb) Finden nach dem ausländischen Orte, wo die Partei sich aufhält, keine rekommandirte Zusendungen durch die Post statt, und die Partei hat hier einen Stellvertreter; so erfolgt die Insinuation an diesen auch ohne eine ausdrückliche Ermächtigung zur Empfangnahme; ist sie ohne Stellvertreter, so wird ihr von dem Prozeßrichter ein Mandatar von Amts wegen zum Zwecke der Insinuation zugeordnet, welcher die Pflichten eines Kurators ad hoc hat, ohne daß eine förmliche Kuratel eingeleitet wird[22]).

d) An den Stellvertreter einer Partei geschieht die Insinuation gültig: aa) wenn derselbe ein rechtlich nothwendiger ist; bb) wenn derselbe zwar ein freigewählter, aber zur Empfangnahme des Erkenntnisses ausdrücklich, sei es in der Prozeß- oder in einer besonderen, wenn auch unbeglaubigten Vollmacht, ermächtigt ist[23]).

Haben Litiskonsorten alle dieselbe Person mit dem Auftrage zur Empfangnahme des Urtheils bevollmächtigt, so wird derselben die Ausfertigung für den Einen, und die Tenorsabschrift für Jeden der Uebrigen zugestellt[24]). Werden aber die Litiskonsorten von verschiedenen Personen vertreten, so muß das Gericht die Ausfertigung für einen namhaft zu machenden Litiskonsorten bestimmen und dieselbe sammt den erforderlichen Abschriften für diejenigen, welche dessen Stellvertreter gleichfalls bevollmächtigt haben, eben diesem Stellvertreter zustellen lassen; und der Bevollmächtigte der Uebrigen muß die Tenorsabschriften für seine Mandanten erhalten mit der Benachrichtigung, für wen die Ausfertigung dem anderen Stellvertreter zugestellt worden ist. Dadurch kommt er in die Lage, seinen Mandanten bei Zufertigung der Tenorsabschrift zu sagen, wer die Ausfertigung erhalten hat; denn dem anderen Man-

21) V. v. 5. Mai 1838, §. 3, lit. d.

22) Ebenda, §. 4, lit. c. Vergl. A. G.O. I, 13, §. 56; A. L.R. II, 18, §. 1003.

23) V. v. 5. Mai 1838, §. 4, lit. a u. b.

24) Pr. des Obertribunals, 1508, v. 27. November 1844 (Sammlung I, S. 412).

datar liegt ob, die Ausfertigung an denjenigen seiner Mandanten, für welchen das Gericht sie durch die darauf gesetzte Adresse bestimmt hat, zu befördern.

3) In folgenden Fällen bedarf es gar keiner thatsächlichen Durchführung der Insinuation: a) wenn die betreffende Partei im Publikationstermine oder nach dessen Abhaltung erklärt, „daß sie die Zustellung einer Ausfertigung des Erkenntnisses nicht verlange": hier treten die Wirkungen der wirklichen Insinuation mit dem Tage ein, an welchem die Partei diese Erklärung gegeben hat; b) wenn die Zustellung versucht worden ist und die Partei die Annahme, oder die Unterzeichnung des Empfangscheines verweigert. Hier wird nicht, wie bei Vorladungen, das Erkenntniß an die Thüre der Wohnung genagelt, sondern der beauftragte Beamte bringt dasselbe mit seiner dienstlichen Registratur oder Anzeige zurück, womit die Insinuation für vollzogen gilt[25]). Die Wirkung tritt ein mit dem Tage, an welchem der Beamte, nach seiner dienstlichen Anzeige, den Versuch gemacht hat. Der vorausgesetzte Fall ist der, wenn ein Gerichtsbote mit der Insinuation beauftragt war und über die Ausrichtung desselben einen gehörigen Bericht an seine Behörde erstattete; die Bestimmung findet mithin keine Anwendung auf den Fall c, wenn der verschlossene Brief mit dem Erkenntnisse der Post zur Insinuation übergeben worden war und von derselben als unbestellbar zurückgegeben wurde; denn die Postboten sind zur Berichterstattung über die mißlungene Bestellung nicht verpflichtet.

Nach diesen Angaben ergiebt sich von selbst, was nach Bewandtniß der Sache im konkreten Falle in der Nebenverfügung zum Erkenntnisse wegen der Ausfertigungen, Abschriften und Insinuationen zu verordnen ist.

IV. Die Wirkung der vorschriftsmäßig erfolgten Insinuation des Urtheils ist die, daß der Lauf der Frist zur Einlegung des Rechtsmittels mit dem Tage der richtigen oder berichtigten Insinuation beginnt[26]). Daraus folgt, daß der Anfang des Fristenlaufs für alle an dem Prozesse betheiligten Personen nicht nothwendig der gleiche sein muß; für jede Person fängt der Lauf besonders an von dem Tage, wo ihr die Insinuation geschehen ist[27]). Dieß versteht sich jedoch nur unter Voraussetzung einer Getheilt-

25) V. v. 5. Mai 1838, §. 3, lit. e.

26) Ebenda, §. 5.

27) Vergl. das R. v. 20. April 1839 (J.M.Bl. S. 154).

heit des Interesses. Im entgegengesetzten Falle fängt für sämmtliche Litiskonsorten die Frist erst mit dem Tage zu laufen an, wo das Erkenntniß oder dessen Tenor dem letzten von ihnen insinuirt worden ist, das Erkenntniß kann mithin nicht rechtskräftig werden, wenn die Insinuation auch nur an Einen übersehen worden ist[28]), falls nicht die Litiskonsorten unter sich in einem solchen Verhältnisse stehen, daß ein Jeder hinsichtlich der gemeinschaftlichen Angelegenheiten zugleich als Faktor gilt, wo die Insinuation an einen Einzigen von ihnen genügt[29]).

Sechster Abschnitt.

Deklaration und Ergänzung des Erkenntnisses.

I. Deklaration.

§. 60.

1. Begriff und Voraussetzungen.

I. Deklaration heißt eine bestimmtere Angabe des Richters, was an Stelle eines irrthümlichen Ausdrucks in Worten, Namen und Zahlen zu setzen sei, oder was er mit den dunkel oder mehrdeutig gefundenen Ausdrücken habe sagen wollen. Sie macht eine Ausnahme von dem Grundsatze der Unabänderlichkeit eines Richterspruchs durch denselben Richter nach der Publikation (§. 59, Nr. II), aus dem inneren Grunde, weil sie keine Abänderung des früheren Urtheils enthält, sondern nur den Sinn angiebt, welchen der Richter mit seinen Worten verbunden hat. Deshalb ist das Deklarationsgesuch kein ordentliches Rechtsmittel und die wirklich ertheilte Deklaration, d. h. die ausgesprochene Erklärung der bemängelten Stelle des Urtheils wird ein integrirender Theil desselben, so als wenn die Worte sich in dem Urtheile selbst an der betroffenen Stelle befänden, wennauch die Deklaration nur die Form einer Resolution hat.

II. Nicht alle Urtheile, welche als undeutlich bezeichnet werden, können Gegenstand einer Deklaration sein.

---

28) Vergl. das Pr. des Obertrib. 775, v. 14. Dezember 1839 in Verb. mit dem Pr. 985, v. 5. März 1841; u. Erk. des Obertrib. v. 7. Juli 1857 (Archiv f. Rechtsf. Bd. XXV, S. 331).

29) A. L.R. II, 8, §§. 633, 647. — Pr. des Obertr. 1205, v. 10. August 1842.

1) Vorausgesetzt wird ein deklarationsfähiges Urtheil. Manche Erkenntnisse werden von der Partei für undeutlich oder zweideutig, oder für fehlerhaft geschrieben gehalten, welche der Richter mit Bewußtsein so, wie sie sind, gefaßt hat und fassen wollte, weil er die dadurch entstandene ungünstige Entscheidung zu fällen beabsichtigte: dergleichen Erkenntnisse können nicht Gegenstand der Deklaration sein. Andere Erkenntnisse, welche als undeutlich bezeichnet werden, sind unverständlich oder widersprechen sich so, daß sie unvollstreckbar sind. Dergleichen Urtheile gelten von selbst für nicht gesprochen [1]), können mithin auch nicht deklarirt werden; vielmehr ist der Richter gehalten, erst ein verständliches Urtheil in der Sache zu fällen. Er muß zu diesem Zwecke entweder von Amts wegen oder auf den Antrag einer Partei einen Audienztermin ansetzen, und nach Anhörung der Parteien verständlich erkennen. Dieß ist das ordnungsmäßige Verfahren. Das Gleiche gilt von Urtheilen, welche den Streit nicht in allen Punkten und in den Folgen der getroffenen bedingten Entscheidung erschöpfen. Wird bei solchen Erkenntnissen ordnungswidrig die Form der Deklaration angewendet, so ist dennoch erst die Deklaration das wahre Erkenntniß und es bleibt in Frage: in wiefern dagegen wegen Formwidrigkeit ein Rechtsmittel, nach Bewandtniß der Sache zulässig sei. In der Mitte liegen diejenigen Erkenntnisse, welche an offenbaren Schreib- oder Rechnungsfehlern, oder an Dunkelheit oder Mehrdeutigkeit des gebrauchten Ausdruckes leiden: diese sind Gegenstand der Deklaration.

2) Die richterliche Befugniß, offenbare Schreib- und Rechnungsfehler zu verbessern, oder undeutliche wie mehrdeutige Ausdrücke durch zutreffende Ausdrücke klar zu machen, ist an keine Frist gebunden: ein Irrthum oder Versehen, oder eine Dunkelheit und Zweideutigkeit kann nie rechtskräftig werden; die Parteien sind nicht gehalten, für alle Zeiten in einer Dunkelheit über ihr Rechtsverhältniß zu verharren. Deshalb schweigt die Prozeßordnung über eine Deklarationsfrist. Nur für Deklarationsgesuche gegen Revisionserkenntnisse ist eine vierwöchentliche Frist vorgeschrieben [2]). Das hat jedoch nicht den Sinn, daß es nach Ablauf dieser Frist für immer bei dem Irrthume oder der Dunkelheit unter den Parteien verbleiben müsse, sondern daß die Sache durch einen neuen Prozeß klar zu machen sei.

---

1) L. 3 pr. D. quae sentent. sine appellat. (XLIX, 8): „Paulus respondit, impossibile praeceptum judicis nullius esse momenti.“

2) A. G.O. I, 15, §. 26.

3) Es ist nicht Bedingung der Deklaration, daß ein ausdrücklich auf Deklaration gerichtetes Gesuch von einer Partei eingebracht werde, vielmehr kann der Richter von Amts wegen, entweder auf eigene Wahrnehmung des Fehlers, oder aus Anlaß eines Exekutionsgesuchs, welches auf die eigene Auslegung der Partei in einem für sie günstigen Sinne gegründet ist und von dem Richter, weil er die Auslegung für unrichtig hält, unzulässig befunden wird, von seiner Befugniß Gebrauch machen, und im zweiten Falle durch eine Deklaration den Irrthum der Partei berichtigen.

4) Die Deklaration muß von demselben Gerichte, welches das fehlerhafte Erkenntniß erlassen hat, oder im Falle einer dazwischen getretenen Gerichtsveränderung von demjenigen Gerichte, welches an jene Stelle gesetzt worden ist, ertheilt werden. Verweigert dasselbe diese Amtshandlung, so kann es dazu, auf formlose Beschwerde der Partei, von dem vorgesetzten Gerichte angehalten werden, das Obergericht kann aber nicht selbst das nicht von ihm ausgegangene Urtel deklariren.

§. 61.

2. Verfahren.

I. Das Deklarationsgesuch ist nichts als eine Veranlassung des Richters zu einer Amtshandlung, zu welcher er aus eigener Bewegung schreiten könnte; es ist daher ganz formlos und kann sowohl von jeder Partei, als auch von einem Dritten, welcher ein rechtliches Interesse bei der Sache hat, ausgehen. Das bei dem Richter mündlich zu Protokoll oder in einem Schriftsatze anzubringende Gesuch enthält, außer der Rubrik: a) im Eingange die Bezugnahme auf das betroffene Erkenntniß, welches beigelegt wird, und die wörtliche Anführung der kritischen Stelle; b) eine Nachweisung des Fehlers, der Dunkelheit oder Zweideutigkeit aus dem Erkenntnisse selbst oder den Verhandlungen; c) die Bitte um Deklaration des Urtheils nach dem beizufügenden Vorschlage. So ist es, was den Inhalt betrifft, auch mit dem gegen ein Appellationserkenntniß gerichteten Deklarationsgesuche [3]). Ungewiß ist es, ob dasselbe gleichfalls unmittelbar bei dem Appellationsgerichte, oder zunächst bei dem Gerichte erster Instanz einzureichen sei; eine Bestimmung darüber fehlt. Gemeinrechtlich läßt man das Gesuch bei demjenigen Richter, welcher das Erkenntniß publizirt

---

3) A. G.O. I, 14, §. 67.

hat, zur weiteren Beförderung mit den Akten anbringen[4]), welches Verfahren zweckmäßig ist, da der Oberrichter voraussichtlich nicht ohne Einsichtnahme der Akten eine Verfügung erlassen wird und deshalb das Gesuch doch an den Richter erster Instanz zur Berichterstattung oder Beilegung der Akten zurücksenden müßte[5]). In Betreff der Deklarationsgesuche gegen Revisionserkenntnisse ist ausdrücklich vorgeschrieben, daß dieselben immer bei dem „instruirenden" Gerichte (erster Instanz) angebracht werden, wo eine Vorprüfung und ein vorbereitendes Verfahren stattfindet, wonächst die Akten zur Entscheidung über das Gesuch einzusenden[6]).

II. Findet der Richter das Deklarationsgesuch offenbar unstatthaft, so kann er dasselbe, unter Bescheidung des Imploranten über den Ungrund seines Antrages, ohne Weiteres zurückweisen[7]). Hiergegen giebt es kein Rechtsmittel, der Implorant muß vielmehr nun gegen das angeblich fehlerhafte oder dunkele, ihm in der gegenwärtig vorliegenden Fassung ungünstige Erkenntniß das geeignete Rechtsmittel einlegen. Auf diesen Fall muß der Implorant sich vorsehen, daß ihm das Rechtsmittel nicht durch Ablauf der Frist verloren gehe; denn die Meinungen sind darüber nicht einig: ob das Deklarationsgesuch den Lauf der Frist, versteht sich in Betreff des kritischen Punktes, indem die Punkte der Entscheidung, welche das Gesuch nicht berührt, jedenfalls rechtskräftig werden, wenn dagegen das Rechtsmittel nicht eingelegt wird, — hemmt, oder nicht; der Implorant muß deshalb auch für den schlimmsten Fall seine Maßregel treffen. Diese besteht darin, daß er in dem Deklarationsgesuche zugleich das Rechtsmittel eventuell einwendet. Jener Meinungsstreit erstreckt sich zwar auch auf die Wirkung einer solchen eventuellen Einwendung. Denn diejenigen, welche den Lauf der Frist durch das Deklarationsgesuch für gehemmt halten, deshalb, weil der Partei, so lange sie noch nicht weiß, ob der Richter die Dunkelheit oder die mehrdeutigen Ausdrücke zu ihren Gunsten oder Ungunsten erkläre, nicht zugemuthet werden könne, ein Rechtsmittel einzuwenden, — erklären das eventuell eingelegte Rechtsmittel für ein sog. blindes: ubi a futuro gravamine appella-

4) Nettelbladt, Anleitung zur praktischen Rechtsgelehrsamkeit (n. Aufl. v. 1775), §. 518 u. A.

5) Vergl. V. v. 21. Juli 1846, §§. 15, 30.

6) A. G.O. I, 15, §§. 26—28. Das Verfahren ist bereits beschrieben in m. Civilprozesse, §. 329, Nr. II.

7) A. G.O. a. a. O. §. 27; Tit. 14, §. 1 a. E. — Vergl. Ludovici, Einleitung zum Civilprozesse, Kap. 27, §. 7.

tur[8]), welches unzulässig ist, mithin dem Imploranten nichts helfen kann. Die Gegner hingegen finden die Beschwerde, welche der Implorant eben durch das Deklarationsgesuch nur auf kurzem Wege zu heben versucht, schon zur Zeit der eventuellen Einwendung wirklich zugefügt, folglich die Einwendung nicht vorzeitig. — Allein der Implorant wird sich durch die Verbindung der eventuellen Anmeldung des Rechtsmittels mit dem Deklarationsgesuche jedenfalls sichern. Denn steht der Richter unter dem Einflusse jener Meinung, so läuft die Frist nicht und der Implorant kann das Rechtsmittel aufnehmen, nachdem ihm der Richter seinen ungünstigen Bescheid gegeben hat; steht der Richter unter dem Einflusse dieser Meinung, so ist das Rechtsmittel unzweifelhaft rechtzeitig eingewendet.

Wie es hiermit nach preußischem Prozeßrechte stehe, wird nach dem vorstehenden Stücke der Rechtsgeschichte aus der Vorschrift klar: daß für die Anmeldung des Rechtsmittels die Erklärung genügt, daß der Anmeldende sich über das ergangene Erkenntniß beschwert, und an keine Form gebunden ist, und daß auf den Namen, mit welchem das Rechtsmittel bezeichnet ist, nichts ankommt[9]). Das Deklarationsgesuch erhebt eine Beschwerde gegen das ergangene Erkenntniß; wenn also das Gericht die Weise, auf welche der Implorant die Beschwerde zu heben versuchte, zurückweiset, so ist damit die Beschwerde nicht gehoben. Das Deklarationsgesuch bleibt also als Anmeldung des Rechtsmittels stehen, gerade so wie das gegen ein Kontumazialerkenntniß angebrachte und nicht zulässig befundene Restitutionsgesuch als Anmeldung der Appellation, oder, nach Bewandtniß der Sache, als Rekursgesuch zu betrachten und zu behandeln ist[10]). Aber es hat auch die Wirkung einer Anmeldung, d. h. die Frist zur Einführung des Rechtsmittels läuft vom Tage der Anmeldung. Hier treffen wir auf eine Lücke im Zusammenhange der Prozeßvorschriften in diesem Falle. Der Implorant kann seiner eventuellen Anmeldung des Rechtsmittels eher keine Folge geben, bis er mit seinem Deklarationsgesuche nicht zurückgewiesen worden ist. Wenn nun der Geschäftsgang bei dem betroffenen Gerichte so langsam ist — und das kommt vor, wenn auch nicht allgemein, so doch vielleicht gerade bei dieser Sache, — daß darüber die Frist zur Einführung der Appellation verstrichen ist, wenn er den

8) Cap. 2, 18 X. de appellat. (II, 28); Clem. 3 eodem II, 12.
9) V. v. 21. Juli 1846, §. 16.
10) Pr. des Obertribunals 1984, v. 11. Februar 1848.

ungünstigen Bescheid erhält? Hier verläßt uns die Prozeßordnung. Diese hat nur die Bestimmung, daß aus Hinderungsgründen, die in der Sache selbst liegen, die Einführungsfrist angemessen verlängert werden kann[11]). Also der Appellationsrichter muß die Frist verlängern. Das setzt voraus, daß die Frist noch nicht abgelaufen sei, sonst ist eine Verlängerung nicht denkbar, nach Ablauf könnte nur die Wirkung des Ablaufs annullirt und eine neue Frist gegeben werden; und daß um die Verlängerung gebeten worden sei. Um eine Verlängerung der Frist zur eventuellen Einführung des Rechtsmittels kann ja aber der Implorant nicht bitten, so lange er keinen abschläglichen Bescheid erhalten hat. In einem solchen Falle müssen die Grundsätze über die Hemmung der Verjährung, wenn der Richter die Sache hat liegen lassen, zur analogen Anwendung kommen; die Partei kann durch den gehemmten Geschäftsgang des Gerichts — die Hemmung liegt öfter daran, daß ein Beamter die Sache liegen läßt — ihr Recht nicht verlieren.

III. Ueberzeugt sich der Richter von der Nothwendigkeit der Deklaration, so wird er das Erforderliche zu derselben veranlassen. Hält er dazu die vorherige Anhörung der Parteien für nothwendig, so muß er dem Gegner das Gesuch zufertigen, beide Theile zu einem Audienztermine vorladen und nach deren Anhörung, oder im Falle des Ausbleibens in contumaciam, seine Erklärung aussprechen. Dieser Ausspruch wird in Form eines Resoluts gefaßt, und das Resolut den Parteien in Ausfertigung, wie ein Erkenntniß, insinuirt. Ist ihm aber die Sache ganz unzweifelhaft, und will er folglich die nachgesuchte Deklaration ohne vorherige Anhörung der Parteien ertheilen, so stehen ihm, nach seinem Ermessen, zwei Formen zur Wahl, worüber das Kollegium auf den Memorialien-Vortrag zu beschließen hat. 1) Entweder er will den Fehler durch eine Randvermerkung auf dem Original und auf den Ausfertigungen des Erkenntnisses verbessern. Dann muß er die den Parteien ausgehändigten Ausfertigungen und Tenorsabschriften einfordern. 2) Oder er will durch eine selbstständige Resolution die Deklaration ertheilen. Dann wird dieselbe in Form eines Resoluts verfaßt, und eine Ausfertigung davon den Parteien in derselben Weise, wie es bei Erkenntnissen vorgeschrieben ist, insinuirt[12]). In keinem dieser Fälle dürfen die Grenzen der bloßen Verbesserung

11) V. v. 21. Juli 1846, §. 17.
12) A. G.O. I, 14, §. 1.

des Fehlers, oder der Erläuterung der Dunkelheit oder Zweideutigkeit überschritten werden.

Beispiel.

Nr. I.

Deklarationsgesuch
des Rittergutsbesitzers Ritter-sporn zu Fliederthal,
in Sachen seiner
wider
die vormaligen Gewerken der Friederike-Agnes-Grube, Klop, Böse, Klotzig und Raffer.

D.

Der Rechtsanwalt Zänker ist, unter abschriftlicher Zufertigung dieses Gesuchs, aufzufordern, die ihm für seine Mandanten zugestellte Ausfertigung und drei Tenorsabschriften des Erkenntnisses schleunigst zurückzureichen.

P. c. d.

Kr. d. 6. Juli 1860.

Ukeley.

Pr. d. 6. Juli 1860. H.

In dem beiliegenden Erkenntnisse Eines königl. Wohllöbl. Kreisgerichts vom 3. d. M. ist mir ein Eid dahin anvertraut worden:

daß die aus dem Prozesse geschiedenen sechs Mitbeklagten mir die Abfindung nicht unter der Verabredung, daß ich dadurch auch für die Antheile der Beklagten Klop, Böse, Klotzig und Rupfer befriedigt sein solle, gezahlt haben.

Der zuletzt genannte Beklagte heißt jedoch nicht Rupfer, sondern Raffer, wie aus allen Verhandlungen und selbst aus dem Rubrum des Erkenntnisses erhellet. Den fehlerhaft geschriebenen Namen Rupfer kann ich also in dem Eide nicht aussprechen, ich bitte daher:

den offenbaren Schreibfehler in den richtigen Namen Raffer umzuändern.

Fliederthal, d. 5. Juli 1860.

Rittersporn.

Nr. II.

D.

1. Das Kollegium hat beschlossen, auf den Rand des Erkenntnisses, neben der Eidesnorm den Vermerk zu setzen:

„Der zuletzt genannte Name

G. A.

Die von dem Rechtsanwalt Zänker br. m. übergebene Ausfertigung des Erkenntnisses, nebst

heißt nicht „Rupfer", sondern Raffer."

Auf das Original ist dieser Vermerk sofort gesetzt und von dem Kollegium vollzogen.

2. Auf den Rand der beiden Ausfertigungen ist der Vermerk an derselben Stelle, unter Unterschrift und Siegel des Gerichts zu setzen, und auf den Abschriften ist dieser beglaubigte Vermerk abzuschreiben.

3. Sodann ist die eine Ausfertigung dem Kläger, die andere sammt den 3 Tenorsabschriften dem R. A. Zänker zurückzustellen, gegen Doc. ins.

Kr. d. 10. Juli 1860.

Ukeley.

3 Tenorsabschriften werden vorgelegt.

Kr. d. 10. Juli 1860.

Die Registratur.

N.

§. 62.

3. Rechtsmittel gegen die Deklaration.

Gegen das deklarirte Erkenntniß finden die gewöhnlichen Rechtsmittel statt; die Frist zur Einlegung läuft vom Tage der Insinuation der Deklaration. Die Sache wird so angesehen, als wenn der Inhalt oder die Worte der Deklaration sich in dem Erkenntnisse befänden, und dieses jetzt so, wie die Deklaration besagt, lautende Erkenntniß jetzt insinuirt worden wäre. Auf das Alter des vorigen Ausspruchs kommt nichts an; das Erkenntniß, wie es vor der Deklaration war, mag längst rechtskräftig sein. Aber der Inhalt der deklarirten Stelle allein ist maßgebend für dasjenige Rechtsmittel, welches mit Rücksicht auf den Gegenstand anwendbar ist[13]); denn der übrige Theil des Erkenntnisses ist rechtskräftig. — Es kann vorkommen, daß gegen ein über mehrere Punkte ergangenes Erkenntniß, welches sich in einem Punkte zur Deklaration eignet, schlechthin ein Rechtsmittel angemeldet und demnächst in der Einführungsschrift der Appellationsrichter gebeten wird, die Deklara-

13) Anal. A. G.O. I, 23, §§. 22. — Mevius, Decis. P. I, dec. 109; P. V, dec. 10. — Vergl. Pr. des Obertrib. 313, v. 4. August 1837 (Samml. I, S. 240); L. 4, §. 1 D. quae sententiae (XLIX, 1).

tion der kritischen Stelle zu veranlassen. Das muß derselbe thun, weil er zu deklariren nicht kompetent und die Appellation nicht das richtige Rechtsmittel ist. Nun könnte er zwar das Gesuch in Betreff der Deklaration ganz übergehen, über die Appellation erkennen und dem Imploranten überlassen, die im Dunkeln gebliebene Stelle nachträglich von dem kompetenten Richter deklariren zu lassen. Dieses Verfahren würde jedoch gegen den Grundsatz, daß die Vervielfältigung der Prozesse so viel wie möglich vermieden werden müsse, verstoßen. Denn wenn nun das Erkenntniß erster Instanz zum Nachtheile des Gegners des Imploranten deklarirt wird, so kann daraus eine neue Appellation entstehen, welche zugleich mit der ersten hätte erledigt werden können. In einem solchen Falle ist es somit zweckmäßig, daß das Appellationsgericht zunächst die Akten zur Deklaration des Erkenntnisses dem Gerichte erster Instanz zurücksendet, und demnächst die Frist zur Einwendung der Appellation gegen den deklarirten Theil abwartet, ehe er in der schon anhängigen Appellation weiter vorgeht.

§. 63.
II. Ergänzung des Urtheils.

I. Der Fall, wo in dem Erkenntnisse etwas, worüber zum Schlusse verhandelt worden, übergangen und deshalb eine Ergänzung des Erkenntnisses erforderlich ist (§. 59, II, 3), ist eine uneigentliche Ausnahme von dem Grundsatze der Unabänderlichkeit des einmal publizirten Urtheiles. Im Gemeinen Prozeßrechte ist lange der Satz herrschend gewesen, daß eine solche Ergänzung nur noch am Tage der Publikation geschehen dürfe. Er gründete sich auf eine Pandektenstelle, worin gesagt wird, der Prätor könne zwar sein Urtheil nicht wieder aufheben, wohl aber müsse er das Uebrige, was eine Folge des schon Ausgesprochenen ausmacht, doch in dem Erkenntnisse fehlt, in Betreff der Verurtheilung oder der Lossprechung des Beklagten, ergänzen, a b e r a n d e m s e l b e n T a g e[1]). In neuerer Zeit ist die heutige Anwendbarkeit dieser Vorschrift bestritten, weil dieselbe auf den abgehenden Prätor zu beziehen sei, welcher noch an demselben Tage, an welchem seine amtliche Thätigkeit endigt, ein solches unvollständiges Urtheil gefällt habe, und dasselbe natürlich später, wo er nicht mehr Prätor sei, nicht mehr ergänzen könne[2]), wogegen außer diesem Falle kein Grund vor-

1) L. 42 D. de re judicata (XLII, 1): „s c i l i c e t e o d e m d i e."

2) In der Stelle (1) wird nach dieser Auslegung das Wort „praeceden-

handen, die Thätigkeit des Prätors auf den Tag der Publikation zu beschränken, da ja seine amtliche Thätigkeit mit Fällung des Urtheiles nicht aufhöre [3]). Die preußische Allg. Prozeßordnung übergeht den Fall der Ergänzung [4]); nur für den einzelnen Fall, wenn der Kostenpunkt übergangen, ist ohne Fristbestimmung vorgeschrieben, daß eine Deklaration (eigentlich ein Ergänzungsurtel, denn ein Deklarationsfall ist es nicht) auszuwirken sei [5]). Erst die neuere Gesetzgebung hat, gleichfalls ohne Fristbestimmung, verordnet, daß, wenn nicht über alle Anträge der Parteien erkannt ist, der Richter auf Verlangen einer Partei eine Ergänzung seines Erkenntnisses, falls die Uebergehung nach den Gesetzen nicht für eine Aberkennung zu erachten, zu liefern verbunden sei [6]).

II. Das Ergänzungsurtel darf nicht in geheimer Sitzung erlassen und den Parteien bloß insinuirt werden, sondern es ist, gleich jedem anderen Erkenntnisse, in eröffneter öffentlicher Audienz laut auszusprechen. Auf den Parteiantrag, der eben so formlos wie das Deklarationsgesuch sein kann, ist daher ein Audienztag anzusetzen, zu welchem die Parteien vorschriftsmäßig vorzuladen sind. In eröffneter Audienz ist die Sache von dem Referenten vorzutragen, den Parteien ist Gehör zu geben und demnächst ist die Ergänzung des Urtheils, wenn nöthig nach vorheriger Berathung, auszusprechen und dieses Urtheil wie gewöhnlich auszufertigen und zu insinuiren.

Beispiele.

Nr. I.

Gesuch des Dr. medicinae Klop zu N. in Sachen des Gutsbesitzers Rittersporn zu Fliederthal, Klägers,	Pr. d. 6. Juli 1860. H. Durch das am 3. d. M. ergangene Erkenntniß ist dem Kläger ein Eid auferlegt und im Schwörungsfalle sind die Beklag=

tem" auf das nachfolgende „Praetorem", und nicht wie nach der alten Meinung geschieht, auf die vorangehenden Worte: „sententiam suam", bezogen.

3) Gensler, Kommentar zu Martin's Civilprozeß, Bd. II, S. 139; Linde, Handbuch des Civilprozesses, Bd. IV, S. 32.

4) Der §. 63, I, 14 berührt die Frage nicht, es liegt darin nur die Ermächtigung des Appellationsgerichts, nach seiner Ermessung das Gericht erster Instanz anzuweisen, nachträglich Fehler und Verstöße wider die Prozeßordnung zu heben, was freilich auch auf Ergänzung eines unvollständigen Erkenntnisses bezogen werden kann, nach I, 13, §. 42; doch hat der Verf. der Vorschrift dabei sicher an unsere, gar nicht berührte Frage nicht gedacht.

5) A. G.O. I, 23, §. 22.

6) V. v. 14. Dezember 1833, §. 5, Nr. 10, lit. d.

wider
die vormaligen Gewerken der Friederike-Agnes-Grube, Klop und Genossen, wegen Ergänzung des Erkenntnisses.

D.

Cit. die Rechtsanwalte Haberecht und Zänker, der erstere unter Zufertigung der Abschrift, zur Audienz auf den ...

Ref. Hr. Kreisrichter Ukeley.

Kr. den 6. Juli 1860.

Hay.

ten zum Theil nach dem Klageantrage verurtheilt worden. Für den Fall der Nichtableistung aber enthält jedoch das Erkenntniß keine Bestimmung über die Folge der Eidesweigerung. Das Erkenntniß wird deshalb in dieser Hinsicht einer Ergänzung bedürfen. Ich trage deshalb darauf an:

den Kläger im Nichtschwörungsfalle gänzlich abzuweisen und in sämmtliche Kosten zu verurtheilen, und in diesem Sinne das ergangene Erkenntniß vom 3. d. M. zu ergänzen.

Abschrift liegt bei.

R. den 5. Juli 1860.

Klop.

Nr. II.

Kreisgericht Krottgau, den 10. Juli 1860.

Anwesende Richter:

1. der Kreisgerichtsdirektor Hay,
2. der Kreisgerichtsrath Witting,
3. der Kreisrichter Ukeley.

Vor der Deputation für Civilprozesse erschienen in der heutigen Audienz zum Verfahren behufs Ergänzung des am 3. d. M. ergangenen Erkenntnisses in Sachen des Gutsbesitzers Rittersporn zu Fliederthal, Klägers,

wider

den Dr. med. Klop zu R. und Genossen, Beklagte,

nach erfolgtem Aufrufe um 10 Uhr

1. der Rechtsanwalt Haberecht für den Kläger,
2. der Rechtsanwalt Zänker für die Beklagten.

Die Verhandlung wurde eröffnet. Der Kreisrichter Ukeley trug die Sache vor und die Rechtsanwalte wurden gehört.

D.

1. Das beiliegende Urtheil ist zweimal auszufertigen, die eine Ausfertigung ist dem Kläger, die andere nebst 3 Tenorsabschriften dem Rechtsanwalt Zänker für die Beklagten zu insinuiren.

2. Jeder der beiden Rechtsanwalte erhält Abschrift des Erkenntnisses.

3. Reprod. mit den Behändigungsscheinen.

Kr. den 10. Juli 1860.

Ukeley.

Darauf wurde beschlossen und publizirt:

daß das Erkenntniß v. 3. Juli d. J. dahin zu ergänzen:

daß der Kläger im Nichtschwörungsfalle gänzlich abzuweisen und in sämmtliche Kosten zu verurtheilen.

Hay. Wittling. Ukeley.

Nr. III.

Im Namen des Königs.

In Sachen des Rittergutsbesitzers Ritterſporn zu Fliederthal, Klägers

wider

die ehemaligen Gewerken der Kohlengrube Friederike-Agnes bei Fliederthal, namentlich: (folgen die Namen),

hat das königl. Kreisgericht zu Krottgau, I Abtheilung, Deputation für Civilprozesse, als substituirtes Gericht für das Kreisgericht zu N., in seiner Sitzung vom 10. Juli 1860, an welcher Theil genommen haben:

(folgen die Namen der Richter),

den Akten gemäß für Recht erkannt:

daß das Erkenntniß vom 3. Juli d. J. dahin zu ergänzen:

daß der Kläger im Nichtschwörungsfalle gänzlich abzuweisen und in sämmtliche Prozeßkosten zu verurtheilen.

V. R. W.

Gründe.

In den Gründen des Erkenntnisses vom 3. Juli d. J. ist ausgeführt, daß die Entscheidung der Sache, sowohl in der Hauptsache als in Ansehung der Kosten, von der Ableistung oder Nichtableistung des dem Kläger auferlegten Eides abhange. Die Folgen der Ableistung sind in dem Erkenntnisse bestimmt worden, die Folgen der Nichtableistung sind jedoch übergangen. Diese bestehen, nach jenen Gründen, in der Abweisung des Klägers unter Verurtheilung desselben in sämmtliche Prozeßkosten. Hiernach ist, in Gemäßheit der Verordnung v. 14. Dezember 1833, §. 5, Nr. 10, lit. d, wie geschehen, zu ergänzen gewesen.

Siebenter Abschnitt.

Das Appellationsverfahren.

§. 64.

1. Einlegung (Anmeldung) der Appellation.

Die Bedingungen und Erfordernisse, so wie das Verfahren bei der Appellation sind schon anderen Orts dargestellt [1]). Hier soll davon nur eine Anwendung auf einen konkreten Fall zur Anschauung gebracht werden.

Das Verfahren beginnt mit der Einlegung (Einwendung, Anmeldung, Interposition), welche formlos, mündlich zu Protokoll oder durch einen Schriftsatz, nach der Eröffnung des Urtheils, innerhalb der Frist bei dem judex a quo geschehen muß, und nichts weiter zu enthalten braucht als die Erklärung, daß die Partei sich über das ergangene Erkenntniß beschwere [2]). Unter dem judex a quo ist das Gericht erster Instanz mit allen seinen verschiedenen Deputationen und Kommissionen zu verstehen [3]). Es kommt nichts darauf an, auf welchem Umwege die Anmeldung an ihr Ziel gelangt, wenn dieses nur innerhalb der Frist geschieht. Wenn daher die Anmeldung aus Unkunde bei dem Appellationsgerichte oder bei einem anderen Gerichte oder einer sonstigen Behörde eingereicht wird und von daher an das kompetente Gericht innerhalb der Frist abgegeben wird, so ist die Bedingung erfüllt [4]). Die unzuständigen Behörden sollen das Schriftstück nicht zurückgeben, sondern an das kompetente Gericht absenden [5]); wenn es aber unterbleibt, so hat es keinen Einfluß auf die Sache.

Der judex a quo hat nur zu prüfen: 1) ob die Anmeldung rechtzeitig erfolgt; 2) ob das Rechtsmittel dem Gegenstande nach zuläßig [6]); 3) ob die Anmeldung von einer legitimirten Person

---

1) M. preußischer Civilprozeß, §§. 328 ff. u. §§. 344 ff.
2) V. v. 21. Juli 1846, §§. 15, 16.
3) Pl.-Beschl. des Obertribunals v. 7. Juli 1851 (J.M.Bl. S. 279).
4) Pr. des Obertribunals, 1550, v. 28. März 1845.
5) R. v. 28. September 1843 (J.M.Bl. S. 240).
6) Verordnung v. 21. Juli 1846, §. 16.

unterzeichnet ist, indem z. B. die von einem Rechtsanwalte ohne Vollmacht angemeldete Appellation für nicht angemeldet gilt[7]).

Findet der Richter bei dieser Prüfung das Rechtsmittel unzulässig, so weiset er dasselbe per decretum zurück. Gegen diese Zurückweisung steht der Partei binnen sechs Wochen die Beschwerde an das Appellationsgericht, und gegen den ungünstigen Entscheid desselben die Berufung an das Obertribunal, in formlosen Schriftsätzen, frei[8]).

Hält der Richter das eingelegte Rechtsmittel für zulässig, so sendet er in gewöhnlichen Sachen die Akten, so wie sie jetzt liegen, ohne weiteres, an das Appellationsgericht ein und giebt davon den Parteien Nachricht[9]). In schleunigen Sachen, welche im abgekürzten Verfahren verhandelt werden, muß vorher auch noch die Rechtfertigungsschrift, wenn diese nicht schon mit der Anmeldung verbunden ist, abgewartet werden; geht diese nicht binnen drei Tagen ein, so ist das angemeldete Rechtsmittel desert[10]). Für den Einsendungsbericht ist eine besondere Form nicht vorgeschrieben; man wendet diejenige, welche für die Einsendungsberichte an das Obertribunal in Revisions- und Nichtigkeitsbeschwerde-Sachen vorgeschrieben ist[11]), analogisch an; in keinem Falle ist es erforderlich, daß der Bericht die Anzeige enthalte: ob und in welcher Art die Exekution bereits verfügt sei[12]), welche Anzeige für das Appellationsverfahren keinen Zweck hat. Uebrigens hat man auch zu diesem Berichte ein offizielles Formular im Gebrauch.

Von dem Gesagten folgt die Anwendung auf unseren Prozeß, in welchem beide Theile appellirt haben, durch folgende

7) Erk. des Obertribunals v. 17. Mai 1858 (Entsch. Bd. XXXVIII, S. 360).

8) V. v. 21. Juli 1846, §. 34; Pr. des Obertribunals 1880, v. 21. Juni 1847.

9) V. v. 21. Juli 1846, §§. 15, 16.

10) Ebenda, §. 27 verbunden mit §. 17.

11) Cirk.-Verf. des J.M. v. 15. März 1847 (J.M.Bl. S. 91) u. meine Anm. 28 zu Abschnitt I, Tit. 14 der Proz.-Ordnung.

12) Diese Anzeige fordert Reusch in seiner Anleitung zum Instruiren ꝛc. §. 96, ad 2, Nr. 3.

Beispiele.

Nr. I.

Anmeldung des Klägers.

In Sachen meiner, Klägers,
wider
den Dr. medicinae Klop und Genossen zu R., Beklagte,
wegen Grundentschädigung.

D.

1. Den Beklagten, zu Händen des Rechtsanwaltes Zänker, ist unter Zufertigung der Abschrift bekannt zu machen, daß die Absendung der Akten an das königl. Appellationsgericht zu R. verfügt worden ist. Cfr. die Verf. auf die Appellationsanmeldung der Beklagten.

2. Von dem Kläger sind 10 Thaler Vorschuß einzufordern.

Kr. den 22. Juli 1860.

Ukeley.

Pr. d. 21. Juli 1860. H.

appellire ich gegen das Erkenntniß des königl. Kreisgerichts zu Krottgau, vom 3. d. M. und insinuirt den 19. d. M.,

1. wegen der Nullität weil Aktenwidrigkeit, daß ich mit dem Antrage auf Sicherstellung abgewiesen worden bin, obgleich ich diesen Theil und Antrag der Klage gegen sämmtliche Beklagte schon den 14. Juni ganz ausdrücklich zurückgenommen hatte;

2. wegen der Abweisung mit dem Antrage auf eventuelle subsidiarische Verurtheilung der Beklagten.

Abschrift liegt bei.

Fliederthal, d. 20. Juli 1860.

Rittersporn.

Nr. II.

Anmeldung der Beklagten.

In Sachen
des Gutsbesitzers Rittersporn zu Fliederthal, Klägers,
wider
die Gewerken der Braunkohlenzeche Friederike-Agnes bei Fliederthal, Klop und Genossen,
Beklagte.

D.

1. Die Akten sind, mittelst vorschriftsmäßigen Berichts (nach dem Formular), an das Appellationsgericht zu R. einzusenden.

2. Notif. dem Kläger die Einlegung der Appellation und die

Pr. den 22. Juli 1860. H.

legen wir hierdurch gegen das uns am 19. d. M. behändigte Erkenntniß die Appellation ein, weil der Kläger nicht, unserem Antrage gemäß, lediglich abgewiesen und zur Kostentragung verurtheilt worden.

Für rechtzeitige Einführung und Rechtfertigung der Appellation werden wir Sorge tragen.

Abschrift fügen wir bei.

R. den 21. Juli 1860.

Klop. Böse.

Absendung der Akten unter Zufertigung der Abschrift.

3. Von den Beklagten sind mit Bezugnahme auf die Bekanntmachung von heute (cfr. die Anmeldung des Klägers) 10 Thlr. Vorschuß einzufordern.

Kr. den 22. Juli 1860.

Ukeley.

§. 65.

2. Einführung und Rechtfertigung der Appellation.

I. Vor dem judex ad quem beginnt das Verfahren mit der Präsentation des Einsendungsberichts. Der Appellationsrichter hat darauf hinsichtlich der Zulässigkeit der Appellation zu prüfen, ob die Formalien bisher beobachtet worden sind, namentlich: ob die Anmeldungsfrist inne gehalten worden, und die Sache an sich appellabel sei, insbesondere ob in der Sache überhaupt eine Berufung stattfinde, und ob, wenn dies der Fall, die Appellationssumme vorhanden, sowie, ob die Kompetenz begründet sei[1]). Findet er die Appellation aus einem solchen Mangel unannehmbar, so veranlaßt er kein weiteres Verfahren, sondern schlägt die Annahme der Appellation ab (decretum rejectorium) und sendet die Akten zurück. Sache des Gerichts erster Instanz ist es, davon die Parteien zu benachrichtigen. Damit hat das Verfahren vor diesem Appellationsgerichte ein Ende.

II. Findet der Appellationsrichter in dieser Hinsicht gegen die Zulassung des Rechtsmittels kein Bedenken, so wartet er die Frist zur Einreichung der Einführungs- und Rechtfertigungsschrift ab. Diese Frist beträgt 70 Tage, vom Tage der Insinuation des Erkenntnisses an gerechnet; der Richter hat daher nur die Tage, welche bereits vergangen sind, zu zählen und die Sache nach einer mit dem Reste jener Tage übereinstimmenden Frist wieder vorlegen zu lassen, was er auf den Einsendungsbericht anordnet. Bleibt die Rechtfertigungsschrift über die Zeit aus, so tritt die Strafe der Desertion ein und die Akten werden, unter Beifügung des Kostenbetrages, behufs dessen Einziehung, remittirt[2]). Das Gericht erster Instanz giebt von dem Remissoriale den Parteien Abschrift und verfügt die Reposition

---

1) Die Sache könnte z. B. möglicherweise vor das Revisionskollegium gehören.

2) V. v. 21. Juli 1846, §. 17.

der Akten, womit die Beschwerde unbenommen ist. Ist aber die Sache eine schleunige, und folglich die Rechtfertigung schon mit der bei dem Gerichte erster Instanz eingereichten Anmeldung verbunden, so verfährt er sofort weiter wie auf die sonst erwartete Rechtfertigungsschrift. (Nr. III.)

III. Geht die Einführungs- und Rechtfertigungsschrift, über deren Begriff, Erfordernisse, Form und Abfassung das Erforderliche schon gesagt ist[3]), ein, so erstreckt sich nun die Prüfung des Oberrichters auf die rechtzeitige Präsentation, auf die Form, auf die Erheblichkeit der Beschwerden und auf die Richtigkeit des gewählten Rechtsmittels und dessen Zulässigkeit.

1) Ist der Schriftsatz zu spät eingegangen, oder findet sich ein erheblicher Formmangel, z. B. es sind keine Beschwerdepunkte angegeben, oder es findet sich bei der Unterschrift ein wesentlicher Mangel, so erklärt der Appellationsrichter das Rechtsmittel für desert, und remittirt unter Angabe der Gründe und des Kostenbetrages die Akten, worauf das Gericht erster Instanz wie in dem Falle Nr. II zu verfahren hat[4]). Befindet sich die Namensunterschrift auf dem Duplikate, so ist das kein Fehler, das Gericht hat aber das unterschriebene Exemplar bei den Akten zu behalten, oder zu den Akten zu vermerken, daß das dem Gegner zugestellte Exemplar mit der Unterschrift des Appellanten (und eines Rechtsanwalts) versehen sei[5]).

2) Findet der Oberrichter die Beschwerden offenbar unerheblich oder unstatthaft, weil sie z. B. gar keine im rechtlichen Sinne, oder so beschaffen sind, daß sie auf etwas zweifellos Gesetzwidriges abzielen, weil das, was verlangt wird, entweder faktisch gar nicht besteht, oder wegen klarer gesetzlicher Vorschrift in keinem Falle gewährt werden kann, folglich die Appellation offenbar frivol ist, so steht dem Appellationsrichter frei, ja es ist vielmehr seine Pflicht, die Appellation durch ein Abschlagsdekret (decretum rejectorium) wegen Unerheblichkeit oder Unstatthaftigkeit der Beschwerden zurückzuweisen und damit die Akten, unter Angabe des Kostenbetrages, an das Gericht erster Instanz zurückzusenden, welches die Parteien davon in Kenntniß zu setzen und die Akten zu reponiren hat[6]).

---

3) M. preuß. Civilprozeß §. 335.

4) V. v. 21. Juli 1846, §§. 17. u. 18., u. m. Anmerkungen dazu.

5) Vergl. Erk. des Obertrib. v. 20. Dezember 1859 (Arch. f. Rechtsfälle, Bd. XXXVI, S. 115).

6) Anh. z. A. G.O. (I, 14, §. 4a) §. 111. Vergl. dazu das Reskr. v. 10. Oktbr. 1801 (Rabe, Bd. VI, S. 610) u. c. 38 X. de appellat. (II, 28).

In beiden Fällen steht dem Appellanten die Beschwerde an das Obertribunal binnen 6 Wochen frei[7]).

3) Zeigt sich aus den Beschwerden, daß der Gegenstand derselben die appellable Summe nicht erreicht oder an sich nicht appellabel, daß vielmehr nur der Rekurs zulässig ist; so kann, weil auf die Benennung des Rechtsmittels nichts ankommt, kein Abschlagsdekret erlassen, sondern es muß wie auf ein Rekursgesuch verfahren werden[8]). In wechselseitigen Berufungssachen zieht die von der einen Seite zulässige Appellation das Rekursgesuch der anderen Partei nach sich, d. h. der Rekurs wird gleichfalls wie eine Appellation zu behandeln und mit der gegentheiligen Appellation von derselben Gerichtsabtheilung, wenn sonst auch ein bloßer Rekurs vor eine andere Abtheilung gehören würde, durch Ein Erkenntnis zu entscheiden sein. Dieß gilt, wenn in einem Prozesse über mehrere aus einem und demselben Geschäfte hervorgegangene Streitpunkte oder auch bei einem und demselben Streitpunkte der Rekurs und die Appellation zusammentreffen. Wenn dagegen in einem Prozesse über kumulirte Klagen, d. h. über mehrere aus verschiedenen Geschäften hervorgegangene Streitpunkte, der Rekurs über einen Streitpunkt aus dem einen, und die Appellation über einen Streitpunkt aus dem anderen Rechtsgeschäfte zusammentreffen; so werden beide Rechtsmittel abgesondert in dem ihnen eigenthümlichen Verfahren behandelt und es muß das eine auf seine Entscheidung bis nach Erledigung des anderen warten[9]). Wird im Verlauf des Verfahrens im ersten Falle die Appellation zurückgenommen und dadurch die Kumulation aufgehoben, so wird der Rekurs in dem vorgeschriebenen Rekursverfahren zum Austrage gebracht ([9]).

IV. Werden die Formalien in gehöriger Ordnung befunden und auch die Beschwerden als an sich nicht offenbar unerheblich und unstatthaft erkannt (III, 2); so werden, wie man sich gemeinrechtlich auszudrücken pflegt, „Appellationsprozesse erkannt, d. h. die Verhandlung der Sache dadurch eingeleitet, daß der Oberrichter an den Appellaten die Aufforderung erläßt, sich über die ihm abschriftlich mitzutheilende Einführungs- und Rechtfertigungsschrift binnen einer zu bestimmenden Frist vernehmen zu lassen, die Appellation vollständig zu beantworten und zugleich alle zu deren Widerlegung

7) V. v. 21. Juli 1846, §. 34 u. m. Anm. 31 dazu.

8) Darüber: m. preuß. Civilprozeß, §. 370.

9) K.O. v. 23. November 1839 (G.S. S. 336); R. v. 10. Novbr. 1840 (J.M.Bl. S. 385); V. v. 14. Dezbr. 1833, §. 9; Dekl. v. 6. April Art. 4.

dienenden neuen Thatsachen vorzubringen, unter der Bedeutung, daß Thatsachen und Urkunden, worüber keine Erklärung erfolgt, für zugestanden und anerkannt erachtet werden würden, und daß neue Thatsachen von dem Appellaten im Laufe des Verfahrens nicht angebracht werden dürften, sowie, daß, wenn die Beantwortung nicht in der bestimmten Frist eingehe, die von dem Appellanten angeführten neuen Thatsachen für zugestanden, und die zur Unterstützung der in erster Instanz bereits angeführten Thatsachen vorgelegten Urkunden für anerkannt gehalten werden, auch die Einwendungen gegen die von dem Appellanten angegebenen Beweismittel verloren gehen würden[10]). Die Einrückung dieser Bedeutung in die Verfügung ist zwar, weil Jeder die gesetzlichen Folgen des Ungehorsams kennen muß, ein Überflüssiges, aber ausdrücklich vorgeschrieben[11]). — Die Fristbestimmung steht nach Gemeinem Rechte dem Richter zu; die preußische Prozeßgesetzgebung hat einen Mittelweg vorgeschrieben, indem die Frist gesetzlich auf vier Wochen festgesetzt, dabei aber der Richter ermächtigt ist, aus Hinderungsgründen, welche in der Sache selbst liegen, nicht aber aus persönlichen, die Frist angemessen zu verlängern[12]). Es ist nicht vorgeschrieben, daß eine solche Verlängerung nur auf den Antrag der Partei ertheilt werden dürfe, mithin darf der Richter auch von Amtswegen, schon bei Erlassung der Verfügung, eine längere Frist als die gewöhnliche vierwöchentliche bestimmen, wenn die Sache nach Bewandtniß der Umstände voraussichtlich eine längere Vorbereitungsfrist zu erfordern scheint; es ist auch die Bewilligung einer zweiten Prolongation nicht verboten. Der Einsendungsbericht und die beiden Einführungs- und Rechtfertigungsschriften aus dem laufenden Prozesse folgen als

Beispiele.

Nr. I.

Einsendungsbericht.

An
das königl. Appellationsgericht
zu R.

10) V. v. 21. Juli 1846, §. 20; V. v. 1. Juni 1833, §§. 44, 45. Man bedient sich dazu eines gedruckten oder lithographirten Formulars. M. Civilprozeß, §. 349, Note 1.

11) Instr. v. 24. Juli 1833, §. 47.

12) V. v. 21. Juli 1846, §§. 20, 17.

Krottgau den 22. Juli 1860.
Das Kreisgericht überreicht die
Akten
in Sachen
des Gutsbesitzers Rittersporn zu
Fliederthal, Klägers,
wider
die Gewerken der Friederike-Agnes-Zeche bei Fliederthal, namentlich: 1. den Dr. med. Klop zu N., 2. den Kommissionär Böse zu B., 3. den Zimmermeister Klotzig zu N., 4. den Kommerzienrath Raffer zu K.
Beklagte,
jetzt beiderseits Appellanten und
Appellaten,
wegen Grundentschädigung
für Bergwerksanlagen,
zum Appellationsverfahren.
Gegenstand unschätzbar.

Pro notitia.

Juli noch	12	Tage
August ...	31	"
Septbr. ...	27	"
	70	"

D.
Repr. den 28. Septbr.
N. 25. Juli 1860.
Gr.

Pr. den 25. Juli 1860. Gr.

In der nebenbezeichneten ordentlichen Prozeßsache haben beide Theile gegen unser Erkenntniß vom 3., und beiden Theilen insinuirt den 19. d. M., die Appellation am 20. und resp. am 21. d. M., präsentirt den 21. und resp. den 22., angemeldet, und wir haben hinsichtlich der Rechtzeitigkeit der Anmeldung sowie der Appellabilität des Gegenstandes kein Bedenken gegen die Zulässigkeit des Rechtsmittels gefunden.

Dem königlichen Appellationsgerichte verfehlen wir nicht, hierbei die Akten, bestehend aus 1 Bande von 98 Blättern, gehorsamst zu überreichen.

Das Erkenntniß befindet sich

Blatt 80, die Behändigungsscheine befinden sich Blatt 85 und 86, und die Vollmachten der Sachwalter Blatt 8 und 21.

Das königl. Kreisgericht.
Unterschriften.

Nr. II.

Einführung des Klägers.

Pr. den 20. August 1860. Gr.

Einführung und Rechtfertigung der Appellation des Gutsbesitzers Ritterspoorn zu Fliederthal, in Sachen seiner, Klägers,

wider

die ehemaligen Gewerken der Braunkohlen-Zeche Friederike-Agnes bei Fliederthal, namentlich: 1. den Dr. medicinae Klop zu R., 2. den Kommissionär Böse zu B., 3. den Zimmermeister Klotzig zu N., 4. den Kommerzienrath Raffer zu K., Beklagte,

wegen Grundentschädigung für Bergwerksanlagen.

D.

1. Unter Zufertigung der Abschriften sind die Appellaten zur Beantwortung der Appellation binnen 4 Wochen, nach dem Formular, aufzufordern.

2. Notif. solches dem Appellanten.

3. Repr. nach 6 Wochen.

R. den 20. Aug. 1860.

Gr.

Gegen das am 19. Juli d. J. insinuirte Erkenntniß des Kreisgerichts zu Krottgau führe ich zwei Beschwerden:

1) weil ich mit dem Antrage auf eventuelle subsidiarische Verurtheilung der Beklagten zur Zahlung der Entschädigungen abgewiesen worden bin, und

2) weil ich mit dem Antrage auf Sicherstellung hierfür abgewiesen und in $\frac{1}{3}$ der Kosten verurtheilt worden bin.

I. Die erste Beschwerde bezieht sich auf den Ersten Abschnitt der Klage, in welchem ich darauf angetragen habe:

die Bekl. pro rata event. in solidum zu verurtheilen, mir an Grundentschädigung für den mir durch Expropriation entzogenen Grund und Boden auf das Jahr 1850 137 Thlr. 10 Sgr. 7 Pf. nebst 5 Proz. Verzugszinsen seit dem 1. Januar 1851, auf das Jahr 1851 100 Thlr. nebst 5 Prozent Zinsen seit dem 1. Jan. 1852, und auf das J. 1852 62 Thaler 19 Sgr. 5 Pf. nebst 5 Prozent Zinsen seit dem 1. Jan. 1853 zu bezahlen,

sowie nachträglich

diese Bekl. zu verurtheilen, mir die jährliche Abnutzung von dem mir entzogenen Grundeigenthume in jedem Jahre so lange für ihren Antheil zu vergüten, bis der Boden wieder in solchen Stand gesetzt ist, daß er gehörig genutzt werden kann.

Der Antrag gründet sich in dem Theile, welcher die eventuelle subsidiarische Verurtheilung fordert, auf die §§. 237 und 238, Tit. 17, Th. I des A. L.R.

Das hohe Appellationsgericht hat auch bereits in dem Vorprozesse betr. die Entschädigung pro 1847/49, in der auf die Beschwerde der Bekl. an das hiesige Kreisgericht erlassenen Resolution vom 1. Nov. 1851, die Anwendbarkeit dieser Bestimmungen auf den Fall der Bekl. ausgesprochen, wie die dort befindlichen Appellationsakten in Sachen Rittersporn c. die Gewerkschaft der Braunkohlengrube Friederike-Agnes vom J. 1851 ergeben.

Judex a quo erkennt die Begründung der Klage in diesem Theile für richtig an, indem er ausführt:

„Alle Theilnehmer an diesem Bergbaue (die sämmtlichen Gewerke) stehen als ein Ganzes dem Kläger gegenüber; ein Vertrag, welcher die Beitragsbestimmungen enthält, liegt nicht vor, und es müssen daher die §§. 237, 238, Tit. 17, Th. I des A. L.R. zur Anwendung kommen, wonach sich Kl. zunächst nur an jeden der Genossen auf Höhe seines Antheils halten kann, wogegen für etwaigen Ausfall die Mitgenossen als Bürgen subsidiarisch haften."

Dennoch hat derselbe Richter erkannt:

daß der Kl. mit dem Antrage auf eventuelle subsidiarische Verurtheilung der Verkl. zur Zahlung der vollen eingeklagten Entschädigungen abzuweisen.

Einen solchen Antrag habe ich aber nirgend formulirt; und wenn ich ihn gemacht hätte, so würde er ganz richtig sein. Denn wenn — wie der Richter selbst ausführt — Jeder subsidiarisch als Bürge haftet, so ist es ja ganz klar, daß in dem eventuellen Falle, wo von 12 Schuldnern elf unvermögend sind, der zwölfte allein für das Ganze haften muß.

Der Richter motivirt seine Abweisung so:

„Der Kl. hat 6 Mitverklagte von dem erhobenen Anspruche freigelassen, und dabei angeführt, daß er von ihnen bezüglich ihrer Antheile befriedigt sei. Hieraus folgt, daß die noch jetzt an diesem Prozesse betheiligten Verklagten subsidiarisch nur für die etwa in der Exekution ausfallenden Antheile ihrer mitverklagten Genossen aufzukommen haben. Der Klageantrag ist aber auf die ganze Entschädigung gerichtet und nicht demgemäß modifizirt worden, woraus die betreffende theilweise Abweisung folgte."

Die Abweisung ist jedoch keine theilweise in diesem Punkte, sondern eine gänzliche; der Tenor widerspricht also den Entscheidungsgründen. Daß die noch vorhandenen 4 Beklagten nur in den Fall kommen können und sollen, für die etwa ausfallenden Antheile ihrer mitverklagten Genossen aufzukommen, ist deutlich ausgesprochen durch meine Erklärung:

> daß mich die übrigen 6 Beklagten für ihre Antheile vollständig befriedigt haben.

Es handelt sich ja also ausdrücklich nur noch um die Antheile der verurtheilten vier Beklagten. Ueberdies führen die Gründe des

Richters nicht zur gänzlichen, sondern nur zur theilweisen Abweisung, indem der Richter wähnt, es sei eine Pluspetition vorhanden. Das beruhet, wie gesagt, auf einem Irrthume oder Mißverständnisse. Ich verlange durchaus nicht mehr als mir nach der Ansicht des ersten Richters zukommt und ich bin zufrieden, wenn nur dieses ausgesprochen wird, nämlich daß die 4 Beklagten subsidiarisch für ihre noch rückständigen Antheile an der Entschädigung, und zwar ein Jeder wieder nur nach seinem Antheile, subsidiarisch in solidum zu haften verbunden. Ehrerbietig bitte ich:

hiernach das erste Erkenntniß abzuändern,

und

zu erkennen:

daß ich mit dem Antrage auf eventuelle subsidiarische Verurtheilung der Beklagten zur Zahlung der vollen eingeklagten Entschädigungen nicht abzuweisen; vielmehr es bei meiner Erklärung, daß ich von den ursprünglich mit beklagten übrigen 6 Gewerken wegen ihrer Antheile befriedigt sei, zu belassen, und die 4 Beklagten und Appellaten schuldig, für ihre noch rückständigen Antheile eventualiter subsidiarisch Jeder nach seinem Antheile zu haften.

II. Die zweite Beschwerde entspricht dem II. Abschnitte der Klage. Diesen ganzen Abschn^itt und Klageantrag habe ich schon den 14. Juni ausdrücklich gegen sämmtliche Beklagte zurückgenommen, denn ich habe in der Anzeige, daß ich ad Pass. I von 6 Beklagten wegen der Entschädigung bezüglich ihrer Antheile befriedigt sei und daher die Klage gegen dieselben zurücknehme, die Erklärung beigefügt:

Ich ziehe auch den Antrag im Abschnitt II der Klage hinsichtlich der übrigen Beklagten Klop, Böse, Klotzig und Rafser zurück;

und es ist demgemäß auch nicht darüber verhandelt worden.

Dennoch hat das Kreisgericht zu Krottgau, unter Verschweigung dieser Klagerenuntiation, erkannt:

daß Kl. mit dem Antrage auf Sicherstellung für die Entschädigung abzuweisen.

Das ist ein Urtheilsspruch gegen den klaren Inhalt der Akten, eine Nullität.

Ehrerbietig trage ich an:

zu erkennen, daß der Theil des Erkenntnisses des Kreisgerichts zu Krottgau, wodurch ich mit dem Antrage auf Sicherstellung für die Entschädigung abzuweisen, aufzuheben und es bei der Zurücknahme des Klageantrages hinsichtlich dieses

Punktes zu belassen und den mir wegen dieses nichtigen Urtheils auferlegten zu großen Antheil der Kosten niederzuschlagen.

Vier Abschriften sind beigelegt.

Fliederthal, d. 16. Aug. 1860.

Rittersporn.

Concepi Haberecht,
Rechtsanwalt.

Nr. III.

Einführung der Beklagten.

Pr. d. 22. Aug. 1860. Gr.

Appellationsrechtfertigungsschrift
in Sachen
des Gutsbesitzers Rittersporn zu Fliederthal, Klägers und Appellaten
wider
die Gewerken der Braunkohlen-Zeche Friederike-Agnes bei Fliederthal, namentlich den Dr. med. Fr. Klop zu R. und den Kommissionär Böse zu B., Verklagte und Appellanten.

Durch das unter dem 3. Juli 1860 ergangene Erkenntniß des Königl. Kreisgerichts zu Krottgau fühlen die Appellanten sich beschwert, weil sie zur Zahlung von 137 Thlr. 10 Sgr. 7 Pf. nebst 5 Prozent Zinsen seit dem 1. Januar 1851, ferner zur Zahlung von 100 Thlrn. nebst 5 Prozent Zinsen seit dem 1. Januar 1852, und zur Zahlung von 62 Thlr. 19 Sgr. 5 Pf. nebst 5 Prozent Zinsen seit dem 1. Januar 1853, und zwar nach Verhältniß ihrer Antheile an

D.

1. Die Abschrift erhält der Kläger mit der Aufforderung, die Appellation der Bekl. binnen 4 Wochen zu beantworten, nach dem Form.

2. Die Beklagten, z. H. des Rechtsanwalts Streiter, erhalten hiervon Nachricht.

3. Repr. nach 6 Wochen.

R. d. 22. Aug. 1860.

Gr.

dem Braunkohlenwerke Friederike=Agnes, sowie endlich weil sie verurtheilt worden sind, die jährliche Abnutzung des dem Kläger entzogenen Grundeigenthums in jedem Jahre so lange nach Verhältniß ihrer Antheile zu vergüten, bis der Boden in solchen Stand gesetzt ist, daß er landwirthschaftlich genutzt werden kann.

Das bereits angemeldete Rechtsmittel der Appellation wird wie folgt gerechtfertigt.

Nach wie vor wird zuvörderst bei dem Einwande der mangelnden Passivlegitimation beharrt. Das Eigenthum des Bergwerks gehört dem Staate und nicht den betreffenden Gewerken, letzteren steht nur ein Nutzungsrecht zu. Alle Entschädigungsansprüche, welche durch die von der Behörde angeordneten Bergwerksbauten erfolgt sind, können somit nicht gegen die einzelnen Gewerke geltend gemacht werden. — Der Eigenthümer des Grund und Bodens steht mit den Gewerken in keinem persönlichen Rechtsverhältnisse. Die Appellanten haben unbestritten seit längerer Zeit ihre Antheile an der qu. Grube ins Freie gegeben; mit diesem Augenblick hörte dem Grundeigenthümer gegenüber jede weitere Verbindlichkeit auf.

Der erste Richter sucht die Verbindlichkeit zur Leistung von Entschädigung aus dem Umstande zu deduziren, daß Grundeigenthum nur mit allen darauf haftenden Lasten erworben resp. übertragen werden kann. Abgesehen davon, daß die Gewerke kein Eigenthum, sondern nur ein Nutzungsrecht an fremdem Eigenthume erworben haben, so gehörte auch die im Gesetze ausgesprochene Entschädigungsverbindlichkeit niemals zu den auf dem Eigenthume haftenden Lasten; sie hat vielmehr nur eine rein private Natur und hängt von dem Uebereinkommen der Interessenten eventuell von dem richterlichen Ermessen ab. Eine Verpflichtung des ersten Erwerbers, für die Entschädigungen zugleich persönlich zu haften, ist aus dem von dem ersten Richter allegirten §. nirgends zu ersehen. Der §. 293, Tit. 16, Th. II A. L.R., welchen der erste Richter allegirt, handelt nur von Verträgen, welche Verleger im Auftrage der Gewerke auf Bergwerke geleistet haben. Ein solches Auftragsverhältniß kann nicht nachgewiesen werden und die von dem ersten Richter scheinbar angenommene nützliche Verwendung enthält ein Fundament, aus welchem gar nicht geklagt worden ist. Irriger Weise nimmt der erste Richter an, daß von dem Verklagten der §. 289 in Bezug genommen worden wäre; es ist jedoch nur der §. 292 angezogen worden, nach welchem

Grubenschulden von Gewerken, deren Bergwerkseigenthum aufgehoben ist, durch persönliche Klagen nicht zurückgefordert werden können. Uebrigens wird dabei beharrt, daß, wenn der Lehensträger geschürft und gemuthet hat, auch belehnt worden ist, nur gegen ihn die persönliche Klage angestellt werden könnte und daß die Höhe der Entschädigungsforderung nicht als festgestellt erachtet werden kann, weil die Ermittelung nur auf Grund der Anerkennung des hierzu nicht legitimirten Schichtmeisters erfolgt ist.

In thatsächlicher Beziehung sind keine anderen Behauptungen aufzustellen. Zur Vermeidung von Wiederholungen wird auf alle in erster Instanz aufgestellten Behauptungen hiermit ausdrücklich Bezug genommen und die weitere Ausführung der mündlichen Verhandlung vorbehalten. Es wird gebeten:

unter Abänderung des ersten Erkenntnisses den Kläger gänzlich abzuweisen und die Kosten dieser Instanz verhältnißmäßig zu vertheilen.

Vollmacht für den Unterzeichneten und Duplikat ist beigelegt.

N. d. 20. Aug. 1860.

Streiter, Rechtsanwalt.

§. 66.

3. Beantwortung der Rechtfertigung.

I. Was die Beantwortung enthalten soll, und welche äußere Form sie haben muß, wird dem Appellaten in der Aufforderung zur Beantwortung der Appellation ausdrücklich gesagt[1]). Die eingegangene Beantwortungsschrift ist, gleich einer schriftlichen Klagebeantwortung, nur hinsichtlich ihrer rechtzeitigen Präsentation und ihrer äußeren Form, insbesondere in Betreff der Unterschrift, zu prüfen; der Inhalt wird genommen wie er ist; ist er unvollständig oder unzutreffend, so ist es der Schade des Appellaten. Eine zu spät eingegangene Beantwortung sollte sofort zurückgegeben werden, da sie als ein Aktenstück nicht mehr zulässig; doch ist die Zurückgabe nur hinsichtlich der nicht von einem Rechtsanwalte, in Fällen, wo die Unterschrift eines solchen erforderlich ist, unterzeichneten Schriftsätze vorgeschrieben[2]). Wird die Zurückgabe der Beantwortung wegen Formmangels verfügt und die Frist ist noch nicht abgelaufen, so muß der Ablauf abgewartet werden, ehe in der Sache weiter vorgegangen.

II. Ist die Beantwortung eingegangen oder darauf Verzicht geleistet, oder die zur Beantwortung bewilligte Frist vergeblich abgelaufen, so kann keine andere Verfügung erfolgen als die Ansetzung eines Audienztages zur mündlichen Verhandlung; ein weiteres Wechselverfahren findet auch dann nicht statt, wenn in der Beantwortung berechtigte, d. h. zulässige neue faktische Behauptungen vorgebracht worden sind: auf diese darf der Appellant nur in der Audienz antworten, wenn auch wieder unter Anführung neuer Umstände oder Beweismittel zur Widerlegung derselben, und er kann deren Aufnahme in das Audienzprotokoll verlangen[3]) oder auch, was nicht verboten ist, neben dem mündlichen Vortrage, einen Schriftsatz übergeben. Es werden demnach jedenfalls die Vorladungen zum Audienztage verfügt und zugleich wird ein Referent ernannt[4]), welcher das Referat so zeitig vor dem Audienztage abzuliefern hat, daß der Vorsitzende dasselbe prüfen und, nach seinem Gutfinden, durch Anmerkungen vervollständigen kann.

Beispiel.

Nr. I.

Antwort des klägerischen Appellaten.

Pr. d. 1. Sept. 1860. Gr.

Beantwortung

der Appellationsrechtfertigung der beiden Gewerken der Braunkoh-

1) M. s. das Formular Note 1 zu §. 349 m. Civilprozesses.
2) V. v. 21. Juli 1846, §§. 3, 7 u. 21.
3) Instr. v. 24. Juli 1833, §. 45; Verordnung v. 21. Juli 1846, §§. 18 u. 20, u. §. 22 verb. mit §. 48 der V. v. 1. Juni 1833.
4) V. v. 1. Juni 1833, §. 49; V. v. 21. Juli 1846, §§. 22, 9.

len=Zeche Friederike=Agnes, Dr. medicinae Klop zu R. und Kommissionär Böse zu B., Beklagte, Appellanten und Appellaten,

wider

den Gutsbesitzer Ritterspor zu Fliederthal, Kläger, Appellanten und Appellaten.

D.

Die Abschrift ist den beiden Appellanten, z. H. des Rechtsanwalts Streiter hier, vorläufig zuzufertigen.

R. d. 1. Sept. 1860.

Gr.

Die Appellationsrechtfertigung enthält nichts Neues an Thatsachen, und den juristischen Gedanken, welcher darin ausgeführt werden soll, habe ich nicht zu finden vermocht. Was von dem Eigenthume des Bergwerks und von dem Nutzungsrechte der Gewerkschaft gesagt und daraus auf meine Entschädigungsforderung für Grund und Boden angewendet wird, ist mir nicht verständlich. Die juristische Thatsache ist diese:

Die beiden Beklagten und Appellanten selbst haben, in Verbindung mit einigen Anderen, von dem ihnen vom Staate Behufs des Bergbaues verliehenen Expropriationsrechte Gebrauch gemacht und es ist mir auf ihren Antrag von der kompetenten Behörde für sie und Genossen der zur Ausbeutung erforderliche Grund und Boden entzogen.

Die Frage ist also nur:

müssen sie für den in seiner Substanz vernichteten Acker entschädigen, oder geht sie das gar nichts an?

Sie sind der Meinung:

sie hätten das Ihre gethan dadurch, daß sie die Kohlen ausgegraben haben, dann davon gegangen sind, und den gänzlich zu Unland und völlig unbrauchbar gemachten Boden an Stelle des vorher fruchtbaren Ackers zurückgelassen haben; dadurch hätten sie sich von allen Verbindlichkeiten befreit; das Unland könnte ich für mich behalten.

Darüber vertraue ich getrost der richterlichen Entscheidung.

Der herbeigezogene §. 292, Tit. 17, Th. II des A. L.R. betrifft das fragliche Verhältniß gar nicht. Er handelt von Grubenschulden. Das Kaufgeld zur Erwerbung des Bodens Behufs Anlegung einer Grube ist keine Grubenschuld, man sucht sie daher auch in der Rangordnung der Grubenschulden in der Berg-Konkursordnung vergeblich.

Abschrift liegt bei.

Fliederthal, d. 30. Aug. 1860.

Rittersporn.

Concepi Haberecht,
Rechtsanwalt zu Krottgau.

Nr. II.
Antwort der beklagtischen Appellaten.

Pr. d. 15. Sept. 1860. Gr.

Appellations-Beantwortungsschrift
in Sachen
des Gutsbesitzers Rittersporn
zu Fliederthal, Klägers und
Appellanten,
wider
den Dr. medicinae Klop zu R.

D.

1. Beide Theile, und zwar
a) der Kläger persönlich unter Zufertigung der Abschrift,
b) von den Bekl. die beiden Appellanten und Appellaten Klop und Böse zu H. des Rechtsanwalts Streiter, und die beiden übrigen Klotzig und Raffer, als bloße Appellaten, persönlich, zum mündlichen Verfahren auf den 27. Oktober 10 Uhr vorzuladen.

2. Rerferent: Hr. Appellat.-Gerichts-Rath Alleinweis.

R. d. 15. Sept. 1860.

Gr.

und den Kommissionär Böse zu B., Beklagte und Appellaten, Grundentschädigung betreffend.

Die Ansicht des Appellanten rücksichtlich des ersten Abschnittes der Appellations-Rechtfertigungsschrift ist nicht begründet. Denn in der Klage ist ausdrücklich der Antrag gestellt worden, sämmtliche 10 Beklagte pro rata und subsidiarisch in solidum zur Zahlung der vollen Grundentschädigung zu verurtheilen. In dem bei den Prozeßakten befindlichen Schreiben d. d. Krottgau den 14. Juni 1860 erklärt Kläger wörtlich:

Ich nehme die Klage gegen (die genannten) Verkl., welche mich für die Vergangenheit und Zukunft für ihren Theil inzwischen befriedigt haben, zurück. Dagegen halte ich beim Abschnitte I der Klage meinen Antrag gegen die übrigen 4 Verklagten für ihren Theil aufrecht.

Wenn nun auch die Intention des Klägers dahin gerichtet gewesen sein mag, daß die 4 Beklagten nur für schuldig erachtet werden sollten, für ihre noch rückständigen Antheile eventuell subsidiarisch, jeder immer zunächst nach Verhältniß seines Antheiles zu haften, so ist doch nirgends ein hierauf bezüglicher Antrag formirt worden. Im Gegentheile ist nach dem Wortlaute der Erklärung des Klägers zu entnehmen, daß er den ganzen Klageantrag bezüglich der vollen Entschädigung aufrecht erhalten wissen wollte. Ein solcher Antrag konnte aber, nachdem die Klage gegen mehrere Mitverpflichtete zurückgenommen worden, nicht mehr zu recht bestehen und da eine ausdrückliche Zurücknahme resp. Modifizirung dieses Klageantrages nirgends vorlag, so mußte der erste Richter mit Recht eine Abweisung aussprechen. Es widerspricht auch der Tenor des ergangenen Erkenntnisses durchaus nicht den Entscheidungsgründen. Denn der in den letzteren gebrauchte Ausdruck „theilweise Abweisung" bezieht sich nur darauf, daß Kläger mit einem Theile seines gesammten Klageantrages abgewiesen werden mußte, somit hat der erste Richter eine gänzliche Abweisung (wie Appellant behauptet) nirgends ausgesprochen. Der erste Richter hatte durchaus keine Veranlassung, einen Antrag, der sich auf 10 Verpflichtete bezog, von Amts wegen dahin zu modifiziren, daß die subsidiäre Verhaftung nur auf 4 Verpflichtete sich erstrecken solle. Es wird demnach gebeten, den Appellanten abzuweisen und das erste Erkenntniß in dem Passus, wornach Kläger mit dem Antrage auf eventuelle subsidiarische Verurtheilung der Verklagten zur Zahlung der vollen eingeklagten Entschädigungen abgewiesen worden ist, lediglich zu bestätigen.

Die zweite Beschwerde des Appellanten anlangend, so wird die Abänderung oder Bestätigung des ersten Erkenntnisses in diesem Punkte dem hohen richterlichen Ermessen anheimgestellt.

Das Duplikat ist beigelegt.

R. d. 10. Sept. 1860.

Streiter,
Rechtsanwalt.

§. 67.

4. Das Referat.

Die Kunstregeln sind bereits oben (§. 32 ff. und in Betreff der Prozeßgeschichte §. 36, Nr. 2, lit. b und über den Akten-Auszug §. 37) angegeben. Bei deren Anwendung ist zu beachten, daß zum Akten-Auszuge (§. 37) nun auch die Appellations-Rechtfertigung und deren Beantwortung ihren Beitrag liefert, daß aber überhaupt nur dasjenige Gegenstand des Vortrages ist, was auf die Entscheidung der Appellationsbeschwerden Einfluß hat; alles Uebrige interessirt nicht nur nicht, sondern zieht die Aufmerksamkeit der Hörer von dem eigentlich zu beurtheilenden Gegenstande ab. In wechselseitigen Appellationssachen müssen die Beschwerden beider Theile mit ihrer Geschichte und ihrem Aktenauszuge (Rechtfertigungsgründen) von einander abgesondert vorgetragen werden, nach Analogie des Vortrages einer Klage und Wiederklage, weil sonst das Durcheinander dem Hörer kein klares Bild giebt und er es bei weitläufigen Sachen aufgeben muß zu folgen, so daß es am Schlusse des Vortrages so gut ist als wäre gar kein Vortrag gehalten worden, vielleicht noch schlimmer, weil er die Rechtfertigungsgründe von der einen Appellation auf die andere überträgt und mit einander verwechselt. Der Vortrag muß so gehalten werden, als wenn über beide Appellationen in besonderen Erkenntnissen entschieden werden sollte, denn es ist nur eine positive Prozeßvorschrift aus Zweckmäßigkeitsgründen, daß über beide Appellationen in Einem Urtheile zu erkennen ist*).

Hinsichtlich des Rubrums wird auf §. 34, Nr. II zurückgewiesen. Hierzu ist jedoch nachzutragen, daß in wechselseitigen Appel-

*) V. v. 1. Juni 1833, §. 50.

lationssachen in dem Falle, wenn auf der einen oder der anderen Seite Litiskonsorten stehen und nicht Alle appelliren, wohl aber von der anderen Seite gegen Alle appellirt wird, dieses in dem Rubrum angedeutet werden muß. Unser Prozeß zeigt einen solchen Fall und das beigefügte Beispiel giebt an, wie das Rubrum gefaßt werden muß.

In Betreff der Urtheilsformel (§. 40, lit. e) ist zu beachten, daß, wenn nur eine theilweise Abänderung, im Uebrigen aber auf Bestätigung erkannt wird, die genau auszudrückende Abänderung formell immer im Urtheile vorangestellt und die Bestätigung der nicht abgeänderten Theile des ersten Erkenntnisses mit den Worten: „im Uebrigen aber das gedachte Erkenntniß zu bestätigen", angehängt wird, worauf die Bestimmung des Kostenpunkts mit den Worten: „und die Kosten beider Instanzen dem Kläger mit (diesem Bruchtheil) und (wenn die Litiskonsorten nicht Alle zugleich Appellanten, wohl aber Appellaten sind) den Beklagten A. und B. mit (diesem Bruchtheile), und den Beklagten C. und D. mit (dem Bruchtheile) aufzuerlegen". Es versteht sich, daß alle Bruchtheile ein Ganzes sein müssen, sonst muß, mag es weniger oder mehr als ein Ganzes ausmachen, Deklaration nachgesucht werden.

Beispiel.

Referat in Sachen

des Gutsbesitzers Ritterspor n zu Fliederthal, Klägers, Appellanten und Appellaten

wider

den Dr. medicinae Klop zu R. und den Kommissionär Böse zu B., Beklagte, Appellanten und Appellaten, so wie den Zimmermeister Klotzig zu N. und den Kommerzienrath Raffer zu K., gleichfalls Beklagte und Appellaten.

Der Kläger ist Eigenthümer des Ritterguts Fliederthal im Kreise N. Auf der Feldmark dieses Gutes befindet sich eine Braunkohlengrube, Friederike-Agnes genannt. Zum Betriebe dieser Grube sind 1845 und 1847 mehrere Theile des Grundes und Bodens des Klägers, auf Anordnung der Bergbehörde, durch den Schichtmeister der Grube in Besitz genommen worden. Die jährliche Vergeltung ist von der Bergbehörde für eine Parzelle von 95 □R. zur offenen Rösche auf 1 Thlr. 17 Sgr. 6 Pf., und für erschwerte Ackerbestellung, welche durch die einspringenden Winkel in die dem Grundeigenthümer verbliebene Fläche veranlaßt, und auf 4 M. 90 □R. festgestellt worden, pro Morgen auf 1 Thlr., zusammen jährlich also auf 4 Thlr. 15 Sgr. festgestellt worden. Gegen diese Feststellung ist von keiner Seite etwas erinnert worden. Dagegen ist die von der Bergbehörde festgestellte Vergütung für das Ackerland nicht genehmigt und in dieser Beziehung durch das rechtskräftige Erkenntniß des ehemaligen Berggerichts zu Waldenthal vom 22. Dezember 1847 entschieden worden, daß die Abnutzung der Ackerflächen nach den in jedem Jahre in der Kreisstadt N. stattfindenden Marktpreisen zu vergüten sei.

Zur Zeit der expropriationsweisen Besitznahme der Grundparzellen waren die Beklagten und noch 7 Andere Gewerken der Grube, und die Grundstücke sind auch während der Dauer ihres Grubenbesitzes ausgebeutet und dadurch in Unland verwandelt worden. Bis mit Dezember 1849 ist die Entschädigungsfrage erledigt; seitdem haben die Gewerken die Grube ins Freie fallen und die in Unland verwandelten Grundstücke uneingeebnet liegen lassen. Der Kläger hat daher sämmtliche damalige Gewerke persönlich wegen der Entschädigung für die Jahre 1850—1852 in Anspruch genommen. Von den elf ursprünglich Beklagten hat der Eine sofort den Anspruch des Beklagten durchgehends anerkannt und ist dadurch aus dem Prozesse geschieden. Von den übrigen Zehn haben sechs den Kläger für ihre Antheile vollständig befriedigt und es sind nur die im Rubro genannten vier Beklagten übrig geblieben, indem der Kläger die Klage gegen jene Sechs zurückgenommen hat.

In einem Ersten Abschnitte der Klage hat der Kläger seine Abnutzung

für das Jahr 1850 auf 137 Thlr. 10 Sgr. 7 Pf.
für das Jahr 1851 auf 100 Thlr.
für das Jahr 1852 auf 62 Thlr. 19 Sgr. 5 Pf.

speziell liquidirt*) und mit Bezugnahme auf die §§. 237, 238, Tit. 17, Th. I des A. L.R. seinen Antrag dahin gerichtet:

die Beklagten pro rata und subsidiarisch in solidum zu verurtheilen, ihm

a) für 1850 137 Thlr. 10 Sgr. 7 Pf. nebst 5 Prozent Verzugszinsen seit dem 1. Januar 1851,

b) für 1851 100 Thlr. nebst 5 Prozent Verzugszinsen seit dem 1. Januar 1852,

*) Auf die Einzelnheiten und die Beweisvertretungen kommt nichts an, weil gegen den Betrag, wie er im ersten Erkenntnisse festgesetzt worden, keine Beschwerde erhoben ist.

c) für 1852 62 Thlr. 19 Sgr. 5 Pf. nebst 5 Prozent Verzugszinsen seit dem 1. Januar 1853 zu bezahlen;

später jedoch, nachdem die Beklagten den Klagegrund und ihre Verbindlichkeit gänzlich bestritten hatten, den Antrag dahin erweitert:

daß die verbliebenen 4 Beklagten verurtheilt würden, ihm die jährliche Abnutzung von dem ihm entzogenen Grundeigenthume in jedem Jahre so lange für ihren Antheil zu vergüten, bis der Boden wieder in solchen Stand gesetzt, daß er gehörig genutzt werden könne.

In einem Zweiten Abschnitte hatte Kläger Sicherstellung für seine künftigen Entschädigungsforderungen verlangt, mit dem Antrage:

die Beklagten pro rata, eventuell in solidum zu verurtheilen, ihm

1. für die jährliche, so lange bis der Boden wieder in solchen Stand gesetzt sei, daß er gehörig genutzt werden könne, zu vergütende Abnutzung des ihnen überlassenen Grundes und Bodens;

2. für den durch Tagebrüche entstehenden Schaden,

annehmliche Sicherheit, deren Betrag in separato festzusetzen, zu bestellen;

diesen Antrag jedoch in einem Schriftsatze vom 14. Juni ausdrücklich gegen sämmtliche, namentlich auch gegen die noch übrigen 4 Beklagten wieder zurückgenommen.

Die Beklagten erhoben den Präjudizialeinwand der mangelnden Passivlegitimation und führten zu dessen Begründung aus, es handele sich in diesem Prozesse um Entschädigung für die von bleibenden Anlagen zum Bergwerksbetriebe eingenommenen Ackertheile, also um Gegenstände, welche das Eigenthum des Bergwerks selbst angingen und worüber nur mit dem Repräsentanten verhandelt werden könne. Das Eigenthum des Bergwerks gehöre nämlich nicht den Gewerken, sondern dem Staate, von dem alle sich darauf beziehenden Einrichtungen, inbesondere die Expropriationen ausgingen. Die dadurch herbeigeführten Rechtsverhältnisse berührten die Gewerke nur in sofern, als sie auf deren nutzbares Eigenthum Einfluß hätten, und sie durch Verminderung und gänzliche Absorbirung der Nutzungen veranlassen könnten, dasselbe gänzlich und ohne Vergütung für das darauf Verwendete aufzugeben, was von ihnen in der That geschehen sei. Damit hörten denn alle dinglichen

Rechte der Gewerken an dem Bergwerkseigenthume auf, und weiter reichten die Wirkungen der Betriebseinrichtungen und deren Folgen gegen die einzelnen Gewerken nicht. Daraus folge, daß eine Klage gegen die Gewerken aus angeblichen Entschädigungsansprüchen, die durch solche von der Behörde angeordneten Bergwerksbauten herbeigeführt wären, unzulässig sei, weil die Gewerken in Bezug auf solche Anlagen zu dem Grundeigenthümer in keinem persönlichen Rechtsverhältnisse ständen. Demzufolge bestritten sie, daß ihnen Theile des Grundeigenthumes des Klägers übergeben worden, daß sie sich mit einer die Entschädigung des Klägers betreffenden Ermittelung der Bergbehörde einverstanden erklärt hätten, und daß die Bergbehörde sie persönlich zur Zahlung der klägerischen Entschädigung angewiesen habe und habe anweisen können. Jedenfalls habe mit der 1850 geschehenen Auflassung ihrer Grubenantheile jede Verbindung mit der Zeche und jede Verbindlichkeit gegen sie aufgehört.

Eventuell haben Beklagte den Einwand der Befriedigung des Klägers gemacht, welche durch die von den ausgeschiedenen sechs Beklagten gezahlte Abfindung geschehen sein solle; und die Zulässigkeit der Erweiterung des Klageantrages ist bestritten.

Der Kläger hat die thatsächlichen Anführungen in Betreff der Bergwerksanlagen bestritten und seiner Seits behauptet, daß die Spur des ehemaligen Bergwerks lediglich die unbrauchbar zurückgelassene Fläche sei, von welcher die Bergbauenden die Ackerkrume abgedeckt und welche sie, nachdem sie die Kohlen darunter weggenommen, nicht wieder eingeebnet hätten. Eben so hat er die eventuell behauptete Befriedigung bestritten.

Nach erhobenem Beweise in Beziehung auf die Liquidationen hat das Kreisgericht zu Krottgau am 3. Juli d. J. erkannt:

daß, wenn der Kläger den ihm in Betreff des eventuellen Einwandes auferlegten Eid ableiste, die vier Beklagten schuldig, dem Kläger an Grundentschädigung

1) für das Jahr 1850 137 Thlr. 10 Sgr. 7 Pf. nebst 5 Prozent Zinsen seit dem 1. Januar 1851,
2) für das Jahr 1851 100 Thlr. nebst 5 Prozent Zinsen seit dem 1. Januar 1852,
3) für das Jahr 1852 62 Thlr. 19 Sgr. 5 Pf. nebst 5 Prozent Zinsen seit dem 1. Januar 1853,

nach Verhältniß ihrer Antheile an dem Braunkohlenwerke Friederike=Agnes bei Fliederthal zu zahlen;

4) die jährliche Abnutzung des dem Kläger entzogenen Grundeigenthums in jedem Jahre so lange nach Verhältniß ihrer Antheile zu vergüten, bis der Boden in solchen Stand gesetzt ist, daß er landwirthschaftlich genutzt werden kann;

dagegen der Kläger mit dem Antrage auf eventuelle subsidiarische Verurtheilung zur Zahlung der vollen eingeklagten Entschädigungen und mit dem Antrage auf Sicherheitsbestellung hierfür abzuweisen, und die Kosten mit $\frac{1}{3}$ dem Kläger und mit $\frac{2}{3}$ den Beklagten aufzuerlegen.

Die Gründe des Richters sind, daß der Einwand der mangelnden Passivlegitimation nicht begründet sei; daß der Widerspruch gegen die Erweiterung des Klageantrages sich nach §. 29 der Instr. v. 24. Juli 1833, nach §. 5a, Tit. 10 und §. 21, Tit. 5, Th. I der A. G.O. hebe; die Liquidation des Betrages gerechtfertigt und nachgewiesen sei; daß alle Theilnehmer an der Grube dem Kläger als ein Ganzes gegenüberständen und beim Mangel eines Vertrages über die Beitragsverpflichtung die §§. 237, 238, Tit. 17, Th. I des A. L.R. zur Anwendung kommen müßten, wonach sich Kläger allerdings an Jeden eventuell als Bürge wegen der ausfallenden Antheile der Uebrigen halten könne, daß jedoch daraus, daß Kläger 6 der Mitbeklagten, weil er bezüglich ihrer Antheile befriedigt, freigelassen habe, folge, daß die noch jetzt an dem Prozesse betheiligten Beklagten subsidiarisch nur für die etwa in der Exekution ausfallenden Antheile ihrer mitbeklagten Genossen aufzukommen hätten, daß aber der Klageantrag auf die ganze Entschädigung gerichtet, und nicht demgemäß modifizirt sei, woraus sich die betreffende Abweisung in Betreff der subsidiarischen Haftung ergebe*); daß es endlich für den Antrag auf Sicherheitsbestellung an jeder thatsächlichen Unterlage fehle.

Gegen dieses Erkenntniß haben der Kläger und von den Beklagten zwei, nämlich der Dr. medicinae Klop und der Kommissionär Böse appellirt.

(Das Erkenntniß ist beiden Theilen den 19. Juli d. J. insinuirt worden, der Kläger hat seine Anmeldung den 21. Juli, und die Beklagten haben die ihrige den 22. Juli bei dem Gerichte erster Instanz präsentirt. Die Einführungsschrift des Klägers, lega-

*) Ein juristischer Kern liegt in den Motiven, aber er führt nicht zur Abweisung, sondern zur entsprechenden Begrenzung der subsidiarischen Haftung der 4 Beklagten, indem sich der eintretende Ausfall bei dem Einen nicht auf die übrigen Drei, sondern auf die sämmtlichen ursprünglichen Beklagten vertheilen würde.

lisirt von dem Rechtsanwalte Haberecht zu Krottgau, ist den 21. August d. J. hier eingegangen und specifizirt die Beschwerden; für die beiden Beklagten hat der hiesige Rechtsanwalt Streiter, unter Beibringung einer vorschriftsmäßigen Vollmacht, die Einführungsschrift den 22. August eingereicht, worin gleichfalls die Beschwerden angegeben sind.)*)

Die Beschwerde des Klägers besteht darin, daß

1) er mit dem Antrage auf eventuelle subsidiarische Verurtheilung der Beklagten zur Zahlung der vollen eingeklagten Entschädigungen abzuweisen,

2) über den Antrag auf Sicherstellung überhaupt erkannt worden.

Zur Rechtfertigung jener Beschwerde führt er aus, daß er einen solchen Antrag nicht formulirt, daß die Gründe für diesen Theil des Erkenntnisses mit dem Tenor im Widerspruche ständen, daß es bei seiner bestimmten Erklärung, von denjenigen 6 Beklagten, gegen die er die Klage zurückgenommen, für Vergangenheit und Zukunft befriedigt zu sein, nicht zweifelhaft sein könne, daß es sich für die subsidiarische Verpflichtung der vier übrig gebliebenen Beklagten eben nur um die Antheile dieser, nicht auch jener noch handeln könne. Er hat daher angetragen, in Ansehung dieses Theils das erste Erkenntniß dahin abzuändern:

daß er mit dem Antrage auf eventuelle subsidiarische Verurtheilung der Beklagten zur Zahlung der vollen eingeklagten Entschädigungen nicht abzuweisen; vielmehr es bei seiner Erklärung, daß er von den ursprünglich mitbeklagten übrigen 6 Gewerken wegen ihrer Antheile befriedigt worden, zu belassen und die 4 Beklagten und Appellaten Klop und Genossen schuldig, für ihre noch rückständigen Antheile eventuell subsidiarisch Jeder zunächst immer nach Verhältniß seines Antheils zu haften.

In Betreff der zweiten Beschwerde bemerkt Kläger, daß er den entsprechenden Theil der Klage ausdrücklich zurückgenommen habe, daß das darauf gerichtete Erkenntniß daher ein Urtheilsspruch gegen den klaren Inhalt der Akten, ohne Klageantrag, eine Nullität sei. Er hat angetragen:

zu erkennen, daß der Theil des ersten Erkenntnisses, wo-

*) Die eingeklammerte Stelle ist die Prozeßgeschichte dieser Instanz; sie gehört nicht in das Votum; in dieses gehört nur die Beurtheilung der Förmlichkeiten. Vergl. §. 69.

durch er mit dem Klageantrage auf Sicherstellung für die Entschädigung abgewiesen, aufzuheben und es bei der Zurücknahme des Klageantrages hinsichtlich dieses Punktes zu belassen;

auch

der ihm wegen dieses nichtigen Theiles des Urtheiles auferlegte zu große Antheil der Kosten erster Instanz niederzuschlagen.

Die innerhalb der vierwöchentlichen Frist eingegangene Beantwortungsschrift der beiden Appellaten Klop und Böse enthält nur Rechtsausführung im Sinne der in der Klagebeantwortung vorgetragenen Begründung des Einwandes der mangelnden Passivlegitimation. Die beiden anderen Appellaten Klotzig und Raffer haben nicht geantwortet.

Die Beklagten Klop und Böse beschweren sich darüber:

daß sie zur Zahlung von 137 Thlrn. 10 Sgr. 7 Pf., nebst 5 Prozent Zinsen seit dem 1. Januar 1851, zur Zahlung von 100 Thlrn., nebst 5 Prozent Zinsen seit dem 1. Jan. 1852, und zur Zahlung von 62 Thlrn. 19 Sgr. 5 Pf., nebst 5 Prozent Zinsen seit dem 1. Jan. 1853, nach Verhältniß ihrer Antheile an dem Braunkohlenwerke Friederike-Agnes, so wie daß sie verurtheilt worden, die jährliche Abnutzung des dem Kläger entzogenen Grundeigenthums in jedem Jahre so lange nach Verhältniß ihrer Antheile zu vergüten, bis der Boden in solchen Stand gesetzt, daß er landwirthschaftlich genutzt werden könne.

Zur Rechtfertigung wiederholen sie den Einwand der mangelnden Passivlegitimation, ohne etwas Neues vorzubringen, und verlangen

Abänderung des ersten Erkenntnisses und gänzliche Abweisung des Klägers.

Die Appellation ist von dem Gegner innerhalb der bestimmten Frist beantwortet und bestritten.

Votum.

Die Förmlichkeiten der beiderseitigen Appellation sind beobachtet und der Stellvertreter der beiden Beklagten Klop und Böse ist durch eine den vorgeschriebenen Erfordernissen entsprechende Vollmacht legitimirt.

In der Sache selbst würde ich das erste Erkenntniß

1) auf die Appellation des Klägers nach dessen Antrage abändern, und
2) auf die Appellation der Bekl. Klop und Böse bestätigen.

I. Die Appellation des Klägers erscheint überall begründet. Die Abweisung desselben mit dem Antrage auf eventuelle subsidiarische Verurtheilung der Beklagten zur Zahlung der vollen eingeklagten Entschädigung steht allerdings mit den Gründen des Erkenntnisses und der Bestimmung der §§. 237, 238, Tit. 17, Th. I des A. L.R. im Widerspruche. Die Beklagten haften, wie auch der erste Richter anerkennt, nach §. 238 a. a. O. Jeder als Bürge für die Antheile der Anderen, und es versteht sich von selbst, daß, wenn von 11 Verpflichteten, wie hier, deren 7 den Berechtigten wegen ihrer Antheile vollständig befriedigt haben, es sich nur noch um die Verpflichtung der übrigen Vier handeln kann, die den Berechtigten noch nicht befriedigt haben. Der Antrag des Klägers beschränkte sich nach seiner Erklärung in Betreff Jener von selbst auf diese Vier., und es war jedenfalls nach den eigenen Gründen des ersten Richters unrichtig, wenn er die vier Letzteren zur subsidiarischen Haftung gar nicht verurtheilte, sondern den Kläger mit seinem deshalb erhobenen Antrage ganz abwies.

Ebenso ist es dem Inhalte der Akten nicht konform, wenn überhaupt noch über den ausdrücklich zurückgezogenen Antrag auf Sicherstellung erkannt wurde, und war daher auf die Appellation des Klägers seinen Anträgen gemäß abzuändern.

II. Die Appellation der Beklagten Klop und Böse ist lediglich durch den schon in erster Instanz vorgebrachten Einwand der fehlenden Passivlegitimation gerechtfertigt. Dieser Einwand erscheint aber nicht begründet. Denn §. 109, Tit. 16, Th. II des A. L.R. verordnet:

„Der Grundeigenthümer muß an die Bergbauenden den Grund und Boden überlassen, welcher zur Grube selbst, zu den Stollen, zu Halden und Wegen und zu den Gebäuden über der Erde, nothwendig ist,"

und im §. 112 ebenda wird bestimmt:

„Dagegen muß für Alles, was der Grundeigenthümer zum Baue und Betriebe des Werkes abgetreten und verloren hat, demselben vollständige Entschädigung nach Vorschrift Tit. 6, §. 7, Th. I des A. L.R. geleistet werden."

Daß aber die zur Entschädigung des Grundeigenthümers Verpflichteten die Beliehenen, d. h. die Bergbauenden, und nicht der Staat sind, setzt der §. 114 a. a. O. außer allem Zweifel. Unbestritten sind die Beklagten die Bergbauenden, sie sind daher auch die zur Entschädigung des Klägers Verpflichteten, und diese ihre persönliche Verpflichtung ist rein persönlicher Natur, weshalb denn auch der Umstand, daß sie ihre Antheile ins Freie gegeben haben, ohne Einfluß ist, weil mit dem Verluste des Eigenthumes der Zechen nur alle dinglichen Rechte aufgehoben werden. §. 289 a. a. O. Die Legitimation zur Sache erscheint hiernach vollkommen begründet.

Die Höhe der geforderten Entschädigung ist von den Beklagten nicht weiter angefochten, sie ist auch, wie schon der erste Richter ausgeführt hat, als festgestellt anzunehmen; die Beitragspflichtigkeit aber ist beim Mangel einer Verabredung darüber, nach §§. 237, 238, Tit. 17, Th. I des A. L.R., zu bestimmen.

Die Erweiterung des ursprünglichen Klageantrages ist dem §. 113, Tit. 16, Th. II des A. L.R. entsprechend und nach §. 5 a, Tit. 10 und §. 21, Tit. 5, Th. I der A. G.O. nicht für verspätet zu erachten, auch ist hierauf die Beschwerde der Bekl. nicht gerichtet.

Es war daher das erste Erkenntniß auf die Appellation der Beklagten lediglich zu bestätigen.

III. Die Kosten würde ich mit Rücksicht darauf, daß die Beklagten Klotzig und Raffer nicht appellirt haben, die Appellation der Beklagten Klop und Böse aber zu verwerfen, die des Klägers dagegen für begründet zu erachten ist, nach §. 6, Tit. 23, Th. I der A. G.O., von beiden Instanzen dem Kläger mit $\frac{1}{6}$, den Beklagten Klop und Böse mit $\frac{4}{6}$, und den Beklagten Klotzig und Raffer mit $\frac{1}{6}$ auflegen.

Die Urtelsformel würde ich so fassen:

daß das Erkenntniß des königlichen Kreisgerichts zu Krottgau vom 3. Juli 1860

I. auf die Appellation des Klägers dahin abzuändern: daß der Kläger im Schwörungsfalle mit dem Antrage auf eventuelle subsidiarische Verurtheilung der Beklagten zur Zahlung der vollen eingeklagten Entschädigung nicht abzuweisen, es vielmehr bei seiner Erklärung, daß er von den ursprünglich mitverklagten übrigen 6 Gewerken wegen ihrer Antheile befriedigt worden, zu belassen, auch die vier Bekl. und Appellaten Klop und Genossen schuldig, für ihre noch rückständigen Antheile eventuell subsidiarisch, Jeder zunächst immer nach Verhältniß seines Antheils, zu haften; daß auch der Theil des ersten Erkenntnisses, wodurch der Kläger mit dem Klageantrage auf Sicherstellung für die Entschädigung abgewiesen worden, aufzuheben und es bei der Zurücknahme des Klageantrages zu belassen;

II. auf die Appellation der beiden Beklagten Klop und Böse zu bestätigen;

III. die Kosten beider Instanzen dem Kläger mit $\frac{1}{6}$, den Beklagten Klop und Böse mit $\frac{4}{6}$, den Beklagten Klotzig und Raffer mit $\frac{1}{6}$ aufzuerlegen.

R. den 20. Oktober 1860.

Alleinweis.

§. 68.

5. Mündliche Verhandlung oder Entscheidung.

I. Bei der mündlichen Verhandlung wird in der Appellationsinstanz auf ganz gleiche Weise verfahren wie in erster Instanz (§§. 44—47, und §§. 52—54); weshalb darauf zurückgewiesen wird.

II. Stellt das mündliche Verfahren einen erheblichen Mangel in den wesentlichen Förmlichkeiten heraus, welcher bei der Prüfung von Amts wegen (§. 65) übersehen worden ist, oder nicht wahrnehmbar war, so kann nun keine Zurückweisung per decretum mehr erfolgen, vielmehr muß durch ein förmliches Urtheil erkannt werden:

„daß die gegen das Erkenntniß des königl. Kreisgerichts zu Krottgau vom 3. Juli 1860 eingewandte Appellation für nicht devolvirt zu erachten und die Kosten dieser Instanz dem Appellanten aufzuerlegen. V. R. w.

Ueber die Desertion kann nicht leicht ein Erkenntniß nöthig werden, da dieselbe schon das Verfahren hemmt und Rücksendung der Akten zur Folge hat (§. 65, III, 1). Wenn z. B. ein Verfahren in erster Instanz als ein schleuniges, was es in der Wirklichkeit nicht ist, behandelt und die Rechtfertigung der Appellation zugleich mit der Anmeldung, bei dem Gerichte erster Instanz angenommen worden ist; der Appellationsrichter darüber hinweggeht und einen Termin zur Entgegnung auf die Appellationsrechtfertigung und zur mündlichen Verhandlung ansetzt, bei dieser Verhandlung aber der Appellat gegen die Zulassung der Appellation im schleunigen Verfahren Widerspruch erhebt, den der Appellationsrichter nun für begründet erkennt; so kann das Erkenntniß nicht dahin ausfallen, daß die Appellation für desert zu erachten; denn der Appellant hat ja sein Rechtsmittel nicht stillschweigend verlassen, er hat es vielmehr eingeführt und gerechtfertigt, nur nicht gehörig, nämlich nicht bei dem gehörigen Richter, und deshalb ist das Rechtsmittel nicht an ihn gediehen. Deshalb muß erkannt werden, daß die Appellation für nicht devolvirt zu erachten [1]).

Kommt es auf Beweisaufnahme an, so wird hinsichtlich des zu erlassenden Resoluts und dessen Erledigung ebenso wie in erster Instanz (§. 47 ff.) verfahren, d. h. der Appellationsrichter hat selbst das Erforderliche wegen Aufnahme des Beweises, sei es durch einen Kommissarius oder durch das zu beauftragende Gericht erster Instanz zu verfügen, und nach Erhebung des Beweises einen Audienztag zum mündlichen Schlußverfahren anzusetzen [2]).

Auch in Ansehung der Abfassung des Erkenntnisses ist eben dasselbe, was für die erste Instanz gilt (§§. 55—58), zu beobachten, namentlich muß auch eine geschichtliche Darstellung den Entscheidungsgründen vorangehen (§. 57). In diesem Punkte lassen die Appellationsurtheile meistentheils noch immer viel zu wünschen übrig, eine große Anzahl davon giebt so gut wie gar keine Geschichtserzählung, sondern es werden die Akten erster Instanz ihrem ganzen Inhalte nach in der Form von wechselseitigen Parteibehauptungen abgeschrieben, wenn es auch längst ausgemachte, unstreitig gewordene und in der Appellation gar nicht angegriffene Gegenstände betrifft oder gar keinen Einfluß auf die Entscheidung der geführten Beschwerden hat [3]). Das Urtheil kann, selbst in dem Falle, wo das Kollegium dem Referenten in allen Punkten beistimmt, nicht in der Weise redigirt werden, daß man als Geschichtserzählung und Gründe das Referat mit dem Votum schlechthin abschreiben läßt, weil die Gründe (das Votum) abgesondert von dem Referate aufgesetzt werden müssen, während in dem Erkenntnisse die Gründe nach ihren Beziehungen unmittelbar den Streitpunkten sich anschließen müssen. Man kann ein gelungenes Referat und ein beifällig aufgenommenes Votum dazu benutzen, daraus das Aktenexemplar des Erkenntnisses zusammen setzen zu las-

1) Vergl. das Erk. des Obertribunals v. 15. April 1859 (Archiv f. Rechtsfälle, Bd. XXXIII, S. 137).

2) V. v. 1. Juni 1833, §. 53. — R. v. 3. August 1833 (Jahrb. Bd. XLI, S. 459); u. v. 13. Juli 1838, Nr. 1 (Jahrb. Bd. LII, S. 182).

3) Das Original-Erkenntniß aus unserem Prozesse würde dazu einen Beleg geliefert haben, wenn es zulässig hätte sein können, dieses 7 Bogen lange Erkenntniß als Muster, wie es nicht gefaßt werden mußte, abdrucken zu lassen. Das vorhergehende Referat nebst Votum enthält das Erhebliche aus der Sache und die im Erkenntnisse fehlende Prozeßgeschichte noch überdieß.

sen, zu diesem Zwecke muß man jedoch selbst die Skizze durch genaue Bezeichnung der Stellen, welche aufgenommen werden sollen und in welcher Folge es geschehen soll, vorzeichnen und nachher darf man sich die Mühe nicht verdrießen lassen, das auf solche Weise entstandene Erkenntniß mit Aufmerksamkeit durchzusehen und mit dem Referate und Votum zu vergleichen. Das hier folgende Erkenntniß aus unserem Prozesse giebt ein solches Beispiel. In Betreff der Remissorialien nach Publikation des Erkenntnisses habe ich das Nöthige schon gesagt[4]).

Beispiele.

Nr. I.

II. Abtheilung Nr. 30.

Anwesende Richter:

1. Präsident Grobschmied,
2. die Appellationsgerichtsräthe
   Alleinweis,
   Ohnezweifel,
   Dünkel,
   Schonrecht.

D.

1. Von dem beiliegenden Erkenntnisse sind 3 Ausfertigungen, 3 Tenorsabschriften und 1 vollständige Abschrift zu fertigen; die eine Ausfertigung ist als Aktenexemplar zu bezeichnen, die zweite ist an den Kläger, die dritte an den Beklagten Dr. med. Klop, und eine Tenorsabschrift an jeden der drei übrigen Beklagten zu adressiren.

2. Die adressirten Ausfertigungen und die Tenorsabschriften sind versiegelt, das Akten-

R..... d. 27 Oktober 1860.

Vor der II. Abtheilung des Civilsenats des hiesigen königl. Appellationsgerichts erschienen am heutigen Audienztage zum mündlichen Verfahren in Sachen

des Rittergutsbesitzers Ritterspornzu Fliederthal, Klägers, jetzt Appellanten und Appellaten,

wider

den Dr. medicinae Klop, den Kommissionär Böse, Beklagte, Appellanten und Appellaten, so wie den Zimmermeister Klotzig und Kommerzienrath Raffer, gleichfalls Beklagte und Appellaten,

nach erfolgtem Aufrufe

der Rechtsanwalt Streiter für die Beklagten Klop und Böse.

Von Seiten des Klägers Rittersporn und der beiden Beklagten Klotzig und Raffer hat sich Niemand gemeldet.

Die Verhandlung wurde er-

4) M. preuß. Civilprozeß, §. 350.

exemplar offen, unter Remission der Akten und Angabe des Kostenbetrages, dem Kreisgerichte zu Krottgau zuzufertigen, mit der Auflage, die Ausfertigungen und Abschriften der Aufschrift gemäß vorschriftsmäßig zu insinuiren und die Kosten nach Maßgabe des Erkenntnisses von den Parteien zur dortigen Salarienkasse einzuziehen.

3. Die Abschrift ist dem Rechtsanwalte Streiter zuzustellen.

R. den 27. Oktober 1860.

Alleinweis.

öffnet. Der Appellationsrath Alleinweis trug das Referat vor und der erschienene Rechtsanwalt wurde vorschriftsmäßig gehört.

Darauf wurde beschlossen und publizirt:

daß u. s. w. (hier folgt die am Ende des Votums stehende Urtelsformel wörtlich und vollständig. Diese Bezugnahme geschieht nur hier zur Ersparung des Raumes und der Wiederholung; in der Praxis findet sie nicht statt, vielmehr muß das Urtel wirklich ins Protokoll geschrieben werden, wenn nicht etwa das vollzogene Erkenntniß selbst publizirt wird. Dann aber heißt es im Protokolle:)

Darauf wurde das beiliegende Erkenntniß abgefaßt und publizirt.

Grobschmied. Alleinweis.
Ohnezweifel. Dünkel. Schonrecht.

Nr. II.

Im Namen des Königs.

In Sachen des Gutsbesitzers Rittersporn zu Fliederthal, Klägers, Appellanten und Appellaten,

wider

den Dr. medicinae Klop zu R. und den Kommissionär Böse zu B., Beklagte, Appellanten und Appellaten, so wie den Zimmermeister Klotzig zu R. und den Kommerzienrath Raffer zu K., gleichfalls Beklagte und Appellaten,

hat die zweite Abtheilung des Civilsenats des königlichen Appellationsgerichts zu R., in ihrer Sitzung vom 27. Oktober 1860, an welcher Theil genommen haben:

Grobschmied, Präsident,

Alleinweis, Ohnezweifel, Dünkel, Schonrecht,	Appellationsgerichtsräthe,

den Akten und Verhandlungen gemäß für Recht erkannt: daß das Erkenntniß u. s. w. (hier folgt der publizirte Tenor aus dem Audienzprotokolle wörtlich.)

V. R. W.

Gründe.

(Das Referat ist von dem Anfange: „der Kläger" bis zu den Worten „der Kommissionär Böse appellirt", zu schreiben. Die eingeklammerte Stelle ist wegzulassen. Dann folgt weiter das Referat von den Worten: „Die Beschwerde des Klägers besteht darin", bis zu den Worten: „Die beiden anderen Appellanten Klotzig und Raffer haben nicht geantwortet". Nun folgt:)

Die Förmlichkeiten der Appellation des Klägers sind beobachtet.

In der Sache selbst war das erste Erkenntniß nach den Anträgen des Klägers zu ändern.

Die Appellation des Klägers erscheint nämlich überall begründet. (Hier folgt das Votum Nr. I von den Worten: „Die Abweisung desselben" bis zu Ende dieser Nr. I: „gemäß abzuändern".)

(Weiter folgt das Referat, mit einem neuen Alinea, von den Worten: „Die Beklagten Klop und Böse beschweren sich darüber", an, bis zu Ende „beantwortet und bestritten". Dann weiter:)

Die Förmlichkeiten der Appellation dieser Appellanten sind zwar beobachtet, doch mußte auf diese Appellation das erste Erkenntniß bestätigt werden.

Dieselbe ist lediglich (u. s. w., wie es im Votum Nr. III heißt, bis zu Ende dieser Nr.: „lediglich zu bestätigen".)

Der Kostenpunkt war mit Rücksicht darauf, daß die Beklagten Klotzig und Raffer nicht appellirt haben, die Appellation der Beklagten Klop und Böse verworfen, die des Klägers dagegen für begründet erachtet worden ist, nach §. 6, Tit. 23, Th. I der A. G.O. wie geschehen zu bestimmen.

Grobschmied. Alleinweis. Ohnezweifel. Dünkel. Schonrecht.

Achter Abschnitt.

Die Revision und die Nichtigkeitsbeschwerde.

§. 69.

Das Rechtsmittel der Revision und der Nichtigkeitsbeschwerde ist von mir schon hinlänglich ausführlich behandelt worden[1]). Das Verfahren vor dem judex a quo und vor dem judex ad quem ist das gleiche wie bei der Appellation (§§. 64 — 68), mit Ausnahme des Falles, wenn der Revisionsrichter eine in den vorigen Instanzen unerörtert gebliebene Thatsache erheblich findet, welchen er näher ausmitteln zu lassen beschließt, oder wenn er neue Beweismittel über denselben erheben lassen will. In diesem Falle faßt der Revisionsrichter ein Erkenntniß ab, wodurch er das vorinstanzliche Erkenntniß aufhebt, und die Sache zur anderweiten Erörterung und Entscheidung in die betreffende Instanz zurückweiset. Die Gerichte haben sich bei dem ferneren Verfahren und der anderweiten Entscheidung nach den durch das Erkenntniß des Revisionsrichters festgestellten Rechtsgrundsätzen zu richten[2]). Es ist bereits das Nöthige über das Referat (§. 43, besonders Nr. 7), namentlich über das Rubrum (§. 34, Nr. II), über den Aktenauszug (§. 67) und über die Urtelsformel (§. 40, lit. e) auch in Beziehung auf diese Instanz gesagt worden, und nur noch übrig, in Betreff des Gegenstandes, womit sich das Referat aus dieser Instanz zu beschäftigen hat, und über die Prozeßgeschichte Einiges nachzutragen, was sich bloß auf diese Instanz bezieht.

1) Das Referat aus den Akten dieser Instanz hat sich mit dem Vortrage nur desjenigen zu befassen, was auf die Entscheidung der geführten Beschwerden Einfluß haben könnte, und deshalb aus den Akten der vorigen Instanzen nichts aufzunehmen, was von den Beschwerden nicht berührt wird oder zum Verständnisse derselben nichts beiträgt. Wenn also z. B. in einem Entschädigungsprozesse über die Verbindlichkeit zur Ersatzleistung (Grund des Anspruchs) gestritten worden und zugleich über den Betrag des Schadens eine lange ins Einzelne gehende, mit vielen Beweis-

---

1) M. Civilprozeß, §§. 351 ff. u. §§. 358 ff.

2) A. G.O. I, 15, §§. 8, 12, 13 ff.; G. v. 20. März 1854, §. 3 (G.S. S. 115); V. v. 14. Dezbr. 1833, §. 17; Dekl. v. 6. April 1839, Art. 11.

antretungen unterstützte Liquidation zur Verhandlung gekommen ist, in Folge welcher, nach geführtem Beweise, der vorige Richter den Betrag auf eine bestimmte Summe, unter Verurtheilung des Beklagten zur Zahlung, festgesetzt hat, und der Verurtheilte in der Einführung und Rechtfertigung seines Rechtsmittels nur darüber Beschwerde führte, daß er zum Schadensersatze für schuldig erkannt worden sei, in Betreff des Betrages aber gar nichts sagte; so würde der Vortrag des Inhalts der Liquidation und der Beweismittel eine ganz nutzlose Arbeit sein, es würde, des Verständnisses wegen und behufs des Nachweises der für die Zulässigkeit des Rechtsmittels erforderlichen Summe, genügen, bloß den Betrag anzugeben, welchen der Kläger gefordert, und welchen er zugesprochen erhalten hat [3]).

Bei dem Referat über eine Nichtigkeitsbeschwerde ist es dem Referenten gestattet, den Vortrag zunächst auf die Prüfung der Frage zu beschränken, ob das angefochtene Urtheil für nichtig zu erachten, und erst, wenn die Vernichtung beschlossen worden ist, über die Sache selbst den Vortrag zu halten. In diesem Falle wird er ein zweites Referat über die Sache, soweit dieselbe nun nach Beseitigung des vorigen Erkenntnisses an das Obertribunal gediehen ist, zu liefern haben. Denn das erste Referat geht lediglich von dem in dem angefochtenen Erkenntnisse als feststehend angenommenen Sachverhältnisse, insofern dieses nicht selbst Gegenstand der Nichtigkeitsbeschwerde ist, aus und läßt demselben nur eine Geschichtserzählung, in soweit dieselbe zum Verständnisse jenes Sachverhältnisses und der Beschwerden erforderlich ist, vorausgehen [4]).

2) An welchem Platze die Prozeßgeschichte, d. h. die Daten, nach welchen die Beobachtung der Förmlichkeiten zu beurtheilen ist, in dem Referate vorgetragen werden müssen, ist oben (§. 36) ausführlich gesagt und dort ist zugleich beigebracht, daß die Immediat-Justiz-Examinations-Kommission gleichfalls der Meinung ist, daß die Prozeßgeschichte einen Bestandtheil des Aktenauszugs ausmachen müsse. In den neuerlich veröffentlichten Proberelationen aus dieser Instanz dagegen ist der Vortrag der thatsächlichen Unterlagen zur Beurtheilung der Förmlichkeiten in das Votum verlegt [5]). Damit wird den begründeten Ansprüchen der Parteien an

---

3) Vergl. das Referat zu §. 67.

4) V. v. 14. Dezember 1833, §. 16, Abs. 2, u. §. 17, Abs. 3.

5) Schering, Anleitung rc., in der angehängten Sammlung von Proberelationen, S. 116 u. S. 130.

das Referat nicht genügt, denn sie sind bei dem Vortrage des Votums nicht gegenwärtig und können sich nicht mehr vernehmen lassen. Gleichwohl gehören die in Rede stehenden Thatsachen zu demjenigen Inhalte der Akten, welcher in Gegenwart der Parteien vorgetragen werden muß, damit sie sich darüber auslassen können, wenn es in ihrem Interesse liegt. Zwar hat der Richter schon von Amts wegen auf die Beobachtung der Förmlichkeiten zu sehen, aber diese Amtspflicht ist keine Bevormundung der Parteien, wodurch die Kontrole der Parteien ausgeschlossen würde; die Beobachtung der Förmlichkeiten berührt das Parteiinteresse unmittelbar, und sie müssen durch den Vortrag in den Stand gesetzt werden, selbst darüber zu urtheilen, und, wenn sie daran einen Mangel zu finden glauben, ihr Wort darüber zu erheben. Es kann ja sein, daß die interessirte Partei, wenn in ihrer Gegenwart die Daten vorgetragen werden, schon aus der Vergleichung eine Unzulässigkeit des Rechtsmittels herausfindet; es kann auch sein, daß sie eine Unrichtigkeit der Daten behauptet und nachweisen will. Hierüber wird ihr ja das rechtliche Gehör durch jene Methode zu referiren ganz abgeschnitten, da ihr sonst keine unmittelbare Erkenntnißquelle in Betreff dieser erheblichen Thatsachen, nach dem preußischen Verfahren, zu Gebote steht. In dem Votum kann nichts Thatsächliches vorgebracht und kein Datum angegeben werden, worüber das in der Audienz vorgetragene Referat hinweg geht, in sofern es als Unterlage der Beurtheilung dienen soll, das ganze Votum, mit Einschluß der Beurtheilung der Förmlichkeiten, keine andere thatsächliche Grundlage haben, als welche das Referat bietet.

Ueber den Platz, welchen in Proberelationen die Kritik des Verfahrens einzunehmen hat, ist oben, im §. 41, ausführlich gesprochen worden.

Zur Veranschauung der Anwendung der angegebenen Regeln auf einen Nichtigkeitsbeschwerdefall folgen aus unserem Prozesse nachstehende Schriftstücke als

Beispiele.

Nr. I.

Einsendungsbericht.

An das Königl. Obertribunal zu Berlin. — Pr. den 16. Dezember 1860. B.

Krottgau den 6. Dezember 1860.

Das Kreisgericht überreicht die

Akten in der gewöhnlichen Prozeßsache des Gutsbesitzers Ritterspорn zu Fliederthal, Klägers, jetzt Imploraten
wider
den Dr. medicinae Klop zu R. und den Kommissionär Böse zu B., Beklagte, jetzt Imploranten, wegen Grundentschädigung für Bergwerksanlagen, zur Verhandlung in der Nichtigkeitsbeschwerde-Instanz.
Gegenstand unschätzbar.

Notiz.

Erkenntnißinsinuation d. 17. November fol. 271, 272.

November	13	Tage,
Dezember	31	=
Januar	26	=
	70	=

D.

Reprod. den 27. Januar k. J.
B. den 17. Dezember 1860.
B.

Die beiden Mitbeklagten Klop und Böse haben gegen das ihnen am 17. v. M. insinuirte Appellationserkenntniß vom 27. Oktober v. J., am 5. d. M., die Nichtigkeitsbeschwerde angemeldet.

Wir haben das Rechtsmittel für zulässig befunden und überreichen deshalb beifolgend gehorsamst die Akten, bestehend in Einem Bande von 276 Blättern, zur geneigten Verfügung.

Die Behändigungsscheine über das angefochtene Urtel befinden sich fol. 271 und 272; die Anmeldung fol. 274, und die Vollmachten der Sachwalter der Parteien fol. 6 und 101.

Die Parteien sind von der Einsendung der Akten benachrichtigt worden.

Das Kreisgericht. Erste Abtheilung.
Hay. Wittling. Ukeley.

Nr. 11.

Nichtigkeitsbeschwerde.

An
Ein hohes Obertribunal
hier.

Nichtigkeitsbeschwerde
in Sachen
des Dr. medicinae Klop zu R.
und des Kommissionärs Böse zu
B., Bekl., jetzt Imploranten,
wider
den Gutsbesitzer v. Rittersporn
zu Fliederthal, Kläger, jetzt Imploraten,
Grundentschädigung
wegen Bergwerksanlagen betreffend.
(III. Senat.)

Gericht I. Instanz: Kreisgericht zu Krottgau.
Appellationsgericht zu R.

D.

1. Communicet. Dupl. dem Imploraten.

2. Notif. dem Justizrath Grauslich.

3. Copia sent. appellat. ad acta.

4. Reprod. nach 4 Wochen c. doc. insin.

B. d. 30. Jan. 1861.

L.

Pr. d. 24. Jan. 1861. R.

Die Beklagten beschweren sich über das Appellationsurtel vom 27. Oktober v. J. um deswillen:
weil Prima auf die Appellation der Bekl. bestätigt, auf die Appellation des Klägers dagegen dahin reformirt ist, daß die Beklagten schuldig, für ihre noch rückständigen Antheile eventualiter subsidiarisch, Jeder zunächst immer im Verhältnisse seines Antheils zu haften, und nicht vielmehr das erste Urtel auf die Appellation der Beklagten nach dem Antrage des Appellationsberichts abgeändert und auf die Appellation des Klägers bestätigt worden ist.

Mit diesem Gravamen führe ich die Nichtigkeitsbeschwerde ein, und bemerke zu deren Rechtfertigung Folgendes:

Der Appellationsrichter spricht die persönliche Verpflichtung der Beklagten als frühere Gewerken der Grube Friederike-Agnes aus, dem Grundeigenthümer für den abgetretenen Grund und Boden Entschädigung zu leisten, selbst nachdem dieselben ihre Antheile ins Freie gegeben haben.

Die für diese Meinung angegebenen Gesetze bestätigen dieselbe keineswegs. Der §. 109, Th. II, Tit. 16 des A. L.R.

setzt nur die Verpflichtung des Grundeigenthümers fest, seinen Grund und Boden für die Zwecke des Bergwerksbetriebes zu überlassen, und §. 112 a. a. O. berechtigt ihn zur Forderung einer vollständigen Entschädigung für das abgetretene Areal. Beide Bestimmungen bezeichnen den Verpflichteten nicht; als solcher muß daher der Staat, der eigentliche Eigenthümer des Bergwerks, vermöge der Regalität des Bergbaues, dessen Nutzungen den beliehenen Privaten zufallen, angesehen werden.

Will man aber auch mit dem Appellationsrichter aus dem §. 114 a. a. O., welcher gleichfalls nicht den Verpflichteten anzugeben bezweckt, vielmehr nur über den Modus der Ermittelung des Entschädigungsquantums sich verhält, folgern, so disponirt das Gesetz doch nichts für den hier vorliegenden Fall, wo das Bergwerk in das Freie gefallen ist. Nur die Beliehenen sollen sich mit dem Grundeigenthümer wegen dessen Schadloshaltung vereinigen. Wenn aber die Grube in das landesherrliche Freie gefallen ist und dadurch alle dinglichen Rechte der Gewerken aufgehoben werden, so fällt auch die Verbindlichkeit zur Entschädigung des Grundeigenthümers, welche niemals eine persönliche Verpflichtung der Gewerken gewesen ist, als das auf dem dinglichen Rechte ruhende Onus von selbst weg. Dieß findet sich im §. 292 a. a. O. ausdrücklich ausgesprochen und es ist nicht abzusehen, weshalb die Gewerken hinsichtlich der Entschädigungsforderung des Grundeigenthümers weiter zu haften haben, als für andere Grubenschulden.

Hierauf beschuldige ich den Appellationsrichter rechtsgrundsätzlicher Verstöße gegen die §§. 109, 112, 114, Th. II, Tit. 16 des A. L.R. durch unrichtige Anwendung, so wie gegen die §§. 289, 292 a. a. O. durch Nichtanwendung, ingleichen gegen das Prinzip:

die Entschädigung des Eigenthümers von abgetretenem Grunde und Boden fällt dem Staate als Bergwerkseigenthümer zur Last; jedenfalls haben sie die Beliehenen, nur als solche, zu tragen und sind keineswegeres persönlich verpflichtet, die Entschädigung, auch nachdem das Bergwerk in das Freie gefallen ist, zu leisten.

Mit der Verpflichtung zur geforderten Schadloshaltung fällt auch die eventuelle subsidiarische Verhaftung von selbst; es ist daher auch gegen die §§. 237, 238, Th. I, Tit. 17 des A. L.R. durch unpassende Anwendung gefehlt.

Demnach beantrage ich:

das Appellationsurtel, soweit es im obigen Gravamen angegriffen, zu vernichten und in der Sache selbst das erste Urtel ad appellationem der Beklagten nach dem Antrage des Appellationsberichts zu reformiren, ad appellationem des Klägers zu bestätigen.

Duplikat nebst Vollmacht liegt bei.

Berlin, den 27. Januar 1861.

Der Justizrath
Grauslich.

Nr. III.

Beantwortung.

Nr. 136/488 61, III.

Beantwortung der Nichtigkeitsbeschwerde
in Sachen
des Dr. medicinae Klop und des Kommissionärs Böse, Beklagte und Imploranten,
wider
den Rittergutsbesitzer Rittersporn, Kläger und Imploraten,
Grundentschädigung betreffend.

Ref. Hr. G. O.Tr.R. L.

P. M.

Das gefertigte Referat liegt bei. B. 14/4 61.

Die Registratur.

Pr. d. 4. März 1861. R.

Vollmacht überreichend bitte ich um Verwerfung der gegnerischen Nichtigkeitsbeschwerde. Ich bestreite deren Inhalt, wie die darin aufgestellten Beschwerden, und werde mich über die letzteren näher noch bei der mündlichen Verhandlung auslassen.

Berlin, d. 4. März 1861.

Der Justizrath
Gründlich.

D.

Die Justizräthe Grauslich und Gründlich sind zur Audienz

auf den 3. Mai um 10 Uhr vorzuladen.

B. d. 15. April 1861.

B.

Nr. IV.

Nr. $\frac{45}{136}$ 61, III.

Referat

in Sachen des Dr. medicinae Klop zu R. und des Kommissionärs Böse zu B., Beklagte und Imploranten,

wider

den Gutsbesitzer Rittersporn zu Fliederthal, Kläger und Imploraten,

Grundentschädigung wegen Bergwerksanlagen betr.

Auf dem, dem Gutsbesitzer Rittersporn gehörigen, im N—schen Kreise belegenen Rittergute Fliederthal befindet sich eine Braunkohlen-Grube, Friederike-Agnes genannt. Für diese sind in den Jahren 1845 und 1847 durch die Bergbehörde mehrere Parzellen des Dominial-Terrains eingenommen worden. Die Entschädigungsfrage ist bis incl. Dezember 1849 rechtskräftig erledigt. Wegen der seit dem 1. Januar 1850 rückständig verbliebenen Grundentschädigung erhob Rittersporn, gestützt auf §. 113, Tit. 16, Th. II des A. L.R., Klage gegen den Dr. medicinae Klop zu A., den Kommissionär Böse zu B., den Zimmermeister Klotzig zu C., den Kommerzienrath Raffer zu D., und noch 7 andere Mitgewerken, gegen welche die Klage schon in erster Instanz zurückgenommen ist, weil sie angeblich nur für ihre Antheile den Kläger befriedigten, Klage mit dem Antrage:

die Beklagten pro rata und subsidiarisch in solidum zu verurtheilen, ihm an Grundentschädigung Fol. 6.

a) für das Jahr 1850 137 Thlr. 10 Sgr. 7 Pf., nebst 5 Prozent Verzugszinsen seit dem 1. Januar 1851;

b) für das Jahr 1851 100 Thlr., nebst 5 Prozent Verzugszinsen seit dem 1. Januar 1852; Fol. 6v.

c) für das Jahr 1852 62 Thlr. 19 Sgr. 5 Pf., nebst 5 Prozent Verzugszinsen seit dem 1. Januar 1853 zu zahlen; Fol. 7.

d) ihm die jährliche Abnutzung für das ihm entzogene Grundeigenthum so lange für ihren Antheil zu vergüten, bis Fol. 156v.

der Boden wieder in solchen Stand gesetzt sei, daß er gehörig genutzt werden könne.

Den gleichzeitig gestellten Antrag auf Sicherstellung wegen der künftigen Entschädigungsforderungen hat Kläger auch hinsichtlich
Fol. 156 u. 174. der genannten noch übrigen 4 Mitbeklagten ausdrücklich zurückgenommen.

Die Beklagten setzten der Klage zunächst den Einwand man-
Fol. 76 sq. gelnder Passivlegitimation entgegen und führten zu dessen Begründung aus, daß die dem Grundeigenthümer zu gewährende Entschädigung von dem Staate, als dem eigentlichen Eigenthümer des Bergwerkes, zu entrichten sei, nicht von den Gewerken. Sie wiesen demnächst durch Atteste der königl. Bergamts-Kommission zu R. nach, daß sie ihre Antheile an der Zeche bereits aufgegeben hätten, womit jede Verbindung mit derselben und jede Verbindlichkeit ihrerseits aufgehört habe; sie beantragten deshalb die Abweisung des Klägers.

Fol. 204. Das königl. Kreisgericht zu Krottgau verurtheilte hierauf am 22. August 1860 die Beklagten zu der vom Kläger beanspruchten Entschädigung nach Verhältniß ihrer Antheile, wies jedoch den Kläger mit den Antrage auf eventuelle subsidiarische Verurtheilung der Beklagten zur Zahlung der vollen Entschädigungen und mit dem Antrage auf Sicherheitsbestellung ab.

Auf Appellation beider Parteien erkannte der Civil-Senat des königl. Appellationsgerichts zu R. am 27. Oktober 1860 hinsichtlich der Appellation der Beklagten auf Bestätigung des ersten Urtels; hinsichtlich des Klägers aber abändernd dahin:

> daß Kläger mit seinem Antrage auf eventuelle subsidiarische Verurtheilung der Beklagten zur Zahlung der vollen eingeklagten Entschädigungen nicht abzuweisen, es vielmehr bei seiner Erklärung, daß er von den ursprünglich mitverklagten 7 übrigen Gewerken wegen ihrer Antheile befriedigt worden, zu belassen, auch die 4 Beklagten und Appellaten Klop und Genossen schuldig, für ihre noch rückständigen Antheile eventuell subsidiarisch, jeder zunächst immer nach Verhältniß seines Antheils zu haften; daß auch der Theil des ersten Erkenntnisses, wodurch Kläger mit dem Klageantrage auf Sicherstellung abgewiesen worden, aufzuheben und es bei der Zurücknahme des Antrages zu belassen.

Gegen dieses Erkenntniß haben die Beklagten Klop und

Böse die Nichtigkeitsbeschwerde eingelegt und durch den Justizrath Grauslich einführen und rechtfertigen lassen. In derselben beschweren sie sich deshalb

> weil auf die Appellation der Beklagten das erste Urtel bestätigt, auf die Appellation des Klägers dagegen dahin abgeändert ist,
>
> > daß die Beklagten schuldig, für ihre noch rückständigen Antheile eventualiter subsidiarisch, jeder zunächst immer im Verhältnisse seines Antheils zu haften,
>
> und weil nicht vielmehr auf die Appellation der Beklagten nach dem Antrage in der Appellationsrechtfertigung der Kläger gänzlich abgewiesen, und auf die Appellation des Klägers das erste Urtel bestätigt worden ist.

Das Appellationserkenntniß ist den Imploranten den 17. November v. J. insinuirt worden, die Nichtigkeitsbeschwerde haben sie am 6. Dezember (am 19ten Tage) angemeldet und die Einführungs- und Rechtfertigungsschrift ist den 24. Januar d. J. (am 68sten Tage) eingegangen; die Beantwortung ist am 27sten Tage nach der Insinuation der Aufforderung (5. Februar) präsentirt worden (3. März).

Die Entscheidungsgründe des zweiten Richters sind folgende:

1) Hinsichtlich der Appellation der Beklagten erachtet er den Einwand der mangelnden Passivlegitimation nicht für durchgreifend, da sich aus den Bestimmungen der §§. 109, 112, 114, Th. II, Tit 16 des A. L.R. ergäbe, daß die Beliehenen, die Bergbauenden, den Grundeigenthümer zu entschädigen hätten, nicht der Staat. Da nun die Beklagten unbestritten die Beliehenen seien, so liege ihnen auch die Verpflichtung zur Entschädigung des Klägers ob. Diese ihre Verpflichtung sei rein persönlicher Natur, und deshalb auch der Umstand, daß sie ihre Antheile ins Freie gegeben, ohne Einfluß, zumal nach §. 289 a. a. O. mit dem Verluste des Eigenthums der Zeche nur alle dinglichen Rechte der Gewerken aufgehoben würden. Die Beitragspflichtigkeit der Beklagten und ihre eventuelle subsidiarische Haftung für den Antheil eines Jeden von ihnen bestimmte der zweite Richter in Gemäßheit der §§. 237, 238, Th. I, Tit. 17 des A. L.R.

2) Hinsichtlich der Appellation des Klägers führt der zweite Richter aus, daß sich der klägerische Antrag auf Verurtheilung der Beklagten zur subsidiären Haftung nach der Erklärung des Klägers, daß er von den übrigen Mitgewerken wegen ihrer Antheile

vollständig befriedigt sei, von selbst auf die Antheile der Beklagten beschränke, der erste Richter demnach, indem er die Beklagten zur subsidiären Haftung gar nicht verurtheilt, den Kläger mit seinem deshalb erhobenen Antrage zu Unrecht ganz abgewiesen habe.

Auch die Abweisung des Klägers mit dem Antrage auf Sicherstellung für die Entschädigung erachtete der zweite Richter für ungerechtfertigt, da Kläger diesen Antrag ausdrücklich zurückgezogen habe.

Diese Gründe greifen die Imploranten mit folgenden Rügen an:

Sie beschuldigen den Appellationsrichter rechtsgrundsätzlichen Verstoßes zunächst gegen die §§. 109, 112, 114, Th. II, Tit. 16 des A. L.R. durch unrichtige Anwendung, da §. 109 nur die Verpflichtung des Grundeigenthümers ausspreche, seinen Grund und Boden für die Zwecke des Bergwerksbetriebes zu überlassen, und §. 112 ihn berechtige, vollständige Entschädigung zu fordern, beide Bestimmungen jedoch den Verpflichteten nicht bezeichneten. Als solcher müsse daher der Staat, der eigentliche Eigenthümer des Bergwerks vermöge der Regalität des Bergbaues, angesehen werden. Auch §. 114 bezwecke nicht, den Verpflichteten anzugeben, sondern bestimme nur die Art der Ermittelung des Entschädigungsquantums. Namentlich bestimme das Gesetz nichts über den hier vorliegenden Fall, daß das Bergwerk in das Freie gefallen sei. Hiermit seien alle dinglichen Rechte der Gewerken aufgehoben und auch die Verbindlichkeit zur Entschädigung des Grundeigenthümers, die niemals eine persönliche der Gewerken gewesen sei, als das auf dem dinglichen Rechte ruhende Onus von selbst weggefallen. Dieß sei auch in den §§. 289, 292 a. a. O. ausgesprochen. Imploranten beschuldigen demnach den zweiten Richter auch eines Verstoßes gegen die §§. 289, 292 durch Nichtanwendung, so wie sie ihm vorwerfen, gegen das Prinzip gefehlt zu haben, daß die Entschädigung des Eigenthümers für abgetretenen Grund und Boden dem Staate als Bergwerkseigenthümer zur Last falle, die Beliehenen sie nur als solche zu tragen hätten und nicht persönlich verpflichtet seien, die Entschädigung zu leisten, nachdem das Bergwerk in das Freie gefallen sei. Da mit der Verpflichtung zur geforderten Schadloshaltung auch die eventuelle subsidiarische Verhaftung falle, so beschuldigen die Imploranten den Appellationsrichter endlich der unpassenden Anwendung der §§. 237, 238, Th. I, Tit. 17 des A. L.R. und beantragen:

das Appellationsurtel, soweit es angegriffen, zu vernichten und in der Sache selbst auf die Appellation der Beklagten den Kläger gänzlich abzuweisen, auf die Appellation des Klägers das erste Urtel zu bestätigen.

Implorat hat durch den Justizrath Gründlich eine Beantwortung einreichen lassen, in welcher um Verwerfung der Nichtigkeitsbeschwerde gebeten wird.

Beide Rechtsanwalte haben eine mit dem Namen ihrer resp. Konstituenten unterschriebene Vollmacht beigebracht.

Votum.

I. Die wesentlichen Formalien finde ich beobachtet.

1) Die Nichtigkeitsbeschwerde ist, obgleich difforme Erkenntnisse vorliegen, das allein anwendbare Rechtsmittel, weil der Gegenstand des Streites nicht 500 Thlr. übersteigt und lediglich das Vermögen betrifft. V. v. 14. Dezember 1833, §§. 2 und 4. Diese Beschwerde ist aber in dem vorliegenden Falle auch zulässig, weil er nicht zu den in der Dekl. v. 6. April 1839 Art. 1 bezeichneten Ausnahmen gehört.

Daß die Nichtigkeitsbeschwerden immer vor das königl. Obertribunal gehören, braucht wohl nicht erst erwähnt zu werden; auch ist die Sache, als dem Bergrechte angehörig, nach dem Geschäfts-Reglement v. 30. Dezember 1859 bei dem III. Senate richtig vorgelegt.

2) Die Fristen sind, wie die in der Prozeßgeschichte angegebenen Daten nachweisen, inne gehalten. V. v. 21. Juli 1846, §§. 15—17, 20 und 23; V. v. 14. Dezember 1833, §. 21.

3) Die Schriftsätze haben die vorgeschriebene Form; sie sind von Rechtsanwalten, welche bei dem königl. Obertribunale angestellt sind, unterzeichnet und die Nichtigkeitsbeschwerde giebt bestimmte Beschwerdepunkte an, bezeichnet auch die Gesetze und das Rechtsprinzip, deren Verletzung behauptet wird. V. v. 21. Juli 1846, §§. 18, 23, lit. a; Dekl. v. 6. April 1839; Instr. v. 7. April 1839, Nr. 27.

4) Der Inhalt der Vollmachten entspricht den im §. 30, Tit. 3, Th. I der A. G.O. vorgeschriebenen Erfordernissen Nr. 1—5; nur der Vorschrift Nr. 6 ist hinsichtlich der Vornamen und wegen Beifügung des Charakters der Aussteller nicht genügt. Doch ist dieser Mangel, nach §. 54 a. a. O., kein wesentlicher, weshalb ich darüber hinweggehen würde. Vergl. Pl. Beschl. v. 12. November 1838 (Entsch. Bd. IV. S. 256).

II. In der Sache selbst würde ich die Nichtigkeitsbeschwerde zurückweisen.

Wenn die Imploranten dem Appellationsrichter zunächst den Vorwurf machen, er habe gegen die §§. 109, 112, 114, Th. II, Tit. 16 des A. L.R. durch unrichtige Anwendung derselben gefehlt, so ist diese Rüge unbegründet. Nach §. 109 a. a. O. muß der Grundeigenthümer an die Bergbauenden den Grund und Boden überlassen, der zum Baue und Betriebe des Werkes nothwendig ist, wogegen er nach §. 112 für Alles, was er abgetreten und verloren hat, vollständige Entschädigung erhalten muß. Daraus, so wie aus der Bestimmung des §. 114, wonach sich die Beliehenen mit dem Grundeigenthümer wegen seiner Schadloshaltung zu vereinigen haben, erhellet, daß die dem Grundeigenthümer zu gewährende Entschädigung von den Beliehenen, d. h. von den Bergbauenden, zu leisten ist. Sie stehen zu dem Eigenthümer in einem Vertragsverhältnisse, bei welchem der Staat nur in sofern betheiligt ist, als er den Letzteren zur Ueberlassung seines Eigenthums aus Rücksichten des gemeinen Wohles zwingen kann.

Vergl. die Entscheidungen, Bd. IV, S. 354 ff.
" " " " IX, S. 101.
" " " " XVIII, S. 74.

Durch dieses Vertragsverhältniß aber werden die Bergbauenden für die dem Grundeigenthümer zu leistende Entschädigung persönlich verhaftet und sie können sich ihrer einmal entstandenen Verbindlichkeit nicht dadurch willkührlich entziehen, daß sie ihre Antheile an dem Bergwerkseigenthume wieder aufgeben. Diese ihre persönliche Verhaftung bleibt demnach selbst dann bestehen, wenn das ganze Bergwerk in das landesherrliche Freie fällt.

Auch der Ansicht der Imploranten, der zweite Richter habe gegen die Bestimmungen der §§. 289, 292, Th. II, Tit. 16 des A. L.R. gefehlt, kann nicht beigetreten werden. Daraus, daß die Gewerken nach §. 289 mit dem Verluste des Eigenthums der Zechen- und Bergtheile die dinglichen Rechte, welche sie daran gehabt haben, verlieren, kann nicht gefolgert werden, daß damit zugleich alle ihre früher bereits entstandenen persönlichen Verbindlichkeiten erlöschen. Die Entschädigung des Grundeigenthümers ist aber keine auf dem dinglichen Rechte der Gewerken ruhende Last, sondern eine durch ihr Vertragsverhältniß zu dem Eigenthümer des Grundes und Bodens hervorgerufene persönliche Verpflichtung. Vergl. §. 2, Kap. 73 der Schlesischen Bergordnung, v. 5. Juni 1769.

Daß im §. 292 a. a. O. bestimmt ist: Grubenschulden könnten von Gewerken, deren Bergwerkseigenthum aufgehoben ist, durch persönliche Klagen nicht zurückgefordert werden, ändert insofern nichts, als die dem Grundeigenthümer zu gewährende Entschädigung, welche vor der Entstehung des Bergwerks datirt und Bedingung der rechtlichen Möglichkeit der Unternehmung des Bergbaues ist, durchaus nicht zu den eigentlichen Grubenschulden gezählt werden kann. Vergl. §. 343 a. a. O.

Sind hiernach aber die Imploranten persönlich verpflichtet, den Kläger als Grundeigenthümer schadlos zu halten, so bestimmt sich auch ihre Beitragspflichtigkeit und ihre subsidiarische Verbindlichkeit, für den Antheil eines Jeden von ihnen als Bürgen zu haften, in Ermangelung einer unter ihnen darüber bestehenden Verabredung, nach den §§. 237, 238, Th. I, Tit. 17 des A. L.R., wodurch sich der Vorwurf, als habe der Appellationsrichter gegen diese Paragraphen gefehlt, erledigt.

Die Kosten fallen nach §. 18 der V. v. 14. Dezember 1833 den Imploranten zur Last.

III. Hiernach würde ich erkennen.

daß die gegen das Erkenntniß des Civil-Senats des königl. Appellationsgerichts zu R. v. 27. Oktober 1860 eingelegte Nichtigkeitsbeschwerde zurückzuweisen, und die Imploranten die Kosten des Verfahrens zu tragen gehalten.

Berlin, d. 14. April 1861. L.

Nr. V.

Audienz-Protokoll.

Aufgenommen Berlin den 3. Mai 1861.

III. Senat, Nr. $\frac{45}{136}$ 61.

Anwesende Richter:

1. Präsident B.,
2. die Geheimen Obertribunals-Räthe

Z.
Sch.
L.
B.
M.
H.

Vor dem III. Senat des königl. Obertribunals erschienen am heutigen Tage zum mündlichen Verfahren in Sachen

des Dr. medicinae Klop und des Kommissionärs Böse, Beklagten und Imploranten,

wider

den Gutsbes. Rittersporn, Kläger und Imploraten,

nach erfolgtem Aufrufe:

1. der Justizrath Grauslich für den Imploranten,

2. der Justizrath Gründlich für den Imploraten.

Die Verhandlung wurde eröffnet. Der Geheime Obertribunals-Rath L. trug das Referat vor, und die Rechtsanwalte wurden vorschriftsmäßig gehört.

Darauf wurde beschlossen und publizirt:

daß die Nichtigkeitsbeschwerde zurückzuweisen und die Imploranten die Kosten dieser Instanz zu tragen verbunden.

B. Z. Sch. L. B. M. H.

Nr. VI.

Erkenntniß.

III. Senat, Nr. $\frac{45}{156}$ 61.

Im Namen des Königs.

In Sachen des Dr. medicinae Klop zu R. und des Kommissionärs Böse zu B., Beklagte und Imploranten,

wider

den Gutsbesitzer Rittersporn zu Fliederthal, Kläger und Imploraten,

hat der dritte Senat des königl. Obertribunals in seiner Sitzung vom 3. Mai 1861, an welcher Theil genommen haben:

der Präsident B.,

die Geheimen Obertribunals-Räthe

Z., Sch., L., B., M. und H.

für Recht erkannt:

daß die gegen das Erkenntniß des Civil-Senats des königl. Appellationsgerichts zu R. vom 27. Oktober 1860 eingelegte Nichtigkeitsbeschwerde zurückzuweisen und die Imploranten die Kosten des Verfahrens zu tragen gehalten.

Von Rechts wegen.

Gründe.

(Hier folgt aus dem Referate die Nr. II wörtlich. Diese Zurückverweisung geschieht hier nur zur Ersparung des Raumes, den die Wiederholung einnehmen würde; in dem bei den Akten verbleibenden Original-Erkenntnisse werden die Gründe vollständig niedergeschrieben).

Die Nichtigkeitsbeschwerde war daher zurückzuweisen und der Kostenpunkt nach §. 18 der Verordnung vom 14. Dezember 1833 zu bestimmen.

Ausgefertigt.

Berlin, d. 3. Mai 1861.

B. Z. Sch. L. B. M. H.

Gerichtskosten 24 Thlr.

3 Ausf., 3 Abschr., 1 Tenor.

Neunter Abschnitt.

Das Purifikationsverfahren.

§. 70.

I. Wenn in dem Erkenntnisse auf eine Bedingung, welche von einer der Parteien zu erfüllen, insbesondere auf einen Eid [1]) erkannt ist: so soll dasselbe zugleich auch die Entscheidung auf beide Fälle der Erfüllung oder Nichterfüllung der Bedingung enthalten. Wird der Eid nach der Vorschrift geleistet, so bedarf es auch nach Gemeinem Prozeßrechte keines weiteren Erkenntnisses, sondern es erfolgt nur eine Erklärung in Form eines Bescheides darüber: was nunmehr als rechtskräftig zwischen den Parteien festgestellt zu erachten [2]). Dieser Bescheid ist im preußischen Prozesse unter dem Namen „Purifikations-Resolution" bekannt. Im Nichtschwörungsfalle ist nach Gemeinem Rechte ein neues Erkenntniß nöthig. Nach preußischem Prozeßrechte erfolgt auch in diesem Falle die purifizirende Resolution (Not. 1), welche allemal das Gericht erster Instanz ertheilt [3]). Dieselbe muß die für den eingetretenen Fall in dem Erkenntnisse gegebene Entscheidung wörtlich wiederholen. Fehlt dafür eine bestimmte Entscheidung, ist z. B. der Eid Streitgenossen aufgelegt und verweigern Einer oder Mehrere den Eid, während Andere ihn leisten, das Erkenntniß schweigt aber über diesen

1) A. G.O. I, 13, §. 377; I, 15, §. 25. — Vergl. L. 11 C. de sent. et interlocut. (VII, 45).

2) Fredersdorf, Anweisung für Justizbeamte, Bd. II, S. 306.

3) V. v. 28. März 1840 §. 6 (G.S. S. 102). — M. Civilprozeß §. 257.

Fall und dessen Folgen; so kann dasselbe nicht purifizirt werden; es muß vielmehr ein Audienztag zur Verhandlung zwischen den Parteien über die Folgen der theilweisen Leistung und Nichtleistung des Eides angesetzt und darüber förmlich erkannt werden. Dieses Erkenntniß, an Stelle der Purifikatoria, entscheidet sofort unbedingt, denn der Eidesbeweis ist nun schon durchgeführt; und gegen dasselbe finden die ordentlichen Rechtsmittel statt [4]). Die Purifikations-Resolution wird zwar mit der Ueberschrift: „Im Namen des Königs", und mit der Schlußformel „von Rechts wegen" versehen, aber es findet dagegen keine Appellation statt. Früher gab es dagegen auch kein außerordentliches Rechtsmittel und wenn es streitig wurde: ob die Auflage oder Bedingung gehörig erfüllt oder nicht erfüllt worden, mußte die Sache durch einen neuen Prozeß ausgetragen werden. Diesem Mißstande ist durch die neuere Prozeßgesetzgebung abgeholfen. Anfangs wurde die Nichtigkeitsbeschwerde ganz allgemein, ohne Beschränkung auf eine bestimmte Summe, gegen Purifikations-Resolutionen zugelassen [5]). Nicht lange nachher wurden die Bagatell-Sachen ausgenommen und dem Rekurse unterworfen [6]). Gegen diejenigen Purifikations-Resolutionen, welche wegen Ausbleibens in dem Schwurtermine gegen den Schwurpflichtigen in contumaciam ergehen, findet, unbeschadet der Nichtigkeitsbeschwerde und beziehungsweise des Rekurses, auch einmalige Restitution statt, welche in einem formlosen Schriftsatze, ohne daß Hinderungsursachen angegeben zu werden brauchen, bei dem Richter, welcher die Resolution erlassen hat, nachgesucht werden kann [7]).

II. Da es eines Parteiantrages, welchen man nach Gemeinem Rechte verlangt [8]), nach preußischem Prozeßrechte nicht bedarf, so hat der Richter, nachdem das Erkenntniß rechtskräftig geworden oder die dagegen eingelegten Rechtsmittel ihre Erledigung gefunden haben, alsbald von Amts halber wegen Abnahme des Eides das Nöthige zu verfügen [9]). Zu diesem Ende muß er, sobald die Ak-

---

4) Pr. des Obertrib. 1943, v. 1. November 1847, u. Erk. dess. v. 10. Juli 1857 (Archiv f. Rechtsf. Bd. XXVI, S. 106).

5) V. v. 14. Dezember 1833, §. 7. — R. v. 23. Februar 1835 (Jahrb. Bd. XLV, S. 194).

6) Dekl. v. 6. April 1839, Art. 1 (G.S. S. 126).

7) V. v. 28. März 1840 (G.S. S. 102) verb. mit V. v. 21. Juli 1846, §. 31.

8) v. Grolman Theorie, §. 206.

9) A. G.O. I, 15, §. 25.

ten aus der letzten Instanz eingehen, die Erkenntniß-Ausfertigungen und Abschriften vorschriftsmäßig insinuiren lassen und gleichzeitig einen Schwörungstermin ansetzen, zu welchem die Parteien, um zu schwören, beziehungsweise um dieses mit anzusehen, vorzuladen sind. Auch zu diesen Vorladungen bedient man sich eines genehmigten Formulars. Der Eid wird in der Regel und wenn die Partei, welche schwören soll, am Orte des Gerichts, oder in dessen Nähe wohnt, in der öffentlichen Audienz vor dem Kollegium abgeleistet [10]). Eine Ausnahme machen die Eide solcher Glaubensgenossen, welche nach ihren Religionsgrundsätzen in ihren Gebethäusern schwören müssen, wie Juden, nichtunirte Griechen und Philipponen [11]); so wie die Eide derjenigen, welche krankheitshalber nicht vor Gericht erscheinen können. In diesen Ausnahmefällen wird eine Deputation mit der Abnahme des Eides an Ort und Stelle beauftragt. Ist der Eidespflichtige nicht am Orte des Gerichts oder in dessen Nähe wohnhaft, so wird das Gericht, in dessen Sprengel derselbe wohnt, um die Eidesabnahme requirirt [12]).

III. In der Audienz wird die Sache mündlich vorgetragen, der erschienene Schwurpflichtige mit seiner Erklärung: ob er den Eid leisten wolle, vernommen, und darauf, nach vorheriger Erinnerung an die Wichtigkeit und Heiligkeit des Eides, zur Eidesabnahme geschritten. Erläßt der anwesende Gegner den Eid, oder verweigert der Schwurpflichtige die Eidesleistung oder ist derselbe nicht erschienen, so wird solches im Audienz-Protokolle vermerkt, womit die mündliche Verhandlung geschlossen wird. Das Kollegium tritt in Berathung, faßt Beschluß und publizirt denselben. Die publizirte Purifikations-Resolution wird wie ein Erkenntniß ausgefertigt und insinuirt.

Ist der Eid durch eine Deputation oder auf Requisition durch ein anderes Gericht abgenommen worden, so sollte eigentlich ein Termin zur Publikation des darauf abgefaßten Bescheides in der öffentlichen Audienz angesetzt werden. Die Praxis thut das nicht und weil es nicht besonders vorgeschrieben ist; die auf einen Memorialien-Vortrag abgefaßte Purifikations-Resolution wird ohne weiteres ausgefertigt und insinuirt.

Zum Schlusse folgen aus unserem Prozesse die in diesem Verfahren entstandenen Schriftstücke als

10) V. v. 1. Juni 1833, §. 31. — Instr. v. 24. Juli 1833, §. 40.
11) Instr. v. 24. Juli 1833, §. 40; A. GO. I, 10, §. 357.
12) V. v. 1. Juni 1833, §. 32.

Beispiele.

Nr. I.

Remissoriale.

Pr. d. 4. Juni 1861. H.

Das königl. Kreisgericht erhält in Sachen des Dr. medicinae Klop zu R. und des Kommissionärs Böse zu B., Beklagten und Imploranten, wider den Gutsbesitzer Rittersporn zu Fliederthal, Kläger und Imploraten, unter Anschluß der eingesandten Akten das ergangene Erkenntniß in 3 Ausfertigungen, so wie eine Abschrift des Tenors für den Streitgenossen und eine Abschrift für den Appellationsrichter, zur Insinuation der Ersteren und zur Weiterbeförderung der Letzteren.

Die Einziehung der Kosten ist für die dortige Salarienkasse zu veranlassen.

Berlin, d. 3. Mai 1861.

Königl. Obertribunal.
Bornemann.

An
das königl. Kreisgericht zu Krottgau.

D.

1. Die eine Ausfertigung und die Tenorsabschrift des Erkenntnisses ist dem Rechtsanwalte Zänker für die Imploranten, die andere dem Imploraten zu Fliederthal zu insinuiren.

2. Die Abschrift ist dem Appellationsgerichte zu R. einzusenden.

3. Die unter dem Akten-Exemplar des Erkenntnisses verzeichneten Kosten sind einzutragen.

4. Die Parteien, der Kläger persönlich, die Beklagten z. H. des Rechtsanwalts Zänker, sind auf den Audienztag den 30. Juni, 10 Uhr, zur Abnahme des dem Kläger auferlegten Eides vorzuladen, nach dem Formular.

Kr. d. 5. Juni 1861.

H.

Nr. II.

Audienz-Protokoll.

Aufgenommen, Krottgau, den 30. Juni 1861.

Anwesende Richter:
1. Der Kreisgerichts-Direktor Hay,

Vor dem königl. Kreisgerichte, Deputation für Civilprozesse, erschienen am heutigen Audienztage in Sachen

2. der Kreisger.=Rath Wittling,

3. der Kreisrichter Ukeley.

des Rittergutsbesitzers Ritterspοrn zu Fliederthal, Klägers,

wider

den Dr. medicinae Klop zu R., den Kommissionär Böse zu B., den Zimmermeister Klotzig zu N. und den Kommerzienrath Raffer zu K., Beklagte,

nach erfolgtem Aufrufe:

1. der Kläger, Gutsbesitzer Ritterspοrn aus Fliederthal,

2. der Rechtsanwalt Zänker für die Beklagten.

Die Verhandlung wurde eröffnet und die Sache von dem Vorsitzenden vorgetragen. Der Kläger erklärte sich zur Ableistung des ihm auferlegten Eides bereit, und gab an, daß er mit Vornamen Florian heiße und evangelischer Confession sei.

Nachdem derselbe an die Wichtigkeit und Heiligkeit des Eides erinnert und mit den Strafen des Meineids bekannt gemacht worden, leistete er folgenden Eid:

Ich Florian Ritterspοrn schwöre bei Gott dem Allmächtigen und Allwissenden, daß die aus dem Prozesse geschiedenen sechs Mitbeklagten mir die Abfindung nicht unter der Verabredung, daß ich dadurch auch für die Antheile der Beklagten Klop, Böse, Klotzig und Raffer befriedigt sein solle, gezahlt haben,

D.

1. Die beiliegende Purifikations=Resolution ist 5mal auszufertigen.

2. Eine Ausfertigung ist dem Kläger und die übrigen viere sind dem Rechtsanwalte Zänker für die 4 Beklagten zu insinuiren.

3. Die Kosten erster und zweiter Instanz sind nach Vorschrift der Purifikations=Resolution, und die der Nichtigkeitsinstanz von den Beklagten Klop und Böse einzufordern.

4. Die Akten sind zu reponiren.

Kr. d. 30. Juni 1861.

Ukeley.

unter Beobachtung der gesetzlichen Förmlichkeiten wörtlich ab.

Hierauf wurde die beiliegende Purifikations-Resolution beschlossen und publizirt.

Hay. Wittling. Ukeley.

Nr. III.
Purifikations-Resolution.

Im Namen des Königs.

In Sachen des Rittergutsbesitzers Rittersporn zu Fliederthal, Klägers,

wider

den Dr. medicinae Klop zu R., den Kommissionär Böse zu B., den Zimmermeister Klotzig zu N. und den Kommerzienrath Raffer zu K., Beklagte,

hat das königl. Kreisgericht zu Krottgau, Deputation für Civilprozesse, als substituirtes Gericht für das Kreisgericht zu N., in der Sitzung vom 30. Juni 1861, an welcher Theil genommen haben:

Hay, Kreisgerichts-Direktor,
Wittling, Kreisgerichts-Rath,
Ukeley, Kreisrichter,

zur Resolution ertheilt:

daß,

da der Kläger den ihm in dem Erkenntnisse erster Instanz vom 3. Juli 1860 und Deklaration vom 10. Juli 1860 auferlegten Eid vorgeschriebener Maßen dahin:

daß die aus dem Prozesse geschiedenen sechs Mitbeklagten ihm die Abfindung nicht unter der Verabredung, daß er dadurch auch für die Antheile der Beklagten Klop, Böse, Klotzig und Raffer befriedigt sein solle, gezahlt haben,

in dem Audienz-Termine vom 30. Juni 1861 abgeleistet hat,

das Erkenntniß des Kreisgerichts zu Krottgau vom 3. Juli 1860,

sowie

das Appellationserkenntniß des königl. Appellationsgerichts zu R. vom 27. Oktober 1860 dahin zu purifiziren:

daß die Beklagten schuldig, dem Kläger

1. an Grundentschädigung für das Jahr 1850 die Summe von Einhundert Sieben und Dreißig Thalern Zehn Silbergroschen Sieben Pfennigen (137 Thlr. 10 Sgr. 7 Pf.), nebst fünf Prozent Verzugszinsen seit dem 1. Januar 1851; für das Jahr 1851 die Summe von Einhundert Thalern (100 Thlr.), nebst fünf Prozent Verzugszinsen seit dem 1. Januar 1852; für das Jahr 1852 die Summe von Zwei und Sechszig Thalern Neunzehn Silbergroschen Fünf Pfennigen (62 Thlr. 19 Sgr. 5 Pf.), nebst fünf Prozent Verzugszinsen seit dem 1. Januar 1853, nach Verhältniß ihrer ehemaligen Antheile an dem Braunkohlen-Werke Friederike-Agnes bei Fliederthal zu zahlen und schuldig, für die Zahlung der vollen eingeklagten Entschädigung und zwar jetzt noch für darauf noch rückständige Antheile eventuell subsidiarisch, Jeder zunächst immer nach Verhältniß seines Antheils, zu haften;

2. die jährliche Abnutzung des dem Kläger entzogenen Grundeigenthums in jedem Jahre so lange nach Verhältniß ihrer Antheile zu vergüten, bis der Boden in solchen Stand gesetzt ist, daß er landwirthschaftlich genutzt werden kann;

und die Kosten beider Instanzen dem Kläger mit $\frac{1}{6}$, den Beklagten Klop und Böse mit $\frac{4}{6}$, den Beklagten Klotzig und Raffer mit $\frac{1}{6}$ aufzuerlegen.

Von Rechts wegen.

Hay. Wittling. Ukeley.

Zehnter Abschnitt.

Die Referirkunst.

§. 71.

Uebersicht.

Die Regeln der Referirkunst sind in der Darstellung des durchgeführten Prozesses, wie es nach der Vorerinnerung (S. 1) im Plane war, bei jeder Prozeßhandlung in Beziehung auf dieselbe vorgetragen und darauf sofort zur Anwendung gebracht worden. Uebrig ist noch dasjenige, welches bei dieser Methode der Darstellung in dem Prozeßverfahren keine Stelle finden konnte. Dieses sind die allgemeinen, die historischen und literärischen Vorkenntnisse, und die besonderen Regeln für gewisse Sachen. Dafür ist der gegenwärtige Abschnitt bestimmt, welcher die bezeichneten Gegenstände in zwei Abtheilungen vortragen wird.

Erste Abtheilung.

Von den allgemeinen, den historischen und den literärischen Vorkenntnissen.

I. Allgemeine Vorkenntnisse.

§. 72.

1. Begriff von Referirkunst und Relation.

I. Das Geschäft des Vortragens oder Referirens ist so alt wie der Gebrauch, über gewisse Fragen Bescheide, Belehrungen (Weisungen) oder Urtheile von solchen Personen einzuholen, welche die vorgelegten Berichte, Akten und sonstige Schriftstücke nicht selbst lesen konnten oder nicht mochten. Daraus entstand das Bedürfniß, daß Andere dieses Geschäft übernehmen und den Inhalt der Schriftstücke dem Urtheilenden mündlich erzählen mußten. Diese Handlung nannte man referiren (vortragen). Ein damit verbundener Zweck war Zeitersparniß für den Urtheilenden. Diese durfte jedoch nicht auf Kosten der Vollständigkeit erzielt werden, und deshalb erforderte das Geschäft, neben Rechts- und Geschäftskenntniß überhaupt, eine gewisse Fertigkeit und Uebung. Dabei machten sich gewisse, von der Logik und Zweckbestimmung gebotene Handgriffe und Regeln, deren Anwendung bei der Vorbereitung und bei der Einrichtung der Erzählung Hülfe leisteten, von selbst geltend. Den Inbegriff dieser Regeln bildet die Referirkunst, das Geschäft selbst heißt Referiren. Eine Kunst, keine Wissenschaft[1]), ist das Referiren im objektiven Sinne, weil sie nicht auf einem Inbegriffe von in- und durcheinander gegründeten allgemeinen Wahrheiten beruht, sondern etwas Praktisches ist, welches Fertigkeit, durch Uebung nach den anerkannten Handgriffen und Regeln erworben, erfordert. Dieß ist der Begriff der Referirkunst im Allgemeinen. Sieht man bloß auf die Regeln, nach welchen der Inhalt der gerichtlichen Akten zu

1) Walch handelt von der „Wissenschaft", aus Akten einen Vortrag zu thun. Jena 1773.

behandeln und vorzutragen ist, so hat man den Begriff der juristischen Referirkunst. — Diese Regeln lassen sich nicht für alle Fälle gesetzlich vorschreiben. Zwar werden in verschiedenen Prozeßgesetzen[2]) einzelne allgemeine Regeln angegeben, und dieß thun auch die Preußischen an verschiedenen Stellen[3]). Allein diese Anweisungen sind nicht in dem Sinne für gesetzliche Bestimmungen anzusehen, daß davon nicht abgewichen werden könnte[4]), wenn es die Zweckmäßigkeit, nach der Beschaffenheit der Sache, erfordert, vielmehr ist ausdrücklich vorbehalten, daß die vernünftige Erwägung der eigenthümlichen Beschaffenheit einer jeden vorliegenden Sache einem aufmerksamen Referenten diejenige Methode, wie bei dieser Sache der Zweck einer jeden Relation am nächsten und sichersten erreicht werden könne, von selbst an die Hand geben werde[5]).

II. Das Produkt der Thätigkeit des Referenten heißt von Alters her „Relation". Diese technische Bezeichnung ist noch jetzt im Gemeinen Prozesse allgemein, und in der preußischen Praxis, so wie in der Gesetzes=Sprache[6]) bezüglich auf diejenigen Sachen, welche noch nach den Vorschriften der Allgemeinen Gerichtsordnung behandelt werden müssen, gebräuchlich. In Betreff derjenigen Sachen, welche nach der neuern Prozeßgesetzgebung mündlich zu verhandeln sind, ist dafür der Name „Referat" eingeführt[7]). Einzelne Puristen gebrauchen die Benennung: „schriftlicher Vortrag". Diese ist nicht so bezeichnend wie der hergebrachte Kunstausdruck, dessen Begriff einmal feststeht[8]). Die Relation oder das Referat, d. h. die schriftliche Ausarbeitung, ist kein Vortrag, sondern erst das Ablesen derselben. Wollte man für den einge=

---

2) Reichs=Kammer=Gerichtsordnung v. 1555, Th. I, Tit. 10, §. 1; Tit. 13, §. 9. — Visitations=Abschied v. 1570, §. 5; v. 1577, §. 12; v. 1581, §. 1 u. v. 1713, §. 76 ff.; u. mehrere Territorial=Prozeß=Ordnungen.

3) A. G.O. Einl. §. 55; Th. I, Tit. 10, §§. 29—32; Tit. 13, §§. 1 ff. u. Th. III, Tit. 3, §§. 51—60; Krim.=Ordnung, §§. 488—494.

4) Der Meinung Martin's in der Anleitung zum Referiren, §. 6, daß den gesetzlichen Vorschriften der A. G.O. hierbei jede andere Regel weichen müsse, kann man nicht beitreten, wegen der in der folgenden Note 5 angegebenen Vorschriften.

5) Cirk. v. 20. Septbr. 1783 (Anh. Nr. I); A. G.O. Th. I, Tit. 13, §. 7 a. E.; Th. III, Tit. 3, §. 52. Vergl. Th. I, Tit. 10, §. 38b.

6) Z. B. A. G.O. Th. I, Tit. 13, §§. 6, 7; Tit. 15, §. 7; K.O. v. 19. Juli 1832, §. 5 (G.S. S. 192).

7) Instr. v. 24. Juli 1833, §. 32, Absatz 2.

8) Ganz richtig wird in Hymmen's Beiträgen Bd. VIII, S. 147, Note 1 gesagt: Dies germanisirte Wort (Relation) ist einmal üblich. Will man „schriftlicher Vortrag" setzen, gut! Nur nicht jeder Vortrag, nicht jede Erzählung ist im forensen engeren Sinne eine Relation.

bürgerten technischen Ausdruck einen rein deutschen einführen, so würde das Wort „Bericht" oder „Gutachten" eher als jedes andere den Begriff bezeichnen, insofern man es für ein wesentliches Erforderniß hält, daß der Referent dem geschichtlichen Vortrage zugleich seinen Vorschlag zu der zu erlassenden Verfügung folgen läßt, was nicht einzuräumen ist; denn es giebt Relationen ohne s. g. Beurtheilung, namentlich sind die Referate in der ersten Instanz gewöhnlich ohne Gutachten. Es gehört auch nicht zum Begriffe, daß der Vortrag an ein Richter-Kollegium gerichtet werde; der, dem vorgetragen wird, kann auch eine einzelne Person sein, wie die Vorträge im Ministerium und im Kabinette zeigen. Wohl aber ist es ein wesentliches Merkmal einer Relation oder eines Referats, daß der Stoff dazu aus bereits wirklich Geschehenem, nicht aus Voraussetzungen oder noch Zukünftigem entnommen worden sei, sonst würde das Elaborat ein Gutachten sein. Eine juristische Relation im Allgemeinen ist also eine Darstellung des wesentlichen Akteninhalts an eine zum Urtheile berufene (einzelne oder quasi-juristische) Person, von der damit beauftragten Person, zu dem Zwecke gehalten, um eine Verfügung vorzubereiten. Im engeren Sinne versteht man unter Relation (Referat) eine Darstellung dieser Art, mit welcher zugleich ein Gutachten über die zu treffende Verfügung, und ein Entwurf derselben, verbunden ist, wenn auch die Verbindung keine äußerliche ist. Die gerichtlichen Vorträge sind verschieden nach der Art des dazu vorliegenden Gegenstandes und der darauf zu treffenden Verfügung.

§. 73.

2. Arten der richterlichen Verfügungen.

Die Verordnungen des Richters in streitigen Rechtsangelegenheiten zerfallen in zwei Klassen: in Dekrete und in Urtel.

1) Die Dekrete sind Verordnungen, wodurch das Verfahren geleitet, die künftige Entscheidung des Rechtsstreites vorbereitet und das gefällte Urtheil durchgeführt oder vollstreckt wird.

2) Urtel, Sentenzen oder Erkenntnisse dagegen sind solche richterlichen Verordnungen, wodurch ein Streitpunkt, z. B. eine Präjudizialfrage, oder die ganze Streitsache schließlich entschieden wird. Zwischenurtheile, nämlich sog. interlokutorische, präparatorische und accessorische Erkenntnisse, kommen, außer den Präjudizialentscheidungen, im preußischen Prozesse nicht vor, sondern die Gegenstände dieser dem Gemeinen Prozesse angehörigen

Urtheile werden vorläufig durch Dekret und schließlich durch das Endurtheil erledigt, nicht in der Form, daß darüber im Tenor ausdrücklich erkannt würde, sondern so, daß in den Gründen der getroffenen Verfügung Beifall gegeben wird. Insofern dieses nicht geschieht und die Frage, im entgegengesetzten Sinne entschieden, von Einfluß auf die Endentscheidung ist, wird nicht erkannt, sondern ein Resolut, welches gleichfalls die Natur eines Dekrets hat, abgefaßt, wodurch die Erörterung der Sache in den Weg nach dem Sinne dieser Entscheidung eingeleitet wird.

Die Merkmale, welche ein Urtel von einem Dekrete wesentlich unterscheiden, sind folgende:

1) Ein Erkenntniß kann nicht gefällt werden, ohne daß beide Theile gehört, oder zum Zwecke der Anhörung gehörig vorgeladen worden sind. Ein Dekret dagegen kann auf einseitige Vorstellung gegeben werden.

2) Ein Urtel, welches der Richter einmal gefällt und publizirt hat, kann er in der Regel selbst nie wieder zurücknehmen oder ändern, wenn er es auch für irrthümlich hält, wie bereits oben (§§. 59, 60) gesagt worden ist [1]). Die Ausnahmen sind ebenda bereits angegeben. Ein Dekret dagegen kann er selbst, nach eigenem Ermessen, wieder zurücknehmen oder abändern. So lange das Urtheil nicht publizirt ist, kann es derselbe Richter ebenfalls ändern, weil es vor der Publikation noch für Niemand existirt, weil nicht ausgesprochen ist. So selbstverständlich dieß ist, so ist es in der Praxis doch hin und wieder vorgekommen, es zu bezweifeln. Dieser Zweifel ist völlig unberechtigt; ein nicht publizirtes Urtheil ist ein nicht ausgesprochener Gedanke, dessen Aenderung Niemand wahrnehmen kann.

3) Eine Sentenz ist der Rechtskraft fähig, ein Dekret nicht [2]).

4) Gegen ein Erkenntniß findet in der Regel die Appellation oder doch die Nichtigkeitsbeschwerde, oder in geringfügigen Sachen, d. h. solchen, deren Gegenstand nach Gelde zu schätzen nicht über

---

1) L. 42 D. de re judicata (XLII, 1): „— Paulus respondit, rescindere sententiam suam Praetorem non posse.“ Die Kammergerichtsordnung Tit. 48, §. 10 hat diesen Rechtssatz ebenfalls ausdrücklich. In der A. G.O. fehlt er, nur negativ ist er dadurch ausgedrückt, daß sie demjenigen, der sich durch ein Urtheil beschwert findet, die Appellation gestattet. I, 14, §. 2.

2) L. 2 D. de appellat. recip. (XLIX, 5); L. 3 C. de appellat. (VII, 62); L. 2 C. de episcopali audientia (I, 4); L. 7 C. quorum appellationes non recipiuntur (VII, 65), C. 60 X. de appellat. (II, 28); c. 10, 12 de appellat. in 6 (II, 15). — Just. Henn. Boehmer, de sententiis in rem judicatam non transeuntibus, Halae 1713, §. V—XVIII (in Exercit. ad Pand. T. V, p. 516 seq.).

50 Thlr. werth ist, das außerordentliche Rechtsmittel des Rekurses statt[3]); gegen ein Dekret nicht, nur Beschwerde kann hiergegen, in der Regel, geführt werden; in manchen Fällen ist auch diese nicht zulässig, namentlich wenn die Bestimmung in das Ermessen des Richters gestellt ist.

5) Ein außerwesentliches Merkmal ist, daß ein Erkenntniß unter dem Tenor die Formel „von Rechts wegen" hat, ein Dekret nicht. Diese Formel, welche den Gegensatz von Willkühr, Billigkeit oder Gutbefinden ausdrücken soll[4]), schreibt sich her von den rechtlichen Gutachten der Bononischen Rechtsgelehrten, nach einer anderen Meinung[5]) von den in der L. 3, §. 3 D. de aqua et aqua pluvia (XXXIX, 3) vorkommenden Worten: „hoc jure utimur", welche jedoch nur sagen, daß der dort vorgetragene Rechtssatz ortsüblich oder von der Praxis angenommen sei[6]). In denjenigen preußischen Gerichten, welche nach französischem Rechte sprechen, ist die Formel nicht gebräuchlich. Auch unter den gemeinrechtlichen Rechtsgelehrten ist eine Stimme gegen den Gebrauch derselben, wohl aus Mißverständniß, laut geworden[7]), aber längst vergessen, wenn sie überhaupt jemals bemerkenswerth gefunden worden ist. Uebrigens macht der Mangel dieser Formel eine richterliche Verordnung, welche ihrer Natur nach ein Erkenntniß ist, nicht zu einem Dekret, und umgekehrt wird ein Dekret durch den Gebrauch derselben kein Erkenntniß. Es kommt auch auf den Namen, welchen der Richter seiner Verordnung gegeben hat, nichts an.

Nach diesen Merkmalen läßt sich die Natur der verschiedenen, im preußischen Prozesse vorkommenden sogenannten Resolutionen wie folgt bestimmen. Es giebt sechs Arten.

3) A. G.O. I, 26, §. 18; K.O. v. 8. August 1832 (G.S. S. 199); V. v. 14. Dezbr. 1833, §. 4; Dekl. v. 6. April 1839, Art. 1. Das Gesetz betr. die Erweiterung des Rechtsweges, v. 24. Mai 1861 (G.S. S. 241), gestattet in einigen geringfügigen Sachen ausnahmsweise die ordentlichen Rechtsmittel.

4) Möser, patriotische Phantasien, Bd. I, S. 296 ff.

5) Menke, in seinem Prozesse, Tit. 34, §. 30, S. 250.

6) Vergl. Hommel, deutscher Flavius, §. 30.

7) Ludwig in den Gelehrten Anzeigen, Bd. I, S. 270, meint, es sei für den Richter ganz unanständig, sich dieser Formel zu bedienen, weil er die Gerichtsverwandten nicht lehren solle, was Rechtens sei, sondern gegen sie was Rechtens sprechen und ausüben solle. Dieß beziehe sich auf den Unterschied zwischen Urtelsfassern und Richtern. Nur die Erstern könnten sich der Formel bedienen; die Letzteren aber müßten sagen: von Gerichts- oder Obrigkeitswegen. — Dieß heißt entweder nichts anderes als daß die Formel von gelehrten Richtern, welche ihre Urtheile nach geschriebenem Rechte sprechen, zu gebrauchen sei und den Gegensatz von Urtheilsfindung nach eigener Weisheit (Billigkeit, Gutbefinden) andeutet, oder es heißt nichts. Heutzutage sind, wenn man von den Sprüchen der Rechtsfakultäten absieht, die Richterkollegien auch Rechtskollegien und sprechen nach geschriebenem Rechte, folglich von Rechtswegen.

1) Resolutionen, auch Resolute genannt, wodurch der Spruchrichter die Vervollständigung der Erörterungen oder der Beweisaufnahme verordnet, weil er die Sache, nach seiner Rechtsauffassung, noch nicht spruchreif, oder überhaupt einen erheblichen Umstand gar nicht oder nicht hinlänglich erörtert findet[8]). Diese Resolutionen oder Resolute sind ihrer Natur nach wahre Dekrete, gegen welche keine Beschwerde denkbar ist, weil dadurch die Selbstständigkeit des erkennenden Richters in Frage gestellt werden würde; sie unterscheiden sich von den gewöhnlichen prozeßleitenden Verfügungen durch den zufälligen Umstand, daß sie nicht von dem prozeßleitenden Richter als solchem, sondern von dem Spruchrichter, der von jenem verschieden zu denken und auch thatsächlich öfter verschieden ist, wie z. B. wenn der Appellationsrichter dem Richter erster Instanz eine nachträgliche Erörterung vorschreibt, ausgehen. In dem Verfahren nach der Allg. Gerichtsordnung war es Praxis, daß in dem letztgedachten Falle dem Gerichte erster Instanz eine Ausfertigung des Resoluts zur Erledigung zugefertigt wurde, wenn das Appellationsgericht nicht bei sich selbst die Instruktion führen lassen wollte; im neueren Verfahren pflegt man das Original-Audienz-Protokoll mit dem Resolute nebst den Akten an die erste Instanz zur Erledigung und demnächstigen Wiedereinsendung ergehen zu lassen. Der Modus ist willkührlich zu bestimmen. Einzelnrichter erster Instanz beschließen im Audienztermine, was sie zur Erörterung der noch nicht spruchreifen Sache noch thun wollen, und eröffnen diesen Beschluß den Parteien.

2) Resolutionen, wodurch ein Interimistikum festgestellt, d. h. ein Streitpunkt einstweilen, bis zur definitiven Entscheidung, entschieden wird. Diese sind exekutorisch und in der Regel im Wege der Beschwerde gleichfalls nicht abänderlich[9]). Dergleichen kommen vor in Possessorien-, Ehescheidungs- und Pacht-Prozessen[10]), und sind ebenfalls bloße Dekrete.

3) Resolutionen, wodurch festgesetzt wird, was der Beklagte, wenn er die Forderung des Klägers durchgehends einräumt, nach dem Inhalte der Klage und des darauf gegebenen Anerkenntnisses dem Kläger zu leisten habe. Eine solche richterliche Ver-

---

8) A. G.O. Th. I, Tit. 13, §. 4; Tit. 14, §. 63. Vergl. Tit. 9, §. 11 a. E.

9) A. G.O. I, 44, §. 23.

10) Ebd. Th. I, Tit. 31, §. 5; Tit. 40, §. 56 a. E.; Tit. 44, §§. 21, 23. Reskr. v. 6. April 1832 (Jahrb. Bd. XXXIX, S. 152); v. 27. Februar 1824 (ebd. Bd. XXIII, S. 62); u. v. 15. Juli 1819 (ebd. Bd. XIV, S. 6).

ordnung heißt **Agnitionsresolution**, auch Agnitionsbescheid, hat die Natur eines deklaratorischen Erkenntnisses, wird gewöhnlich mit der Formel „von Rechts wegen" versehen und kann mit der Nichtigkeitsbeschwerde, in Bagatellsachen mit dem Rekurse angegriffen werden (§. 23)[10a]. Eine solche Resolution sollte daher auch gleich einem Urtel in der öffentlichen Audienz publizirt werden, wie solches von der Prozeßordnung in der That ausdrücklich vorgeschrieben ist, nur daß dieselbe von einem öffentlichen Audienztage nichts weiß; die neueren Prozeßverordnungen schweigen über die Publikation[11]), und es ist Praxis, die Resolution ohne vorgängige Publikation auszufertigen und zu insinuiren (§. 23). Wird in einer Agnitionsresolution der Beklagte zu etwas Anderem oder zu einem Mehreren, als er ausdrücklich anerkannt hat, für schuldig erachtet, so ist sie insoweit ein gewöhnliches Erkenntniß, gegen welches, die Zulänglichkeit des Gegenstandes der Beschwerden vorausgesetzt, die Appellation stattfindet.

4) Die **Purifikations**-Resolutionen. Diese sind gleichfalls deklaratorische Endentscheidungen (§. 70).

5) Die sog. **Nebenresolutionen**, welche bei jedem Urtel vorkommen und vorschreiben, was damit weiter geschehen soll. Sie sind Dekrete.

6) Der Appellationsrichter nennt seine, in Bagatellsachen auf den eingelegten Rekurs ergehende, Entscheidung **Resolution** oder **Bescheid**[12]); diese Entscheidung ist jedoch in jeder Hinsicht ein wahres Erkenntniß. Früher wurden noch andere Entscheidungen in den höheren Instanzen, namentlich die, daß das eingelegte Rechtsmittel pro non devoluto erachtet werde, und die, welche in Injuriensachen, oder in einer fiskalischen Untersuchung auf ein Milderungs- oder Niederschlagungsgesuch ergingen, gleichfalls Resolutionen genannt, obwohl sie wahre Erkenntnisse waren. Die erstgedachten Entscheidungen werden jetzt Erkenntnisse genannt[13]), die in den letztgedachten Fällen kommen in dem heutigen Verfahren, welches das Milderungs- oder Niederschlagungsgesuch nicht kennt, nicht mehr vor. In erster Instanz kommen unter der Benennung von **Bescheiden** noch jetzt die Adjudikationsurtel vor.

10a) V. v. 14. December 1833, §. 7. verb. mit Art. 1. der Dekl. v. 6. April 1839.

11) A. G.O. I, 8, §. 16; Instr. v. 24. Juli 1833, §. 35.

12) Ges. v. 10. Mai 1851, Art. 2, Absatz 4.

13) Ges. v. 20. März 1854, §. 3. — Vergl. den Pl.Beschl. des Obertrib. (Pr. 15) v. 16. März 1832. (I. Sammlung S. 242.)

§. 74.

3. Arten der Relationen.

I. Der Vortrag wird in sogenannten Memorialien- und in Relationsvortrag eingetheilt [1]), wie gelegentlich bereits oben angedeutet ist.

Der Memorialienvortrag geschieht in dem Sinne mündlich, daß der Inhalt des vorliegenden Schriftstückes ohne Zugrundelegung eines Schriftaufsatzes mündlich erzählt wird von dem Decernenten, d. h. demjenigen Mitgliede des Kollegiums, welches entweder schon beim Anfange der Sache dazu ein für allemal von dem Dirigenten dazu bestimmt ist, jedes in derselben eingehende Schriftstück (Exhibitum) durchzulesen, den Inhalt dem Kollegium oder dem, welcher darauf zu befinden hat, vorzutragen und darauf die Verordnung, dem Beschlusse gemäß, abzufassen, oder ausnahmsweise für den einzelnen Fall dazu ernannt wird. In der Regel sind die, auf einen solchen Vortrag ergehenden, Verordnungen nur Dekrete, es kommen aber darunter auch solche Verordnungen vor, welche die Natur der Erkenntnisse haben, wie z. B. Agnitions- und Purifikations-Resolutionen (§§. 23, 70). Gewöhnlich wird die Verfügung auf den Vortrag nur Eines Decernenten erlassen, in manchen Sachen aber wird wohl auch, der Wichtigkeit wegen, nach dem Befinden des Dirigenten, noch ein Codecernent bestellt, dessen Beruf es ist, die Vorlagen gleichfalls aufmerksam zu lesen, den Dekretsentwurf des Decernenten zu prüfen und seine Bedenken darunter zu setzen, worauf der Decernent die Sache dem Kollegium vorzutragen, und das Dekret nach Bestimmung des Beschlusses zu fassen hat, welches dann der Codecernent mit unterzeichnet. Der Codecernent pflegt, zur Schonung des Ehrgefühls des Decernenten, immer ein älteres Mitglied des Kollegiums zu sein. Ist der Decernent eine Person, welche bloß zu ihrer Ausbildung beschäftigt wird, so ist allemal ein Codecernent, der ein Mitglied des Kollegiums sein muß, bestellt, oder richtiger, dieses Mitglied ist der eigentliche Decernent und jene Person ist ihm nur zur Beschäftigung und Unterweisung beigeordnet [2]).

II. Der Relationsvortrag geschieht in Sachen, welche im

---

1) A. G.O. Th. I, Tit. 1, §§. 44—48; Tit. 4, §. 14. — Diese Eintheilung ist alt. S. z. B. Kammergerichts-Ordnung Th. I, Tit. 3, §. 15, Abs. 2; Tit. 6, §§. 2, 4, 6, 7; Th. II, Tit. 2, §§. 2, 4, u. Tit. 3 u. 4.

2) A. G.O. Th. III, Tit. 4, §. 14.

mündlichen Verfahren verhandelt werden, gegenwärtig in allen Instanzen durch nur Einen Referenten. Eine Ausnahme macht das Verfahren vor dem Plenum des Obertribunals. Falls nämlich durch den Beschluß eines Senats eine Sache an das Plenum des Obertribunals gebracht wird, entscheidet dasselbe darüber auf den Vortrag zweier neuen Referenten[3]). Die Referenten werden von dem Vorsitzenden des Kollegiums dadurch ernannt, daß von ihm deren Name in das sog. Distributionsbuch, in welches alle zur mündlichen Verhandlung bestimmten, beziehungsweise zum Spruch vorgelegten Sachen unter fortlaufender Nummer, von dem Registraturbedienten, eingetragen werden, in die dazu bestimmte Kolonne, neben der betreffenden Sache, eingeschrieben wird. Dieser Name mit der Nummer, welche die Sache im Distributionsbuche erhalten hat, wird auf einen, den Akten auf dem Deckel aufgeklebten Zettel gesetzt, und damit werden die Akten dem ernannten Referenten zugestellt. — In Sachen, in welchen noch jetzt nach den Vorschriften der Allg. Gerichtsordnung verfahren werden muß, namentlich in gutsherrlich-bäuerlichen Auseinandersetzungen, in Gemeinheitstheilungen, in Ablösesachen, wird in geheimer Sitzung in erster Instanz auf den Vortrag gewöhnlich nur Eines Referenten, in wichtigen Sachen unter Beiordnung eines Korreferenten[4]); in der Appellationsinstanz allemal auf den Vortrag zweier Referenten[5]), nicht bloß Eines Referenten unter Beiordnung eines Korreferenten[6]); und in der Revisionsinstanz ebenfalls auf den Vortrag zweier, und wenn diese auf die Abänderung zweier gleichförmiger Erkenntnisse antragen, auf den wiederholten Vortrag durch zwei neue Referenten[7]) das Urtheil abgefaßt. Der Unterschied zwischen Einem Referenten mit einem Korreferenten und zweien Referenten liegt darin, daß zwei Referenten, Jeder für sich, ohne des Anderen Relation zu sehen, förmlich und vollständig referiren, ein Korreferent aber die Relation des Referenten mit den Akten erhält und gleichsam den Kontroleur macht (§. 84). — Noch einige Sachen giebt es, in welchen nach den Vorschriften der Allge-

---

3) K.O. v. 1. August 1836, Nr. 4 (G.S. S. 219), verb. mit dem Ges. v. 7. Mai 1856, §. 5, Nr. 2 (G.S. S. 294).

4) A. G.O. I, 13, §. 1.

5) A. G.O. I, 14, §. 66 u. V. v. 14. Dezember 1833, §. 23.

6) Das war in die A. G.O. Th. III, Tit. 3, §. 56 nachgegeben, wurde jedoch durch den §. 23 der V. v. 14. Dezbr. 1833 abgeändert.

7) A. G.O. I, 15, §. 7; III, 3, §. 56; K.O. v. 19. Juli 1832, §. 7 (G.S. S. 192).

meinen Gerichtsordnung verfahren wird, namentlich die vormundschaftlichen Prozesse, die Todeserklärungs-, Blödsinnigkeits- und Prodigalitätserklärungsprozesse, die Subhastations- und Aufgebotssachen; doch nur in der ersten Instanz, in welcher das Relationswesen in diesen Sachen nicht viel auf sich hat, weil gewöhnlich nur mündlich, ohne Ausarbeitung einer Relation, referirt wird; in den ferneren Instanzen wird nach den neueren Vorschriften verfahren [8]), in welchen das Plaidoyer der Parteien den Korreferenten ersetzt.

III. Nach der äußeren Form sind die Relationen mündliche oder schriftliche, je nachdem dem Vortrage eine schriftlich ausgearbeitete Relation zum Grunde liegt, oder nicht. Diese Eintheilung hat auf die Anwendung der Regeln der Referirkunst keinen erheblichen Einfluß. Nach den Gattungen des Prozesses unterscheidet man Civil- oder Kriminal-Relationen (oder Referate). Eine dritte Eintheilung nach den Instanzen ist unerheblich. Eine weitere Unterscheidung ist die zwischen eigentlichen Relationen und Korrelationen, von deren Unterschiede so eben gesprochen worden ist. Eine letzte Eintheilung nach dem Zwecke ist die zwischen gewöhnlichen Relationen zum praktischen Gebrauche und den sog. Proberelationen (relationes pro statu) zum Beweise erworbener Tüchtigkeit und Fertigkeit. Ein wesentlicher Unterschied zwischen beiden Arten ist nicht anzuerkennen; ein Probestück, was nicht praktisch brauchbar wäre, würde ein Beweis dafür sein, daß der Kandidat noch nicht fertig; und eine gewöhnliche Relation, welche nicht allen Ansprüchen an eine zweckmäßige und vollständige Relation entspricht, ist unbrauchbar oder doch ein schlechtes Machwerk. Eine ganz irrige Meinung ist es, daß Proberelationen weitläuftig und sehr gelehrt sein müßten. Es ist aber viel schwieriger, eine weitläuftige und verwickelte Prozeßsache kurz und klar, aber doch ganz vollständig vorzutragen und die Entscheidungsgründe mit juristischen Begriffen, also ohne Wortschwal, bündig und schlagend darzulegen, als ein abschreckendes Opus aus den Akten und aus einer Ladung Bücher zusammenzuschreiben, in welchem der Leser meistens keinen leitenden Gedanken zu finden vermag. Auch eine langweilige Ausführung zum Beweise bekannter und unzweifelhafter Dinge giebt keinen Beweis hinlänglicher Rechtskenntniß und Kunstfertigkeit.

8) V. v. 21. Juli 1846, §. 29, Absatz 2.

§. 75.
II. Geschichtliches.

Das Institut der Relationen ist mit dem römischen Prozesse der späteren Kaiserzeit nach Deutschland gekommen. Die Relationen jener Zeit waren jedoch nach unseren Begriffen nur Berichte der Richter an den Kaiser, worin der Richter in einzelnen Fällen Belehrung oder Entscheidung über zweifelhafte Rechtsfragen nachsuchte [1]), in ähnlicher Weise wie man früher, nach der Vorschrift des A. L.R. und der A. G.O., seine Zweifel der ehemaligen Gesetzkommission zur Entscheidung vorzutragen hatte [2]). Für jene Anfragen findet man die Vorschrift, daß der Bericht alle Punkte vollständig umfassen solle, so daß es, nach Lesung der hiernach eingerichteten Anfrage, einer Einsicht der Akten, die jedoch nothwendig beigefügt sein müßten, eigentlich gar nicht bedürfte [3]). So dürftig diese Anweisung ist, so hat sie doch den späteren Praktikern des Mittelalters zur Grundlage gedient, um den heutigen Begriff der Relationen nach und nach auszubilden und zu bestimmen. Die Relationen im heutigen Sinne kommen in Gebrauch von da an, wo die Gerichte nach heutiger Art mit mehreren Beisitzern besetzt wurden und ein Kollegium bildeten. Nach Durantis, dem Vater des Gemeinen Prozesses, ist zwar noch „relatio judicis de jure dubitantis ad principem missa consultatio" [4]); er fügt aber bei, daß der Richter den Rechtsverständigen und seinen Assessoren, mit welchen er über die Sache deliberire, in derselben Art referire [5]). Die damalige Praxis kennt mithin den Begriff der Relationen in dem heutigen Sinne ebenfalls schon, ungeachtet sie die für Relationen im Sinne des Römischen Kaiserrechts gegebenen Vorschriften darauf anwendet, namentlich ist derselbe bei den italienischen Gerichtshöfen jener Zeit, besonders bei der Rota Romana, be-

---

1) Nov. 113, c. 1 pr. in fine u. Nov. 115, c. 2 in f. — Abgeschafft durch die Nov. 125, c. 1.

2) A. L.R. Einleitung, §§. 47, 48; A. G.O. I, 13, §§. 32—35.

3) L. 3 C. de relationibus (VII, 61).

4) Speculum judiciale, Lib. II, tit. de relationibus, §. Relatio, fol. 160 verso, col. 2. (Ausg. Lugduni 1556, per Claudium Servianum, in folio.)

5) Ebenda, §. Relatio de quibus sit facienda fol. 161 v., Col. 1 verbis: „Item novi quod quilibet judex refert sapientibus, cum quibus deliberat, plene merita causae;" u. tit. de petitione sententiae, in fine, fol. 160, col. 1: „— judex priusquam aliquid definiat auditis causae meritis et discussis, — secum prius diligenter et postmodum tandem peritis quos discretos noverit et fideles referendo eis plene rationes et jura partium —".

kannt [6]). Nach diesen Beispielen führte man später in Deutschland, nach Errichtung des Reichskammergerichts [7]), auch bei den übrigen deutschen Gerichtshöfen das Referiren aus den Akten, durch einzelne Mitglieder des Kollegii, ein, und die nämliche Praxis hat sich bis auf die neueste Zeit auch in der preußischen Justizverwaltung erhalten [8]). Schon nach den frühesten Prozeßordnungen sollen gewöhnlich zwei Referenten, oder ein Referent und ein Korreferent bestellt werden, „welche eine schriftliche Relation cum rationibus dubitandi et decidendi auffsetzen, und dieselbe in pleno vorlesen müssen" [9]), oder, wie es anderwärts heißt, welche „eine umständliche schriftliche Relation binnen der ihnen vorgeschriebenen Zeit verfertigen, die Facti Speciem und das Genus actionis vor allen Dingen deutlich vorstellen, die Rationes dubitandi prämittiren, demnächst die Rationes decidendi anführen, darauf die Dubia resolviren, und nach dem Voto zugleich Formulam der ganzen Urtel beifügen müssen" [10]). Dieß ist die älteste ausführliche Anweisung zum Referiren für preußische Richter. Daß man von dem Referenten verlangte, dem geschichtlichen Vortrage sogleich seinen Vorschlag zu der zu erlassenden Verordnung oder Entscheidung, mit Gründen, folgen zu lassen, ist wohl erst in späterer Zeit, wo man aus den Gründen kein Geheimniß mehr machte (§. 39), Gebrauch geworden; sonst liegt es nahe, das Gutachten desjenigen, welcher die Sache mit Ruhe zu überlegen Zeit gehabt hat, zu verlangen.

§. 76.

III. Literärnotizen.

Die Referirkunst hat, da sich für eine Kunst nicht auf alle Fälle der Darstellung des Gegenstandes, der unendlichen Mannigfaltigkeit wegen, Grundsätze gesetzlich vorschreiben lassen, keine andere Quelle als die Regeln der Logik, angewendet nach dem Zwecke einer Relation in jedem konkreten Falle. Die Anleitungen der Praktiker zur Abfassung von Relationen sind nichts weiter als An-

---

6) Rob. Maranta, de ordine judiciorum, Lugduni 1557, p. 553, §. „Quarto modo." — Bulle Johann's XXII, v. 1326, in Domin. Bernini tribunale della S. Rota Romana, 1717, pag. 206.

7) Kammer-G.O. v. 1500, Tit. 18. — Vergl. Pütter, über die beste Art zu referiren, S. 4 ff.

8) A. G.O. I, 13, §§. 1, 2; III, Tit. 5, §. 32; Kanzlei- u. Registratur-Regl. §. 44.

9) Preuß. Landrecht, P. I. Buch 1, Tit. 41, §. 5.

10) Kammergerichts-Ordnung Th. III, Tit. 36, §. 2.

gaben, wie sie, nach ihren Ansichten, den Zweck einer Relation am besten zu erreichen meinen und sich selbst darauf eingeübt haben. In sofern kann man die Arbeiten dieser Männer als Quelle ansehen. Man findet unter ihnen viele Widersprüche, aber diese sind keine principiellen, sondern gehen hervor aus den verschiedenen Methoden, durch welche der Eine und der Andere den Zweck am besten zu erreichen vermeint. Alle haben das gleiche Ziel und es läßt sich keine der verschiedenen Meinungen absolut verdammen; es läßt sich aus jeder dieser Erzeugnisse etwas erlernen. Darum läßt sich nicht sagen, daß eine Kenntnißnahme der bisherigen Leistungen in diesem Fache, am wenigsten der älteren, eine fruchtlose Zeitverwendung wäre. Das bezieht sich selbstverständlich auf solche literarische Erzeugnisse, in welchen eigene Gedanken des Verfassers vorgebracht werden. In älterer Zeit war die beachtungswerthe Literatur über unseren Gegenstand reichhaltig, jetzt ist sie sehr arm.

Die älteste bekannte Anweisung zur Abfassung von Relationen gab wohl Johannes de Deo in seiner Schrift „Cavillationes", Lib. V, rubr. ult. (1246), eine Umarbeitung des gleichnamigen Buches des Ubertus de Bobio († 1245), welches eine Theorie des Prozesses enthielt[1]). Derselbe soll auch einen besonderen Tractatus de Relationibus mit Formularen geschrieben haben[2]). Indeß entsprechen diese wohl nicht dem heutigen Begriffe von Relationen. Arbeiten in dem heutigen Sinne finden sich erst viel später. Die ältesten Werke dieser Art sind:

Christoph Besold, Tractatus de modo referendi in causis civilibus. Tubing. 1632.

Joh. Sebast. Lauremberg, de actorum lectione et relatione. Rostoch. 1667.

Ernest. Maur. Landwehr, de relationibus judicialibus hodiernis. Kilon. 1674.

Seit der Mitte des folgenden Jahrhunderts sind eine ziemliche Anzahl von Schriften über die Kunst zu referiren erschienen.

---

1) v. Savigny, Geschichte des Römischen Rechts im Mittelalter, Bd. V, S. 418 u. 135.

2) Johannes Andreae notirt zu Durantis, Speculum jud., L. II, Part. II, Tit. de relationibus, fol. 160 verso, Col. 2: „Practici authores non posuerunt hanc rubricam, excepto Joa. de Deo, qui eam posuit Cavillat. lib. V, rubr. ult., ubi ponit quaedam relationum exempla, fecit etiam de his tractatum qui incipit summa de relationibus, ubi plenius prosequitur et ponit formas, et communiter habetur post librum dispensationum et sententiarum."

I. Ausführlichere Werke:

1) J. G. Estor, Unterricht von geschickter Abfassung der Urtel und Bescheide in bürgerlichen und peinlichen, auch Konkurs- und anderen Prozeßsachen. Marburg, 3. Aufl. 1756. 4.

2) K. F. Hommel, Deutscher Flavius, d. i. hinlängliche Anleitung, sowohl bei bürgerlichen als peinlichen Fällen Urtheil abzufassen 2c. 4. von C. F. Klein vermehrte und verbesserte Aufl., Leipzig 1813.

3) Ch. Wehrn, theoretisch-praktisches Handbuch der Referirkunst, 4 Theile, Leipzig 1800—1808.

4) Joh. Casp. Gensler, Grundsätze der juristischen Vortrags- und Entscheidungskunde, in gerichtlichen Rechtsgeschäften, gr. 8. Jena 1815. (Das Vorzüglichste.)

II. Lehrbücher.

1) G. M. de Ludolph, de actis extrahendis. Wetzlar. 1734. 4.

2) J. H. Böhmer, Anleitung zum Referiren. Halle 1743; Frankfurt 1747. 8.

3) Carl. Gottl. Knorrii elementa artis relatoriae, in usum auditorum evulgata, Halae 1743, 1754.

4) Desselben Anleitung zur Referirung der Akten, aus dem Lateinischen übersetzt, mit Anmerkungen und mit einem Anhange versehen, von Dr. Ernst Friedrich Knorre. Halle 1755.

5) D. Gottfr. Wilke, kurzgefaßte Grundsätze zu Extrahiren und Referiren der Akten. Leipzig 1788, 1806.

6) Achat. Ludwig Carl Schmidt, kurze Anweisung, wie die Regeln der Kunst zu referiren angewendet werden müssen. Halle 1766.

7) J. G. Schaumburg, Anweisung, wie man geschickt aus den Akten referiren soll. Jena 1772.

8) Carl Friedrich Walch, Einleitung in die Wissenschaft, aus Akten einen Vortrag zu thun, und darüber zu erkennen. Jena 1773.

9) J. L. Eckardti Compendium artis relatoriae in usum auditorum concinnatum. Jenae 1785.

10) Joh. L. E. Püttmann, Referir- und Dekretirkunst. Leipzig 1785.

11) C. H. v. Römer, Anleitung zu den Probeschriften, welche in Kursachsen der Advokatur halber zu fertigen sind, nebst dazu dienlichen Beilagen. Leipzig 1786.

12) Jakob Friedrich Kees, Anweisung zum zweckmäßigen

Extrahiren und Referiren der Gerichtsakten, auch zu Abfassung einer Sentenz daraus. Zum Gebrauche (bei) akademischer (akademischen) Vorlesungen. Leipzig 1789. Neue ganz umgearbeitete Ausgabe, von Dr. K. A. E. v. Zobel, Leipzig 1826. (Ist nach dem Plane von Dr. Ferdinand August Hommel's Anleitung, Gerichtsakten zu extrahiren und zu referiren, verfaßt und auf die Kursächsische Gerichtspraxis berechnet. Vergl. Nr. 18.)

13) Gönner, Grundsätze der juristischen Praxis, Bamberg 1797, §§. 238—305.

14) Just. Claproth, Grundsätze von Verfertigung der Relationen aus Gerichtsakten, mit nöthigen Mustern. Nebst einer Vorrede von den Verhältnissen der Theorie und Ausübung der Rechtsgelehrsamkeit. Göttingen, 4. Aufl., 1798.

15) J. St. Pütter, Bemerkungen über die beste Art aus Akten zu referiren; auch über Manches, was sonst noch deutschen Geschäftsmännern und Schriftstellern zu empfehlen sein möchte. Neue Aufl. Göttingen 1803.

16) Anleitung zur Referir- und Dekretirkunst, oder praktische Anweisung, wie man aus gerichtlichen Akten einen Vortrag machen, und darüber erkennen muß. Halberstadt 1798.

17) Aeg. Joh. K. v. Fahnenberg, Briefe an seinen Sohn über die Kunst der Verfertigung der gerichtlichen und gesandtschaftlichen Relationen. Regensburg 1801, 1804.

18) Ferd. Aug. Hommel, kurze Anleitung, gerichtliche Akten geschickt zu extrahiren, zu referiren und eine Sentenz daraus abzufassen. 7. Ausg. von J. Ch. Woltär, Halle 1808. Vergl. Nr. 12.

19) G. H. Osterley, Anleitung zur Referirkunst. Zum Gebrauche bei akademischen Vorlesungen. Göttingen 1807.

20) Chr. E. v. Wendt, Bemerkungen über die Referirmethode in Justizkollegien. Nürnberg 1808.

21) Joh. Ludw. Klüber, Lehrbegriff der Referirkunst. Stuttgard 1808.

22) Versuch einer Anleitung zur Abfassung geschickter Relationen und Defensionen für angehende Juristen. Leipzig 1803. Neue Ausg. ebend. 1818.

23) Amand. Gf. Ad. Müllner, allgemeine Elementarlehre der richterlichen Entscheidungskunde. Leipzig 1812; 2. Aufl. 1819.

24) Christoph Reinhard Dietrich Martin, Anleitung zu dem Referiren über Rechtssachen. 3. verbesserte Aufl. Nebst dem An-

hange: Relationen nach der Separationsmethode, ausgearb. von (G.) Ad. Martin. Heidelberg 1829. (Ein Buch von Ruf.)

25) J. C. Gensler, Anleitung zur gerichtlichen Praxis in bürgerlichen Rechtsstreitigkeiten, verbunden mit theoretischen Darstellungen und Bemerkungen. 1r. u. 2r. Theil herausgegeben von C. E. Morstadt. Heidelb. 1821—1825, Th. I, S. 377 u. flg.

26) Kori, Anleitung zum Referiren und Extrahiren der, vornehmlich im sächsischen Prozesse verhandelten Gerichtsakten; nebst einigen Mustern von Akten-Extrakten und Relationen. Jena 1824.

27) Fr. Chr. Bergmann, Anleitung zum Referiren, vorzüglich in Rechtssachen, zum Gebrauche bei seinen Vorlesungen, statt Manuskripts. Göttingen 1830; 2. Ausg. ebd. 1840.

28) Theodor Hagemann, Grundzüge der Referirkunst in Rechtssachen. Celle 1827; 2. Aufl. Berlin 1829.

29) Joh. Ludw. Wilh. Beck, Anleitung zum Referiren und Dekretiren. Leipzig 1839.

30) Ahasverus, Anleitung über Rechtssachen zu referiren. Leipzig 1839.

III. Muster.

1) Zu finden in den Werken von Claproth, v. Fahnenberg, Gönner, v. Römer.

2) G. Adolph Martin, Relationen nach der Separationsmethode (s. oben Nr. 24).

3) L. Höpfner, Zehn Relationen nach der Separationsmethode, mit Hinsicht auf Christoph Martins Anleitung zu dem Referiren über Rechtssachen. Leipzig 1834.

IV. Für das preußische Verfahren, welches in diesen Schriften nicht besonders berücksichtigt wird, jedoch nach den Eigenthümlichkeiten des preußischen Prozesses eine, von der Gemeinen Praxis ganz abweichende, Vortragsmethode erfordert, bietet die Literatur keine große Auswahl. Dafür giebt es aber eine Anzahl amtlicher Anweisungen, welche jeder Referent kennen muß; sie sind gleichfalls literarische Erzeugnisse, welchen zugleich eine gewisse amtliche Autorität beiwohnt.

1) Bloße schriftstellerische Arbeiten sind:

a) J. W. v. Tevenar, Anmerkungen über die Kunst aus Gerichtsakten zu referiren. Magdeb. 1772. Diese Schrift ist noch auf den alten Prozeß, wie er vor der Einführung des Corpus juris Fridericianum in Uebung war, berechnet;

in einer neuen Ausgabe von J. F. Jury, Magdeburg 1806, ist jedoch durch Zusätze nachgeholfen.

b) Kurze Anweisung zum Referiren, für Anfänger bestimmt; in Hymmen's Beiträgen zur juristischen Literatur, Bd. I, S. 105 u. flg. Auch dieser Aufsatz gehört jener Vorzeit an.

Das ist Alles bis zu den dreißiger Jahren dieses Jahrhunderts, wo ich durch das Bedürfniß veranlaßt wurde, doch etwas zu thun. Deshalb erschien

c) Meine Anleitung zum Referiren bei preußischen Gerichtshöfen, nebst einem Anhange von praktischen Beispielen. Marienwerder 1832; 2te umgearbeitete Ausgabe, ebenda 1836. Das Buch ist längst vergriffen und wird nicht wieder aufgelegt; es ist durch das gegenwärtige Werk ersetzt. Zuletzt ist erschienen und zu erwähnen:

d) Schering, Anleitung zur Anfertigung von Referaten, wissenschaftlichen Arbeiten, Anklageschriften und Aktenauszügen in Begnadigungssachen, mit einer Sammlung von Beispielen. Berlin 1860. Dieses Buch soll eine Zusammenstellung derjenigen Grundsätze, welche für die Anfertigung der Referate und Vota in dem nach der Verordnung v. 21. Juli 1846 jetzt die Regel bildenden Prozeßverfahren, sowie für die Abfassung der Erkenntnisse, als bewährt zu erachten sind, in derjenigen Folgeordnung, wie die praktische Anwendung sie erfordert, geben, nach S. 10. Diese Zusammenstellung ist den amtlichen Anweisungen (s. unten Nr. 2) entlehnt. Das Buch empfiehlt sich angehenden Juristen, besonders mit Rücksicht auf die angehängte Sammlung von Beispielen, zu welchen meine Bemerkung oben §. 69 zu beachten, und besonders mit Rücksicht auf die Abschnitt IV beigefügte Anleitung zur Anfertigung der Referate und Vota in Untersuchungssachen, womit der Aufsatz von Lemmer, über denselben Gegenstand (abgedruckt im Just.-Min.-Bl. v. 1853, S. 382 ff.) zu vergleichen ist.

2) Amtliche Anweisungen. Durch diese ist die Referirmethode nach den Vorschriften der A. G.O. und des neuern Verfahrens ausgebildet worden. Die neue Prozeßordnung (das Corpus juris Fridericianum) schrieb im I Th., Tit. 13, §. 5 bloß vor:

„Der Referent muß die Hauptsache dem Kollegium gehörig vortragen; zuerst einen richtigen und vollständigen Statum causae von dem, worin die Parteien einig sind, vorausschicken, alsdann die streitigen Punkte in facto et jure, insofern deren mehrere sind, nacheinander distinkt vornehmen und erörtern; bei jedem derselben die Beweismittel oder Rechtsgründe umständlich anzeigen; zuletzt aber sein Votum cum rationibus dubitandi et decidendi beifügen."

Diese allgemeine Andeutung hatte jedoch keine befriedigenden Relationen zur Folge; es wurde deshalb

a) in dem Cirkulare vom 20. Sept. 1783, §. 12 eine nähere und ausführlichere Anweisung „von der Methode zu referiren" gegeben. (Edikten-Samml. v. 1783, S. 2460, und unten im Anhange Nr. I.) Daraus sind die §§. 3 ff., Tit. 13, Th. I der A. G.O. entlehnt. Ferner sind erschienen:

b) v. Trützschler (Kammergerichts-Präsident), an die Herrn Kammergerichts-Referendarien. Ueber die Methode zu referiren. Berlin, den 28. November 1817. (Anhang Nr. II.)

c) Ueber die bei den Civilrelationen für die dritte juristische Prüfung häufig wahrgenommenen Mängel. Ein Aufsatz der königl. Immediat-Justiz-Examinations-Kommission v. 12. Mai 1836, zu dessen Ausarbeitung dieselbe von dem Justizminister veranlaßt worden war. (Jahrb. Bd. XLVII, S. 451, und besonders abgedruckt, Berlin 1836. Unten im Anhange Nr. III.)

d) Anweisung zur Anfertigung der Referate, Vota und Erkenntnisse in Civilprozessen erster und zweiter Instanz, erlassen vom Präsidium des königl. Appellationsgerichts zu Naumburg, am 14. November 1852. (J. M. Bl. 1853, S. 72 ff., und Anhang Nr. IV.)

3) Muster und Beispiele.

a) Modell zur Relation aus den Akten erster Instanz eines erdichteten Rechtsfalles, der im ersten Hefte des Briefwechsels über die gegenwärtige Justizreform in den preußischen Staaten (Berlin 1780) verhandelt worden; in Hymmen's Beiträgen, Bd. VIII, S. 147 ff. Dasselbe ist für die Methode, nach den Vorschriften der Allg. Gerichtsordnung zu referiren, was in General-Kommissions-Sachen noch immer geschehen muß, auch heute noch belehrend.

b) Eine Probe-Relation von Grävell. Mit einem Vorworte. Abgedruckt als Anhang in dem ersten Bande der Kredit-Gesetze, von Grävell, S. 365 ff.

c) Meine Probe-Relationen und mehrere andere Relationen, als Anhang von praktischen Beispielen zur Erläuterung der gegebenen Regeln, in m. Anleitung zum Referiren bei preußischen Gerichtshöfen (s. oben, Nr. 1, lit. c).

d) Probe-Relation aus den Akten dritter Instanz, als praktischer Fingerzeig zu dem Aufsatze der königl. Immediat-Justiz-Examinations-Kommission (Nr. 2, lit. c), von Franz Ulrici, in der Schrift: Die juristischen Prüfungen und richterlichen Qualifikationen im preußischen Staate (Königsberg 1839), S. 243 ff. (Etwas zu ausführlich.)

e) Die Sammlung in dem Schering'schen Buche (Nr. 1, lit. d).

f) Die vorhandenen Sammlungen von Rechtssprüchen, namentlich die von Simon und v. Strampff, 4 Bde, Berlin 1828—1835, die Entscheidungen des Obertribunals, welche noch fortlaufen, und die in Koch's Schlesischem Archive, 6 Bde, Breslau 1837—1848 (geschlossen), sind zwar zu einem bloß praktischen Zwecke ausgearbeitet, jedoch angehenden preußischen Rechtspraktikern zum Lesen sehr zu empfehlen. Das ehemalige Bildungsmittel für junge Männer der Justiz, bereits reponirte Akten-Relationen zu lesen, ist seit der allgemeinen Einführung des mündlichen Prozeßverfahrens eingegangen.

Zweite Abtheilung.

Die besonderen Regeln für gewisse Sachen.

§. 77.

1. Behandlung der Punktensachen.

Wenn mehrere Klagen kumulirt sind, oder wenn mehrere Ansprüche (Klagepunkte) aus einem gemeinschaftlichen Fundamente geltend gemacht werden, oder wenn verschiedene Exceptionen sich jede auf eigenthümliche Thatumstände gründen, läßt sich die Sache nicht so behandeln, wie wenn die Sache nur aus Einem Hauptpunkte besteht. Es giebt zwei Methoden, in Punktensachen zu referiren; sie weichen in dem geschichtlichen Theile der Relation von einander erheblich ab. Die eine ist die Referirart nach Lage der Akten. Nach dieser wird von allen Streitpunkten, mögen sie in einem nothwendigen Zusammenhange stehen, oder nicht, eine gemeinsame Geschichtserzählung und darauf der Aktenauszug, mit der Prozeßgeschichte vermischt, in der Ordnung, wie die Materialien dazu in den Akten auf einander folgen, hintereinander vorgetragen. Weil bei weitläuftigen und verwickelten Sachen, nachher bei der Beurtheilung, kein Zuhörer, aus dem einmaligen raschen Vorlesen, die verschiedenen faktischen Verhältnisse und die Behauptungen der Parteien in seinem Gedächtnisse klar gesondert gegenwärtig haben kann, und folglich gar nicht im Stande sein würde zu urtheilen, so hilft man sich damit, in der Beurtheilung die faktischen Verhältnisse zu wiederholen. Dieß ist, um mit der Immediat-Justiz-Examinations-Kommission zu sprechen, ohne weiteren Beweis unter allen Methoden die verwerflichste [1]). Dieses Urtheil hat jedoch ausnahmlose Geltung nur bei Relationsvorträgen aus schriftlich verhandelten Prozessen nach dem alten Verfahren. Die heutigen Referate für die Audienzen hingegen können nicht anders als mit Zugrundelegung dieser Methode, also ohne Einlegung der Beurtheilung hinter jedem Punkte, gearbeitet werden, nur daß, was wohl zu beachten bleibt, alles Thatsächliche, welches in Betreff eines bestimmten Punktes vorkommt, im Zusammenhange bei diesem Punkte erzählt werden muß. Bei der nach dem Schlusse der mündlichen Verhandlung eintretenden Berathung muß freilich eine Wiederholung stattfinden; in der Audienz aber muß der Vortrag nach jedem Punkte abgebrochen und die Verhandlung eröffnet werden.

Die andere Methode ist die s. g. Separationsmethode. Nach dieser trennt man den geschichtlichen Theil der Relation nach den verschiedenartigen Gegenständen und den verschiedenen Punkten in eben so viele Abschnitte und fügt in jedem derselben das Resultat der Beweisführung und die Beurtheilung bei. Man fängt die Relation mit einer Einleitung (Präloquium) an, welches nach der Beschaffenheit der Klage verschieden ist. Liegt eine Klagenkumulation vor, so wird anzezeigt, daß der Kläger mehrere Ansprüche aus verschiedenartigen Fundamenten geltend mache, welche man mit ihrer technischen Bezeichnung kurz andeutet. Zum

1) Im Aufsatz der Immediat-J.-E.-Kommission (Anhang Nr. III), Abschn. V, Nr. 1, Abs. 2 a. E. — Ueber die von selbst einleuchtende Zweckwidrigkeit dieser Methode s. m. Pütter, Bemerkungen über die beste Art aus Akten zu referiren, S. 51—56.

Beispiel.

Der Kläger hat aus verschiedenen Klagegründen, nämlich aus einer Gemeinschaft, aus einem Auftrage, aus mehreren Kaufsgeschäften, aus einem Trödelgeschäfte und aus einer Beschädigung außer dem Falle eines Vertrages mehrere Ansprüche geltend gemacht.

Darauf folgen dann in erster Instanz die Vorträge der einzelnen Klagen mit ihren Beantwortungen in derselben Weise, wie wenn nur ein einziger Anspruch der Inhalt der Klage wäre. In den höhern Instanzen ist das nicht Regel, sondern der Vortrag richtet sich nach dem, was dahin gediehen ist.

Wenn dagegen ein einziges Rechtsgeschäft, z. B. Societät, Pacht, Kauf und dergl., der gemeinsame Grund aller Ansprüche ist, so wird zuerst eine vollständige Geschichtserzählung, ohne auf die Spezialgeschichten der einzelnen Klagepunkte einzugehen, in der Weise gegeben, wie es geschehen sein würde, wenn nur ein einziger Anspruch Gegenstand der Klage wäre, ohne daß man die Einzelnheiten dieses Anspruchs vorgetragen hätte [2]). In den höheren Instanzen sind hier sogleich die Punkte, welche dahin zur Entscheidung gekommen sind, näher anzudeuten und es ist anzugeben, welcher Richter erkannt und welche Partei das Rechtsmittel eingelegt hat. An diese Geschichtserzählung schließt sich sofort die Prozeßgeschichte (§. 36), soweit sie in der vorliegenden Instanz erheblich ist, ohne daß eine Beurtheilung der Förmlichkeiten (bei Referaten) hier stattfindet. Der Vortrag der Prozeßgeschichte geschieht an diesem Orte, weil dieselbe ganz allgemein ist und auf das weitere Verfahren Einfluß hat, weil dadurch die Thatsachen gegeben werden, um zu beurtheilen, in wiefern die Formalien beobachtet seien, und weil den Parteien Gelegenheit gegeben werden muß, sich darüber vernehmen zu lassen. Deshalb muß, in zweifelhaften Fällen, hier der Vortrag abgebrochen und die mündliche Verhandlung eröffnet werden, und es muß, wenn eine Partei Einspruch gegen die Richtigkeit der Formalien macht, nach Anhörung der Wechselvorträge zur Berathung darüber geschritten werden. Befindet das Gericht den Einspruch begründet, so erkennt es auf Abweisung des Rechtsmittels und der weitere Vortrag fällt weg. Nach der Prozeßgeschichte (§. 36) folgen die einzelnen Punkte mit ihrer Spezialgeschichte, ihrem Akten-Auszuge und ihrem Beweise; von einem

2) Vergl. den Aufsatz der J.-J.-C.-Kommission, Abschn. V, Nr. 1, lit. a, wo die Sache nur etwas dunkel gehalten ist.

Punkte wird nicht eher abgegangen, als bis der Akteninhalt, soweit er denselben betrifft, erschöpft ist. Auf den Vortrag eines jeden einzelnen Punktes muß, wie gesagt, die mündliche Verhandlung eröffnet werden. Die getrennten Vorträge sind unter sich nach dem inneren Zusammenhange, oder nach der von den Parteien in ihren Schriften gewählten Zahlenfolge zu ordnen [3]). Ist ein allen oder doch mehreren Punkten entgegengesetzter Präjudizialeinwand zu entscheiden, so geht dieser den einzelnen Punkten voran, es muß aber von den letzteren in der Geschichtserzählung zu diesem Präjudizialpunkte soviel vorgetragen werden, daß er verständlich wird. Auch hierauf muß nach Anhörung der Parteien zur Berathung geschritten werden, weil, wenn derselbe für erheblich und entscheidend erkannt wird, jeder weitere Vortrag und Verhandlung wegfällt.

Im Votum werden am Schlusse sämmtliche einzelne Entscheidungen zu einer Urtelsformel zusammengestellt; bei der Absetzung des Erkenntnisses muß jedoch die Separationsmethode ganz vollständig zur Anwendung kommen, also daß über jeden Punkt eine für sich bestehende, äußerlich getrennte Entscheidung (Tenor) mit ihrer Formel „von Rechts wegen" gegeben und unmittelbar die Spezialgeschichte mit den Entscheidungsgründen angehängt wird [4]).

Beispiel.

Referat
aus den Akten III. Instanz
in Sachen des Tischlermeisters W. zu K, Beklagten und Wiederkläger, jetzt Revidenten,
wider
den Maurermeister K. daselbst, Kläger und Wiederbeklagten, jetzt Revisen,
wegen Forderungen und Gegenforderungen aus einem Baukontrakte.

Der Maurermeister K. zu K. übernahm den Wiederaufbau des dem Tischlermeister W. daselbst im April 1854 abgebrannten Hauses, polnische Gasse Nr. 10. Nur mündlich wurde der Kontrakt geschlossen; und soweit die Parteien über dessen Inhalt einig sind, ging die Verabredung dahin:

daß K. einen Riß von dem neuen Gebäude machen sollte,

3) Vergl. Pütter a. a. O. S. 57.
4) A. G.O. Th. III, Tit. 3, §. 54.

mit Rücksicht darauf, daß W. nur 1749 Thlr. 25 Sgr. Feuerkassengelder zu erwarten hätte, und darnach auch den Wiederaufbau des Hauses einrichten wolle; daß hiernach alsdann K. den Bau übernehmen, die Kosten der Maurerarbeiten und die des Aufräumens der Baustelle, wie auch die zur Anschaffung des nöthigen Kalks und der Steine, und die Gerüstbäume hergeben und die Kosten wieder erstattet erhalten sollte; die übrigen Materialien und die Zimmerarbeiten aber von W. geliefert werden sollten.

Uneinig sind beide Theile jedoch darüber:

ob K. auch einen Bauanschlag liefern und darnach arbeiten solle; so wie darüber: wann er die Bezahlung seiner Kosten zu fordern berechtigt sein sollte.

Der Kläger behauptet, daß ein Anschlag gar nicht verabredet und nicht für nothwendig erachtet worden; und daß der Beklagte versprochen habe, ihm seine Kosten aus den Feuerkassengeldern sogleich wieder zu erstatten, auch einen Vorschuß zu geben. Der Beklagte behauptet dagegen: den Anschlag habe Kläger geflissentlich und wider Abrede unterlassen; und seine Kosten habe derselbe nur immer dann erhalten sollen, wenn der Bau soweit gediehen, daß die Feuerkassengelder gezahlt würden; also das erste Mal, wenn der Bau bis zur ersten Balkenlage fertig; und demnächst, wenn das Dach aufgesetzt sein würde.

Der Kläger hat indeß wirklich ohne Anschlag, nach dem von der Polizei genehmigten Risse, den Bau am 17. Mai 1854 angefangen und bis im Oktober 1854 fortgesetzt, hier aber unvollendet liegen lassen. Er will die Fortsetzung des Baues um deshalb eingestellt haben, weil der Beklagte über die Feuerkassengelder anderweitig verfügt hätte. Der Beklagte dagegen bestreitet dieß und giebt als Grund an, daß der Kläger einem gemachten Baufehler nicht habe abhelfen, und an Stelle der bis dahin gebrauchten untüchtigen Arbeiter keine anderen habe schicken wollen.

Aus diesem Rechtsverhältnisse werden mehrere wechselseitige Ansprüche geltend gemacht.

Der Kläger verlangt in conventione seine

Baukosten. Er hat dieselben speciell auf . .	797 Thlr.	27 Sgr.
liquidirt, darauf geständlich erhalten . . .	466 =	20 =
und den Rest von	331 =	7 =

gegen den Beklagten eingeklagt.

Der Beklagte hat die spezielle Rechnung gänzlich verworfen

und sich darauf nur eventuell eingelassen. Er will, da der Kläger den Bau nicht hätte aufgeben sollen, nur den wirklichen Werth der geleisteten Arbeit ersetzen, welchen er auf 254 Thlr. 24 Sgr. einräumt, so daß er noch 211 Thlr. 26 Sgr. als zuviel vorgeschossen zurückverlangt, und außerdem fordert er in mehreren Punkten, wovon noch drei unerledigt sind, Entschädigung wegen nicht gehöriger Kontraktserfüllung. Er hat darauf angetragen:

in conventione den Kläger abzuweisen und

in reconventione zur Zurückzahlung der zuviel empfangenen 211 Thlr. 26 Sgr. und zu einer Entschädigung von zusammen 227 Thlr. 28 Sgr. zu verurtheilen.

Das Stadtgericht zu K. erkannte den 21. Juni 1858 nach diesem Gegenantrage des Beklagten.

Auf die hiergegen eingelegte Appellation des Klägers verwarf das Tribunal von Ostpreußen die Gründe des Beklagten und erkannte den 30. Mai 1860 abändernd dahin:

in conventione:

daß Beklagter, wenn der Kläger den ihm über die einzelnen Posten auferlegten Eid leisten würde, demselben 265 Thlr. 20 Sgr. zu bezahlen schuldig, mit den übrigen 67 Thlrn. 17 Sgr. aber der Kläger abzuweisen;

in reconventione:

daß der Beklagte und Wiederkläger mit seiner Rückforderung von 211 Thlr. 26 Sgr. so wie mit seinen Entschädigungsforderungen lediglich abzuweisen.

Dieses Erkenntniß ist beiden Theilen am 20. Juni 1860 insinuirt worden.

Der Beklagte hat dagegen den 1. Juli ej. a. bei dem Stadtgerichte zu K. die Revision angemeldet und durch den bei dem Obertribunale angestellten Rechtsanwalt, Justizrath Boxer, der auch eine mit Vor- und Zunamen unterschriebene Vollmacht eingereicht hat, einführen lassen. Die Einführungsschrift giebt spezielle Beschwerden an und ist den 26. August präsentirt worden.

Der Kläger, jetzt Revise, hat diese Schrift, durch den Obertribunals-Rechtsanwalt, Justizrath Kämpe, innerhalb der bestimmt gewesenen vierwöchentlichen Frist, beantworten lassen, wobei für den Letzteren eine gleichfalls mit Vor- und Zunamen des Revisen unterschriebene Vollmacht eingereicht ist.

Der Revident beschwert sich darüber:

1. daß in conventione der Revise zu einem nothwendigen Eide

verstattet und er, der Revident, im Schwörungsfalle zur Bezahlung von 263 Thlrn. 20 Sgr. verurtheilt, und nicht vielmehr der Revise lediglich abgewiesen worden;

2. daß in reconventione er ad Punct. I mit der Rückforderung von 211 Thlrn. 26 Sgr., und mit den Entschädigungsforderungen ad Punct. III von 74 Thlrn. 18 Sgr.
= = IV = 120 = — =
= = VII = 33 = 10 =
abgewiesen und nicht vielmehr der Revise zur Zahlung dieser Summen an ihn verurtheilt worden.

Der Gegenstand der Revisionsbeschwerden beträgt hiernach mehr als 500 Thlr., und dieser Gegenstand unterliegt zugleich der Verschiedenheit der beiden Vorerkenntnisse, welche ganz verschiedenen Inhalts sind.

Der Revident rechtfertigt seine Beschwerden durch Wiederholung der schon in erster Instanz geltend gemachten Gründe, und namentlich des Präjudizialeinwandes, daß, weil der Kläger ohne Grund die Arbeit nicht fortgesetzt habe, nur dasjenige gefordert werden könne, was die Arbeit nach der Würdigung der Sachverständigen werth sei. Er sagt: Das Werk sei dem Kläger in Pausch und Bogen angedungen worden, indem derselbe, nach dem von ihm selbst gefertigten Risse, das neu wiederum aufzubauende Gebäude massiv aufführen, dabei auf den Betrag der Feuerkassengelder, und daß selbige durch den Neubau nicht überschritten würden, Rücksicht nehmen sollen, und er, der Revident, nur einige Materialien-Lieferungen und die ganze Zimmerarbeit übernommen. Bei dieser Andingung in Pausch und Bogen sei kein Preis verabredet; und bei der Ablieferung des unvollendeten Werks habe darüber keine Vereinigung Statt gefunden. Für diesen Fall bestimme das A. L.R. I, 11, §§. 925 und 942, daß der Preis, nach Würdigung der Sachverständigen, bestimmt werden solle. Er verlangt daher wiederholt die Würdigung der Arbeit des Klägers durch Sachverständige und trägt darauf an:

> sententia a qua dahin zu ändern, daß noch nicht zu erkennen, sondern seinem Antrage gemäß die Ermittelung des Werths des Hausbaues, soweit selbiger durch den Kläger bewirkt worden, nach Würdigung der vorgeschlagenen Sachverständigen, zur zweiten Instanz zurückzuweisen.

Der Revise antwortet: Es sei unerheblich, welche Verabredung unter den Parteien in Ansehung des Zeitpunkts der Bezahlung der

Baukosten getroffen worden, indem es nicht darauf ankomme: ob die Zahlung früher durch einen Vorschuß, oder später hätte geschehen sollen; sondern allein darauf: wieviel dem Kläger für das Werk, soweit er es gefertigt, zukomme, und auf welche Weise der Werth am sichersten auszumitteln sei; der sicherste Weg sei aber die Prüfung der von dem Kläger übergebenen Baukostenrechnung*).

Eventuell kommt die Liquidation des Klägers in Betracht. Er fordert:

1) Arbeitslohn auf 23 Wochen vom 17. Mai ab bis zum 30. Oktober 1854 für die namentlich aufgeführten Gesellen und Handlanger, zusammen 447 Thlr. 11 Sgr. 6 Pf.

Der Beklagte hat im Allgemeinen bestritten, daß die aufgeführten Arbeiter alle die angegebene Zeit hindurch gearbeitet und das angesetzte Lohn erhalten hätten. Er behauptet, daß der ganze Bau mehrmals unterbrochen worden, und zusammen 9 Wochen lang liegen geblieben sei, während nach der Rechnung des Klägers nur Eine Woche gar nicht gearbeitet worden sein sollte.

Judex a quo hat dieses Arbeitslohn, nach Abzug von 60 Thlrn. für 3 Wochen, zuerkannt, unter der Bedingung, daß der Kläger schwöre:

> daß von seinen Leuten bei dem Baue des Hauses des Beklagten in der Zeit vom 17. Mai bis 30. Oktober 1854, außer den in der Rechnung vom 18. August 1855 und in dem Appellationserkenntnisse in Abzug gebrachten 4 Wochen, nicht noch 5 Wochen nicht gearbeitet worden sei.

Diesen Eid gründet judex a quo einestheils auf die Erwägung, daß auf das allgemeine Bestreiten des Beklagten keine Rücksicht genommen werden könne, sondern der Beklagte speziell hätte angeben müssen, welche Arbeiter nicht beschäftigt gewesen, und wieviel weniger an Lohn gezahlt worden; anderntheils auf die Würdigung des über die bestimmt bestrittene Dauer der Arbeit aufgenommenen Zeugenbeweises. Die Zeugen S. und K. bekunden einstimmig, daß Unterbrechungen aus Mangel an Materialien, und einmal weil der Schornstein habe abgebrochen und verändert werden müssen, wobei die Zimmerleute nicht weiter hätten arbeiten können, Statt gefunden hätten. Auf diese Weise sei der Bau

---

*) Hier muß der Vortrag abgebrochen, die Verhandlung eröffnet und zur Berathung geschritten werden. Denn wenn der Präjudizialeinwand erheblich und begründet gefunden wird, so ist der übrige Vortrag und die Verhandlung darüber unnütz.

zwei oder drei Mal unterbrochen worden, zum Theil auf einige Tage, zum Theil auf 2 oder 3 Wochen.

Auf Grund dieser Aussagen hält der Appellationsrichter mindestens eine vierwöchentliche Unterbrechung für erwiesen, und eine noch längere nicht unwahrscheinlich; er hat daher dem Kläger den Durchschnittsbetrag des Tagelohns mit 20 Thlrn. per Woche, außer der schon in der Rechnung nicht gerechneten Woche, noch für 3 Wochen aberkannt und einen Eid auferlegt, daß außer diesen 4 Wochen die Arbeit nicht noch 5 Wochen oder kürzere Zeit unterbrochen worden sei.

2) Für 135 Fuhren Schutt, à 36 Kubikfuß, mit seinem eigenen Gespanne wegzufahren, à 10 Sgr.

Der Beklagte bestreitet die Anzahl der Fuhren, ohne ein quantum minus anzugeben, und räumt pro Fuhre nur 4 Sgr ein.

Der Appellationsrichter hat dem Kläger über die Anzahl der Fuhren einen Eid auferlegt und 10 Sgr. für jede beschworene Fuhre zuerkannt, weil der Stadtbaurath D. ausgesagt hat, daß 10 Sgr. pro Fuhre à 36 Kubikfuß ein gewöhnlicher und angemessener Preis sei. Ueber den Kubikinhalt der Fuhren ist nichts bewiesen. Der Fuhrman H. bekundet, daß er dem Beklagten den übrigen Schutt für 4 Sgr. die Fuhre zu 25 Kubikfuß fortgefahren habe.

3) Für 145 mit seinem Gespanne angefahrene Fuhren Grand, zu 25 Kubikfuß, à 20 Sgr.

Der Beklagte hat auch hier die Anzahl der Fuhren, ohne ein quantum minus einzuräumen, bestritten und pro Fuhre nur 10 Sgr. zugestanden.

Der Stadtbaurath D. hat begutachtet, daß 20 Sgr. für eine Fuhre Grand zu 25 Kubikfuß ein angemessener Preis sei; aber der Fuhrmann H. hat bezeugt, daß er sehr viel Grand fahre, zu 10 Sgr. die Fuhre von 25 Kubikfuß, mit 3 und 4 Pferden bespannt, und daß er für diesen Preis auch dem Beklagten, nachdem der Kläger die Arbeit liegen lassen, den Grand angefahren habe.

Der Appellationsrichter hat dem Kläger den Erfüllungseid über die Anzahl der Fuhren dahin:

> daß der Kläger in der Zeit vom 17. Mai bis 30. Oktober 1854 145 Fuhren Grand angefahren habe,

auferlegt, und für jede beschworene Fuhre die geforderten 20 Sgr. zuerkannt.

Die Eidesnorm verstößt gegen den Akteninhalt. Nach der Klage und der Rechnung sollen von den 145 Fuhren 6 erst am 6.

November angefahren worden sein, und dieß ist nirgends in den Akten abgeändert. Es scheint daher der Norm ein bloßer Irrthum zum Grunde zu liegen, dadurch veranlaßt, daß die übrige Arbeit schon den 30. Oktober eingestellt worden ist. Der Kläger scheint den Irrthum nicht bemerkt zu haben, denn er hat keine Deklaration nachgesucht.

4) Für 2½ Achtel Feldsteine à 8 Thlr. u. s. w.

(Für unsern Zweck ist der Vortrag sämmtlicher Punkte überflüssig; die bisher vorgetragenen genügen zur Bethätigung der Behandlungsweise.)

Die

Rekonvention

hängt mit den Ansprüchen des Klägers zusammen und erledigt sich zum Theile von selbst, wenn der Präjudizialeinwand des Beklagten, daß der Kläger nur den, dem Beklagten wirklich gestifteten, Vortheil erstattet verlangen kann, für erheblich erkannt wird.

Die zweite Revisionsbeschwerde betrifft 4 Punkte: Punkt I, III, IV und VII der Rekonvention.

Punct. I hat sein Fundament in dem Präjudizialeinwande gegen den Anspruch des Klägers.

Mit der ersten Beschwerde steht und fällt also dieser Theil der zweiten Beschwerde.

Ad Punct. III behauptet der Beklagte und Wiederkläger, daß der Kläger das Fundament um 2 Fuß höher gemacht habe, als es nach dem Risse hätte gemacht werden sollen, und er verlangt die mehrverwandten Materialien mit 74 Thlrn. 18 Sgr. erstattet.

Der Kläger macht den Einwand, daß der Beklagte und Wiederkläger selbst die Erhöhung des Fundaments nicht bloß verlangt habe, indem derselbe so hohe Kellergerüste geliefert, daß die Erhöhung des Fundaments nothwendig gewesen sei, sondern daß er dieselbe auch ausdrücklich genehmigt habe. Er leugnet also jedes Versehen von seiner Seite und verlangt die Abweisung des Klägers.

Der erste Richter erkannte nach dem Antrage; der Appellationsrichter aber weist den Wiederkläger mit diesem Anspruche gänzlich ab und setzt eventuell das Entschädigungsquantum auf nur 38 Thlr. fest, weil sich bei der Lokalbesichtigung ergeben, daß das von dem Wiederkläger gelieferte Kellerthürgerüste ½ Fuß höher sei, als es nach dem Risse hätte sein sollen, so daß die Erhöhung des Fundaments nur um 1 Fuß mehr betragen habe, als gerade nach dem Verhältnisse erforderlich gewesen wäre; diese größere Erhöhung aber von den Sachverständigen D. und B., der Art des Baues, der Lage des Hauses und der Höhe des Bodens gemäß, für so nothwendig erachtet worden, daß die dazu verwendeten Materialien für nützlich verwendet zu halten seien.

Hiergegen wird nun die Beschwerde darüber geführt:

daß der Wiederkläger mit seiner Entschädigungsforderung für das um 2 Fuß erhöhte Fundament abgewiesen und Wiederbeklagter nicht vielmehr für schuldig erachtet worden sei, den Werth der verwendeten Materialien mit 74 Thlrn. 18 Sgr. zu erstatten.

Gerechtfertigt wird diese Beschwerde dadurch, daß der Wiederbeklagte kontraktswidrig gehandelt habe; der Umstand, daß nach dem Gutachten der Sachverständigen die Abweichung von dem Risse zum Theil nützlich für das Gebäude gewesen sei, könne den Wiederbeklagten von seiner kontraktlichen Verpflichtung und von den Folgen der eigenmächtigen Uebertretung derselben nicht befreien; seine Genehmigung dazu bestreitet er. Ueber diese Genehmigung ist kein Beweis angetreten.

Der Wiederbeklagte sagt zur Widerlegung der Rechtfertigung, es sei seinerseits kein Versehen begangen.

Punct. IV. Der Beklagte und Wiederkläger behauptet, der Kläger und Wiederbeklagte habe den Bau des Hauses zu Michaeli 1854 zu vollenden versprochen. Durch die Schuld desselben sei das Haus aber erst zu Michaeli 1855 zum Bewohnen fertig gewesen. Deshalb verlangt er für das halbe Jahr von Michaeli 1854 bis Ostern 1855, welches er länger, als sonst nöthig gewesen wäre, zur Miethe wohnen müssen, gezahlte Miethe von . 20 Thlrn.
und außerdem den Miethswerth des außer seiner Wohnung vorhandenen Quartiers in seinem Hause, für das Jahr von Michaeli 1854 bis 1855 mit . . 100 =
zusammen mit . . . . 120 =
ersetzt. Ueber das Versprechen wegen der Zeit der Vollendung des Baues deferirte er den Eid, über welchen der Gegner sich nicht erklärte.

Der erste Richter erkannte nach dem Antrage; der Appellationsrichter aber hat den Beklagten und Wiederkläger lediglich abgewiesen, weil aus einem mündlichen Vertrage kein Entschädigungsanspruch Statt finde.

Hiergegen ist der betreffende Theil der zweiten Beschwerde gerichtet.

Zur Rechtfertigung derselben wird gesagt, daß der mündliche Vertrag durch die Erfüllung, gleich einem schriftlichen Vertrage, verbindlich geworden, und der Wiederbeklagte wegen der Nichterfüllung seines Versprechens in einer unerlaubten Handlung versirt habe, woraus die Verbindlichkeit zur Entschädigung folge.

Der Revise bestreitet dieß.

Ueber den Betrag der Forderung ist, was den Miethswerth des Quartiers betrifft, durch den Sachverständigen B., welcher denselben auf 100 Thlr. schätzt, und was die Miethsauslage des Wiederklägers betrifft, durch den beigebrachten Miethskontrakt Beweis geführt worden.

Punct. VII. Der Beklagte und Wiederkläger behauptet: Nach dem, dem Baue zum Grunde gelegten Risse hätten zwei Rauchröhren zum Dache hinausgeführt werden sollen. Diesem zuwider habe aber der Wiederbeklagte nur Eine Röhre hinausgeführt, welches, abgesehen von dem Risse, mit Rücksicht auf den übrigen Bauplan auch zugleich feuergefährlich gewesen sei. Der Wiederbeklagte habe diesen Fehler nicht abändern wollen. Deshalb habe er, der Wiederkläger, selbst dieß bewirken lassen müssen. Zur Abhelfung des Mangels hätte in der II. Etage der Schornstein nebst Mantel abgebrochen und von Neuem aufgeführt werden müssen. Die darauf verwendeten Kosten von 33 Thlrn. 10 Sgr verlangt er von dem Wiederbeklagten erstattet.

Der Wiederbeklagte bestreitet, daß nach dem Risse zwei Röhren hätten hinausgeführt werden müssen, er will vielmehr den zum Grunde gelegten Riß befolgt haben. Er bestreitet ferner, daß die Anlegung bloß Einer Röhre feuergefährlich, folglich fehlerhaft gewesen sei; endlich bestreitet er den Kostenbetrag der vorgenommenen Veränderungen, ohne ein quantum minus einzuräumen.

Der erste Richter hat die Forderung zuerkannt; der Appellationsrichter hingegen hat dieselbe angebrachtermaßen abgewiesen. Er hält es nämlich, nach dem Resultate der Beweisführung, nicht für zweifelhaft, daß schon nach dem ursprünglichen Risse zwei Röhren hätten gebaut werden müssen; und folglich den Grund des Anspruchs für erwiesen. Angebrachtermaßen weiset er den Wiederkläger ab, weil der Schade nicht soviel betrage, wie die zweite Röhre gekostet habe, indem der Bau nicht in Entreprise gegeben worden; sondern nur soviel, wie das Aufbauen der wiederabgebrochenen Röhre, und das Abbrechen selbst gekostet. Dieß müsse der Wiederkläger in separato fordern.

Die gegen diese Abweisung gerichtete letzte Revisionsbeschwerde wird durch Verweisung auf die Akten gerechtfertigt, welche ergäben, daß der Wiederkläger niemals etwas anderes als gerade die Mehrkosten für die abgebrochene Mauer und für das Abbrechen selbst, gefordert habe. Gerade diese Kosten und nicht die für das Erbauen der ganzen zweiten Röhre überhaupt, wären auch ermittelt, und zwar nicht auf 33 Thlr. 10 Sgr., wohl aber auf 16 Thlr. 20 Sgr. von dem Sachverständigen J. veranschlagt worden. Auf diese Summe ermäßigt er den Anspruch, und trägt an:

> hiernach das Appellationserkenntniß abzuändern und den Wiederbeklagten zur Zahlung dieser 16 Thlr. 20 Sgr. zu verurtheilen.

Votum.

I. Die Förmlichkeiten der Revision sind, nach dem thatsächlichen Vortrage, überall für beobachtet anzunehmen: das Rechtsmittel ist rechtzeitig und gehörigen Orts angemeldet; es ist rechtzeitig, gehörigen Orts und in vorschriftsmäßiger Form eingeführt worden; summa revisibilis und zwei difforme Erkenntnisse sind vorhanden, und die Stellvertreter der Parteien sind zulässig und durch gehörige Vollmacht legitimirt.

II. In der Sache würde ich in conventione und ad Punct. I, III und VII reconventionis principaliter den Prozeß zur zweiten Instanz zurückweisen.

Der Appellationsrichter hält den Präjudizialeinwand des Beklagten:

> daß er, weil der Kläger ohne Grund die Arbeit nicht fortgesetzt habe, nur dasjenige zu bezahlen brauche, was die Arbeit nach der Würdigung der Sachverständigen werth sei,

aus dem Grunde für unerheblich, weil der ganze Hausbau für einen bestimmten Preis in Pausch und Bogen nicht verdungen worden, sondern der Bau auf Rechnung habe geführt werden sollen. Ich nehme ebenfalls an, daß ein Verdung des ganzen Werks in Pausch und Bogen nicht stattgefunden hat, indem der Kläger ausdrücklich nur die Maurerarbeiten zu dem neuen Hause machen sollte, wogegen der Beklagte die Zimmerarbeiten und alles Uebrige sich selbst besorgen wollte; daß also der Fall des §. 942, Tit. 11, Th. I des A. L.R., welcher sich auf einen solchen Verdung in Pausch und Bogen bezieht, und wonach der Preis nach Würdigung der Sachverständigen bestimmt werden soll, wenn bei der Bestellung kein Preis bedungen worden und auch bei der Ablieferung keine Einigung darüber stattfindet, nicht vorhanden ist, folglich der Beklagte sich hierauf nicht stützen kann. Der Kläger war vielmehr als Werkmeister zur Verrichtung einer gewissen Arbeit gedungen. Alsdann findet, nach §. 920 a. a. O., dasjenige statt, was von gemeinen Handarbeitern verordnet ist. Wenn nun ein Handarbeiter auf eine in sich, oder durch Bezug auf die Vollendung eines gewissen Werks, bestimmte Zeit gedungen worden und durch seine Schuld eine Unterbrechung der Arbeit entsteht; so kann der Dingende zurücktreten, und der Arbeiter kann für das Geleistete nur soweit, wie dadurch der Vortheil des Dingenden wirklich schon befördert worden, Vergütung fordern. §§. 907, 913 a. a. O.

Im vorliegenden Falle war der Kläger wirklich auf eine, in Bezug auf die Vollendung eines gewissen Werks bestimmte, Zeit, nämlich: zur Verrichtung der zu dem neuen Hause erforderlichen Maurerarbeiten, gedungen, und er hat, wie der Beklagte behauptet, diese Arbeit ohne Grund vor der Vollendung liegen lassen. Der Kläger hat wirklich auch den von ihm behaupteten Grund, daß der Beklagte über die zur Bezahlung der Arbeit bestimmt gewesenen Feuerkassengelder anderweit verfügt habe, nicht bewiesen. M. E. fordert daher der Beklagte allerdings mit Recht, daß der Kläger sich für das Geleistete mit dem ihm dadurch wirklich verschafften Vortheile begnüge. Ich halte mithin die Meinung des Appellationsrichters: daß der Kläger die für den Bau wirklich zum Nutzen des Beklagten gereichenden Aufwendungen erstattet verlangen könne, ohne daß es darauf ankomme: weshalb der Kläger den Bau nicht weiter fortgeführt habe, — nur in sofern für richtig, als die Verwendungen des Klägers nicht den Werth des dadurch dem Beklagten wirklich gestifteten Vortheils übersteigen; unrichtig aber scheint mir die Meinung des nämlichen Richters, daß füglich nur der Betrag jener Verwendungen auch der Werth des dem Beklagten gestifteten Vortheiles sein könne. Ein Unterschied zwischen Beiden läßt sich ganz gut denken; der Beklagte behauptet hier einen solchen Unterschied und will ihn beweisen; und es ist nicht zu rechtfertigen, ihm diesen Beweis, wie bisher seiner wiederholten Protestationen und Anträge ungeachtet geschehen, abzuschneiden, um so weniger, als der Kläger nicht bloße Auslagen liquidirt, sondern z. B. bei dem angesetzten Arbeitslohne auch seinen s. g. Meistergroschen, folglich ebenfalls Lohn, hat; als es ferner nach dem Zeugnisse des Fuhrmanns H. nicht unwahrscheinlich ist, daß die Baufuhren, welche der Kläger mit seinem eigenen Gespanne geleistet hat, für einen geringern als den von dem Kläger angesetzten Preis hätten bestritten werden können; und als endlich das Fundament wenigstens um Einen Fuß zu hoch gemauert worden ist (Punct. III reconv.) und nach der Behauptung des Beklagten Einiges als fehlerhaft hat abgeändert werden müssen (Punct. VII reconv.), wofür doch das Arbeitslohn und die Materialien mit in Rechnung gesetzt worden sind. Soweit dieß geschehen, ist durch die darauf von dem Kläger gemachten Verwendungen der Vortheil des Beklagten offenbar nicht befördert worden. Diese Umstände sind bisher, bei der Richtung, welche die Verhandlung erhalten hat, ganz unberücksichtigt geblieben.

Der Mangel eines schriftlichen Vertrages, der es nach der Ansicht des Klägers unerheblich machen soll, ob er mit oder ohne Grund die Arbeit liegen lassen, ändert m. E. die gedachten Rechtsverhältnisse der Parteien nicht, weil bei mündlichen Verträgen, welche Handlungen zum Gegenstande haben und nur zum Theil erfüllt werden, nach §§. 166, 167, Tit. 5, Th. I des A. L.R., überhaupt der Grundsatz gilt, der hier, in der Lehre von Verträgen mit Handwerkern, im §. 915 und 919, Tit. 11 angewendet wird, nämlich daß der Berechtigte für die nur zum Theil geleisteten Handlungen nur soviel zu bezahlen schuldig ist, wie sein dadurch wirklich beförderter Vortheil beträgt, wenn der Verpflichtete die noch übrigen Handlungen nicht leisten will.

Bei der neuen Erörterung nach diesen Gesichtspunkten finden zugleich die Punkte I, III und VII der Rekonvention von selbst ihre Erledigung, wenn, was geschehen muß, die Punkt III und VII gerügte fehlerhafte Arbeit, nach vorheriger Feststellung der Fehlerhaftigkeit oder Kontraktswidrigkeit, bei der Würdigung des dem Beklagten wirklich gestifteten Vortheils gehörig berücksichtigt wird.

Es bleibt nur der Punkt IV reconventionis zum Definitiverkenntniß übrig, und hierbei würde ich das Appellationserkenntniß aus dem angeführten Grunde, weil aus mündlichen Verträgen nicht auf Entschädigung geklagt werden kann, bestätigen.

Die Kosten der Revision würden nach §. 10, Tit. 23, Th. I der A. G.O. jedem Theile zur Hälfte aufzulegen und die außergerichtlichen zu kompensiren sein.

Hiernach würde ich prinzipaliter erkennen, daß

in conventione und

ad Punct. I, III und VII reconventionis

das Erkenntniß des Ostpreußischen Tribunals zu K. vom 30. Mai 1860 aufzuheben und die Sache zur zweiten Instanz zurückzuweisen, um zuvörderst noch darüber zu verfahren:

1. weshalb der Kläger die Fortsetzung der Maurerarbeiten unterlassen,
2. in wieweit dem Beklagten durch die von dem Kläger geleisteten Arbeiten, mit Rücksicht auf die ad Punct. III und VII reconventionis gerügten Mängel, ein Vortheil wirklich gestiftet worden;

und sodann nochmals in II. Instanz sowohl in der Hauptsache als der Kosten wegen was Rechtens zu erkennen;

ad Punct. IV reconventionis das gedachte Erkenntniß zu bestätigen und die gerichtlichen Kosten der Revision jedem Theile zur Hälfte aufzuerlegen, die außergerichtlichen zu kompensiren.

Eventuell kommen die einzelnen Punkte unter dem vorausgesetzten Gesichtspunkte des Appellationsrichters zur Erwägung.

Konvention.

Ad 1, betreffend das Arbeitslohn (wobei das Thatsächliche kurz in Erinnerung zu bringen ist).

Das Appellationserkenntniß würde mit einer Abänderung der Eidesnorm zu bestätigen sein.

Auf das allgemeine Bestreiten der Arbeiterzahl und der Höhe des Lohns kann nicht geachtet werden; da der Beklagte erklärt, daß es ihm unmöglich sei, sich auf die einzelnen Positionen auszulassen, so fehlt es an der thatsächlichen Unterlage für seinen Widerspruch.

Was dagegen die Dauer der Arbeit betrifft, so hat der Beklagte bestimmt eine neunwöchentliche Unterbrechung behauptet. Die darüber vernommenen Zeugen S. und K. bekunden einstimmig, daß die Unterbrechungen aus Mangel an Materialien, und einmal wegen Abbruches und Aenderung des Schornsteins, stattgefunden hätten. Auf diese Weise sei der Bau 2 oder 3 Mal unterbrochen worden, zum Theil auf einige Tage, zum Theil auf 2 oder 3 Wochen. Der Zeuge W. sagt: einige Male, er wisse nicht wie oft, habe es an Materialien gefehlt und sie hätten müssen von der Arbeit gehen. Solche Unterbrechungen, deren mehrere gewesen wären, hätten 3 bis 4 Tage gedauert.

Hierdurch hat der Kläger für die ihm bestrittenen 9 Arbeitswochen keinen vollen Beweis erbracht; es hat jedoch der Beklagte nicht Ursache zur Beschwerde, wenn der Appellationsrichter davon 4 Wochen unbedingt gestrichen und wegen der übrigen 5 Wochen dem Kläger einen Erfüllungseid auferlegt hat. Nur die Fassung dieses Eides entspricht nicht dem Zwecke. Der Kläger soll schwören:

> daß außer den in Abzug gebrachten 4 Wochen nicht noch 5 Wochen hindurch nicht gearbeitet worden;

er muß aber schwören:

> daß die Unterbrechung der Arbeit gar nicht länger (oder wieviel länger nur) als 4 Wochen gedauert habe.

A. G.O. Th. I, Tit. 10, §. 311[a].

Ad 2, betreffend 135 Fuhren Schutt à 36 Kubikfuß. Hier würde ich dahin ändern und resp. bestätigen:

> daß der Kläger den ihm auferlegten Eid auch auf den Kubikinhalt der Fuhren zu richten habe.

Nicht bloß die Anzahl der Fuhren, sondern auch der Kubikinhalt ist streitig; der durch einen Sachverständigen festgestellte Preis von 10 Sgr. ist jedoch durch einen Inhalt von 36 Kubikfuß bedingt; sonst sind nur 4 Sgr. eingeräumt und mehr nicht bewiesen. Der dem Kläger auferlegte Eid lautet jedoch nur über 135 Fuhren. Deshalb ist demselben beizufügen:

> und daß die Fuhre im Durchschnitt 36 Kubikfuß enthalten habe;

und nur im Falle der Zusatz geschworen wird, sind 10 Sgr., im Nichtschwörungsfalle aber 4 Sgr. für die Fuhre zuzusprechen.

Ad 3, betreffend 145 Fuhren Grand.

In Ansehung des dem Kläger über die Zahl der Fuhren auferlegten Eides würde ich das vorige Urtel bestätigen, da diese Entscheidung für den Beklagten, der sich über eine Minderzahl nicht hat erklären wollen, wiewohl es unstreitig, daß der Kläger eine große Anzahl Fuhren geleistet hat, sehr günstig ist; es hätte die ganze Zahl in contumaciam für feststehend angenommen werden können. Aber in Betreff des Preises würde ich das Urtheil dahin ändern:

> daß der Beklagte für jede beschworene Fuhre nur 10 Sgr. zu bezahlen schuldig und mit den mehrgeforderten 10 Sgr. für jede Fuhre der Kläger abzuweisen.

Der Kläger hat den geforderten Preis von 20 Sgr. pro Fuhre nicht bewiesen. Der Stadtbaurath D. hat zwar begutachtet, daß 20 Sgr. für eine Fuhre Grand zu 25 Kubikfuß ein angemessener Preis sei. Dieses Gutachten ist ganz allgemein, ohne bestimmte

Voraussetzung der Entfernung, der Anfuhr und dergl. Dagegen hat der Fuhrmann H., mit Bezug auf den konkreten Fall, bezeugt, daß er sehr viel Grand fahre, zu 10 Sgr. die Fuhre von 25 Kubikfuß, und für diesen Preis auch dem Beklagten, nachdem der Kläger die Arbeit liegen lassen, den Grand angefahren habe. Dem Kläger mehr zuzusprechen, ist kein Grund vorhanden.

Ad 4, u. s. w.

Werden sämmtliche Eide von dem Kläger geschworen, so betragen dessen Forderungen

ad	Punctum	1 ...	387	Thlr.	11	Sgr.	6	Pf.
=	=	2 ...	45	=	—	=	—	=
=	=	3 ...	48	=	10	=	—	=
=	=	4 ...	16	=	—	=	—	=
=	=	5 ...	4	=	26	=	—	=
=	=	6 ...	3	=	17	=	6	=
=	=	7 ...	5	=	10	=	—	=
=	=	8 ...	4	=	10	=	—	=
=	=	9 ...	3	=	10	=	—	=
=	=	10 ...	1	=	—	=	—	=
=	=	11 ...	4	=	—	=	—	=
=	=	12 ...	25	=	—	=	—	=
=	=	13 ...	6	=	—	=	—	=
=	=	14 ...	—	=	24	=	—	=
	zusammen	...	554	=	29	=	—	=
und er muß nach Abzug der bereits empfangenen		....	466	=	20	=	—	=
noch erhalten		....	88	=	9	=	—	=

mit dem Mehrgeforderten aber abgewiesen werden; wogegen auch der Beklagte ad Punct. I reconventionis mit seiner Rückforderung von 211 Thlrn. 26 Sgr. abzuweisen ist; wenn aber der Kläger die Eide nicht schwört, so fallen auch noch hinweg:

ad	1 ...	100	Thlr.	—	Sgr.
=	2 ...	45	=	—	=
=	3 ...	48	=	10	=
=	5 ...	4	=	26	=
=	8 ...	4	=	10	=
=	9 ...	3	=	10	=
zusammen	...	205	=	26	=

und der Kläger muß alsdann nicht nur lediglich abgewiesen, sondern auch noch zur Rückzahlung von 117 Thlrn. 17 Sgr. verurtheilt, der Beklagte aber mit den mehr zurückgeforderten 93 Thlrn. 9 Sgr. abgewiesen werden.

Rekonvention.

Punct. I ist durch die Entscheidung in conventione erledigt.

Ad Punct. III würde ich das Vorerkenntniß bestätigen.

Die Genehmigung der Erhöhung des Fundaments von Seiten des Wiederklägers hat der Wiederbeklagte zwar nicht beweisen können; aber die zuerst vernommenen beiden Sachverständigen D. und B. kommen darin überein, daß die gegenwärtige Höhe des Fundaments, mit Rücksicht auf die von dem Wiederkläger selbst gelieferten Thürgerüste, nicht bloß zweckmäßig sondern nothwendig gewesen sei; namentlich führt der Sachverständige B. an, daß, wenn die Thürgerüste niedriger eingesetzt worden wären, das Rinnstein- und Regenwasser in den Keller geflossen sein würde. Der demnächst vernommene dritte Sachverständige, der Landbaumeister J., erkennt es auch an, daß das Fundament nur 1 Fuß und nicht 2 Fuß höher sei, als die Zeichnung vorschreibt, und daß dadurch, daß dem Wiederbeklagten von dem Wiederkläger das Kellerthürgerüste ½ Fuß höher, als die Zeichnung vorschreibt, geliefert, der Wiederbeklagte genöthigt worden sei, das Fundament um ½ Fuß zu erhöhen. Er stimmt den beiden ersten Sachverständigen zwar darin nicht bei, daß auch der zweite halbe Fuß nothwendig gewesen sei, indem der Wiederbeklagte entweder einen Kellerhals hätte anbringen, oder den Eingang in den Keller unbequem machen können. Allein ein Versehen mißt er ihm ebenfalls nicht bei; vielmehr ergeben seine angeführten Gründe, daß der noch übrige halbe Fuß Erhöhung zweckmäßig ist, und insofern ist kein Widerspruch zwischen ihm und den Sachverständigen D. und B., deren Gutachten unangefochten bleibt. Wenn aber dem Wiederbeklagten kein Versehen zur Last fällt und, was die Voraussetzung ist, der Fall nicht nach dem Vertrage beurtheilt werden darf — denn sonst müßte es lediglich auf die Ueberschreitung der Kontraktsvorschriften ankommen, da der Andere sich etwas Anderes, als er haben wollte, nicht obtrudiren zu lassen braucht —; so ist er auch zu keiner Schadloshaltung verbunden.

Eventuell würde dem Wiederkläger das von dem Appellationsrichter festgesetzte Quantum von 36 Thlrn. 4 Sgr. zuerkannt werden müssen, weil dieses gegen den Wiederbeklagten rechtskräftig feststeht, wenn schon diese Festsetzung dem Gutachten des J., auf das sie sich stützt, nicht klar entspricht, indem dieser Sachverständige nur für ½ Fuß, den er nicht für nothwendig hält, 19 Thlr. 2 Sgr. berechnet.

Ad Punct. IV, betreffend die Miethsentschädigung, würde ich bestätigen, wie schon vorhin bei der Begründung des Prinzipal-Votums vorgetragen worden ist.

Ad Punct. VII, betreffend die Entschädigung für den Aufbau und den Wiederabbruch einer fehlerhaften Röhre, würde ich bestätigen.

Wenn es richtig wäre, was der Appellationsrichter voraussetzt, daß nämlich schon nach dem ursprünglichen Riß zwei Röhren hätten aufgeführt werden sollen; so würden dem Wiederkläger die geforderten 16 Thlr. 20 Sgr. unbedenklich zuzusprechen sein; denn dieser hat nie etwas anderes verlangt als die Kosten für die abgebrochene Mauer und für die Abbrechung selbst; und es ist nicht zu finden, wie der Appellationsrichter darauf kommt, daß der Wiederkläger die Kosten für eine zweite Röhre überhaupt verlangt hätte. Die Ausmittelung ist auch bloß auf die durch die Abbrechung eines Stücks des Schornsteins entstandenen Mehrkosten gerichtet worden. Allein die Voraussetzung ist unrichtig. Dieselbe gründet sich auf die Aussagen des Zeugen G. und des Sachverständigen D. Der Erstere sagt zwar:

> nach der alten Zeichnung des W—schen Baues sollten zwei Schornsteinröhren aus dem Dache hinausgeführt werden;

allein dieß muß auf einem Irrthume beruhen, oder der Zeuge hat eine nachher verworfene Rechnung gesehen. Denn diejenige Zeichnung, welche von der Polizei genehmigt, und dem Baue zum Grunde gelegt worden ist — fol. 16 act., — hat nur Einen Schornstein auf dem Dache. Diese Aussage kann daher nichts entscheiden.

Der Sachverständige, Regierungsrath D. sagt:

> nach der Zeichnung sollten in der II. Etage zwei Küchen sein, auch zwei Röhren hinausgeführt werden.

Er sagt jedoch nicht: ob dieß nach der alten oder nach der neuen Zeichnung so sein sollte. Die neue Zeichnung, welche zwei Röhren vorschreibt, ist auf der alten Zeichnung angeklebt, und so sind dem Sachverständigen diese Zeichnungen vorgelegt worden. Seine Aussage entscheidet also auch nicht. Dagegen ist die Aussage eines zweiten Sachverständigen, des Stadtbaumeisters B., ganz bestimmt. Dieser sagt so:

> „Nach der, unterm 2. Juni 1854 polizeilich konfirmirten Zeichnung (d. i. der alten) sollten in der II. Etage zwei be-

sondere Küchen eingerichtet werden, welche jede einen eigenen Heerd erhalten sollten, und welche in der Mitte theils durch eine Scheidemauer, theils durch die Rauchröhre, die aus der I. Etage heraufkommt, separirt werden sollten; übrigens war in dieser Zeichnung nicht ausgesprochen: ob der Rauch dieser beiden Küchen durch ein gemeinschaftliches Rauchrohr abgeführt werden, oder ob jede Küche eine eigene Rauchröhre erhalten sollte. Zu letzterer Bauart hat sich der Bauherr indeß, mittelst der, unterm 24. November 1854 eingereichten, auf dem Hauptrisse aufgeklebten Zeichnung (d. i. der neuen) entschlossen erklärt."

Hiernach kann nicht für bewiesen angenommen werden, daß der Wiederbeklagte schon nach der Hauptzeichnung zwei Röhren hätte anlegen müssen; die nachträgliche Zeichnung, worin zwei Röhren gezeichnet sind, ist erst am 24. November, also nachdem der Wiederbeklagte die Arbeit schon eingestellt hatte, von der Polizei genehmigt worden, folglich konnte er danach noch nicht bauen; und nothwendig war es nach den Anlagen in der II. Etage nicht, daß zwei Röhren zum Dache hinausgingen, wie der Sachverständige B. begutachtet, folglich auch die Anlegung nur Einer Röhre nicht fehlerhaft. Der Wiederkläger hätte mithin lediglich abgewiesen werden müssen, weshalb es bei dem Appellationserkenntnisse, welches nicht in pejus abgeändert werden darf, verbleiben muß.

Die gerichtlichen Kosten der Revision würde ich, da das Appellationserkenntniß, mit nur wenigen Abänderungen von nicht bedeutenden Gegenständen, bestätigt wird, gemäß §. 10, Tit. 23, Th. I der A. G.O. dem Revidenten auflegen, und die außergerichtlichen kompensiren.

Eventuelle Urtelsformel.

Daß in conventione und ad Punct. I in reconventione das Erkenntniß des Ostpreußischen Tribunals vom 30. Mai 1859 dahin zu ändern und resp. zu bestätigen, daß Kläger gehalten, ernstlich zu prüfen: ob er ohne Verletzung seines Gewissens und ohne sich der Gefahr auszusetzen als meineidig gestraft zu werden, folgende Eide dahin leisten könne:

1) daß die Arbeit seiner Leute bei dem Baue des Hauses des Beklagten, Polnische Gasse Nr. 10 zu K., in der Zeit vom 17. Mai bis 30. Oktober 1854, außer den schon in Abrechnung gebrachten 4 Wochen, nicht noch längere Zeit (oder nur wieviel länger) unterblieben;

2) daß er Behufs des Baues des nämlichen Hauses
   a) in der Zeit vom 17. Mai bis 30. Oktober 1854 einhundertfünfunddreißig Fuhren Schutt (oder wieviel weniger überhaupt und wieviel weniger zu 36 Kubikfuß) habe wegfahren;
   b) in der Zeit vom 17. Mai bis 6. November 1854 einhundertfünfundvierzig Fuhren Grand (oder wieviel weniger) habe anfahren;
   c) in der Zeit vom 17. Mai bis 30. Oktober 1854 dreiundsiebenzig Tonnen Kalk (oder wieviel weniger) habe anfahren;
   d) in der Zeit vom 17. Mai bis 6. November 1854 dreizehn Fuhren Lehm (oder wieviel weniger) habe anfahren lassen, und
   e) fünf Mulden Gyps (oder wieviel weniger) zu diesem Baue angeschafft und verwendet habe;

im Schwörungsfalle Beklagter schuldig, dem Kläger

ad 1 das liquidirte Arbeitslohn nach Abzug von 60 Thlrn.;
ad 2 a für jede beschworene Fuhre Schutt zu 36 Kubikfuß 10 Sgr. und für jede beschworene Fuhre unter 36 Kubikfuß 4 Sgr.;
„ b für jede beschworene Fuhre Grand 10 Sgr.;
„ c für jede beschworene Tonne Kalk 2 Sgr.;
„ d für jede beschworene Fuhre Lehm 10 Sgr.;
„ e für jede beschworene Mulde Gyps 20 Sgr.,

und also mit Einschluß der unbedingt bestätigten übrigen Punkte des gedachten Erkenntnisses überhaupt noch höchstens 88 Thlr. 9 Sgr. zu bezahlen, und mit den mehrgeforderten 242 Thlrn. 25 Sgr. der Kläger jedenfalls abzuweisen; wogegen der Beklagte und Wiederkläger mit seiner Rückforderung von 211 Thlrn. 26 Sgr. gleichfalls abzuweisen;

im Nichtschwörungsfalle der Kläger auch noch

ad Punct. 1 mit 100 Thlrn. Arbeitslohn für 5 Wochen, so wie mit den für die Leistungen und resp. Auslagen ad Punct. 2, 3, 5, 8, 9 noch übrigen 105 Thlrn. 26 Sgr. gänzlich abzuweisen und demgemäß schuldig, dem Beklagten und Wiederkläger

ad Punct. I der Wiederklage auf die schon empfangenen 466 Thlr. 20 Sgr. Einhundert Siebenzehn Thaler Sieben=

zehn Silbergroschen zurückzuzahlen, mit den mehr zurückgeforderten 93 Thlrn. 9 Sgr. jedoch der Beklagte und Wiederkläger abzuweisen;

in reconventione

das gedachte Appellationserkenntniß ad Puncta III, IV und VII lediglich zu bestätigen, und die gerichtlichen Kosten der Revision dem Revidenten aufzuerlegen; die außergerichtlichen dagegen zu kompensiren.

B. d. 18. März 1860.

Unterschrift des Referenten.

Ist die Arbeit ein Probereferat, so folgt vor Ort, Datum und Unterschrift noch die Kritik des Verfahrens und die eidesstattliche Versicherung in Betreff der beihülfslosen Verfertigung der Arbeit.

Bei der Absetzung des Erkenntnisses nach dem vorstehenden Referate müssen jedem Punkte der Entscheidung die Gründe unmittelbar angehängt werden. S. unten das Beispiel zu §. 81.

§. 78.

2. Behandlung der Kon- und Rekonventionssachen.

Bei der Behandlung der Klagen und Wiederklagen macht man einen Unterschied zwischen den konnexen und nichtkonnexen Wiederklagen.

1) Konnexe Wiederklagen, d. h. solche, welche mit der Klage einen gemeinsamen Grund haben, trennt man im Vortrage nicht von der Klage; sie sind oft dergestalt zusammenhängend, daß sie mit der Klage eine gemeinschaftliche Geschichte haben und in der Klagebeantwortung ihre vollständige Begründung finden; diese bestehet dann meistens nur in einer entgegengesetzten Folgerung des Bekl. und stellt sich äußerlich nur in dem Gegenantrage dar, z. B.

„Hiernach trage ich nicht allein darauf an:

den Kläger lediglich abzuweisen;

sondern ich bitte auch

wiederklagend:

den Kläger zu verurtheilen u. s. w."

In einem solchen Falle fällt auch die Beurtheilung der Klage und Wiederklage zusammen. Hierauf bezieht sich die Bemerkung der Immediat-Justiz-Examinations-Kommission [1]): „In dem Falle zu a werden Forderung und Gegenforderung, ihrer Entste-

1) Aufsatz derselben, Abschnit V, Nr. 2, lit. a.

hung und Natur nach, oft so innig mit einander verschmolzen sein, daß eine Trennung des darauf bezüglichen Geschichtsvortrages und Gutachtens nach Kon- und Rekonvention nicht wohl thunlich, der Referent vielmehr genöthigt ist, beides in Einem zu geben. Oder es kann sich ereignen, daß die Rekonvention zuerst vorgetragen und beurtheilt werden muß, und die Konvention alsdann von selbst dergestalt ihre Erledigung erhält, daß ihrer nur mit wenigen Worten noch zum Schlusse zu gedenken ist. Diejenigen Kandidaten, welche dieß nicht sorgfältig beachten, gerathen mit ihrem Vortrage unabwendlich in Verworrenheit, oder in unnütze Breite und Wiederholungen."

Kommt in einer Punktensache eine mit einem einzelnen Punkte in solcher Weise zusammenhängende Wiederklage vor, so wird dieselbe sofort mit diesem Punkte in gleicher Art vorgetragen und erledigt. Das vorstehende Beispiel zu dem §. 77 macht ad conventionem und ad Punctum I reconventionis die Behandlung anschaulich.

Werden zur Begründung der wiederklagend geltend gemachten Ansprüche besondere Thatumstände vorgebracht, so muß die Sache ganz nach Analogie einer Punktensache behandelt werden, indem eine gemeinsame Geschichtserzählung und die Prozeßgeschichte (§. 36), darin also auch in den höheren Instanzen, wer die Vorerkenntnisse erlassen hat, was erkannt worden ist, wer dagegen das jetzige Rechtsmittel eingelegt hat, vorweg vorgetragen wird. Dasselbe Beispiel (zu §. 77) macht die Behandlung deutlich.

2) Wiederklagen, die aus einem anderen und verschiedenen Geschäfte entsprungen, können in demselben Prozesse, wenn ordnungsmäßig verfahren wird, in der Regel nur dann zur Erörterung kommen, wenn darauf eine Kompensation gestützt werden soll. Dergleichen Sachen werden in ähnlicher Art wie Punktensachen (§. 77) nach der Separationsmethode vorgetragen. Es ist hier also gleichfalls eine geschichtliche Einleitung, daß und aus welchen Geschäften Kon- und Rekonvention vorliegen, welches Gericht in erster (oder bei Revisionen ꝛc. in zweiter) Instanz darüber erkannt habe, und von welcher der Parteien das Rechtsmittel eingelegt worden sei, worauf nun die abgesonderte Darstellung der Konvention und demnächst der Rekonvention folgt[2]).

---

2) Ebenda, lit. b. Dort wird auch postulirt, daß unmittelbar hinter der Geschichte über die Vorderrichter und über die Einlegung des Rechtsmittels (Prozeßgeschichte §. 36) die Prüfung der Förmlichkeiten und hinter jeder abgesonderten

§. 79.

3. Behandlung der alternativen Zusammenfassung mehrerer Klagen oder Einreden.

I. Liegt eine Sache vor, in welcher ein einfacher Anspruch aus mehreren verschiedenen Rechtsgründen geltend gemacht wird [3]), so ist der Vortrag dem einer Punktensache analog, wenn jeder Klagegrund seine eigene Geschichte hat. Hier wird vorweg die Veranlassung zu dem Anspruche und der Antrag des Klägers, unter Andeutung der verschiedenen Klagegründe, vorgetragen, darauf die Prozeßgeschichte (§. 36), soweit sie für die gegenwärtige Instanz erheblich ist, erzählt und demnächst die Geschichte eines jeden Klagegrundes mit dem dazu gehörigen Aktenauszuge vollständig, und ohne Unterbrechung durch Einmischung von Dingen, welche ausschließlich einem Anderen angehören, vorgeführt. Zum

Beispiel.

Der Kläger hat dem Beklagten das Rittergut Körbelfelde, im Kreise Ziegenbein, mittelst Kontrakts v. 1. Mai 1860, für 30,000 Thlr. abgekauft. Der Kontrakt ist noch von keiner Seite erfüllt und der Kläger will ihn auch nicht erfüllen. Er hat denselben vielmehr, als für ihn unverbindlich, wegen Verletzung über die Hälfte, wegen Betruges, wegen Handlungsunfähigkeit und wegen Irrthums im Hauptgegenstande des Geschäfts angefochten, und aus diesen verschiedenen Gründen klagend darauf angetragen:

> den gedachten Kontrakt in Beziehung auf ihn für unverbindlich zu erklären.

Das [4]) Gericht erster Instanz, das Kreisgericht zu Ziegenbein, hat mittelst Erkenntnisses vom 1. Oktober 1860 den Kläger abgewiesen. Gegen dieses ihm den 15. Oktober insinuirte Urtheil hat derselbe appellirt und sich darüber beschwert,

> daß er mit seiner Klage auf Unverbindlichkeitserklärung des Kaufkontrakts v. 1. Mai 1860 abgewiesen und nicht vielmehr nicht nach seinem Antrage erkannt worden sei.

Die Appellation ist bei dem Gerichte erster Instanz am 1. No-

---

geschichtlichen Darstellung die Begutachtung folge. Es ist dabei nicht zu übersehen, daß sich dieß auf die Relationen nach dem alten Verfahren bezieht. Jetzt gehört die Prüfung der Förmlichkeiten auf Grund der im Referate vorgetragenen Prozeßgeschichte (§. 36), so wie die Begutachtung selbstverständlich in das Votum.

3) Th. I, §. 13, Nr. II. Nicht zu verwechseln mit mehreren elektiv konkurrirenden Klagen, welche sich meistens auf die nämlichen Thatsachen gründen, wie z. B. die rei vindicatio und die actio Publiciana.

4) Von hier fängt die Prozeßgeschichte an und reicht bis zum Worte: „eingereicht". Von da beginnt der Aktenauszug.

vember angemeldet und am 1. Dezember durch den bei dem hiesigen Appellationsgerichte angestellten Rechtsanwalt Stürmer, welcher eine mit Vor- und Zunamen unterschriebene, die Sache vollständig bezeichnende Vollmacht eingereicht hat, eingeführt. Die Einführungs- und Rechtfertigungsschrift hat den Beschwerdepunkt, wie vorbemerkt, angegeben und ist von dem Rechtsanwalte unterschrieben.

Der Gegner hat dieselbe, innerhalb der 4wöchentlichen Frist, durch den Rechtsanwalt Dreher hieselbst beantworten lassen. Auch dieser hat eine gleichbeschaffene Vollmacht eingereicht.

I. Der erste Klagegrund, die Verletzung über die Hälfte, wird so dargestellt:

(Nun folgen die verschiedenen Klagegründe, nach der angegebenen Regel.)

Ein mit der Hauptsache verbundener Arrest ist in Hinsicht der Behandlung bei dem Vortrage nichts anderes als ein zweiter Klagepunkt mit einer besonderen Geschichte; bei einer solchen Sache wird daher nach §. 77 verfahren.

II. Auf analoge Weise werden die von dem Beklagten, zur Entkräftung der Klage, alternative kumulirten, verschiedenen Einreden behandelt, in sofern sie eine selbstständige Geschichte haben. Wäre schon die erste Einrede so erheblich und klar bewiesen, daß durch dieselbe die Klage, nach der Meinung des Referenten, völlig entkräftet würde, so darf der Referent doch selbstverständlich sich dadurch nicht abhalten lassen, auch die übrigen gehörig vorzutragen, da er keine Bürgschaft hat, daß er nicht überstimmt werden wird. Bei Abfassung des Erkenntnisses steht es in dem Ermessen des Kollegiums, ob die eine oder die andere Einrede unter der Bemerkung, daß es darauf nicht weiter ankomme, aus den Gründen wegbleiben soll. Das darf jedoch nicht auf mehrere kumulirte Klagegründe angewendet werden, wenn noch eine Instanz übrig ist.

§. 80.

4. Behandlung der Sachen mehrerer Litiskonsorten.

Litiskonsorten können von Anfang des Prozesses vorhanden sein, oder auch im Laufe desselben eintreten.

I. Sind mehrere Personen als gemeinschaftliche Kläger aufgetreten, so verfolgen sie entweder einen gemeinschaftlichen Anspruch, oder sie wollen nur den Prozeß gemeinschaftlich führen, aber jeder einen Anspruch ausschließlich für sich geltend machen. Der erste Fall hat nichts Besonderes, sämmtliche Kläger stellen zusammen nur Eine Person vor und müssen sich über die Mittel zur Verfolgung ihres gemeinschaftlichen Rechts, mag der Gegenstand theilbar oder untheilbar sein, verständigen. In dem zweiten Falle hingegen liegt eine subjektive Klagenvereinigung vor [5]). Dabei kommt es darauf an: ob alle Kläger einen gleichen Klagegrund haben, oder nicht. Machen Alle ihren Anspruch aus einem gleichen Klagegrunde geltend, so hat der Vortrag keine Besonderheit. In sofern jedoch der Eine oder Andere einen besonderen Grund hat, muß die Sache nach Analogie der Punktensachen (§. 77) behandelt werden.

Sind mehrere Beklagte vorhanden und der Gegenstand des Prozesses ist theilbar; so ist es nicht selten, daß Jeder besondere Einwendungen vorbringt oder die Klage anders beantwortet. In diesem Falle würden, wie bei einer Punktensache, zunächst die Species facti, darauf die Prozeßgeschichte (§. 36), welche niemals mit dem Aktenauszuge zu identifiziren (Not. 4), vorgetragen, und demnächst folgt in Beziehung auf jeden Einzelnen ein abgesonderter Aktenauszug, soweit in Betreff seiner Person etwas Besonderes vorgebracht ist. Dieß setzt voraus, daß dasjenige, worin Alle übereinstimmen, den abgesonderten Vorträgen vorangeschickt wird. In dieser Hinsicht empfiehlt es sich nicht, daß, wenn nur Einige unter Vielen über einzelne Umstände in der Klagebeantwortung übereinstimmen, daraus eine allgemeine Erzählung gemacht wird, vielmehr ist es für die Auffassung des Zuhörers und den Zweck des Referats dienlicher, bei Jedem dieser Wenigen das zu wiederholen, was sie einräumen oder übereinstimmend vorgebracht haben. In der äußeren Anordnung der abgesonderten Vortragsstücke kann nur die Zweckmäßigkeit bestimmend sein. Sind alle Beklagten Streiter, so kann man die Reihe beibehalten, in welcher sie in der Klage aufgeführt stehen; räumen Einzelne den Anspruch ein, so sondert man diese durch Voranstellung aus. Dagegen ist durch Voranstellung desjenigen oder derjenigen, welche für sich einen Präjudizialeinwand vorgebracht haben, der den Uebrigen nicht zu Statten kommt, nichts gewonnen.

II. Der Eintritt von Litiskonsorten im Laufe des Verfahrens durch Adzitation, Litisdenunziation und Intervention kann keinen Einfluß auf die Behandlung des Vortrages in der Weise haben, daß der Vortrag eine besondere Einrichtung erforderte. Der

5) Ebenda, §. 14, und die dort Note 4 angeführten Beispiele.

Incidentpunkt, welcher zum Eintritte in den Prozeß Anlaß gegeben hat, gehört zur Prozeßgeschichte in unserem Sinne (§. 36), und das sachliche Vorbringen des Eingetretenen erfordert in der Regel deshalb eine abgesonderte Behandlung nicht, weil der Eingetretene mit demjenigen, auf dessen Seite er steht, immer eine Person ausmacht.

§. 81.

5. Behandlung der Pachtsachen.

Der Pachtprozeß ist ein ordinärer Prozeß [1]); nur wenn der eigenmächtig exmittirte Pächter wieder eingesetzt sein will, findet das abgekürzte Verfahren statt [2]), weil die Sache eine Spoliensache ist. Der ordentliche Pachtprozeß ist in der Regel eine Punktensache und wird im Allgemeinen wie eine solche behandelt; aber die Prozeßordnung schreibt in Betreff der gewöhnlich zahlreich vorkommenden Gegenforderungen und Abrechnungen die besondere Beobachtung eines Punktes bei dem Vortrage und bei der Abfassung des Erkenntnisses vor, der zwar auch in anderen Sachen vorkommen kann, doch nicht so gewöhnlich ist. Dieß ist das sog. Liquidum, welches in Pacht- und Rechnungssachen am Schlusse des Erkenntnisses aufgestellt werden soll [3]), auf welches aber von den Kandidaten selten in ihren Relationen Bedacht genommen wird [4]). Es muß nämlich, nachdem bei jedem Punkte die Entscheidung besonders festgesetzt worden, zuletzt, nach geschehener Aburtelung der einzelnen Posten, der Saldo, wieviel nach diesen speziellen Entscheidungen ein Theil dem anderen noch zu bezahlen schuldig, berechnet und ausgedrückt werden. In der Relation ist dieser Punkt, abgesondert, ganz zuletzt, vor dem Kollektivvoto, vorzutragen. Er erhält seinen historischen Theil aus den vorausgegangenen Spezialvoten, und der kritische Theil besteht in einer Berechnung, deren Resultat dem Kollektivvoto zum Grunde liegt. Die Festsetzung des Saldo ist dann das eigentliche Definitiverkenntniß in der Sache, zu welchem sich die vorhergehenden Spezialentscheidungen wie Gründe verhalten. Bei den Erkenntnissen dieser Art ist auf eine sehr verbreitete Unrichtigkeit in der Fassung aufmerksam zu machen. Dieselbe betrifft den Zinsenpunkt. Man glaubt nämlich, daß, wenn Kompensanda geltend gemacht werden, davon auch Zinsen zuerkannt

---

1) A. G.O. I, 44, §§. 3, 47, 10, 14.
2) Ebenda, §. 44; V. v. 21. Juli 1846, §. 13, Nr. 6.
3) A. G.O. I, 44, §. 9 u. Tit. 45, §. 21.
4) Auff. der Immed.-Just.-Exam.-Kommission, Abschnitt V, Nr. 5.

werden müßten, weil es ungerecht sei, dem Kläger von der Forderung allein und nicht auch dem Gegner von dem Kompensando Zinsen zuzuerkennen. Materiell ist dieß ohne Zweifel richtig, aber auf dem genommenen Wege ist dieß nicht zu erreichen. Man macht es gewöhnlich so, daß dem Kläger in conventione die Forderung mit Zinsen, und dem Gegentheile das Kompensandum, auch mit Zinsen, zugesprochen wird. Hierbei kommt man dann, um den Terminus a quo der Zinsen zu bestimmen, auf die Lehre von der Mora, und betrachtet diese als von der Vorhaltung des Kompensationseinwandes an eingetreten. Dieß ist materiell unrichtig und verletzt den Schuldner, welcher kompensiren will. Außer dieser materiellen Unrichtigkeit verursacht diese Methode auch schädliche Weitläufigkeiten und Verwirrungen. Es müssen gar keine Zinsen von dem Kompensando zugesprochen, sondern es muß festgesetzt werden, von welchem Tage an die Kompensation für eingetreten zu erachten, denn die Kompensation tilgt ipso jure die Forderung mit dem Augenblicke der Entstehung der Gegenforderung, es bedarf also nur der Bestimmung dieses Zeitpunktes, weil von da an sich die Vorforderung um soviel vermindert, mithin die Zinsen davon sich von selbst verringern. Wenn z. B. A. dem B. am 1. Jan. 1854 zweihundert Thaler zu 5 Proz. Zinsen schuldig geworden wäre, und am 1. Juli deff. Jahres eine Gegenforderung an ihn von einhundert Thalern erhalten hätte, so würde er ihm noch 105 Thlr. nebst 5 Proz. Zinsen vom 1. Juli an schuldig bleiben, weil den 1. Juli die Forderung des

B. an Kapital	=	=	=	200 Thlr.
und an Zinsen	=	=	=	5 =
zusammen	=	=	=	205 Thlr.

betrug, so daß nach Abzug der Gegenforderung von 100 Thlrn. noch 105 Thlr. und zwar Kapital, weil die Abrechnung zuerst auf die Zinsen geschieht, nebst Zinsen von diesem Tage ab, übrig bleiben. Würde B. gegen A. die ganze Forderung einklagen, und A. machte im Klagebeantwortungstermine am 2. Jan. 1856 den Einwand der Kompensation auf 100 Thlr., welche ihm der Kläger den 1. Juli 1854 schuldig geworden, und es würde erkannt, daß Beklagter die eingeklagten 200 Thlr. nebst Zinsen seit dem 1. Januar 1854 zu bezahlen schuldig, darauf jedoch die Gegenforderung von 100 Thlrn. nebst 5 Proz. Zinsen seit dem 2. Jan. 1856 als dem Tage der insinuirten Gegenklage zu kompensiren für befugt zu erachten; so geschähe dem Beklagten Unrecht, indem er zu 7 Thlrn. und einigen Silbergroschen an Zinsen mehr, als er schuldig wäre, verurtheilt würde. Außerdem machte dieses Erkenntniß erst noch die unnütze Weitläuftigkeit der gegenseitigen Berechnung zur Zeit der Exekutionsvollstreckung nöthig, und veranlaßte vielleicht neuen Streit darüber: auf was das Eine und das Andere abzurechnen. In dieser Sache hätte, wenn nur der Einwand der Kompensation gemacht worden wäre, bloß erkannt werden müssen, daß Beklagter schuldig, dem Kläger noch 105 Thlr. nebst 5 Proz. Zinsen seit dem 1. Juli 1854 zu bezahlen und mit den mehrgeforderten 95 Thlrn. nebst Zinsen der Kläger abzuweisen; und in den Gründen hätte die Berechnung müssen gemacht werden. Durch dieses Erkenntniß wäre einem Jeden genau sein Recht widerfahren. Wäre eine förmliche Rekonvention angebracht worden, so hätte zwar über Forderung und Gegenforderung ausdrücklich erkannt, alsdann aber der Saldo gezogen und demzufolge ausgesprochen werden müssen, daß der Beklagte nur 105 Thlr. nebst Zinsen seit dem 1. Juli 1854 zu bezahlen schuldig. In der Entscheidung über die einzelnen Punkte muß der Tag, an welchem die Forderung entstanden ist, mit ausgedrückt werden.

Wenn der Grund und das Quantum der Forderung streitig ist, wie bei den Remissionsforderungen gewöhnlich der Fall zu sein pflegt, so muß auch alsdann, wenn der Grund der Klage verworfen werden soll, für den Fall, daß der Kläger in den folgenden Instanzen ein günstigeres Urtel erlangen sollte, über den Betrag der Forderung sogleich mit referirt und erkannt werden[5]).

Das Gesagte wird verdeutlicht durch das folgende

Beispiel.

Im Namen des Königs.

Nr. 471.

In Sachen der Provinzial-Landschaftsdirektion zu M., Klägerin und Wiederbeklagte, und des Domänenbeamten S. z. P., Intervenienten,

wider

die Sabine v. L., verehelichte von J. zu G., Beklagte und Wiederklägerin,

hat das rc. Gericht zu M. in der Session v. 6. Nov. 1856, wo gegenwärtig waren:

(folgen die Namen),

den Akten gemäß für Recht erkannt:

5) A. G.O. I, 44, §. 35.

daß

in conventione

die Beklagte schuldig, an Pacht für die Pl—schen Güter, auf die Zeit von Johannis 18$\frac{23}{26}$ 4045 Thlr. 22 Sgr. 6 Pf., nebst Zögerungszinsen zu 6 Prozent:

1) von 300 Thlrn. seit dem 1. Januar 1824,
2) von 300 Thlrn. seit dem 18. April 1824,
3) von 445 Thlrn. 22 Sgr. 6 Pf. seit dem 24. Juni 1824,
4) von 750 Thlrn. seit dem 11. November 1824,
5) von 750 Thlrn. seit dem 3. April 1825,
6) von 750 Thlrn. seit dem 11. November 1825,
7) von 750 Thlrn. seit dem 26. März 1826,

jedoch nach Abzug der abschläglich
am 9. Dezember 1823 bezahlten 200 Thlr.,
am 27. Januar 1824 bezahlten 300 Thlr.,
am 13. Juli 1824 bezahlten 19 Thlr.,
am 1. Dezember 1824 bezahlten 45 Thlr.,
am 29. Januar 1825 bezahlten 14 Thlr. 22 Sgr. 4 Pf. und
am 3. Februar 1825 bezahlten 100 Thlr.

zu bezahlen.

V. R. w.

Gründe.

(Die hierzu gehörigen Gründe sind zur Ersparung der Kosten nicht abgedruckt.)

In reconventione,

ad Punctum I

die Kl. und Wiederbekl. schuldig, der Bekl. und Wiederkl. die am 4. Juli 1826 entstandene Forderung von 893 Thlrn. 26 Sgr. für Uebersaaten zu bezahlen, mit den mehrgeforderten 4 Thlrn. aber die Bekl. und Wiederkl. abzuweisen.

V. R. w.

Gründe.

(wie vorher.)

ad Punctum II

die Kl. und Wiederbekl. schuldig, der Bekl. und Wiederkl. 640 Thaler für die Erbauung neuer Gebäude auf den in Pacht gehabten Gütern, nebst 6 Proz. Verzugszinsen von 240 Thlrn. seit dem 9. Dezember 1823, und von 400 Thlrn. seit dem 4. Juli 1826 zu bezahlen; und mit den mehrgeforderten 200 Thlrn. die Bekl. und Wiederkl. abzuweisen.

V. R. w.

Gründe.

(wie vorher.)

ad Punctum III

die Kl. und Wiederbekl. schuldig, die für aufgeworfene Gräben und zwei neue Brücken am 4. Juli 1826 entstandene Forderung von 79 Thlrn. der Bekl. und Wiederkl. zu erstatten, mit den mehr geforderten 62 Thlrn. dagegen die Bekl. abzuweisen.

V. R. w.

Gründe.

rc. rc.

ad Punctum IV

die Kl. und Wiederbekl. schuldig, der Bekl. und Wiederkl. die, ebenfalls am 4. Juli 1826 entstandene Forderung von 8 Thlrn. 20 Sgr. für einen angelegten Kalkofen, und von 30 Thlrn. Auslagen bei verschiedenen Reparaturen zu bezahlen, mit den mehrgeforderten 46 Thlrn. 15 Sgr. für Reparaturen aber die Bekl. und Wiederkl. abzuweisen.

V. R. w.

Gründe.

rc. rc.

ad Punctum V

die Bekl. und Wiederkl. mit den geforderten 24 Thlrn. an bezahltem Kanon für das Vorwerk B. abzuweisen.

V. R. w.

Gründe.

rc. rc.

ad Punctum VI

die Kl. und Wiederbekl. schuldig, der Bekl. und Wiederkl. die zu Johanni 1824 entstandene Forderung von 20 Thlrn. für die Anlegung eines Brunnens zu erstatten; hiernächst

VII der Saldo der Bekl.

auf 1878 Thlr. 27 Sgr. 9 Pf. nebst 6 Proz. Verzugszinsen seit dem 4. Juli 1826 festzusetzen, und die Bekl. zu verurtheilen, davon binnen 14 Tagen 1448 Thlr. 16 Sgr. 11 Pf., nebst den gedachten Zinsen, an die klagende Landschaft, und 430 Thlr. 9 Sgr. 10 Pf., nebst gleichmäßigen Zinsen, ad depositum judiciale zu bezahlen, der Anspruch des Intervenienten S. auf diese Summe ad separatum zu verweisen, und von den gerichtlichen

30 *

Kosten des Prozesses der Kl. $\frac{1}{4}$ und der Bekl. $\frac{3}{4}$ aufzuerlegen; die außergerichtlichen dagegen zu kompensiren.

V. R. w.

Gründe.

Die Kl. hat zugestehen müssen, daß der im ersten Pachtjahre von der Bekl. und Wiederkl. angelegte neue Brunnen nothwendig gewesen ist. Die impensae necessariae aber müssen der Bekl. zweifelsohne, auch bei dem Mangel einer Genehmigung der klagenden Landschaft zu der Anlage, erstattet werden. Der Betrag ist durch das Zeugniß des Maurermeisters Z., welcher für die Ausmauerung des Brunnens 20 Thlr. erhalten hat, bewiesen.

Der Saldo ist hiernach in folgender Art zu berechnen:

Die Bekl. und Wiederkl. hatte

1) den 1. Januar 1824 zu bezahlen		300 th. — sg. — pf.
sie hatte aber schon am 9. Dez. 1823 zu fordern gehabt .	440 th. — sg. — pf.	
nämlich diejenigen 200 Thlr., welche nach der Bestimmung in conventione unterm 9. Dezember 1823 abgerechnet werden sollen, und 240 Thaler von denjenigen 640 Thlrn., welche ad P. II zuerkannt sind. Dazu 6 Prozent Zinsen auf $\frac{2}{3}$ Monat vom 9. Dez. 1825 bis 1. Januar 1829	1 = 14 = — =	
		441 = 14 = — =
Die Bekl. behielt also zu Gute . . .		141 th. 14 sg. — pf.
2) Sie sollte ferner zahlen den 18. April 1824	300 th.	
sie hatte aber schon gezahlt den 27. Januar	300 =	
Uebertrag		141 = 14 = — =

Uebertrag	141 th.	14 sg.	— pf.
und behielt jene 141 th. 14 sg. noch zu Gute, wofür ihr die Zögerungszinsen v. 1. Januar bis 24. Juni 1824, als dem Tage, wo die Forderung durch Kompensation getilgt wurde, auf $5\frac{4}{5}$ Monat zugerechnet werden müssen, mit . . .	4 =	3 =	3 =
sie hatte also am 24. Juni 1824 zu Gute	145 =	17 =	3 =
Dagegen war sie 3) am 24. Juni 1824 zu bezahlen schuldig . . . . 445 th. 22 sg. 6 pf. nach Abzug der ihr ad P. VI zuerkannten . . 20 = — = — =			
noch	425 =	22 =	6 =
und blieb in Rest mit	280 =	5 =	3 =
Dazu 6 Proz. Zinsen hiervon, bis zum 13. Juli 1824, als dem Tage einer neuen Abschlagszahlung, auf $\frac{13}{30}$ M. . . .	— =	18 =	1 =
von welchen	280 =	23 =	4 =
die am 13. Juli 1824 gezahlten . . .	19 =	— =	— =
abgehen, so daß verblieben	261 =	23 =	4 =
Dazu kommen 4) am 11. November 1824	750 =	— =	— =
nebst 6 Proz. Zinsen bis zum 1. Dezember 1824, als dem Tage der nächsten Abschlagszahlung, und zwar: a) von 261 th. 23 sg. 4 pf. seit dem 13. Juli, also auf $4\frac{17}{30}$ Monat 5 th. 29 sg. 8 pf. b) von 750 th. seit dem 11. November, auf $\frac{19}{30}$ Monat . . 2 = 11 = 3 =	8 =	10 =	11 =
Auf diese	1020 =	4 =	3 =
sind am 1. Dezember 1824 bezahlt .	45 =	— =	— =
und es verbleiben	975 =	4 =	3 =
Dazu Zinsen bis zum 29. Jan. 1825,			
Uebertrag	975 =	4 =	3 =

Uebertrag	975 th.	4 sg.	3 pf.
wo eine abermalige Abschlagszahlung stattfand, auf $\frac{23}{30}$ Monat	4 =	21 =	5 =
	979 =	25 =	8 =
Davon ab, die am 29. Jan. 1825 gezahlten	14 =	22 =	4 =
und es bleiben Rest	965 =	3 =	4 =
Dazu fernere Zinsen von dieser Summe à 6 Proz. seit d. 29. Jan. bis 3. Febr. 1825, auf $\frac{5}{30}$ Monat	— =	24 =	— =
Von diesen	965 =	27 =	4 =
verbleiben nach Abzug der am 3. Februar 1825 bezahlten	100 =	— =	— =
noch im Rückstande	865 =	27 =	4 =
Dazu kommen			
5) die den 3. April 1825 fällig gewesenen	750 =	— =	— =
6) die den 11. Nov. 1825 fällig gewesenen	750 =	— =	— =
7) die den 26. März 1826 = =	750 =	— =	— =
Von dieser Summe der	3115 =	27 =	4 =

sind an Zinsen à 6 Proz. bis zum 4. Juli 1826, als dem Tage, wo die übrigen Gegenforderungen der Bekl. zur Kompensation kommen, aufgelaufen:

a) von 865 th. 27 sg. 4 pf. seit dem 3. Febr. 1825, also auf 1 Jahr 6 Monate	77 th.	— sg.	9 pf.
b) von 750 th. seit dem 3. April 1825, also auf 1 Jahr 3 Monate	56 =	7 =	6 =
c) von 750 th. seit dem 11. November 1825, also auf $\frac{23}{30}$ Monat	29 =	24 =	8 =
d) von 750 th. seit dem 26. März 1826, also auf $\frac{8}{30}$ Monat	11 =	13 =	6 =
zusammen	174 =	16 =	5 =

Uebertrag	3115 =	27 =	4 =

Uebertrag	174 th. 16 sg. 5 pf.	3115 th. 27 sg. 4 pf.
Davon gehen ab die der Bekl. und Wiederkl. zuerkannten Forderungen in reconventione, und zwar:		
ad P. I	893 th. 26 sg.	
ad P. II die noch übrigen	400 = — =	
ad P. III	79 = — =	
ad P. IV	8 = 20 =	
und	30 = — =	
Diese	1411 th. 16 sg. — pf.	
kommen zuerst auf jene Zinsen in Abrechnung, und die übrigen .		1236 = 29 = 7 =
auf das Kapital, so daß der, von der Beklagten zu bezahlende Saldo beträgt . .		1878 = 27 = 9 =
nebst 6 Prozent Zinsen seit dem 4. Juli 1826.		

(Hierauf folgen die Gründe, aus welchen die zwischen der Klägerin und dem Intervenienten streitigen 430 Thlr. 9 Sgr. 10 Pf. ad depositum judiciale sollen gezahlt, und die Sache zwischen ihnen Beiden in separato soll verhandelt werden; und zuletzt die Gründe in Beziehung auf den Kostenpunkt.)

Unterschriften.

§. 82.

6. Behandlung der Rechnungssachen.

Der Prozeß über die Verbindlichkeit, Rechnung zu legen, bietet für den Vortrag nichts Besonderes. Aber der Defektatorienprozeß hat für das Referat Aehnlichkeit mit dem Pachtprozesse, auch in Beziehung auf das sog. Liquidum (§. 81). Ueber jedes einzelne Monitum, welches nicht durch die Vereinigung der Parteien erledigt ist, muß unter einer besonderen Nummer vorgetragen und, auf die mündliche Verhandlung entschieden, demnächst aber der Defektat (Beklagte) zur Bezahlung des sich nach Maßgabe des zusammengestellten Liquidums ergebenden Bestandes an den Defektanten (Rechnungsnehmer, Kläger) oder umgekehrt dieser zur Bezahlung des Vorschusses an den Rechnungsleger und Defektaten verurtheilt werden*). Bei Ausarbeitung des Referats werden die einzelnen Monita wie kumulirte Klagepunkte behandelt; bei dem Vortrage muß nach jedem Punkte inne gehalten und die mündliche Verhandlung eröffnet, auch nach Bewandtniß der Sache zur Berathung und Beschlußfassung übergegangen werden. Im Votum wird zum Schlusse, wie im vorhergehenden §. 81 erwähnt worden, ein Saldo gezogen und nach Maßgabe desselben das Kollektivvotum abgegeben, nach welchem im Erkenntnisse die Hauptentscheidung gefällt wird. Das Erkenntniß aus einer solchen Sache folgt zur Verdeutlichung als

Beispiel.

Nr. 289.

Im Namen des Königs.

In Sachen der Dorfgemeinde zu Groß L., Defektantin,

wider

den ehemaligen Dorfschulzen George Korn. T. daselbst, Defektaten,

hat das Königl. ꝛc. Gericht zu M. in der Sitzung v. 6. März 1835 in Gegenwart folgender Mitglieder ꝛc. ꝛc. den Akten gemäß für Recht erkannt:

daß

I. das erste Monitum gegen die Schulzenamtsrechnung des Defektaten aus den Jahren 1807 bis 1815, wonach der Defektat die Summen von resp. 4078 Fl. 17 gr. und 447 Fl. Pr. mehr eingenommen haben soll, als in Einnahme gestellt ist, zu verwerfen;

II. die sub Nr. 1 bis 9 incl. monirten Ausgaben im Betrage von 6688 Fl. 14 gr. Pr. zu defektiren;

III. das Monitum 10, in Betreff der in Ausgabe gestellten 14 Fl. Pr. Tagelohn für die, im September 1809 zur Wolfsjagd gestellten, Mannschaften für erledigt zu erachten;

IV. die sub Nr. 82 monirten Ausgabeposten im Betrage von 9122 Fl. 29 gr. Pr., so wie

V. die sub Nr. 168 monirte Ausgabepost von 7820 Fl. 13 gr. Pr. zu defektiren; und demzufolge der Defektat schuldig, den verbleibenden Bestand von 3862 Thlrn. 17 Sgr. 2 Pf. nebst 5 Proz. Verzugszinsen seit dem 12. Februar 1816 zu bezahlen; mit den mehrgeforderten 1513 Thlrn. 5 Sgr. 8 Pf. aber

*) A. G.O. I, 45, §§. 19 u. 21.

die Defektantin abzuweisen; und von den Kosten des Prozesses der Defektantin $\frac{3}{8}$ und dem Defektaten $\frac{5}{8}$ aufzuerlegen.

V. R. w.

Gründe.

(Hinter jedem einzelnen Punkte folgen die dazu gehörigen Gründe. In den Gründen zu dem letzten Punkte, welcher zugleich das Hauptdecisum enthält, muß der Bestand, zu dessen Zahlung der Defektat, oder der Vorschuß, zu dessen Zahlung der Defektant verurtheilt werden muß, ordentlich berechnet werden, welche Berechnung in dem vorliegenden Falle folgende ist:)

Die Einnahme beträgt		26629 fl. 5 gr. 6 pf.
Die Ausgabe in der Rechnung	38673 fl. 9 gr.	
wovon jedoch defektirt sind:		
ad P. II ... 6888 fl. 14 gr.		
- - IV ... 9122 fl. 29 gr.		
- - V ... 7820 fl. 13 gr.		
	23431 fl. 26 gr.	
nach deren Abzug nur		15041 fl. 13 gr.
als wirklich verausgabt anzusehen sind, so		
daß ein Bestand von		11587 fl. 21 gr. 12 pf.

oder 3862 Thlrn. 17 Sgr. 2 Pf. verbleibt, welchen der Defektat mit Verzugszinsen, und zwar nach §. 140, Tit. 14, Th I des A. L. R., von 6 Wochen an, nach dem Jahresschlusse, also v. 12. Febr. 1816 an, herauszugeben hat; wogegen die Defektantin mit der Mehrforderung ad Punct I von 4078 Fl. 17 gr. und 447 Fl., und ad Punct. III von 14 Fl. zusammen 4539 Fl. 17 gr. Pr. oder 1513 Thlr. 5 Sgr. 8 Pf. abzuweisen ist.

Nach diesem Verhältnisse sind auch, in Gemäßheit des §. 3, Tit. 23, Th. I der A. G. O., unter beiden Theilen die Prozeßkosten, wie geschehen, zu vertheilen gewesen.

Folgen die Unterschriften des Kollegii.

§. 83.

7. Relation in Subhastationssachen.

I. Der Adjudikationsbescheid ist kein, aus der Natur des Subhastationsprozesses folgender, wesentlicher Akt; der Zuschlag könnte auch ohne ein förmliches Erkenntniß, sogleich am Schlusse des Verkaufstermins, durch den Richter-Kommissarius, wie bei

Auktionen, geschehen. Nach Gemeinem Rechte ist die Ausfertigung und Publikation eines besonderen Zuschlagsbescheides nicht erforderlich, auch nach manchen Partikulargesetzgebungen, z. B. nach der Sächsischen [1]), sowie nach der rheinischen Subhastationsordnung [2]), wird der Zuschlag am Schlusse der Licitation mündlich oder symbolisch durch Hammerschlag oder durch Abbrennen einer oder mehrerer Kerzen, erklärt. In mehreren deutschen Gerichten war jedoch von dem gemeinrechtlichen Requisite sofortiger Zahlung des Preises [3]) abgegangen worden, man konnte deshalb auch nicht sofort den Zuschlag ertheilen, sondern schob diesen gegen Kaution, unter Stundung des Kaufgeldes bis dahin, einige Zeit hinaus und setzte zur förmlichen Adjudikation einen neuen Termin an, bis zu welchem der Meistbietende, mit dem der Kauf durch den Schluß der Licitation und Erklärung der Addiktion abgeschlossen worden war, sich zur Zahlung des Kaufgeldes und zur Uebernahme der Sache (des Eigenthums) vorbereiten könne [4]). Bis dahin bestand nur ein durch den Abschluß der Licitation (des Kaufs) gegründetes bloßes Forderungsrecht. An diese Praxis schließt sich die preußische Prozeßgesetzgebung an. Nach derselben wird immer so verfahren, jedesmal ein förmliches Zuschlagsurtel abgefaßt und in einem späteren Termine publizirt [5]). Der innere Grund zu diesem Verfahren fehlt hier; denn das preußische Recht kennt den Grundsatz nicht, daß das Eigenthum der verkauften Sache erst gegen Bezahlung des Kaufpreises übergehen kann. Diese, von der Zuschlagung durch Hammerschlag oder Erlöschung brennender Kerzen, welche ein bloßes Zeichen der Perfektion des Kaufsgeschäfts ist [6]), ganz verschiedene förmliche Adjudikation ist eine gerichtliche Einweisung des Erstehers in das Eigenthum des erstandenen Grundstücks, ein richterlicher Civil-Verreich (traditio publica s. judicialis) [7]), also eine bloße

1) Erl. Proz.-Ordn. Tit. 39, §§. 11—15; Mandat v. 26. August 1732 (C.A. 1ste Forts. S. 295).

2) Vom 1. August 1822, §§. 24, 33. Vergl. Code de procédure civile, Artt. 706, 708, 714.

3) Aliter enim res emtori non conceditur. Auth. Hoc jus C. de SS. eccles. (I, 2), u. Nov. 120, c. 6, §. 2.

4) Leyser, Medit. ad Pand., Sp. 477, m. 1.

5) A. G.O. I, 52, §. 58.

6) Hommel, Rhaps. obs. 586. — Andr. El. Roßmann, von der Vergantung bei der brennenden Kerze; in den Erlang. gelehrten Anz. v. J. 1750, Nr. 36.

7) Additiones zum Sachs. Sp. Buch I, Art. 34, lit. a, und Deutsche Glosse zu demselben Art. Nr. II, und Buch III, Art. 4, Nr. VII in fine. —

Vollziehung des schon vorher durch Schließung des Licitationsverfahrens perfekt gewordenen [8]) Kaufkontraktes, keinesweges selbst erst das Rechtsgeschäft des Kaufs, oder auch nur zu dessen Perfektion wesentlich erforderlich. Daraus folgt, daß nach dem Schlusse der Licitation, vor Abfassung der Adjudikatoria, wider den Willen desjenigen, dessen Gebot als das beste angenommen worden ist, die Sache nicht rückgängig gemacht werden kann, sondern daß nothwendig die Adjudikation ertheilt, d. h. die Uebergabe vollzogen werden muß [9]); so wie daß der Adjudikationsbescheid lediglich eine Deklaration darüber ist, daß und unter welchen Bedingungen der Kaufkontrakt wirklich zum Abschlusse gekommen sei. Nach einer anderen Meinung soll erst der Adjudikationsbescheid der ursprüngliche perfekte Kontrakt sein, und dafür wird der Beweis aus dem §. 361, Tit. 11, Th. I des A. L.R. entnommen, weil darnach das Adjudikationserkenntniß bei solchen (freiwilligen) Subhastationen die Stelle des Kontrakts vertritt, was übrigens seit 1839 aufgehoben ist. Allein der §. 361 meint die Urkunde, welche über den Kontrakt ausgefertigt werden soll. Daraus folgt nicht, daß nicht schon vor Abfassung dieser authentischen Urkunde der Kontrakt rechtsverbindlich zu Stande gekommen sein muß. Der Richter kann durch seinen Bescheid kein Essentiale des Rechtsgeschäfts ergänzen. Enthält das Licitationsprotokoll die wesentlichen Erfordernisse eines Kaufkontrakts nicht, so kann der Richter den Adjudikationsbescheid nicht abfassen. Zu diesen Erfordernissen gehört namentlich auch die wesentliche Form, d. i. die Schriftform, der Meistbietende muß daher, um verbunden zu sein, das Licitationsprotokoll gehörig unterzeichnet haben. Nach Gemeinem Rechte ist das nicht nothwendig, weil darnach die Schrift nicht solennitatis, sondern nur probationis causa angewendet wird. Darin hat das preußische Recht

---

Carpzow, Jurispr. for. P. I, const. 32, def. 45 et 46. — Wernher, Obs., Tom. IV, P. VI, obs. 349.

8) Carpzow l c. No. 45. — V. I v. 4. März 1834 §. 13 (G.S. S. 42); R. v. 21. u. 7. Juli 1834 (Jahrb. Bd. XLIV, S. 96 u. 98). — Pr. des Obertrib. 535, v. 28. September 1838.

9) R. v. 3. Febr. 1835 (Jur. Wochenschr. S. 56). — Gärtner, ebd. Nr. 29. Dieser findet, mit manchem Anderen, schon in dem Subhastations-Proclama einerseits, und in dem darauf eingehenden Meistgebot andererseits, die Perfektion des Kontrakts (S. 245). Das Proclama ist jedoch keine Offerte sondern eine bloße Einladung an Kauflustige, Offerten zu machen, deren ausdrücklicher oder stillschweigender Annahme es noch bedarf. In der Note 3 ist das Allegat aus Leyser, Sp. DLXXVII ein Druckfehler, es wird CCCCLVII heißen sollen.

den entgegengesetzten Grundsatz[10]). Deshalb verfährt der Richter nicht richtig, wenn er ohne Weiteres einem Bieter, der das Licitationsprotokoll nicht unterzeichnet hat, den Zuschlag ertheilt, doch kann hieraus nur dieser Bieter, nicht aber ein Subhastationsinteressent, der dem Gebote im Termine nicht widersprochen hat oder, was dem gesetzlich gleichsteht, im Termine nicht erschienen ist, einen Vernichtungsgrund gegen den Zuschlag hernehmen[11]).

II. Aus dem Gesagten erhellet, auf was der Vortrag aus dem geschlossenen Subhastationsverfahren, der immer mündlich gehalten wird, gerichtet sein muß. Er hat zwei Gegenstände: die Förmlichkeiten und die sog. merita causae. Zu den Förmlichkeiten gehört besonders die Kompetenz des Gerichts, nur das Judicium rei sitae ist kompetent, und dann die für das Verfahren vorgeschriebenen Förmlichkeiten. Zur Sache selbst gehören: 1) ein gerechter Grund, z. B. Requisition der Ortsobrigkeit behufs der Wiederherstellung eines baufälligen Grundstückes[12]), oder des Prozeßrichters, oder, in Betreff der Pertinenzien, Requisition des Judex pertinentiarum von Seiten des Subhastationsrichters, wenn diesem nicht aus einem besonderen Grunde die Subhastation der unter einer besonderen Jurisdiktion belegenen Pertinenzien mit überlassen ist; 2) ein geeigneter Gegenstand in commercio[13]); 3) ein erwerbsfähiges und für den konkreten Fall zulässiges Subjekt; 4) das Vorhandensein der Essentialien eines Kaufes und die Beobachtung der verbindlichmachenden Form (Not. 10), mit Rücksicht auf die Förmlichkeiten und Voraussetzungen, welche auf die Ergänzung der etwa fehlenden ausdrücklichen Einwilligungen und Entkräftung erhobener Widersprüche berechnet sind.

Der Vortrag erfordert sonach:

1) die Bezeichnung des Gegenstandes der Subhastation und Erledigung der aus der Beschaffenheit desselben etwa entspringenden Bedenken;

2) die Angabe der Veranlassung der Subhastation und der vorhandenen Interessenten, welche Angabe mit der Bezeichnung des

---

10) Vergl. das Erkenntn. des Obertribunals v. 23. April 1856 (Entscheid. Bd. XXXIII, S. 266).

11) Erk. des Obertribunals v. 15. Juli 1857 (Entsch. Bd. XXXVIII, S. 461).

12) A. L.R. I, 8, §. 40 u. m. Anm. 35 dazu.

13) V. v. 4. März 1834, §. 1 u. m. Anmerkungen dazu; V. v. 10. April 1841 (G.S. S. 76).

Gegenstandes (Nr. 1) als die Species facti angesehen werden kann;

3) eine spezielle Prozeßgeschichte, namentlich: durch wen die Taxe aufgenommen worden, wie hoch dieselbe ausgefallen, wer dazu vorgeladen und wie die Vorladungen insinuirt worden; ob Einwendungen (Monita) gegen dieselbe erhoben und wie dieselben erledigt worden; auf wie lange der Licitationstermin ausgerückt worden; auf welche Weise die Bekanntmachung geschehen; wo und wie oft die Insertion erfolgt, und an welchem Tage das Blatt, worin die Bekanntmachung zum ersten Male erschienen, ausgegeben worden; an welchen Orten und wie lange das Subhastationspatent ausgehängt gewesen und wodurch dieses nachgewiesen worden, womit sogleich eine Beurtheilung dieser Art der Bekanntmachung, namentlich der dabei etwa vorgefallenen Unregelmäßigkeiten, z. B. daß ein Aushang nicht am gehörigen Orte oder gar nicht[13a]) angeschlagen, oder daß er abgerissen worden ist, zu verbinden; ferner: wer zu dem Termine vorgeladen worden, in welcher Art, und wie die Insinuation der Benachrichtigung bewirkt worden; um welche Tageszeit der Licitationstermin angefangen worden, wer und mit welcher Summe Meistbietender geblieben; was darauf von den Subhastationsinteressenten erklärt worden, und ob und welche Mängel der äußeren Form an dem Protokolle sichtbar seien;

4) einen Aktenauszug, wenn Einwendungen oder Widersprüche erhoben worden sind, oder überhaupt Kontestationen stattgefunden haben;

5) die Beurtheilung

a) der Legitimation der aufgetretenen Sachwalter, namentlich der des Bieters, wenn dieser nicht persönlich den Gegenstand erstanden hat;

b) der Förmlichkeiten des Prozesses, zu deren Beurtheilung die thatsächlichen Unterlagen aus der Geschichte zu entnehmen sein müssen, da die Versicherung, daß alle Förmlichkeiten beobachtet worden seien, nicht genügt; denn daß Alles in Richtigkeit sei, ist ein Urtheil ohne Grundlage;

c) der Sache selbst.

Kann der Zuschlag, nach der Meinung des Referenten, erfolgen, so schlägt er die Formel des Adjudikationsurtels vor. In

---

13a) Es kommt vor, daß auf Dörfern der dort anzuschlagende Aushang auf dem Tische in der Schenke ausgelegt oder gar in die Schublade des Tisches gelegt wird.

diese Formel müssen alle Kontraktsbedingungen, nicht aber auch die Modalitäten der nun ja schon der Geschichte angehörigen Licitation, aus dem Licitationsprotokolle wörtlich aufgenommen werden [14]), denn dieses Erkenntniß ist die Kontraktsurkunde; und wenn mit der Subhastation zugleich ein Aufgebot unbekannter Realprätendenten verbunden worden, so wird mit der Adjudikation die Präklusoria derjenigen, welche sich nicht gemeldet haben, verbunden [15]).

Soll nicht adjudizirt werden, so ist darüber zu erkennen [16]): ob die Subhastation aufgehoben oder fortzusetzen sei, wenn die Interessenten darüber streiten.

III. Das abgefaßte Adjudikationserkenntniß wird, nach den Vorschriften der alten Prozeßordnung, in einem dazu angesetzten besonderen Termine publizirt und den erschienenen Interessenten in Ausfertigung ausgehändigt; den Nichterschienenen wird es wie gewöhnlich (§. 59) insinuirt. Ausgefertigt wird es für den Extrahenten und Adhärenten, für den Subhastaten, für den Adjudikatar, für diejenigen Realgläubiger, welchen ein Ausfall droht, für etwaige Intervenienten und für jeden der übrigen Realgläubiger, welcher eine Ausfertigung verlangt [17]); endlich ist, wenn das Erkenntniß eine Präklusoria enthält, eine Ausfertigung durch 14 Tage an gewöhnlicher Gerichtsstelle auszuhängen. Dieses Alles wird in der Nebenresolution verordnet.

Beispiel.

Im Namen des Königs.

In der, auf den Antrag des N., welchem der N. beigetreten ist, eingeleiteten nothwendigen Subhastation des im K—schen Kreise belegenen, im Hypothekenbuche des Königl. Kreisgerichts zu M., Vol. XIII, fol. 286, Nr. 40, verzeichneten Ritterguts S.

hat das — Gericht zu N. in der Sitzung vom ...ten, in welcher gegenwärtig waren: (folgen die Namen)

für Recht erkannt:

daß,

da die Subhastation auf Requisition des Prozeßrichters im

14) A. G.O. I, 52, §. 59.

15) V. I v. 4. März 1834, §. 15.

16) Vergl. Dr. Jacobi, Aufsatz, in der juristischen Wochenschrift, Jahrg. 1835, S. 3 ff.

17) Reskr. v. 30. März u. 2. Mai 1834 (Jahrb. Bd. XLIII, S. 137 u. 500).

Wege der Exekution gesetzmäßig verfügt worden; da gegen die, unter Zuziehung der Interessenten, nach landschaftlichen Prinzipien aufgenommene, auf 30,000 Thlr. ausgefallene Taxe keine Einwendungen rechtzeitig angebracht worden sind, die erst 14 Tage vor dem Licitationstermine eingegangenen Erinnerungen des Schuldners N. aber, weil sie zu spät angebracht sind, nach §. 5 der Verordnung über den Subhastationsprozeß, vom 4. März 1834, nicht in Betracht kommen; da ferner der, richtig auf sechs Monate hinausgesetzte Bietungstermin, vorschriftsmäßig durch Aushang des Subhastationspatents an der Gerichtsstelle, und durch sechsmalige Einrückung in den öffentlichen Anzeiger des Regierungs-Amtsblatts des hiesigen Departements und in die Staatszeitung von Monat zu Monat, gehörig bekannt gemacht worden ist; da sämmtliche aus dem Hypothekenbuche hervorgehende und ihrem Aufenthalte nach bekannte Interessenten, mit dem Extrahenten, durch vorschriftsmäßig insinuirte Bekanntmachungen, diejenigen aber, deren Aufenthalt nicht hat daraus entnommen werden können, öffentlich in dem Subhastationspatente, zu diesem Termine vorgeladen worden sind, da auch das von dem Gutsbesitzer N. in dem, erst nach 6 Uhr geschlossenen, Bietungstermine gethane letzte Gebot von 22,000 Thlrn. zwei Drittel der Taxe übersteigt, und der Widerspruch des N. gegen den Zuschlag.

nach §. 13 der gedachten Verordnung

nicht berücksichtigt werden kann, weil er nicht zugleich auf Ansetzung eines neuen Termins angetragen hat, und für das Gebot so wie für allen aus der Verzögerung entstehenden Nachtheil und für die Kosten zu haften sich nicht hat verpflichten wollen; sonst aber kein Widerspruch gegen den Zuschlag erhoben worden ist; und

da endlich auf das, wegen noch nicht geschehener Eintragung des Besitztitels für den Schuldner, mit der Subhastation, nach Vorschrift des §. 7 der gedachten Verordnung verbundene öffentliche Aufgebot der Realprätendenten, deren Ansprüche der Eintragung in das Hypothekenbuch bedürfen, sich Niemand gemeldet hat,

I. das gedachte Rittergut, wozu gehören xc. (nebst Zubehör) dem Gutsbesitzer N. für 22,000 Thlr. sage zwei und zwanzig Tausend Thaler, unter folgenden Bedingungen zuzuschlagen:

1) Der Verkauf geschieht in Pausch und Bogen, ohne Vertretung der Taxe;

2) das Kaufgeld ist zur Hälfte vier Wochen nach der Publikation des Adjudikationsbescheides ad Depositum des Königl. Kreisgerichts zu M. zu bezahlen, und zur andern Hälfte wird es gegen Verzinsung zu fünf Prozent vom Tage der Publikation dieses Urtels ab, bei der Berichtigung des Besitztitels, eingetragen, und an die darauf bei der Belegung der Kaufgelder anzuweisenden Gläubiger, nach vorhergegangener dreimonatlicher Kündigung gezahlt;

3) die Auseinandersetzung mit dem Pächter übernimmt der Käufer dergestalt, daß er die Gläubiger gegen alle Ansprüche desselben, welche ihm aus dem Pachtgeschäfte zustehen könnten, vertritt; wogegen ihm auch alle Rechte der Gläubiger gegen den Pächter aus dieser Pacht abgetreten sind;

4) die Kosten der Subhastation werden aus den Kaufgeldern berichtigt; die der Adjudikation, des Werthstempels und der Uebergabe aber trägt der Käufer;

II. die unbekannten Realprätendenten mit ihren etwanigen Realansprüchen auf dieses Rittergut zu präkludiren, und ihnen deshalb ein ewiges Stillschweigen aufzuerlegen.

V. R. w.

Folgen die Unterschriften der Richter.

Nebenresolution.

Objekt: 22,000 Thlr.*).

1. Das Urtel ist 6 mal auszufertigen.

2. Zur Publikation desselben ist der Adjudikatar, der Subhastat, der Extrahent Dränger, so wie der Adhärent Presser, und der Realgläubiger, Kaufmann Leider, ad term. den .... vor den Wochen-Deputirten vorzuladen. Jedem ist eine Ausfertigung, mit dem Publikationsvermerke versehen, im Termine auszuhändigen.

---

*) Dieser Vermerk dient zur Liquidirung des Kosten-Pauschquantums.

3. Eine Ausfertigung ist 14 Tage lang an der Gerichtsstelle auszuhängen.

R. d. 6. Dez. 1860.

Richter.

§. 84.

8. Von Korrelationen.

I. Unter „Korrelationen" versteht man im Allgemeinen jede, von einem zweiten Referenten ausgearbeitete Relation, und in diesem Sinne rechnet man dazu auch solche Relationen, welche der zweite Referent vollständig, ohne Einsicht der Relation des ersten Referenten, abstattet [1]). Eine solche Relation unterscheidet sich jedoch von der des ersten Referenten durch nichts, die Bezeichnung derselben als „Korrelation" ist eine uneigentliche, ihre richtige Benennung ist „zweite Relation". Nur ausnahmsweise fehlt der zweiten Relation der historische Theil in Fällen, wo es ausdrücklich nachgelassen ist, statt einer vollständigen Relation bloß die Beurtheilung auszuarbeiten. Von der Ausarbeitung dieses Votums gilt nichts Eigenthümliches. Da jedoch eine Beurtheilung der Rechtsfrage sich nicht ohne thatsächliche Unterlage denken läßt, so muß nach den allgemeinen Regeln das Geschichtliche kurz vorangeschickt werden. Diese Art von zweiten Relationen gehört gegenwärtig der Rechtsgeschichte an. Zwei Relationen kommen jetzt nur noch in Plenar-Sachen bei dem Obertribunale vor (§. 74), und müssen von zwei stimmfähigen Referenten, aus den Mitgliedern oder Hülfsrichtern [2]) des Kollegiums, jede als ein selbstständiger schriftlicher Vortrag ausgearbeitet werden, ohne daß der zweite die Arbeit des ersten kennen gelernt hat. „Nur die Folgeordnung des Vortrages in seiner Relation", d. h. die Ordnung des Stoffs in weitläuftigen Sachen, oder daß nur quoad formalia oder nur über einen Präjudizialpunkt referirt sei, darf der erste Referent dem zweiten eröffnen [3]).

1) A. G.O. Th. III, Tit. 3, §. 56.

2) Der technische Ausdruck der Instruktion v. 7. April 1839, Nr. 44, ist „Hülfsarbeiter". Man denkt dabei unwillkührlich an Drescher und Holzhauer. Freilich ist der Hauptdienst der Richter bei dem schriftlichen Verfahren mechanische Arbeit, Schreiberarbeit.

3) V. v. 14. Dezember 1833, §. 23 u. Instr. v. 7. April 1839, Nr. 44. Dadurch ist die A. G.O. Th. III, Tit. 3, §. 56 modifizirt.

II. In der eigentlichen Bedeutung ist die Korrelation eine solche Relation, welche auf Grund einer Prüfung der Relation gearbeitet wird, so daß sie zur Ergänzung derselben dient. Wenn also die Relation ganz vollkommen wäre, so würde sich die Korrelation auf ein bloßes „accedo" beschränken können. Dieß ist zwar in Praxi häufig geschehen, doch in den allerwenigsten Fällen anwendbar gewesen; denn sehr selten wird die Sache, in welcher eine Korrelation erstattet werden soll, von der Art sein, daß sich gar nichts weiter, weder in facto noch in jure sagen ließe, und es bleiben dergleichen Korrelationen immer ungenügende Leistungen. Eine solche Korrelation setzt also voraus, daß dem Korreferenten die Relation vorgelegen hat. In dem heutigen [3a]) Verfahren kommen dergleichen Korrelationen nur noch in zwei Fällen vor: wenn die Spruchsache dem Referenten zur Uebung [4]), oder wenn sie ihm zur Prüfung [5]) zugetheilt worden ist. Alsdann muß der Korreferent, der selbstverständlich ein Mitglied des Kollegiums oder doch ein „Hülfsarbeiter" sein muß, während der Referent dieß nicht ist, außer der zum praktischen Gebrauche bestimmten Korrelation, seine Bemerkungen über die Arbeit und seine Anweisung für den Referenten aufzeichnen [6]), und in dem zweiten Falle eine besondere Censur in der Proberelation ausarbeiten [7]). Diese Censur ist der für sich bestehende kritische Theil (Beurtheilung) einer fremden Relation, wozu diese Relation den historischen Theil bildet. Die einzelnen Gegenstände der Beurtheilung sind im Allgemeinen: die Methode des Referenten, die Anordnung des Stoffs, der Styl, und insbesondere die einzelnen Theile der Relation, worauf das Urtheil über die größere oder geringere Wichtigkeit der, unter Anwendung der Separationsmethode, bei jedem einzelnen Punkte hervorgehobenen Mängel, und zuletzt das dadurch begründete Endurtheil über den Werth oder Unwerth der Arbeit folgt. Der Plan zu einer vollständigen Censur würde etwa dieser sein: 1) Urtheil über die Methode des Referenten, unter Angabe der Ausstellungen

---

3a) In den nach den Vorschriften der A. G.O. noch jetzt zu verhandelnden Sachen sind dergleichen Korrelationen noch immer gebräuchlich. Oben, §. 74, Nr. II.

4) A. G.O. Th. III, Tit. 3, §. 57; Tit. 4, §§. 14, 24; Instr. v. 7. April 1839, Nr. 44.

5) A. G.O. Th. III, Tit. 4, §. 27.

6) A. G.O. Th. III, Tit. 3, §. 57.

7) Ebenda, Tit. 4, §§. 9, 28.

gegen dieselbe; 2) Urtheil über die Anordnung des Stoffs, wobei die Mängel hervorzuheben; 3) Urtheil über den Styl unter Hervorhebung der Fehler; 4) Beurtheilung des historischen Theils, wobei die Unrichtigkeiten und Unvollständigkeiten zu zeigen sind; 5) Urtheil über die Rechtsausführung, wobei die von dem Referenten gezeigte Rechtskenntniß und die Ausbildung der Urtheilskraft zu würdigen; 6) Urtheil über die Wichtigkeit der hervorgehobenen Mängel, nach dem Zwecke der praktischen Brauchbarkeit der Arbeit, und über die aus der Arbeit sich ergebende praktische Fertigkeit und Geschicklichkeit des Kandidaten; 7) Votum über die Qualifikation der Arbeit zum Probestück, und über das demselben beizulegende Prädikat.

Für die Ausarbeitung einer zum praktischen Gebrauche bestimmten Korrelation ergeben sich aus dem Zwecke derselben, als einer Kontrole des Referenten, folgende Regeln:

1) Der Korreferent hat die Akten sorgfältig durchzulesen, den Rechtsfall zu studiren, demnächst die Relation nach ihrer Vollständigkeit und Gründlichkeit in geschichtlicher, juristischer und formeller Hinsicht zu prüfen;

2) den geschichtlichen Theil hat er, insofern er unvollständig ist, durch Nachträge in seiner Korrelation zu ergänzen;

3) sodann hat er bei jedem einzelnen Punkte sein Votum abzugeben. Ist er mit dem Referenten einerlei Meinung, so hat er seine eigenen Gründe dafür zu entwickeln, oder, wenn er die Rechtsansicht des ersten Referenten theilt, diejenigen Gründe, durch welche das Votum noch mehr gerechtfertigt wird, hinzuzufügen. Ist er anderer Meinung, so hat er nicht bloß seine Zweifels- und Entscheidungsgründe nach denselben Regeln, nach welchen die Relation ausgearbeitet wird, zu entwickeln, sondern auch, wenn der Referent ein Mitglied ist, mit gebührender Rücksicht auf die Kollegialität in Ton und Schreibart, zu zeigen, worin und warum nach seiner Meinung die Rechtsansicht des Referenten nicht richtig sei. Auf diese Weise wird der Rechtsfall gleichsam kontradiktorisch vor dem Kollegio verhandelt, so daß dasselbe über die Kontroverse zu entscheiden hat, wenn nicht eine dritte Meinung geltend gemacht wird. In juristischer Hinsicht scheint also die Gründlichkeit mehr durch eine Korrelation zu gewinnen als durch zwei selbstständige Relationen, welche den Parteien mehr Sicherheit in faktischer Hinsicht gewähren. Diese letztere Rücksicht ist jedoch überwiegend, da die beiden selbst-

ständigen Referenten den Rechtspunkt so genau kennen müssen, daß jeder seine Meinung auch noch mündlich vor dem Kollegio zu rechtfertigen im Stande ist, so daß also durch den Umstand, daß beide ihre Kontroversen erst bei dem Vortrage kennen lernen, die Gründlichkeit der Diskussion nicht leiden kann.

4) Ist die Anordnung des Vortrages des Referenten für den Zuhörer nicht klar genug, so hat der Korreferent so vollständig zu referiren, daß durch Vorlesung der Korrelation die Zuhörer über dasjenige, was ihnen aus der Relation dunkel geblieben ist, völlig ins Klare gesetzt werden.

Anhang,

enthaltend

I. Das Cirkular vom 20. September 1783, von der Methode zu referiren.

II. v. Trützschler, An die Herren Kammergerichts-Referendarien, über die Methode zu referiren. Vom 28. November 1817.

III. Ueber die bei den Civil-Relationen für die dritte juristische Prüfung häufig wahrgenommenen Mängel. Vom 12. Mai 1836.

IV. Ueber die Anfertigung der Referate, Vota und Erkenntnisse in Civilprozeßsachen. Vom 14. November 1852.

Nr. I.

Cirkular vom 20. September 1783, §. 12, von der Methode zu referiren.

(N. Ed. Samml. v. 1783, S. 2460.)

Sehr häufig fängt noch der Referent seine Relation gleich mit einem Auszuge des Klageberichts an, extrahirt sodann den Beantwortungsbericht, die Vernehmungsprotokolle, die Beweismittel und Deduktiones, so wie sie in den Akten nach chronologischer Ordnung hintereinander folgen; und geht darauf zum Vortrage seines Voti und der Gründe desselben über.

Diese Methode zu referiren hat, außer dem Fehler einer ekelhaften Weitläuftigkeit, auch noch den Hauptmangel, daß in dem sehr häufigen vorkommenden Falle, wo ein etwas zusammengesetztes und verwickeltes Faktum in dem Klage- und im Beantwortungsberichte von einer ganz verschiedenen Seite vorgetragen ist; wo ferner bei der im Instruktionstermine erfolgten näheren Vernehmung und Zusammenstellung der Parteien dasselbe wiederum eine ganz andere Gestalt gewonnen hat; und wo außerdem noch die zu einerlei Hauptfakto gehörigen Umstände in mehreren Stellen der Akten zerstreut sind, das Kollegium die Sache nirgend im Zusammenhang dargestellt, und dasjenige, was als richtig und ausgemacht angenommen werden kann, von dem, was streitig und zweifelhaft ist, nirgend abgesondert findet; folglich niemals übersehen kann, worauf es bei der Sache nur noch ankomme, und worauf eigentlich bei der Entscheidung sein Augenmerk zu richten sei. Weitschweifigkeit, Dunkelheit, Verwirrung und Ueberladung mit unnützen, zur Sache nicht gehörigen, die Attention des Kollegii ohne Noth ermüdenden Umständen, sind die unausbleiblichen Folgen einer solchen fehlerhaften Methode zu referiren.

Um solche zu vermeiden, kann dem Referenten, in der Regel

und bei gewöhnlichen Fällen, nachstehendes zu ihrer näheren Anweisung und Direktion dienen.

Für allen Dingen muß der Referent die Akten fleißig lesen, und nicht eher eine Feder ansetzen, als bis er sich mit dem Inhalte derselben ganz genau und vollständig bekannt gemacht hat.

Sodann muß seine erste Arbeit sein, den von dem Instruenten, im Instruktionsprotokoll, nach geschlossener Vernehmung der Parteien, formirten Statum causae über das unstreitige Faktum, sorgfältig zu prüfen; und durch dessen Gegeneinanderhaltung mit den vorhergehenden Verhandlungen, sich zu überzeugen, daß solcher richtig und vollständig, und weder ein zur Sache gehöriger Umstand darin übergangen, noch etwas, so unter den Parteien noch streitig ist, als ausgemacht und unstreitig angenommen sei.

Findet sich dabei nichts zu erinnern, so nimmt er diese Speciem facti in seine Relation auf, giebt dadurch dem Kollegio einen allgemeinen Begriff von der Sache im Ganzen genommen, und erspart sich zugleich das Extrahiren alles desjenigen, was vorher, und ehe die Parteien sich über das Faktum so weit einigten, unter ihnen verhandelt und in Actis niedergeschrieben worden.

Sodann wendet sich der Referent zu den, nach dem Instruktionsprotokoll in facto streitig gebliebenen und zur Beweisesaufnehmung ausgestellten Punkten.

Jeden dieser Punkte nimmt er nach einer natürlichen Ordnung, wie es der Zusammenhang der Geschichte des Hauptfakti mit sich bringt, ohne sich an die Folge der Nummern im Instruktionsprotokolle ängstlich zu binden, besonders vor, und führt bei jedem derselben kurz, doch vollständig an: was ein jeder von beiden Theilen dabei behaupte oder leugne, ohne sich daran zu kehren, ob die Angabe der Partei im Klage- oder im Beantwortungsbericht, oder in welchem der zu verschiedenen Zeiten aufgenommenen Instruktionsprotokolle vorkomme, wobei er jedoch die Folia der Akten, wo diese Angaben vorkommen, allenfalls in margine allegiren muß, damit das Kollegium die Richtigkeit des Extrakts beurtheilen und kontroliren könne. Wenn er solchergestalt die Angaben der Parteien extrahirt hat, so trägt er ferner vor: was zur Eruirung eines solchen streitigen Punkts für Beweismittel vorgeschlagen und aufgenommen worden; bemerkt, was in Ansehung der Qualität dieser mediorum probandi und ihrer Beweiskraft vorkomme; referirt den Inhalt des Beweismittels selbst, z. E. der Urkunden, der Zeugenverhöre rc.; und fügt zuletzt sein Gutachten: ob und was durch diese media probandi in Ansehung des streitigen Fakti für ausgemittelt zu achten sei, hinzu. Wenn solchergestalt sämmtliche im Instruktionsprotokoll zur Beweisesaufnehmung ausgestellte Punkte durchgegangen sind, so untersucht der Referent ferner: ob etwa noch Umstände vorhanden, die als irrelevant übergangen und verworfen, oder in Ansehung ihrer Erheblichkeit, zur nähern richterlichen Beurtheilung, ohne sie zu instruiren, ausgesetzt worden. Finden sich dergleichen Umstände, so prüft er: in wie fern solche wirklich irrelevant sind, oder auf Entscheidung der Hauptsache erheblichen Einfluß haben; und also fördersamst, ehe noch definitive erkannt werden kann, durch eine vorläufige Resolution, zur näheren Erörterung verwiesen werden müssen. Findet sich aber nichts, was eine dergleichen vorläufige Resolution nothwendig machte, so rekapitulirt nunmehr der Referent kurz, doch bündig und vollständig, das ganze Faktum mit allen seinen Haupt- und zur Sache gehörigen Nebenumständen, so wie solches durch die aufgenommenen Beweismittel als klar und richtig feststeht.

In allen gewöhnlichen Fällen wird sich aus dieser zusammenhängenden Erzählung des vollständig ausgemittelten Fakti die Entscheidung des Streits von selbst ergeben, welche daher, allenfalls durch Angebung des Rechtssatzes, mittelst dessen, als des medii termini, die Entscheidung aus dem Fakto folgt, beigefügt wird.

Ist aber, um diese Konklusion aus dem prämittirten Fakto herzuleiten, eine weitere rechtliche Ausführung nothwendig, so muß der Referent die in den Deduktionen vorkommenden Argumenta juris beider Theile gehörig vortragen, und seine eigene Meinung: wie die streitige Rechtsfrage zu beantworten sei, cum rationibus angeben; welchemnächst das Kollegium erwägen muß: in wie fern die quaestio juris wirklich dubia sei, und es also einer Anfrage an die Gesetzkommission bedürfe.

Es versteht sich von selbst, daß alles vorstehende keine Regeln und Gesetze sein sollen, wodurch den Relationen eine durchaus zu beobachtende bestimmte Form vorgeschrieben, und dem Referenten in seiner Arbeit die Hände gebunden würden. Vielmehr sind es bloße Anweisungen, die, besonders von noch ungeübten Referenten, in den meisten Fällen mit Nutzen werden gebraucht werden können; und Abweichungen davon wird einem schon mehr erfahrenen und routinirten Arbeiter die vernünftige Erwägung des vorliegenden individuellen Falles, mit gehöriger Rücksicht auf den Endzweck einer jeden Relation von selbst an die Hand geben. Denn da dieser Zweck bloß dahin geht, dem Kollegium die in den Akten enthaltenen Behauptungen der Parteien, nebst den zur Unterstützung und Widerlegung derselben angeführten Gründen, deutlich, getreu, vollständig und in einer natürlichen Ordnung vorzutragen; zu zeigen, was davon in facto wahr oder falsch sei; und was aus diesen factis in jure folge, richtig herzuleiten; dadurch aber das Kollegium in den Stand zu setzen, daß es die ganze Sache gehörig übersehen, und jedes Mitglied sein Votum mit Gründlichkeit und Ueberzeugung abgeben könne; so ist jede Methode, welche in dem vorliegenden Falle am nächsten und sichersten zu Erreichung dieses Endzwecks führt, die beste und vorzüglichste. So muß z. E., wenn unter mehreren streitigen Umständen einer dem andern ein Präjudiz macht, jener zuerst und vor diesem erörtert werden.

Eben so kann der Fall vorkommen, wo der Referent sich auf rechtliche Erörterung einlassen muß, ehe er noch sämmtliche vorgekommene und instruirte Fakta erörtert, z. E., wenn es von einer quaestione juris abhängt: ob aus dem Fakto, wenn solches auch richtig wäre, ein Jus agendi überhaupt gegen den Beklagten entspringe. Alsdann muß der Referent das Faktum nur so vortragen, wie der Kläger es erzählt, und sofort prüfen, ob solches eine Klage gegen den Beklagten rechtlicher Art nach begründen könne; maaßen, wenn solches nicht wäre, und also der Kläger schon aus diesem Fundament abgewiesen werden müßte, es ganz unnütz sein würde, das Kollegium mit weiteren Untersuchungen: ob das Faktum richtig sei oder nicht, aufzuhalten.

Ein gleiches kann auch bei einzelnen zu einem an sich relevanten Hauptfakto gehörigen Umständen zutreffen. Wenn z. E. der Instruent sich auf weitläuftige Untersuchungen über einen solchen Umstand eingelassen hat, den der Referent für offenbar unerheblich ansieht, so muß er seine dießfälligen Gründe dem Kollegio zuerst vortragen; maaßen, wenn Dieses darunter mit ihm einig wäre, alsdann der Vortrag des Inhalts der darüber aufgenommenen Beweismittel, und die Erörterung, was dadurch von einem solchen Umstande eigentlich eruirt sei, dem Kollegio erspart werden kann.

Gleichergestalt kann z. E. ein weitläuftiger Vortrag der gegen die Person eines Zeugen gemachten Einwendungen, und der zu dessen Eruirung in facto vorgenommenen Untersuchung unterbleiben, wenn sich findet, daß in den Aussagen dieses Zeugen nichts zur Sache gehöriges enthalten sei.

Endlich versteht es sich von selbst, daß, wenn in einem Prozesse mehrere, zwar aus ein und eben demselben Negotio entstehende, unter sich aber unabhängige Forderungen vorkommen, zuerst das Haupt-Negotium vorgenommen, und, soweit es nöthig, erörtert, sodann aber die einzelnen Forderungen, jede für sich, nach obiger Methode, vom Anfang bis zum Ende verhandelt und abgethan werden müssen.

Nr. II.

An die Herren Kammergerichts-Referendarien. Ueber die Methode zu referiren. Vom 28. November 1817*).

Ich bin Ihnen mit sehr wenig Ausnahme das rühmliche Zeugniß schuldig, daß Sie Sich bei Bearbeitung der Spruchsachen, die Ihnen beim Kriminal-Senat und der Civil-Deputation zugeschrieben werden, durch regen Fleiß und Diensteifer auszeichnen. Viele von Ihnen drängen sich zur Arbeit, und das Bestreben der Meisten, sich zu tüchtigen Referenten auszubilden, ist unverkennbar. Wenn also gleichwohl jetzt nur Wenige allen Ansprüchen genügen, die an einen guten Referenten gemacht werden, und wenn selbst die Arbeiten Mancher, die sich schon zur dritten Prüfung vorbereiten, oft noch sehr mangelhaft sind, so kann ich mit Ueberzeugung voraussetzen, daß es nicht an Ihrem guten Willen liegt.

Ich halte mich daher verpflichtet, Ihnen wieder einmal die Haupt-Requisite einer guten Relation in Erinnerung zu bringen.

1.

Eine ganz erschöpfende und für alle Fälle passende Instruktion zum Referiren läßt sich nicht geben, und selbst die Allgem. Ger.-Ordn. Tit. 13, §. 3 u. f. sowie die Allgem. Krim.-Ordn. §. 488 u. f. enthalten nur ganz allgemeine Andeutungen. Jede Sache will vielmehr nach ihrer eigenthümlichen Beschaffenheit nach einem besondern Plane bearbeitet sein, und es ist die erste Pflicht jedes gewissenhaften Referenten, wenn er sich zuvor durch fleißiges Aktenlesen mit dem zu verarbeitenden Stoff ge-

---

*) Diesen Aufsatz pflegte der Kammergerichts-Präsident von Trützschler jedem neu eintretenden Referendarius zuzustellen. Abgedruckt findet er sich in (P. W. A. v. Ladenberg) Preußens gerichtliches Verfahren 2c., Köln 1825, und in: Ulrici, die juristischen Prüfungen, Königsberg 1839, S. 269 ff.

nau bekannt gemacht hat, diesen Plan zu entwerfen, ehe er die Feder ansetzt.

Nichts desto weniger giebt es

2.

gewisse allgemeine Regeln, die er sich in jeder Sache zum Leitfaden muß dienen lassen. Vor allem andern gehört dahin eine reine und edle, von Poesie und dem Predigertone gleich entfernte Geschäftssprache. Ein schwülstiger weitschweifiger Styl ermüdet den Leser und Zuhörer; Präcision kann aber mit der Gründlichkeit sehr wohl bestehen.

3.

Jede Relation hat den Zweck, dem Kollegio eine treue, vollständige und klare Uebersicht des Sach- und Rechtsverhältnisses zu gewähren, damit es in den Stand gesetzt werde, den Fall richtig zu entscheiden.

Treue und Vollständigkeit im Vortrage des facti ist also die erste unerläßliche Pflicht des Referenten. Aber die Relation soll kein chronologischer Aktenauszug sein, sondern nur die Resultate desselben in gedrängter Kürze darstellen. Wenn also eine Thatsache Anfangs bestritten worden, so ist es ganz überflüssig, den Zuhörer mit der ersten unrichtigen Einlassung zu ermüden, sondern es genügt, das letzte Zugeständniß herauszuheben, und ein geschickter Referent wird die vom Kläger zur Unterstützung seiner Anträge, sowie die vom Gegentheil zur Widerlegung derselben angeführten Gründe im Zusammenhange vorzutragen wissen, ohne nach der Zeitfolge zu erzählen, was erst der Kläger behauptet, der Verklagte darauf erwidert, wie der Kläger nun seine Behauptungen modificirt, und was zuletzt der Verklagte eingeräumt hat.

4.

Völlig unnütz ist es für die Entscheidung, in die species facti eine lange Prozeßgeschichte mit aufzunehmen, und z. B. zu erzählen, daß Zeugen vorgeschlagen, verworfen, ausgeblieben, gestorben sind, daß deducirt, interloquirt worden u. s. w. Aber auch das an und für sich erhebliche Resultat der Beweis-Aufnahme, der Inhalt der Zeugen-Aussagen, der beigebrachten Dokumente rc. muß zu Vermeidung unnützer Wiederholungen aus der species facti ganz wegbleiben, und zur Beurtheilung, wo es dagegen unter keiner Bedingung fehlen darf, verwiesen werden.

5.

Dasselbe gilt von dem Inhalte der Deduktionen und der Entscheidungsgründe der vorigen Richter, wovon die wesentlichen Momente dem Kollegio zwar nicht vorenthalten werden dürfen, jedoch ebenfalls nur loco congruo in die Beurtheilung verwebt werden müssen.

6.

Um dem Kollegio die Sache klar darzustellen und es gleich auf den richtigen Standpunkt zu versetzen, ist es in der Regel zweckmäßig, bald im Eingange ganz im Allgemeinen den Gegenstand des Streits, oder der Untersuchung zu bemerken, und dann erst den Vortrag der Parteien oder der Angeschuldigten ununterbrochen folgen zu lassen. Im gemeinen Leben verlangt ein Jeder, der uns eine Sache vortragen will, daß man ihn, wie man zu sagen pflegt, ausreden lasse, damit man die Stärke seiner Gründe fühle, und es wird für einen Verstoß gegen die guten Sitten gehalten, wenn man dazwischen redet.

Einen völlig gleichen Anspruch macht das vor Gericht stehende Publikum an den Referenten. Jeder verlangt, daß das Gericht die Gründe, die nach seiner Meinung für ihn sprechen, im Zusammenhange, am liebsten mit seinen eigenen Worten erfahre, und es ist also ein Fehler, wenn manche Referenten diese billigen Anforderungen nicht berücksichtigen.

Aber es ist eben so sehr zu tadeln, wenn andere aus Bequemlichkeit die Einwendungen des Verklagten und die Repliken des Klägers nachher beziehungsweise ad Nr. 1, 2 u. s. w. folgen lassen, weil das Gedächtniß der Zuhörer nicht so weit reicht, um jedesmal zu wissen, wovon ad 1, 2 u. s. w. die Rede war.

7.

Der Zweck einer klaren und deutlichen Darstellung wird aber ganz verfehlt, wenn mehrere Punkte, ja sogar Kon- und Rekonvention, und in Kriminalsachen selbst, die verschiedenen Inkulpaten nicht sehr sorgfältig getrennt werden, und gleichwohl verfallen angehende Geschäftsmänner, die chronologisch nach der Reihefolge der Akten zu arbeiten gewohnt sind, sehr häufig in diesen Fehler. Es ist aber absolut unmöglich, daß die Zuhörer bei dieser Methode die Sache deutlich übersehen können, und es ist daher durchaus nothwendig, daß jeder Punkt und jeder Angeschuldigte, wie es auch die Allgem. Ger.-Ordn. l. c. §. 36 und Tit. 44, §. 9, desgleichen Tit. 45, §. 21, sowie die Krim.-Ordn. §. 498

ausdrücklich vorschreiben, erst ganz abgefertigt werde, ehe der Referent zu dem Folgenden übergeht.

8.

Um die Aufmerksamkeit des Kollegii nicht durch Nebendinge zu unterbrechen, muß die Kritik des Verfahrens niemals zwischen die species facti und Beurtheilung eingeschoben, sondern entweder gleich hinter dem allgemeinen Eingange, oder noch besser ganz am Schlusse der Relation aufgenommen werden. Von dieser Kritik ist jedoch die Beurtheilung wesentlicher Formalien, namentlich die Prüfung des Legitimationspunkts, die Beobachtung der Fristen zur Einlegung des Rechtsmittels, der Zuläßigkeit des letztern und des fori, sehr verschieden, und diese Prüfung muß allerdings der Beurtheilung der Hauptsache jedesmal vorangehen.

9.

Damit nun aber dem Gedächtniß der Zuhörer möglichst zu Hülfe gekommen werde, ist es besonders in weitläuftigen und komplicirten Sachen nothwendig, und auch in der Allgem. Ger.-Ordn. besonders empfohlen, im Eingange der Beurtheilung das Faktum noch einmal in gedrängter Kürze zu wiederholen; so wie es sich im Laufe der Instruktion nach der unbestrittenen Einlassung der Parteien gestaltet hat.

Weiß nun das Kollegium, worauf es eigentlich ankommt, so ist es auch gehörig vorbereitet, um die Erheblichkeit der streitig gebliebenen Punkte und ihren Einfluß auf die Entscheidung zu beurtheilen. Jetzt also ist es Zeit, zum Resultat der Beweisaufnahme überzugehen, und ganz vorzüglich bei diesem Theile der Arbeit muß sich die historische Treue bewähren. Ein pflichtmäßiger Referent wird daher wohl thun, wenn er ein angefochtenes Bekenntniß wörtlich aufnimmt, die Stellen aus den Dokumenten, deren Interpretation bestritten wird, oder worauf er sonst vorzügliches Gewicht legt, in extenso allegirt und die entscheidenden Stellen aus den Zeugenaussagen gleichfalls wörtlich mittheilt.

10.

Ob das Rechtsverhältniß erst jetzt, oder schon im Eingange der Beurtheilung entwickelt und festgestellt werden kann, dieß muß nach der Eigenthümlichkeit eines jeden konkreten Falles dem vernünftigen Ermessen des Referenten überlassen bleiben. Sobald er aber zu der Prüfung schreitet, welches Gesetz auf den vorliegenden Fall anwendbar sei, ist es wiederum, wenn nur der leiseste Zweifel darüber obwalten kann, seine Pflicht, die nach seiner Ansicht zu Grunde liegenden Gesetzstellen wörtlich aufzunehmen, weil er nicht erwarten kann, daß dem Kollegio die Gesetze jeden Augenblick in ihrem ganzen Zusammenhange gegenwärtig sind. Hiernächst muß das Gesetz in seine einzelnen Bestandtheile aufgelöst, alle nur irgend erhebliche Zweifel müssen geprüft, und zuletzt muß untersucht werden, ob alle Erfordernisse und Bedingungen in dem streitigen Falle vorhanden sind, die das Gesetz voraussetzt.

11.

Nicht immer ist es aber damit abgethan. Die Ansichten sind verschieden, und beinahe die meisten Sachen lassen sich aus mehr als einem Gesichtspunkte betrachten; es ist also nicht genug, daß der Referent die Meinung, die ihm als die richtige erscheint, geschickt und gründlich vertheidigt, sondern er muß die Sache von allen Seiten beleuchten, und mit gleicher Sorgfalt auszuführen bemüht sein, wie die Sache in anderer Beziehung aufgeklärt ist, und wie die Entscheidung würde zu stehen kommen, wenn seine Meinung verworfen würde. Es müssen besonders junge Geschäftsmänner, denen Mangel an reifer praktischer Erfahrung gar nicht zum Vorwurf gereicht, nicht allzusicher auf die Unfehlbarkeit ihrer Meinung vertrauen, und sowie sie z. B. bei dem Antrage auf ein Interlokut eventuell über die Definitiv-Entscheidung nach jetziger Lage der Sache sich äußern müssen, so müssen sie umgekehrt auch die Mängel der Instruktion bemerken, die für den Fall erheblich sein würden, wenn das Kollegium ihre Meinung nicht adoptiren sollte.

12.

Daß diese eventuellen Bemerkungen und Anträge aus dem für die Parteien abzusetzenden Urtel wegbleiben müssen, versteht sich von selbst, und eben deswegen müssen besonders die Kriminal-Relationen, die nach Vorschrift der Kriminal-Ordnung zur Vermeidung alles Aufenthalts gleich in Form eines Urtels ausgearbeitet werden müssen, ehe sie zur Kanzlei gehen, wenn auch das Kollegium den Anträgen des Referenten unbedingt beitritt, nochmals einer sorgfältigen Revision unterworfen werden, damit nichts darin stehen bleibe, was zur Mittheilung an die Angeschuldigten und Behörden nicht geeignet ist.

13.

Ganz besonders muß sich aber die Kunst eines pflichtmäßigen

Referenten beim Absetzen des Urtels alsdann bewähren, wenn das Konklusum mit seiner Ueberzeugung nicht übereinstimmt, damit die Entscheidung gehörig motivirt, und das Kollegium nicht durch eine ungeschickte Ausführung kompromittirt werde.

14.

(Diese Nummer enthält eine kurze Anweisung zum Referiren in criminalibus, welche als veraltet weggelassen ist).

Ich schließe diese Bemerkungen mit dem Wunsche, daß sie nirgends auf unfruchtbaren Boden fallen, und daß sie mich künftig aller unangenehmen Rügen beim Vortrag überheben mögen.

Berlin, den 28. November 1817.

v. Trützschler.

Nr. III.

Ueber die bei den Civil-Relationen für die dritte juristische Prüfung häufig wahrgenommenen Mängel.

(v. Kamptz, Jahrbücher, Bd. XLVII, S. 451 ff.)

Die Allgemeine Gerichts-Ordnung fordert Th. III, Tit. 4, §. 27 von den zur dritten Prüfung verstatteten Referendarien die Ausarbeitung zweier Probe-Relationen in „weitläuftigen, wichtigen, auf mehreren quaestionibus facti et juris beruhenden" Prozeßsachen. Durch diese Arbeiten, wozu in früheren Zeiten nur reponirte Akten in bereits entschiedenen Revisionssachen ausgegeben wurden, sollen die Kanditaten Beweise ablegen nicht nur von „gründlicher Rechtskenntniß", sondern auch von der „Gabe",

> „eine verwickelte Sache deutlich und richtig auseinanderzusetzen und bei deren Beurtheilung den rechten Punkt zu treffen."

Schon im Jahre 1801 gaben die häufigen und mannigfachen Ausstellungen, welche die Immediat-Examinations-Kommission an den Probe-Relationen zu machen gefunden hatte, dem Königl. Justiz-Departement Veranlassung, die zur dritten Prüfung sich vorbereitenden Referendarien durch die Präsidien erinnern zu lassen,

> „sich im Referiren nach guten Mustern zu richten und dadurch mit der richtigen Grenzlinie zwischen Weitschweifigkeit und Unvollständigkeit bekannt zu machen, den hauptsäch-

lichsten Gesichtspunkt: daß der Zuhörer in den Stand gesetzt werden müsse, sein Votum so abzugeben, als ob von ihm selbst die Akten gelesen, und die zur Begründung der Entscheidung dienenden Gesetzstellen nachgeschlagen worden, nie aus dem Auge zu lassen, und solchergestalt den Vorschriften der Gerichts-Ordnung Th. I, Tit. 13, §. 7 vollständig zu genügen."

Cirkular-Reskript vom 26. November 1801 (N. C. C. Tom. XI, S. 613).

Diese Andeutungen wurden indessen im Laufe der Zeit vielfältig übersehen und immer seltener befolgt. Abweichende Ansichten oder Voraussetzungen über die Anforderungen an eine Probe-Relation blieben vorherrschend. Die Mehrzahl der Kandidaten betrachtete die Zutheilung von Probe-Referendis fortdauernd mehr wie eine ihnen dargebotene Gelegenheit, ihre Studien über die vorliegende Rechtsmaterie in größter Ausführlichkeit zu entwickeln; sie gaben sich daher vorzugsweise dieser Richtung hin, zogen in ihren Ausarbeitungen alles irgend Verwandte mit heran, verloren sich in das Feld gelehrter Untersuchung und gaben ihren Relationen einen Umfang, der nicht selten die Grenzen einer förmlichen Abhandlung noch überschritt. Die Sorge für richtige Oekonomie in dem historischen und in dem kritischen Theile der Arbeit, insbesondere für zweckmäßige Einrichtung des voraufzuschickenden Geschichtsvortrags, war dabei oft tief im Hintergrunde geblieben, und namentlich der eben bezeichnete Abschnitt theilte entweder das Gebrechen des Ganzen — übermäßige Weitläuftigkeit, — oder er war auf andere zum Theil entgegengesetzte Weise vernachlässigt. Aehnliches widerfuhr dem zunächst so wichtigen Abschnitte von den sogenannten *wesentlichen*, die Abfassung eines Endurtheils bedingenden *Förmlichkeiten*. Die Beurtheilung und Nachweisung derselben wird bald ganz unterlassen, bald zu kurz abfertigend oder am unrechten Orte gegeben, bald auf die ermüdendste Weise mit einer Herzählung aller und jeder in und an den Akten sonst wahrgenommenen Mängel verwebt.

Arbeiten solcher Art, wie wenig sie auch dem Wesen einer Relation für ein Richter-Kollegium und den darauf hindeutenden Vorschriften der Gerichts-Ordnung und des angeführten Cirkular-Reskripts entsprachen, fanden gleichwohl, bei sonst anzuerkennender innerer Güte, billige Nachsicht, so lange — zum Theil nach eigenen begleitenden Aeußerungen der Verfasser — angenommen werden durfte, daß großentheils so und nicht anders wohl nur in dem Bewußtsein gearbeitet worden,

die Probe-Relationen, aus bereits in letzter Instanz abgeurtelten Prozeßakten gefertigt, würden nun doch einmal zum praktischen Gebrauch nicht benutzt, weder in einem Kollegio, noch selbst in der Examinationskommission wirklich vorgelesen, vielmehr nur, unter Zuhandnehmung der Akten oder der Tribunalsrelationen, von den Censoren daheim gelesen, da denn nach der Erfahrung, bei dem in jedem Augenblick möglichen Anhalten, auch Nach- und Zurückschlagen in der Relation und in den Akten, mancher Auswuchs weniger unbequem hervortrete, manche Lücke williger übersehen werde.

Zur Beseitigung solcher Voraussetzungen, ohne die gewiß manche der Probearbeiten ganz anders würde gestaltet gewesen sein, bedurfte es in der That einer Maßregel, wie diejenige Sr. Excellenz des Herrn Justizministers Mühler in der Verfügung v. 12. Aug. 1833 (Jahrbücher, Bd. XLII, S. 146—149), mit welcher Verfügung, kann man sagen, eine neue Epoche für das Probe-Referiren der Kandidaten begonnen hat. Nach ihr sollen die Probe-Relationen fortan nicht mehr aus reponirten, sondern aus kurrenten, zum Spruch in letzter Instanz vorliegenden Akten, entweder bei einem der Provinzial-Landes-Justiz-Kollegien, oder bei dem Geheimen Obertribunal angefertigt, und es soll versucht werden, von ihnen zunächst bei diesen Gerichtshöfen zum Zweck der Aburtelung Gebrauch zu machen, bevor sie an die Examinationskommission zur spezielleren Censur gelangen.

Schon diese Anordnung für sich allein mußte die Kandidaten darauf hinleiten, daß für den Zuschnitt und die Ausstattung ihrer Probe-Relationen das praktische Bedürfniß der vorherrschende Gesichtspunkt und Maßstab sein solle, mußte sie mehr wie je daran erinnern, daß die Anforderung dieser schriftlichen Probeleistungen, neben der abgesonderten stattfindenden mündlichen Prüfung ihrer theoretischen Rechtskenntnisse und ihrer Urtheilskraft, in der That vornehmlich nur den Zweck haben könne, auch den Grad ihrer praktischen Ausbildung, ihrer Uebung und Gewandtheit für das Leben des Dienstes zu erforschen. — Allein die erwähnte Verfügung v. 12. Aug. 1833 hatte auch noch besonders, unter Nummer 3, die fortan unerläßlichen Anforderungen an eine Probe-Relation mit den wenigen aber umfassenden Worten hervorgehoben:

> daß dieselbe zum praktischen Gebrauche mit Sorgfalt gearbeitet, kein erhebliches Moment darin übergangen sein, der schriftliche Vortrag aber dennoch durch eine gedrängte Kürze und durch Klarheit sowohl der faktischen Zusammenstellung als der Rechtsausführung sich empfehlen müsse.

Jeder bisherige Zweifel durfte jetzt um so mehr beseitigt scheinen, als bereits in einem Reskripte vom 9. Januar 1833 (Jahrbücher, Bd. XLI, S. 234), welches den Kandidaten „zur Ausarbeitung ihrer Probe-Relationen in derjenigen Vollendung, die sie ihnen überhaupt zu geben im Stande", die erforderliche Dispensation von andern Arbeiten zusicherte, diese Relationen als Mittel bezeichnet waren,

> „den hellen Kopf, der das Wesentliche vom Unwesentlichen zu sondern versteht, sowie den Verfertiger von weitläuftigen Aktenauszügen, den gebildeten, der Sprache und eines wohlgeordneten präzisen Vortrags mächtigen Referenten und den unausgebildeten, unsichern, sich wiederholenden Skribenten zu unterscheiden".

Dessen ungeachtet sind seitdem fortwährend und in nicht geringer Zahl Probearbeiten vorgekommen, die, wenn auch gerade nicht ganz der ungünstigen Seite jener Parallele angehörend, doch immer noch besonders in Beziehung auf ihre Technik, zu Rügen vielfacher Art Anlaß gaben, und nunmehr, von dem vorherrschenden Gesichtspunkte praktischer Brauchbarkeit aus, ohne weitere Nachsicht verworfen werden mußten, wie leidlich, selbst befriedigend auch sonst die materielle Behandlung des Falles erscheinen, wie vollkommen sie in Hinsicht auf Rechtskenntniß, Scharfsinn und Beurtheilungskraft des Kandidaten die günstigen Zeugnisse, mit welchen derselbe zur dritten Prüfung entlassen worden, bestätigen mochte. Erinnern die Probe-Relationen aus neuerer Zeit allerdings seltener noch an jene zügellose Weitschweifigkeit, für welche oft zwei bis drei Buch Papier nicht ausgereicht hatten, so zeigt sich dafür an vielen derselben nunmehr das andere Extrem: der Referent ist über dem Streben nach Kürze in die entschiedenste Unvollständigkeit und Ungründlichkeit verfallen. Oder er hat zum wenigsten jenes Streben nicht überall auf den rechten Punkt zu richten gewußt; die Harmonie in den Theilen seines Vortrages fehlt, die Befriedigung des Zuhörers wird, wenn nicht geschmälert, doch über die Gebühr hingehalten. Auch zeigt sich in den Relationen immer noch häufig ein Schwanken in der Absonderung des Erheblichen vom Unerheblichen und in der Ordnung und Vertheilung des gesonderten Stoffs; eine Unsicherheit in der Auffassung und Verwirklichung des Begriffs vom Praktischen. Zuweilen wird noch ein Hinneigen zu veralteten oder mehr dem gemeinen Prozeß angehörigen Formen sichtbar.

Die Allgemeine Gerichts-Ordnung verbreitet sich nur in wenigen Sätzen, nur in einem einzigen Paragraphen, Th. I, Tit. 13, §. 7, über die allgemeinen Erfordernisse einer Relation; sie fügt aber auch sogleich den Grund hinzu und giebt damit einem jeden Referenten den treffendsten Fingerzeig:

> „Bestimmtere Vorschriften über die Abfassung der Relationen und die dabei zu beobachtende Methode und Ordnung" — heißt es am Schlusse des §. 7 — „können nach der Natur der Sache hier nicht ertheilt werden, da die vernünftige Erwägung der eigenthümlichen Beschaffenheit einer jeden vorliegenden Sache einem aufmerksamen Referenten die Methode, wie bei dieser Sache der (vorbestimmte) Zweck einer jeden Relation am nächsten und sichersten erreicht werden könne, von selbst an die Hand geben wird."

An einer andern Stelle in der Allgemeinen Gerichts-Ordnung, Th. III, Tit. 3, §. 52, ist die Andeutung mit den Worten erneuert:

> es komme bei dem Referiren zu sehr auf die besondern Umstände jeder vorliegenden Sache an, als daß sich dafür mehr als allgemeine Regeln geben ließen.

Es ist nicht die Absicht des gegenwärtigen Aufsatzes, dennoch die Aufstellung einer Reihe von Vorschriften in Form einer Anweisung zum Praktisch-Referiren zu versuchen. Dieß möchte eben so fruchtlos bleiben, wie es die mancherlei im Druck erschienenen Anleitungen, in so weit sie fast in nichts als einer Aufhäufung spezieller Beispiele und Normen bestehen, der Erfahrung zufolge bis jetzt geblieben sind.

Nur einige allgemeine Gesichtspunkte für die Erreichung des Zweckes einer jeden Relation, wie ihn die Allgemeine Gerichts-Ordnung Th. I, Tit. 13, §. 7 im Eingange und das Cirkular-Reskript vom 26. November 1801 andeuten, mögen mit Hoffnung einigen Erfolges hier aufgestellt werden.

Der Referent muß

einerseits im Interesse der Parteien, als deren gemeinschaftliches

Organ er die Veranlassung des Streits, die in den Akten enthaltenen Behauptungen und Anträge und die zu deren Unterstützung oder Widerlegung angeführten Gründe dem versammelten Kollegium vorzuführen hat, diesen geschichtlichen Abschnitt seiner Aufgabe so treu, vollständig und übersichtlich, zugleich so frei von Einmischung jeglicher Aeußerung, welche ein Urtheil in sich schließt, einzurichten sich bemühen, daß, wenn die Parteien selbst bei der Vorlesung zugegen wären, kein Theil mit Grunde oder Gefährdung sich zu beklagen haben könnte.

Er muß aber auch

andererseits im Interesse der Zuhörer, in deren Stelle er die Verhandlungen gelesen, die Legalität und Spruchfähigkeit derselben zu prüfen, das Thatsächliche und das Rechtsverhältniß der Sache zu untersuchen gehabt hat, bei getreuer Ablegung seiner Rechenschaft hierüber, zugleich seinem Vortrage in allen Theilen diejenige Anordnung, Oekonomie und Abrundung geben, welche von der nothwendigen Rücksicht auf Erhaltung der Aufmerksamkeit, auf Erleichterung der Auffassung, auf den Auskauf der Zeit und auf die Kenntniß und Bildung der sachverständigen Zuhörer erheischt und bedingt werden. — Das einfachste und sicherste Mittel, beide Gesichtspunkte in der Relation vereint walten zu lassen, wird immer sein, die Disposition zu derselben auf den Probirstein eines wohlgeordneten mündlichen Vortrages zu bringen, dessen Surrogat ja der schriftliche nur sein soll. In derselben Weise, in welcher der Referent, wäre die Sache zum mündlichen Vortrage bestimmt, dieselbe in freier Rede (nur allenfalls mit schriftlichen Notizen zur Unterstützung des Gedächtnisses auf den Nothfall versehen) vortragen würde und vortragen müßte, wenn nicht unabwendlich über kurz oder lang entweder Rückfragen oder Zeichen von Ungeduld Seitens der Zuhörer ihn unterbrechen sollen, in derselben Weise wird bestimmt auch der schriftliche Vortrag der neulichen Sache berechnet und eingerichtet werden können, um seinem Zwecke zu entsprechen und das Kollegium wie die Parteien, wären diese mit anwesend, gleich sehr zu befriedigen.

Zur näheren Erläuterung des Gesagten sollen hier die hauptsächlichsten jener Erinnerungen, zu welchen unter einer bedeutenden Zahl von Probe-Relationen bald die eine, bald die andere mehr oder weniger Anlaß gegeben hat, aus allen Stadien des Referirens nach deren natürlichen Folgeordnung aufgezeichnet und unter steter Zurückführung auf die zuvor aufgestellten Gesichtspunkte entwickelt werden. Vielleicht gelingt es eher auf diese mehr negative Weise, das bessere Referiren zu fördern. Dabei mögen selbst einige Bemerkungen von geringerer Bedeutung nicht ausgeschlossen werden. Denn wie wenig dergleichen Rügen auch jemals dahin führen können, um ihretwillen eine im Uebrigen brauchbare und lobenswerthe Arbeit zu verwerfen, so wird deren Beachtung doch immer mit dazu beitragen, den Relationen ihrer praktischen Bestimmung nach eine desto größere Vollendung zu geben.

I. Rubrizirung der Relation und Bezeichnung der Parteien im Konterte derselben.

1) Manche Referenten behalten in dem Rubrum ihrer aus Akten zweiter oder dritter Instanz zu fertigenden Relationen unbedingt diejenige Stellung der Parteien bei, welche dieselben in der ersten Instanz einander gegenüber eingenommen haben; andere wechseln mit der Bezeichnung der Parteien in dem Vortrage selbst, bei dem Uebergange aus der einen Instanz in die andere.

Beides ist nicht praktisch. Um dem Kollegium gleich zu Anfange bemerklich zu machen, durch welchen Theiles Berufung die vorzutragende Sache in die zweite (dritte) Instanz gediehen ist, muß in dem Rubrum, durch welches der Referent ja die Parteien, so zu sagen, bei der Versammlung einführen soll, allemal der Appellant (Revident), gleichviel ob dieß der ursprüngliche Kläger oder Verklagte ist, voran genannt werden. Nur, wenn beide Theile das Rechtsmittel ergriffen haben, ist ihre erste Stellung beizubehalten, entweder unter Vorausschickung der Worte:

In wechselseitigen Appellations- (Revisions-) Sachen des 2c.

oder mit dem Nachsatze:

jetzt beiderseits Appellanten (Revidenten) und Appellaten (Revisen).

In Revisionssachen auch noch nebenher in dem Rubrum anzugeben, welcher Theil in der zweiten Instanz Appellant und Appellat gewesen, ist jedenfalls überflüssig. Was die fernere Benennung der Parteien in der Geschichtserzählung betrifft, unter welchem Namen die sogenannte species facti und die Prozeßgeschichte zusammenbegriffen werden, so kann es unleugbar den Zuhörern wie beim freien mündlichen Vortrage so auch hier nur erwünscht sein, wenn der Referent die streitenden Theile, so lange es sich um die Angabe dessen handelt, was dem Rechtsstreite thatsächlich voraufgegangen ist, lediglich noch mit ihren Eigennamen und erst beim

Beginn der Prozeßgeschichte als Kläger und Verklagte bezeichnet, diese letztere Bezeichnung auch fortan durchweg, selbst in dem gutachtlichen Theile der Relation beibehält. Das Wechseln damit, so wie der Vortrag das Appellatorium und Revisiorium beschreitet, in der Weise, daß nunmehr statt vom Verklagten, vom „Appellaten“ (Revisen), statt vom Kläger, vom „Appellanten“ (Revidenten) geredet wird, gewährt keinen Nutzen, kann aber leicht verwirren oder zu störenden Nachfragen veranlassen, wer der Appellat, wer der Revident, ob es der Kläger, oder der Verklagte sei. Manche wählen den Ausweg, die Parteien zwiefach zu bezeichnen, und reden z. B. durchweg und immerfort „vom Kläger und Appellanten“ (Revidenten), „vom Verklagten und Appellaten“ (Revisen); dieß macht aber den Vortrag auf die Dauer schleppend und ist unnöthig, wenn die Zuhörer die veränderte Rolle der Parteien schon aus dem Rubrum der Relation erfahren und aufgefaßt haben.

2) Nächstdem zeigen sich häufig auch darin Mängel, daß die Parteien nach Namen, Stand und Wohnort ungenau bezeichnet, oder bisher nicht genannte Interessenten aus Adhibendis, namentlich aus Nachlaß- und Vormundschafts-Akten eingeschoben, dagegen andere weggelassen sind, ohne daß der Grund zu solchen Veränderungen aus den Prozeßakten selbst hervorgeht, noch bei der Prüfung der wesentlichen Förmlichkeiten von dem Kandidaten näher angegeben wird. Dieß gilt namentlich von Litisdenunziaten oder Intervenienten, welche in dem Rubro des vorigen Urtels neben den Parteien noch mit aufgeführt stehen, deren aber der Referent so wenig in dem Rubro seiner Relation als sonst weiter gedenkt.

II. Geschichtserzählung.

Bei diesem ersten so sehr wichtigen Abschnitte einer jeden Relation wird von dem Kandidaten am häufigsten gefehlt.

1) Einige geben so gut wie gar keine Geschichtserzählung, höchstens einen magern Umriß von dem Streitfalle als Einleitung, schreiten alsdann sofort zur Angabe ihres Gutachtens über formalia und materialia, und lassen erst aus diesem das Kollegium erfahren, um was es sich eigentlich in der Sache handelt.

2) Andere beginnen, ohne Voranschickung dessen, was als Veranlassung zu dem Prozesse thatsächlich außer Streit liegt, unmittelbar mit der Prozeßgeschichte, also mit dem, was der Kläger vor- und angetragen, der Verklagte geantwortet und eingewendet hat. Jene thatsächlichen Umstände aus der Zeit vor dem Beginn

des Prozesses werden dabei, in Gestalt von Behauptungen einerseits, von Zugeständnissen andererseits, ebenfalls nur relativ vorgetragen.

3) Noch andere trennen zwar beides, die species facti und die Prozeßgeschichte, überfüllen dieselben aber mit einer Masse von Einzelnheiten, auf die es theilweise den Zuhörern überhaupt nicht oder doch vorerst nicht ankommen kann.

4) Andererseits werden wiederum häufig Ungleichheiten oder Lücken in diesem Abschnitte merkbar, welche besorgen lassen, der Kandidat habe einstweilen mit Manchem zurückgehalten, was gleichwohl zur Vollständigkeit des von den Zuhörern aufzufassenden Bildes gehören möchte.

Die Verwerflichkeit dieser verschiedenen Methoden bedarf beim Rückblick auf die oben hervorgehobene doppelte Stellung und Verpflichtung des Referenten keines Beweises. In dem einen Falle ist und bleibt Meister der Sache der Referent allein; in dem anderen wird die Absonderung des Unstreitigen von dem Streitigen, welche dem Referenten oblag, dem Kollegium anheim gegeben. In dem dritten Falle wird die Aufmerksamkeit der Zuhörer allen Anhaltes beraubt, daher unvermeidlich geschwächt und endlich wohl ganz unterbrochen, weil doch mit Bestimmtheit vorauszusehen ist, daß der Referent im Verfolge seines Gutachtens zu Wiederholungen aller Art genöthigt sein wird. — Der letzte Fall endlich stellt sich ziemlich dem ersten gleich und gefährdet nicht viel weniger die Parteien wie das Kollegium.

Die zu Anfang dieses Aufsatzes hingestellten Gesichtspunkte führen zu folgenden Betrachtungen über die Mittel, den aus dem Lesen der Akten gewonnenen Stoff zweckmäßig zu vertheilen und zu verwenden, das richtige Maß zwischen dem Zuwenig und dem Zuviel zu treffen und festzuhalten.

Wie bei dem mündlichen Vortrage einer Sache der Gegenstand mit einigen einleitenden Worten vorweg bezeichnet zu werden pflegt, so kann, zumal in verwickelten Fällen, auch bei dem schriftlichen Vortrage eine kurze Vorandeutung dessen, worüber die Parteien streiten, und worauf die Zuhörer ihre Aufmerksamkeit zu richten haben werden, ohne Zweifel von Nutzen sein. Allein eine solche Einleitung darf doch niemals (von den sog. Punktensachen abgesehen) die eigentliche Geschichtserzählung vertreten sollen, sie hat überhaupt immer manches Bedenkliche. Soll die Einleitung dem Zwecke, dem Zuhörer den Gegenstand des Streites vorweg bestimmt zu bezeichnen; irgend genügen, so muß sie das streitige Verhältniß seiner rechtlichen Natur nach herausstellen. Oft ist dieß leicht, oft schwierig. Ist das dem Prozesse zum Grunde liegende Geschäft in seinem rechtlichen Wesen klar und unstreitig, z. B. wird aus einem Kaufe, einer Cession, einer Schenkung 2c. geklagt, und betrifft der Streit nur die Rechtsgültigkeit, die Erfüllung, so läßt sich allerdings der Gegenstand gleich Anfangs bestimmt angeben; allein in solchen Fällen bedarf es einer vorläufigen Andeutung der Art selten, vielmehr wird dann die einfache Erzählung des Geschäfts selbst genügen. Ist dagegen das dem Anspruche zu Grunde liegende Verhältniß in seiner rechtlichen Bedeutung, im Begriffe streitig, so wird in einer Einleitung mit Sicherheit darüber sich kaum etwas sagen lassen und der Zuhörer dann aus dem Vortrage des Sachverhältnisses das Wesen des Rechtsverhältnisses sich selbst konstruiren müssen. — Wie dem aber auch sei, immer wird der Referent, will er ein solches Vorwort geben, alles zu vermeiden haben, was geradezu oder verdeckt auf ein Urtheil hinausgeht, und dahin führen könnte, die Zuhörer, wenn auch nur kurze Zeit, im Voraus einzunehmen. Er wird daher nicht, wie es wohl zu geschehen pflegt, sich erlauben dürfen, mit den Worten zu beginnen: es kommt in dieser Sache darauf an, u. s. w. oder: es handelt sich um die Entscheidung nachstehender Fragen, u. s. w. Außerdem fordert der Charakter einer solchen Einleitung und ihr Verhältniß zu der nachfolgenden eigentlichen Geschichtserzählung, daß darin nichts der letzteren Angehöriges schon mit übertragen, sie mithin von faktischen Angaben, von Namen, Zahlen und dergl. noch ganz frei gehalten werde.

Es wird kaum einen Rechtsstreit geben, welchem nicht irgend eine oder mehrere unstreitige Thatsachen als Veranlassung zum Grunde lägen. Daß die Zuhörer diese Thatsachen, mögen sie nun schon beim Beginne des Prozesses festgestanden haben, oder erst im Laufe desselben durch anerkannte Urkunden, durch Zugeständniß oder sonst, ermittelt und festgestellt worden sein, zunächst kennen lernen müssen, bevor ihnen die Anträge, Berufungen und Kontestationen der Parteien mitgetheilt werden, liegt in der Natur der Sache. Die Gerichtsordnung macht Th. I, Tit. 10, §. 29 schon dem Instruenten der Sache zur Pflicht,

„nach Anleitung der bis zum status causae et controversiae gediehenen Verhandlungen, aus den dabei zum Vorscheine gekommenen gegenseitigen Angaben und Zugeständnissen der

Parteien, auch beigebrachten und für richtig angenommenen Beweisstücken, eine vollständige und zusammenhängende Geschichtserzählung, so wie sie ein verständiger und getreuer Referent vortragen würde, herauszuziehen und diese Erzählung vom Anfange des Geschäfts bis auf den Zeitpunkt, da der Prozeß entstanden, fortzuführen;"

sie bevorwortet im §. 30 noch besonders:

der Instruent müsse hierbei die in den Akten zur Sprache gekommenen Thatsachen, ohne Rücksicht auf die Stelle, wo ihrer zuerst erwähnt worden, in derjenigen natürlichen Ordnung, wie sie im Hergange des Geschäfts selbst wirklich auf einander gefolgt sind, vortragen und zusammenstellen, Thatsachen und Umstände jedoch, die unter den Parteien noch streitig seien, nicht darin aufnehmen.

In Verbindung und Uebereinstimmung hiermit verordnet der §. 7, Tit. 13,

daß in der Relation die species facti, so wie sie in den Akten wirklich vorliegt und von den Parteien nicht widersprochen ist, vorausgeschickt, und in dieselbe nur keine von einer oder der anderen Partei noch bestrittene Thatsache aufgenommen werden soll.

Immer aber wird indessen bei der Ausarbeitung der species facti die individuelle Natur und Beschaffenheit der Sache und das Bedürfniß derselben in dem Stadio, in welchem sie sich eben befindet, vorzugsweise ins Auge zu fassen und jedenfalls sorgfältig darauf Bedacht zu nehmen sein, daß dieser Theil der Geschichtserzählung nicht umständlicher gerathe, des Thatsächlichen darin nicht mehr gegeben und dabei nicht weiter ausgeholt werde, als einerseits die Parteien selbst es vernünftigerweise nur fordern und erwarten können, damit ihre in der Prozeßgeschichte nachfolgenden Anträge und Herleitungen, überhaupt ihre Intentionen gehörig verstanden werden, und andererseits es mit dem Auffassungs- und Gedächtnißvermögen der Zuhörer und dem gerechten Anspruche derselben auf Verschonung mit allen ihnen zur Zeit entbehrlichen Details und mit Wiederholungen oder Zurückweisungen, welche entgegengesetzten Falles unvermeidlich bevorstehen, vereinbar ist.

Es sind Relationen vorgekommen, in welchen diese so natürlichen Grenzen auf die auffallendste Art verkannt waren. Ließ sich z. B. das streitige Rechtsverhältniß auch nur seiner allgemeinsten Begründung nach, oder in irgend sonst einer bei den Akten zur Sprache gekommenen Beziehung, in eine noch so weite Vergangenheit — Jahrhunderte — zurückführen, etwa auf einen damals über ein Grundstück errichteten Kontrakt, einen Familienpakt, oder auf ein damals ertheiltes Privilegium, einen Gewinnbrief, eine Stiftung u. s. w., so hatte der Kandidat seinen Geschichtsvortrag auch unbedingt damit beginnen zu müssen geglaubt. Er hatte demgemäß auf vielen Seiten, wohl bis zur Hälfte der gesammten Bogenzahl, nicht nur sogleich den wörtlichen Inhalt jener Urkunde ihrer ganzen Länge nach gegeben, sondern auch mit der peinlichsten Genauigkeit eine sich dort anschließende Erzählung geliefert, die, von Vor- und Zunamen, von Tages- und Jahreszahlen, oder von Summen bis auf Groschen und Pfennige, von Maßbestimmungen nach Hufen, Morgen und Quadratruthen und viel anderen ähnlichen Dingen auf jedem Blatte strotzend, alle und jede im Laufe der Zeit stattgehabte Veränderungen oder Modifikationen, Veräußerungs-, Vererbungsfälle, Prozesse und sonstige Begebenheiten umfaßte. Der Leser vermochte, wenn er anders nicht, im Vorgefühle der Ungeduld beim Anblicke des so korpulenten Werkes, schon vorher bis in die Mitte und darüber hinaus forschend geblättert hatte, stundenlang nicht abzusehen, wohin dieß alles führen, wie und worauf es verwendet werden solle. — Der Zuhörer aber mußte vollends bald verzweifeln, dem richtungslosen Schwall in seinem raschen Verhallen dauernde Bedeutung abzugewinnen. Hätte der Referent versucht, den nämlichen Geschichtsvortrag in derselben Gestaltung einem Anderen mündlich zu halten, oder hätte er das Niedergeschriebene sich selbst vorgelesen, so würde in beiden Fällen sehr bald das Abschreckende seiner Methode und die Nothwendigkeit gänzlicher Umformung des Vortrages sich ihm aufgedrungen haben. Er würde — beim Hinblicke auf alles das, was der vorbereitenden species facti doch jedenfalls aus dem Verlaufe des Rechtsstreites selbst und zur Begründung des schließlich abzugebenden Gutachtens weiterhin noch hinzutreten müsse — leicht inne geworden sein, daß die wörtliche Anführung des Inhaltes oder der Stelle der Urkunde, aus welcher die Entscheidung zu schöpfen sein möchte, frühestens, sie müßte denn mit wenigen Worten möglich sein, ihren Platz nur in der Prozeßgeschichte finden könne, weil ja erst durch diese die Ansichten und Herleitungen der Parteien den Zuhörern bekannt werden; daß eine große Menge jener Einzelnheiten an Namen, Zahlen, Summen u. s. w. ganz füglich, der Treue des Vortrages unbeschadet, entweder überhaupt oder wenigstens vorerst zu entbehren sei; kurz daß, bei strengster Beachtung aller Pflichten gegen die Sache, der Vortrag bis hieher sich darauf hätte beschränken dürfen, der Versammlung nur das Wesentliche des Kontrakts, des Privilegii, nach Jahreszahl, Form und Inhalt anzudeuten und dessen Beziehung zu dem neuesten Stande der Verhältnisse bis zum Beginne des Prozesses zwischen den jetzigen Parteien, in möglichst kurzen Uebergängen deutlich vor Augen zu legen.

Auch bei dem Vortrage der Prozeßgeschichte, abgesehen wiederum von den sog. Punktensachen, von deren, so wie der doppelten Appellations- und Revisionssachen Behandlungsart am Schlusse besonders die Rede sein wird, zeigen sich in den Probe-Relationen die abweichendsten Methoden. Einige Kandidaten halten sich dabei lediglich an die chronologische Folgeordnung, tragen Klage, Beantwortung, Replik, Duplik ꝛc. der Reihe nach, oft zum großen Theil nach ihrem wörtlichen Inhalte, vor. Manche scheiden diese Abschnitte wohl gar noch, unter selbst geschaffenen oder in der Klage oder Exzeptionsschrift vorgefundenen Nummern, in abgesonderte Sätze und füllen auf diese Weise viele Seiten, wiederum der Reihe nach, mit dem, was der Kläger unter 1, 2, 3 u. s. w. angegeben, was der Verklagte ad 1, 2, 3 zugestanden, geläugnet, exzipirt, was der Kläger ad 1, 2, 3 erwidert, der Verklagte abermals ad 1 u. s. w. entgegnet hat, oder sie lassen auf ähnliche zersplitternde Weise in dem Vortrage verschiedener, der nämlichen Partei angehöriger Momente bei einem jeden derselben gleich die Erwiderung des Gegners folgen. Weiter geben sie den wörtlichen Inhalt der im Laufe der Verhandlungen beigebrachten Urkunden, oder der Zeugenaussagen, das Resultat der Lokaluntersuchung und dergl.; endlich, wiederum oft wörtlich, den Inhalt der beiderseitigen Deduktionsschriften mit allen ihren Citaten. Der Tenor der darauf ergangenen Entscheidung wird, wie es sich gebührt, wörtlich aufgenommen, aber zugleich mit allem dem, was darin nebenher in Beziehung auf ausgebliebene Litisdenunziaten, auf Legitimationsmängel, fehlende Stempel und mehr dergleichen enthalten und vielleicht längst erledigt ist. Ihm folgen die Gründe der Entscheidung in ihrer ganzen Ausdehnung, nicht allein in Beziehung auf die Hauptsache, sondern auch auf alle Nebenpunkte, ja sogar bis zu demjenigen §. der Prozeßordnung, durch welchen die Bestimmung über den Kostenpunkt motivirt worden. — In gleicher Art wird es mit der in zweiter Instanz etwa stattgehabten neuen Instruktion und Beweisaufnahme, mit den Deduktionen und Gegendeduktionen, dem vielleicht ergangenen Interlokute, den Sachverhandlungen, den Supplementen zu den Deduktionen, dem zweiten Erkenntnisse und dessen Gründen gehalten.

Man muß zugeben, daß bei einer solchen Methode, die dem Zuhörer nicht das Geringste, selbst nicht das Datum vorenthält, unter welchem dieses oder jenes prozeßleitende Dekret erlassen, die eine oder die andere Partei mit der Deduktion präkludirt, die Spruchvorlegung der Akten verfügt und diese distribuirt worden, die Gewissenhaftigkeit des Referenten auf das vollkommenste gewahrt bleibt; doch ist es andererseits eben so entschieden, daß sie dem Zwecke der Relation, statt ihn zu fördern, geradehin entgegenwirkt.

Der wahrscheinlichste Grund so auffallender Erscheinungen ist wohl darin zu setzen, daß viele der Kandidaten bisher immer noch bei ihren Probe-Relationen das Votum und dessen Begründung zu sehr für die Hauptsache, für die eigentliche Aufgabe gehalten, daher alle ihre Aufmerksamkeit und Kräfte vorzugsweise auf diese gerichtet, die dafür aus den Akten gewonnene Materialiensammlung hingegen mehr nur als ein vorübergehendes Mittel zum Zwecke, gleichsam als ein nach und nach aufzuräumendes Magazin nur für sich betrachtet, hierüber dessen Ordnung und Läuterung für die Zuhörer verabsäumt, es bei dem niedergeschriebenen Extrakte belassen und so — freilich mit Bereitung des Prozeßgeschichtsvortrages da schon geendigt haben, wo damit eigentlich erst recht hätte begonnen werden sollen.

Das andere Extrem in der Behandlung der Prozeßgeschichte verkündet sich durch eine ganz unverhältnißmäßige Einschmelzung des Stoffes, zuweilen bis zu dem Grade, daß der Zuhörer weiter nichts erfährt, als etwa: der Kläger habe dahin angetragen rc., der Verklagte aber habe diesem widersprochen und auf Grund mehrerer Einwendungen um Abweisung des Klägers gebeten, worauf von dem ersten Richter erkannt worden, daß u. s. w. Hiegegen sei von dem N. appellirt, der zweite Richter habe jedoch das erste Urtel bestätigt und nun sei revidirt.

Es ist allerdings nichts so Leichtes, bei Darstellung weitläuftiger oder verwickelter Rechtsstreitigkeiten — und nur von solchen ist hier die Rede — in der Sonderung, Umschmelzung und Verwendung des Stoffes das richtige Maß zu treffen; dennoch möchte der Weg dazu bei nur größerer Aufmerksamkeit auf diese für die Sache wie für die Zuhörer so wichtige Operation nicht wohl verfehlt werden, wenn die Kandidaten es sich zur unerläßlichen Pflicht machen, nach gänzlicher Beendigung des Konzeptes zur Relation und nachdem sie dasselbe allenfalls einen Tag haben liegen lassen, die Arbeit nicht nur als Ganzes noch einmal zu überschauen, sondern auch in ihren Theilen, besonders auch den prozeßgeschichtlichen Abschnitt, der eigenen strengen Kritik nach Maßgabe der oben aufgestellten Gesichtspunkte zu unterwerfen, und wenn sie es sich nicht verdrießen lassen, dem Befinden nach die Arbeit theilweise umzustellen, hier zu ergänzen, dort abzukürzen. Einige Hülfe möchten dabei nachstehende Bemerkungen gewähren.

1) Der Referent muß unbedingt in der Prozeßgeschichte den Klagegrund, den Klageantrag, die Litiskontestation und die verschiedenen Einwendungen des Verklagten, so wie dessen Antrag vollständig verzeichnen, und darf insbesondere keine der Einwendungen, möge sie ihm auch noch so unerheblich oder unstatthaft scheinen, ganz unerwähnt lassen. Das Kollegium soll möglichst zeitig in den Stand gesetzt werden, das Feld des Streites selbst zu übersehen, ein klares Bild von diesem, wenigstens in allen wesentlichen Umrissen aufzufassen und sich zu einem unbefangenen gründlichen Urtheile vorzubereiten. Dazu kann jedoch nur ein in natürlicher Ordnung und Verbindung — synthetisch — eingerichteter konzentrirter Vortrag, niemals ein chronologisch breitgedehnter Aktenauszug führen, am wenigsten ein solcher, wie der oben beschriebene, bei welchem es dem Kollegium unmöglich fallen muß, bei dem letzten „ad 1 u. s. w." sich noch zu vergegenwärtigen und klar bewußt zu werden, was drei, vier Stadien vorher in der Klageschrift unter dieser Nummer vorgekommen ist. Daß bei jener schwierigeren Methode der Referent ganz vorzüglich bedacht sein müsse, die Darstellung durchaus farblos zu halten, jegliche Einmischung eines Urtheils zu vermeiden, nichts darin in den Schatten treten zu lassen, kein Moment der einen oder anderen Partei an seiner Stärke zu schmälern, bedarf kaum der Erinnerung und ist zum Theil bereits oben angedeutet.

Die Beobachtung der so wünschenswerthen bündigen Kürze und Gedrängtheit bleibt dabei dennoch gar wohl möglich. Thatsächliche und Rechtsmomente, die nur sekundäre Gründe zur Unterstützung der Klage oder der Einwendungen, oder künstliche Beweise des Klage- und Exzeptionsgrundes, oder Mittel zur Beurtheilung des Gewichts und der Glaubwürdigkeit dieses oder jenes Beweismittels nach der Absicht der Parteien bilden, können füglich und müssen sogar, um den Vortrag der Hauptsache nicht zu weit auszuspinnen, nur mit Wenigem berührt, bisweilen nur angedeutet, im Uebrigen für den kritischen Theil der Relation vorbehalten werden, in welchem der Referent das Faktum nach allen seinen Haupt- und Nebenumständen und nach den Ergebnissen der Beweisaufnahme zu konstruiren, die Einwendungen, Ausstellungen und Rechtsausführungen der Parteien vorzuführen und zu beleuchten hat.

Allg. G.O. Th. I, Tit. 13, §. 7, Absatz 4, verglichen mit Tit. 10, §§. 32 und 33.

Vollends können Nebenpunkte, welche nur Schäden, Zinsen, Früchte, Nutzungen und dergleichen betreffen, vorerst bloß beiläufig angedeutet werden, die näheren sich darauf beziehenden Momente aber in dem Gutachten bei oder nach der Beurtheilung der Hauptpunkte ihren Platz erhalten.

2) Wenn einige Kandidaten den Partei-Vorträgen sofort das Resultat der Beweisaufnahme entweder mit wörtlicher oder mit auszugsweiser Anführung der edirten Urkunden oder der Aussagen der Zeugen anschließen, so halten sie sich hierbei streng wörtlich an die Vorschrift des zuvor angezogenen §. 7, woselbst im 4ten Absatze allerdings dem Referenten zur Pflicht gemacht ist, bei dem Vortrage der streitig gebliebenen Thatsachen nächst dem Anführen der Parteien auch den Inhalt der Beweismittel getreulich anzugeben. Allein diese Vorschrift deutet nur und paßt allenfalls auf einfache, wenig komplizirte Sachen; auf „gewöhnliche Fälle, in welchen, wie es in dem folgenden Absatze des §. 7 heißt, schon aus der zusammenhängenden Erzählung des facti allein, die Entscheidung des Prozesses sich von selbst ergiebt, so daß nur noch die Gesetzstelle, deren Anwendung auf das Faktum die Entscheidung begründet, hinzugefügt zu werden braucht." In solchen Fällen mag die Einverleibung des Inhaltes der Beweismittel in den Geschichtsvortrag, zumal wenn über die Zulässigkeit und Beweiskraft derselben keine Bedenken erhoben sind, allerdings zulässig sein, weil sie zur Vereinfachung des Vortrages und zur Ersparung der Zeit gereicht; in allen anderen muß sie unfehlbar Wiederholungen in dem Voto zur Folge haben. In der Regel wird es genügen, zu bemerken, ob und worüber nach geschlossener Instruktion Beweis durch Urkunden oder Zeugen erhoben worden. Fälle nothwendiger Ausnahme lassen sich denken, werden aber immer selten sein. Das Ergebniß des von dem Richter eingenommenen Augenscheins wird meist schon in der species facti verwendet sein müssen.

3) Die Mitaufnahme der Rechtsausführungen ist nur mit großer Beschränkung zu gestatten. — In denselben muß das Sachverhältniß, so wie es sich durch die Instruktion entwickelt hat, aufgestellt werden. Dieß hat aber der Referent ebenfalls zu thun und in soweit kann daher die Deduktion keine besondere Quelle für den Vortrag sein. Kommen in ihr Nova vor, wie es öfter geschieht, so sind diese allerdings nicht zu übergehen. — Die eigentliche Rechtsausführung, die Entwickelung der rechtlichen Folgen aus dem Sachverhältnisse, findet in der Regel erst in der Beurtheilung der Sache den richtigen Platz und fällt mit ihr zusammen. Nur ausnahmsweise in besonderen Fällen kann eine gedrängte Zusammenstellung der Hauptmomente aus den Deduktionen in der Prozeßgeschichte von Nutzen sein. Oft wird sich jedoch die passende Stelle dazu schon in dem Vortrage der von den Parteien angeführten Thatsachen finden, in sofern deren Bedeutung alsdann desto schneller heraustritt. Hat die Sache in der folgenden Instanz eine so ganz veränderte Wendung genommen, daß die früheren Rechtsherleitungen weiter von keinem Werthe sind, so beschränkt sich eine solche Zusammenstellung mit Recht auf den Inhalt der Deduktionen aus der letzten Instanz.

4) Eines in der Sache (in erster Instanz) ergangenen Resoluts zu erwähnen, dürfte schwerlich je erforderlich sein. Ist der Anspruch aus einem Vorprozesse entsprungen und sind die in diesem definitiv oder interlokutorisch ergangenen Urtel mehr oder weniger maßgebend für den vorliegenden Rechtsstreit, so wird der Referent zwar nicht umhin können, das Wesentliche jenes Vorprozesses voranzuschicken; es darf dieß jedoch immer nur in soweit geschehen, als es eben zum Verständnisse und zur Würdigung der jetzt vorliegenden Anträge erforderlich ist. Den ganzen Gang desselben bis zum Beginne des jetzigen Prozesses so, als wäre er mit diesem eins, vollständig vorzulegen, würde sehr überflüssig, daher unzweckmäßig sein.

5) Die in den Probe-Relationen häufig vorkommende nur ganz kurze Anzeige: „der Richter habe überall dem Antrage des Klägers oder dem des Verklagten gemäß erkannt", giebt dem Kollegio keine hinreichende Gewähr, daß in der Fassung der Urtelsformel nicht möglicherweise doch etwas Abweichendes liegen, etwas übergangen oder sonst nicht vollkommen mit dem Antrage übereinstimmend ausgesprochen sein könnte. Das Kollegium muß daher stets die Mittheilung der Urtelsformel selbst erwarten. Wäre diese

einmal besonders lang, weitschichtig oder verflochten, so wird der Referent zwar eine die Entscheidung in einzelne Sätze auflösende Umschreibung sich erlauben dürfen, immer jedoch zugleich durch wörtliche Aufnahme des Tenors, allenfalls zur Seite des Vortrags, sich in den Stand zu setzen haben, ihn selbst auf Erfordern vorlesen zu können. Daß es in Punktensachen bei gehöriger Anordnung des Vortrages nur der jedesmaligen Mittheilung desjenigen Passus aus der Urtelsformel bedürfe, welcher den eben vorgetragenen einzelnen Punkt betrifft, versteht sich von selbst. Indessen wird nicht selten auch hiegegen gefehlt.

Bestimmungen des Urtels endlich über zu berichtigende Legitimationsmängel und dergleichen kommen in dem Abschnitte von den Formalien zur Sprache, und ihre Erwähnung ist daher hier entbehrlich.

6) Die Entscheidungsgründe der vorigen Richter gehören in der Regel nicht in die Geschichtserzählung. Nur ausnahmsweise kann ihre Mittheilung schon dort nützlich, ja nothwendig sein. Ist die Fassung des Urtels einigermaßen dunkel, läßt sich absehen, es werde dem Kollegio die getroffene Entscheidung unerwartet kommen, der eigentliche Gesichtspunkt und das Motiv derselben ihm unerfindlich scheinen (weil z. B. der vorige Richter auf den Grund bisher nicht adhibirter Akten oder wegen vermeintlicher Notorietät etwas ohne Weiteres für wahr oder nicht wahr angenommen, oder die Verjährung für durchgreifend erachtet hat, obwohl dieselbe von keiner der Parteien im Laufe des Prozesses angerufen, noch darüber vor Abfassung des Erkenntnisses deren nähere Vernehmung von Amts wegen veranlaßt worden), oder ist die Kenntniß der Entscheidungsgründe zum besseren Verstehen der Anführungen der Parteien in der folgenden Instanz erforderlich, so gehört es ganz eigentlich zu den Pflichten des Referenten, hierüber alsbald aus den Urtelsgründen Licht zu geben. Es wird dieß jedoch immer nur in möglichster Kürze geschehen, niemals dazu verleiten dürfen, diese Gründe in ihrer ganzen Ausführlichkeit bis auf die kleinsten Nebenpunkte, wohl gar wörtlich, selbst mit allen darin enthaltenen Citaten aus Gesetzen und Autoren vorzuführen.

7) Nur zu freigebig sind viele Kandidaten mit Zahlenaufstellungen, besonders wo dergleichen in Pachtrechnungs-, Auseinandersetzungs- oder kaufmännischen Prozessen häufig vorkommen. Man stößt mitunter auf seitenlange Additionen, Subtraktionen, Kontokourants, Aufzählung von Mobiliar- oder Inventarienstücken mit

dem Taxwerthe u. s. w. Bei näherer Erwägung würde sich ergeben haben, daß Details dieser Art dem Kollegio, wenigstens vor der Hand, unmöglich etwas nützen können, daß sie daher aus dem Kontexte der Geschichtserzählung wegzulassen und nur nöthigenfalls in den einzelnen streitigen Positionen oder in ihren Resultaten dem Vortrage einzuverleiben gewesen. Kommt es darauf an, für die künftige Abfassung und Motivirung des (Appellations- oder Revisions-) Erkenntnisses dergleichen Aufstellungen aus den Akten vorsorglich in die Relation zu übernehmen, so kann dieß füglich am Rande oder in einer von dem Texte absondernden Klammer geschehen. Dasselbe wird in der Regel auch von Tages- und Jahreszahlen gelten. Handelt es sich in Beziehung auf Verjährung, Redlichkeit des Besitzes, Mora, Formalien, oder sonst wesentlich um das Datum der Klage, der Klagebeantwortung, eines Dekrets, einer Insinuation, so muß der Referent ja doch weiterhin in der Beurtheilung ganz eigentlich darauf zurückkommen. Frühere Zahlenangaben dieser Art verhallen beim Vorlesen des Geschichtsvortrages nur zu bald und sind daher in der Regel in diesem ganz überflüssig.

8) Nicht selten werden Gegenstände in die Geschichtserzählung mit verflochten, auf die es in der gegenwärtigen Instanz entweder gar nicht mehr, weil in Hinsicht ihrer die vorige Entscheidung die Rechtskraft beschritten hat, oder höchstens nur noch in untergeordneter Rücksicht, z. B. bei dem Kostenpunkte, ankommen kann. Namentlich wird bei dem Vortrage aus Revisionsakten, wenn mit der Hauptsache ein Real-Arrest-Verfahren verbunden gewesen ist, von den Kandidaten übersehen, daß nach der A. G.O. Th. I, Tit. 29, §. 61 die dritte Instanz über dergleichen Arreste gar nicht stattfinden soll, und daß daher jenes Verfahrens in revisorio nicht weiter erwähnt zu werden braucht; wenn aber gleichwohl die Revision mit darauf gerichtet sein sollte, der Referent sich darauf zu beschränken hat, dieß und die Unstatthaftigkeit der Beschwerde nur beiläufig bei Anführung der übrigen gravamina und bei Beurtheilung der Formularien anzumerken.

9) Vielfältig begnügen sich die Kandidaten bei dem Uebergange ihres Vortrages in die fernere Instanz des Prozesses, nur kurz anzugeben, diese oder jene Partei habe gegen das Urtel die Appellation, die Revision eingewendet, höchstens mit dem Zusatze: „gegen den ganzen Inhalt“. Dieß kann allenfalls genügen, wenn der appellirende oder revidirende Kläger mit der Klage pure abge-

wiesen ist, in jedem anderen Falle läuft es im Grunde doch mehr oder weniger nur auf ein Urtheil des Referenten hinaus. Das Kollegium aber muß in den Stand gesetzt werden, selbst den Umfang des zu seiner Kognition gelangenden Streites zu erkennen, und dieß macht es unerläßlich, daß der Referent die gravamina wörtlich giebt, wie sie in den Akten aufgestellt sind. Nur dann ist mit Zuverlässigkeit zu übersehen, inwiefern der eine oder der andere Gegenstand als rechtskräftig ausscheidet, die sich beschwerende Partei an ihren ursprünglichen Anträgen etwas nachgelassen oder modifizirt hat. Ist es nicht möglich, die Beschwerden scharf und kenntlich herauszustellen, weil die allgemein gefaßte Appellations- oder Revisionsanmeldung keinen Anhalt dafür giebt, alsdann wird der Referent dieß jedesmal ausdrücklich bemerken müssen.

10) In Beziehung auf den Vortrag der Appellations- oder Revisionsunterstützungsgründe der in zweiter Instanz etwa vorgekommenen und erörterten neuen Thatsachen, der Rechtsausführungen u. s. w., gelten im Ganzen die vorstehenden Bemerkungen ebenfalls.

Nur kann hier meistens eine noch größere Oekonomie beobachtet werden. Manches Neue, wenn es vom Gegner zugestanden oder anerkannt worden, wird füglich schon in der species facti, vorbehältlich der Erwähnung in der Prozeßgeschichte: in welchem Stadium des Prozesses es dem Richter bekannt geworden, haben verwendet werden können; die Mitaufnahme von nur mit anderen Worten wiederholten Rechtsausführungen aber jedenfalls gänzlich zu vermeiden sein.

11) Sind in der Appellations- sowie in der Revisionsinstanz nur Rechtsausführungen eingereicht, oder ist die Präklusion damit erfolgt, so gehört es zur Vollständigkeit des Vortrages, dieß bestimmt anzuzeigen. Hat der Revident Neues angeführt, so versteht es sich von selbst, daß davon mit Rücksicht auf die §§. 10—20, Tit. 15, Th. I der A. G.O. ausdrücklich Erwähnung geschehen muß.

12) Schließlich mag hier noch die Erinnerung ihren Platz finden, daß von den Kandidaten häufig verabsäumt wird, die faktischen Angaben ihres Vortrages überall vollständig durch die Aktenfolien zu belegen.

Bei sorgfältiger Erwägung und Beachtung der hier gegebenen Winke wird es gelingen müssen, dem geschichtlichen Theile des Vortrags jeder auch noch so weitläuftigen und verworrenen Sache diejenige richtige Begrenzung und Ausstattung zu geben, welche das Interesse der Parteien und das Bedürfniß des Spruchkollegiums gleich sehr erheischen. In dem besonderen Interesse des letzteren wird sich zugleich der gute Erfolg äußern, daß der Uebergang zur Beurtheilung derjenigen Formalien, welche die Frage bedingen, ob von dem Kollegio überhaupt, oder schon jetzt, auf das Materielle der Sache zum Zweck eines Endurtheils eingegangen werden kann, nicht allzu lange verschoben bleibt. Dem Kollegio darf keine Zeitvergeudung angemuthet werden! Kann daher das Ressortiren der Sache vor die Gerichte überhaupt oder doch die Kompetenz des Kollegii, dem Gegenstande oder dem geordneten Instanzenzuge nach, zweifelhaft sein, oder ist über das eine oder das andere wirklich schon kontestirt, walten erhebliche Zweifel über die Appellations- (Revisions-) Fähigkeit des Objekts oder über die Beobachtung der Frist zur Einlegung des Rechtsmittels ob, zeigt sich ein Bedenken hinsichtlich der Vollständigkeit der Publikation des vorigen Urtels, indem diese vielleicht an einen Litisdenunziaten oder Adzitaten unterblieben ist, obwohl sie anscheinend nicht hätte unterlassen werden sollen, fehlt ein bei der Sache adhibirtes wichtig scheinendes Aktenstück oder Dokument, oder ist eine Verhandlung wesentlichen Inhalts nicht legal vollzogen, so kann der Referent nicht früh genug das Kollegium hiervon in Kenntniß setzen. Es wird in solchen bedenklichen Fällen, zumal bei an und für sich vorzüglich weitläuftigen Sachen, sehr zu billigen sein, wenn der Referent dieß sogleich zu Anfange der Relation in Gestalt eines Vorwortes thut, weil möglicherweise in Folge der hieran zunächst sich knüpfenden Erörterung es entweder auf die Sache selbst gar nicht weiter ankommen, oder doch die Vorlesung der vollständigen Relation zur Zeit erspart, mindestens beträchtlich abgekürzt werden kann. Vergl. §§. 3, 4, Tit. 13, Th. I der A. G.O. — In weniger dringenden Fällen der bezeichneten Art muß es allerdings bei der Regel bleiben, der Beurtheilung der Förmlichkeiten die Geschichtserzählung vorausgehen zu lassen.

III. Beurtheilung der wesentlichen Förmlichkeiten.

1) Manche Kandidaten verbinden mit der Prüfung und Beurtheilung der eigentlichen Formalien unmittelbar diejenige Kritik des Verfahrens, welche die Gerichtsordnung Th. III, Tit. 4, §. 27 bei den Probe-Relationen noch besonders von ihnen fordert. Oft werfen sie beides willkührlich bunt durcheinander. Es muß aber einleuchten, daß jener Kritik, die nur wie eine Zugabe für die

Probearbeit zu betrachten ist, ein abgesonderter Platz am schicklichsten zu Ende der Relation gebührt, da sie auf die dermalige Aburtelung der Sache ohne Einfluß bleibt und dem Spruchkollegio nur allenfalls zu Bemerkungen oder Rügen in der Nebenverfügung Anlaß geben kann.

2) Häufig ist in den Relationen nur kurzweg gesagt, bei den Förmlichkeiten sei nichts zu erinnern. Hier nimmt der Referent alles auf sich; er giebt dem Kollegio nur sein Urtheil, aber keine Gewähr für dessen Richtigkeit, fordert, daß ihm aufs Wort geglaubt werde, es sei Alles nachgesehen, geprüft, richtig gewürdigt, und beraubt sich selbst der Mittel, bei doch entstehenden Zweifeln und Anfragen alsbald eine nachweisende Auskunft zu geben. — Ueber die Verwerflichkeit eines solchen, der Bestimmung und den Pflichten eines Referenten geradehin zuwiderlaufenden Verfahrens bedarf es schwerlich eines Mehreren, als dieser Andeutung.

3) Nicht viel besser steht es um jene Methode, nach welcher zwar die hierher gehörigen Gegenstände, als: appellable (revisible) Summe, Kompetenz des Kollegii, Beobachtung des Fatale, Vollmachtspunkt u. s. w., einzeln berührt und alsbald in der Weise abgefertigt werden, daß, allenfalls unter Allegirung von Aktenfolien, oder von Gesetzen, Reskripten, Sporteltaxen ꝛc. jedoch ohne Inhaltsangabe gesagt wird, summa appellabilis sei vorhanden, gegen die Kompetenz finde sich nichts zu erinnern, das Fatale sei beobachtet, der Vollmachtspunkt in Ordnung ꝛc. Das Kollegium gewinnt so allerdings einige Gewißheit darüber, daß der Referent seine Aufmerksamkeit auf alle jene Punkte zu richten nicht verabsäumt hat: allein zur eigenen Ueberzeugung, ob der Referent auch richtig über dieselben urtheilt, gelangt es dadurch nicht.

Diese Ueberzeugung ist nur zu gewinnen, wenn das Objectum litis, so weit es in die Instanz übergegangen ist, hier wiederholt in der Summe ausgedrückt oder sonst bezeichnet, nöthigenfalls gezeigt wird, wie dasselbe nach den bestehenden Vorschriften gewürdigt und berechnet worden; wenn der Referent durch eine Vergleichung des Datums der Urtelspublikation oder Behändigung mit dem Präsentatum der Appellations- oder Revisionsanmeldung das gesetzliche Fatale als beobachtet oder nicht beobachtet darlegt, wobei es übrigens in der Revisionsinstanz einer Verbreitung über das fatale appellationis nur dann, wenn in Beziehung darauf gravaminirt worden, noch bedürfen kann; wenn ferner ausdrücklich angegeben wird, ob beide Parteien durch Anwälte vertreten worden, oder welche von ihnen den Prozeß selbst geführt hat; wo in den Akten die Vollmachten der Stellvertreter, die Tutorien oder Kuratorien, Autorisationen u. s. w. anzutreffen sind; und ob und welche Ausstellungen wider dieselben etwa gemacht werden können. Die Prozeßvollmachten sind häufig nicht der Vorschrift der A. G.O. Th. I, Tit. 3, §. 30 gemäß ausgestellt. Gleichwohl lassen die Kandidaten dieß oft ungerügt. — Bei Prozessen, in welchen Pflegebefohlne betheiligt sind, kommen mitunter mangelhafte, der Vorschrift des A. L.R. Th. II, Tit. 18, §. 223 nicht entsprechend ausgefertigte Bestallungen vor. Namentlich ist das Alter der Kuranden nicht immer angegeben. Dergleichen Anstände erregen nicht selten Bedenken gegen die Legitimation des Vormundes oder Kurators zur Verfolgung des Anspruchs in den höheren Instanzen und veranlassen Resolute. Auch dieß übersehen die Kandidaten häufig.

4) Hat der Kandidat, wie ebenfalls vorkommt, nur über einige der hierher gehörigen Formalienpunkte sich geäußert, andere dagegen ganz unerwähnt gelassen, so liegt der Grund gewöhnlich darin, daß mehreres bereits in der Prozeßgeschichte antizipirt worden. Zuweilen ist in dieser, obwohl oft nur sehr beiläufig, schon der Vertretung der einen oder der anderen Partei durch einen Mandatar erwähnt, etwa in der Art: „der Verklagte (vertreten durch den Justizkommissarius N. N.) hat" ꝛc. Häufig und fast in der Regel ist das Datum des Urtels und der Appellations- oder Revisionsanmeldung schon dort angegeben, statt des letzteren auch wohl nur: daß die Anmeldung „zeitig" geschehen sei, bemerkt und damit hat dann der Referent diese Punkte ein- für allemal abgethan geachtet.

Die Prozeßgeschichte ist aber als eine solche nicht der geeignete Ort, das mit in sich aufzunehmen, was nur der Prüfung der äußeren Förmlichkeiten angehört. Die Zuhörer sind nicht im Stande, zum Behuf dieser später vorzunehmenden Prüfung schon während der Anhörung des Geschichtsvortrages dorthin gehörige Momente, vollends Zahlenangaben, im raschen Fluge auszuheben und festzuhalten. Solche Angaben werden gewöhnlich überhört, und kommt nun der Referent nicht selbst später noch einmal auf jene Punkte zurück, so kann besorglich leicht etwas übersehen, eine nothwendige Nachholung verabsäumt werden.

5) Nicht selten haben die Kandidaten zwar ganz richtig die Kritik des Verfahrens bis an das Ende der Relation verschoben, darin jedoch Erinnerungen mit aufgenommen, die offenbar in den

Abschnitt von den wesentlichen Förmlichkeiten oder zur Beurtheilung der Hauptsache gehören, weil sie entweder die Frage über Abfassung oder Aussetzung des Definitiverkenntnisses mit bedingen, oder gar das Urtheil in der Hauptsache bestimmen können. Zu solchen Erinnerungen muß doch unstreitig gerechnet werden, wenn z. B. eine der zur Sache gehörigen Verhandlungen der Namensunterschrift des Deputirten, des Kommissarius, einer der Parteien oder eines der Stellvertreter u. s. w. ermangelt, wenn die Vereidung eines Zeugen ohne ersichtlichen Grund unterblieben ist, ein Vollmachtsformular in ein oder anderer Beziehung nicht vollständig ausgefüllt vorliegt. — Mag immerhin der Referent nach pflichtmäßiger Erwägung sich überzeugt gehalten haben, daß diese Mängel übersehen werden können, weil vielleicht andere spätere Verhandlungen oder Erklärungen die fehlende Unterschrift des früheren entbehrlich machen, es auf die Aussage des Zeugen nicht ankommen dürfte, das in der Vollmacht Fortgebliebene anderweitig mit Zuverlässigkeit aus den Akten zu entnehmen ist u. s. w., so kommt der Referent mit seiner Aeußerung hierüber erst am Schlusse der Relation immer zu spät, insofern es ja doch möglich bleibt, daß das Kollegium seiner Ansicht nicht beistimmt und den Mangel erheblich genug findet, um ihn vorab beseitigen zu lassen. Rügen, welche lediglich auf, in dem Votum über die Hauptsache vertheidigten, Ansichten beruhen, mithin durch die Richtigkeit der letzteren — materiell — bedingt sind, gehören begreiflich nicht in die Kritik des Verfahrens, noch in den Abschnitt von den wesentlichen Förmlichkeiten, sondern unbedingt in das Votum selbst.

6) Besonders oft und immer wiederkehrend ist in den Probe-Relationen

die Frage über die Legitimation der Parteien zur Sache

mit unter die Rubrik von den Förmlichkeiten gestellt, und daselbst bald ganz bald theilweise beurtheilt, obwohl billig schon der Name (legitimatio ad causam) darauf hingeführt haben sollte, daß diese Frage unbedingt und ungetheilt zur Begutachtung der Sache selbst gehört. Allenfalls unterscheiden die Kandidaten hier, ob und in wie weit über den Legitimationspunkt in den Akten gestritten oder nicht gestritten worden ist. Hat kein Streit darüber vorgewaltet, so glauben sie, wenn überhaupt, sogleich bei Gelegenheit des Prozeßlegitimationspunktes und der übrigen Förmlichkeiten sich darüber mit äußern zu dürfen. Entgegengesetzten Falls behalten sie nur in Ansehung derjenigen Partei, deren Legitimation zur Sache wirklich bestritten worden, das Weitere dem Votum über diese letztere vor, lassen es hingegen in Betreff der anderen Partei bei dem bewenden, was darüber bei den Förmlichkeiten etwa angemerkt worden.

Allein zuvörderst gehört es in allen Fällen, auch bei Ermangelung jeglicher Anregung von Seiten der streitenden Theile, zu den unerläßlichen Funktionen des erkennenden Richters, die Berechtigung sowohl des Klägers zur Verfolgung, als des Verklagten zur Vertheidigung des Streitgegenstandes jederzeit von Amts wegen genau zu prüfen, damit nicht möglicherweise über einen zwischen unbefugten Personen geführten Rechtsstreit bloß materiell eine Entscheidung gefällt werde, die formell ohne rechtliche Wirksamkeit gegen den dritten rechtmäßigen Verfolger oder Vertheidigung bleiben müßte. Jener Unterschied also, welchen manche Kandidaten machen, ist ohne haltbaren Grund und entweder müßte die Prüfung der Sachlegitimation sammt ihrem Ergebnisse ganz dem Votum über die Sache oder ganz dem Abschnitte von den Förmlichkeiten angehören.

Sodann ist zu erwägen und zu unterscheiden: was der Erfolg sein kann und muß, wenn der Richter die Legitimation des Klägers oder des Verklagten nicht begründet findet und: was der Richter zu thun hat, wenn nur bei der Stellvertretung der einen oder anderen Partei, bei dem Vollmachtspunkte, sich Mängel ergeben? — Gebrechen der letzteren Art muß allemal durch den Richter von Amts wegen abgeholfen werden, sei es mittelst des Resoluts oder mittelst einer in die Urtelsformel aufzunehmenden vorbehältlichen Auflage. Denn diese Gebrechen werden mehr oder weniger immer dem Gerichte zur Last fallen, welches den Verhandlungen nicht gehörig oder gar nicht legitimirter Stellvertreter so lange nachgesehen hat. — Der Mangel hingegen an der Legitimation der Parteien bleibt der letzteren eigene und alleinige Schuld und da mit der fehlenden Legitimation zugleich das Streitobjekt selbst schwindet, allenfalls nur die Verbindlichkeit der unbefugten Streiter unter sich zum Schadens- oder Kostenersatze zurückläßt, so kann hier der Richter nicht nachhelfen, es bleibt ihm nur übrig, zu erkennen, und den Kläger wegen des ihm entweder überhaupt, oder doch gegen den in Anspruch genommenen Verklagten mangelnden Klagerechts abzuweisen.

Vergl. das Reskript vom 10. Dezember 1814 (Jahrb. Bd. 4, S. 208).

Da nun durch ein Erkenntniß dieser Art nicht weniger wie durch jedes andere Definitivurtel der Rechtszustand unter den bisherigen Parteien unwandelbar und peremtorisch fixirt wird, so ergiebt sich, daß auch der darauf hinführende faktische und gutachtliche Vortrag des Referenten niemals in demjenigen Abschnitte, welcher die Förmlichkeiten des vorliegenden Prozesses betrifft, vielmehr jederzeit nur in dem Voto über die Sache selbst seinen Platz erhalten kann. Der enge Zusammenhang, in welchem der Sach- und der Prozeßlegitimationspunkt oftmals in den Akten sich vorfinden, besonders wenn angebliche Testaments- oder Intestaterben und darunter Minderjährige die Kläger oder die Verklagten sind und zu deren und gleichzeitig auch ihrer Vertreter Legitimation ein Testament, Theilungsrezeß, Erbschaftsattest, Tauf- und Todtenscheine, General-, Spezial- oder Prozeßvollmachten, Tutorien mit eingerücktem Namen und Alter der Kuranden und dergleichen entweder in Einem oder nach und nach theils beigebracht, theils in Bezug genommen sind, darf keinen Grund abgeben, beide Punkte ungesondert bei den Förmlichkeiten zu behandeln. Es sind überhaupt zwei von einander unabhängige, daher getrennt zu haltende Fragen:

> ob diejenigen Personen, zwischen welchen der Prozeß geführt ist, hierbei an sich gehörig vertreten worden?

und

> ob die nämlichen Parteien auch zur Sache legitimirt sind?

Bei der ersten Frage kommen Testamentsexekutorien, Vollmachten, Tutorien, Approbationsdekrete u. s. w. als solche, abgesehen von dem übrigen die Legitimation der Parteien betreffenden Inhalte, in Betracht und ihre Prüfung in dem Abschnitte von den Formalien ist selbst dann nicht entbehrlich, wenn die andere Frage bei der Hauptsache zu verneinen befunden werden sollte. Denn wären die zur Sache nicht legitimirten prozeßführenden Theile auch nicht einmal gültig vertreten, so würde, schon wenn man nur auf den Kostenpunkt sieht, der doch ebenfalls seine Erledigung finden muß, die Sache eine andere Gestalt für den Richter gewinnen, als wenn die Prozeßlegitimation an sich in Ordnung wäre, in welchem Falle es nur künftig sich darum handeln könnte, in wie fern der Kläger von dem Verklagten (qui liti se obtulit) oder umgekehrt, der Verklagte von dem Kläger Schadensersatz zu fordern berechtigt sei.

IV. Votum und Gründe.

Für diesen Abschnitt der Relation lassen sich der Natur der

Sache nach die wenigstens selbst nur allgemeinen Andeutungen geben, und auch diese müssen sich meist auf die äußere Behandlung desselben beschränken.

1) Wenn manche Kandidaten bei dem Uebergange zur Beurtheilung der Sache nicht gleich vorweg ihr Votum bestimmt aussprechen, dessen Abgabe vielmehr bis zum Schlusse ihrer Ausführung verschieben, so kann dieß unbedingt nur gemißbilligt werden. Das Kollegium bleibt alsdann immer längere oder kürzere Zeit im Dunkeln darüber, wohin die Betrachtungen und Entwickelungen des Referenten führen sollen, es entbehrt des so nöthigen Anhaltes für die schrittweise umsichtige Würdigung derselben in der Anwendung auf das vorliegende Streitverhältniß und in Beziehung auf ihre Zulänglichkeit.

2) Zuweilen wird, wenn auch erst nach Abgabe des Voti, doch der Entwickelung der Gründe vorausgehend, ein Resumé gegeben, worin das factum, der bisherige Prozeßgang und die Anträge der Parteien in einer abgekürzten Zusammenstellung dem Kollegio noch einmal vorgeführt werden. In besonderen Fällen mag dieß, wenn es mit der gehörigen Oekonomie geschieht, nicht unzweckmäßig sein. Nur als Regel darf es keineswegs betrachtet werden. Wenn einige Kandidaten sich in dieser Hinsicht auf die Gerichtsordnung berufen, welche Th. I, Tit. 13, §. 7, Absatz 5 bestimmt, daß den Gründen des Referenten für sein Votum allemal eine vollständige und zusammenhängende Erzählung des ganzen facti vorausgehen müsse, so wird von ihnen übersehen, daß diese Vorschrift, wie der weitere Kontext ergiebt, und wie bereits oben angedeutet ist, sich auf die dem Referenten in seinem Gutachten natürlich vor Allem obliegende Konstruirung des facti aus den Verhandlungen und aufgenommenen Beweisen und auf die Nothwendigkeit bezieht, in dem künftigen Erkenntnisse beizufügenden Gründen auch den Parteien von der Art, wie der Richter das Thatsächliche aufgefaßt und seiner Entscheidung untergelegt hat, Rechenschaft zu geben. — Verschieden hiervon ist, was die Kandidaten gewöhnlich voranschicken, oftmals nur dazu bestimmt, aus der ihrem eigenen Gefühle nach zu weitschichtig gerathenen species facti und Prozeßgeschichte dem Kollegio das Nöthige wieder in Rückerinnerung zu bringen.

3) In der Rechtfertigung des Voti zeigt sich häufig der Mangel einer richtigen logischen Ordnung, so wie Unbeholfenheit in Verwendung und Verbindung des Stoffes. Der Referent beginnt

mit Erörterungen, ohne vorher im Mindesten anzudeuten, was untersucht und bewiesen werden soll; er prüft einzelne Behauptungen der Parteien, aber man erfährt nicht, in welcher Beziehung zu dem Rechtspunkte sie genommen sind, welchen Einfluß auf die Entscheidungen sie haben sollen. Oder der Kandidat macht zwar durch Nebeneinanderstellung der abweichenden Angaben der Parteien den eigentlichen Streit- und Beweispunkt bemerklich; statt aber sich nun sogleich darüber auszusprechen, was seiner Ansicht nach für erwiesen, was für nicht erwiesen oder für widerlegt zu achten und hierauf die Darlegung der Beweismittel folgen zu lassen, beobachtet er das Umgekehrte, theilt zuvörderst den Inhalt der Urkunden, Zeugenaussagen mit, und zieht dann erst seine Resultate. Daß hierdurch dem Vortrage alle Lebendigkeit benommen wird, und der Klarheit und Uebersichtlichkeit in weitläuftigen und verwickelten Fällen wesentlich geschadet werden kann, muß von selbst einleuchten.

Häufig laufen in der Ausführung Haupt- und Nebengründe seltsam in einander, Präjudizial- und eventuelle Punkte kreuzen sich, der Referent ist mit der Anwendung und Aufstellung der Rechtsgrundsätze, wenn er sie auch richtig erfaßt hat, sichtbar in Verlegenheit und fördert sie nur mühsam und unbeholfen zu Tage. So entstehen Arbeiten, die, wenn man sie in einzelne Theile zerlegt, hier wohl hin und wieder manches Gute erkennen lassen, denen jedoch, als einem Ganzen, jeder innere, dem Leser oder Zuhörer klar werdende Verband fehlt. Oft mag der Grund zum Theil darin liegen, daß der gewählte, vielleicht ganz richtige Ideengang nur nicht wenigstens einigermaßen bemerklich gemacht, der Uebergang von einer speziellen Ausführung zur anderen nicht kenntlich genug angedeutet ist, was freilich so leicht durch wenige Worte und in einer Wendung geschehen konnte, die wiederum dem zu grellen Hervortreten der Disposition ebenfalls vorbeugte. Uebrigens stößt man in den Ausführungen zu Zeiten auf Mittelsätze, deren nähere Rechtfertigung, obgleich sie schon jetzt gleich zu erwarten wäre, mit den Worten: „wie weiter unten gezeigt werden soll", erst für die Frage verheißen wird. Solche Verweisungen lassen sich nur in seltenen Fällen in Schutz nehmen. Gewöhnlich sind sie nichts weiter, als die Folge irgend eines Mangels in der Anordnung, welchen aufzufinden dem Referenten bei nochmaliger Durchsicht seiner Arbeit nicht schwer gefallen sein würde.

4) In Hinsicht auf die Mittheilung der Zeugenaussagen ist

hier noch besonders hervorzuheben, daß die Kandidaten dabei oft entgegengesetzte Fehler begehen, besonders in Fällen, wo z. B. über die von dem einen Theil behauptete oder vorgeschützte, von dem anderen vielseitig bemängelte Verjährung, nach deren einzelnen Momenten eine große Anzahl von Zeugen abgehört worden. Hier trägt der eine Referent sämmtliche Aussagen nach der Reihenfolge der Zeugen hintereinander und wörtlich vor; ein anderer allegirt dieselben gar nicht, und giebt vielmehr nur sein Urtheil über das Resultat, statt sie nach den Gegenständen zusammen zu stellen und hier, soweit es jedesmal nöthig ist, wörtlich anzuführen.

5) Eine etwas reichlichere Ausstattung des Gutachtens mit Belegstellen aus Gesetzbüchern und Autoren mag bei Probe-Relationen immerhin erlaubt sein, nur muß sie weder in einem prunkhaften Allegiren ohne Inhaltsangabe bestehen, noch offenbaren Digressionen über Rechtssätze oder Kontroversen den Weg bahnen, die mit der vorliegenden Sache in keiner näheren, höchstens in sehr untergeordneter Beziehung stehen. —

Noten zum Text, in welchen dergleichen Studien sich hin und wieder niedergelegt finden, sind für den Leser nur störend, für den Zuhörer aber, ihrer Tendenz und abgesonderten Stellung nach, ohne Interesse.

6) Nicht selten vernachlässigen die Kandidaten über dem Bestreben, ihre Ansicht und ihren Antrag recht scharf zu motiviren, die nöthige Vorsorge für den Fall, daß das Kollegium ihnen nicht beipflichten, oder doch in der Art und Weise, wie entgegengesetzte oder abweichende Ansichten in Gestalt bloßer Zweifelsgründe in dem Gutachten beseitigt worden, seine Befriedigung noch nicht finden möchte. Die Abgabe eines besonderen eventuellen Voti ist aber häufig schon darum unerläßlich, weil es in dem bemerkten Falle darauf ankommen kann, auch faktische und nicht bloß rechtliche Momente, welche der Referent in der von ihm genommenen Richtung mehr oder weniger nur beiläufig zu berühren gehabt, unter dem Gesichtspunkte der gegenüberstehenden Ansicht anderweitig hervorzuheben und zu beleuchten. Den Kandidaten, der dieß nicht wahrgenommen hat, trifft alsdann mit Recht der Vorwurf der Einseitigkeit und der Unvollständigkeit. Indessen wird auch wiederum von Anderen in der Aufstellung eventueller Vota zu weit gegangen und solche da versucht, wo dieß nicht geschehen kann, ohne daß der Referent mit seiner Hauptansicht ins Gedränge und in Widerspruch geräth. Der Fehler liegt alsdann darin, daß die

dem angenommenen Standpunkte entgegengesetzte Erörterung nicht schon ihren Platz in dem Prinzipal-Voto gefunden hat. Ist in diesem z. B. ausgeführt, daß dem verklagten Verwalter ein Versehen rechtlich nicht zur Last fällt, so kann der Referent nicht hinterher noch in einem eventuellen Voto den Beweis übernehmen wollen, daß dem Verklagten allerdings ein Versehen beizumessen sei.

7) Bei der schließlichen Fassung des Tenors der vorgeschlagenen Entscheidung zeigt sich häufig der Fehler einer zu großen Breite. Abändernde Erkenntnisse werden oft in der Art normirt, daß der ganze Tenor des vorigen Urtels wörtlich wiederholt, für aufgehoben erklärt, und dann erst der an seine Stelle tretende Ausspruch gegeben wird, während es meistens genügt, zu sagen, daß, unter Abänderung der vorigen Entscheidung, dahin erkannt werde ꝛc.

Was sonst für den kritischen, wie für den historischen Theil der Probe-Relationen noch vielfältig zu wünschen übrig bleibt, gehört dem Gebiete der Sprachkunde an. Den oben angedeuteten Ansprüchen von Seiten der Logik auf folgerechte Anordnung, Klarheit und Bündigkeit des Vortrags in allen seinen Theilen, gesellt sich nämlich hier die Erinnerung bei, daß auch auf Einfachheit, Würde und Präzision des Ausdrucks, auf angemessenen Periodenbau, mit Vermeidung aller beschwerlichen Einschaltungen und Zwischensätze, so wie auf möglichste, wiewohl auch nicht ängstlich übertriebene Reinhaltung der Sprache von veralteten Wörtern, lateinischen Ausdrücken und Provinzialismen, nicht minder sorgfältig Bedacht genommen werden möge. In dieser Beziehung sind die Kandidaten hauptsächlich an das Maß ihrer Grundbildung, ihrer Belesenheit und Erfahrung gewiesen. Weitere Andeutungen liegen außer den Grenzen dieses Aufsatzes.

Es folgen jetzt noch einige Bemerkungen über die

V. Behandlung der Punktensachen.

Bei den Punktensachen, worunter hier auch diejenigen Sachen begriffen werden mögen, in welchen über Kon- und Rekonventionsansprüche, oder auf doppelte Appellation oder Revision, oder über mehrere gravamina zu erkennen ist, zeigen sich für die Behandlung manche eigenthümliche Schwierigkeiten, die von den Kandidaten in ihren Probe-Relationen nicht immer kräftig und glücklich genug bekämpft und beseitigt werden. Dieß äußert sich

1) in denjenigen Punktensachen, in welchen nur über Kon-

ventions-, nicht zugleich auch über Rekonventionsansprüche zu referiren ist, vornehmlich auf zwiefache Weise.

Einige Kandidaten schließen der allgemeinen Geschichtserzählung, worin das Hauptgeschäft, die aus demselben entstandenen Verhältnisse der Parteien unter sich, oder zu dritten Personen, und die Ereignisse bis zum Beginn des Prozesses mehr oder minder ausführlich vorgetragen worden, unmittelbar und in ununterbrochener Folge sämmtliche zur Entscheidung stehende Klagepunkte unter ihren einzelnen Nummern an, auch wenn kein einziger davon mit dem andern in nothwendigem Zusammenhange steht; sie lassen darauf die Erwiderungen des Verklagten, die Replik u. s. w. in eben der Ordnung folgen, geben den Tenor des Urtels mit allen seinen einzelnen Positionen ad pct. 1, 2 u. s. w. hinter einander weg und fahren in dieser Weise fort, bis sie, nach vorgängiger Beurtheilung der Förmlichkeiten, zur Abgabe ihres Voti gelangen, wo dann freilich der Uebergang zur getrennten Behandlung des Einzelnen von selbst geboten wird. — Dieß ist ohne weiteren Beweis unter allen Methoden die verwerflichste.

Weniger unpraktisch ist die folgende:

Der Referent geht von der allgemeinen Geschichtserzählung unmittelbar zu dem Vortrage des ersten Klagepunktes über, beurtheilt dann zuvörderst die wesentlichen Förmlichkeiten des ganzen Prozesses und giebt nun sein Votum mit Gründen ad punctum I ab, worauf die übrigen Punkte einzeln dargelegt und beurtheilt werden. Hier erwächst nur der Uebelstand, daß die Theile der Relation zu sehr aus ihrem richtigen Verhältnisse zu einander treten und die materielle Beurtheilung des oft gerade weitläuftigsten und wichtigsten ersten Klagepunkts von dessen faktischem Vortrage dadurch zu weit getrennt und hinausgeschoben wird, daß oft die minder ausführliche Beurtheilung der wesentlichen Förmlichkeiten des Prozesses und des Rechtsmittels dazwischen tritt. Manche wählen den Ausweg, hinter dem faktischen Vortrage des ersten Punkts nur das Nöthige in Betreff der Kompetenz des Kollegii und der Vollmachten der Sachwalter zu erwähnen, dagegen über das Vorhandensein eines appellablen oder revisiblen Gegenstandes und über die Beobachtung der Fatalien bei jedem einzelnen Punkte besonders sich zu äußern. Allein bei diesem Verfahren ist wenig für Abkürzung gewonnen, auch kann leicht der Fall eintreten, daß einmal gerade bei einem oder einigen der letzten Punkte wegen vorwaltender Zweifel über die Appellations- oder Revisionsfähigkeit des Objekts ein näherer Ausweis von dem Kollegio (vielleicht auf die Motion des Referenten selbst) für erforderlich geachtet und damit zugleich die Aussetzung des Spruchs überhaupt beliebt wird, da denn die Zeit, welche bis dahin der Vortrag der vorhergegangenen Punkte weggenommen hat, unnütz angewendet sein würde.

Uebelständen dieser Art ist so leicht zu begegnen, wenn nur Folgendes beachtet wird:

a) Die Einleitung oder der Vorbericht darf nicht auf eine nur ganz kurze Andeutung des Prozeßgegenstandes überhaupt, wie davon oben unter II. 1. die Rede war, beschränkt, sondern es muß darin schon einiges Allgemeine aus der Geschichtserzählung in so weit mit übernommen werden, als erforderlich ist, um das Kollegium, wenn es sich demnächst alsbald zur Prüfung der wesentlichen Förmlichkeiten wenden soll, auch vorher die hierzu nöthige allgemeine Uebersicht gewinnen zu lassen. Es wird daher z. B. nöthig sein, die in der jetzigen Instanz zur Entscheidung kommenden Punkte einzeln oder nach Kategorien schon etwas näher zu charakterisiren, anzugeben, welcher Richter in den früheren Instanzen erkannt hat, von welcher der Parteien das Rechtsmittel eingelegt worden u. s. w.

b) Hierauf sind die Förmlichkeiten sogleich in Beziehung auf sämmtliche Punkte so vollständig zu beurtheilen, daß auch die bei einzelnen derselben vielleicht zweifelhafte Frage über Appellations- (Revisions-) Fähigkeit des Objekts, Rechtzeitigkeit der Anmeldung und dergleichen schon hier ihre Erledigung erhält. Auf diese Weise wird das Kollegium rechtzeitig darüber in Gewißheit gesetzt, inwiefern wenigstens quoad formalia die Sache spruchreif sei, und daher bei allen Punkten auf die Sache selbst eingegangen werden könne; der Referent aber erhält freie Hand, nun ununterbrochen einen Punkt nach dem anderen einzeln vorzuführen und materiell zu begutachten.

2) In den aus Kon- und Rekonvention bestehenden Prozeßsachen handelt es sich bei der Rekonvention entweder

a) um solche Ansprüche, welche aus demselben Geschäfte wie die Konvention abgeleitet werden,

oder

b) um solche, die, aus einem anderen und verschiedenen Geschäfte entsprungen, nur zum Zweck der Kompensation aufgestellt und deshalb in ein und dem nämlichen Aktenstücke zur Erörterung gediehen sind.

In dem Falle zu a werden Forderung und Gegenforderung, ihrer Entstehung und Natur nach, oft so innig mit einander verschmolzen sein, daß eine Trennung des darauf bezüglichen Geschichtsvortrages und Gutachtens nach Kon- und Rekonvention nicht wohl thunlich, der Referent vielmehr genöthigt ist, beides in Einem zu geben. Oder es kann sich ereignen, daß die Rekonvention zuerst vorgetragen und beurtheilt werden muß, und die Konvention alsdann von selbst dergestalt ihre Erledigung erhält, daß ihrer nur mit wenigen Worten noch zum Schluß zu gedenken ist. Diejenigen Kandidaten, welche dieß nicht sorgfältig beachten, gerathen mit ihrem Vortrage unabwendlich in Verworrenheit, oder in unnütze Breite und in Wiederholungen.

In dem Falle zu b würde es hiewiederum sehr unzweckmäßig sein, wenn der Referent nicht in ähnlicher Art, wie bei den Punktensachen angedeutet ist, die Separationsmethode anwenden, vielmehr Kon- und Rekonvention hinter einander weg vortragen und hierauf erst die Beurtheilung der Förmlichkeiten und das Votum folgen lassen wollte. Der Vortrag erheischt hier, um eine allgemeine Uebersicht der Streitgegenstände zu gewähren, und weiterhin durch kennbare Uebergänge die Aufmerksamkeit der Zuhörer für das Einzelne zu erwecken und ungeschwächt zu erhalten, ebenfalls eine Vorankündigung, daß und aus welchem Geschäfte Kon- und Rekonvention vorliegen, welches Gericht in erster (zweiter) Instanz darüber erkannt hat und von welcher der Parteien das Rechtsmittel eingelegt worden, sodann unmittelbar die Prüfung der Förmlichkeiten, und nun die abgesonderte Darstellung und Begutachtung erst der Konvention, dann der Rekonvention.

3) Haben beide Parteien ein Rechtsmittel eingelegt, so betreffen ihre Beschwerden entweder ein und den nämlichen Theil der Entscheidung oder von einander verschiedene Gegenstände derselben. In beiden Fällen, besonders aber in dem ersten, darf es nicht immer, wie in den Probe-Relationen wohl vorgekommen ist, für gleichgültig angesehen werden, welcher Partei Beschwerden zuerst vorgetragen und behandelt werden, vielmehr wird jedesmal zu erwägen sein, ob und welche von den Beschwerden der einen Partei die umfassendere ist, oder als präjudiziell, wenn sie erheblich befunden würde, diejenige der anderen Partei ganz oder großentheils von selbst erledigen müßte. Bei Voranstellung der ersten wird alsdann der Vortrag, ohne der Vollständigkeit irgend Abbruch zu thun, an Kürze und Abrundung ungemein gewinnen.

4) Sind die Appellations= oder Revisionsbeschwerden nicht gegen sämmtliche, sondern nur gegen einen oder den anderen der in der vorigen Instanz entschiedenen Punkte gerichtet, ist daher die Nummer der Beschwerden nicht mit der Nummer der einzelnen Punkte zusammentreffend, so gereicht es zur besseren Uebersicht und Kontrole, den Vortrag nach den Beschwerden zu separiren und nur bei einer jeden derselben hinter ihrer Nummer den Punkt, welchen sie betrifft, anzumerken.

5) In Pacht= und Rechnungssachen soll nach der A. G.O. Th. I, Tit. 44, §. 9 und Tit. 45, §. 21 am Schlusse des Erkenntnisses ein Liquidum aufgestellt werden. Nothwendig ist dieß jedenfalls schon, um den Kostenpunkt gehörig bestimmen zu können. Gleichwohl wird von den Kandidaten selten in ihren Relationen hierauf Bedacht genommen.

Schlußbemerkung.

Die vorstehenden Bemerkungen können und sollen, obwohl sie zum Theil sehr in das Einzelne gehen, immer nur, wie gleich zu Anfange bevorwortet ist, als allgemeine Andeutungen über das Referiren betrachtet werden. Nächst ihnen mag den Kandidaten auch das fleißige Lesen gut ausgearbeiteter Erkenntnisse angelegentlich empfohlen sein. Aus solchen kann der schon geübte Referent sich eben so sichere als schätzbare Regeln über die Grundlagen eines der Vollkommenheit sich nähernden schriftlichen Vortrages bilden.

Doch bleibt vor Allem stets zu beherzigen, was in

G. M. de Ludolff, Symphorema consultationum et decisionum, Tom. I, in der Vorrede

so treffend ausgedrückt ist:

„Naturalem neque ad regulas speciales adstrictam methodum qui sequetur cum judicio, recte faciet, et melius, quam si praescripta aliqua norma torquere voluerit et materiam et se ipsum.“ —

Berlin, den 12. Mai 1836.

Die Immediat=Justiz=Examinations=Kommission.

Busse. Simon. Scheffer. Gelpcke. Bode.

Um den zur dritten juristischen Prüfung sich meldenden Kandidaten möglichst Gelegenheit zu geben, die Anforderungen näher kennen zu lernen, welche an die von ihnen vorzulegenden Probe=Relationen in Civilsachen gemacht werden, hat der Justizminister die Königl. Immediat-Justiz-Examinations-Kommission zur Ausarbeitung des vorstehenden Aufsatzes

über die bei dergleichen Probe-Relationen häufig wahrgenommenen Mängel

veranlaßt und bringt denselben hierdurch zur Kenntniß der gedachten Kandidaten.

Zugleich wird den Letzteren auf den Antrag der Königl. Immediat-Justiz-Examinations-Kommission die in dem Konklusum derselben vom 30. März 1830 (Jahrb. Bd. 35, S. 135) ertheilte Vorschrift:

über die den Probe-Relationen zu gebende äußere Form,

hierdurch zur Beachtung nochmals empfohlen.

Berlin, den 2. Juni 1836.

Der Justizminister.
Mühler.

Nr. IV.

Ueber die Anfertigung der Referate, Vota und Erkenntnisse in Civilprozeßsachen.

(Just.-Min.-Bl. 1853, S. 72 ff.)

Das Präsidium des Königl. Appellationsgerichts in Naumburg hat, um den bei den Arbeiten der Auskultatoren und Referendarien wahrgenommenen Mängeln in Civilspruchsachen abzuhelfen und ihnen eine Anleitung zur tüchtigen Ausbildung in dieser Gattung von Geschäften zu geben, unterm 14. November v. J. eine allgemeine Anweisung erlassen, welche, da sie auch für die Auskultatoren und Referendarien in den übrigen Appellationsgerichtsbezirken von Interesse sein wird, nachstehend, unter Beifügung einiger erläuternden Bemerkungen, mitgetheilt wird.

a.

Verfügung des Präsidiums.

Die Arbeiten der Auskultatoren und Referendarien in Civilspruchsachen zeigen noch so viele formelle Mängel, daß es nothwendig erscheint, denselben in dieser Beziehung eine bestimmte nähere Anweisung zu ertheilen.

Die in den Jahrbüchern Bd. 47, S. 451 ff. abgedruckten Bemerkungen über die bei Civilrelationen für die dritte Prüfung wahrgenommenen Mängel sind zwar von großem Werthe und auch den Kandidaten des zweiten Examens zum Studium zu empfehlen; doch kann man schon um deshalb nicht lediglich darauf verweisen, weil diese Bemerkungen einestheils längere Erfahrungen voraussetzen und nicht ohne eigene Kritik benutzt werden können, anderentheils nur die Anfertigung von Relationen nach den Vorschriften der Allgemeinen Gerichtsordnung im Auge haben, und deshalb z. B. manches in das, einen wesentlichen Theil der Relationen bildende Votum aufgenommen wissen wollen, was, wie das Ergebniß der Beweisaufnahme und die Gründe des ersten Richters, unzweifelhaft in das jetzige Referat gehört.

Deshalb sind nachstehend die Regeln, welche bei Anfertigung eines Referats nebst schriftlichem Votum zu beobachten sind, zusammengestellt.

Wird auf genaue Befolgung dieser Vorschriften gehalten, so werden sich die Auskultatoren und Referendarien schon vom Beginne ihrer amtlichen Thätigkeit an daran gewöhnen, diese Arbeiten **wohlgeordnet** und **gründlich** anzufertigen, und dieß wird für den ganzen Erfolg ihrer praktischen Laufbahn von guter Wirkung sein.

Naumburg, den 14. November 1852.

Präsidium des Königl. Appellationsgerichts.

An die sämmtlichen Kreisgerichte des Departements.

b.

Anweisung
zur Anfertigung der Referate, Vota und Erkenntnisse in Civilprozeßsachen erster und zweiter Instanz*).

Nach der Verordnung vom 1. Juni 1833 wird dem Vortrage der Parteien bei der mündlichen Verhandlung einer Civilprozeßsache in erster Instanz eine mündliche (§. 26), und in zweiter Instanz eine schriftliche Darstellung der bisherigen Verhandlungen (§. 49) durch den Referenten vorausgeschickt. Die zu diesem Behufe zu entwerfende Schrift soll nach der Instruktion vom 24. Juli 1833, §. 32 (Jahrb. Bd. 41, S. 448) eine vollständige Geschichts-

*) Dieß ist das Gehaltvollste und Praktischste, was über den Gegenstand von Autoritäts wegen ausgegangen ist. Der Verfasser ist der sel. Appellationsgerichtspräsident **Kisker**. Die beigefügten, mit einem K. unterzeichneten Noten sind von mir, die nicht unterzeichneten von dem Verfasser. K.

erzählung und Darstellung des Rechtsstreites in gedrängter Kürze enthalten, und wird dem Vortrage des Referenten, welcher nach der Verordnung vom 2. Januar 1849 §. 32 (G. S. S. 10) auch in zweiter Instanz mündlich erfolgen kann, zum Grunde gelegt und bei der Ausarbeitung des Erkenntnisses als Geschichtserzählung benutzt. Außerdem hat der Referent nach §. 38 der gedachten Instruktion einen Entwurf zum Resolut oder Urtel vorzulegen, welchen er nach beendigter mündlicher Verhandlung seinem ferneren mündlichen Vortrage zum Grunde legt und bei Ausarbeitung des Erkenntnisses für die Ausführung der Gründe benutzen kann. Jene gedrängte Darstellung des Sachverhältnisses ist das Referat, dieser Entwurf zum Resolut oder Urtel das Votum des Referenten. Bis zum Erlasse der Verordnung vom 21. Juli 1846 bestand diese, der Allgemeinen Gerichtsordnung unbekannte Methode zu referiren nur für die sogenannten summarischen, ihrem Gegenstande nach einfachen Prozesse, und auch für diese nur alsdann, wenn dabei eine mündliche Verhandlung stattfand. Durch die Verordnung v. 21. Juli 1846 aber ist das mündliche Verfahren zum ordentlichen erhoben, und hierdurch diese Methode zu referiren für alle, auch die verwickeltsten und weitläuftigsten Prozeßsachen (mit alleiniger Ausnahme der im zweiten Absatze des §. 29 der gedachten Verordnung aufgeführten Sachen) zur Regel gemacht worden.

Für die Abfassung und Anordnung eines Referats giebt es keine spezielle gesetzliche oder reglementarische Bestimmungen, sie müssen vielmehr theils aus den Vorschriften der Allgemeinen Gerichtsordnung über die Anfertigung eines status causae et controversiae (Th. I, Tit. 10, §§. 29—32, 36) und des historischen Theils einer Relation (Th. I, Tit. 13, §. 7), mit welcher das Referat die meiste Aehnlichkeit hat, entnommen, theils aus dem Zwecke und der Bestimmung des Referats abgeleitet werden. In der That läßt sich auch eine ganz erschöpfende und auf alle Fälle passende Anweisung zur Anfertigung von Referaten, Voten und Erkenntnissen nicht geben, da jede Sache ihrer eigenthümlichen Beschaffenheit gemäß nach einem besonderen Plane bearbeitet werden muß, weshalb auch die Gesetze nur wenige allgemeine Regeln dafür aufstellen. (A. G.O. Th. I, Tit. 10, §. 38 b, Tit. 13, §. 7 am Ende; Th. III, Tit. 3, §. 52.)

Die nachfolgenden Sätze geben theils gewisse aus dem Zwecke und der Bestimmung eines Referats, eines Votums und eines Urtels abgeleitete Erfordernisse an, theils enthalten sie Anweisungen, durch welche Mittel man jenen Zweck erreichen oder auf welche Weise man diesen Erfordernissen genügen kann. Die Sätze der ersteren Art sind in allen Fällen und unter allen Umständen maßgebend, sie leiden keine Ausnahme und müssen bei allen Arbeiten der vorliegenden Art beobachtet werden. Dahin gehören die Bestimmungen I, 2, 3, 5, 16; II, 2—4, 9, 10; III, 1 und 2. Die Sätze der letzteren Art sind dagegen nur Andeutungen, welche zwar in der Regel und unter den besonders bemerkten Voraussetzungen zutreffen und sich als zweckmäßig empfehlen werden, aber einen Anspruch auf allgemeine Gültigkeit nicht machen, vielmehr durch die stets und vor Allem zu nehmende Rücksicht auf die besondere Beschaffenheit der Sache vielfach modifizirt werden können.

I. Das Referat.

Allgemeine Erfordernisse.

1) Die erste Aufgabe des Referenten ist, sich den durch die eigenthümliche Beschaffenheit der Sache bestimmten Plan zum Vortrage derselben zu entwerfen, und er muß dieß gethan haben, bevor er mit dem Niederschreiben beginnt*). Zu dem Ende muß er durch sorgfältiges Lesen der Akten, wobei in Appellationssachen oft zweckmäßig mit den Appellationsbeschwerden und dem angefochtenen Erkenntnisse der Anfang gemacht wird, sich mit dem ganzen zu verarbeitenden Stoffe dergestalt bekannt gemacht haben, daß er im Stande sein würde, die Sache einem mit derselben ganz Unbekannten ohne die Akten mündlich mitzutheilen. Die Anordnung, welche er hierbei beobachten würde, kann ihn in der Regel am sichersten als Plan für die schriftliche Darstellung dienen, welche ja auch nur ein Surrogat des mündlichen Vortrages sein soll**). Dabei hat der Referent sogleich auch zu prüfen, ob die Akten vollständig, ob in Bezug genommene und erforderliche Dokumente und Vorakten beigefügt sind, und wegen Herbeischaffung des Fehlenden alsbald, etwa nach Rücksprache mit dem Korreferenten oder Vorsitzenden, das Erforderliche zu veranlassen***).

2) Beim Entwerfen des Referats ist seine Aufgabe, in einer

---

*) Dasselbe ist weiter unten (II, Nr. 1) in Beziehung auf das Votum empfohlen und in Verbindung mit dem dort erwähnten Plane so aufzufassen, daß der Referent auch über das Resultat des von ihm abzugebenden Votums mit sich einig geworden sein muß, bevor er mit dem Niederschreiben des Referats beginnt.

**) Vergl. Nr. III. in der Einleitung. K.

***) Vergl. A. G.O. Th. I, Tit. 13, §. 4, wonach klar vorliegenden, der Aburtheilung hinderlichen Mängeln vorweg Abhülfe geschehen muß.

natürlichen und fließenden, aber korrekten und präzisen, allgemein verständlichen und fremde Ausdrücke möglichst vermeidenden Geschäftssprache eine treue, vollständige und klare Uebersicht der Sache, und zwar ohne alle Einmischung eines Urtheils und in gedrängter Kürze zu geben, so daß einerseits die dem Vortrage beiwohnenden Parteien ihre zur Sache gehörigen faktischen Anführungen, möglichst mit ihren eigenen Worten, darin vollständig wiederfinden, und andererseits das Kollegium in den Stand gesetzt wird, die Sache vollständig zu übersehen und ohne weitere faktische Mittheilungen zu entscheiden*).

3) Zu dem Ende darf der Referent keinen bloß chronologisch geordneten Aktenauszug liefern, vielmehr müssen die unstreitigen Thatsachen den streitigen vorangestellt und überhaupt die faktischen Anführungen der Parteien hauptsächlich nach ihrem inneren Zusammenhange geordnet und verbunden vorgetragen werden, auch kann er offenbar gar nicht zur Sache gehörige Anführungen ganz übergehen**). Rechtsausführungen gehören (an sich) nicht in das Referat und sind nur in sofern kurz zu erwähnen, als es zum Verständnisse des Zusammenhanges der faktischen Anführungen, zur Darstellung des Klagegrundes oder der Einwendungen erforderlich ist. Im Uebrigen sind sie dem mündlichen Vortrage der Parteien zu überlassen.

Geschichtserzählung.

4) Bei jedem Prozesse liegt ein Hauptfaktum oder Geschäft zum Grunde, aus welchem der Anspruch des Klägers hergeleitet wird. Dieses muß zuerst und abgesondert von den etwa noch vorkommenden Nebenfaktis vorgetragen werden, die mit dem Hauptfaktum in keiner nothwendigen Verbindung stehen, und entweder nur Nebengründe zur Unterstützung der Klage oder Einwendungen des Verklagten sind, oder zu den Beweismitteln des Klägers oder Verklagten gehören, oder gar nur zur Beurtheilung dieser Beweismittel dienen.

5) Das Referat beginnt demnach mit den die Grundlage des

*) Vorausgesetzt nämlich, daß in der mündlichen Verhandlung nichts Neues vorgebracht wird. Denn wenn bloß auf Grund des Referats entschieden werden könnte und sollte, so könnte die mündliche Verhandlung ganz wegbleiben. K.

**) Das ist bedenklich. Damit hinge die Partei mit ihren sachlichen Anführungen von der Meinung des Referenten ab. Was ist offenbar? Das ist Sache der Ansicht. Die Partei hält ihr Vorbringen für erheblich. Deshalb muß es dem Richter vorgetragen werden. K.

Prozesses bildenden unstreitigen Thatsachen, sie mögen gleich von Anfang an oder erst im Laufe des Prozesses durch Zugeständniß, durch anerkannte Urkunden oder sonst, sich als unstreitig dargestellt haben. Bei Referaten zweiter Instanz ist es selbst zulässig, aus den Verhandlungen der zweiten Instanz dasjenige herüberzuziehen, was von dort als unbestritten festgestellt ist, selbst wenn es in erster Instanz bestritten oder noch gar nicht vorgekommen wäre, nur muß dieß kurz angedeutet werden. Dagegen scheidet aus einem Referate alles dasjenige aus, worüber kein Streit mehr unter den Parteien stattfindet, und darf nur in sofern erwähnt werden, als es zum Verständnisse der noch streitigen Punkte nothwendig ist.

6) Bei Grenzstreitigkeiten und anderen Sachen, wo es auf eine Lokalität ankommt oder eine Lokalbesichtigung stattgefunden hat, muß die Beschreibung der Oertlichkeit unter Hinweisung auf vorhandene Zeichnungen oder Karten gegeben, auch das Ergebniß der Einnahme des Augenscheins in der Regel sogleich, so weit es erheblich ist, mitgetheilt werden. Fehlt es an dergleichen Zeichnungen, so kann der Referent selbst eine besondere Zeichnung, und bei Familien- und Erbschaftssachen eine Stammtafel entwerfen. Bei Ansprüchen aus Urkunden sind in der Regel diejenigen Stellen, worauf es ankommt, wörtlich aufzunehmen, und der übrige Inhalt derselben nur in soweit kurz zu erwähnen, als es zum Verständnisse nöthig ist, wenn es nicht zweckmäßiger erscheint, den Inhalt der Urkunden ganz oder theilweise mit der Darstellung der daraus hergeleiteten Ansprüche der Parteien zu verbinden. Bei Summen, welche aus vielen einzelnen Posten bestehen, genügt in der Regel die Anführung der ersteren, wie denn überhaupt die Anführung von vielen Zahlen, wenn sie zur Beurtheilung der Sache nicht nothwendig erscheint, zu vermeiden ist. Besteht der Gegenstand des Streites aus mehreren abgesonderten Punkten, oder aus einer auf verschiedenen Geschäften beruhenden Kon- und Rekonvention, so müssen die verschiedenen Punkte und Geschäfte sorgfältig auseinandergehalten, die dazu gehörigen Thatsachen gesondert und diejenigen Punkte zuerst vorgetragen werden, von welchen die Entscheidung der übrigen abhängt. Auch kann es in einzelnen Fällen zweckmäßig sein, zur Orientirung des Kollegiums entweder beim Rubrum der Sache oder in einem kurzen Vorworte im Eingange des Referats den Gegenstand des Streites im Allgemeinen anzudeuten*).

*) Das Letztere wird sich besonders für die Fälle empfehlen, in welchen dem

Prozeßgeschichte *).

Klage.

7) An die in direktem Style zu gebende Darstellung der unstreitigen, der aus den Akten sich als gewiß zugestandenen und wahr ergebenden Thatsachen, schließen sich die bestrittenen Behauptungen des Klägers, welche in indirekter Rede vorgetragen werden, und sodann der in der Regel wörtlich aufzunehmende Klageantrag an. Unter Umständen kann es auch zweckmäßig sein, den Antrag voranzustellen und die einzelnen, denselben begründenden Behauptungen folgen zu lassen.

Klagebeantwortung.

8) Hierauf folgt die Erklärung des Verklagten über den Klageantrag, die bestreitende Einlassung desselben auf die Klage, die Aufzählung seiner Einreden und sein Antrag. Kommt es hierbei auf die Darstellung besonderer, in die Geschichtserzählung nicht gehörender (Nr. 4), vom Kläger aber ganz oder theilweise eingeräumter oder sonst unstreitiger Thatsachen an (z. B. zur Begründung des Einwandes des Vergleichs, der Kompensation, der Verjährung, oder auch einer nicht aus demselben Geschäfte wie die Konvention abgeleiteten Rekonvention, Nr. 6), so erfolgt diese, so weit die Thatsachen unstreitig sind, in direkter Rede, und auf die Darstellung der bestrittenen Behauptungen des Verklagten folgt die bestreitende Erklärung des Klägers oder die etwaigen Replikationen, von deren Darstellung sodann wieder das nämliche, wie von der Klagebeantwortung des Verklagten gilt. Sollte auf eine wesentliche Behauptung gar keine Erklärung des Gegners erfolgt sein, so ist dieß hervorzuheben. (Verordnung vom 1. Juni 1833, §§. 14, 44, 45; Verordnung vom 21. Juli 1846, §§. 8, 20.)

Beweismittel.

9) Die von den Parteien angegebenen Beweismittel sind nur für die bestrittenen Behauptungen und auch für diese nur in soweit anzuführen, als sie nicht im Verlaufe des Prozesses bereits aufgenommen worden sind. In vielen Fällen genügt es, sie nur im

---

streitigen Anspruche ein verwickeltes Sachverhältniß zum Grunde liegt, und der Zuhörer daher nicht gleich übersehen kann, worauf es ankommt; desgleichen, wenn etwa nur über einen Präjudizialeinwand zu entscheiden ist, doch aber ein umständlicher Vortrag des Sachverhältnisses nöthig erscheint.

*) Darunter wird hier gleichfalls der Aktenauszug, nicht die eigentliche Prozeßgeschichte (§. 36) verstanden. Diese ist im Allgemeinen übergangen. Nur bei der Appellation wird ihrer nebenher gedacht. S. unten, Nr. 12. K.

Allgemeinen ohne spezielle Namhaftmachung aller einzelnen Zeugen und Sachverständigen, oder Aufzählung einer Reihe von Dokumenten nach Tag und Jahr, zu erwähnen, indem man das Nähere ohnedem erfährt, wenn das Resultat der Beweisaufnahme vorgetragen und zur Beurtheilung*) einzelner Punkte übergegangen wird. Sonst wird es in der Regel, zumal bei weitläuftigen Sachen, zweckmäßig sein, den Vortrag durch Aufzählung der Beweismittel nicht zu unterbrechen, sondern die letzteren nebst den etwaigen Erinnerungen des Gegners dagegen, entweder abgesondert und eingeklammert im Kontexte des Referats aufzunehmen, oder am Rande zu bemerken und sie demnach nicht mit vorzulesen**). Nur die Eidesdelation und die darauf erfolgte Erklärung des Gegners ist der Regel nach in den Text mit aufzunehmen.

Beweisaufnahme.

10) Auf die Auslassungen der Parteien folgt das Ergebniß der Beweisaufnahme***), auf dessen Darstellung ein besonderer Fleiß zu verwenden, und welches gleichfalls übersichtlich und in gedrängter Kürze, ohne jedoch erhebliche Momente zu übergehen, vorzutragen ist†). Das Ergebniß der Einnahme des Augenscheins wird in der Regel schon in der Geschichtserzählung seinen Platz gefunden haben (Nr. 6). Vorgelegte Akten oder Urkunden sind, so weit ihr Inhalt nicht schon früher benutzt ist (Nr. 6), in der Regel nur ihrem wesentlichen Inhalte nach kurz zu erwähnen, falls nicht etwa ein Streit über die Auslegung einer Urkunde deren wörtliche Mittheilung erforderlich macht. Ein abgeleisteter Eid ist seiner Norm nach in der Regel wörtlich aufzunehmen. Zeugenaussagen und Gutachten von Sachverständigen endlich sind in der Regel, so weit sie auf die Entscheidung Einfluß haben können, im Auszuge und in indirekter Rede wiederzugeben. Nur in besonderen Fällen wird es nothwendig sein, wichtige Depositionen von Zeugen oder Sachverständigen wörtlich aufzunehmen oder vollständig aus den Akten vorzulesen. Sind viele Personen und über verschiedene Gegenstände vernommen wor-

---

*) Eine solche darf im Referate nicht vorkommen. K.

**) Diese Behandlung ist dann nicht anwendbar, wenn gegen die Zulässigkeit eines Beweismittels Einspruch erhoben worden ist. Dann muß ein vollständiger Vortrag darüber gehalten und damit Anlaß zur mündlichen Verhandlung gegeben werden. K.

***) Dabei ist das Referat aus dem Beweisverfahren vorausgesetzt. S. die folg. Anm. K.

†) Hat das Referat in erster Instanz nur den Zweck, den Beschluß über die zu veranlassende Beweisaufnahme vorzubereiten, so kommt diese Bestimmung natürlich nicht zur Anwendung.

den, so sind ihre Aussagen übersichtlich zu ordnen, so daß die über denselben Gegenstand lautenden neben einander, die erheblicheren und umfassenderen zuerst gestellt werden. Zeugenaussagen über die Verjährung werden am zweckmäßigsten chronologisch, d. h. nach der Zeit, über welche sie bekunden, und mit Hervorhebung derselben, geordnet. Unter Umständen kann es auch zweckmäßig sein, die Zeugenaussagen dergestalt nach Streitpunkten zu ordnen, daß die Aussagen desselben Zeugen an verschiedenen Stellen ihren Platz finden. In Punktensachen (Nr. 6) wird dieß die Regel sein. In allen Fällen aber ist anzugeben, ob und wie ein Zeuge die Generalfragen beantwortet hat, und ob er eidlich oder nur pro informatione vernommen worden ist; auch sind die etwa in Bezug auf seine Glaubwürdigkeit erhobenen weiteren Zeugenaussagen oder sonst ermittelten Umstände zu erwähnen und die Mittheilung seiner Aussage in der Regel sogleich anzuschließen.

Erstes Urtel.

11) Bei einem Referate zweiter Instanz folgt nun die Entscheidung des ersten Richters, welche, so weit sie zum Gegenstande der Appellation gemacht worden ist, wörtlich quoad tenorem angegeben werden muß. Die Entscheidungsgründe sind nur in soweit ganz kurz mit zu erwähnen, als es dem Kollegium zum Verständnisse der Entscheidung und der dagegen erhobenen Appellationsbeschwerden und zur Beurtheilung beider zu wissen nöthig ist.

Appellation.

12) Hieran schließt sich die Angabe, daß und von wem gegen die Entscheidung appellirt ist, und worin die Beschwerden bestehen (Verordnung vom 21. Juli 1846, §. 18). Zur Beurtheilung der Förmlichkeiten — welche übrigens nicht hier, sondern im Votum erfolgt — ist derjenigen Thatsachen Erwähnung zu thun, worauf es hierbei ankommt, in der Regel also auch anzugeben, an welchem Tage das Urtel dem Appellanten insinuirt ist, an welchem Tage — nach dem Präsentatum — er das Rechtsmittel angemeldet, und an welchem er es eingeführt und gerechtfertigt hat, auch auf wie hoch sich das zu Geld veranschlagte, resp. zu berechnende Streitobjekt, welches in die Instanz gelangt, beläuft (Gesetz vom 10. Mai 1851, §§. 11, 12 — G. S. S. 628)*). Hierauf folgen die Anführun-

*) Dieß ist die Prozeßgeschichte im eigentlichen Sinne (§. 36). Sie kommt aber nicht ausschließlich in der Appellationsinstanz vor. Vergl. oben die Anm. zur Ueberschrift der Nr. 7. K.

gen des Appellanten und Appellaten in der Sache selbst, soweit sie Neues enthalten, nebst ihren Anträgen, und das Ergebniß einer etwaigen Beweisaufnahme, wobei die oben gegebenen Anweisungen (7 — 10) gleichfalls gelten. Ist von beiden Theilen appellirt, so ist in der Regel diejenige Appellation, welche die umfassendere oder für die andere präjudiziell ist, voranzustellen und daran sogleich die Auslassung des Gegners anzuschließen*), und sodann erst die Appellation des anderen Theils mit den darauf erfolgten Erklärungen des Gegners zu erwähnen. Endlich kann es in einzelnen Fällen, besonders wenn in beiden Instanzen eine Beweisaufnahme über dieselben Punkte stattgefunden hat, zweckmäßig sein, das Ergebniß der Beweisaufnahme erster Instanz an den Schluß des Referats zu bringen und mit dem Ergebnisse der Beweisaufnahme zweiter Instanz zu verbinden. In allen Fällen aber ist es unstatthaft, für ein Referat zweiter Instanz das in den Akten befindliche Referat erster Instanz ganz oder theilweise zu benutzen, da, abgesehen von den Aenderungen, welche das Sachverhältniß in der höheren Instanz erhält (Nr. 5), der Vortrag hier stets eine durch die Appellationsbeschwerden bestimmte Richtung zu nehmen hat, welche auf die ganze Darstellung von Einfluß ist.

Punktensachen.

13) In Punktensachen (Nr. 6), welche so beschaffen sind, daß eine abgesonderte mündliche Verhandlnng der Parteien über die einzelnen Punkte nothwendig oder zweckmäßig erscheint, muß auch im Referate die Darstellung so eingerichtet werden, daß nach Vorausschickung des Ganges des Prozesses im Allgemeinen alles in Beziehung auf jeden einzelnen Punkt in beiden Instanzen Verhandelte zusammengestellt wird und so ein zusammenhängendes Ganzes bildet, so daß nach dem Vortrage jedes einzelnen Punktes im Referate der Vortrag der Parteien erfolgen kann.

Litisdenunziationen.

14) Litisdenunziationen und Adzitationen**) sind in der Regel in dem Stadium des Prozesses, in welchem sie vorgekommen

---

*) Entnommen aus dem Aufsatze der Immediat-Justiz-Examinats-Kommission, Abschnitt V, Nr. 3. Diese Regel ist alt. Der Verf. der „kurzen Anweisung zum Referiren", in Hymmen, Bd. I, S. 105, sagt S. 110: „Wenn ein Gravamen des Klägers eben den Punkt betrifft, worüber der Bekl. gleichfalls ein Gravamen formirt hat; so erzählt der Referent beide Gravamina mit den von jedem Theile pro justificatione angebrachten Gründen." K.

**) Auch Interventionen. K.

sind, an passender Stelle bei den Erklärungen der litemdenunzirenden oder adzitirenden Partei mit zu erwähnen und daran sogleich die Erklärungen des Litisdenunziaten oder Adzitaten anzuschließen*).

Editionsgesuche.

15) Eben dieß gilt von Editionsgesuchen gegen Dritte. Editionsgesuche gegen die andere Partei bedürfen, wenn die Edition demnächst erfolgt, in der Regel gar keiner Erwähnung.

Schlußbemerkung.

16) Endlich müssen alle Angaben des Referats vollständig durch die Aktenfolien, welche am Rande zu vermerken sind, belegt sein, damit der Leser sich durch Aufschlagen der angezogenen Stellen sofort von der Richtigkeit der Angaben, mithin auch von dem Zugeständnisse der unstreitigen Thatsachen, überzeugen kann.

II. Das Votum.

Allgemeine Erfordernisse.

1) Die Regel, welche für die Anfertigung des Referats gilt, daß der Referent vollständig Herr des Stoffes sein und einen Plan für seine Darstellung gemacht haben muß, ehe er die Feder ansetzt (I, 1), gilt auch für das Votum und hat hier den Sinn, daß er nicht bloß das faktische Material, sondern auch den gesammten Rechtsstoff in sich verarbeitet und richtig geordnet haben muß. Er muß zu dem Ende die ganze einschlagende Rechtsmaterie durch Einsicht der Gesetze und Hülfsbücher — von welchen letzteren Bornemann's und C. F. Koch's Schriften, die Breslauer Ergänzungen und die Präjudizien und Entscheidungen des Obertribunals zu empfehlen sind — im Zusammenhange sorgfältig studiren und sich nicht darauf beschränken, bloß die in den Akten in Bezug genommenen Stellen nachzulesen. Erst wenn er, was ihm zugleich eine passende Gelegenheit zu seiner allgemeinen Ausbildung darbietet, sich mit der ganzen Lehre bekannt gemacht hat, kann er prüfen, ob die zur Anwendung gebrachten Paragraphen im richtigen Sinne aufgefaßt oder aus dem Zusammenhange gerissen sind, und ob sie den Fall erschöpfen. Nun erst wird er im Stande sein, auch für das Votum sich einen richtigen Plan zu entwerfen, wofür ihm gleichfalls die für eine mündlich erfolgende Mittheilung zu empfehlende Anordnung den sichersten Anhalt giebt, und er wird sodann den Vortheil haben, in einem

*) Ein solcher Incidentpunkt ist nichts weiter als ein Stück Prozeßgeschichte im eigentlichen Sinne (§. 36). K.

zusammenhängenden Gedankenflusse ohne unterbrechendes Nachschlagen und Nachlesen fortschreiben, das Erhebliche von dem Unerheblichen absondern zu können und immer im Auge zu behalten, worauf es bei seiner Darstellung ankommt. Er wird nicht in den Fall kommen, die ganze Arbeit von vorn wieder anfangen zu müssen, wenn er hinterher einsieht, daß er auf einem unrichtigen Wege gewesen ist.

2) Die Aufgabe des Referenten bei der Anfertigung des Votums ist, die in der Sache zu treffende Entscheidung vorzuschlagen und durch erschöpfende Erörterung sämmtlicher zur Sprache gekommener oder sich sonst aus den Akten ergebender Fragen in geordnetem Zusammenhange zu begründen und hierdurch das Kollegium in den Stand zu setzen, daß es die Richtigkeit der Entscheidung vollständig beurtheilen, und daß jedes Mitglied sein Votum selbst mit Ueberlegung und Gründlichkeit abgeben kann.

Förmlichkeiten.

3) Zu dem Ende hat er zunächst die gesammten wesentlichen Förmlichkeiten zu prüfen. Dahin gehört die Kompetenz des Gerichts, worunter sowohl die Zulässigkeit eines gerichtlichen Verfahrens über den Gegenstand des Prozesses überhaupt, als auch die Zuständigkeit des angegangenen Gerichts zu verstehen ist, sollte auch kein desfallsiger Einwand erhoben sein (Verordnung vom 21. Juli 1846, §. 5 a und b); ferner die legitimatio ad processum (nicht ad causam, welche zur Beurtheilung der Sache gehört), d. h. die Frage, ob diejenigen Personen, welche im Prozesse für die Parteien auftreten, die Befugniß dazu nachgewiesen haben, also z. B. die Prüfung der Vollmachten (A. G.O. Th. I, Tit. 3, §§. 30—37) — insbesondere auch von Korporationen und Gemeinden (ebendaselbst §§. 39—49; A. L.R. Th. II, Tit. 6, §§. 136, 53—56) — und die Prüfung der Bestallungen und Autorisationen von Vormündern oder Kuratoren (A. G.O. Th. I, Tit. 3, §§. 51—53; A. L.R. Th. II, Tit. 18, §§. 223, 501—504)*). Endlich gehört bei Referaten zweiter Instanz hierher die Prüfung: ob summa appellabilis vorhanden, und ob die Appellation rechtzeitig angemeldet und gerechtfertigt sei. Sollte eins von beiden Erfordernissen fehlen, so beantragt der Referent, das Rechtsmittel für nicht devolvirt zu erachten, und bedarf es sodann eines weiteren Vortrages in der

*) Auch die Prüfung der Legitimation zur Person (ad personam), d. h. die Handlungsfähigkeit der persönlich aufgetretenen Parteien (persona standi in judicio) gehört zur Prüfung der wesentlichen Förmlichkeiten. R.

Sache nicht. Wäre dieß jedoch nur zweifelhaft oder bedürfte es zur Hebung eines sich hieraus oder auch in anderer Beziehung (z. B. in Ansehung der Vollständigkeit der Akten) ergebenden Bedenkens noch weiterer Anordnungen oder Ermittelungen, welche nicht schon bei der vorläufigen Prüfung oben ad I, 1 ihre Erledigung gefunden haben, so hat er die geeigneten Vorschläge zu machen und sodann zur Sache selbst überzugehen.

Votum.

4) Sodann hat der Referent sein Votum abzugeben, d. h. zu sagen, wie er die Sache entscheiden, ob er noch resolviren oder erkennen, und im letzteren Falle, wie er erkennen will, wobei er gleich hier, oder nach vollständiger Begründung seines Antrages, die Formel des zu erlassenden Resoluts (Verordnung vom 1. Juni 1833, §. 30; Instr. v. 24. Juli 1833, §. 40) oder Erkenntnisses (Nr. 9) so anzugeben hat, daß sie, im Falle das Kollegium dem Antrage beitritt, wörtlich in das Audienzprotokoll aufgenommen oder auch sofort publizirt werden kann (Instr. v. 24. Juli 1833, §. 38).

Beurtheilung.

5) Für die nun folgende Beurtheilung der Sache, welche zugleich die Begründung des Votums enthält, lassen sich die allerwenigsten, auch nur allgemeinen Andeutungen geben, da die eigenthümliche Beschaffenheit jeder Sache hier Alles bestimmt. Folgerichtigkeit, d. h. diejenige logisch richtige Ordnung, welche die am weitesten greifenden Fragen — wohin namentlich die Präjudizialfragen gehören (A. G.O. Th. I, Tit. 5, §. 29; Tit. 10, §. 81; Tit. 13, §. 43) — voranstellt und die untergeordneteren und eventuellen folgen läßt, Uebersichtlichkeit und Klarheit, welche den vorzutragenden Stoff nach dieser Anordnung richtig vertheilt und verwendet, sind die ersten und hauptsächlichsten Erfordernisse. Demnach wird in der Regel, sobald nur irgend ein Bedenken dabei stattfinden kann, mit der Prüfung der Legitimation der Parteien zur Sache, d. h. mit der Frage begonnen, ob der Kläger für seine Person befugt erscheint, die Klage anzustellen, und ob der Verklagte derjenige ist, gegen welchen die Klage anzustellen war. Oft wird es auch zum besseren Verständnisse für die übrigen Richter, und um ihrem Gedächtnisse zu Hülfe zu kommen, hauptsächlich in weitläuftigen und verwickelten Sachen, zweckmäßig sein, vor dem Beginn der Beurtheilung in gedrängtester Kürze nochmals zu wiederholen, wie sich das Faktum nach den unbestrittenen Erklärungen

der Parteien gestellt hat, und hieran die Darstellung des eigentlichen status controversiae zu knüpfen, wobei die einzelnen der Entscheidung bedürfenden Punkte scharf — vielleicht nach Nummern — hervorzuheben sind. Die Untersuchung des Klagegrundes muß in der Regel der Prüfung der Einwendungen vorangehen. Entscheidet eine Frage den ganzen Streit, so muß sie vorweg erörtert, bei Punktensachen daher mit dem präjudiziellsten Punkt, und bei wechselseitigen Appellationssachen mit der umfassendsten Beschwerde begonnen werden; erläutert eine Frage die andere, so wird sie zuerst vorgetragen; ist eine Frage theils in facto, theils in jure streitig, so ist in der Regel zuerst das Thatsächliche festzustellen und sodann erst zum Rechtspunkte überzugehen, d. h. zuerst zu zeigen, was davon an Thatsachen wahr und falsch sei, und sodann, was aus diesen Thatsachen nach den Gesetzen folge, herzuleiten.

Faktische Erörterungen.

6) Das Erstere — die Feststellung des Thatsächlichen — geschieht zunächst durch Erörterung der Frage: welcher Partei die Beweislast obliegt, und sodann durch Prüfung des vorhandenen Beweises und Gegenbeweises, wobei die gegen die Zulässigkeit und Glaubwürdigkeit der Beweismittel erhobenen Einwendungen zu prüfen sind. Erlangt der Richter durch die vorhandenen Beweismittel keine vollständige Ueberzeugung für die Wahrheit einer streitigen Thatsache, so ist zu prüfen: ob der Zweifel durch einen Erfüllungs- oder Reinigungseid gehoben werden kann, oder ob das Faktum für unerwiesen zu erachten sei (A. G.O. Th. I, Tit. 13, §§. 9—30). Kein unter den Parteien streitiger Punkt darf unentschieden bleiben, wenn er auch dem Referenten unerheblich scheinen sollte. Dagegen darf er keine Umstände, die auf Thatsachen beruhen, den Parteien suppeditiren oder durch nicht vorgebrachte Einwendungen nachhelfen wollen. Hiervon macht allein die Erörterung des Legitimationspunkts (A. G.O. Th. I, Tit. 5, §. 4, Nr. 6; Tit. 10, §. 81[a]), und eines aus der Sache sich ergebenden sogenannten Rechtseinwandes, namentlich des Einwandes der Verjährung (A. G.O. Th. I, Tit. 9, §. 11; Th. III, Tit. 3, §. 30; Plenarbeschluß des Obertribunals vom 14. März 1842 — Entsch. Bd. VII, S. 308; Just.-Min.-Bl. von 1842, S. 156) eine Ausnahme, worauf auch jetzt noch (Verordnung vom 1. Juni 1833, §. 14; Verordnung vom 21. Juli 1846, §. 8) der Richter von Amts wegen Rücksicht nehmen muß.

Rechtliche Erörterungen.

7) Bei Erörterung des Rechtspunktes oder der Frage, was aus den solchergestalt ermittelten Thatsachen, den Gesetzen nach, folge, und welches Gesetz auf den vorliegenden Fall anwendbar sei, sind die einschlagenden Gesetzstellen in der Regel wörtlich aufzunehmen, da nicht zu erwarten ist, daß den Votanten oder den späteren Lesern, den Parteien, der Wortlaut des Gesetzes und dessen Inhalt in seinem ganzen Zusammenhange gegenwärtig sei. Hierbei muß das Gesetz in seine einzelnen Bestandtheile aufgelöst, jeder scheinbare Zweifel geprüft, und sorgfältig untersucht werden, ob alle Erfordernisse und Bedingungen, welche das Gesetz voraussetzt, in dem streitigen Falle vorhanden sind, dabei auch das Ergebniß wissenschaftlicher Erörterung und etwaige Präjudikate unter genauer Allegirung der betreffenden Schriften und Sammlungen berücksichtigt werden. Wird in zweiter Instanz referirt, so ist überall die Entscheidung des ersten Richters zur Beurtheilung zu ziehen, und entweder zu widerlegen oder mit eigenen Gründen (Verordnung vom 14. Dezember 1833, §. 5, Nr. 9 — G.S. S. 302) zu unterstützen. Ersteres muß mit Bescheidenheit geschehen, wie es sich für einen jungen Referenten ziemt.

Eventuelles Votum.

8) Endlich ist es nicht genug, die eigene Meinung gründlich und geschickt zu vertheidigen, sondern es müssen auch die entgegenstehenden Gründe, die rationes dubitandi, in ihrer vollen Stärke hervorgehoben und auseinandergesetzt werden. Erscheinen sie so stark, daß das Kollegium ihnen vielleicht zustimmen möchte, oder war es zur Begründung der in Antrag gebrachten Entscheidung nicht erforderlich, das ganze vorhandene Material zu erschöpfen, so muß ein eventuelles Votum abgegeben, d. h. gesagt und weiter ausgeführt werden, wie zu entscheiden wäre, wenn das Kollegium der bisherigen Ausführung und dem prinzipalen Votum des Referenten nicht beistimmen sollte. Es müssen besonders junge Geschäftsmänner, denen Mangel an reifer praktischer Erfahrung nicht zum Vorwurf gereichen kann, nicht allzusicher auf die Unfehlbarkeit ihrer Meinung vertrauen, und so wie sie z. B. bei dem Antrage auf ein Resolut eventuell über die definitive Entscheidung nach jetziger Lage der Sache sich äußern müssen, so auch umgekehrt, wenn das Kollegium dem Antrage auf sofortige Entscheidung nicht beitreten sollte, die Punkte angeben, deren Ermittelung in diesem Falle von Erheblichkeit sein würde.

Vorschlag des Tenor sententiae.

9) Der in Vorschlag gebrachte Tenor der Entscheidung muß den Streit ganz bestimmt und in allen seinen Theilen erschöpfend entscheiden und darf nicht durch Hinweisungen oder Voraussetzungen — je nachdem diese eintreten oder nicht eintreten — oder durch sonstige Undeutlichkeiten zu neuem Streite Anlaß geben; er muß auch kategorisch vorschreiben, was der Verklagte speziell zu leisten, zu thun oder zu dulden hat, oder womit der Kläger abzuweisen ist. Wird in zweiter Instanz erkannt und die Entscheidung des ersten Richters nur theilweise abgeändert oder modifizirt, so ist es in der Regel rathsam, den ganzen Tenor zu wiederholen oder neu zu redigiren. Wird auf einen Eid erkannt, so muß die Person des Schwörenden bezeichnet (A. G.O. Th. I, Tit. 10, §§. 261—267, 269—283), die Eidesnorm wörtlich vorgeschrieben, und die Entscheidung auf beide Fälle, wenn der Eid geleistet oder nicht geleistet wird, gerichtet werden (ebend. Tit. 13, §. 39; Tit. 22, §. 18). Es ist dabei die Fassung des Anhanges §. 96 zur A. G.O. Tit. 10, §. 372 zu beobachten und, im Fall der Eid ein Ignoranzeid ist (ebend. Tit. 10, §. 312), zu erwägen, welche der beiden in der Verordnung v. 28. Juni 1844, §. 5 (G.S. S. 250) vorgeschriebenen Formeln desselben anwendbar ist. Die Entscheidung darf niemals über die Anträge der Parteien hinaus (cfr. A. G.O. Th. I, Tit. 5, §§. 21 u. 22) mit alleiniger, noch jetzt gültiger Ausnahme des Zinsenpunktes (A. G.O. Th. I, Tit. 23, §. 58), oder auf etwas Anderes gehen, als was in lite ist. Die Befolgung des Urtels muß, wenn keine besonderen Termine gerechtfertigt sind, sofort nach der Rechtskraft erfolgen; es ist daher unzulässig, hierzu noch eine Frist (z. B. binnen acht Tagen bei Vermeidung der Exekution) zu setzen. Auch die Androhung der Exekution, welche sich von selbst versteht, ist überflüssig. Ebenso ist die Androhung von Geldstrafen für die Nichtbefolgung des Urtels, welche in gewissen Fällen dem instruirenden Gerichte (A. G.O. Th. I, Tit. 31, §. 5; A. L.R. Th. I, Tit. 7, §. 151), oder dem Exekutionsrichter (A. G.O. Th. I, Tit. 24, §. 54; Verordnung vom 4. März 1834, §. 10) obliegt, im Urtel unstatthaft*). Bei abweisenden Erkenntnissen

*) Das ist nicht der Fall, würde auch unpraktisch sein. Wenn das Urtel eine erste Strafe auf den Uebertretungsfall nicht androht, so sind alle Störungen und Beunruhigungen, welche bis dahin, wo der, welcher geschützt werden muß, ein Mandat auswirken kann, vorgefallen sind, straflos. Der §. 10 der V. v. 4. März 1834 setzt auch nicht undeutlich voraus, daß schon das Urtel eine Strafe auf die Uebertretung androhe. Der §. 151, Tit. 7, Th. I des A. L.R. ist auch so zu

ist es nicht erforderlich, den Antrag der Partei, mit welchem sie abgewiesen wird, wörtlich in den Tenor aufzunehmen, wohl aber, um dem Gegner die exceptio rei judicatae zu sichern, rathsam, den Gegenstand und den Grund des Ausspruchs kurz auszudrücken (A. G.O. Einl. §. 66; Th. I, Tit. 13, §. 38; Präj. des Obertribunals v. 16. Oktober 1848 — Samml. S. 239), z. B. daß Kläger mit seiner Darlehnsforderung von 100 Thalern abzuweisen.

Kostenpunkt.

10) Endlich muß auch nach Maßgabe der Entscheidung in der Hauptsache der Kostenpunkt in dem vorzuschlagenden Tenor des Erkenntnisses bestimmt werden (A. G.O. Th. I, Tit. 23, §§. 1—9), wobei zu beachten, daß die Kompensation der gerichtlichen Kosten nach dem Gesetze vom 10. Mai 1851, §. 9 (G.S. S. 626) nicht mehr stattfindet, sondern das Verhältniß, in welchem die Parteien zum ganzen Betrage desselben beizutragen haben, zu bestimmen, oder dem einen Theile die Zahlung einer bestimmten Summe als Beitrages aufzuerlegen ist. Zu dem Ende muß der Werth des Streitgegenstandes, soweit dieß möglich, in Zahlen ausgedrückt, und dabei angegeben werden, wie viel davon nach der beantragten Entscheidung dem Kläger, oder in zweiter Instanz dem Appellanten ab- oder zuerkannt wird. Bei wechselseitigen Appellationen findet eine Sonderung der beiderseitigen Appellationskosten nicht mehr statt (Instruktion v. 10. September 1851 zum §. 7 des Tarifs, Just.-Min.Bl. von 1852, S. 128).

Schlußbemerkungen.

11) Sollten sich in Betreff der sogenannten unwesentlichen Förmlichkeiten erhebliche Verstöße aus den Akten ergeben, so kann eine Kritik derselben oder auch der Antrag einer deshalb zu erlassenden Rüge am Schlusse des Votums Platz finden.

12) Endlich kann auch in einfacheren und wenig zweifelhaften Sachen sowohl erster als zweiter Instanz statt des Votums ein vollständiger Erkenntnißentwurf mit Gründen, welche sich an die das Referat ersetzende Darstellung des Sachverhältnisses anschließen, vorgelegt werden*).

---

verstehen, indem der „Gestörte" der Kläger ist, den der Richter durch Androhung einer verhältnißmäßigen Strafe gegen fernere Beeinträchtigung schützen soll. Ein Erkenntniß ohne Strafandrohung schützt noch nicht. K.

*) In diesem Falle würde dem Vorsitzenden zur Vorbereitung für den Audienztermin nichts vorgelegt werden können, da die von dem Referenten vorgeschlagene Entscheidung vorher nicht publik gegeben werden darf. Die Methode paßt deshalb nicht zu dem Verfahren. K.

III. Das Erkenntniß.

Tenor.

1) Das vom Referenten nach dem Schlusse der Verhandlung abzusetzende Erkenntniß, in dessen Eingang (Rubrum) der Kläger dem Verklagten, und wenn es ein Urtel zweiter Instanz und nur von einer Seite appellirt ist, der Appellant dem Appellaten vorangestellt und der Litisdenunziat dem Litisdenunzianten beigefügt wird, ist in derjenigen Form zu fassen, welche die Verordnung vom 2. Jan. 1849, §. 33 (G.S. S. 11) und die Instruktion vom 7. April 1839, Nr. 45 (G.S. S. 150) vorschreibt, und muß quoad tenorem genau mit der im Audienzprotokolle niedergeschriebenen und den Parteien publizirten Urtelsformel übereinstimmen.

Gründe.

2) Die sodann folgenden Gründe müssen, der Vorschrift der zuletzt allegirten Instruktion Nr. 17 gemäß, eine gedrängte Darstellung der Thatsachen und eine vollständige Ausführung der Gründe enthalten, damit klar erhelle, welche Thatsachen der Richter seiner Entscheidung zum Grunde gelegt, welche faktische Verhältnisse er für erwiesen oder unerwiesen, für erheblich oder unerheblich angenommen, und welche Rechtsgrundsätze er darauf angewendet hat.

3) Bei der Darstellung des Sachverhältnisses kann der Referent zwar das Referat benutzen, ja in einzelnen Fällen dasselbe ganz unverändert lassen*); in der Regel aber wird er der Geschichtserzählung im Erkenntnisse eine noch kürzere und bündigere Fassung geben können, da hier das Faktum so vorzutragen ist, wie es nach dem Urtheile und der Ueberzeugung der Richter durch die Instruktion und den aufgenommenen Beweis, und vielleicht erst durch die Entwickelung der Sache bei der mündlichen Verhandlung sich herausgestellt hat**) (A. G.O. Th. I, Tit. 13, §. 7, Absatz 5;

*) So soll es nicht mehr sein. Vergl. m. preuß. Civilprozeß, §. 281 a. E. u. die allg. Verf. des J.M. v. 28. März 1857 (J.M.Bl. S. 122). K.

**) Das ist eben das Hinderniß einer endlichen Beurtheilung der Sache auf Grund der Akten. Ein voraus ausgearbeitetes Erkenntniß kann nur hypothetisch sein, d. h. unter der Voraussetzung, daß in der mündlichen Verhandlung nichts an sich Zulässiges mehr vorgebracht wird. Die voraus geforderte Beurtheilung der Sache gründet sich auf ungeschlossene Verhandlungen und es ist entmuthigend für die Parteien, zu wissen, daß das Urtel schon fertig in der Tasche des Referenten mitgebracht wird. Wozu soll man also die Parteien noch hören? Nun muß man nach menschlichem Denken berücksichtigen, wie schwer es ist, eine fertig mitgebrachte Arbeit über Bord zu werfen, und welchen Einfluß dieser Gedanke auf das Urtheil des Referenten auszuüben vermag. Die Vorschrift, ein Urtheil (Votum) mitzubringen zur entscheidenden Verhandlung, wo der Votirende die Parteien noch erst hören soll, ist verwerflich, weil der Obliegenheit des Richters

Tit. 14, §. 67). Auch aus der nun folgenden Prozeßgeschichte*) wird Manches fortfallen können, was vom Standpunkte des erkennenden Richters nicht mehr von Erheblichkeit ist. In der Regel ist das Resultat der Beweisaufnahme aus der Prozeßgeschichte fortzulassen und mit der Beurtheilung zu verbinden. Endlich sind die in der mündlichen Verhandlung noch vorgekommenen erheblichen Erklärungen der Parteien nachzutragen**).

4) Hieran schließt sich die kurze Angabe des Inhalts der im Tenor ausgesprochenen Entscheidung, nachdem bei Erkenntnissen zweiter Instanz zuvor der Förmlichkeiten der Appellation kurz gedacht worden. Bei der nun folgenden vollständigen Ausführung der Gründe muß sich der Referent genau an die vom Kollegium angenommenen, im Wesentlichen bereits durch den Vorsitzenden der Parteien mündlich eröffneten Gründe***) halten, und wenn diese mit der in seinem Votum vorgetragenen Ansicht ganz oder theilweise nicht übereinstimmen, der Darstellung nach dem veränderten Gesichtspunkte der Beurtheilung eine ganz neue Anordnung und Redaktion geben. Ganz besonders muß aber alsdann, wenn das Konklusum mit seiner Ueberzeugung nicht übereinstimmen sollte, seine Bemühung darauf gerichtet sein, die Entscheidung gehörig zu motiviren und das Kollegium nicht durch eine ungeschickte Ausführung zu kompromittiren†). Für die Anordnung der Gründe gilt übrigens die zu II, 5—7 gegebene Anleitung gleichfalls, nur wird sich die Darstellung im Votum von der im Urtel darin unterscheiden, daß der Referent, während er dort in eigener Person spricht und seine Ansicht zur Geltung zu bringen sucht, hier im Namen des Kollegiums die getroffene Entscheidung zu rechtfertigen hat.

Nebenverfügung.

5) Schließlich hat der Referent hinter dem Erkenntnisse auch die Nebenverfügung wegen Ausfertigung und Insinuation desselben, so wie wegen Mittheilung des Urtels und des Audienzprotokolls an die Mandatarien, auch wegen etwa nach oben II, 11 zu

widersprechend. Der Richter kann nicht eher urtheilen, als bis die Verhandlungen geschlossen sind. K.

*) Damit ist der Aktenauszug gemeint; die Prozeßgeschichte im eigentlichen Sinne gehört in der Regel gar nicht in die Gründe des Erkenntnisses, ausgenommen wenn darauf eine Entscheidung gegründet wird. K.

**) Dieß ist ein hinkender Bote. Dergleichen Erklärungen sind nicht nachzutragen, sondern am gehörigen Orte zu würdigen. K.

***) Wenn eine solche Eröffnung geschehen ist. Sie ist, wenn sie geschehen, auch nicht fixirt und deshalb meistens nicht faßbar. K.

†) S. v. Trützschler (N. II des Anhangs) §. 13. K.

erlassender Rügen, anzugeben, am Rande endlich die Höhe des Objekts zu bemerken, nach welcher — besonders in zweiter Instanz, wenn nicht alle Streitgegenstände in das Appellatorium gelangt sind — das Kosten-Pauschquantum zu liquidiren ist.

Für alle vorstehende schriftliche Arbeiten wird endlich den Referenten neben der mehrfach hervorgehobenen folgerechten Anordnung, Klarheit und Bündigkeit des Vortrages, im Anschlusse an die Bemerkung zu I, 2 eine einfache, deutliche und ungekünstelte, dabei aber würdige Schreibart empfohlen, welche allen poetischen Schmuck, alle künstlich zusammengesetzten Perioden, alle beschwerliche Einschaltungen und Zwischensätze vermeidet, sich auch ohne Noth keiner fremden Ausdrücke bedient, und in zusammenhängendem Flusse bei den faktischen Darstellungen möglichst in kurzen Sätzen den Vortrag dergestalt fördert, daß mit jedem Satze die Sache einen raschen Fortgang gewinnt und unnöthige Wiederholungen vermieden werden. Auch ist es dem angehenden Praktiker zu empfehlen, allenfalls unter Zugrundelegung einer schriftlichen Disposition, seine Gedanken gleich so zu ordnen und so geordnet niederzuschreiben, daß die Arbeit unverändert bleiben kann; und nur erst, wenn sie ihm dann noch nicht genügt und wesentliche Abänderungen oder Umstellungen nöthig werden, kann er sie als Konzept zur Reinschrift benutzen. Dabei versteht sich von selbst, daß in den abgelieferten Arbeiten Durchstreichungen, Korrekturen und Rasuren möglichst vermieden und dieselben leserlich und sauber geschrieben werden müssen.

Naumburg, den 14. November 1852.

Register.

(Die Ziffer bezieht sich auf die Seitenzahl.)

FSC
www.fsc.org
MIX
Papier | Fördert gute Waldnutzung
FSC® C083411

Kolibri 360 GmbH
Ferdinand-Jühlke-Straße 7
99095 Erfurt, Deutschland
produktsicherheit@kolibri360.de